法律文明史研究院文库 · 何勤华主编

国家重点学科华东政法大学法律史学科项目
上海市社会科学创新研究基地“法律文明演进研究” 资助

法律文明史文库
西方经典

公司法的逻辑

[美] 弗兰克 · H. 伊斯特布鲁克等 著
黄辉 编译

法律出版社
LAW PRESS · CHINA

总　序

文明,是指人类进化(发展)到一定阶段而形成的生存方式(行为样态)以及其所创造的成果。其主要标志有八:一是私有制的产生;二是阶级的形成;三是文字的诞生;四是创造财富的能力达到了能够养活一部分无须直接从事生产(获取食物)的人口,从而形成了社会分工;五是国家的正式诞生;六是法律的基本定型并发挥着主要的社会规范作用;七是除了物质生活之外,形成了相应的精神(宗教、艺术、建筑等)生活;八是人类的思想觉悟和道德品格达到了"我为人人,人人为我"以及"己所不欲,勿施于人"的境界。

法律,是文明的重要内容和主要标志,法律文明就是人类文明中与法律相关的各项元素的总和,具体包括法律意识和法律思想(观念),法律规范、法典和判例,法律制度,法律实施、法律行为以及其相应设施(法院、监狱等),法律教育,法律学术,法律遗存等。法律文明的萌芽,最早可以追溯到早期人类(公元前200万年)的非洲能人"奥杜韦(Olduvai)遗址",其被考古学家初步认定为游群社会,已经出现了“集体决议”、“权力”、“国体”等意识之萌芽。经历了漫长的发展之后,才与私有制、阶级、军队、国家和文字等一起诞生。公元前3500年苏美尔人在美索不达米亚南部建立乌鲁克(Uruk)城邦,公元前3100年美尼斯(Menes)统一埃及,公元前2350年印度的村落形成哈拉帕(Harappa)城邦,公元前2070年禹在中国建立夏王朝,分别标志着法律文明在美索不达米亚、埃及、印度和中国的正式诞生。

人类法律文明诞生以后,至今已经过去了5000多年。在这历史的长河中,涌现了众多的法典、判例、人物、作品和法律事件,吟唱传诵着无数的法律诗歌和故事篇章:《梅腾自传》,《汉穆拉比法典》,皋陶,摩西,《赫梯国王哈吐什尔和埃及法老拉美西斯二世的同盟条约》,“哈里斯”大纸草,《摩奴法典》,《法经》,梭伦立法,《十二表法》,柏拉图与《法律篇》,《圣经》,《古兰经》,《唐律疏议》,《大宪章》,格劳秀斯与《战争与和平法》,《威斯特伐利亚和约》,孟德斯鸠与《论法的精神》,布莱克斯通,《独立宣言》,《人权宣言》,《美国宪法》,“马伯里诉麦迪逊案”与马歇尔大法官,《拿破仑法典》,奥斯汀,康德,萨维尼,梅因,沈家本,梅特兰,霍姆斯,美浓部达吉,罗斯科·庞德,等等。对这些丰富厚重的法律文明遗产进行发掘、整理、研究和总结,对我们了解、吸收和借鉴人类在创造法律、治理社会、促进生产、富足生活方面的经验,建设现代法治国家的意义极为重大。

鉴于此,华东政法大学于2015年6月成立了法律文明史研究院,以期为开展上述研究工作提供一个学术平台。编辑出版《法律文明史研究院文库》就是这一平台的中心工作之一。由于法律文明史所涉时间跨度很大,上下五千年;牵涉范围很广,涵盖世界众多国家;研究专题非常丰富,耕耘空间极其宽广,光靠几个或几十个人是无法从事这项宏大学术事业的。因此,在法律出版社的支持下,我们尝试搭建一个出版的园地和平台,热忱欢迎全国英才一起参与这一研究工作，踊跃惠赐文稿，以推进我国的法律文明史研究，为繁荣法律学术做出贡献。

何勤华

2016 年 2 月 26 日于华东政法大学

法律文明史研究院

目录

第三部分　公司法的未来

前　言

黄　辉

一、本书的缘起

在过去的二十几年时间,中国的公司法发展迅速,已经借鉴国外经验建立了相对比较完整的公司法制度,但同时需要指出,由于各种原因,与国外的公司法相比,中国公司法还是在很多方面存在差距。除了在具体制度方面还有待完善之外,一个更为重要的问题是对于公司法内在逻辑的把握仍显不足,在理论方面缺乏真正的检讨和创新。理论逻辑有助于理解公司法的实然性,从而不迷失于公司法的具体制度和条文之中,同时又可用于评价其应然性,指明立法改革的正确方向。"他山之石,可以攻玉",评判性地学习和借鉴国外公司法的经典理论对于中国公司法的未来发展意义重大。

我在 2011 年出版的《现代公司法比较研究——国际经验及对中国的启示》一书中,曾经对国外的公司理论进行了一些简要的评述。这几年来,不断有人对我讲,评述的内容很精彩,但意犹未尽,希望能够读到原文,就像看完了影评更想去看电影一样。实际上,评述中涉及的一些文献已经在国内有翻译或介绍,但并不是全部,对于相关理论的不同偏好导致在引进过程中有所偏颇,如公司契约论备受推崇,但对其不足和其他理论的关注较少,从而难以全面把握国外公司法理论的发展状况。根据朱熹提出的“博学——积累——贯通——推类”的格物致知模式,只有放开眼界,兼容并蓄,在尊重和学习他人成果的基础上进行批判性思考,自己才可能进行真正的创新。

因而,本书有两个主要目的。首先,尽量挑选代表性文献,力求观点的全面覆盖,提供一个国际性视野。其次,将相关文献尽量准确、忠实地翻译出来,让读者真正了解原文观点,以纠正目前在引进过程中出现的一些理解偏差甚至舛误。为实现上述目的,本书不仅仅是被动地翻译,更有主动地选择。当然,这个选择过程不可避免地带有主观性,但其优点是具有开放性和针对性,能够更好地符合我国读者的需要。诚然,本书选取的有些论文实际上后来被其作者放进专著,但坦率讲,真正去读专著可能耗时太长,各章节质量也经常良莠不齐,相比之下,论文独立成章,更具可读性,也是精华之所在。就形式上而言,将核心论文集在一起,更加方便阅读和比较。当然,在读完这些核心论文之后,如有需要和兴趣,还可以进一步去读专著和其他文献。

二、本书的内容

本书一共选取了 12 篇文章,分为三个部分,第一部分是“公司法的本质”,包括 5 篇文章;第二部分是“公司法的运行”,包括 4 篇文章;第三部分是“公司法的未来”,包括 3 篇文章。下文对这些文章做个导读。

(一)公司法的本质

公司本质为何?公司的权利和合法性来自哪里?公司的价值目

标是什么？公司法的正当性基础是什么？公司法规则应当是强制性(指令性)还是任意性(赋权性)？这些都是公司法的基本理论问题，对于公司法的制定和实施具有直接的现实意义。此节选取了5篇文章，涵盖了公司法的契约理论(公司契约论)，公司法的社区理论(公司社区论)，公司法的团体生产理论，和公司法的宪政理论(公司宪政论)。[①] 这些理论对于以上问题进行了不同视角的分析，观点也各不相同，精彩纷呈，蔚为大观。

1.《公司契约论》[②]

该文是公司法契约理论的代表作，其作者是弗兰克·H.伊斯特布鲁克和丹尼尔·R.费希尔，属于著名的"芝加哥法学派"(即经济分析法学派)。该学派主张自由放任的经济模式，反对政府干预，强调使用经济学方法分析法学问题。在公司法领域中，该学派倡导公司自治，减少政府监管，主张利用私法性质的契约解决公司问题，因此该理论通常被称为"公司契约论"(contractarian theory)，亦称为"法经济学理论"(law and economics theory)。根据该理论，公司不是一个独立的实体，而是被解构为公司各参与人之间设定权利和义务关系的明示和默示契约所组成的一个契约网(a nexus of contracts)；公司法的主要作用就在于减少这个契约机制的交易成本，其基本特征应当是任意性规范而非强制性规范。

公司契约论发轫于诺贝尔经济学奖获得者、芝加哥大学法学院教授罗纳德·科斯(Ronald Coase)构建的法经济学意义上的公司模型。按照科斯的公司模型，公司是一个用以替代市场进行契约交换和生产

---

① 公司法的基本理论除了以上几种之外，比较重要的还有特许权理论和自然实体理论，由于相对比较简单且早已广为人知，本书没有专门选取代表文献，拙著《现代公司法比较研究——国际经验及对中国的启示》(清华大学出版社2011年版)第一章对这两个理论有评述。

② Frank H. Easterbrook and Daniel R. Fischel, "The Corporate Contract" (1989) 89 *Columbia Law Review* 1416 – 1448. 本文后来成为其专著 Frank H Easterbrook & Daniel R Fischel, *The Economic Structure of Corporate Law* (Harvard University Press, 1991)的第一章，是全书的总纲和核心，经典地阐述了公司契约论。

的机制。因此,公司实质上可以解构为一组契约关系,当事人包括股东、经理、其他雇员、债权人、供应商和其他公司参与人等。换言之,公司机制与通常的当事人之间的市场契约关系并无任何不同,公司只不过是一个"高度专业化的替代市场"而已。之所以选择通过公司形式进行生产,是因为公司能够减少代理成本(agency cost)。代理成本存在于任何涉及决策行为的代理关系之中,即只要一个人雇用另一个人从事包含决策行为在内的工作,就必然会产生代理成本。这种成本来源于代理人与被代理人之间的利益偏离。概而言之,代理成本可以分为三部分:第一,被代理人为了防止代理人的自我交易行为或懈怠渎职行为而付出的监督成本;第二,代理人为了向被代理人表明自己的忠诚而付出的证明成本;第三,其他成本,如尽管代理人勤勉努力,但仍然没有使被代理人的利益最大化等。

在公司中,代理成本主要来源于董事与股东之间存在的利益偏离,比如,董事的利益在于公司的成长、工作的稳定、报酬的增加和个人声誉的提高等,而股东的利益在于公司利润最大化和投资回报率。为了降低代理成本,公司形式中包含了各种相应机制。当公司发起人或董事发行股票时,证券市场上的投资者就会首先审查公司的治理结构和措施,包括董事的忠诚和能力以及股东控制权等,然后决定是否投资。根据契约理论,这是一个优胜汰劣的自然选择过程。只有那些市场投资者赞同的公司治理措施才会生存下来,这些治理措施也就是最优的措施,如独立董事和股东救济制度等。除了资本市场之外,其他市场机制也有这方面的作用,比如,公司控制权市场、经理人市场和产品市场等。

根据公司契约论,公司不过是一组契约,而不是一个真正的实体,因此公司不存在上下的等级制度。公司中降低代理成本的各种措施完全是由市场机制决定的,并体现在相关的契约中;公司中的各方契约当事人都被视为理性的经济人,有权利也有能力按照自己的意愿缔结契约。公司契约论主张公司自治,公司事务被视为契约当事人之间的私人事务，它们应当交由市场力量的“看不见的手”决定，尽量减少国家干预。在此理论下，公司法的主要作用就在于减少契约机制的交易成本，具体而言，第一，通过提供一个标准的格式契约而减少契约订立的成本；第二，通过国家统一的执法机关而减少契约履行的成本。在一个完美的没有交易成本的科斯世界中，也许可以完全通过契约途径解决公司中的代理问题，但现实世界存在交易成本。[③] 比如，订立契约需要成本，特别是由于“搭便车”(free-ride)和集体行动(collective action)等问题的存在，使单个契约订立的成本都可能很大，社会总体的契约订立成本就会更加高昂。实际上，这些订约成本中有很大一部分是纯属没有必要的浪费，因为每家公司中的参与人每次都需要不断重复地订立一些内容上几乎雷同的契约。为了避免这部分重复性的订约成本，国家应当提供一套标准的契约格式条款，以便公司参与人在需要时方便援用。当然，这些标准条款应当尽可能地接近于在一个交易成本为零的世界中公司参与人通过协商所可能达成的契约条款。公司法律规范实际上就是这些标准契约条款。在有些情况下，这些标准契约条款可能并不符合具体公司的最佳利益，公司参与人可以改变那些标准条款，并专门订立适合自己特定情况的具体契约条款。因此，公司法应当主要是任意性规范而非强制性规范。

2.《公司法的强制性结构》[④]

该文作者杰弗里·N. 戈登是美国哥伦比亚大学法学院教授。

---

③　科斯关于交易成本为零市场就能有效配置资源的观点实际上有一个内在的逻辑问题。如果交易成本真是零，那还会有市场吗？还需要市场吗？市场必然存在交易成本，因为市场机制就是由各种商业中介和法律设施等组成，良好运行的市场的交易成本往往并不低。当然，市场的作用又在于降低交易成本，但到底降低了什么交易成本呢？根据 F. H. Knight(奈特)、H. S. Gordon(戈登)和张五常等人发展的租值消散理论(dissipation of rent，也称为租值耗散)，市场可以降低租值消散，其核心在于形成一个有效的价格机制，在通常情况下，这是成本最低的一种资源配置机制，与政府的行政管制甚至私人的武力抢夺等方式相比，市场机制的资源配置效率更高(需要指出，非价格机制有时在配置资源方面可能更有效率，这正是政府干预经济的正当性基础)。

④　Jeffrey N. Gordon, “The Mandatory Structure of Corporate Law” (1989) 89 *Columbia Law Review* 1549.

1988 年 12 月 8 日至 9 日，哥伦比亚大学法学院召开了一场关于公司法应当是任意性抑或强制性规范的“华山论剑”，当时美国顶尖的公司法学者悉数到场，盛况空前，而本文作者正是该大会的召集人，本次大会的论文随后发表在 1989 年《哥伦比亚法律评论》第 89 期的专版上。可以讲，对于公司法任意性和强制性问题的讨论，这次会议代表了一个巅峰，至今仍未逾越。

本文与上面的《公司契约论》都是此次会议的论文，分别代表了两派观点。如上所述，《公司契约论》强调公司法的任意性品格，而本文指出公司法应当在某些方面具有强制性结构，即公司法应当是一个任意性与强制性规范的混合型。本文首先阐述并评判几种支持混合型公司法的假说，即投资者保护假说、不确定性假说、公共产品假说、创新假说和投机修改章程假说。除了第一个假说之外，其他四个假说都是基于以下观点：强制性规则的僵硬缺陷所导致的效率损失小于这些规则通过解决订约过程中的问题而产生的收益。戈登教授认为，后三个假说，特别是最后一个假说，具有强大的理论说服力，然后根据这些假说提出的标准分析某些强制性的公司法规则，包括程序性规则、权力分配性规则、经济结构变更性规则和诚信义务规则等，并且探讨两个相互联系的观点：第一个观点认为，一组数量有限的“非构成型”强制性规则——比如，给异议股东提供一个退出机制的异议股份收买请求权——难以取代目前存在的“构成型”规则；第二个观点认为，由于董事诚信义务的目标是为了保护公平，而不是私人利益最大化，因此，允许选择退出诚信义务在本质上是错误的。

3.《公司社区论：法理基础及法律改革》⑤

本文作者大卫·米伦是美国 Washington & Lee 大学法学院教授，Frances Lewis 法律中心主任，是公司法社区理论的代表人物。社区理

⑤ David Millon, "Communitarianism in Corporate Law: Foundations and Law Reform Strategies" in Lawrence Mitchell (ed.) *Progressive Corporate Law* (1995) 1.

论(communitarian theory)将公司视为一个社区,关注董事在服务于股东利益的过程中对非股东公司利益相关人的负面影响问题。此理论的兴起是因为20世纪80年代发生在美国的敌意收购浪潮,在收购后,为了获得收购效益,收购方通常对被收购方进行重组,将一些工厂关闭或搬迁,从而造成大量工人失业,当地社区损失原本为吸引公司而进行的投资等。如上所述,公司契约论认为,这些非股东公司利益相关人能够通过契约机制有效地保护自己。但是,社区理论认为这种观点不成立。

第一个理由,非股东公司参与人利用契约机制进行自我保护在现实中不可行。社区理论认为,公司契约论只关注公司行为的经济成本,但实际上公司行为包括更为广泛的非经济的社会成本。比如,工人下岗后的损失不仅仅是工资的损失,而且包括心理上的痛苦和自尊上的伤害;即使该工人找到了新工作,他也会由于上一次的解雇经历而存在心理障碍,成为惊弓之鸟,难以适应新的工作环境。这些负面影响都是真实存在的,但都难以用金钱衡量和弥补。另外,非股东公司利益相关人不可能预见到所有的可能对自己造成伤害的公司行为,从而不可能在契约中进行规定。这首先是由于信息不对称的原因。在缔约过程中,公司管理层通常享有信息上的优势,知道公司以后的经营方针和计划等。其次,有些事情连管理层也无法预见。市场形势瞬息万变,存在很多不确定因素,任何人都难以把握。最后,即使有些公司行为可以预见,但是,由于尚未发生,难以准确估计它们的影响后果。

第二个理由,即使通过契约进行自我保护在技术上是可行的,但是,由于谈判力量的不对等,非股东公司参与人难以获得充分的契约保护。这实际上是一个实质公平与形式公平的问题。契约理论主张的是形式公平,认为契约是双方平等协商的结果,人人都有讨价还价的自由。因此,契约当事人的权利和义务完全按照契约规定,外界因素不得介入。相反,社区理论主张的是实质公平,认为由于当事人之间的谈判力量不同,绝对的契约自由不能保证契约公平。与股东相比,非股东的谈判力量较弱,因此,非股东的公司参与人的权利不能只限于他们在契约谈判中所争取到的权利,而需要法律的特殊保护。这个问题实质上反映了社区理论与公司契约论对于市场机制的不同态度,具体而言,社区理论认为不能完全依赖市场机制。

那么,法律的特殊保护是什么呢?社区理论进一步提出,各种公司参与人之间负有相互尊重和相互支持的义务,而这种义务来源于公司参与人之间的相互信任和依赖的关系。比如,雇员基于在公司长期工作的预期而进行了大量的与公司相关的人力投资,进行职业培训,放弃其他的工作机会等,因此,如果公司让雇员下岗,就是损害了相互之间的信任和依赖关系,违反了相互尊重和支持的义务。具体到董事义务问题,主张社区理论的学者之间分歧较大。温和派认为,董事在决策中可以考虑非股东的公司参与人的利益,有义务(但不是信义义务)去避免损害他们;激进派认为,董事应当对于所有的公司参与人都负有信义义务,在决策中必须考虑所有人的利益,此观点在学界称为"多重信义义务"。

本文还指出了通过契约进行自我保护的一个重大理论缺陷:契约机制的运行效果不仅有赖于契约订立和执行方面的规则,而且取决于作为契约交换对象的公司权利的初始界定。根据科斯定理,只有法律进行了初始的权利界定,才能开展市场交易,对于法律界定的初始权利进行重新配置。如果交易成本为零,那么,无论初始的权利界定如何,最终都会达到一个有效率的结果,就像不倒翁游戏一样,无论开始将不倒翁扳至什么位置,它最终都会恢复到平衡状态;但是,如果交易成本很大,初始的权利界定就很重要,将会影响最终结果,就像不倒翁受到很大的外力干扰而无法最终恢复平衡状态一样,将不倒翁扳至的初始位置将决定它的最后位置。显然,现实世界中都是有交易成本的,权利的初始界定也就非常重要。然而,目前的初始权利界定都是偏袒股东的,而这种权利界定又是先于且独立于契约机制的,因此,契约机制的最终结果必然是偏袒股东的。鉴于此,公司社区论认为,除了契约机制外,还需要考虑初始权利界定的问题,对于在初始权利界定中受到损害的一方,应当提供补偿。

4.《公司法的团体生产理论》⑥

本文作者玛格丽特·M. 布莱尔和林恩·A. 斯托特两位教授是公司法团体生产理论(team production theory)的提出者,自 20 世纪 90 年代以来发表了一系列文章。与社区理论一样,公司法团体生产理论也是挑战契约理论的股东利益至上原则,不过,它建立在法经济学的基础之上,而不同于基于公平理念的社区理论,因此该学说在法理上更为充实和具体,也更易为信奉法经济学分析的英美法系公司法学者接受。尽管该理论出现时间晚于社区理论,但甫一问世就反响很大,其影响力已经迅速赶超后者。

团体生产理论认为,公司是由不同的参与人为了共同的利益而组成的一个生产团体,各种参与人贡献不同但是地位一样,比如,股东出金钱,董事出管理,雇员出劳力等。因此,该理论反对将公司视为股东财产从而股东利益至上的观点。在这个生产团体中,每个公司参与人都进行了与具体公司相关的投资(firm-specific investment),这种投资一旦做出,就与公司紧密联系在一起,不能自由撤出,否则就会减少价值或完全丧失价值。比如,雇员在一家公司工作,花费了大量时间和精力获得了工作经验,但是,这个工作经验在一家业务不同的公司中可能就没什么价值。由于这种投资存在很大风险,那么应当如何鼓励公司参与人积极地进行这种投资呢?团体生产理论认为,各种公司参与人之间实际上是一个相互信任和依赖的关系,因为任何一方的不当行为都会影响公司生产,从而损害其他人利益。简而言之,一荣俱荣,一损俱损,因此,大家负有相互保护和支持的义务,否则,尔虞我诈,争权夺利,公司就难以为继。

---

⑥ Margaret M. Blair and Lynn A. Stout, "A Team Production Theory of Corporate Law" (1999) 85 *Virginia Law Review* 247 -328.

但这里关键的问题是如何保证大家相互保护和支持从而维持公司这个经济共同体？如何防止有些人的懈怠和寻租行为？通过契约机制难以做到这点，因为现实中情况复杂，不可能事先进行详细的规定。因此，各种公司参与人建立一个公司内部的利益协调机制，同意将公司中的所有利益分配问题交由这个机制进行解决，而这个机制就是公司的管理层。这样，公司就变成了一个协调性的层级组织（mediating hierarchy）。董事的任务就是平衡和协调不同公司参与人的利益分配，使每个人都安心工作从而保证公司的正常运行。如果董事过度偏重于一方利益，比如，股东利益，就会引起其他人的不满，以至于离开公司，造成公司作为一个团体生产组织的解体。简而言之，董事必须公平考虑所有公司参与人的利益。

因此，团体生产理论认为，董事是公司的受托人，服务于公司各方参与人的利益，而不仅仅是股东。在这方面，该理论与社区理论一致，提倡公司的社会责任。为了保证董事能够公平处事，董事需要相对独立于所有的公司参与人，特别是股东。在这方面，团体生产理论从某种程度上支持公司的内部人控制现象。当然，为了防止董事本身的不当行为，团体生产理论要求对于董事进行必要的监督。比如，董事义务和股东的投票权等。不过，赋予股东投票权并不是因为股东是公司的所有者或董事是股东的代理人，而是因为股东更适合监督董事，比如，作为剩余财产请求权人，他们具有投票的动机，而且最能代表全体公司参与人的利益。

5.《鸟、兽与蝙蝠的故事：公司宪政论之发展》⑦

公司宪政论（corporate constitutionalism）是由澳大利亚国立大学法学院院长斯蒂芬·波特姆利教授近年来系统提出。与公司契约论

---

⑦ Stephen Bottomley, " The Birds, The Beasts, and The Bat: Developing a Constitutionalist Theory of Corporate Regulation" (1999) 27 *Federal Law Review* 243－264. 本文后来成为其专著 Stephen Bottomley, *The Constitutional Corporation: Rethinking Corporate Governance* (Ashgate, 2007) 的第三章。

不同,公司宪政论将公司视为一个类似于共和国的政治实体(body politic),具有严谨有效的组织结构和运行程序。在大型的、股权分散的公众公司中,股东直接管理公司是不可行的,但又需要让股东尽可能地参与公司事务,因此,就像代议制的政府体系一样,公司治理结构在本质上也必然是代议制的。比如,公司股东选出董事会,由后者负责公司的经营管理,这种经营管理权不应受到股东的随意干涉,这与代议制政府选举出来之后选民就不应随意干涉议会和内阁运行的道理一样,因此,这种代议制的政治理论为董事会的权力正当性提供了基础。

需要指出的是,公司宪政论并不是简单地将相关的政治理论套用到公司的场合,将公司完全等同于代议制的国家政体。确实,虽然公司结构与国家政体存在一定的相似性(很多公司法学者可能都有这种感觉),但二者实际上存在很多重大区别。比如,议员本身就是选民,而公司董事未必是股东;议员主要代表自己选区的选民利益,而公司董事必须服务于公司的整体利益,其义务对象通常是公司而不是个别股东。当然,这些区别并没有堵塞利用政治理论研究公司和公司法的路径,只是要求不能直接将政治理论适用于公司研究,而需要对于相关政治理论进行甄选和改造,以构建一个适用于公司的政治理论。

在其理论建构的过程中,公司宪政论从很多宪政理论中汲取了营养,包括自由宪政主义(liberal constitutionalism),即尊重个人权利和利益;社群主义(communitarianism),即在尊重个人权利的同时考虑整体利益;共和主义(republicanism),即强调全体成员的共同利益。为了实现这些理念,公司宪政论着重强调公司的决策过程,希望通过程序正义实现实质正义。这些理论揭示了一个实体中成员个人与组织整体之间关系的变迁性和复杂性,对于成员身份的“公共”和“私人”属性都予以关注,从本质上讲,宪政主义的目标就是协调社会生活中公共与私人之间的各个方面。将宪政主义运用在公司的场合,公司被可以视为一个既包含公共利益又包含私人利益的组织机构,既体现在公司参与人相互协作的内部关系中,也体现在公司与国家和社会之间的外部关系中,从而映射出公司兼具“公”和“私”的双重特征,拥有集体和个人的二维身份,与此相应,公司法也必然是公法与私法的统一体。总体而言,公司和公司法具有“公私二象性”。[⑧] 正如该文题目所示,像蝙蝠一样,既不是鸟,也不是兽,而是兼具二者的特征。

在方法论上,公司宪政理论与公司契约论有本质不同。经济学上的公司契约论采用目的论,关注焦点在于预期经济目标的实现与否,是否节省了交易成本,提升了经济效率,而不是实现过程中对于某些人的利益影响问题。在经济学中,效率主要有两个标准:一个是帕累托标准;另一个是卡尔多—希克斯标准。前者是指如果一项交易可以提升某人的福利但同时不会减损其他人的福利,则是有效率的,但这种情况在现实中很少出现;后者是指如果一项交易提升所有人的整体福利,那么,即使在此过程中有些人的个体福利受到减损,也是有效率的,现实中的情况大多如此,故该效率标准具有更广泛的现实应用价值。显然,卡尔多—希克斯效率强调的是目的正当性,而缺乏对于过程正当性的关注。相反,宪政理论关注决策的过程和结构,而不是决策的结果,确实,民主体制强调的是人民参与决策的权利和过程,由此做出的最终决策就拥有合法性和正当性,而无论决策本身的内容是愚蠢还是英明。

因此,公司宪政论主要关注公司的决策过程,希望通过程序正义实现实质正义,并提出公司的决策过程应当遵循以下三个政治原则。第一,问责原则(accountability),即如何有效监督公司管理层行使其职权。公司治理借鉴了民主国家的代议制体系,采用了双重决策结构,

⑧ 在自然科学中,曾经有一场非常著名的关于光的本性的大辩论:一方是以惠更斯为代表的波动说,认为光具有波动性,是以太的一种纵向波;另一方是以牛顿为代表的微粒说,认为光具有粒子性,是由微小粒子所组成;这场大辩论持续了几百年,直到 20 世纪初爱因斯坦提出了“光的波粒二象性”学说,认为光既是一种波也是一种粒子,第一次天才般地揭示了光的波动性和粒子性的统一,从而结束了光的波动说与微粒说之争,爱因斯坦也因此获得了诺贝尔物理学奖。

包括股东大会和董事会。当股东大会选举出董事会后，董事会就成为公司法意义上的代议机关，其管理公司的权力具有一定的独立性，股东不能随意干涉董事会的职权行使，但是，这并不意味着董事会可以为所欲为，因而董事的问责原则犹显重要。该原则的一个重要实现途径就是设计科学的分工和分权机制，不仅包括股东大会与董事会之间的分权，也包括董事会内部的分权，比如，董事长与CEO的分权、执行董事与非执行董事的分权、董事会与下属专门委员会的分权等，甚至还包括公司与外部审计师的分权等。根据政治上的分权理论，权力过度集中就会导致“大到无法管”，因此，分权机制旨在解决“一言堂”和“内部人控制”的问题，使问责成为可能。

第二，协商原则（deliberation），即公司的决策过程应当经过充分协商。这个协商原则既适用于股东大会，也适用于董事会，体现为股东大会和董事会在召集和召开等方面的各种程序性规定，包括会议通知要求，法定人数要求，表决权行使规则，甚至会议记录要求等。当然，协商原则也对于相关人员参与协商提出了要求，比如，董事勤勉义务就要求董事积极出席会议，而机构股东也应当积极参与公司事务。相对而言，股东大会在实现协商原则方面的问题更大，因而也成为关注的中心。比如，股东（特别是机构股东）是否负有积极参与公司事务的某种义务？股东在行使表决权时是否需要有所限制（不得滥用权利或必须为了公司整体利益等正当目的）？除了股东大会之外，股东是否还有其他的协商机制？

第三，争议原则（contestability），即股东或董事能够对其认为与公司利益相违背的决策提出争议，挑战其合法性和正当性。这种争议既可针对决策的内容，也可针对决策的程序。争议原则体现为不同方式，既包括公司内部的争议机制，比如，在股东大会上质询董事和高管、提出议案等，也包括公司外部的争议机制，主要是法院诉讼和向监管机关投诉，比如，派生诉讼，压迫行为或不当损害诉讼等。

由上可见，公司宪政论的三大原则实际上紧密联系在一起，甚至有相互交叉的部分。比如,问责原则下的分权机制为协商原则下的股东大会运行提供了制度基础,股东大会的协商规则同时也成为公司内部的争议机制,而争议机制是实现问责原则的具体途径。因此,三大原则互为补充,相得益彰,需要作为一个整体进行理解,其中心是公司的决策结构和程序,包括决策前的分权体制、决策中的协商过程和决策后的争议机制。

6. 简评

公司契约论或法经济学理论目前是英美法系公司法的金科玉律,牢牢地统治着公司法学者的思想,特别是在美国。确实,美国法学界利用该理论进行公司法研究,成果卓著,影响日隆,多年来早已成为美国公司法研究的主流范式,并逐渐输出到其他国家,包括我国。

需要指出,公司契约论的“契约”与我国民法上的“合同”存在重大区别。近年来,法经济学理论以“合同”的概念载体被引入到我国法学界,而很多学者在研习该理论的过程中,很自然地产生这样一个疑问:既然公司本质上就是一组合同关系,为何不直接适用合同法,而还要另外制定公司法呢?一种解释是所谓的“标准契约”理论。本文选取的《公司契约论》一文作者伊斯特布鲁克和费希尔认为,公司法提供了一套标准的契约条款范本,公司参与人可以直接采用,从而节省缔约成本。具体而言,公司法规则可以被视为默认的契约条款,公司参与人可以选择适用,另外,在公司明示契约存在空白和漏洞时还可以进行填补。但是,这个解释似乎不能令人完全信服:如果公司法被视为一个标准契约范本,就意味着其在本质上并没有超出契约法的范畴。比如,我国《合同法》就规定了很多特别的合同类型,包括委托合同、行纪合同、借款合同和融资租赁合同,等等,为何就不能再增加一个“公司合同”呢?

要更好地理解公司法的角色,有必要重新审视法经济学的发展过程。法经济学,顾名思义,是一个法学与经济学的交叉学科,虽然法学和经济学都使用契约(contract)一词,但二者对于该词的理解存在重大差异。经济学意义上的契约是指非常广泛的基于当事人意思自治达成的任何安排,并不限于双方的利益交换行为,几乎等同于协作,而法学意义上的契约(我国的正式称谓是“合同”)则要狭义得多,对于其构成要素有严格的界定,强调合意和对价等问题,且具有法律的约束力。实际上,经济学家在构建公司契约理论时只是将契约作为一个分析工具,主要特征是参与人的意思自治,基于自愿进行合作,其他细节在非所问,并刻意将其与法学上的契约概念区分开来。⑨ 他们研究的一个重要问题就是公司的内部交易与通常的市场交易在契约机制上到底有何不同,为何公司内部交易能够节省成本,从而论证公司存在的必要性。

在这方面,以威廉姆森为代表的制度经济学学者采用了所谓的“关系契约”(relational contract)概念,强调公司缔约方之间关系的重要性。根据关系契约理论,与离散的、注重交换行为的市场契约不同,公司契约本质上是缔约方之间复杂的、长期的协作关系,强调交易的效率和安全,而不是或仅仅是交易的公平和对价。由于公司契约的特殊性,商法上的公司规则在很多方面不同于民法上的合同规则,比如,作为公司契约典型的章程在变更时不需要所有股东的同意,而是采用多数决原则,并且,多数决的基础是股份比例而不是股东人数;虽然理论上股东是公司契约的当事人,但在很多情况下,单个股东并不能要求公司履行契约,而是需要满足一定的实体和程序条件;公司契约通常无法撤销等。概而言之,经济学意义上的契约与法学意义上的合同在理念和要素等方面都迥然有异,故无法通过我国法学上的合同法去

---

⑨　另外一个例子是产权概念,虽然在法经济学文献中反复使用,但与契约一样,其在法学与经济学中的含义也有重大不同。简言之,在法学中,产权主要是指财产所有权以及与财产所有权有关的财产权,强调对于财产享有占有、使用、收益处分等权利;而在经济学中,产权要广泛很多,包括界定、规范和保护经济关系的任何制度安排,强调其具有的激励、约束、协调和资源配置等经济功能。比如,就国有企业而言,国家所有权(全民所有制)在法律概念上是很清楚的,即国家对于相关财产享有所有权,但在经济学意义上是不明晰的,因为产权没有落实到个人,最终没有个人能够真正自主地行使相关权利,从而也就难以实现激励和约束等经济学功能。

规制公司契约,而必须单独制定公司法。[10]

虽然公司契约论的契约概念具有特殊性,但其本质上还是秉承了契约自由原则,强调公司的私人自治和私法属性。根据公司契约论,公司就是参与人的个体集合,通过契约联结在一起,而没有一个公司作为整体的观念,可谓"只见树木,不见森林",其逻辑结果是,公司参与人各自追求自己的最大利益,而没有作为一个整体的"公司利益",在这些参与人之中,股东是享有剩余控制权和索取权的人,其利益最大化就成为了公司目标;作为标准契约条款,公司法的性格应当是任意性而非强制性,国家不应干预公司事务。这种理论范式与现代公司和公司法的现实状况已经出现抵牾,特别是大型公众公司的组织化特征日益明显,公司社会责任问题日益突出,公司丑闻和金融危机高发频发等,以至于近年来颇受诟病。

首先,公司契约论纯粹从经济学的视角看待公司,而排斥其他的研究思路,导致研究方法上的片面性,使其难以对于某些问题作出完全令人满意的解释。比如,如果公司只不过是一组契约,那么,如何解释公司享有的各种特权?比如,永久存续、有限责任和独立人格等。这些特权并不是契约关系的必然产物,其他的商业契约关系,如合伙就没有这些特权。

其次,公司契约论将公司各参与人之间的复杂关系简化为一堆双边契约,这与现实中公司的组织结构和运营模式并不完全吻合。在现代社会中,很多大型公司已经是庞然巨物,富可敌国,内部架构已经发展得非常精细复杂,组织严密,层级分明,具有机构实体的典型特征,难以解释为一组松散的契约。

再次,从契约自由原则出发,公司契约论提倡公司事务应当通过

---

⑩ 为了避免这种概念上的混乱,法经济学上的 contract 翻译成"契约"为宜,以区别于法学上传统的"合同";事实上,我国经济学界在翻译相关文献时几乎都是采用"契约"一词,如果法学界翻译时采用"合同"一词,可能不但增加法经济学中法学与经济学两派学者的概念冲突和交流困难,而且易让人将公司"契约"误解为法学上的"合同",以至于生搬硬套民法上的合同规则进行商法上的公司研究。

私人的、自愿性的当事人协议机制解决,反对国家进行各种公权干预。但是,现实中世界各国都以公司法等形式强制性地规制公司行为,特别是 21 世纪以来,先有安然丑闻,紧接着金融危机,国际共识认为,对于公司的政府监管不是过度,而是不足,因而改革方向不是“去监管”,而是加强监管。

最后,公司契约论传统上秉承股东利益至上原则,反对公司社会责任理念,有违现代公司法发展趋势。根据该理论,公司被视为一个以股东为中心的私人契约网,契约当事人有权追求自身利益的最大化,因而公司应当奉行股东利益至上原则。但是,现实中公司行为不但影响到公司内部人的利益,也影响到公司外部人的利益,如公司生产的环境污染问题。当然,公司契约论也并非完全忽视公司社会责任问题,它将公司对于外部人利益的影响视为一种外在性(externa-lity)或者第三方效应(third-party effects),认为在出现这种情况时,契约自由原则就要受到限制。就像一般的契约订立中当事人不能订立损害第三方的契约一样,公司参与人在订立契约时必须考虑外部人的利益,在必要时国家可以制定强制性的法律规范以达到此目的。不过,公司契约论主张,国家不应当直接强制性地规定公司社会责任,比如要求董事考虑非股东利益等,毕竟“一仆难侍二主”,这样可能会导致董事在经营决策时无所适从。更好的做法是,间接地通过对于具体公司行为(如环境污染行为)进行法律制裁,使公司行为的社会成本“内部化”,增加公司的经营成本,让公司自己根据利润最大化的原则作出相应的行为决策。

另外,公司契约论认为,外在性问题也可以通过契约机制解决。比如,如果雇员担心没有补偿的解雇,他们可以与公司谈判,在其雇用契约中明确规定相应条款,比如,保证工作职位的长期性,解雇时的补偿费,下岗再就业的培训费和其他形式的保护等。如果雇员没有要求订立这样的条款,就说明他们同意公司在追求股东利益最大化时可以随时解雇他们,而且,更为重要的是,雇员可能是以放弃这种利益为代价而获得了其他方面的利益。比如,因为雇员没有要求工作的长期性,他们通常能够获得更高的报酬率。因此,如果法院事后介入,认为雇佣契约没有提供工作保护而不公平,从而要求公司补偿,这实际上是将股东财富不公平地转移到了雇员处,雇员基于同一个损失获得了双份补偿。

因此,有不少学者开始反思公司契约论的现代意义,试图对其进行修正,甚至推倒重来,包括社区理论、公司团体生产理论和公司宪政论等。社区理论在倡导公司社会责任方面非常积极,很有实际意义,但存在一些重大问题。首先,此理论不是基于法经济学分析方法,而是基于传统的公平和正义理念,与法经济学分析方法相比,公平与正义等理念显得过于抽象和空洞,它们的具体内容因人而变,因时而变,这也是为什么社区理论在董事义务等具体问题上发生内部分歧的原因。其次,社区理论不能给董事行为提供一个清楚的指导。比如,社区理论认为董事有义务保护非股东的公司参与人的利益,甚至对所有人负有信义义务,但是,这种要求在现实中难以实现,如上所述,现实中"一仆难侍二主",股东与非股东之间的利益冲突有时无法调和,董事没有万全之策,顾此必然失彼。因此,社区理论的皆大欢喜的目标有时并不现实,反而搞得董事无所适从。不过,近年来由于在经济全球化背景下跨国大公司出现以发展中国家利益为代价而追求利润最大化的趋势,公司社会责任问题日益突出,而社区理论为这一问题提供了强大的理论支持,所以其影响也在不断增强。

近年来出现的公司团体生产理论是对于公司契约论的一个建设性修正。公司团体生产理论将大型公司视为一个具有层级制度的生产团队,从经济分析的角度出发解释公司架构和治理的实然性与应然性。与上文提到的社区理论不同,虽然公司团体生产理论对于公司契约论提出了质疑,但该理论还是采用经济分析方法进行理论构建和制度评判,与公司契约论具有共同的理念背景和分析母体,故而具有更强的可接受性,至少在推崇经济分析的美国是如此。

虽然团体生产理论很有说服力，但也存在一些局限性。首先，它主要适用于大型的公众公司。其次，团体生产理论不能保证各种公司参与人得到完全公平的利益保护。由于存在交易成本，只要不公平的问题不是太大，公司参与人不会轻易离开公司。董事工作的目标就是保证各种公司参与人留在公司，所以，不是太严重的利益损害问题不会引起董事的注意。最后，团体生产理论难以处理董事独立性的问题，这是该理论的最大缺陷。该理论要求董事有效地独立，赋予董事自由裁量权，但是，现实中董事难以真正独立，其自由裁量权的行使取决于各方公司参与人的力量对比。换言之，各方公司参与人需要相互竞争提升自己的地位，显示自己的重要性，从而迫使董事做出有利于自己的决策。这就涉及各方公司参与人的谈判力量问题，从而回到了公司契约论的老路上。在此方面，团体生产理论的现实效果可能比公司契约论还糟糕，因为契约理论明确要求股东利益至上，其他公司参与人也就没有非分之想，而团体生产理论鼓动所有人竞争，最后可能实质结果仍是一样，而且劳民伤财，还伤害公司各方参与人之间的关系。所以，团体生产理论下的公司社会责任被批评为空洞的承诺。

不过，团体生产理论在促进公司社会责任方面的积极意义还是相当重大。如上所述，公司契约论基本上反对公司社会责任理念，认为董事必须只服务于股东利益，而社区理论基本上主张将公司社会责任严格地法律化，要求董事必须考虑非股东的利益，这两种观点似乎都比较极端，因此都颇受批评。相比之下，团体生产理论采取了一个折中的态度，让董事可以而不是必须考虑股东之外的其他公司参与人的利益。其实质效果是赋予了董事选择承担公司社会责任的自由，如向灾区捐款等，当然这种行为通常是完全符合股东的长期利益或道德价值而应当会获得股东的支持，但即使在某些情况下有些股东不满，他们也不能像公司契约论所主张的那样将董事告上法庭，控诉董事违反信义义务，以损害股东利益为代价而承担公司社会责任等。这样，在社会舆论面前，公司董事就不能以违反信义义务为名推卸公司社会责任,从而有助于提升公司社会责任理念。当然,董事在履行公司社会责任时也不能完全自作主张,否则股东还是可以通过投票等途径惩罚董事的过度的“慷股东之慨”行为,因此,这是一个平衡把握的问题。英国2006年新修订的公司法以“公司成功”代替了“公司最佳利益”,规定董事“可以”考虑非股东的利益,这个版本的公司社会责任与团体生产理论是基本一致的,也是目前而言最为现实可行的。

公司宪政论无疑是对公司契约论的一个重大挑战,在理念和指导原则上都与公司契约论迥然不同。与公司契约论代表的经济分析路径不同,公司宪政论是公司法的政治学分析,为公司本质和目标等问题提供了一个全新的分析框架,具有很高的理论价值和实践意义。公司宪政论将公司视为一个独立存在的政治体,近乎完美地阐释了公司人格的本体性问题。确实,公司契约论的一个重大缺陷就在于否认公司作为一个实体的存在,从而无法妥善解决很多关于公司人格的问题,如公司的民事与刑事责任问题,董事义务的对象问题等。另外,虽然特许权理论和自然实体理论承认了公司的独立人格,但这些理论来源于传统民法上的法人理论,随着公司形式的演进和商业实践的创新,民法上的法人理论在适用于公司时也日益显得捉襟见肘,比如,需要政府特许而设立公司的做法早已尘封历史,一人公司的出现使得很难再把公司生硬地塞进社团法人的范畴。从这个意义上讲,公司宪政论是公司法自己的理论,让公司法无须再依附于传统民法的框架。最后,公司宪政论将公司视为一个政治体后,能够很自然地诠释公司内部存在的复杂层级结构和权力运行机制;而将公司视为一堆契约的公司契约论认为,公司各参与人之间就像自由市场上的主体一样相互平等,不存在上下的层级关系,也没有真正意义上的“权力”和“命令”,显然并不符合公司(特别是大型公众公司)的现实情况。[11]

---

[11] 对于企业内部是否存在等级和权威的问题,科斯在《企业的性质》一文中的立场比较模糊,在论述企业契约机制的同时也提到了企业内的权威指挥,但后来很多学者,如阿尔钦和德姆塞茨等,明确地将企业视为一堆平等关系的契约,认为企业内部不存在权威要素。

当然,与所有的理论一样,虽然公司宪政论具有强大的解释力和指导力,但也存在一些问题。该理论的核心内容在于强调形式上的公司决策结构和程序,而不关注实质上的决策质量和价值标准。这种政治上的民主理念未必完全适合经济上的公司运营,对于面临激烈市场竞争的公司而言,效率就是生命,结果往往比过程重要。当然,在很多情况下,程序正义能够保证决策的质量,能够降低出现像安然公司、雷曼兄弟那样的灾难性后果的机会。另外,相对于经济学上的效率标准而言,政治学上的宪政标准显得比较模糊,难以把握,因此,在根据公司宪政论对于决策过程进行应然性的评价时,可能会有不确定性的问题。

最后,公司宪政论认为公司是一个独立的实体,不是公司内部人个人行为或财产的简单集合,从而提出了“公司整体利益”的概念,但“公司整体利益”又是以股东利益为中心,等同于“股东整体利益”,并通过股东实现。由于公司宪政论的关注点是决策过程,而股东大会是一个主要的决策机关,股东自然就成了公司组织的中心,因此,公司宪政论没有去推翻公司契约论的股东至上原则,而是选择与其合作,对其进行灵活性的解读,认为股东利益不限于狭隘的金钱利益,还包括非金钱的利益,并寄希望于股东在决策时会综合考虑自己的短期和长期利益,包括公司的社会责任问题,最终达到提升公司整体利益的目的。然而,现实中股东是否真的会像公司宪政论所期待的那样去考虑公司其他参与人的利益,从而承担起公司社会责任,不无疑问。当然,公司宪政论也讨论了超越股东至上原则以应对公司社会责任的可能,比如,董事是否对于非股东的利益相关者承担义务,但其态度并不明朗,基本上是“既不支持也不反对”。总而言之,公司宪政论在理论上为公司社会责任问题提供了一个新的解决路径,但现实效果如何尚待检验。

(二)公司法的运行

本节包括4篇文章,分别讨论公司的有限责任制度,公司投票制度,外部董事的核心信义义务制度和股东积极主义。

《有限责任与公司》[12]和《公司法中的投票问题》[13]的作者都是弗兰克·H. 伊斯特布鲁克和丹尼尔·R. 费希尔。在《有限责任与公司》一文里,两位作者认为经济分析——特别是公司理论和保险经济学——能够解释关于有限责任的法律规则,阐述了有限责任规则及其例外(即刺穿公司面纱制度)的重要经济功能。在现代公司中,特别是公众公司中,所有权与经营权相分离的制度特征——公司管理权被委托给作为代理人的经理而股东作为投资人承担商业风险——是依赖于有限责任制度的,债权人和股东都受益于有限责任制度。即使法律没有提供有限责任制度,公司也会试图通过契约机制(如保险)来自己创设这种制度;当然,法定的有限责任制度能够让公司以一个更低的成本获取该制度的收益。另一方面,有限责任制度存在风险外部化的问题,即将风险从股东处转移到债权人,不过,这个问题并不是太大,因为公司具有动机去购买保险。其次,刺破公司面纱制度能够缓解风险外部化问题,旨在平衡有限责任制度的收益和过度冒险行为的成本。最后,还可以通过其他方法降低有限责任导致的道德风险,包括强制性保险、经理责任机制以及政府监管等。

在《公司法中的投票问题》中,伊斯特布鲁克和费希尔从法经济学(公司契约论)的角度认为,公司契约具有天然的不完备性,不可能对于所有的公司事务进行具体规定,同时,作为标准格式契约的公司法也不可能完备,因此,现实中公司事务必然存在一些没有明确规定或需要自由裁量的问题,而投票机制实际上就是填补这种漏洞。在设计

---

⑫ Frank H. Easterbrook and Daniel R. Fischel, "Limited Liability and the Corporation" (1985) 52 *The University of Chicago Law Review* 89 -117. 本文后来成为其专著 Frank H Easterbrook & Daniel R Fischel, *The Economic Structure of Corporate Law* (Harvard University Press, 1991)的第二章。

⑬ Frank H. Easterbrook and Daniel R. Fischel, "Voting in Corporate Law" (1983) 26 *The Journal of Law and Economics* 395 - 427. 本文后来成为其专著 Frank H. Easterbrook & Daniel R. Fischel, *The Economic Structure of Corporate Law* (Harvard University Press, 1991)的第三章。

投票机制时，其指导原则是，投票权应当归属于拥有公司剩余财产索取权的任何团体，通常情况下是股东，但在特殊情况下，如公司破产情形，就将是债权人。如果投票权与公司剩余索取权不匹配，行使投票权的人就不会具有正当动机去进行决策，从而产生代理成本，因此，通常应当采取一股一权的规则，应当禁止投票权的购买和不可撤销的投票权委托行为。另外，上述原则也可解释为何累积投票权制度在现实中很少采用、[14]证券交易所通常不允许发行无投票权或超级投票权的股票，[15]以及股东可以在董事任职期间将其罢免等问题。最后，由于投票成本高昂，存在股东理性冷漠和集体行动问题，而且，资本市场提供了退出机制，因此，投票机制只是在某些极端情况下才有效。这意味着，那些要求增加投票信息披露量、让股东有更多机会进行投票，以及增加机构投资者的投票参与度的规则产生的成本可能超过其收益，应予摒弃。

《外部董事的核心信义义务》和《美国股东积极主义与公司治理》两篇文章也是出自同一作者，即伯纳德 · S. 布莱克教授。如果说弗兰克 · H. 伊斯特布鲁克和丹尼尔 · R. 费希尔两位教授是美国公司法学界的两位奇才，因为他们系统地建构了公司法的经济分析理论框架，提出了很多非常新颖和深邃的思想观点，那么，伯纳德 · S. 布莱克教授就是美国公司法学界的一位全才，因为他不仅有深厚的理论功底，而且擅长法学的实证分析（这得益于他在普林斯顿大学和加州大学伯克利分校的工科学习背景，包括一个物理学硕士学位，故数学基础很

---

⑭ 有趣的是，美国公司很少采用累积投票制，而我国有很多上市公司采用了该制度，不过在现实中，由于我国上市公司的股权高度集中，小股东真正能够通过累积投票制选出自己董事的概率很低，因此，累积投票制在我国的实际影响并没有书面上看起来那么大。

⑮ 2013 年阿里巴巴在申请赴港上市时提出了所谓的"合伙人治理制度"，旨在通过双重股权结构保证马云等公司核心管理者在上市后对于公司的控制权，实质上是让少数股东通过投票权设置来控制公司，最终遭到了一贯秉持"同股同权"原则的香港联交所的拒绝，从而在 2014 年转投纽交所。美国之所以允许双重股权结构，除了证券交易所的业务竞争压力之外，其主要原因是美国具有降低代理成本的相关要素，包括严厉的信息披露制度、强大的集团诉讼机制以及以机构投资者为主的资本市场环境等。

好),将公司法的经济分析从抽象的理论构建推进到具体的数据实证,从而巩固、丰富和完善了公司法的逻辑体系。确实,到 20 世纪 90 年代初期,美国学者对于公司法的理论性经济分析已经基本完成,但这些理论观点缺乏实际的数据支持,故而研究重点转向实证分析。譬如,成本收益分析是法经济学的一个核心研究工具,但如果成本收益分析只是停留在定性的层面上,对于成本和收益的衡量就经常会变成主观猜测,从而缺乏说服力,难以达成一致,此时就彰显以客观数据为基础的实证研究的重要性。布莱克教授正是这一研究方向的开拓者和领军人物,倡导成立了实证法学研究学会,在美国乃至全球都很有影响力,并亲自担任其创会主席。

《美国股东积极主义与公司治理》⑯全面地考量了美国机构投资者所进行的公司治理活动以及这种活动是否影响公司业绩的实证证据。本文发现,一小部分美国的机构投资者,以公众养老基金为代表,在公开的积极主义活动方面投入的金钱微不足道。他们不进行投票代理权的争夺,也不努力选举自己的代表进入公司董事会。法律规则、机构内部的代理成本、信息成本、集体行动问题和有限的机构能力都可以部分地合理解释这种行动的相对缺乏。整体而言,目前已有的证据支持以下一种观点,即机构投资者对公司业绩表现的影响并不大。

严格地讲,上文本身并不是实证研究,而是在法学分析中利用其他人(经济学者)的实证研究结果。这将是法学研究的未来发展方向,不再像传统上那样只是依靠逻辑推理和主观臆想,而是要关注实践经验和客观数据,通过实证数据来塑造和验证理论观点,并揭示"书本之法"与"实践之法"之间的关系。总体而言,获取实证数据的途径有两个,一个是利用别人的成果,另一个就是自己做。一方面,从知识结构

---

⑯ Bernard Black, "Shareholder Activism and Corporate Governance in the United States" in Peter Newman ed. ,3 *The New Palgrave Dictionary of Economics and the Law* 459 –465 (1998).

和协作优势来看,经济学者做出的定量实证研究通常更加专业,更值得信赖,法律学者完全可以采取拿来主义,无须越俎代庖;另一方面,由于学科的侧重点不同,关注对象不同,经济学者等其他领域学者的实证研究并不能完全满足法学研究的需求,故法律学者有必要做一些自己的实证研究,如案例方面的统计分析等。[17]

在另外的《外部董事的核心信义义务》[18]一文中,布莱克教授提出了他个人对于外部董事所负的核心信义义务的一个总结性分析。他将外部董事的核心信义义务分为以下 4 类:忠实义务、注意义务、信息披露义务和在所属公司成为收购目标时的特别注意义务。布莱克教授还探讨了目前美国法上对于各类义务违反后的具体补救措施以及应当如何改进这些补救措施的立法建议。

(三)公司法的未来

全球经济越来越呈现出一体化的走向。作为与经济生活最为密切相关的公司法,会不会也逐渐一体化?的确,最近十多年来,关于全球公司治理是否正在一体化以及如何一体化等问题已经在国际上引起学者的高度关注和激烈争论。这场争论已经超越了传统的公司法范畴,而扩展到经济学、政治学和社会学等其他领域,至今方兴未艾,成为一场跨学科和跨国别的学术盛宴。因此,本节考察公司法的未来,将目光从国内层面扩展到国际层面,一共选取 3 篇文章。

在《公司法的终极》[19]一文中,耶鲁大学的亨利·汉斯曼教授和哈佛大学的内涅尔·克拉克曼教授主张公司法发展的全球融合论。确实,在全球范围内,由于近年来英美公司在全球经济竞争中的胜利等

---

⑰ 需要指出,实证研究并不仅限于统计和回归分析等定量方法,也包括观察和访谈等定性方法。黄辉:"法学实证研究方法及其在中国的运用",载《法学研究》2013 年第 6 期。

⑱ Bernard Black, "The Core Fiduciary Duties of Outside Directors" (July 2001) *Asia Business Law Review* 3 -16.

⑲ Henry Hansmann & Reinier Kraakman, "The end of history for corporate law" (2001) 89 *The Georgetown Journal* 439 -468.

原因,英美公司法的影响正日益凸显。现实中,全球公司法呈现出明显的融合趋势,而英美公司法似乎正是融合的目标。本文的两位作者认为,各国虽然在公司治理、股权结构、资本市场和企业文化方面存在明显差异,但在公司形式的法律制度层面已经取得了高度的统一,并且有可能进一步的融合。比如,很多大陆法系国家已经陆续引入了英美法系的独立董事制度和股东派生诉讼制度等。更重要的是,在公司治理的基本理念上,各国已经普遍认同公司治理的股东中心模式,遵循股东利益至上的原则。与此相对,其他的公司治理模式都宣告失败,包括20世纪50~60年代在美国发展的经理中心模式、在德国登峰造极的雇员中心模式和直到最近在法国和很多亚洲国家仍占主导地位的政府中心模式。

但是,在《公司治理和所有权结构中的路径依赖理论》[20]一文中,哈佛大学的卢西恩·伯查克和马克·罗伊两位教授针锋相对地提出了一个公司治理和所有权结构中的路径依赖理论。他们发现,经济发达国家的公司结构在尽管存在融合压力的情况下仍然相去甚远,然后试图通过路径依赖理论阐释原因。根据该理论,在任何时候,一个国家所具有的公司结构都部分地依赖其早先所具有的结构。他们指出并分析了这种路径依赖的两种类型:第一种是公司所有权结构驱动的路径依赖;第二种是公司规则驱动的路径依赖。首先,一个国家公司所有权结构依赖于其早先所具有的所有权结构。早先的所有权结构之所以具有这种效果,是因为它们会影响在一个特定国家中有效率的公司治理结构的类型特征;而且,它们会使某些利益集团既有动力又有权力去阻碍对于所有权结构的改革。其次,公司规则影响着所有权结构,同时,这些规则自身也依赖早先的公司治理结构。早先的所有权结构会影响对于一个特定国家有效的公司规则的类型特征,而且,

---

[20] Lucian Bebchuk & Mark Roe, "A theory of path dependence in corporate ownership and governance" (1999) 52 *Stanford Law Review* 127 -170.

还会对于决定是否采纳那些有效公司规则的利益集团政治产生影响。

此外,哥伦比亚大学和斯坦福大学的双聘教授罗纳德·J. 吉尔森教授发展了一个折中的理论,研究公司治理体系的各种融合方式。在《公司治理全球化:形式性抑或功能性融合?》[21]一文中,他认为,公司法规则的功能适应性与其外在形式的路径依赖性之间存在互动关系,而这种互动关系将会影响公司治理体系的融合是表面形式上的还是实质功能上的。根据该理论,公司治理的融合可能形式多样。第一,公司治理的功能性融合。这种融合发生在当现有的公司治理制度具有足够的灵活性,因而能够在不改变制度形式性特征的情况下,对改变了的环境条件迅速作出反应。比如,虽然英美法系在形式上没有单独设立监事会,但是,其董事会中的独立董事和相关专门委员会实际上发挥了大陆法系中监事会的监督公司管理层的功能。第二,公司治理的形式性融合。在某些情况下,现有公司治理制度的基本结构形式必须改变,否则,难以有效解决问题。比如,在 1997 年到 1998 年对于东南亚金融危机的处理中,很多东南亚国家被迫按照美国模式对其公司治理体系进行根本性的变革。

总之,对于公司法未来发展的问题,理论上争议很大,尚无一致看法。当然,从动态的角度来看,不管好坏,公司法的一体化趋势还是非常明显,而且是朝着英美公司法的方向一体化。如前所述,以亨利·汉斯曼和内涅尔·克拉克曼两位教授为代表的一些学者认为,公司法的发展终极就是英美公司法,甚至就是美国公司法。需要注意,这种言论是有其社会历史背景的:经过 20 世纪 90 年代的东欧剧变和信息技术革命,在上述两位教授提出上述观点的 2001 年,正是美国的全球政治和经济地位达到巅峰状态的时候,这让上述两位教授有信心提出上述观点,也让上述观点有理由获得认同。

---

[21] Ronald Gilson, "Globalizing corporate governance: convergence of form or function" (2001) 49 *The American Journal of Comparative Law* 329 -357.

但是,只要我们以 20 世纪 90 年代为基点,往前看 10 年,再往后看 10 年,就会发现情况实际上很不一样。在往前看的 10 年,即上世纪 80 年代,日本和德国的经济发展非常迅猛,远胜于美国,因此,那时研究日本和德国公司法的兴趣很高,认为他们的公司法是全球的学习榜样。比如,很多学者认为,日本和德国的以银行为中心的公司治理模式优于美国的以市场为中心的公司治理模式,因为前者更加稳定,强调公司治理和经营的长期效果,而后者迫于瞬息万变的市场压力,注重短期行为,缺乏长期战略规划。另外,日本的其他很多做法,比如,公司员工的终身雇佣制和“系列组织”(keijretsu)的集团结构等,都被爱屋及乌地视为先进经验,很多人认为美国公司必须尽快借鉴,否则将被淘汰。

但到了 90 年代中后期,美国经济借助以信息技术革命为核心的高新技术产业的发展又重新焕发生机,而日本则经济泡沫破灭,于是大家又开始关注美国的公司和资本市场制度,认为其在融资和控制代理成本等方面具有优势,美国法也就自然地取代日本法和德国法成为了全球楷模。

自从 2001 年之后的 10 年里,由于各种原因,美国经济再次遭受挫折,因此今天的美国公司法又面临新的质疑和挑战。比如,在 2001 到 2002 年,美国爆发了大量的公司丑闻,数以百计的上市公司修正了他们的财务报告,几十家公司被美国证券交易委员会起诉,很多公司高管受到刑事处罚。其中最为突出的两家公司是安然公司和世通公司,它们在市场欺诈行为曝光之后便迅速解体,成为当时美国历史上最大的两起公司破产案,从而引发了整个资本市场的大动荡。仅仅几年之后的 2008 年,前美联储主席格林斯潘称为“百年一遇”的金融危机又疯狂肆虐,美国五大投资银行无一幸免地或被收购,或是破产,或是转型,以华尔街为代表的美国金融市场已经面目全非,并演变为全球金融风暴,至今仍未结束。

这些事件不但直接损害了美国经济,也间接影响了美国公司法乃至整个金融监管制度的形象。的确,在安然丑闻后通过的《萨班斯—奥克斯利法》和金融危机后通过的《多德—弗兰克法》已经证明了在2001年亨利·汉斯曼和内涅尔·克拉克曼两位教授当时面对的美国公司和金融法实际上存在很多问题。美国人自己也开始意识到了这一点,并学习其他国家的经验。比如,美国财政部在2008年发布了《现代化金融监管结构蓝图》,全面检讨了美国"多头监管"的金融监管体制,即银行、证券和保险等分业监管,认为这种监管模式已经跟不上时代发展的需要,提出其将来的改革目标应当是澳大利亚的"双峰监管"模式,即一个监管者负责审慎监管,另一个监管者负责市场行为监管。[22]

让历史告诉未来,在过去的几十年里,日本、德国和美国等国家的公司法可谓是风水轮流转,先后被视为全球公司法学习的榜样,但都在后来出现了问题。因此,全球公司法的一体化不应认为是某国化,即朝向某一个国家的公司法进行趋同。的确,我们研究公司法一体化的目的不是为了一体化而一体化,或是选出(或膜拜)哪一个国家的公司法是最优的榜样或发展的终极,而是从公司法一体化的进程中寻找能够适用于中国、能够使中国公司法完善和现代化的元素及经验。这就要求我们对各国的公司法进行具体分析,作出客观评价:各国公司法都有自己的优点和缺点,应当相互学习和借鉴。概而言之,我国在比较和借鉴国外经验时需要有放眼世界、兼容并蓄的态度和胸怀,实事求是地对待各国公司法的价值,而不是盲目跟风,只关注某个国家,比如美国。

---

[22] 黄辉:"金融监管现代化:英美法系的经验与教训",载《广东社会科学》2009年第1期。英国在2013年进行金融监管体制改革,也采纳了"双峰监管"模式,实际上,该模式已经成为国际发展趋势。参见 Robin Hui Huang & Dirk Schoenmaker, *Institutional Structure of Financial Regulation: Fundamental Theories and International Experiences* (London, Routledge, 2015)。

三、其他

首先要感谢华东政法大学何勤华教授,惠允引入“法律文明史文库”中出版。本书的出版需要感谢法律出版社,特别是刘文科编辑。当我几年前将出版本书的想法告诉他时,他便记在心中,一直在寻找合适的出版机会,现在终于付梓。当然,这一切都与沈小英社长的大力支持分不开,在此深表谢意。另外,需要感谢相关作者和机构的翻译授权。毋庸讳言,本书定有一些不足之处,恳请读者在谅解的同时提出建设性的批评建议。

2016年6月于香港

第一部分　公司法的本质

公司契约论[①]

弗兰克·H.伊斯特布鲁克[*]　丹尼尔·R.费希尔[**]

引言

长期以来,社会公众和学术界关于公司的讨论都是始于以下基础:公司经理拥有公司的控制权,并借此剥削投资者和公司客户。对于这个问题的解决建议通常是某种形式的政府干预。这种政府干预可能涵括公司的生产、薪酬水平和产品价格。它可能体现为政府对证券市场的监管。它也可以采取公司法的形式,建立最基本的投票规则并限制经理对公司和投资者的处理方式。

这个观点非常简单。在大多数的大型公司中——具有让社会公众自由交易的证券的公司,即我们所称的"公众公司"(public corporations)——

① 该文后来成为我们合著的《公司法的经济结构》(1991年,哈佛出版社)一书的第一章,是全书的总纲和框架。在写作该文和书的过程中,我们采用了以前发表过的相关研究成果,比如,Easterbrook, Managers' Discretion and Investors' Welfare: Theories and Evidence, 9 *Del. J. Corp. L.* 540, 544-547 (1984).

* 美国第七巡回上诉法院法官,芝加哥大学法学院高级讲师。

** 芝加哥大学法学院法学教授,商学院法商教授。

每个投资者都只拥很小一部分公司股份,因此他们没有公司的控制权。相反,公司经理知道公司是如何运行的,并且能够向投资者隐瞒一些关于公司和他们自己行为的信息。由于经理具有这种秘密的信息并且能够欺瞒投资者,故而他们能够将公司财富转移给自己,同时也可能窃取公司财产和不当管理公司财产。这种转移财产和不当管理的行为也许并不明显,但它们确实存在。即使它们还未发生,也具有发生的可能性。因此,只有某种形式的政府监管才能够保护投资者。对于这种政府监管需要进行限制的理由不是基于契约自由原则(free contracting)(因为公司章程可以被视为一个同意公司经理行使公司权力的契约),相反是基于政府监管不应当“太过分”的考虑。所以,在关于公众公司是否可以发行无投票权股票的辩论中,很多人认为无投票权股票不太适宜,因为它使经理进一步脱离股东的控制;这里争论的唯一问题是,绝对的禁止(而不是严格的限制)是否会“过分地”限制公司筹集资本的能力。

尽管要求政府监管的呼声此起彼伏,但公司法还是一直沿着一条不同的道路向前发展。几乎每个州的公司法都是一种“授权性”(enabling)的法律。这样一个授权性法律允许公司经理和股东自由地协商确立他们自己的权利义务关系,建立公司治理结构而无须监管者进行实质性的审查。除非相关的公司事务特别重大,否则经理的决策通常具有最终效力。法院使用的“商业判断规则”(business judgment rule)是一个要求法官不介入公司事务的规则,即法官不能事后根据自己的判断审查公司经理的商业决策。然而,法院不能将此规则适用于政府监管机构的决定。这样就出现了一个很有趣的现象:政府监管机构的官员并没有从他们的决策中获取利益,因此,与公司经理不同,他们没有类似的那种导致公司经理偏离股东利益的动机;但是,法院审查那些没有利益关系的政府监管者的决策,却不过问那些利己主义(self-interested)的公司经理的决策。这到底是为什么呢?

思考一下经理自由选择的范围。一个产业的创始人和经理可以选择将其产业组建为公司、信托、合伙、共同组织或合作组织(一种由客户拥有所有权的组织形式)。他们选择公司生产何种产品,提供何种服务,以及公司是否属于营利性质,或者采取一条中间路线,在追求利润的同时也不排除其他一些目标(就像报纸出版商一样,既赚取利润,又弘扬正义揭露邪恶)。他们选择是否让公众进行投资,或者是否将公司设立为封闭公司。他们选择发行何种证券(债券、股票或认股证书),以何种比率、何种价格进行发行,以及证券附有何种权利:不仅具有收取金钱偿付的权利(收取频率,如何计算相关数额),而且是否允许证券持有者进行投票;如果具有投票权,那么投票权的数量是多少,对于哪些事务可以行使投票权。他们可以选择在何处成立公司(各州具有不同的公司法规则)。他们可以选择公司的内部组织形式(一个金字塔式的等级森严的制度或者一个松散的多个平行部门的合作性组织),选择公司的中心领导机构是强还是弱,以及选择公司规模是增长(内部扩张或通过公司合并机制)还是缩减(出售现有的公司资产或者撤销某些公司部门)。投资者选择董事会的成员,这些董事可能是"内部人"(在公司管理层中任职),也可能是"外部人"(通常是股东、供应商或客户)。董事会决定由谁代表公司行使哪些权力。从现实效果上看,公司董事会能够一直自我延续(self-perpetuating),直到股东变得不满意而通过多数投票同意的方式进行改变。除很少的例外情况之外,所有的商业决策,包括经理的薪酬、奖金、股票期权、退休金和津贴等,都是由董事会或者在董事会的监督下作出的,而无须其他任何人进行实质性的审查。任何人主张法院进行审查的诉讼请求都将会根据商业判断规则被法院驳回。

当然,有些情况属于法律的禁区。所有州几乎一致地禁止永久性的董事职位(即某些董事不能被拥有多数投票权的股东罢免)。各州公司法都规定了有关会议的法定出席人数(在一些重大的决定中,董事会需要1/3以上的董事出席,股东大会需要半数以上的股东出席),并且要求"重大"的公司事务必须提交董事会(有时是股东大会)决定,而不是仅仅由公司经理或某个公司委员会决定。另外,各州也禁止将投票权与股票相分离而单独出售投票权的行为,禁止累积公司库存股份(treasury shares)的投票权(即董事会不能通过行使库存股份的投票权,或者通过在关联公司中交叉持股(cross-holding shares)的方式,使自己永久地保有董事职位)。各州公司法都要求经理忠实地服务于股东的最佳利益。联邦证券法要求公司在发行证券时披露某些信息;对于公众公司而言,它们还必须在以后进行年度的信息披露。

现实中,投资者和经理能够设法规避很多上述规则,但那些规避机制不是我们在这里讨论的重点。任何关于公司法的理论都必须能够解释公司法规则的强制性特征和授权性特征,并且能够解释公司法律监管的模式。这个监管模式让公司经理实际上能够自由地设定自己的薪酬数额,但同时又禁止他们将某些公司事务授权给下属的公司委员会进行处理。作为公司法学者,我们一直在进行这个解释工作。我们认为,对于公司日常运行和投资者利益而言,公司能够自由选择的东西远比法律规定的东西重要。虽然对于契约进行限制的情况很多(比如,职业安全法就限制了员工可以同意接受的工作风险程度),但这些限制很少是关于公司组织形式的。

为什么公司法允许经理自己设定他们管理公司资产的规则?为什么法院授予利己主义的经理的自由裁量权多于他们授予廉洁无私的政府监管者的权力?为什么投资者愿意将巨额资本交由那些基本上没有受到法律规则限制的经理进行管理?我们在本文中将提供对于这些问题的解答,即对于公司法的经济结构的解释。

一、公司的动态成形过程(dynamic shaping)

一个人对于公司以及公司法的观点取决于其关于投资者、公司员工和其他公司利益相关者是如何与一个公司发生关系的假定。如果一个人假定公司生来就配备了经理、员工和投资者,并且经理具有完全的公司控制权而投资者没有权力,那么,这个人就很可能会接受传统监管性的公司观点。然而,这个假定存在问题,因为公司并不是无缘无故地自然发生的。经理在扮演自己角色的同时清楚地知道相关的后果。投资者是自愿地将金钱投资于股票而不是债券或者存入银行,或者投资于不动产或黄金,因为他们认为股票的投资回报更有吸引力。经理是通过激烈竞争和努力奋斗才获得他们的职位。所有的公司利益相关者都参与了公司的发展。公司起初很小,然后慢慢扩大。它们必须吸引客户和投资者,其途径是承诺并切实提供他们所想要的东西。如果公司不这样做,那么,它就会被市场所淘汰。如果公司发展成很大的规模,这就表明公司在满足投资者和客户方面做得非常成功。

经理获取公司控制权又会带来什么样的结果呢?② 毋庸讳言,分散的股东不能直接地控制经理。如果投资者知道经理享有很大的自由裁量权,为什么他们当初还会将自己的资本交由经理管理呢? 如果经理承诺的投资回报很少,那么投资者就不会提供大量的资本。投资者会要求以更低的价格去购买公司发行的股票。因此,这就限制了经理以投资者利益为代价攫取私利的行为。经理本来可能想要竭力剥削他们的投资者,但他们发现,市场的动态力量实际上驱使他们以一

② 此处的相关论述得益于以下文章:Jensen & Meckling, Theory of the Firm: Managerial Behavior, Agency Costs and Ownership Struture, 3 *J. Fin. Econ.* 305(1976); Coase, The Nature of the Firm, 4 *Economica*(n. s.)386(1937); Alchian & Demsetz, Production, Information Costs, and Economic Organization, 62 *Am. Econ. Rev.* 777(1972); Fama & Jensen, Agency Problems and Residual Claims, 26 *J. L. & Econ.* 327(1983); Fama & Jensen, Separation of Ownership and Control, 26 *J. L. & Econ* 301(1983); Manne, Mergers and the Market for Corporate Control, 73 *J. Pol. Econ.* 110(1965); Manne, Some Theoretical Aspects of Share Voting, 64 *Colum. L. Rev.* 1427(1964); Winter, State Law, Sharehholder Protection, and the Theory of the Corporation, 6 J. Legal Stud. 251(1977); see also Principals and Agents: The Structure of Business(J. Pratt & R. Zeckhauser eds. 1985); N. Wolfson, The Modern Corporation: Free Markets vs. Regulation(1984); Hansmann, Ownership of the Firm, 4 *J. L. Econ.* & Organization 267(1988).

种自己心里似乎已经考虑到了投资者利益的方式而行动。这几乎就像市场中存在一只看不见的手。

公司及其证券是金融市场中的产品，就像公司所生产的缝纫机或其他普通市场上的产品一样。一家公司的创始人具有动机去生产人们想要购买的缝纫机的类型，同样，他们也有动机去创造资本市场上的客户想要的那种公司、公司治理结构和证券等。公司的创始人将会发现，建立一个最有益于投资者的公司治理结构是有利可图的（减去维持那个结构的成本之后还有净收益）。寻求资本的人将不得不向投资者提供更多的回报。那些承诺最高投资回报率的人——并且遵守承诺从而使得承诺具有可信赖性——将会获得最大的投资。

企业家面临的第一个问题是应当作出何种承诺，第二个问题是如何让投资者相信自己。空洞的承诺是没有任何价值的承诺。对于第一个问题的回答取决于找到减小各方利益偏离效果的途径；对于第二个问题的回答取决于找到执行承诺具有的法律强制性的和自动的机制。承诺的执行越自动，投资者就越相信那些承诺。

企业家会选择作出何种承诺以诱使投资者投入更多的资本？没有一组固定的承诺能够适合所有公司在所有时候的情况。无人会认为，一家附近小餐馆采用的治理结构也可以同样有效地适用于诸如IBM之类的国际性大公司。最好的企业治理结构并不是“闭门造车”般地来自纯粹的理论，而必须在实践中通过经验进行摸索。我们应当反对那种认为存在一个或一组“放之四海而皆准”的最优治理结构的观点。但是，我们能够看到在企业家为吸引投资者而进行竞争的过程中所可能出现的承诺种类。

有些承诺需要在付诸实施之前进行审查。公司的外部董事监督内部董事；内部董事监督其他的经理；经理雇用专业人员去监督公司员工，或者建立相互监督的机制从而使员工几乎不能完全独立地进行活动。但是，在某些时候，事前的监督机制可能会成本过于高昂，并且，最好的控制方法是基于事后的威慑，即事前让人们自由而为，而事后对于错误和不当的行为进行惩罚。诚信义务和法律诉讼就是属于此类的事后解决机制。另外,还有一些自动运行的机制。譬如,公司经理享受高额的薪酬和职位津贴,故丧失这些利益的威胁能够诱使经理尽力服务于股东的利益。

在美国,经理必须选择公司成立地。美国 50 个州具有各自不同的保护投资者的机制(比如,股东投票、诚信义务规则、派生诉讼)。如果经理选择在一个从投资者角度而言最好的州中成立公司,那么,他们就能够吸引最多的投资。同样,那些制定了最好的公司法规则的州将能够吸引最多的公司前来注册,从而能够通过注册费和税收等增加本州的财政收入。因此,各州之间就会竞争去制定——公司经理就会竞争去选择——最优的公司法规则。这些规则不仅包括关于公司治理结构的规则,而且涵盖诚信义务规则和禁止欺诈的规则。

经理决定何时公开发行股票。经验不足的企业家最初通过风险资本起家,风险投资家仔细地控制着公司的运行。只有在公司的管理团队和治理结构已经成熟后,公司才会向公众发行股票。尽管企业家通常会在首次公开发行中保持多数股份的控制权,但他们仍然受到与风险投资家之间所订立的契约的约束,从而风险投资家继续控制公司以保证公司的继续成功。最后,风险投资家完全退出公司,企业家也卖出自己手中的控制权股份。这样,公司就变成了名副其实的公众公司。

企业家在公司章程和他们公开发行证券时的相关文件中做出承诺。债券投资者(debt investors)获得非常详细的承诺。这些承诺是关于公司运行的风险程度、公司盈利用于偿付债务的范围以及经理自由裁量权的范围。这些承诺不仅有益于债券投资者,而且有益于权益投资者(equity investors)。权益投资者通常获得投票权,而不是确定的承诺。投票权让投资者可以替换公司经理(那些认为经理具有不受约束的公司控制权的人应当自问,为什么企业家会选择发行让投资者能够替换公司经理的股票权利)。另外,公司经理也明示或暗示地承诺遵守“公平交易”的标准,这个标准体现在公司法的诚信义务规则中。有时,经理还会作出其他的一些承诺。

简而言之,就像其他的投资者一样,追求自我利益的企业家和公司经理在各种力量的驱使下努力寻求最有可能使净利润最大化的机制。如果他们不这样做,他们就会为此付出代价,因为他们只能以更低的价格出售公司证券。任何一家公司孤立地看都可能存在偏离最优机制的情况。但是,就几十年的跨度看待上千家公司,一些重要的趋势就会显现。那些做出了投资者想要的承诺的公司和经理在激烈的市场竞争中最终存活下来并兴旺发达。这些承诺并没有给公司契约网络之外的其他人导致成本,所以对于公司和投资者而言是最优的机制对于整个社会同样也是最优的。仅仅通过观察迄今为止哪些机制被广泛应用而哪些机制没有被应用,我们就能够学到很多重要的知识。

我们需要将孤立的公司行为和公司治理结构区分开来。资本市场和经理人劳务市场的运行存在高昂的成本,就像其他的处理公司中利益偏离问题的方法也成本高昂一样。经理人怠于履行职责或者自我交易的情况会无可避免地大量发生。这里的问题是,这些行为所导致的成本能否通过一些自身成本不超过这些成本的机制予以解决。就像我们每个人在日常生活中一样,投资者会选择忍受一些令人厌恶的行为,因为解决那些行为的机制所导致的成本更大。另外,当威慑是解决问题的成本最低廉的方法时(现实中通常是这样),我们就使用法律威慑(比如,对于欺诈行为进行惩罚)而不是其他形式的法律措施。只有在有证据表明不当行为已经发生时,成本高昂的法律系统才开始启动;如果预期的惩罚(法律规定的惩罚乘以其使用的概率)选择适当,那么,就不会发生很多的不当行为,从而法律系统的成本也就会相应地很小。相反,一个监管系统(事前对于所有的行为都进行审查)会导致高昂的控制成本,因为即使在不当行为发生概率很小的情况下也需要进行事前审查从而导致成本。

如果市场忽略某些特定的不当行为,如果法律系统使用事后威慑而不是事前监管的方式去处理公司经理的代理成本,那么就可能有效地对于最优公司治理结构的问题做出判断。不像它们意图控制的不当行为,公司治理结构是公开的而且众所周知。对于一家公司的现有治理结构进行了解的成本很低。几十年来,公司和经理人相互竞争去设计出最优的治理结构和处理不当行为的惩罚措施。在公司治理结构层面上,不存在对于这种竞争过程的重大阻碍因素。长期的竞争压力正是塑造公司治理结构的力量来源。[③] 契约性承诺和诚信义务规则的出现就是这些努力的结果。

我们在其他文章中已经讨论过了上述观点是否正确的问题。[④] 在下文中,我们考量将公司视为一个契约网的观点是不是一个令人满意的研究公司(即使是在理论上)的进路。迄今为止,无人将受托人和受益人之间的关系描绘为“以一臂之距订约”的法律关系(arm’s-length contracting,此词乃一形象比喻,通过交易双方以一臂之距进行谈判和订约的描述,意指双方地位平等独立,无关联关系,基于自我利益而自由协商,故契约条款具有公平性。——译者注),而且,法律还规定了受托人不能规避的很多限制性规定。既然如此,为什么我们还要以不同的方式看待公司,即将其视为契约关系?

二、市场、企业(firm)和公司(corporation)

(一)企业

“市场”是个体之间的一个经济互动体,人们在市场上以彼此是陌生人一样的方式进行交易和寻求自身利益最大化。奉行利己主义的个体之间的广泛利益冲突最终会形成能够将社会资源配置到最有效

---

③ 关于经济学中这种“物竞天择、优胜劣汰”的自然进化理论,see R. Nelson & S. Winter, An Evolutionary Theory of Economic Change(1982).

④ Easterbrook, supra note 1, at 547 –553.

使用者手中的价格。这已经是一个很古老的故事了，亚当·斯密（Adam Smith）早在1776年的经典著作《国富论》（*The Wealth of Nations*）是这一道理的最好阐述。但是，市场中一系列的短期交易行为对于商品交易的作用可能超过其对于商品生产的作用。公司是一个更为长期的人们彼此组合在一起的集合体，能够实现更大程度的人尽其才和物尽其用。人们能够组织为团队的形式，团队中的每个成员都有自己明确的角色和职能，因此，每个成员的专长能够使团队作为一个整体比他们没有组织而一盘散沙的状态具有更高的生产率。

生产性团队能够每天进行组建，就像码头上的搬运商雇用工人一样。建筑行业则通常是以一个项目为基础组建团队。但更多的情况是，团队成员之间保持长期关系具有支配性的价值，这种长期关系能够带来企业的显著成长。然而，随着企业规模的不断扩大，团队成员之间就必然会发生越来越多的相互关系。一个同时也生产喷漆的汽车制造商必须决定需要使用多少的喷漆，以及什么质量的喷漆。对于这个制造商而言，降低喷漆的耐用性是有利还是有弊？这个问题取决于这个汽车制造商使用的喷漆的价值，以及是否其他人能够提供价格更低廉的喷漆。

一个联合企业很难评估它为自用而生产的喷漆的价值。它必须付出成本去确定喷漆的价值（企业内部的“转移价格”），这至多也就是重复了市场生产的信息；在最坏的情况下，它可能非常不准确，从而导致企业作出效率低下的决策。经理可能会确定一个转移价格，在此价格下企业自己生产喷漆，但实际上企业的更好做法是从外部购买；或者，这个转移价格会导致企业在汽车上使用过多或过少的喷漆。另一方面，通过市场交易的方式组织生产也具有成本。在市场上购买喷漆存在风险（出售者能否按时交货？喷漆的质量是否合格？），处理这些风险将产生高昂的成本。信用证、法院、交易所、信用机构以及其他的相关机构等就是市场机制成本的一部分。这种联合性质的企业会一直成长，直到通过企业内部机制组织生产的成本超过通过外部市场机制组织生产的成本。

企业内部合作性生产机制的一个重要成本是各方参与人之间利益的偏离。我们可以思考并对比一下市场中的“原子式交易”(atoms dealing),在这种交易中,每个交易者都独立地获取他们自己交易决策的利润,并承担相应的成本(由于每个交易者都像自然界的原子一样相互独立,此交易形式故名“原子式交易”。——译者注)。以团体的形式组织生产就没有如此简单。企业可以按小时雇用劳动力(“计时工”),也可以按年雇用(“年薪工”);这两种方式都是雇用一个人的一段时间,而不是一个确定的工作努力程度。这两种方式都很难诱使员工竭尽自己的最大努力为企业工作。他为什么要尽力呢?无论工作表现如何,他的报酬都是一样的。尽管企业有可能通过减少工资或者解雇的方式(这个过程通常被称为“事后解决”)惩罚懒惰的员工,但是,监督员工的工作努力程度成本高昂,而且,谁又去监督那些监督者的工作努力程度呢?另外,企业通常也很难判断员工所完成工作的质量。一个设计师团队可能设计出了一个技术上非常优秀的飞机型号,但是,由于设计师完全无法控制的原因,或者这个飞机型号“过于”优秀从而售价太高,这个飞机型号在市场上销售效益不佳。如果一个监督系统只是关注员工的工作是否最终为公司创造收益的话,那么,当存在员工无法控制的风险或者存在监督者不知道的因素时,这个监督系统就会导致对于员工的不准确的回报。所以,这种事后解决的监督系统必然是不完美的,除非有人能够确切地知道每个员工的工作质量。

另外一个解决监督企业员工问题的方法是,让每个企业员工都具有从企业的成功中获取一些利润的权利。在这个机制下,每个员工都会努力工作,并且监督同事的工作,以免他们的低质量工作减少了自己的回报。但是,将企业利润分配给员工——包括一般的员工和高层经理——会导致一个额外的成本。它减少了那些向企业提供资本的人的投资回报。因此,这个机制也并非完美。很多的生产都是以团队的形式进行。普通员工团队进行日常的机器操作和生产,机械师团队设计新的产品,经理人团队决定是否和在何处建造新的工厂。由于监督者无法准确地判断团队中每个成员对于整个团队工作成绩的贡献,所以,每个成员都不会完美地忠实于和服务于团队整体的利益。除非一个人能够获得企业成功的全部收益和承担失败的全部损失,否则,他的工作动机就不会准确地与企业的整体利益保持一致。[⑤] 当一个员工能够从 George 的努力工作中获得部分收益,而且不能获得自己的努力工作所产生的全部收益,那么,这个员工的一个理性选择就是:“让 George 去工作吧”。

有时,这种利益偏离会导致员工将企业的资产占为己有。偷窃行为是这方面的一个极端情形;盗用“公司的商业机会”是另一个可能的形式;通常而言,经理所拥有的经营上的自由裁量权使他们能够有机会以公司利益为代价而追求自己的私利。有时,这种利益偏离会导致员工不太勤奋地工作。普通员工可能会偷懒;高层经理则会通过每周工作 70 小时而不是 75 小时(如果经理能够从其工作中获得更多的回报,他就会每周工作 75 小时)的方式逃避其职责。有时,这种利益偏离会导致员工不愿冒险。获得平静而安定的生活也许是工作的一项额外利益。以上所有问题都是成本。让企业的外部人进行监督以减少这些成本的机制本身也成本高昂。

企业员工可以通过一种“担保措施”或“绑定机制”(bonding)来减少相关的监督工作量。这种担保措施不是通常意义上的诸如抵押之类的物质担保,而是一种能够自动地惩罚那些不努力工作的员工的机制。当经理们持有本企业股票时,他们实际上就是以自己的财产收益对其工作绩效进行“担保”:如果他们不努力工作,企业的收益就会减少,他们自己的财富也将缩水。这样,对于公司各方参与人之间利

---

⑤ See Grossman & Hart, "The Costs and Benefits of Ownership: A Theory of Vertical and Lateral Integration", 94 *J. Pol. Econ.* 691 (1986).

益偏离成本的问题,企业的解决方案就有三个选择:第一,使用担保机制消除利益偏离成本;第二,使用监督机制消除利益偏离成本;第三,干脆直接承担这种利益偏离成本。现实中,担保机制和监督机制本身也具有成本,故企业通常不会完全依赖于以上的某一个选择,相反,它们会根据自己的实际情况使用以上三个选择的不同形式的组合,其最终目标都是使这些选择组合的总体成本尽可能最小。譬如,倘若一家企业在担保机制上花费 2 美元,但只减少 1 美元的员工不当收益,那么,这个做法就得不偿失,因而,这家企业就会选择使用监督机制(如果监督机制的成本小于 1 美元),或者选择干脆承担 1 美元的员工利益偏离成本。在此,我们将一家企业中上述的担保机制成本、监督机制成本以及使用这两种机制后仍然剩余的利益偏离成本作为一个整体统称为"代理成本"(agency costs)。

(二)公司

行文至此,我们一直将企业描述为一个市场之外的、以团体方式进行生产的组织。这种团体生产方式具有一定的效益和成本。公司是企业的一个子集。公司是一个筹资工具,除此之外,公司并无其他的独特之处。公司的主要特征是,股东投入资本并享有公司的剩余财产请求权,而无须参与公司的生产经营活动。公司为了筹集资本而发行"股票";股票不需要由公司员工持有。投资者承担公司经营失败的风险(有时我们也将股东称为"风险承担者"(risk bearers)),享受公司成功的边际收益。在分配公司盈利和资产时,股东最后受偿,其次序列于债权人,公司员工,以及其他具有"相对固定的"回报率的投资者(如优先股股东)之后。这些股东所享有的公司剩余财产请求权有两层含义:第一,他们只能获得其他人受偿之后的公司剩余资产;第二,他们可以获得所有的公司剩余资产。

承担投资风险与公司雇佣关系的相分离是劳动分工的一个表现形式。那些拥有资本的人能够将资本运用于生产性活动,即使他们自己不是优秀的经理人;那些具有管理技能但缺乏资本的人能够在市场上筹集资本;股票可以与劳动雇佣关系相分离地在市场上进行交易,这使得投资者能够将自己的投资分散化。投资的分散化减小了投资的整体风险,从而使得投资更具吸引力并且更有效率。投资者承担公司失败的大部分风险,但另一方面,他们享受公司成功所带来的大部分收益。这个机制的一个缺陷在于,风险承担和公司管理相分离可能增加公司的代理成本,因为它扩大了公司员工利益与公司整体利益之间的分歧。员工将获得更少的回报;投资者监督工作的效率降低,因为公司股份非常分散,从而任何一个股东都没有动机去进行监督(换言之,投资者面临他们自己的代理成本,这种代理成本使他们不愿去监督经理,这正是为什么公众公司中的股东通常都很消极的原因)。当公司从以上劳动分工中获得的收益超过增加的代理成本时,公司就会兴旺发达。

有人认为,公司具有以下三个显著特征:有限责任、法律人格、永久存续性,然而,这些都是误导性的描述。⑥ 首先,"有限责任"仅仅意味着那些向一家企业贡献权益资本的人所承担的风险以他们的投资额为限,这是投资的一个本质属性,而不是所谓"公司"的一个独有特征。投资者风险的这个属性是与投资工具的收益(这种投资工具被广泛持有而且具有流动性,如股票)紧密联系在一起的。当那些收益很少时,人们通常就会通过契约机制改变这个属性。⑦ 其次,法律人格和永久存续性仅仅意味着:在公司被解散之前,公司一直存在;公司具有一个能够用以交易和法律诉讼的名称。就实用上而言,将公司视为一个独立的"它"确实很方便。我们对于公司形式之外的很多其他的企业组织(如商业信托)也是进行同样的处理。显然,如果公司在购买办

---

⑥ See R. Hessen, *In Defence of the Corporaton* 15 – 22, 40 – 42 (1979). See generally Blumberg, "Limitd Liability and Corporate Groups", 11 *J. Corp. L.* 573, 577 – 605 (1986) (追溯了有限责任制度的发展历史)。

⑦ 关于有限责任制度的讨论, see Easterbrook & Fischel, "Limited Liability and the Corporation", 52 *U. Chi. L. Rev.* 89 (1985).

公设备时将所有股东的名字附在订单之后,仅仅为了保证每个股东都将按照持股比例承担相应的购买费用,那将是一个愚蠢的做法。

公司的“人格”是为了使用方便而拟制的,而不是现实地存在。我们也同样将一个不动产的执行人视为一个法律实体,但我们并没有抹煞不动产执行人是其他人的替身的事实。在不同的场合中,我们可以适当地使用以下的不同提法:美国政府的立法机构、国会、众议院、参议院、国会议员,以及国会的下属委员会等,但是,我们不应当认为只有国会——一个具有名称的实体——才是一个实体,或者国会具有一个法律实体的地位是国会最为重要的特征。“国会”是一个集体名词,包含一群独立的政治机构及其员工;只有当遵循了某些特定的形式(比如,在参众两院中都获得多数投票支持),国会才是像一个实体那样开展行动。公司也是如此。公司中存在很多的参与者,包括生产性的员工、经理、股东、债券投资者、认股权证的持有者,以及有权对公司提起侵权诉讼的人。

(三)公司契约

公司各方参与人之间的相互关系通常取决于契约和相应的契约法,而不是取决于公司法或者公司作为一个实体的法律地位。所以,将公司视为一个实体的提法有时会掩盖公司行为的本质。相反,我们经常将公司视为“一个契约网”(a nexus of contracts),或者一组明示和默示契约的集合体。⑧ 这个提法是对于公司中很多种类复杂关系的一个简略的表达,那些自愿参与到公司中的人将会自己设定这些复杂的相互关系。“契约网”的提法表明,公司是一个自愿性事业,因此,我们必须关注现实中人们是以何种条件同意参与公司事业的。

现实中业已出现的公司关系协议多种多样,与公司中开展的经济

---

⑧ “公司契约网”这一概念最早是由詹森教授(Jensen)和麦克林教授(Meckling)提出的,see Jensen & Meckling, supra note 2, at 311.

行为的多样性相匹配。经理有时拥有公司的很多股票,从而通过股票的增值获得公司成功的回报;其他的公司员工可能是按照计件工作获得报酬,也可能是通过计时工资和奖金的方式获得报酬。公司有时被构建为金字塔式等级制度的组织形式,在这种金字塔结构中,上层部分对于其下层部分发号施令;有时公司采用专制制度的组织形式;有时公司是由很多彼此分割开的营利部门组成,公司中的等级制度很弱甚至根本没有。这种公司组织形式和报酬机制的选择取决于公司规模,经理的个人倾向,以及公司所属行业性质等因素。比如,一家投资银行的组织形式和报酬机制与一个工业性集团公司的组织形式和报酬机制就可能存在天壤之别。

公司融资和公司控制方面的构架也是同样的变化繁多、不一而足。小型的封闭公司可能只从银行进行融资,银行成为公司的债权人并通过债权控制公司。在具有高度资本杠杆率(highly leveraged)的公众公司中(资本杠杆率越高意味着公司越依赖于债权资本进行经营,股东的投资收益率也越高,但风险也越大。——译者注),其少量的权益资本可能主要集中在经理人员手中;它们向社会公众发行大量的可自由交易的债券,持有这些债券的公众投资者没有公司的控制权,因为债券通常不附有投票权。因此,在这种公众公司中,公司控制权掌握在公司内部人手中,而非公众投资者手中。相对而言,公用事业公司和国家银行可能会发行更多的可交易的股票,但是,由于监管政策和经营风险性质等原因,这些公司中仍然不存在实际上的股东控制权。很多成长型公司几乎没有债权投资,而且,对于权益投资也不分发股利;它们通常处于公司创立人和企业家的独裁控制之下。这种公司在通过公开发行股票变为公众公司时,有时采用一些防止公司控制权易手的措施:譬如,福特汽车公司在变为公众公司时发行了无投票权的股票,从而使福特家族长期拥有公司的控制权。成熟的公司可能更具有官僚制度的特征,董事会“独立于”公司经理并向股东负责。在有些公司中,为了执行那些经理所认为的比盈利更重要的项目,公司就会试图让经理免受股东的控制。比如,《纽约时报》和《华尔街杂志》都建立了让其经理具有极大的新闻自由的治理结构,从而经理有时能够决定以利润损失为代价进行新闻报道。

公司进行经营、控制代理成本、筹集资本和回报投资者的方式随着公司营业性质的不同而相应不同,并且,就同一家公司而言,随着发展时期和阶段的不同而相应不同。一个适合迅速成长中的公司(如1965年的施乐公司(Xerox))的公司结构可能就很不适合一个臻于成熟的公司(如1965年的IBM公司或者1990年的施乐公司)。一家公司的参与者需要能够根据实际情况建立一个最有助于公司兴旺的公司结构,而公司的外部人不太可能规定一个适合于所有公司或者适合于一家公司在所有发展时期的统一结构模式。公司的发展历史已经表明,那些没有随着世易时移而相应变化治理结构的公司在激烈的竞争中备受打击并最终被淘汰。⑨ 公司法的发展历史则表明,那些试图迫使所有公司都采用一个固定的治理结构的州最终在竞争中落败。公司都选择设立在或迁移到那些制定了允许灵活地采用不同公司治理结构的公司法的州中。这正是公司法朝着授权法的方向进行发展的原因,授权法控制公司选择治理结构的过程,而不是僵硬地规定某种公司结构。⑩

简而言之,公司中各种自愿参与人之间复杂的相互关系灵活地适应于实际情况,也就是说,这种关系是契约性的。因此,我们将公司描述为一组契约的集合体。自愿性的协议就是契约。有些契约可能是在谈判桌上达成的。有些可能是一组固定的格式条款(经理人提出或

⑨ Oliver E. Williamson, *The Economic Institution of Capitalism*(1985);cf. Alfred D. Chandler, Jr., *The Visible Hand*(1977).

⑩ 美国法律研究院(American Law Institute)主持的"公司治理结构项目"已经进行了10多年,它认为存在一个普遍适用的公司治理结构。当然,在某些例外情况下,它也允许一些变化,但是,这些例外情况很少,并且都是限于不太重要的事情。各州都没有关注这个项目。任何试图限制公司治理结构的选择自由的公司法规则和建议都将注定遭受类似的失败。

投资者提出),要么接受要么离开;只有价格是可以协商的。有些固定的条款只能以“当前的市场价”接受(比如,投资者在市场上以市价购买股票)。有些契约可能是暗含在判例法或成文法中,这些默示契约接近于人们通过协商订立的明示契约。即使那些不能改变的条款——比如,董事会通过决议需要出席会议人数多数支持的规定——也是契约性的,因为它们产生了自愿性协议。所有这些自愿协议的结果都将是契约性的。

就像在一辆汽车上使用的喷漆没有一个“正确”的数量一样,公司中各种参与人之间,包括经理、投资者以及其他人等,也没有一个“正确”的关系。确定这种关系必须考虑到某一家公司在某一个发展时期的实际情况。技术的改变——不管是使用喷漆的科学技术,还是集聚起一个大宗股份以改变一家公司控制权的金融技术——都将导致公司运营或者治理方式的改变。为了理解公司法,我们必须理解,控制公司代理成本的各种机制之间的配置组合是如何随着公司的不同而不同,并随着时间的变化而变化。在任何情况下,公司法的作用都是建立一个适当的公司中各参与人之间的权利义务关系。比如,谁管理公司?为谁的利益?如前所述,控制公司代理成本的几种不同机制具有各自的优势和劣势,并且,在一个特定的情况下,具有不同的有效程度。因而,如果不首先回答关于各个机制控制代理成本的有效性问题,我们就无法决定如何适当地在公司各参与人之间分配权利和义务。

在本文中,我们从始至终都使用关于代理成本的经济学观点去试图回答关于以下种类的公司契约条款问题:第一,背景条款(background terms),即那些在一个特定的公司契约中没有作出相关规定时适用的默示条款;第二,强制性条款(mandatory terms);第三,公司契约条款的改变。这种将公司类比于契约的做法集中关注公司的自愿性和适应性的本质。我们将公司法视为一种标准格式契约,提供大多数公司在大多数情况下进行协商谈判所可能达成的条款。本文的理论观点是,公司法应当包括那些如果协商订约成本足够低人们将可能订立的契约条款。我们认为,现实中公司法几乎总是遵循这个原则。公司法是授权性的,而不是强制性的。它授予了公司经理很大的自由裁量权,并且为公司参与人达成实际的明示契约提供了便利。它让公司中追求自我利益的各参与人通过彼此互动解决公司问题,而不是让外部的监管者介入公司事务。很多重要的条款,比如,一股一权的推定,投票权能够用于罢免经理和控制公司,以及债权投资者没有投票权等,都具有坚实的经济学上的存在理由和基础。

三、真实和不真实的契约

契约理念是政治和哲学中争辩的一个主题。契约是指各方当事人之间达成的自愿的和一致同意的协议。因此,契约理念是一个非常强有力的概念。它频频出现在那些关于“社会契约”的政治观点中。美国的建国基础就包括很多这种“社会契约论”的逻辑。同样,那些使用“初始状态”(original position)的概念去诠释“正义”的哲学家,实际上也遵循了契约主义的观点。但是,社会契约论的观点存在问题。社会契约是推定的契约,而不是真实的契约。另外,即使假定我们的先辈们订立了一个真实的契约,为什么这个契约对于包括我们在内的后辈也具有约束力呢?这些问题也是我们政治文化遗产的一部分。杰斐逊(Jefferson)总统认为,自从上一次的协商修宪之后,如果美国又出生了半数的国民人口,则宪法应当期满失效,并重新修宪。像“社会契约”一样,也许“公司契约”也不过是一个语言上的托词而已。毕竟,投资者并没有实际上坐下来对于契约的条款进行协商。投资者在市场上购买股票,他们所知道的东西通常只是股票的价格。契约条款是企业家、投资银行、公司经理等设定的。契约条款的改变适用股东投票多数决定原则而不需要全体一致同意。因此,为什么不将公司视为一个共和政府的模式,而要视为一组契约的集合体呢?

公司关系中实际上包含很多真实的契约。在公司成立或者发行股票时订立在公司章程中的条款就是真实的协议。公司与员工、商品或服务供应商之间的关系基本上都是契约性的。如果美国电话电报公司(AT&T)签订了一份允许下一个约翰·巴丁(John Bardeen)式的人物自己保持发明专利的协议(约翰·巴丁是著名的美国物理学家,1956 年因发明电子晶体管而获诺贝尔奖,1972 年因提出了超导理论再获此殊荣。——译者注),那么,这个协议就是可以执行的;相应的分配给公司权利的条款将来也可以执行。尽管决定那些还没有被发明出来的东西的价值极其困难,但这种困难并没有改变契约性协议存在的事实。不管公司采用以下何种方式筹集资本,其相关的契约条款也都是与上例同样的情况:第一,发行债券筹资,其契约条款通常是在谈判桌上通过协商详细制定的;第二,发行股票筹资,其契约条款将影响股票的发行价格。另外,很多条款的改变都是大投资者在与公司管理层私下协商之后再投票通过的。而且,那些规定如何改变条款的规则实际上也是真实的契约。公司章程通常允许通过多数同意的投票机制改变公司的条款;当然,它们也可以同样容易地防止公司条款的改变,或者要求一个超级多数同意的投票条件,或者允许自由改变公司条款但赋予反对的股东卖出全部股票而退出公司的权利。这种允许通过投票机制改变公司条款的做法就是契约性的选择方式。另外,公司关系中的很多剩余条款(remaining terms)都是契约性的,因为它们是公司法"预先"规定的公司契约的默示条款,并且公司没有明确地予以修改。这些条款成为公司契约的一部分,就像《统一商法典》(Uniform Commercial Code)中的法律条款在商业契约没有进行明确规定时就自动成为其一部分的做法一样。

这些契约通常是由公司各方参与人的代表协商达成的。债券信托的受托人代表公司的债券持有人,工会代表公司员工,投资银行代表权益投资者。有时,契约条款不是直接协商订立的,而是完全由一方制定和公布的,就像汽车租赁公司公布他们自己制定的租赁条款。

企业家和经理可能采用一组契约条款,然后说"要么接受要么离开"。但是,这无疑也属于契约订立的行为。我们执行那些汽车租赁契约中的条款,就像我们执行一个信托中的条款,尽管信托受益人对于这些条款的制定没有发言权。租赁契约和商品保修契约等契约中的条款都是真实的契约,因为它们的价值都已经反映在双方当事人同意接受的相关价格中。

公司对于治理结构的选择通常不会产生重大的"第三方效应"(third-party effects),即不会损害公司自愿参与人之外的其他人的利益。[11] 投资者、员工以及其他人可以参加公司也可以不参加。假设企业家通过抓阄方法完全随机地选取了一些公司契约条款。显然,这些条款将会影响公司的价值。企业家不能迫使投资者以高于公司股票实际价值的价格购买股票;投资者可以在很多其他的地方进行投资,具有很多其他的投资选择。除非企业家能够欺骗投资者,否则,适用一个减少投资者预期回报的公司契约条款必将相应地降低公司的股票价格。因此,那些制定公司契约条款的人会具有正当的动机。假设他们必须决定是允许经理获取公司机会,还是要求公司机会只能由公司使用(或者将公司机会卖给与公司无任何利害关系的第三方)。一个允许经理盗用公司机会的契约条款显然会产生经理将公司财富转移给自己的风险;但是这也可能促使对于公司机会的有效使用,成为一种对于经理的激励补偿机制,从而有利于投资者的利益。不管好坏,上述两个方面的最终净效果将影响投资者购买公司股票时愿意支付的价格。如果经理作出了"错误"的决策,即选择了在投资者看来是次优的契约条款,那么,他们就将为此付出代价。为了获得一个盗用公司机会的权利(这个权利是没有效率的),经理就必须事前为此买单。这个逻辑同样适用于后来制定的公司契约条款;次优的条款将降低股票在二级交易市场上的价格,从而此后购买股票的投资者也将只

---

⑪ 我们在下文将讨论一些可能偶然出现的第三方效应。

付出与股票实际价值相一致的价格。公司治理机制中的所有条款都是契约性的,因为它们完全反映在公司各方参与人同意接受的交易价格之中。因此,在公司对于各种宝贵资源的市场争夺中,这些条款就经历着市场测试的实际考验;那些选择了错误条款的公司将在与其他公司争夺资本的竞争中落败。这些条款是通过当事人双方"协商"订立还是一方制定并公布的问题并不重要;本质的问题在于,它们具有影响价格和市场测试的功能(只要不存在第三方效应)。对于任何熟悉科斯原理(Coase Theorem)的人而言,这个道理应当不难理解。[12]

公司契约条款反映在相关的交易价格中了吗?公司章程以及其他公司文件中的条款通常都措辞非常小心,并且相当模糊。很多这种条款都没有列在公司发行股票时的招股说明书中。在公司首次公开发行时购买股票的投资者和在二级交易市场中购买股票的投资者可能根本不知道公司所采用的条款,更遑论是否知道一个任期交错的董事会(staggered board,任期交错的董事会是指董事会成员的任期不是同时开始和结束的,比如,1/3 的董事是第 1 年上任,第 4 年到期,另外 1/3 的董事是第 2 年上任,第 5 年到期,最后 1/3 是第 3 年上任,第 6 年到期,这种机制具有反收购的效果,因为收购人无法在收购交易结束后立即全面改组董事会。——译者注)或者累积投票制度的存在将会增加他们的财富。另外,他们在购买股票之前也没有查阅和咨询《金融经济学杂志》(*Journal of Financial Economics*,这本杂志是美国金融经济学界的权威期刊,在法经济学著作中,该杂志中的文章经常被引用。——译者注)。然而,至少对于公众公司而言,投资者是否都知道公司条款的本质或者效果并不重要。公众公司股票的定价机制能够保证其股价反映了公司治理和运行方面的条款,就像它也反映了公司经理的能力和公司产品的质量一样。

---

⑫ R. H. Coase, "The Problem of Social Cost", 3 *J. L. & Econ.* 1 (1960), reprinted in *The Firm, the Market, and the Law* 95 – 156 (1988).

在公共市场中交易的股票的价格是由专业投资者而非业余投资者确定的。[13] 这些专业人员——做市商、投资银行的套利交易部门、共同基金和养老基金的经理以及其他人——掌管着巨大的资金量，他们寻求利用这些资金购买定价偏低的股票。他们研究公司的盈利状况和发展前景，并进行相应的交易。那些在此方面能力欠佳的投资者将会发现自己掌管的资金量日益缩水，而那些表现良好的人将会掌管越来越多的资金。在这个意义上讲，专业投资者就是那些通常能够成功评估股票价格并做出正确投资决策的人。

如果就股票将来可能具有的价格而言，当前的股票价格并不"正确"，那么，专业投资者就能够通过交易获取丰厚的利润。如果公司契约的条款和公司结构的细节对于投资者利益具有任何的影响，这都将反映在公司的利润中，从而也就反映在公司股票的最终价格中。专业投资者相互之间进行交易，使股票的现有价格接近于将来价格。比如，如果人们知道一只股票在一年后的价值是 20 美元，那么，现在人们就会以这个价格进行交易(减去货币的时间价值)；没有人会愚蠢地等到来年进行交易，因为其他人现在就会进行交易而赚取收益。专业投资者在这方面越精明，他们就能够越快地将资金投入或撤出某些特定的股票，股票的价格调整也就越迅速。这个过程最终使得甚至专业投资者都难以通过交易赚取利润，除非他们早于其他人获知了影响股票将来价格的信息，并根据这个信息进行交易。很多的研究数据表明大多数的专业投资者都不能"战胜市场"，从而支持了以下观点：股票价格能够快速而准确地反映关于公司的公开消息。业余投资者是以专业投资者确定的价格进行交易，换言之，业余投资者获得的交易价

---

⑬ 这个股票定价机制的过程已经广为人知，并且其他人已经详细地阐述了这一机制，所以，我们在此仅作一简要概述。参见 Richard A. Brealey, *An Introduction to Risk and Return from Common Stocks*, ch. 2 (2d ed. 1983); Ronald J. Gilson and Reinier Kraakman, "The Mechanism of Market Efficiency", 70 *Va. L. Rev.* 549(1984). 股价反映信息的速度非常快，通常在专业投资者获悉信息的当天之内。Douglas K. Pearce and V. Vance Roley, "Stock Prices and Economic News", 59 *J. Business* 49(1985).

格与专业投资者完全一样。业余投资者无须知道公司的治理结构以及其他契约条款;这些未知因素的价值都已经包含在专业投资者确定的股票交易价格中。不管好坏,股价反映了公司法和公司契约的效果,就像它反映了公司产品优劣的效果一样。这是另外一个表明市场如何通过价格机制传递信息的例子,价格中所蕴含的信息比市场中任何一个参与者知道的信息都多。⑭

因此,股票价格可以反映公司治理和相关条款的价值。但这并不必然意味着现实中股价完美地实现了这个反映功能。相反,对于股价准确度的有关研究发现,股价经常是"错误的",没有准确地反映所有信息或者反映不及时。⑮ 这说明,对于一家公司股票或者所有公司股票而言,存在秘密的重大信息,这使得对于公司治理结构等条款的市场评估不准确。然而,这些关于信息及其评估方面的问题也同样会影响任何其他的评价公司治理机制的方式。如果那些既具有切身利害关系又拥有高度专门技能的专业投资者都不能准确判断公司治理机制(比如,无投票权的股票)的真实效果,各州议会的议员或者其他的公司规则制定者怎么能够做得更好呢?换言之,即使市场并非完美地有效,这也不是很重要,因为其他的社会机构在评价公司治理机制效果方面的能力并不强于市场。相较而言,市场价格反映的信息量比其他任何的替代方法都多。

这意味着,我们无须进入关于股票的定价是否完美的辩论。⑯ 股价无法很好地反映那些尚未公开的信息。因此,股价反映了股票对于持有分散股份的外部公众投资者的价值,而不是对于具有控制公司命

⑭ See Thomas Sowell, *Knowledge and Decisions* (1982); Sanford J. Grossman and Joseph E. Stiglitz, "Information and Competitive Price Systems", 66 *Am. Econ. Rev.* 246 (1976); Robert E. Verrecchia, "Consensus Beliefs, Information Acquisition, and Market Information Efficiency", 70 *Am. Econ. Rev.* 874 (1980).

⑮ Stephen F. LeRoy, "Efficient Capital Markets and Martingales", 27 J. Econ. Lit. 1583 (1989)(总结了很多的相关研究)。

⑯ 关于股价有效性的实证研究, see Gordon & Kornhauser, "Efficient Markets, Costly Information, and Securities Research", 60 *N. Y. U. L. Rev.* 761 (1985)。

运能力的内部投资者或其他人的价值。对于任何一家特定公司而言,在股票定价方面都存在一个无法减少的错误量;毕竟,那些能够增加股价准确度的信息需要成本,因此,为获得一个“完美的股价”可能会使得公司付出的成本高于“完美股价”所带来的收益。股价变得越准确,那些研究股票并寻求获利交易机会的人能够获取的私人收益就越少,从而他们认为并不值得追求股价的完美。当然,就我们的讨论而言,这个问题并不重要,除非存在某种其他的能够更好地评价公司条款的机制。很少有人认为,在评价公司治理的条款方面,政府监管机构能够比市场做得更好。导致股价不完美的资本市场的缺陷在数量级上小于政府监管者面临的困难。

有人也许会说,公司章程中模糊条款的效果可能会太小,以至于不能影响公司的股价。但是,实际上股价对于公司治理的变化非常敏感。我们已经讨论了很多表明公司章程和公司其他结构方面的改变对于股价具有重大和可预见效果的研究。确实如此,我们很难发现任何的对于股价没有影响的这种改变的例子。[17] 这并不出乎意料。市场系统性地对于很多事情进行定价。比如,保险市场提供了对于盗窃风险的明确价格(忠实保险契约(fidelity bonds)很普遍),因此,我们可以预料,股票价格同样能够反映那些改变了公司经理从事不当行为风险的事件。评价重复性事件(公司治理结构就属于此类)的技术已经非常成熟。

---

[17] See Easterbrook, supra note 1. Cf. Fischel & Bradley, "The Role of Liability Rules and the Derivative Suit in Corporate Law: A Theoretical and Empirical Analysis", 71 *Cornell L. Rev.* 261, 277 –283 (1986).

关于股价效果的研究基本上支持我们以上提出的观点。[18] 即使那些认为市场不是很有效率的人也承认,股价变化反映了关于公司的公开信息对于公司经理层之外的投资者的边际价值。任何搜集公司信息的人都会知道公司的治理结构,所以,不管好坏,市场的股票定价机制都会体现公司治理结构的效果。股价反映新产品和其他商业前景的效率通常高于其反映盗窃风险和经理能力的效率。因此,任何同意市场在评价公司盈利前景方面效果不错的人都应当认为,市场在评价公司治理结构方面的效果会更好。

但是,现在我们假设市场并没有准确地评价公司条款。即使如此,公司经理仍会具有正当的动机去经营公司,除非股价在评价公司治理结构方面出现了系统性的错误,而不仅仅是存在一些"噪声"信息或者遗漏一些信息。长期而言,那些不符合投资者利益的条款最终会暴露出来,公司在争夺资本的竞争中将会落败。因此,我们将那些即使很难评价的条款也视为契约性的。无视那些出现在公司文件中的条款或者试图要求公司采用他们不想采用的治理机制的后果将是只会导致公司采取抵销性的调整行为。比如,如果公司法禁止经理将公司机会转移给自己,那么,经理可能的反应就是,要求从公司中获得更多的薪酬,或者降低在创造新的公司机会方面的工作努力程度。同样,一个强制性的要求增加电冰箱保修期长度的条款将会导致电冰箱价格的上升。如果一个更长的保修期是值得的,出售者自己应当早就

---

[18] See Frank H. Easterbrook, "Managers' Discretion and Investors' Welfare: Theories and Evidence", 9 *Del. J. Corp. L.* 540(1984). 在经济学文献中,这种实证性的研究连续不断;它们似乎变化太快,以至于读者难以获得一个清晰的总体观点。评论性文章则由于很长的发表和出版时间,等到它们付梓出版时通常已经过时了。相反,期刊杂志中的专门研讨会文章栏目能够提供一些有用的文献评述。比如,Symposium, "The Structure and Governance of Enterprise", 26 *J. Fin. Econ.* (1991); Symposium, "The Distribution of Power among Corporate Managers, Shareholders, and Directors", 20 *J. Fin. Econ.* 1-507 (1988); Symposium, "Management Compensation and the Managerial Labor Market", 7 *J. Accounting & Econ.* 1-257(1985); "Conference, Corporations and Private Property", 26 *J. L. & Econ.* 235-496 (1983); Symposium, "The Market for Corporate Control: The Scientific Evidence", 11 *J. Fin. Econ.* 1-475(1983).

制定了这个条款,从而获得一个更高的售价,赚取更多的利润。我们不能孤立片面地只关注公司契约中的某个条款,认为修正这一个条款就能够提升公司各方参与人的利益。[19] 公司契约具有很多相互关联的条款,而且都可以通过协商进行修改,所以,当事人几乎总是能够规避或抵消任何的试图修改某一个具体条款的努力。

如果在投资者看来公司选择的条款既没有被市场适当地评价,又存在系统性的错误,那么,在这个情况下,通过法律规定一个强制性的条款可能就是合理的。当然,这个合理性的另外一个条件是,我们必须确信,这个强制性的条款将会增加公司各方参与人的共同财富,换言之,在公司各方参与人具有充分信息和订约成本为零的情况下,他们本来应当会通过协商制定这个条款。因而,这种强制性的法律规则实际上也是属于一个看待公司的契约性的方法。法院使用这种规则去填补明示契约中的相关漏洞。这些漏洞无可避免,因为人们不可能在订约时考虑到所有的偶发事件。任何承认公司明示契约的法律制度都必须处理明示契约中存在的漏洞和模糊之处。填补漏洞的法律规则能够让法院去复制契约当事人自己本来可能会制定的条款。换言之,公司契约中的漏洞和模糊之处是契约本身的一个固有问题。如果契约当事人想要通过明示的协商解决这个问题,并且协商的成本小于解决那个问题的收益,那么,他们就能够解决上述问题。由此可见,高昂的信息成本不仅阻碍了市场通过股价准确反映公司治理结构的机制,而且阻碍了契约当事人订立一个完整契约的努力。

当然,这并不是说,公司契约是理想而完美的。也许,公司契约存在第三方效应;也许,现实中存在很多重大的障碍,使公司参与人无法订立适当的契约条款;也许,即使达成了最优的契约条款,经理也能够

---

⑲ 这再一次反映了科斯定理。See also Epstein, "The Social Consequences of Common Law Rules", 95 *Harv. L. Rev.* 1717, 1750 – 1751 (1982); Schwartz, "Justice and the Law of Contracts: A Case for the Traditional Approach", 9 *Harv. J. L. & Pub. Pol'y* 107 (1986); Priest, "A Theory of the Consumer Product Warranty", 90 *Yale L. J.* 1297 (1981).

随后进行修改,从而逃避自己行为的后果,通过投票机制而改变的条款就属于此类。在下一节中,我们将讨论公司契约的局限性。

四、公司契约的限制

契约法中包含了很多能够限制契约效力的规则,其中一些也适用于公司契约。我们在此讨论四个最主要的规则。

(一)保护契约当事人

首先思考一下私人契约可能被撤销或无效的主要原因。[20] 在暴力胁迫下签订的契约违反了契约自由原则,而且也有失公允,因此暴力胁迫是非法的。有些契约不被执行是因为订约过程中存在欺诈的情形。另外,未成年人和其他不知道自己行为后果的人也不能签订契约。有些契约当事人可能缺乏判断的能力:一方面,他们可能低估了某些风险的发生概率(比如,洪水、地震,他们购买产品的缺陷等),因此,在面临关于这些风险的契约条款的选择时,他们就无法作出理性的决策;另一方面,他们又可能高估某些风险的发生概率(如核战争灾难)。当一个人在人生中的第一次(甚至也是仅仅一次)碰到某个问题或风险的时候,他处理问题的出错可能性就是最大的。那些重复作出并且经过经验测试的选择最可能是正确的,因为每个人都汲取了有关的经验教训,而且,在整体国民中存在很多精明的探索者,这些人寻找和选择有利可图的条款,从而影响到所有人据以交易的条款。

有些契约没有被执行是因为它们具有负面的第三方效应。比如,产生环境污染的契约会影响契约当事人之外的其他人。卡特尔(cartel,即商业竞争对手之间订立的提高他们所生产商品或提供服务

---

[20] See Sunstein,"Legal Interference with Private Preferences",53 *U. Chi. L. Rev.* 1129(1986).

的价格的契约。——译者注)会影响客户。所以,我们具有规制环境污染和商业垄断的法律,而且,很多法律规则的基础理念都是,竞争的缺乏将导致垄断的价格。比如,有关法律规定,对于处于灾难中需要救助的人(一艘由于触礁正在下沉的船上的乘客),救助者不能收取过高的价格,这种法律规则就是防止救助者的垄断价格。有时,支持国家干预的观点还得到以下主张的进一步加强:支付价格的人应当是财富转移的受益人;比如,那些限制租金最高额和要求工资最低额的法律规则的存在理由是,房东和房客之间、雇主和员工之间的财富关系不对等。

在以上这些支持国家干预的理由中,没有一个适用于公司关系的内部事务。投资者并不是财富转移的受益人;公司法也不是消除贫困问题的法律。投资者和其他的公司参与者在赚取利润方面达成了共识,因此,他们会一致同意任何能够使公司总体财富最大化的规则。在投资者之间进行利润分配的问题不是很重要,因为利润分配只会影响投资者内部的相对财富,而不会影响社会的总体财富。公司条款也没有欺诈,因为公司条款向所有人公开,让所有人查阅(当然,在公司运行的过程中可能存在欺诈,但对于任何条款的秘密违反本身都是非法的;请注意,我们在此讨论的问题是关于公司治理条款的选择,而不是执行)。

然而,基于判断能力偏差的观点似乎能够支持国家对公司事务的干预。现实中,只有为数很少的投资者对公司治理问题具有全面而深入的认识,因此,大多数投资者可能都错误地理解他们实际上承担的风险。不过,正如我们已经解释过的,在公司事务中,风险的定价是通过股票市场完成的,这些价格取决于专业投资者的知识和判断。这些价格自动地保护了无知的投资者。另外,公司治理的“游戏”是重复进行的。人们能够从实践中汲取经验和教训。每家公司都有相当长的存续期,因此,它们所采用的治理机制的效果能够被准确地观测到;而且,当很多家公司都采用类似治理机制,人们就能够发现它们相互之间效果的对比关系。所以,投资者作为一个整体就将是信息充分的,即使大多数投资者并不理解公司契约中的条款及其效果。

公司的参与行为尤其适合契约机制,因为即使是那些无知的投资者也具有很多帮手。股票市场就是一个自动的帮手。公司员工的雇佣条款是工会与公司协商达成的(在没有工会的公司中,员工能够参照其他有工会公司所订立的条款,这样实际上借助了其他公司中工会的知识和力量)。经理和公司通过专业的人才招募公司(所谓“猎头”公司,headhunters)散发公司职位空缺的信息,并寻找合适的人选。债券持有者受到债券信托的受托人的保护,受托人代表他们协商订立契约条款,并且监督条款的执行情况。很多人通过他们的银行账户向公司投资;银行辛迪加(syndicate,即银行相互联合形成的集团。——译者注)在经过细致的审查后,将储户的资金聚集在一起,然后投资于股票市场。大部分的养老金都处于专业管理人的保护之下;养老基金雇用了专业的基金经理服务于投资者的利益,因此,投资者甚至无须知道他们间接持有了哪些公司的股票。个体投资者能够直接地(通过投资经纪公司)或者间接地(通过投资于共同基金)获取专业的投资意见。他们能够通过购买分散化的投资组合以控制投资的风险,这样,他们就可以获得市场整体(或某个行业)的平均投资回报率,而不是某一家特定公司的投资回报率。

概而言之,关于公司事务的信息和知识并不是取决于个体投资者的智慧和能力。专业投资者的交易设定了股票的价格,个体投资者不知道的信息都已经包含在公司的股价之中,因此,个体投资者也能够获得与其支付价款相一致的股票价值(在没有欺诈行为的情况下)。如果我们愿意接受和遵守那些一生中可能只有一次的契约,比如,建造一所住宅,那么,我们就更应当接受并遵守公司契约。在我们的社会中,没有其他的契约比公司契约更有可能符合契约自由的原则。

但是,这里存在一个令人困惑的问题。公司法允许公司与以下人自由协商并达成几乎任何可以想象得到的交易条款:债权人、员工、供应商,以及提供重要公共服务(如火灾保护、公司员工的下一代的教育服务等)的当地各种政府机构。这些协议条款将按照普通的契约法予以履行。所有这些"公司利益相关者"都对公司进行了重大的投资(不可撤销的、专业化的实物或者人力资本方面的投资);他们完全通过契约保护自己的利益。相反,公司法中少量的"强制性"规则全部适用于权益投资者。公司董事会是权益投资者单独选择的(其他公司参与人无投票权);董事会也受到一些限制性法律规定的约束。公司经理(通常由董事会选择,因而最终也是股东选择的)不能通过契约条款免除自己的"忠实义务"。我们在本文一开始就已经提到了一些其他的强制性条款。另外,保护公司参与人的最强有力的机制,即存在很多设定股票价格的专业投资者的流动资本市场,是完全针对投资者而言的,而且主要是针对权益投资者。接下来的问题就是,为什么这些已经得到很好保护的权益投资者还需要公司法强制性规定的保护呢?相反,那些从市场中得到的保护相对较少的其他公司参与人只能通过契约保护自己,而不能得到公司法的额外保护呢?在后文中,我们将会讨论这个问题,并认为答案主要存在于以下两个因素之中:第一,权益投资者拥有的公司剩余财产索取权的特殊性质。根据这个权利,股东获得的利益是其他公司参与人从公司财富中取走相应份额之后剩余的部分,而不是一个能够清楚界定的回报,如薪酬或者借款利息。第二,权益投资者的行为模式:当公司股份被广泛分散地持有和交易时,没有人会具有正当的动机去收集信息并作出最优的决定。当然,就目前而言,读者应当将这个公司法对于不同公司参与人的区别对待作为一个困惑记在心中。

(二)无效率的条款

认为契约机制是最优的观点只是在以下两个前提下成立:第一,契约当事人承担了他们行为的全部成本以及获取了相应的全部收益;第二,契约在它们订立之后才被执行。这个观点的适用性还取决于是否可以订立任何可能的契约条款。如果一些种类的协议被法律禁止，那么，现实中达成的契约就可能不是最优的。这些问题可能出现在公司法中。

1. 第三方效应和集体决策

有一种第三方效应（third-party effects）是由信息的特殊性质和在公司之间安排互利性信息披露制度的困难所导致的。证券法包含了一组非常详细的强制性信息披露规则。[21] 一个可能的理由是，如果不是被迫的话，公司将会披露太少的信息。经理试图披露所有的对于投资者私人利益而言最优的信息，因为这样能够诱使投资者向公司进行更多的投资。但是，有些信息披露可能也会使其他公司从中受益，因此，除非法律规则设定了一个公司必须进行互利性信息披露的要求，否则没有公司会认为披露对投资者有价值的信息是符合公司利益的。另外，由于某些种类的信息披露也许很复杂，法律规则能够建立一个信息披露的共同语言和格式，从而方便信息的传播和理解。

为了理解一家公司的行为可能影响另外一家公司的其他方式，我们讨论一下要约收购的情形，即向一家公司发行在外的股票提出收购要约。要约收购聚集起大宗的公司股份，从而能够对于公司进行其现任经理反对的重大改变；这个要约越过公司经理而直接向股东发出。通常而言，要约收购的价格是在股票市价基础之上的一个很大的溢价。在公司变为公众公司时订立契约的投资者可能会选择那些能够使要约收购易于发生的契约条款。对于公司股东而言，收购要约中的溢价能够带来收益；而且，要约收购人可以充当公司监督者的角色，降低公司经营中的代理成本，无论这家公司是不是要约收购的目标公司。因此，在公司知晓是否将会出现一个收购要约之前（即事前而言），所有的公司股东都会认为要约收购是有益的。然而，一旦潜在的

---

[21] 我们已经在其他文章中对于强制性信息披露规则的合理性进行了阐述。See Easterbrook & Fischel, "Mandatory Disclosure and the Protection of Investors", 70 *Va. L. Rev.* 669 (1984).

要约人已经变得很有兴趣进行收购，或者甚至已经发出了一个收购要约，那么，目标公司的经理和股东从自身利益出发可能就会改变初衷并对公司进行拍卖。这种拍卖行为将会抬高公司的出售价格，使公司股东能够获益。当然，这种行为可能也会对公司收购及其监督角色产生负面影响，但是，在要约收购已经开始和监督作用已经产生之后，目标公司的股东就不再会担心这个问题了。所以，一个在事前是最优的契约可能在事后就不是最优。目标公司股东可能会迅速地改变他们自己的契约而进行一个对公司的拍卖过程。一旦这种改变发生，就不可能履行事前最优的契约。

需要注意，上述分析只是关于可能存在的公司契约的一个不完整观点。它假定只可能存在目标公司参与者之间的契约。但是，假设目标公司股东能够与要约人订立契约。也许，目标公司股东能够在某个特定价格或者在一定条件下出售某种可以购买他们股票的股票期权。如果目标公司股东能够在事前与要约人订立契约，他们可能就会做出以下承诺：当要约人将要发出或者已经发出收购要约时，自己不采取新的策略（如进行公司的拍卖）。但是，这种股票期权的契约机制既不现实，又不合法：第一，它不现实，因为它意味着目标公司股东需要与全世界的潜在要约人订立契约，这个交易成本显然太大；第二，它不合法，因为《威廉姆斯法》（Williams Act）[22]禁止要约人在发出公开收购要约之前通过私下协议的方式安排股票收购的行为，而且，它也禁止这种股票期权交易中所包含的优先购买的行为。一种重要的契约机制的不现实性和非法性可能意味着，现实中采用的契约并非最优。这表明，我们能够通过法律规则改善和加强公司契约。

履行契约的困难还可能产生其他的让国家进行有益干预的机会。契约履行问题很容易被发现。假设对于目标公司股东而言，一个进行公司拍卖的契约在事前和事后都是最优的。他们明示地采纳了这样

㉒ 15 U.S.C. § 78(1988).

一个契约。他们也明示地禁止经理的“反收购行为”,即他们想要在一个最高可能的价位上出售公司,而不是让公司保持“独立”。但是,他们能够如愿以偿吗?任何的拍卖策略都存在拍卖失败的风险。如果目前的出价不是足够高,那么,拍卖师就会将拍卖品从拍卖场中取下并搁置一段时间,直到出现了出价足够高的购买人。一个拍卖行动的期间非常灵活,并且出价最高的购买人可能在很长一段时间内都不会出现。然而,任何允许经理挫败所有那些首先出现的收购要约的机制,比如,一个要求非经经理同意不能发出要约的规则,一个允许发行“毒丸”股票的规则等,也能够被用以挫败任何的收购要约。确实如此,人们怎么能够知道经理将会使用何种策略呢?这可能连经理自己都不知道。经理可能会设定一个不现实的拍卖底价,主观上认为他们是在出售公司,但客观上使公司的出售完全不可能。保证遵守公司契约条款的困难降低了某些种类契约的作用。

至于遵守契约的问题,思考以下情况:一个让公司容易被收购的策略可能在事前是最优的,而一个进行拍卖的策略可能在事后是最优的;不过,如果大家都知道公司采纳了一个进行拍卖的策略,那么,就没有人会提出收购要约,因此,对于一家公司而言,最佳的策略可能就是在表面上看似容易被收购,但实际上采纳了一个进行拍卖的策略。这个策略实际上是愚弄要约人,从而使目标公司股东的私人利益最大化。但是,这并没有违反任何契约法规则:这个策略有益于契约的各方当事人。要约人本来就没有知道目标公司真实策略的权利,就像土地所有者在出售土地时没有权利知道购买者将来如何使用土地,保密某些信息通常既是私人最优又是社会最优;如果探测矿藏的公司在购买具有矿藏的土地之前必须公开披露他们的探测发现,那么,他们将不会去进行探测。如果一些目标公司采纳了上述秘密的最佳策略,那么其他采纳了不同策略的公司就会遭受损失。有些公司可能采纳了真实的容易被收购的政策。要约人将会很难判断哪些公司将会抵抗要约,而哪些公司不会抵抗,因此,他们可能就会减少监督公司和收购公司的行为,即使是对于那些实际上不会进行拍卖的公司也不例外。简而言之,这个关于公司实际选择的契约策略的不确定性将影响其他公司的治理机制,从而产生了第三方效应。

上述分析还反映了另外一种问题,即私人最优性与社会最优性之间可能存在分歧。行文至此,我们一直假定,投资者和其他公司参与人共同设计符合公司最佳利益的契约条款。然而,实际上存在投资者并不关心某一家特定公司的业绩表现的可能性。投资者能够投资于市场中的任何一家公司。因此,长期而言,投资者关心的是整个经济的发展,而不是其中某一家公司。有些公司可能业绩优良,有些可能表现不佳,但是,对于一个事先并不知道哪家公司属于哪种情况的投资者而言,他就会只想最大化全体公司的平均业绩表现。[23] 那些认为自己在收购公司或者目标公司中持有股份的可能性差不多的投资者不会关心那些试图增加目标公司利益的规则;相反,他们想要的是一个成本可能最低的在公司之间分配收益的机制。

上述讨论的核心思想是,投资者想要最大化其投资组合的总体价值,而不是某一只特定股票的价值。当出现一个关于收益分配的问题时,投资者想要的是任何的能够使将要进行分配的净收益最大化的规则,这种规则能够增加那些创造收益的交易的发生概率,并且减少实现收益的成本。这种规则通常是在任何具体的交易的发生机会出现之前制定的,因此,每个投资者都将会选择那些能够最大化投资者总体投资价值的规则,而不关心总体的投资价值是如何在公司之间进行

㉓ See Grossman & Hart, "The Allocational Role of Takeover Bids in Situations of Asymmetric Information", 36 *J. Fin.* 253, 261 – 266 (1981); Grossman & Hart, "Takeover Bids, the Free-Rider Problem, and the Theory of the Corporation", 11 *Bell J. Econ.* 42, 60 – 64 (1980); cf. Schwartz, "Search Theory and the Tender Offer Auction", 2 *J. L. Econ. & Organization* 229 (1986).

分配的。[24] 如果投资者想要投资预期价值的最大化,那么,那些促使投资者相互进行成本高昂的争斗以决定谁从交易中获得收益的公司法规则就可能在实践中被淘汰,而且,在填补现有公司契约的漏洞时,我们可以放心地忽略收益分配的问题。

故此,在考虑要约收购问题时,投资者并不知道自己投资的公司将会是收购方还是被收购方,从而就不会非常关心如何去制定那些将财富从收购公司转移到目标公司的规则,因为如果他投资的公司实际上是收购方,这种规则就可能会损害他的利益。当然,对于这个分析最优公司契约的方式,存在一个潜在的反对意见,即现实中投资者都具有害怕风险的心理。我们实际上假定了投资者会认为以下两个选择几乎一样:第一,10%的可能性获得1000美元;第二,100%的可能性获得100美元。大多数的投资者都厌恶风险,故他们会偏好第二个选择。这样,收益分配的规则就在最优契约中具有重要地位。投资者可能会寻求减少风险的方法,即使这样做也同时会减少预期的投资回报。如果他们确实如此的话,这将对于如何填补公司契约中的漏洞具有重大影响,甚至可能导致在某些时候推翻真实的契约。[25]

不过,对于公众公司,我们可以基本上忽略害怕风险的问题。[26] 我们的理由很简单:投资分散化。那些厌恶风险的投资者能够消除风险。他们可以选择投资低风险的证券(比如,信用等级高的公司债券和国库券)。只有当股票的期待投资价值高于其他投资工具的回报时,投资者才会选择持有股票。持有一个分散化的股票投资组合能够让投资者实现这些期待的回报,避免与特定公司有关的风险(比如,一

---

[24] DeAngelo, " Competition and Unanimity ", 71 *Am. Econ. Rev.* 18 (1981); Makowski, " Competition and Unanimity Revisited ", 73 *Am. Econ. Rev.* 329 (1983); Makowski & Pepall, " Easy Proofs of Unanimity and Optimality Without Spanning: A Pedagogical Note ", 40 *J. Fin.* 1245 (1985).

[25] See Easterbrook, supra note 1.

[26] 我们在关于有限责任和封闭公司的研究中详细讨论了风险厌恶的问题。See Easterbrook & Fischel, supra ntoe 7.

家特定公司的商业风险或者其经理不忠实的风险)。那些持有权益投资工具的人能够通过购买共同基金或者选取很大范围的股票以达到上述目的。分散化的投资组合不能消除市场的系统投资风险。但是,它能够消除与公司之间利益冲突有关的风险,从而使在公司之间分配收益和损失的努力没有意义。一个持有分散化投资组合的人实际上是对于整个经济进行投资,从而就会想要任何的能够最大化所有公司总体价值的治理结构方面的规则。倘若某一家公司价值的最大化是以其他公司的价值损失为代价而实现的,那么,持有分散化投资组合的人就不会对此感兴趣。在现有的资本市场中,投资分散化的成本很低。通过购买基金持有一个分散化投资的成本要低于直接交易少量几种股票的成本。

这似乎忽视了以下一个事实:很多人的投资并没有分散化。有些投资不分散的情形是出于故意的制度设计。公司经理的很多财富都锁定在他们所经营的公司之中,这个缺乏投资分散化的情形能够减少公司经营中的代理成本。像投资者一样,经理也害怕风险,从而关心公司之间收益和损失的分配。然而,这并不是一个将公司法视为好像它应当关注这些分配的理由;经理害怕风险是公司形式中的一个令人遗憾的成本,而不是支持选择一个使公司财富最大化规则之外的其他规则的理由。至于其他的投资未分散化的投资者,比如,所谓的"选股者"(stock-picker),即持有一些股票并积极进行交易的人,这些人完全不害怕风险(相反,他们喜欢冒险,追求风险所可能产生的利润)。前文所述,投资分散化的唯一理由是,如果人们害怕风险,他们可能就会想要一个使投资收益的下限最大化的规则,而不是使预期收益最大化(从而也不是使社会财富最大化)。如果厌恶风险的投资者能够通过分散投资以一个很低的成本控制风险,那么,就不存在任何的理由不去选择一个能够使公司财富最大化的规则。现实中,绝大部分的投资都是由那些具有分散投资组合的人持有。大多数公司中的大股东都是机构投资者:共同基金、银行的信托部门、养老基金、其他的实现投资分散化的机构。因此,我们不能为了保护少数风险投机者的收益(这种收益的意义值得商榷)而去减少大多数谨慎投资者的财富。

2. 错误

有些人将公司组织中的某些个别方面作为以下观点的证据:有些法律规则是任何的契约订立过程都不会选择的。假设一个公司的章程规定,在决定经理是否可以将一个公司机会转移给自己时,有利害关系的董事也有权进行投票。假设即使经理事先没有披露一个自我交易和获得相应批准,这个章程也强加给股东证明这个自我交易对于公司有失公平的举证责任。这些条款是如此的偏袒一方,让投资者承担太多的风险,它们的存在本身就显示了经理在公司中的控制地位。这个情况难道不能说明我们应当制定对于投资者更为有利的法律规则吗?

这里存在两个支持上述观点的理由。第一,某种第三方效应已经导致一家特定公司的利益偏离了社会利益。另外一个理由是,公司章程中的某些个别条款实际上是个错误,因为投资者没有看清问题的本质。公司私人利益和社会整体利益之间的偏离并不多见;至少在以上例子中,似乎没有出现这个问题。我们现在重点讨论认为某些条款是错误的观点。如果是错误,那是谁的错误?投资者的?因为他们没有识破经理的诡计从而没有降低自己购买股票的价格?或者是提出这种观点的学者的错误,因为他们认为这些条款不符合投资者的利益?除非那些对于公司契约中这个部分提出质疑的人能够令人信服地证明:这些条款的效果不可能为投资者所知晓并且已经有效地反映在公司股价中;否则,就不存在任何的理由让国家进行干预以校正错误。任何的可能使专业投资者无法认识到一个公司条款的真实效果的困难只会让学者们更没有能力去这样做。因此,一个更可能的推测是,进行质疑的学者们犯了错误,而不是公司和投资者。

只要一个条款的收益和成本是可知的,它们就会反映在公司股票的交易价格中。一个认为某些重要的公司契约条款逃避了这个股价反映机制的人实际上是认为,那些条款的收益和成本不可知,或者全世界只有他一个人知道那些条款的收益和成本。当然,现在他可以披露这个重大发现;如果人们相信他,那么市场自己就将会进行相应的调整,而无须国家进行干预。但一个更可能的情况是,那些具有直接金钱利害关系的人在判断公司条款的效果方面是正确的;他们具有足够的动机和理由去避免犯错,相反,那些质疑条款的人(学者或者政府监管者)通常是从新奇的而不是正确的观点中获得回报。那些错误地评估公司条款的市场专业人士承担直接的经济损失,而那些评估错误的学者和监管者并不会遭受类似的惩罚。那些以自己的金钱作为赌注的投资者可能会犯错误,但是,他们犯错的可能性应当小于那些以别人的金钱作为赌注的学者和监管者。

经过长期的时间考验,在许多公司中存续下来的公司治理机制尤其不太可能是错误的。我们已经强调过,一种实践做法的存续能力既可以让人们知道其效果,又可以让公司之间的竞争去淘汰那些不符合投资者利益的做法。然而,现实中并不存在一个类似的对于学者观点或监管规则进行甄别的机制。恰恰相反,法律规定的强制性条款窒息了自然选择和评价的过程。除非存在一个强有力的理由认为:相对于市场竞争而言,法律规则在评估公司契约的效果方面具有一个比较优势(这个理由依赖于我们在前一节和后一节中所讨论的那些特征);否则,我们就不能将现实中运用的机制视为“错误”或者“剥削行为”,并通过法律规则去取代它们。

(三)后续条款(latecomer term)

行文至此,我们的讨论似乎假定,公司契约中的全部条款都是在一开始就制定好的。对于任何公司参与人而言,这个“一开始”是指他进入公司的时候,比如,当他成为公司员工、股东等的时候。这是一个重要的临界时间点,因为进入公司的时间就是公司治理机制的收益和成本被评估的时候。如果在此时一个条款是好的(或是坏的),那么,相关价格就会进行调整,从而反映这个条款的收益和成本。但现实中,在一个人进入公司之后很多事情会发生变化。譬如,公司可能会在关岛重新设立;公司可能会采纳关于董事会成员的交错任期的规则,或者采纳一个"公平价格"的修正案;公司可能会废除董事会中的执行委员会,或者废除所有的独立董事(或者设立一个独立董事占多数的董事会)。我们如何解释这些改变呢?

这些改变具有以下两个共同特征:第一,它们都是由现任的经理提议的(除非获得董事会的同意,否则对于现有公司规则的任何改变都不会被采纳);第二,这些提议是通过股东的投票机制而接受的,并且,投票中的胜利一方不会补偿失败的一方。如果这些改变不符合公司中现有股东的利益,那么公司股价就会进行调整,但这种价格调整不能补偿现有的股东。如果一个条款的改变将导致公司的预期利润以每股 1 美元的幅度下降,那么,公司股价就会相应地下降,从而现有股东将遭受每股 1 美元的投资损失。当然,他们能够出售股票,但他们不能避免这种损失。此时,股票的购买者能够获得价值与他们所支付的价款相一致的股票,而出售股票公司的现有股东则不幸受损。在此,对于这些后来改变或制定的条款而言,那个使企业家和经理承担不利条款成本的机制没有发挥作用,至少是没有以任何直接方式发挥作用。当然,那个机制最终将发挥作用。比如,损害投资者的新条款将降低公司筹集资本的能力和在产品市场中的竞争力。然而,这些最终的反应并不是有实际意义的救济;它们能够解释为什么那些选择了糟糕治理机制的公司不能生存,它们也说明了为什么广泛而持久的公司实践做法可能是符合投资者利益的,但它们没有为那些受损的现有公司股东提供任何的实际帮助。

投票机制[27]只能在一定程度上解决不利条款的问题,但不能完美

---

[27] Easterbrook & Fischel, "Voting in Corporate Law", 26 *J. L. & Econ.* 395 (1983).

地解决问题。投资者通常对于投票采取理性的冷漠态度,不仅是因为没有一个投资者的投票能够改变选举的最终结果,而且因为进行一个明智投票所必需的信息难以得到或者成本高昂。股东对于修改条款的投票同意也许并不能说明条款修改符合他们的利益,因为公众公司中分散的股东没有时间、信息或者动机去详细审查所有修改条款的提议。投票权不能出售,至少不能与股票相分离地进行出售。初始制定的公司治理条款和后续条款之间的区别意味着,我们必须小心地区别对待这两种条款。公司法中最困难的问题之一就是涉及那些在公司成立后或者资本筹集后才采用或者修改的公司条款。因此,那些拒绝让股东通过投票机制同意浪费公司财富(除非公司股东全体一致地同意)的公司法规则很有道理。当然,关于如何修改公司条款的程序性条款本身也是初始契约的一部分,所以,人们有可能(也应当可能)在初始订立契约时就制定对于以后的条款修改进行限制的条款。实现这个目标的最常见方式是,订立一些规定在修订某些条款时投资者有权反对并要求获得"估价救济"(appraisal)的条款(估价救济是指持反对意见的股东有权要求公平估算自己的股份价值并将其出售给公司,此救济在我国亦称为"异议股东股份收买请求权"。——译者注)。另外,公司治理结构条款的修订可能会激起委托投票权的争夺战,这个情形能够促使投资者关注公司事务,而且可能导致要约收购的出现。因此,投票机制,或者至少投票机制所引发的审查机会,能够部分地解决后来制定条款的评估问题;在此意义上,它们是适用于初始条款评估问题的市场价格机制的一个不完美的替代品。

法律也许可以根据订立时间的不同对于公司条款进行区别对待,从而解决契约订立过程中的一些问题。法律可以规定,那些初始条款(在公司成立、首次公开发行、或者发行大量股份时订立的条款)通常应当被遵守和履行,除非存在显著的第三方效应;[28]那些可能增加公司

---

[28] 参见前文第四部分第二节。

经营中代理成本的后续条款只有在符合以下条件时才有效:在连续两次的股东年会中都获得了超级多数的投票同意,或者,持反对意见的股东享有估价救济权(双重年会的规则能够让发生在两次年会之间的委托投票权争夺战或者公司收购战去阻止第一次年会上的条款修订决议最终生效)。但是,如果这样一个对于修订条款的限制符合股东利益,为什么现实中公司采用超级多数和双重年会规则的情况如此少见呢?投资者能够而且实际上也认识到了后续条款可能是有害的风险,但总体上而言,那些对于修订条款进行限制的规则也许更加有害。我们不想在此具体讨论如何制定这种限制条款修订的规则。但是,我们需要记住,后续条款是以契约方法分析公司法过程中一个潜在的问题。

(四)为什么需要制定公司法?

我们将公司视为契约进行分析之后,一个自然而然的问题就是:为什么需要存在公司法?为什么不干脆废除公司法而让人们自由地协商订立任何他们想要订立的契约?一个简短但不能让人完全满意的答复是,公司法是一组现成的公司契约条款,从而公司参与人能够直接援用而节省自己协商订立契约的成本。公司法中包含了很多条款,比如,投票规则、出席会议的最低人数的规则等,几乎所有的公司都会采用这些规则。公司法典和法院判例"免费地"向每家公司提供这些条款,从而让公司能够集中关注与自己具体相关的一些特殊问题并制定相应的条款。即使公司处理了他们认为可能会发生的所有问题,也不可避免地还是会遗漏一些问题。确实如此,在公司契约订立后将会出现很多复杂的问题。公司法——特别是法院发展和执行的诚信原则——能够填补那些空缺或模糊之处,这些填补条款是,如果公司各方参与人能够事前预见到相关问题,并且能够以零成本订立契约,则他们可能私下协商而制定的条款。按照这个观点,除了具有第三方效应或者后续条款的情况,公司法可以补充但永远不能替代实际的公司契约。

对于公司法典的制定者和法院而言,存在一个现成的关于如何填补实际公司契约中漏洞(或者制定背景条款)的指导,即现实中人们对于相关问题进行协商所达成的条款。这些实际协商的条款也为其他公司提供了参考。那些进行协商并达成协议的公司也许不同于那些没有这样做的公司;这个差异正是有些公司实际上进行协商的原因。这个可能性是存在的,但不是很大;交易成本和判断力方面的差异似乎更有可能,除非那些使需要制定不同治理结构的公司之间的差异非常明确。大型公司可能会认为有必要规定一些其他公司没有规定的问题,因为对于那些问题进行规定所产生的收益是与公司规模成正比的。正如业余投资者从专业投资者的工作中获益一样,小型公司和法院能够从那些为大型公司解决相关问题的专业谈判者的工作中获益。

但是,这个分析还不完整,因为它尚未回答"为什么需要制定公司法"的问题。为什么律师事务所、公司服务机构或者投资银行等民间机构不编撰一组公司可以选择适用的条款呢?他们可以出售这些条款,从而补偿他们解决问题的工作成本。但是,让公司当事人(或者任何民间的条款提供者)去处理那些不常见问题并制定适当条款会导致高昂的成本。公司当事人或其代理人必须事前确定相关问题,然后进行仔细的协商去解决它们。如果那些问题实际上并没有出现,那么这个工作就可能全是徒劳。公司总是一直处于持续的变化之中,故这种徒劳难以避免。公司碰到的一些问题经常只有在公司已经成立并开始进行经营后才可能出现。对于处理这种需要事前解决但又可能实际上不会发生的问题,法院系统拥有一个比较优势。普通法的法律制度采取一种"不告不理"的司法理念,即只要问题还未实际发生,它们就无须介入,因此,这是一个很经济的问题解决机制。那些处理不常见问题的法院判例汇编能够提供一定程度的相关信息;如果我们通过私下的协商机制获得这些信息,那么它们的生产成本将会非常高昂。

换言之,很多种问题的相应"契约"条款实际上都是公共产品(public goods)。

即使律师事务所、投资银行以及其他民间的条款提供者能够找到最优的问题解决方案,他们也无法容易地为所有问题提供解答。没有一家公司能够获得其事前解决所有问题的工作所产生的全部收益,因为其他公司能够复制那些问题的解决方案,而无须向它们的制造者支付费用。如果新的问题解决方案的价值很难得到保护,从而私下协商所产生的收益就会很小,那么,人们就会将那些问题暂时搁置,留待以后解决。正如我们已经反复强调过的,公司法应当解决并提供的东西是那些一旦普遍适用就将使所有公司的总体价值最大化的规则。公司法填补了实际公司契约中的漏洞和模糊之处。但是,我们没有理由适用公司法去施加一些将会推翻实际协商达成的条款或者减少公司总体价值的条款。

五、公司目标:经济利润抑或社会责任?

一个强调公司具有契约本质的分析方法能够比较容易地回答一个长期以来困扰很多学者的问题:公司的目标到底是什么?是经济利润吗,又是为了谁的经济利润?还是一个定义更加广泛的社会利益?公司能够从事慈善行为吗?公司是应当努力最大化它们的长期价值还是短期价值?我们对于这些问题的回答很简单:我们不需要解决这些问题,它们应当交由公司参与人自己决定。如果《纽约时报》的设立宗旨是出版报纸第一,经济盈利第二,那么,任何人都无权横加干涉。那些在《纽约时报》创立伊始参加公司的人同意这个目标,那些后来通过在市场上购买股票加入公司的人所支付的购买价格已经反映了公司的这个将经济盈利目标列为次席的政策。即使一家公司在设立时承诺向公司员工而不是公司股东分配公司盈利的一半,这个政策也完全是公司自己的内部事务,它有权自由地订立这样的契约条款。当然,这样的条款能否在现实中取得成功还是一个未知数,但这已经是另外一个问题。确实如此,很多学者可能会预测这种条款无法成功,但是,这种旁观者对于公司事务的预测并不能否决公司自己采用上述条款的权利。同样,如果一家银行的贷款政策是优先向少数民族拥有的企业或者第三世界国家的企业发放贷款,那么,这也完全是这家银行参与人自己的事务。因此,如果一家公司在建造一个新工厂时保证不会影响当地社区利益,这也是公司自己的事务。公司自己会选择他们偏爱的"利益相关者"。

公司契约分析方法集中关注的一个问题是公司后来对于条款的修改。如果公司在当初设立时采取的是通常的治理结构——员工和债权人各自拥有固定数量利益的偿付请求权,而股东拥有对于公司盈利的剩余索取权,公司其他参与人也承诺使得公司盈利最大化——那么,这就是一个具有约束力的公司契约。如果公司后来突然收购了一家报社,并宣称自己不再对于经济利润感兴趣,那么,股东就能够合法地提出控诉。需要注意,这个控诉是基于对公司契约的违反,而不是基于对公司治理理念的破坏。

就像在其他场合一样,此处公司法的角色也是为公司契约提供一些背景条款,这些条款自动成为公司契约的一部分,除非它们被实际的公司契约明示地排除或改变。另外,这些背景条款应当就是那些如果公司当事人进行实际协商可能订立的条款,或者是那些成功公司通常采用的条款。对于大多数公司而言,通常的结构是,作为公司的剩余风险承担者,股东通过契约获得了其他公司参与人做出的努力使公司长期利益最大化的承诺,公司长期利益的最大化反过来能够使股东持有的股票价值最大化。其他公司参与人通过契约获得了固定收益的偿付请求权,比如,月利息、薪酬、养老金、解雇费等。在后文中我们将阐述,这种公司不同参与人之间的权利分配具有一个经济学上的功能。风险承担者享有对于公司利润的剩余索取权;那些没有承担风险的人享有获取固定收益的请求权。

一件不可能长久持续的事情就是试图系统性地欺诈公司参与人。如果投资者的投资是与公司其他参与人作出的努力使公司利润最大化的承诺相联系在一起,那么,这个承诺就必须兑现;否则,公司就无法筹集新的资本,从而最终崩溃。如果投资者怀疑公司向他们作出的承诺的价值,那么,整体经济中的投资总额就会减少。同样,如果一家正在建造新工厂的公司做出以下承诺——即只有在有利可图的情况下才会一直使用这个新工厂,否则它就会解雇所有工人并转移到其他地方——那么,一个后来试图改变这个条款的努力(如果担心的问题最终出现,比如,这个工厂已经无利可图),比如,强制性地要求公司继续使用这个工厂,或者强迫公司支付很高的解雇费等,就将是一个违反契约条款的行为。对于发生这种事后机会主义行为的担心将使得公司和投资者不愿建造新工厂和在当地雇用新工人。

值得指出,我们对于公司的契约分析方法并没有在公司员工和公司的资本提供者之间画出一个绝对的分界线,从而将他们截然地区分开来。公司员工的大部分人力资本都锁定在他们工作的公司中,换言之,他们的人力资本都已经适应于其所在的公司,如果他们改变工作,这些人力资本可能就会贬值。在这个意义上,公司员工也可以被视为公司的资本提供者。持有与具体公司相关的人力资本就是向公司进行投资的一种方式。所以,真正的问题不是公司员工和其他“公司利益相关者”是否享有权利并需要保护(毫无疑问,他们享有权利),而是他们到底享有哪些权利。如果员工与公司协商订立了一个提供解雇费的条款以保护他们的与具体公司相关的人力资本投资,那么,如果公司最终解雇他们并根据上述条款支付解雇费,他们就不能抱怨公司的解雇行为。每个投资者都必须面对和接受公司中已经设定好的风险结构。当公司经营不佳而使股东的剩余财产索取权不能兑现时(公司在优先支付其他公司参与人后的财产已经所剩无几),股东实际上就输给了其他公司参与人。这完全是一个执行公司契约的问题。对于权益投资者(即股东)之外的其他公司投资人,比如,公司员工、债券投资人等而言,执行的契约通常是明示的经过协商订立的契约。

如果我们想要改变公司的行为,我们应当通过改变公司经营的外部环境去促使公司自己相应地作出决定并改变行为,而不是直接强制性地要求公司改变行为。假设公司的目标是利润最大化,那么,我们可以通过在某些问题上施加金钱惩罚去影响公司的行为。这种金钱惩罚将会减少公司的利润,因此经理就会努力地避免发生这种后果。比如,环境污染税就能够促使公司排放更少的污染物。由于害怕这种经济损失,公司实际上就会像它似乎已经考虑到了其他相关人的利益那样进行经营。因此,我们可以让公司继续奉行传统上确立的利润最大化的经营目标,但又能够达到改变公司行为的目的。由于我们沿用了公司传统的经营目标而无须引入新的公司目标,故这种改变公司行为的方法成本最低。在我们的分析中,不存在政府是否应当努力使公司去考虑其他相关人利益的问题。我们无须讨论处理环境污染、工厂关闭以及其他对于公司契约关系之外的人具有影响的公司行为的最优方法。对于这些问题的处理,社会具有以下两个选择:第一,在这些问题上向公司施加经济成本,促使公司自己根据利润最大化的目标去改变行为;第二,强制性地改变公司结构使它们改变利润最大化的经营目标,从而相应地改变行为。与第一个选择相比,第二个选择将会导致更高的成本而产生更少的收益。

一个显而易见的原因是,在第二个选择下,公司经理被要求服务于两个主人(一个是公司股东,另一个是当地社区)。一仆难事二主,因此,在两个主人的利益发生冲突时,经理将难以决策。更重要的是,由于两个主人的存在,经理可能在他们之间耍弄伎俩,首鼠两端,从而无须向任何一个主人承担责任,任何一个主人也无法制约经理。譬如,当面临任何一个主人的要求时,经理都能够以另一个主人的利益为由进行推诿。因此,公司经营的代理成本就会增加,社会的整体财富就会减少。一个更好的选择(即第一个选择)就是,制定一些向某些公司行为施加经济成本的法律规则,从而改变公司自己的决策过程,这样就能够让经理在相关法律的约束下继续自由地追求股东财富最大化的公司经营目标。

另外还有一个同样重要但经常被忽视的原因:使股东财富最大化的公司行为同时也能够自动地让其他“公司利益相关者”获益。公司参与人相互之间是合作互补而不是彼此敌对的关系。在一个市场经济中,一个交易中的各方参与人都会获利,交易通常是多赢的机制。一家成功的公司为工人提供了工作机会,为消费者提供了产品和服务。公司的产品对于消费者越有吸引力,公司赚取的利润就越多,就越能够提供更多的工作机会。股东、员工以及当地社区的利益是与公司为消费者提供产品的销售业绩紧密联系在一起的。其他公司目标的实现也是基于公司创造的利润。富裕的公司能够提供更好的生产环境,妥善处理生产中的废料;高利润能够增加社会的总体财富,从而能够加强人们对于清洁环境的要求。清洁环境是非常奢侈的社会产品;相对于贫穷国家而言,富裕的国家能够支付代价而获得清洁健康得多的环境,这一方面是因为富裕的国民具有享受清洁空气和水的需求,另一方面是因为他们能够付得起这种需求的代价。与美国的工厂相比,苏联的工厂污染更厉害(本文写作时苏联尚未解体,故作者以苏联与美国进行比较。——译者注),而且生产的效率更低,这主要是因为他们对于生产利润的关注更少。在苏联,由于公司盈利的下降,那些取代了利润最大化的其他公司目标就极可能难以实现(现实似乎正是如此)。

利润最大化和其他公司目标之间的和谐统一关系经常被人忽视。那些在一个地区关闭工厂并迁移到别处重新建造工厂的公司经常被指责为对于受影响的当地工人和社会缺乏责任感。但是,这样一个指责没有考虑到公司新工厂所在地的工人和社区所获得的更大的收益(与公司工厂原来所在地的工人和社区获得的利益相比,这些收益肯定会更大,否则公司迁移工厂的行为就不能产生利润)。就道德上而言,那些由于迁移工厂而导致原工厂所在地受损的公司并不坏于那些通过发明新产品而导致其竞争对手破产和他们的员工失业的公司。所有的竞争行为都会产生失败者和经济利益的重新配置——所有的社会进步都伴随经济格局的重构——那些试图阻止经济结构转变的努力就是试图阻止经济的发展。

当然,我们并没有盲目乐观地认为,经济利润和社会利益完美地相统一。当公司行为的成本由第三方承担时——环境污染就是一个最常见的例子——公司就损害了社会利益,因为公司自己没有承担其行为的有害后果,没有将此计算为自己的经营成本。如果一家公司在一条河的上游倾倒废料,那么,它将会把环境污染的成本转嫁给下游的人们;这种成本通常超过公司带给股东的收益,但是,如果公司自己不承担这个成本,它就会选择倾倒废料。显然,完全地禁止污染并非一个最优的解决办法。水是一种资源,如果水的使用减少,那么,社会生产的产品就会减少,价格也会上升,而且,就会需要更多地使用处理废料的其他替代方法,比如,将美国的某个小岛建造为一个大垃圾场。一个更好的解决方案是,让公司自己承担环境污染的成本,并根据具体情况做出相应决策:如果倾倒废料的成本低于收益,就选择倾倒;如果这样做的成本高于收益,就选择不倾倒。对于公司治理结构进行直接强制性的改变无法实现此目的。我们应当建立起相应的财产权制度(如水权、排污权等),从而公司就会将社会成本计算为自己的成本;由于经理在已经考虑到这些成本的基础上努力使公司利润最大化,因此,公司的决策就会接近于所有的公司利益相关者(包括股东和那条河下游的人们、公司的客户等)在假设订约成本为零的情况下可能自由达成的条款;相反,如果将公司的环境污染问题以及其他困难的道德和社会问题也全部视为公司治理问题,则大错特错。

公司法的强制性结构

杰弗里·N. 戈登[*]

导言

在法经济学文献中,公司被视为一个"契约网"(nexus of contracts),几乎已成定论。[①] 根据这种观点,公司只不过是一系列明示或默示契约关系的联结点,契约当事人包括股东、债权人、经理、员工、供应商和客户等。然而,这个观点存在问题,因为它是基于经济学家而非法学家的"契约"概念:

---

* 哥伦比亚大学法学院法学教授。作者感谢 Bernie Black, Jack Coffee, Lewis Kornhauser, Lou Lowenstein, Ricky Revesz, Andy Rutten, Bob Scott, Rod Smith 等人以及其他在芝加哥大学、哈佛大学、密歇根大学和纽约大学举办的研讨会上的参与者对于本文初稿的有益评论;作者感谢 Richard Brook, Beth Goldberg, Ricardo Nunez 等人的研究协助;作者还需要感谢纽约大学法学院 Filomen D'Agostino and Max E. Greenberg 研究基金和哥伦比亚大学法学院 Henley 法商项目等机构的慷慨资助。

① 这个提法可以追溯到 Alchian & Demsetz, "Production, Information Costs, and Economic Organization" 62 *Am. Econ. Rev.* 777, 777 -778 (1972) (公司是一个团体生产过程中的契约代理机构)。"契约网"的概念最早出现于 Jensen & Meckling, "Theory of the Firm: Managerial Behavior, Agency Costs, and Ownership Structure" 3 *J. Fin. Econ.* 305, 310 -311 (1976).

在经济学家看来，当事人之间的任何具有相互期待和行为的安排都是契约，这显然远远超越了法学家眼里的以法律上可以执行的权利和义务为特征的契约概念。② 因此，与经济学家不同，法学家会特别注意契约的构成要件，即要约和承诺，这实际上就是双方的意思交换，通常反映在一个明示的协商过程中。③ 这个问题在默示契约的情况中特别突出。对于一个法学家而言，默示契约是一个实际上并不存在的契约，只不过出于某些公平原则的考虑才将其视为在法律上可以执行。④ 对于一个经济学家而言，默示契约是一个通过诸如声誉之类的市场机制而不是法律机制得以执行的契约，这种执行机制可能无法给予受害者充分的救济，但是，就长期而言，那些违约之人将会受到惩罚。

需要指出，经济学家内部也意见不一致。他们的很多著作都提到了一个"代理理论"，概言之，此理论用以解释公司结构和公司融资的许多特征，将它们视为一种尽量减少由于公司所有权和经营权相分离而带来的"代理成本"(agency costs)的途径。⑤ 这些文献提出的观点是，这些代理问题都是可以预见的，从而可以事先通过将经理人和股

---

② See e. g., Restatement(Second) of Contracts § 1(1977)(将契约定义为'一个或一组承诺，如果违反这些承诺，则可以寻求法律救济，因为法律将这些承诺视为义务')；E. Farnsworth, Contracts, § 1.1(1982).

③ See Clark, "Agency Costs Versus Fiduciary Duties", in *Principles and Agents: The Structure of Business* 60–61(J. Pratt & R. Zechhauser eds. 1985)(认为契约义务是通过自愿的、实际的协议而产生)；Brudney, "Corporate Governance, Agency Costs, and the Rhetoric of Contract", 85 *Colum. L. Rev.* 1403, 1405, 1411–1420(1985)(批评某些所谓的公司契约，因为它们缺乏意思表示和自愿性)。

④ 法学家有时区分"事实上默示"的契约和"法律上默示"的契约。"事实上默示"的契约包括法律上可以执行的相互承诺，如果接受者的承诺是从其沉默或其他行为中推定而来，则不在此列。这种契约在执行时就好像双方的承诺是明示的一样。正是由于这种实际结果上的相似性，有些学者认为明示契约和"事实上默示"契约的区分在法律上没有太大意义。See E. Farnsworth, supra note 2, § 3.15, at 142, n. 2. "法律上默示"的契约是指如果一方给予了另一方利益，那么，前者就可以要求后者支付对价，以避免后者的不当得利，即使双方并没有明示的意义表示。这种契约经常被视为"准契约"。See Schott v. Westinghouse Elec. Corp., 436 Pa. 279, 290, 259 A. 2d 443, 449(1969)；E. Farnsworth, supra note 2, at § 2.20.

⑤ See Jensen & Meckling, supra note 1, at 310；Jensen & Smith, "Stockholder, Manager, and Creditor Interests: Applications of Agency Theory", *in Recent Advances in Corporate Finance* 93(E. Altman & M. Subrahmanyam eds. 1985).

东的利益调整一致以及价格机制而予以解决。比如,由于代理成本的问题,公司出售股票的价格就会比正常价格低。一个与此不同的经济学观点就是所谓的“交易成本经济学”(transaction costs economics),认为公司契约不可避免地都是不完整的,从而强调契约各方事先建立的公司治理机制,以解决事后可能出现的各种问题。⑥ 与代理成本理论一样,交易成本理论也基本上是实证性的。⑦

法学家对于这些公司契约理论进行了进一步的阐述,赋予了它们法律改革的力量。根据公司契约理论,公司不仅被描述为一个契约网,即实然之论,而且公司被认为应当按照契约自由的理念运作,即应然之论。在此,关于“公司契约主义”(contractarianism)的辩论不是简单的术语之辨,因为从其应然之论中派生出两个重要的原则。第一个原则是,公司法的内容(包括成文法和判例法上的诚信义务)应当是公司契约当事人在订约成本为零的情况下可能达成的契约条款。这样就可以减少公司契约当事人单独订立适合自己情况的契约条款的需要,从而降低交易成本。因此,这个原则可以称为“内容原则”(content principle)。第二个原则是,公司法的功能应当是提供一个标准契约和格式条款,这些格式条款都是现成可用的,而且,公司参与人应当可以根据自身需要完全自由地改变这些条款。这就是所谓的“选择退出原

---

⑥ 对于代理成本理论与交易成本理论的详细论述和比较,参见 Williamson, “Corporate Finance and Corporate Governance” 43 *J. Fin.* 567 (1988). Williamson 认为这两个理论之间的共同点多于差异,但是,对于一个关注强制性法律规则的角色的法学家而言,代理成本理论和交易成本理论存在重大差异,因为前者认为代理成本可预见从而可以采取事先的利益激励机制,而后者主张公司契约不可能完整从而需要采取事后的公司治理机制。

⑦ 经济学家之间的另一个分歧之处在于,公司契约主义实际上被用于处理两个不同的问题。一个问题是,上面谈到的公司结构、公司融资和公司治理。另一个问题则是,公司作为一种经济组织,其适当的外延应当是什么? 换言之,如果公司只不过是一堆契约,那么,为什么公司会存在呢? 或者,为什么所有的商业行为没有发生在公司框架之内呢? See, e.g., Hart, “An Economist's Perspective on the Theory of the Firm”, 89 *Colum. L. Rev.* 1757, 1758 - 1763 (1989); Holmstrom & Tirole, “The Theory of the Firm”, in *Handbook of Industrial Organization* (R. Schmalensee & R. Willig eds. Forthcoming 1989).

则”(opt out principle)。[8] 一个传统的公司法学者肯定会惊诧于将上述原则适用在诚信义务的场合,因为传统观点认为,诚信义务为公司关系提供了一个不可或缺的大背景,为公司参与人提供了一个让他们免受各种行为伤害的保护伞,这里的有些行为可能并不违反成文法律,但却不公平或者构成欺诈。[9]

公司契约主义的内容原则显然具有争议。此原则的前提是,公司法的唯一目标应当是私人财富最大化(private wealth maximization)。[10] 此原则忽视了公司法的一些重要历史因素,在历史上,国家对于公司的设立采取特许制,以帮助国家提供公共服务。[11] 这些历史因素对于成文法和判例法中关于公司公益行为的规定具有深远的影响。公司契约主义还忽视了历史上公司监管的一些目标——比如,对于公司相互持股的限制,此规则是为了限制公司的规模和资本保持问题[12]——和现行的一些公司监管目标,比如,努力减少可能导致难以补偿的第三方效应的公司行为(例如,有些关于董事会组成和股东救济的公司法规则可以被视为迫使公司守法成本内部化的监管措施)。

然而,由于各州之间为了吸引公司设立而展开竞争,私人利益最

---

⑧ 选择退出原则是基于内容原则,但不是必然地派生于后者。如果公司法的目标不是为了方便公司参与人的订约过程,那么,选择退出就显然无从谈起。即使内容原则成立,我们认为订约过程中可能存在其他问题,使得“选择退出原则”不能适用。

⑨ See, e. g., Moran v. Household Int'l, Inc., 500 A. 2d 1346, 1356 (Del. 1985); Schnell v. Chris-Craft Indus., 285 A. 2d 437, 439 (Del. 1971).

⑩ 换言之,内容原则假设在契约自由的框架下,公司当事人能够建立他们相互之间的关系,从而使他们的共同利益最大化。如果契约是真正的自由,那么,这个假设可能成立。在理想状态下,私人利益最大化能够使社会利益最大化,不过,这是否构成公司契约主义的要件,并不清楚。在有些场合,私人利益最大化可能与公司法中的股东利益最大化相冲突,参见下文脚注79。

⑪ See, e. g., Liggett Co. v. Lee, 288 U. S. 517, 545 (1933) (Brandeis, J., dissenting); M. Horwitz, *The Transformation of American Law*, 1780 – 1860, at 111 – 114 (1977); J Hurst, *The Legitimacy of the Business Corporation in the Law of the United States* 1780 – 1970, 17 (1970). But see Butler, "Nineteenth Century Jurisdictional Competition in the Granting of Corporate Privileges", 14 *J. Legal Stud.* 129 (1985) (认为公司特许制就是立法行为的寻租过程)。

⑫ See Liggett, 288 U. S. at 556 n. 32.

大化有可能成为公司法发展的主导力量。如果股东和经理认为某一个州的公司法不符合他们的最佳利益,他们就会搬迁到别处。[13] 当然,这不是否认监管目标的重要性,而是表明各州公司法的发展趋势将会是日益服务于私人利益。因此,监管目标更易于通过联邦法或准联邦法(如证券交易所的规则)而实现,这些联邦层面的法律规则通常被认为处于公司法范畴之外。[14]

---

[13] 这并不是说,州公司法的每个规则都将会遵循私人利益最大化的目标。由于州公司法是一个整体,公司可能会决定设立在一个具有一些偏离私人利益最大化原则的公司法规则的州中,只要作为一个整体,其公司法还是优于其他州的公司法。但是,某些具体的公司法规则可能会受到私人利益最大化目标的决定性影响。一个例子就是最近的要求废除《纽约州商业公司法》第630节的运动,根据该节,设立在纽约的任何封闭公司中的前10位大股东都需要对于公司员工的权利主张与公司一起承担个人责任。废除者的一个主要观点就是,该节的规定使小型公司都去其他州设立,或搬迁到其他州,以避免该节的严厉责任。See Letter from Association of the Bar of the City of New York, Committee on Corporation Law, to the New York State Senate Committee on Corporations, Authorities, and Commissioners (April 7 1988). 在早先时候,这个观点被成功地运用,使公众公司不受第630节的规制。See Comment, "Shareholder Liability for Wages: Section 630 of the New York Business Corporations Law", 30 *Fordham L. Rev.* 471, 474–475 (1962).

[14] 各州之间的竞争对于公司法发展的影响从某种程度上揭示了以下的基本性问题:公司法的范围到底是什么?作为一个重要的社会实体,公司服从于很多法律规则,有些规则是调整所有"人"的行为,比如,环境法规则,另外有些规则是专门针对公司的,比如,联邦法中关于公司向政党竞选捐献的限制性规则。就本文而言,"公司法"是指各州的成文公司法和关于诚信义务的判例法,这些规则调整公司的内部治理关系,特别是公司经理层和股东之间,股东内部之间的法律关系。这是一个独立的法律范畴,因为公司在决定设立地时,其考虑的因素就是各州的成文公司法和相关的判例法义务,这些规则不会影响到公司的其他经营决策。需要指出的是,上面所言的"公司法"并没有涵括所有的调整公司与股东之间关系的法律规则(比如,联邦的证券法规则),它也没有涉及那些与公司具有契约关系的参与人的权利保护,比如,公司员工和客户,这些人分别向联邦和州的劳动法和消费者保护法寻求保护。作为一个应然之论,这种对于公司法范围的限制显然具有争议,不过,如果说这就是现实中的公司法的实然状态,可能争议会更大。最近,几个州对于它们的公司法进行了修改,扩大了董事会对于敌意收购的经营判断范围,使董事会能够考虑公司员工和社区利益,这一事例印证了上述观点。E. g. Ind. Code Ann. § 23–1–35–1 (Burns Supp. 1988); Me. Rev. Sat. Ann. Tit. 13–A, § 716 (Supp. 1988); Minn. Stat. Ann. § 302A. 251, subdiv. 5 (West Supp. 1989); Mo. Ann. Stat. § 351, 347 (Vernon Supp. 1989); N. Y. Bus. Corp. Law § 717 (b) (Mckinny Legis. Serv. 1989); Ohio Rev. Code Ann. § 1701. 59 (e) (Baldwin Supp. 1988); 42 Pa. Cons. Stat. Ann. § 8363 (b) (Purdon Supp. 1989); Wis. Stat. Ann. § 180. 305 (West Supp. 1988). 但是,这些公司法修改的真正政治原因是公司经理想要更大的反收购的权力(参见下文脚注73~74),公司经理通常具有自由裁量是否需要考虑非股东群体的利益的权力。因此,这些公司法修改不太可能是为了扩大公司法的目标和范围。

一旦内容原则及其对于私人利益最大化目标的关注被接受,那么,选择退出原则自然也就顺理成章了。即使公司法在内容上体现了通常状态下的私人利益最大化的条款,但是,由于现实情况千变万化,因此,这些条款在具体适用时也需要改变。这样,公司当事人应当可以改变公司法条款,以适应自己的具体情况。换言之,公司当事人应当具有更多而不是更少的选择,而允许他们改变公司法中的契约格式条款能够增加他们的选择。这个观点就是所谓的"扩大选择原理"(expanded choice postulate)。[15]

但是,今天的公司法还没有完全支持绝对自由的选择退出原则。诚然,公司法的很多条款都非常灵活,公司参与人能够选择退出很多成文法上的缺省条款。比如,"除非公司章程另有规定"之类的用语在以灵活性著称的特拉华州公司法中比比皆是。然而,公司法的很多或大或小的特征还是强制性的。即使在特拉华州公司法中,我们仍然可以发现大量的强制性条款。[16]

---

⑮ See, e. g., Goetz & Scott, "The Limits of Expanded Choice: An Analysis of the Interactions Between Express and Implied Contract Terms", 73 *Calif. L. Rev.* 261, 262 (1985). 另一个支持选择退出原则的观点是,这个原则能够保护公司参与人不受立法过程对于内容原则的不利影响,现实中,立法总是具有滞后性,不能迅速地适应不断变化的新情况,从而不能实现私人利益最大化目标,因此,当事人应当可以选择退出那些滞后的公司法条款。

⑯ 以下列举一些《特拉华州公司法》中强制性规则的例子:根据该法第211(b)节,股东每年选举董事。根据第212(b)节,股东有权通过代理进行投票。根据第141(d)节,尽管董事会可以有不同类别的董事,但是,董事的类别不得超过三类,而且,任何董事的任期都不得超过三年。根据第141(c)节,董事会可以设立下属的委员会以行使董事会的职权,但是,这种授权不能包括关于修改公司内部规章的决定,以及关于公司并购或出售重大资产等决定。根据第170,173和174节,分配利润必须遵循法定的计量标准,如果董事过失地错误分配利润,则需要承担个人责任。另外,股东在提起派生诉讼之前必须首先请求公司董事会。根据第242(b)节,修改章程必须具有股东的多数投票支持。如果章程修改会对于某一个类别的股票的权利造成不利,则持有该类别股票的股东有权对于该章程修改问题进行内部投票,即使该类别的股东通常并没有投票权。根据第251(c)节,股东必须对于公司并购和出售公司重大资产等问题进行投票。根据第262节,在某些并购中,如果股东不满意并购协议中的价格,则有权请求法院对于股票进行公平估价。根据第222节,股东大会的书面通知必须在会议召开日之前的10口到60日内送达股东。根据第219和220条,股东有权查阅股东名册和其他公司材料。根据第202(b)节,如果修改公司章程对于股权转让进行限制,那么,在章程修改之前购入股票的股东不受约束。根据第102(b)(7)节,如果董事的行为违反忠实义务,则不得阻止股东提起派生诉讼。

为什么公司法中还存在这样的强制性特征？为什么不在每个条款之后都加上一个“除非章程另有规定”之类的用语？这里存在两个截然相反的解释。一个解释是，公司契约主义不能有效地诠释公司法，尽管公司契约主义具有一定道理，但是，公司法的主要目标并不是该理论所主张的私人利益最大化；另一个解释是，公司契约主义是完全正确的，不过，公司法目前正处于演变过程之中，因此，尽管从长远来说公司法的终极目标就是私人利益最大化，但是，历史遗留的强制性特征还没有完全消失。

本文探讨一个对于公司法强制性特征的第三种解释：那种认为公司法中绝对的契约自由一定能够导致私人利益最大化的假设是错误的，某些强制性规则的存在能够促成更好的公司契约。换言之，即使就公司契约论的角度而言，一个既有任意性又有强制性规则的混合型公司法也可能是最佳的选择。⑰本文的重点在于阐释公司法的实然状态，当然，也有一些应然之论，从而能够给那些正面临公司法修改的州立法者一些指导。本文特别强调，在对于股东和管理层之间的法律关系进行重大修改时，那些放松强制性规则的立法改革应当要求股东对

罗梅若教授(Romano)认为，上述列举的条款并不是真正的强制性规则，因为它们能够被规避。Romano, "Answering the Wrong Question: The Tenuous Case for Mandatory Corporate Laws", 89 *Colum. L. Rev.* 1599, 1599 – 1601 (1989). 比如，她认为那些禁止董事职位永久化的法律规则并没有太大意义，因为现实中董事能够运用其他的手段使他们的职位永久化，比如，发行双重类别的普通股和控制董事的提名程序。但是，这个反对观点并不充分，因为现实中仍然大量存在公司控制权易手，从而更换公司管理层的情况，而且，控股股东不满意公司表现而撤换现任管理层的例子也俯拾即是。因此，禁止董事职位永久化的法律规则非常重要。罗梅若教授挑战的第二个例子是禁止董事会授权下属委员会决定公司并购问题的法律规则。她认为这个规则也无实质意义。但是，这个规则正是法院坚持要求外部董事发表意见的理由，试想，如果可以完全授权给下属委员会，董事会就可能故意不在该委员会中任命任何外部董事，从而达到自己的目的。关于强制性规则是否具有实质意义的详细论述，参见 Black, "Is Corporate Law Trivial?: A Political and Economic Analysis", 84 *Nw. U. L. Rev.* (1990)。

⑰ 即使混合型的公司法系统是遵循私人利益最大化原则，那些从自由主义角度看待公司契约理论的人也会反对在公司法中包括任何的强制性规则，因为他们主张的是完全的契约自由。See J. Coleman, *Markets, Morals, and the Law* 115 – 116 (1988).

于选择采纳这种改革进行投票,而不是仅仅允许他们投票选择退出。这能够防止公司经理绕过公司章程修改的程序而通过立法改革程序实现其目的。本文的观点还可能对于最近的关于任意性的诚信义务规则的辩论有所贡献,任意性的董事诚信义务规则已经在《特拉华州公司法》中被采纳,[18]而且,美国法律研究院(American Law Institute)还建议使判例法上的董事义务任意化。[19] 另外,本文对于是否应当允许公司选择退出某些《威廉姆斯法》规则的辩论也有重大意义。[20]

本文分为两部分。第一部分阐述并评判几种支持混合型公司法的假说;第二部分根据第一部分提出的标准分析某些强制性的公司法规则,并且探讨两个相互联系的观点:第一个观点认为,一组数量有限的"非构成型"(nonconstitutive)强制性规则——比如,给异议股东提供一个退出机制的异议股份收买请求权——难以取代目前存在的"构成型"(constitutive)规则;第二个观点认为,由于董事诚信义务的目标是为了保护公平,而不是私人利益最大化,因此,允许选择退出诚信义务在本质上是错误的。

一、强制性规则在一个契约体系中的角色

在讨论强制性规则在一个契约框架中扮演的角色时,我们必须区分强制性规则运行的两个不同的时间点。第一个时间点,即 t=0 时,表示公司成立和章程制定之时。第二个时间点,即 t=1 时,表示公司章程修改之时。在两个时间点,强制性的公司法规则都限制了公司参

---

⑱ Del. Code Ann. Tit. 8, § 102(b)(7)(Supp. 1988).

⑲ Principles of Corporate Governance: Analysis and Recommendations, § 7.17 (Tent, Draft No. 9, 1989).

⑳ See Concept Release on Takeovers and Contests for Corporate Control, Exchange Act Release No. 23,486, [1986 - 87 Transfer Binder] Fed. Sec. L. Rep. (CCH) 84,018 (July 31, 1986); Grundfest Stresses Economic Efficiency as Goal of Commission, Securities Laws, 18 Sec. Reg. & L. Rep. (BNA) No. 37, at 1351, 1354 - 1355 (Sept. 19, 1986).

与人修改章程条款的能力。目前,至少有五个假说可以解释这些强制性规则在现实中存在的合理性,即投资者保护假说(investor protection hypothesis);不确定性假说(uncertainty hypothesis);公共产品假说(public good hypothesis);创新假说(innovation hypothesis)和投机修改章程假说(opportunistic amendment hypothesis)。除了第一个假说之外,其他四个假说都是基于以下观点:强制性规则的僵硬缺陷所导致的效率损失小于这些规则通过解决订约过程中的问题而产生的收益。我个人认为,后三个假说,特别是最后一个假说,具有强大的理论说服力。

(一)投资者保护假说

大多数的公司契约分析都是基于以下假设:契约各方具有平等的信息获取机会,并且具有相同的对于信息进行分析和判断的能力。这个信息对称假说正是詹森(Jensen)和麦克林(Meckling)的观点的前提,他们认为,公司设立发起人(promoters)承担了所有的与公司治理和资本结构相关的代理成本。[21] 然后,从此出发,他们认为,在 $t=0$ 时的当事人最初进行规则选择的情况中,应当适用绝对的契约自由原则,因为公司发起人,而不是购买股票的投资者,承担了所有的在投资者看来不好的公司特征的成本。比如,如果投资者认为公司章程的某些方面存在问题,那么,这将影响到股票的出售价格。因此,公司发起人就会有正确的动机去制定适当的章程条款,使股东和发起人的共同财富最大化。

投资者保护假说是直接驳斥上述的公司契约理论的信息对称假说。根据投资者保护假说,现实中很多投资者根本就没有阅读招股说明书,或者不能完全理解公司章程条款。因此,公司发起人可能在章

---

[21] See Jensen & Meckling, supra note 1. 代理成本具有三个组成部分,即被代理人的监督成本(monitoring expenditures);代理人的担保成本(bonding expenditures);其他成本。本文中的"公司设立发起人"是指那些设立公司并公开发行股票使之公众化的人。这个用语与詹森和麦克林所用的"企业家—经理人"或"所有人—经理人"的概念是相对应的。

程中加入一些对于股东利益具有负面影响的条款，而无须为此付出代价；投资者则是支付了过高的价款购买股票。[22] 因此，强制性规则体现了各州认为的那些不能更改的质量标准，从而保护投资者免受信息不对称问题而导致的损害。

投资者保护假说由两个部分组成：第一，那些信息不灵通和经验不足的投资者总是会落入那些难以预料且对其不利的章程条款的陷阱。第二，不像其他的影响投资者预期收益的信息，章程条款对于股价的影响难以判断，因此，即使那些信息灵通的投资者也可能成为牺牲品。[23]

1. 信息灵通与信息不灵通的投资者

我们不能认为投资者只能通过独立的研究获取信息，换言之，我们不能将投资者个体与市场整体割裂开来。[24] 运行良好的证券市场汇集了各方参与人的信息，然后将这些信息反映在一个指标之中，即市场价格，最终，市场各方参与人都能够免费地运用这一指标。[25] 但是，提前获取信息能够带来重大收益，因此，很多投资者都发现投入资源使得自己消息灵通能够获取利润。[26] 这样，总体而言，市场中有些投资

---

[22] 这个观点的前提是，公司发起人比普通投资者更能理解公司章程条款的可能后果，而不是双方都不理解。如果公司发起人与普通投资者对于章程条款的理解力是大致相同的，那么，总体而言投资者就不会付出过高的股价。

[23] 实际上，投资者保护假说还有第三个组成部分，即国家有能力制定一些保证最低质量标准的公司法条款，从而保护投资者免受信息不对称问题的损害。See Goldberg, "International Change and the Quasi-Invisible Hand", 17 *J. L. & Econ.* 461, 488 - 491 (1974). 至少，强制性规则能够在很大程度上解决公司发起人自由制定条款而导致的信息不对称问题。

[24] 这个观点首先在消费者市场中提出。Schwartz & Wilde, "Intervening in Markets on the Basis of Imperfect Information: A Legal and Economic Analysis", 127 *U. Pa. L. Rev.* 630, 637 (1979).

[25] See Gordon & Kornhauser, "Efficient Markets, Costly Information, and Securities Research", 60 *N. Y. U. L. Rev.* 761, 768 - 771 (1985).

[26] 某些法律规则能够有效地降低投资者收集信息并进行研究的成本，比如《1933 年证券法》第 77a ~ 77aa 节规定的信息披露要求，以及虚假信息披露的法律责任等。这些信息披露要求包括章程条款，因此，能够暴露那些对于投资者具有不利影响的章程条款。投资者能够将这些不利条款与那些已经上市交易的公司的类似条款进行比较，从而能够更加全面地评估这些条款在不同情况下对于公司的长期影响。

者会选择努力让自己特别地消息灵通,有些投资者则选择消息不灵通,反正可以免费地使用价格指标,另外一些投资者可能会选择一个兼具上述两种态度的混合策略。㉗ 我们假设,经验不足的投资者可能会采取消息不灵通的策略,因为他们可能不会进行或进行太少的信息收集和研究工作,或者他们没有能力对于收集的信息进行准确地分析。只有在市场没有效率,即市场中愿意且有能力进行信息收集和研究的投资者太少时,这些消息不灵的投资者才可能在股价上挨宰。因此,如果市场足够有效,购买股票的投资者就不太可能系统性地遭受不利章程条款的损害。㉘

投资者保护假说认为,与二级交易市场相比,首次公开发行市场(IPO)的有效性低很多,该市场不能有效地对于公司自由制定的章程条款进行准确地定价,因此,消息不灵通的投资者就会遭受损失。但是,这个观点存在几个问题。首先,IPO 市场具有很多的机构投资者。美国证监会(SEC)1971 年对于机构投资者的一份研究报告(以下简称机构投资者报告)表明,在 1968 ~ 1969 年间进行的首次公开发行中,机构投资者几乎购买了股票总额的 1/3。㉙ 考虑到在此之后的 20 多年中市场上的机构投资者数量大幅增加,㉚因此,现在市场上的机构投资者的参与度应当更高。㉛ 由于发行人必须以相同的条件向所有人

㉗ See Gordon & Kornhauser, supra note 25, at 786 – 796; Grossman & Stiglitz, "On the Impossibility of Informationally Efficient Markets", 70 *Am. Econ. Rev.* 393 (1980).

㉘ 经验不足的投资者也可能由于没有有效地投资分散化而在股价上吃亏。See Elton & Gruber, "The Lessons of Modern Portfolio Theory", in B. Longstrth, *Modern Investment Management and the Prudent Man Rule* 161, 171 app. (1986); Gordon & Kornhauser, supra note 25, at 778.

㉙ Securities and Exchange Comm'n, Institutional Investor Study Report, H. R. Doc. No. 64, 92d Cong., 1st Sess. 2345 (1971).

㉚ See Columbia University School of Law Center for Law & Economic Studies Institutional Investor Project, The Growth of Institutional Investors in U. S. Capital Markets 9 – 14 (1988)(估计美国机构投资者的市场份额从 1970 年的 31.1% 上升到 1986 年的 42.7%)。

㉛ 但是,有研究却发现结果相反。K. Weiss, The Post-Offering Price Performance of Closed-End Funds, Fin. Mgmt. (1989)(在 1986 ~ 1987 年度的股票 IPO 中,机构投资者在第一个季度平均购买了 22% 的股票,在前三个季度中平均购买了 29%)。

发行股票,因此,即使在 IPO 市场中,经验不足的投资者也能够搭上那些经验丰富的投资者的"便车"。[32]

证券承销商在 IPO 市场中发挥的作用也有助于减少投资者保护的问题。作为市场专业机构,承销商能够准确地理解章程条款对于投资者预期收益的影响。承销商会向发行人解释章程条款对于发行价格的影响,在此过程中,承销商实际上扮演了潜在投资者的一个谈判代表的角色。承销商通常会很忠实地扮演这个角色,因为他们需要保持和提升自己的市场声誉。[33] 承销商会与很多的客户进行长期的重复的交易,如果承销商允许某个客户在章程中加入一个对于投资者不利的条款,而且没有在发行价格中体现出来,那么,这个消息会很快地传播到其他客户那里。[34] 另外,承销商的佣金一般都是发行价格的一个

---

[32] 反对这个观点的一个可能理由是,机构投资者会选择性地参与 IPO,从而在那些他们不参与的 IPO 中,经验不足的投资者不能搭他们的"便车"。但是,总体而言,实证数据不支持这种反对理由。机构投资者的 1/3 左右的 IPO 参与率并没有呈现出明显的畸形分布,即机构投资者没有在某些 IPO 中大量购买,而在另外的 IPO 中则完全不参与。See Institutional Investor Report, supra note 29, at 2350 – 2373. 另一方面,机构投资者确实避免购买低价的 IPO(发行价低于 7 美元),在这些 IPO 中,机构投资者平均只购买了 7%。但是,这些低价的 IPO 在价值上只占研究样本的不到 2%,因此,这种情况只能说明小型的低价 IPO 需要更多的质量监管。

另一个可能的反对理由是,由于 IPO 经常超额认购从而需要按比例进行分配,因此,这限制了投资者能够购买的股票数量,从而可能使那些进行信息收集和研究的投资者在付出和收益上不对等,最终使投资者不愿进行信息收集和研究。换言之,进行信息收集和研究的投资者在 IPO 中得不偿失。但是,这种情况通常不太可能,退一步讲,即使这些投资者在 IPO 中没有购买到足够数量的新股(新股的定价一般都低于正常价格,从而有利可图,参见脚注 37),他们的研究成果也能够在嗣后二级市场的交易中派上用场,从而获得收益。

[33] See generally Beatty & Ritter, "Investment Banking, Reputation, and the Underpricing of Initial Public Offerings", 15 *J. Fin. Econ.* 213, 214, 216 – 222 (1986); Gilson & Kraakman, "The Mechanisms of Market Efficiency", 70 *Va. L. Rev.* 549, 618 – 621 (1984); C. Simon, The Role of Reputation in the Market for Initial Public Offerings (July 1989) (UCLA Dep't of Economics Working Paper).

[34] See Klein & Leffler, "The Role of Market Forces in Assuring Contractual Performance", 89 *J. Pol. Econ.* 615, 616 (1981); Telser, "A Theory of Self-Enforcing Agreements", 53 *J. Bus.* 27, 28 (1980). 需要注意,这种声誉机制的效果可能会由于不利条款的塞入时间与不利结果的发现时间之间的延迟而受到影响,现实中这个时间差可能会长达数年。

固定比例，因此，他们有动机去阻止发行人制定一些可能会对于发行价格不利的章程条款。由于同股同价原则，发行人不能以更优惠的条件向经验丰富的投资者出售股票。这样，经验不足的普通投资者就可以享受到承销商代表经验丰富的投资者与发行人进行谈判的成果。

另外一个与投资者保护相关的因素就是众所周知的IPO定价偏低的现象。这个现象就是"新股在发行之后的一个短暂期间内通常都会产生异常的高投资收益"，[35]这个收益率大概在15%～17%。[36] 确实，绝大部分的IPO定价都是偏低，如果投资者能够在新股认购中成功地购买到一些股票，就几乎肯定能够立即获得收益。[37] 有些经济学家

---

[35] Tinic, "Anatomy of Initial Public Offerings of Common Stock", 43 *J. Fin.* 789, 789 (1988).

[36] See e. g., Ibbotoson, Sindelar & Ritter, "Initial Public Offerings", 1 *J. of Applied Corp. Fin.* 37, 41 (1988)(发现在1960～1987年间的8668件新股发行的平均投资回报率为16.7%); Smith, Raising Capital: Theory and Evidence, 4 Midland Corp. Fin. J. 6, 19 (1986)(在1960～1982年间，新股的平均初始回报率为15%); Tinic, supra note 35, at 789(在上述Smith的研究样本中增加了新的数据，发现平均初始回报率超过了17%)。

[37] See Tinic, supra note 35, at 805.

有人认为，尽管新股在发行后的短暂期间内具有超高的回报率，但是，长期而言，新股的回报率低于市场平均水平。对于这一观点，最近两份详细的学术研究得出了不同结论。Ritter, The Long Run Performance of Initial Public Offerings (July 1989)(发现在1975～1984年间的新股发行中，新股初始回报率为14%，但在随后三年中，其回报率则为负的24%，但这是市场修正后的数字)。But see Buser & Chan, *NASDAQ/NMS Qualification Standards, Ohio Registration Experience and the Price Performance of Initial Public Offerings* 20 (1987)(在1981～1985年间的新股发行显示，它们在发行后两年的平均回报率为11.2%，这一数字不包括6.2%的初始回报率)。See Ibbotson, "Price Performance of Common Stock New Issues", 2 *J. Fin. Econ.* 235, 250－258 (1975)(1960～1969年间的新股发行在随后五年中的回报率与市场平均水平一致); See also Lowenstein, "Shareholder Voting Rights: A Response to SEC Rule 19c－4 and to Professor Gilson", 89 *Colum. L. Rev.* 979, 996－999 (1989)(讨论了一些认为新股长期回报率偏低的研究和新闻报道)。

对于上述瑞特教授(Ritter)的研究成果仔细分析，我们可以发现一些令人很困惑的现象，其中一个现象是，在发行之后的三年中，研究样本几乎在每个月的表现都不如市场大盘，而且，在第三年，样本的表现最差。这说明，新股价格在很长一段期间内都是过高的，但是，投资者完全可以通过购买市场股指期货等进行卖空操作而获取交易利润。因此，这个研究结果要么是揭示了有效市场假说的一个重大异常，要么就是瑞特教授的研究方法存在重大问题。

由于瑞特教授的研究样本中的实际回报率还是正数，因此，可能出问题的关键之处就是

将这种新股定价偏低现象解释为投资银行具有买方垄断力的结果,投资银行控制着 IPO 中新股的分配过程,从而能够将价格低估的新股分配给自己喜欢的客户。[38]显然,承销商怎么会把可能遭受不利章程条款影响的股票分配给自己喜欢的客户呢? 这样一来,IPO 的偏低定价就能够在很大程度上降低经验不足的投资者可能面临的风险。[39]即使经验不足的投资者还是有可能在 IPO 市场上遭受不利章程条款的损

对于实际回报率进行市场修正的过程。在整个 20 世纪 80 年代,市场的整体回报率是非常强势的。比如,瑞特教授的研究结论对于他选择哪个市场指数具有高度敏感性,如果选择第一个指数,则修正回报率为负的 24%;如果选择第二个指数,则为负的 42%。他的结论与研究时间点的选择也有很大关系。比如,在第二年(而不是第三年)的终点,在第一个指数下,修正回报率为负的 12%;第二个指数下则为负的 26%。这些调整后的回报率不包括反映了新股定价偏低现象的初始回报率,这个初始回报率平均为正的 14%。如果这个初始回报率包括在内的话,新股发行的回报率可能接近于市场平均水平,当然,这也取决于市场指数和时间点的选择。

巴塞(Buser)和陈(Chan)对于在 NASDAQ/NMS 中的 IPO 股价表现的研究得出了与瑞特教授截然相反的结论。他们发现,新股在发行后的第一年和前两年中都取得了正的市场修正的回报率。那么,如何调和这两个研究结论呢? 一个可能的解释是,巴塞和陈的研究对象是 NASDAQ/NMS 中的 IPO,从而排除了瑞特教授的研究中所包含的一些小型公司的 IPO。在瑞特教授的研究中,这些小公司的 IPO 的回报率是表现最差的。虽然这些小公司的 IPO 在经济上而言只占新股发行市场的很小比例,但是,瑞特教授在计算平均回报率时所有公司的权数都一样,即不管大小,所有公司按家数计算,而不是根据公司大小进行不同的权数计算。这就夸大了小型公司的 IPO 对于整个 IPO 市场的平均回报率的影响。

总而言之,IPO 的短期价格偏低的现象是无可争议的,不过,长期而言 IPO 是否存在价格偏高的现象则是一个尚待解决的问题。

[38] See Ritter, supra note 37, at 232; see also Chalk & Peavy, "IPOs: Why Individuals Don't Get the 'Hot' Issues", 9 *AAII J.*, *Mar.* 1987, at 16. But see Tinic, supra note 35, at 791 -792(认为承销商并没有达到买方垄断式的市场力量)。

[39] See Rock, "Why New Issues are Underpriced", 15 *J. Fin. Econ.* 187(1986)(认为偏低定价是为了保证经验不足的投资者能够平均而言获得不错的回报率,从而选择继续在 IPO 市场上购买新股,因为这些投资者难以区分好的新股和坏的新股,从而不加区分全部都买,而经验丰富的投资者只会购买那些好的新股,使得经验不足的投资者购买的坏的新股的比例偏高);see also Beatty & Ritter, supra note 33(认为偏低定价是由于新股价值的不确定而导致的);Tinic, supra note 35(认为偏低定价实际上是给发行人和承销商提供了一个避免由于招股说明书中存在虚假陈述而引起法律诉讼的保险机制);Welch, "Seasoned Offerings, Imitation Costs, and the Underpricing of Initial Public Offerings", 44 *J. Fin.* 421(1989)(偏低定价是发行人表明自己新股高质量的信号,从而减少其以后进行再融资时的资本成本)。

害,其解决方案也不必然就是适用强制性的公司法,因为这种做法可能在公司存续期间造成效率损失。相比较而言,“投资者适合性”规则(Investor suitability rules)提供了一个更好的替代性方案,根据该规则,证券经纪商和交易商有义务决定一项股票交易是否符合一个特定投资者客户的情况,需要考虑该投资者的风险承受能力和投资目标等因素,从而有效地保护投资者利益。[40] 这正是现实中法律采纳的解决方案。[41]

小型公司IPO是一个比较特别的问题,因为它们的营销对象经常是个人投资者而不是机构投资者,从而个人投资者无法搭上机构投资

---

[40] See Suitability Requirements for Transactions in Certain Securities, Exchange Act Release No. 26,529 [1988-89 Transfer Binder], Fed. Sec. L. Rep. (CCH) 84,352 (Feb. 8, 1989) [hereinafter Suitability Requirements]; L. Loss, *Fundamentals of Securities Regulation* 829-837 (2d ed. 1988); Fletcher, "Sophisticated Investors Under the Federal Securities Law", 1988 *Duke L. J.* 1081, 1108-1109; Mundheim, "Professional Responsibilities of Broker-Dealers: The Suitability Doctrine", 1965 *Duke L. J.* 445.

[41] 这个义务规定在全美证券交易商协会(National Association of Securities Dealers, NASD)及各家证券交易所的相关规则中。See National Association of Securities Dealers, Rules of Fair Practice, Art. III, Sec. 2, NASD Manual (CCH) 2152; N. Y. Stock Exch. Rule 405, Diligence as to Accounts, 2 N. Y. S. E Guide (CCH) 2405; Am. Stock Exch. Rule 411, Duty to know and Approve Customers, Am. Stock Ex. Guide (CCH) 9431. See generally 1 S. Goldberg, Fraudulent Broker-Dealer Practices §§ 3.1-3.3 (1978); N. Wolfson, R. Phillips & T. Russo, Regulation of Brokers, Dealers and Securities Markets § 2.08 (1977). 在1983年以前,美国证监会根据《1934年证券交易法》的授权制定了自己的投资者适合性规则,即15b10-3规则,该规则适用于那些不是全美证券交易商协会成员的交易商。按照美国国会提出的增强证券交易商自律机制的要求,所有的交易商都必须参加全美证券交易商协会,由于该协会制定了自己的投资者适合性规则,因此,美国证监会的规则就废除了。但是,证监会还在一直通过所谓的“营业招牌”理论(shingle theory)适用投资者适合性规则,根据该理论,交易商挂牌营业,就是表示自己将会与客户进行公平交易。另外,证监会最近还对于买卖所谓的“便士股票”(penny stocks)的交易商施加了一个特别的投资者适合性规则,这种“便士股票”的价格一般在5美元之下,公司的净资产价值在200万美元之下,既不在证券交易所上市也不在纳斯达克挂牌。Sales Practice Requirements for Certain Low-Priced Securities, Exchange Act Release No. 27,160, [Current] Fed. Sec. L. Rep. (CCH) 84,440 (Aug. 22, 1989). “便士股票”的承销和交易经常出现欺诈与其他损害投资者利益的问题。See Suitability Requirements, supra note 40, at 89,694.

者的“便车”。[42] 对于经验不足的投资者而言，这些 IPO 在信息和公平性等方面存在很多的问题，章程条款的内容恐怕还是其中最不严重的一个。但是，大多数的州都通过州证券监管机关对于小型 IPO 进行实质性的质量审查，而不仅仅是施加形式上的信息披露要求。[43] 因此，即使公司法条款不是强制性的，从而发行人能够自由制定自己的章程条款，这也不会带来太大的投资者保护问题，因为章程条款需要受到证

[42] 在很大程度上，小型 IPO 的问题与证券承销模式紧密相关。在美国，主要有两种承销模式，第一种是所谓的“坚定承诺”模式（firm commitment underwritings），在此模式下，承销商首先以一个折扣价从发行人处购买所有的股票，然后再向其他人分销，因此，承销商实际上承担了发行的所有风险。第二种是所谓的“最大努力”模式（best efforts underwritings），在此模式下，承销商只是以代理人的身份承诺尽自己的最大努力为发行人销售股票，即使股票卖不出去，承销商也不承担责任，因此，发行风险都在发行人身上。根据一项对于 1977 ~1982 年间的 IPO 的调查研究结果，瑞特教授认为，在大多数的采取“坚定承诺”承销模式的 IPO 中，机构投资者都是主要买家，而在采取“最大努力”承销模式的 IPO 中，个人投资者是主要买家。Ritter，“The Costs of Going Public”，19 *J. Fin. Econ.* 269，271 n. 2（1987）. 另外，大型的证券承销商，即那些通常承销大盘股和具有良好市场声誉的承销商，几乎从不参与“最大努力”模式的股票承销业务。

另一方面，采取“最大努力”承销模式的 IPO 在价值上只占整个 IPO 市场的很小比例，在瑞特教授的样本中，这一数字大概为 13%。在这些 IPO 中，新股定价偏低的幅度大于市场平均水平，根据瑞特教授的研究，“最大努力”承销模式下的 IPO 定价偏低效应为 48%，而“坚定承诺”模式下的数字为 15%。另外，“最大努力”承销模式的结构也似乎有利于保护经验不足的投资者，因为如果出售的股票没有达到一定比例，则发行宣告失败。因此，如果购买“最大努力”模式下的 IPO 的投资者中有很大比例的经验丰富的投资者，则“搭便车”的效应依然存在。

[43] See，e. g.，Cal. Corp. Code § 25140（a）（2）（West 1977）；Del. Code Ann. Tit. 6，§ 7308（a）（5），（6）（1975）；Unif. Securities Act § 306（a）（2）（E），（F），7B U. L. A. 574 –575（1985）. See generally L. Loss & J. Seligman，*Securities Regulation* 105 – 122（1989）（讨论了各州对于证券登记的审查标准）。是否在一家全国性证券交易所上市交易已经成为决定一起 IPO 是否应当豁免州证券监管要求的判断标准，其理由在于，在全国性证券交易所上市的公司能够引起机构投资者和具有良好市场声誉的大型承销商的兴趣，使州监管机关的实质性审查没有必要。在 48 个州中，如果公司在纽约证券交易所或者美国证券交易所上市，则可以豁免证券登记要求；在 12 个州中，如果公司股票在纳斯达克或其他全国性市场中挂牌，就可以获得登记豁免。Seligman，“Equal Protection in Shareholder Voting Rights：The One Common Share，One Vote Controversy”，54 *Geo. Wash. L. Rev.* 687，706 –707（1986）.

券监管机关的实质审查。[44]

2. 章程条款的定价问题

另外一个支持投资者保护假说的理由是,不像融资条款,章程条款难以定价,即使是在一个原本有效的市场中。这是一个很令人困惑的观点,因为如果一个章程条款会严重影响投资者的风险回报,则应当会引起消息灵通的投资者的注意,就像这些人会注意到其他影响投资回报的经济因素一样。这个观点唯一可能有点道理的地方是,在一个强制性规则下,很多可能对投资者具有重大不利影响的章程条款都被禁止了,剩下的条款最多只是在很罕见的情形下才可能影响投资者利益。因此,这种条款对于投资者利益的影响很小,难以判断和定价。[45] 另一方面,在一个契约自由的体制下,如果一家公司废弃了董事的年度选举制度,使董事能够永久地保有职位,则公司发行新股的价格应当会受到严重影响,否则,就太让人不可思议了。换言之,如果强制性规则被废止,那么,章程条款就会受到更加严格的市场关注和监督,我们也就能够更容易地看到市场对于不利于投资者的章程条款的迅速反应。

已有的实证数据表明,投资者对于章程条款的关注不亚于对于传统的融资和商业信息的关注。比如,不管在 IPO 中还是在以后的再融资中,无表决权的股票(或限制表决权的股票)在价格上都会低于具有

---

[44] 封闭公司提供了另外一个表明强制性规则不是基于投资者保护考虑的例子。对于封闭公司而言,很多的州公司法都在很大程度上放松了那些适用于公众公司的强制性规则,大概是因为在封闭公司中,公司参与人是面对面地进行直接的谈判,从而能够制定出有利于各方共同利益的章程条款。然而,现实中面对面的直接谈判产生的契约缺陷问题很可能比基于成熟市场机制的公众公司的问题还大很多,这正是为什么法院更积极地以"公平"为由介入封闭公司内部事务的原因。因此,虽然封闭公司存在更大的投资者保护问题,但各州公司法却放松了强制性规则,这表明,我们需要寻找一个投资者保护之外的理由来解释强制性规则的存在合理性。

[45] Cf. Weiss & White, "Of Econometrics and Indeterminacy: A Study of Investors' Reactions to 'Changes' in Corporate Law", 75 *Calif. L. Rev.* 551, 553 – 554 (1987) (发现从统计上看,市场对于特拉华州最高法院作出的关于极少影响特定公司事务的问题的重大判决并没有做出强烈反应)。

正常表决权的股票。[46] 另外,在公司改变通常的一股一票的标准做法时,就会产生重大的价格效应;平均而言,那些通过再融资发行限制表决权的股票的公司的股价都会下降。[47] 对于投票权问题的改变是一个涉及公司治理方面的变化,显然会被认为对于投资者的预期收益具有重大的影响,因为这将会增加代理成本,或者会减少公司被溢价收购的机会。简言之,这种章程条款的变化能够在股价上反映出来,因而能够被定价。

另一个相关的例子是公司发行的高级证券(senior securities),既具有债券又具有优先股的性质,这种证券经常包括非常复杂的契约条款,规定这种证券在何种情况下具有投票权,在董事会中的代表问题,如何转化为普通股和如何赎回等相关问题。这些条款是承销商作为潜在投资者的代表与发行人进行协商而制定出来的。为了制定这些条款而进行的协商过程表明,发行人和承销商都希望对这些条款进行定价。

也许投资者保护假说实际上只是针对非常特殊的一类问题,即某些情况很少发生,但是,一旦它们发生,则对于投资者具有重大的影响。这类问题是基于一个认知行为学方面的观点:与外部投资者相比,公司发起人能够更加准确地评估低概率事件的影响。有证据表

---

[46] See Lease, McConnell & Mikkelson, "The Market Value of Control in Publicly-Traded Corporations", 11 *J. Fin. Econ.* 439, 458 (1983); see also Lease, McConnell & Mikkelson, "The Market Value of Differential Voting Rights in Closely Held Corporations", 57 *J. Bus.* 443, 451 (1984) (发现在7家发行超级投票权股票的样本公司中,6家公司的此类股票的价格都存在重大溢价)。

[47] See Gordon, "Ties That Bond: Dual Class Common Stock and the Problem of Shareholder Choice", 76 *Calif. L. Rev.* 1, 33–36 (1988) (讨论了美国证监会首席经济帅1987年7月的研究报告,该报告发现,发行双重类别股票进行再融资对于股价具有重大的负面影响); Jarrell & Poulsen, "Dual-Class Recapitalizations as Antitakeover Mechanisms", 20 *J. Fin. Econ.* 129, 129 (1988).

明,个人对于诸如洪水和地震之类的低概率灾难的投保经常是不足的,[48]但是,同时有证据表明,个人对于其他诸如核电站泄漏等低概率灾难又似乎反应过度。[49] 公司章程条款到底属于以上哪一种情形并不清楚。[50] 另外,公司发起人在处理这种认知性问题时是否强于外部投资者也是一个无定论的问题,因为可能存在"旁观者清,当局者迷"的现象。需要注意的是,我们不应当纠缠于这个认知性的问题,因为这可能会让我们忽视一个反对投资者保护假说的更为根本的理由,即虽然强制性规则能够避免一些问题,但是总体而言,这些问题的发生概率很低,而且,这是以成本高昂的僵硬性和效率损失为代价的,因此,这将得不偿失。综上所述,强制性规则的存在合理性不是基于投资者与发起人之间的信息不对称问题。[51]

---

[48] See Schwartz & Wilde,"Imperfect Information in Markets for Contract Terms:The Examples of Warranties and Security Interests",69 *Va. L. Rev.* 1387,1440(1983)(讨论了个人投保不足的现象)。

[49] Id.,at 1441.

[50] 根据认知行为学,如果某个人曾经亲身体验过某种事件,那么,此人就倾向于夸大这种事件发生的概率。但是,这个现象对于章程修改问题的适用存在两个正好相反的结论。一种解释是,如果一个投资者以前在一家公司中曾经经历过一次与某个章程条款有关的低概率的不利事件,那么,他就可能倾向于夸大该事件在另一家具有类似章程条款的公司中的发生概率。另一种解释是,由于该投资者倾向于过高估计自己承担着的潜在风险,因此,他就具有更大的动机去更加谨慎地控制风险,从而认为相关事件的发生概率已经降低。See Hershey,Kunreuther & Schoemaker,"Sources of Bias in Assessment Procedures for Utility Functions",28 *Mgmt. Sci.* 936(1982);Hogarth & Kunreuther,"Risk,Ambiguity,and Insurance",2 *J. Risk & Uncertainty* 5,25-26(1989).这表明,如果投资者承担了低概率事件的主要成本,那么,与公司相比,他们就会具有更大的动机去评估和定价相关的风险。

[51] 但是,强制性规则的某些要素能够在所谓的"时差性的信息不对称理论"(intertemporal information asymmetry)中找到存在的合理性。生活时间晚的人通常比他们的前辈对于某些风险的了解更多,因为他们已经看到了那些风险最终是如何变成现实的。因此,强制性规则能够被视为一种避免前期的公司发起人获得不当利益的纠正机制。比如,一个禁止通过发行双重类别普通股股票进行再融资的规则能够保护公众投资者免受财富转移的不利影响。在最初的章程条款被制定时,这个效果是无法预料的,因为纽约证券交易所上市规则中也提供了一股一权的保护。但是,这种"时差性的信息不对称"现象不能解释所有的强制性规则的存在合理性,因为大多数的强制性规则不是用于处理在先前的体制下存在的难以预料的机会主义行为。

(二)不确定性假说

在一个契约自由的体系中,由于公司可以自由制定自己的章程条款,因此会出现各种各种的章程条款。确实,公司之间在结构和治理方面可能大相径庭,这取决于发起人的愿望和潜在投资者的反应。与强制性规则的体系不同,任意性规则体系存在一个独有的成本,就是由于章程条款多样性而带来的不确定性。根据这个不确定性假说,强制性规则的存在合理性就是为了消除不确定性带来的成本。

这种不确定性来自以下几个方面。第一,同一个公司条款在不同的场合中具有的影响难以预测。比如,很多股权相对集中的公司都采纳了股东书面同意的做法,以减少召开正式的股东大会的成本,这一做法是《特拉华州公司法》在 1974 年增加规定的。[52] 10 年之后,在 Martin Marietta' s Pac Man 公司对于 Bendix 公司敌意收购的成功防御战中,股东书面同意程序扮演了一个关键而出人意料的角色。[53] 与法律的修改相比,当公司根据自身情况定制个性化的章程条款(customized charter terms)时,其受到的关注和审查要少得多,因此,这些"定制化的条款"会带来多得多的令人惊诧的结果。由于同一个定制化的章程条款不会被所有的公司采纳,因此,与普遍适用的强制性规则相比,市场可能需要等待更长的时间才能理解这种章程条款的影响。

第二,定制化章程条款的适用的不确定性可能对于潜在投资者不

---

[52] Del. Code Ann. Tit. 8, § 228(1983 & Supp. 1988).《特拉华州公司法》允许公司通过章程条款选择退出该法中的缺省规定。

[53] Bendix 公司向 Martin 公司发出了敌意要约收购,几天之后,后者对于前者进行反收购。但是,由于 Martin 公司采用了股东书面同意程序,因此,尽管 Martin 公司的收购要约在 Bendix 公司的要约之后,前者却能够抢在 Bendix 公司召开一个特别股东大会之前通过股东书面同意程序罢免 Bendix 公司的董事。See A. Sloan, *Three Plus One Equals Billions: The Bendix-Martin Marietta War* 146 –147(1983). See generally Aguilar, "Firms Fear a New Tool in Takeovers", *Wall St. J.*, Aug. 1, 1984, at 27, col. 2(讨论股东书面同意程序在公司收购战中扮演的角色)。

利,而对于公司有利。公司在理解自己的章程条款方面显然具有规模经济的优势。与潜在投资者相比,公司投入资源去理解自己的定制化条款的影响能够带来更多的边际收益,因为潜在投资者通常进行分散化投资,而不同公司具有各自不同的章程条款。因此,潜在投资者就可能认为公司会滥用这种信息不对称的情况。但是,在一个强制性规则下,投资者就和公司站在同一起跑线上,因为投资者只需要付出一次成本去理解该规则,而该规则适用于所有的公司。[54]

第三,章程条款的适用可能由于司法解释过程中的不确定性而偏离契约各方的真正订约目的(假设各方的订约目的都是共同的)。确实,很难设计一个能够精确地表达订约目的的定制化条款。而且,现实中,正是由于契约各方的订约目的出现冲突才会诉诸法院,这样使得章程条款的适用更加难以预测。[55]

第四,与普遍适用的强制性规则相比,公司自己定制化的章程条款经过法院审理程序的次数要少得多,因此,对于这些条款的司法解释就会更加不确定。这会降低关于定制化条款在不同情况下如何适用问题的可预见性。[56] 这个不确定性的问题反过来又会增加额外的诉

---

[54] 这个观点已经适用在强制性信息披露规则的场合。See Coffee, "Market Failure and the Economic Case for a Mandatory Disclosure System", 70 *Va. L. Rev.* 717, 723 – 737 (1984).

[55] 戈茨教授(Goetz)和斯科特教授(Scott)认为,由于司法解释对于定制化章程条款的不确定性风险,公司契约各方通过修改州公司法中的标准化条款而能够获得的收益是有限的。See Goetz & Scott, supra note 15.

[56] See, e. g., Llewellyn, "What Price Contract? —An Essay in Perspective", 40 *Yale L. J.* 704, 731 (1931) ("对于一个法律疑点的司法解释能够为以后的类似交易提供参考")。需要指出,上述观点的假设前提是,针对某个法律问题的诉讼越多,对于该问题的理解就越确定,但是,这个假设具有争议。法律教科书中就充满了对于某个法律问题的相互冲突的判例。然而,除非一个司法系统具有特别的总是忽视或改变先前判例的倾向,上述假设基本上还是成立的,即"真理越辩越明",对于一个强制性规则的法律诉讼越多,该规则在不同的情况下如何适用的问题就越确定。因此,在各州之间关于公司设立竞争的过程中,那些具有一个遵循先前判例原则的司法系统的州会处于有利地位。See Romano, "Law as a Product: Some Pieces of the Incorporation Puzzle", 1 *J. L. Econ. & Organization* 225, 280 (1985) (认为特拉华州的比较确定的判例法系统降低了在该州设立的公司的运营成本)。

讼费用。由于诉讼结果不确定,最终通过法院判决结案的可能性更大,而通过和解结案的可能性更小。[57]

但是,从公司契约主义的角度来看,这些关于定制化条款会产生成本的阐述并不能构成强制性规则的辩护理由,因为不确定性带来的成本是由那些制定条款的公司发起人承担。潜在投资者应当会预见到,那些定制化条款将来可能对于投资回报产生难以估计的影响,从而就会要求降低股票价格,以补偿这种风险。为了减少这种成本,公司就会尽量采用公司法中规定的标准条款,除非定制化条款产生的收益大于其成本。这种可能的例外情形主要有两种:第一种,定制化条款能够提高公司的运营效率,使公司股价上涨。第二种,对于公司发起人单方而言,定制化条款能够带来超过其成本的收益。比如,公司控制权可能对发起人非常重要,以至于他们选择制定一个让自己永远保持职位的条款,而不是采用标准条款所要求的年度董事选择制度,尽管这是以公司股价的下降为代价。在这两种情况下,从公司发起人的私人财富最大化的角度来看,定制化条款都优于公司法中的标准条款。因此,不确定性假说并不能有效地解释强制性规则的现实存在。[58]

---

[57] See Priest & Klein,"The Selection of Disputes for Litigation",13 *J. Legal Stud.* 1, 16 -17(1984).

由于定制化条款的不确定性会导致更多的诉讼,因此,它们还会给各州带来额外的成本,因为政府需要向司法系统补充资源去处理增加的诉讼。对于公司而言,这些诉讼成本没有完全地内部化。因此,各州通过强制性规则减少不确定性问题,从而降低这些成本,这种做法是基于监管的动机,而不是私人利益最大化的动机(假设公司参与人认为定制化条款带来的预期收益超过其不确定性成本)。Cf. Ayres & Gertner,"Filling Gaps in Incomplete Contracts:An Economic Theory of Default Rules",98 *Yale L. J.* 1989(选择次优的缺省规则可以鼓励私下解决纠纷)。但是,各州之间在公司设立方面的竞争极大地削弱了这种监管方面的减少诉讼成本的动机。确实,各州的竞争策略更可能是增强其解决纠纷的能力,而不是通过强制性规则减少纠纷的发生,因为后者会给公司参与人带来效率上的成本和损失。

[58] 上述观点很清楚地适用于最初制定章程条款的场合,即 t =0 时。如果定制化条款是在 t =1 时通过修改章程条款而增添的,那么,不确定性成本就会部分地落在公众投资者的身上。这个情形是所谓的"机会主义再协商"(opportunistic renegotiation)问题的一种,关于该问题的详细论述,参见下文脚注 79 ~112 和相应正文。

（三）公共产品假说

如上所述，公司契约主义者认为，定制化条款的不确定性成本是内在化的（internalized），即这些成本完全由公司自己承担，特别是由公司发起人承担。但是，这个观点只有在对于公司个体进行分析才可能成立。就公司整体而言，一个实行绝对的契约自由的公司法系统将会产生外在性（externalities）。由于公司章程能够自由改变从而不同于公司法中的标准条款，这些标准条款也可能出现上述的不确定性问题，因为这些条款的适用和司法解释都大大减少。[59] 因此，不确定性成本不仅出现在那些采用定制化条款的公司，而且也出现在那些采用标准化条款的公司。随着时间的流逝，各种各样的定制化条款越来越多，最终可能导致标准化条款的边缘化和终结。因此，虽然就公司整体而言保持一套标准条款是有利的，但是，公司个体都具有动机去根据自身情况改变标准条款，而这种行为最终的结果就是使那套标准条款走向毁灭。这实际上就是一个经典的搭便车问题，其具有破坏符合公共产品特征的法律条款的效果。在这里的讨论中，那套标准的公司法条款就是公共产品，为了保护这个公共产品不至于消亡，就需要使规则强制化。[60]

---

[59] See, e. g., Davis, "Judicial Review of Fiduciary Decisionmaking—Some Theoretical Perspectives", 80, *Nw. U. L. Rev.* 1, 22 (1985)（讨论标准化的诚信义务条款的价值）。

[60] 此脚注对于上述观点进行更加准确的论述。假设对于任何一家特定公司而言，章程条款都存在两个不确定性的因素。一个因素是来源于标准条款（因素 1），另一个是来源于定制化条款（因素 2）。后者并不是独立于前者的，而是与前者具有内在联系。因此，定制化条款的大量增加不但会增加因素 1，而且会增加因素 2。对于特定公司而言，如果定制化条款的收益大于因素 2 带来的成本，那么，公司就会陷入一个经典的"囚徒困境"（prisoner's dilemma）：对于公司个体而言，显然采用定制化条款是经济理性的，但是，这样会增加整个公司群体的不确定性成本；对于公司整体而言，理性的选择则是保持标准条款（假设因素 1 和因素 2 的不确定性成本超过了定制化条款的总体收益），但这样会导致公司个体的效率损失。为了保持标准条款，就需要使得它们具有强制性，从而符合公司整体的理性选择。

当然，一个可能相反的推理是，定制化条款的采用会增加诉讼，而诉讼又会使定制化条款和标准条款更加清楚，从而降低因素 1 的不确定性成本。但是，这个结果不太可能，因为采用定制化条款的原因本来就是为了实质性地改变标准条款。遗憾的是，这方面的实证数据难以获取。

公共产品假说在很大程度上是基于以下的实证观点,即如果允许公司偏离标准条款,则标准条款会瓦解和消亡。[61] 现在,各州公司法都包含大量极具灵活性的条款,允许公司制订各种各样的"驱鲨剂"条款和"毒丸"措施进行反收购,这表明,如果没有一个强制性规则,则会扩大章程条款的可能变化范围。当然,一个可能的反例是公开发行的债券,这些债券的大多数发行条款都没有法律的强制性规定,但是,现实中,它们都大量使用标准化的发行条款。[62] 在私人层面,已经存在很多设计并保持标准化条款的机制,全美律师基金会主持制定的《债券契约范本》即是适例。[63] 但是,公开债券的例子实际上可能是一个支持强制性规则的证据,因为虽然公司法中没有相关的强制性规则,但《1939 年信托契约法》中的强制性规则适用于公开债券。[64] 确实,该法中很多涉及治理方面的公开债券规则实际上都是强制性的,包括受托人的法律角色和勤勉

---

[61] 即使标准条款体系最终没有瓦解,绝对的契约自由原则带来的成本也是非常重大的,因为其减少了那些解释标准条款的司法判例的数量。

另外一个支持公共产品假说的实证观点是,在一个强制性规则体系中,公司总体的财富更大,换言之,虽然僵硬的强制性规则会给公司个体带来一些效率损失,但是,强制性规则能够保持一个标准体系,这会给全体公司带来更大的外在性收益。对于此观点的一个反驳理由是,如果公司个体的定制化条款如此重大地改变了标准条款,发生的频率如此之高,以至于可能使得标准条款最终消亡,那么,这就说明,强制性规则体系给公司个体造成的效率损失大于其给公司总体带来的外在性收益。但是,更安全的一个解释是,这是"搭便车"问题的本质特征,搭便车问题就是会造成个体行为人偏离集体利益最大化的结果。关于标准设定问题的详细讨论,see Besen & Saloner, "Compatibility Standards and the Market for Telecommunications Services" in *Changing the Rules: Technological Change, International Competition, and Regulation in Communications* (R. Crandall & K. Flamm eds. Forthcoming 1989).

[62] 需要指出,在公开发行债券的情况中,虽然很多条款都是标准化的,但是,不同公司之间对于标准条款的选择适用问题存在着很大差异。See, e. g., McDaniel, "Bondholders and Corporate Governance", 41 *Bus. Law.* 413, 424 – 426, 457 – 460 (1986). 另外,众所周知,私下发行的债券,即向数量有限的大型机构投资者定向销售的债券,经常包括定制化的发行条款。这表明,公开债券市场的某些特征,特别是流动性不足的问题,是导致标准化条款大量存在的重要因素。当然,股票市场与此迥然有异。

[63] American Bar Found., Model Debenture Indenture (1965). 最近的一个重要例子是,美国律师协会的公司法、银行法和商法部门制定了一个简明的《债券契约范本》,刊登在 38 *Bus. Law.* 741 (1983).

[64] 15 U. S. C. § §77aaa – 77bbbb (1982).

义务标准,以及关于改变支付条款的投票规则等。[65] 概而言之,公共产品假说只能在某些情况下解释强制性规则的现实存在,而不能提供一个完全的解释,因此,它对于如何构建一个既有任意性规则又有强制性规则的混合型公司法体系只是提供了一个非常粗略的理论指导。

(四)创新假说

创新假说认为,强制性规则体系有助于公司章程条款的创新。其理由是,对于公司而言,这种创新成本很高,因为投资者经常对于章程条款的创新行为进行负面推理,从而使投资者过低地支付股价。如果政府行为能够有效地传达一个条款创新有利于公众投资者的信号,那么,这种创新成本就可以消除。强制性规则体系能够达到这一目的,因为政府可以通过修订或放松那些强制性规则而发出这样的信号,从而加速条款创新的过程,或者导致更多类型的创新。

比如,假设在一个契约自由的体系下,公司发起人修改了通行的关于董事责任的标准条款,从而让董事免于违反勤勉义务而导致的个人责任。潜在投资者很可能会认为,这个条款改变的原因是逆向选择问题(adverse selection problem),即该条款之所以被修改,是因为公司董事可能已经计划在以后的工作中不履行正常标准的勤勉义务,或者公司的商业风险可能大幅超过平均水平。公司发起人很难有效地向投资者传达他们的观点,即这种创新条款能够提升股东财富,因为它能够促使董事积极大胆地作出更好的商业决策,而不会由于担心决策责任而碌碌无为。由于投资者通常不会轻易相信公司发起人的解释,而总是把事情往坏

---

[65] 特别是,为了达到美国证监会的相关资格要求,债券契约必须包含一些保证公开债券持有者的利益是由独立和适格的受托人予以照料的条款。受托人与发行人、债权人或承销商之间不得具有任何的关联问题。而且,受托人必须出具关于发行人和证券利益保护问题的报告和证书。《1939 年信托契约法》对于受托人的勤勉义务进行了规定。信托契约的一些核心条款,如账户开立、利率和到期日计算等,都不得擅自改变,除非得到债券持有人的一致同意,而不是多数同意。但是,持有债券达到债券总额 1/3 以上的债券持有人可以同意推迟利率的支付,但推迟时间不得超过 3 年。See Roe, "The Voting Prohibition in Bond Workouts", 97 *Yale L. J.* 232, 234 -235 (1987).

处想,因此,他们就会要求公司降低股价。这样一来,公司发起人就需要最终承担条款创新而带来的成本,因此,发起人就可能干脆放弃条款创新。[66]

相反,如果立法者决定将一个强制性规则变为任意性规则,比如董事勤勉义务规则,那么,该决定就很可能被认为是慎重考虑的结果,是充分顾及了投资者利益的。因此,通过立法过程引入一个免责条款的成本会低很多。换言之,如果强制性规则完全被废除而不存在了,那么,政府就实际上失去了向投资者传达某些任意性条款是真正有利于投资者的信号的能力。[67] 因此,具有讽刺意味的是,在一个绝对契约自由的体系下,条款创新可能反而更难。[68]

---

[66] 这个例子是在 t =0 时的条款创新,即公司设立发行时的创新,其成本由发起人承担。但是,这种创新也可能发生在 t =1 时,即公司设立发行之后,在这种情况下,条款创新的成本就是由现有的股东承担,基于同样的理由,他们也最终可能放弃条款创新。

对于条款创新者而言,问题在于,即使条款创新最后被证明是正确的,他们也无法挽回当初由于条款创新而付出的成本,因为股票已经被迫低价卖出,而自己的股权也早已被稀释。另外,首先进行条款创新也不能让创新者在商业上获得像产品创新那样带来的领先优势,而且,其他的公司可以随后效仿,免费地使用创新条款。

[67] 上述的信号传达观点也同样适用于立法者强制性地采取免责条款或降低责任标准的场合。在这些情况下,这种信号传递机制可能影响的决策不是股东关于是否采用这些规则的投票决定(因为这是法律的强制性规则,适用于所有公司),而是投资者对于这些规则可能给公司股价带来的影响的评估决定。

[68] 特拉华州公司法包括一个允许股东选择适用限制董事责任体系的条款,see Del. Code Ann. tit. 8, § 102(b)(7)(Supp. 1988). 该条款是一个证明强制性规则体系具有信号传递功能从而有利于条款创新的显著例子,当然,类似的例子在最近的其他一些法律中也可以找到。See Revised Model Business Corp. Act § 6.21(b)(1984). 特拉华州公司法中另外一些条款赋予股东和董事共同的改变章程的权利;see id § 109(a)(1983)或者允许公司选择承担律师为善意行为的董事辩护而导致的法律费用(即使董事行为不当),see id § 145(b)(Supp. 1988). 如果公司选择采用上述条款,投资者仍有可能进行负面推理,但是,由于这些条款是经过立法程序制定的,因此,投资者进行负面推理的可能性小很多。

需要指出,创新假说并不认为政府比公司更有能力去创设有助于私人财富最大化的章程条款,因为在一个竞争激烈的市场机制中,公司似乎更有创设能力。创新假说的观点是,与公司行为相比,政府行为能够更好地克服信息不对称问题。Cf. Roe, "Commentary on 'On the Nature of Bankruptcy': Bankruptcy, Priority, and Economics", 75 *Va. L. Rev.* 219, 232 - 233(1989)(认为信号传递机制解释了公司破产中的风险共担的强制性规则)。政府行为还能够克服一个特别的成本分配问题:由于小型公司在条款创新中承担的成本更大,因此,如果无效率的法律规则通过一个各方受益的立法程序进行改变,而不是让公司个体进行选择,那么,这对于小型公司尤其有利。See Gordon, "The Puzzling Persistence of the Constrained Prudent Man Rule", 62 *N. Y. U. L. Rev.* 52, 81(1987).

创新假说将强制性公司法体系的一个重要的历史使命与其现在的功能紧密地联系起来。毫无疑问,第一代州公司法中包含了大量的强制性规则,这是出于投资者保护的考虑,这个考虑是完全必要的,因为在那个时候,我们的资本市场还不发达,信息披露要求也很有限。[69]如前所述,我认为投资者保护不再是强制性规则的辩护理由,因为我们现在已经拥有了一个高度发达和运行良好的资本市场,在此市场中,经验丰富的投资者能够得到与他们的付款相对应的回报,而经验不足的投资者可以搭前者的"便车"。但是,强制性规则确实能够提供一定程度的投资者保护。如果现在立法允许公司选择退出一个以前是强制性的规则,而且,这个立法传递的信号是,总体而言,这个条款创新能够提升股东福祉,即以前强制性规则产生的投资者保护水平不会下降,那么,与契约自由体系相比,强制性规则体系就可能具有更大的条款创新效果。[70]

立法机关的信号传递能力取决于股东是否相信立法目标真是为了保护股东利益。这显然是一个很有争议的问题,这个问题也正是关于各州进行公司设立竞争的利弊辩论的核心之处。[71] 关于立法过程中寻租问题的文献有很多,[72]特别是关于各州公司法允许公司采用反收

---

[69] See e. g. ,Friedman, *A History of American Law* 513 – 516 (2d ed. 1985). But see Butler, supra note 11, at 136 (讨论了立法者利益集团在公司法制定和修改过程中的"寻租"问题)。

[70] 当然,在一个契约自由体系下,出现的条款创新类型可能会更多,因为标准条款完全消亡了,大家可以完全自由地进行创新。但是,在一个强制性规则体系中,某些特定类型的条款创新,特别是那些可能会产生逆向选择问题的条款创新可能会更多。

[71] 这个辩论在罗梅若教授的文章中有详细论述。See supra note 56, at 227 – 232.

[72] See, e. g. Becker, "Pressure Groups and Political Behavior", in *Capitalism and Democracy: Schumpeter Revisited* 120 (R. Coe & C. Wilbur eds. 1985); *Toward a Theory of the Rent-Seeking Society* (Buchanan, Tollison & Tullock eds. 1980); Becker, "A Theory of Competition Among Pressure Groups for Political Influence", 98 *Q. J. Econ.* 371 (1983); Peltzman, "Toward a More General Theory of Regulation", 19 *J. L. & Econ.* 211 (1976); Posner, "Theories of Economic Regulation", 5 *Bell J. Econ. & Mgmt. Sci.* 335 (1974); Stigler, "The Theory of Economic Regulation", 2 *Bell J. Econ. & Mgmt. Sci.* 3 (1971).

购措施从而可能减少股东财富的问题,[73]这确实值得我们深思。[74] 确实,强制性规则体系有可能产生减少股东财富的条款创新。特别是,公司经理有时也许能够通过立法程序实现其改变某些章程条款的目的,而这个目的原本无法通过股东投票程序实现,比如,一个严厉的反

---

[73] 几份关于股票价格的研究表明,各州采纳反收购立法对于股东财富具有负面影响。E. g. ,New Jersey Office of Economic Policy Study,as reported in IRRC,"N. J. Takeover Law a Bad Idea,Says State Economic Adviser",4 *Corp. Governance Bull.* 188 (Nov./Dec. 1987) (New Jersey firms); Ryngaert & Netter, "Shareholder Wealth Effects of the Ohio Antitakeover Law",4 *J. L. Econ. & Organization* 373,374 (1988) (Ohio firms); Schumann,State Regulation of Takeovers and Shareholder Wealth: The Effects of New York's 1985 Takeover Statutes,Bureau of Economics Staff Report to the Federal Trade Commission (Mar. 1987) (New York firms); Woodward, "How Much Indiana's Antitakeover Law Cost Shareholders",*Wall St. J.* ,May 5,1988,at 32,col. 3(报道了一些发现印第安纳州公司价值遭受损失的研究)。But see Romano,"The Political Economy of Takeover Statutes",73 *Va. L. Rev.* 111,180 -187(1987)(发现康涅狄格、密苏里和宾西法尼亚州在采纳反收购法之后,其境内公司的股价并没有出现重大的变化)。

有很多市场传闻显示,各州匆忙地制定反收购立法是为了保护各自境内的公司不被收购,比如, Arizona (Greyhound); Connecticut (Aetna); Minnesota (Dayton-Hudson); Missouri (TWA); New York (CBS); North Carolina (Burlington); Ohio (Goodyear); Wisconsin(G. Heilman). See Davis,"Epilogue: The Role of the Hostile Takeover and the Role of the State",1988 *Wis. L. Rev.* 491,492 n. 4(1988); see also Booth,"The Promise of State Takeover Statutes",86 *Mich. L. Rev.* 1635,1670 (1988); Butler, "Corporation-Specific Antitakeover Statutues and the Market for Corporate Charters",1988 *Wis. L. Rev.* 365; IRRC, "States' Rush to Adopt Protective Antitakeover Laws Continues",4 *Corp. Governance Bull.* 152(Sep./Oct. 1987); Romano,supra,at 136 -139; Ryngaert & Netter,supra,at 377 -378.

[74] 立法改变大概可以分为两类,一类是非结构性的改变;另一类是结构性改变。结构性改变能够让管理层永久保有其职位,阻碍公司控制权市场的运行,从而抑制各州之间关于设立地之争的对于股东的原本有益的效果。与非结构性立法改变相比,管理层的"寻租"行为在结构性改变中具有更重大的影响,因为这种改变使公司更加不受控制权市场的制约。

在收购法中,经理人寻租(managerial rent-seeking)和立法寻租(legislative rent-seeking)的互动关系相当复杂。立法机关可能不会采纳经理人提出的对于股东利益具有负面影响的反收购立法的建议,因为股东极有可能反对经理人做出的在一个具有强大反收购立法的州中重新设立公司的努力。但是,如果那些股东的反对不会导致公司彻底离开本州(比如,公司总部没有搬迁),那么,州立法机关就可能满足经理人的制定反收购立法的要求,因为州可以对于居住在本州以外的股东收税。由于重新设立公司的议案必须由公司管理层提起,因此,州政府就不必担心股东的反应。See Johnson & Millon,"Missting the Point About State Takeover Statutes",87 *Mich. L. Rev.* 846(1989).

收购规则。[75] 但是,如果规定那些将会重大影响到经理层保持其职位能力的立法改变在适用于具体公司之前必须获得股东的投票支持,或者要求一段时间后必须让股东投票决定是否退出该立法改变,那么,上述问题就会大大减少。[76] 当然,这个问题还可以通过信息披露、协

[75] 确实,由于在强制性规则体系下存在经理人"寻租"的可能,这可能被用于支持公司契约论的又一理由。此观点的假设是,机会主义的立法改变过程对于股东利益的负面影响要大于机会主义的章程修改过程。迄今为止,无人对于此假设提出严厉的质疑,可能是因为大家都似乎相信股东投票过程的公正性。那些公司契约主义者还认为,各州之间关于公司设立地的竞争是有利于股东的,因为它能够限制经理人的寻租行为。See, e. g., "Baysinger & Butler, The Role of Corporate Law in the Theory of the Firm", 28, *J. L. & Econ.* 179, 191 (1985); Fischel, "The 'Race to the Bottom' Revisited: Reflections on Recent Developments in Delaware's Corporation Law", 76 *Nw. U. L. Rev.* 913, 916 – 923 (1982). 另外有些人对于股东投票过程的公正性持怀疑态度,认为更好的解决途径是立法程序,或是州一级的,或最好是联邦一级的。See, e. g., Cary, "Federalism and Corporate Law: Reflections Upon Delaware", 83 *Yale L. J.* 663, 696 – 701 (1974); Schwartz, "Federalism and Corporate Governance", 45 *Ohio St. L. J.* 545 (1984). 科菲(Coffee)教授提出了一个折衷的观点,认为经理人寻租对于立法过程的影响问题可以通过由全国性的专业团体对于公司法进行修改而予以解决,因为这种专业团体具有技能优势,受到的社会监督也大,不容易受到经理人的不当影响,比如美国法学研究所和美国律师协会等。至少,对于通过修订章程而改变董事诚信义务的问题,科菲教授是支持股东投票退出机制的,而不是强制性的立法。Coffee, "No Exit?: Opting Out, the Contractual Theory of the Corporation, and the Special Case of Remedies", 53 *Brooklyn L. Rev.* 919, 970 – 977 (1988).

[76] 概而言之,立法改变主要有三种类型:第一种改变是,将一个强制性规则改为任意性规则,股东有权投票决定是否采用(opt in)或退出(opt out)这个规则。比如,《特拉华州公司法》第102(b)(7)节,该节允许股东投票决定是否采用一个让董事免于违反勤勉义务而产生的金钱责任的章程条款。第二种改变是,允许董事将一个强制性条款改为任意性条款,比如,《特拉华州公司法》第152节,该节允许董事自由裁量是否接受期票(promissory note)作为购买股票的对价支付方式。第三种改变是,增加一个强制性规则,或者以一个新的强制性规则更换一个旧的强制性规则。一般而言,第二和第三种立法改变通常可能具有让董事永久保有其职位或导致有利于内部人的财富再分配的效果,因此,这些立法改变都会减少股东的财富。除非法律明确规定,公司是否采用或退出第一种立法改变必须经过股东投票,否则,这种表面上是任意性规则的立法改变将会实际上变成一个第二或第三种立法改变,因为董事通常有权决定是否将上述问题提交股东投票。然而,即使是真正任意性的立法改变也存在一个本质上的问题,即股东投票过程本身的公正性。参见下文脚注82 ~86及对应正文。

商,以及那些可以促使立法机构关注股东利益的途径予以减轻。[77] 因此,这里的真正问题是,总体而言,在条款创新方面,强制性规则体系是否更加有利于股东。如果是的话,那么,创新假说就能够用于减少那些不妥的强制性标准条款带来的成本,并为强制性公司法体系的存在合理性增加一个辩护理由。

(五)投机性修改章程假说

强制性公司法的另外一个辩护理由是,强制性规则能够提供一个约束机制,防止投机性的章程修改行为。即使公司发起人在 t=0 时承担了公司治理和资本结构等方面的全部成本,这并不意味着,在嗣后的章程被修改的 t=1 时,情况仍是如此。由于现有的公众股东已经在公司中进行了投资,因此,当章程修改导致财富向公司内部人(包括经理和控股股东)转移时,这些内部人就不会承担章程修改的全部成本。这就使公司内部人具有动机去进行投机性的章程修改,如果这个问题没有事先解决,则会给公司的现有股东或发起人带来成本。强制性公司法禁止在某些重要方面进行章程修改,因而能够作为解决这个问题的一个方案。[78]

由于公司契约不可避免地总是不完整,因此,章程修改是必然的,这就为投机性的章程修改打开了方便之门。确实,公司参与人不可能在公司设立时订立完整且明确的契约,其原因包括高昂的订约成本,

---

[77] 比如,在经过多次谈判和修改后,新的特拉华州公司法中的反收购条款对于股东利益的损害已经不是非常明显。See generally C. Smith & C. Furlow, *Guide to the Takeover Law of Delaware*(BNA Corporate Practice Series 1988). 确实,在经验丰富的投资者看来,新条款不会对于完全以现金支付的全面收购过程产生重大影响。See, e. g., "Labaton, A Debate Over the Impact of Delaware Takeover Law", *N. Y. Times*, Feb. 1, 1988, at D1, col. 1. But see Testimony of Gregg Jarrell before the Delaware Senate and House Judicairy Committees(Jan. 20, 1988), reprinted in C. Smith & C. Furlow, supra, at 317. 关于一个《特拉华州公司法》改革过程中的各种影响因素的详细讨论, see Macey & Miller, "Toward an Interest-Group Theory of Delaware Corporate Law", 65 *Tex. L. Rev.* 469(1987).

[78] 因此,强制性公司法能够解决所谓的"时差"(time inconsistency)问题。股东总是存在被侵害的危险,因为他们必须首先进行投资,在投资后,公司内部人就可能投机性地修改章程。

司法审判和解释的不确定性,理性计算的局限,以及未来事件的不可预见性等。由于公司契约不完整,而公司又能够永久存续,因此,公司参与人就需要建立一个修改契约的有效机制。某些章程修改的权力可以授予一个与股东和经理皆有联系的公司治理机关,如董事会。这有力地解释了现代公司法中授权董事会修改公司章程的发展趋势。然而,对于涉及公司治理和资本结构的重大事务,股东就会保留自己的最终决定权,现实中的做法就是,在公司章程中列举出这些重大事务,并且规定,涉及这些事务的章程修改必须获得多数股东的同意。

但是,上述的书面章程条款和股东投票权并不能解决股东的问题。章程修改的提案通常都是由一个相对比较团结的群体提出,这个群体就是公司内部人。他们会辩称,章程修改能够提高公司的运营效率,从而增加股东财富。相对而言,公众股东就是一个非常分散的群体,他们必须判断公司内部人提出的理由是否成立,是否存在章程修改不会增加股东利益(因为章程修改产生的全部或绝大部分利益都落入了公司内部人手中)或章程修改甚至会减少股东利益(因为章程修改使得财富从股东处转移到公司内部人处)的可能性。[79] 在这些情形

---

[79] 这里需要解决的一个问题是,如果公司法的应然目标是私人财富最大化,那为什么章程修改的提案的判断标准是股东财富最大化而不是其他人的财富最大化?在有些情况下,公司内部人从章程修改中获取的收益大于其成本,为什么股东有权去阻止这种章程修改呢?一个回答是,股东财富最大化的标准能够保证私人财富最大化目标的实现。思考以下两个通过双重类别普通股进行再融资而让公司内部人永久保有其职位的情况。在第一种情况中,内部人对于再融资给自己带来的控制权收益的估值高于其给股东财富带来的损失,因此,对于公司参与人整体而言,虽然再融资损害了股东利益,但却是符合私人财富最大化原则的。在第二种情况中,内部人对于再融资的控制权收益的估值不高于其给股东利益造成的损失,因此,无论是对股东还是对于公司参与人整体而言,再融资都不符合私人利益最大化原则。但是,怎样才能判断和区别上述两种情形呢?怎样才能保证只让符合私人财富最大化原则的第一种情况发生呢?其唯一途径就是,迫使公司内部人向股东转移财富,从而使股东财富在再融资之后至少不减少。这样,股东财富的损失为零,从而保证了再融资给公司内部人带来的控制权收益肯定高于股东损失,从而符合私人财富最大化原则。因此,基于股东财富的判断标准是保证公司章程修改符合私人财富最大化原则的唯一途径。

当然,真正的私人财富最大化原则应当不仅考虑到股东和经理的利益,还应当考虑到其他的公司契约参与人的利益,比如债权人和员工等。但是,债权人和员工等人通常被认为是可以根据事先确立的固定契约提供其投入的参与方,因此,他们的利益可以通过契约获得适当的保护。See J. Gordon, "Duties and Markets", in *Tel Aviv University Studies in Law*(1990).

中，股东需要投票决定是否同意章程修改，但是，这个投票机制存在很多严重问题，特别是股东之间获取和传播信息的集体行动问题（collective action problems）和公司内部人的具有强迫性效力的策略行为等（strategic behavior）。因此，公司内部人能够利用这些投票机制中的问题获得股东对于章程修改的投票同意，甚至减少股东财富的章程修改也可能获得股东同意。[80] 基于这些考虑，一个支持强制性公司法的观点是，通过强制性规则消除投机性章程修改问题而产生的收益应当会超过强制性规则的僵硬性带来的效率损失，至少对于那些具有让公司内部人永久保有其职位或财富转移的效果的条款而言，这个计算是正确的。这个观点同时认为，其他解决投机性章程修改问题的方案更加成本高昂，比如，根据一个"冻结"规则（freeze rule），公司参与人在公司设立时可以自由地制定章程条款，但是，一旦制定就冻结，以后完全不能更改，显然，此规则过于僵硬，成本过大。以下就对上述的投机性章程修改假说展开具体论述。[81]

---

[80] See generally Gordon, supra note 47, at 42 -55. 基于集体行动问题和策略行为问题，美国证监会最近发布了关于双重类别普通股再融资问题的规则，禁止上市公司进行这种再融资行为，因为这种行为会削弱现有股东的权力。See Voting Rights Listing Standards—Disenfranchisement Rule, Exchange Act Release Nos. 25, 891, 25, 981A, [1987 -88 Transfer Binder] Fed. Sec. L. Rep. (CCH) 84, 247 (July 7 & 13, 1988) (adopting Exchange Act Rule 19c -4).

[81] 虽然强制性公司法可以保护投资者，但是，严格而论，这里的投机性章程修改假说并不是一个基于投资者保护的观点。从一个事前的角度来看，投机性章程修改的可能性会反映在公司发起人在最初发行股票时能够获得的售价，因此，公司发起人实际上已经承担了相关成本。但是，根据投机性章程修改假说，强制性公司法的重要性在于，其提供了一个最为有效的让公司各方参与人考量和处理章程修改的各种利弊问题的途径。换言之，根据此说，强制性公司法规则实际上反映了一个基于当事人谈判理念的投资者保护机制，而不是一个立法者单方赋予的保护，从而不会受到诸如家长式保护之类的批评，而传统的投资者保护观点饱受此类抨击。Cf. supra notes 21 -51 and accompanying text.

罗梅若教授认为，投机性章程修改假说没有正确地描述现实中的情况，因为很多州公司法都允许公司经理自由地采用投机性的反收购措施。See Romano, supra note 16, at 1606. 然而，这个反对理由并不成立。虽然立法者在反收购措施方面没有预见到公司经理的投机行为，但是，各州公司法中的强制性规则有效地防止了很多其他形式的投机行为，从而证明了强制性规则的重要性，同时也为制定新的州或联邦层面的强制性规则提供了依据。参见前文脚注51。

1. 获取和传播信息中的集体行动问题

在对于一个章程修改的提案进行投票时,公众股东具有以下两个选择:第一,付出成本而变为消息灵通,能够理解章程修改对于股东利益的影响;第二,不想变为消息灵通。由于获取信息的高成本,小股东们会总是发现,变为消息灵通的预期收益是负值,而且,除了在很少见的情况下,他们的投票通常对于投票结果几乎没有任何影响。因此,对于小股东而言,理性冷漠(rational apathy)是不可避免的选择。相比而言,一个持股比较多的公众股东可能会发现,如果其投票能够起到影响投票结果的关键作用,那么,变为消息灵通的预期收益是正值。但是,该股东面临另外一个问题:由于其他股东可能会选择不变为消息灵通,因此,他的投票将不会具有影响投票结果的关键作用,除非他承担相应成本去让其他股东也变为消息灵通。换言之,该股东不仅承担着自己获取信息的成本,还需要承担向其他股东传播信息的成本,因此,这两项成本加在一起,他的最终预期收益很可能就会变为负值,从而他也会选择理性冷漠。[82] 简言之,公众股东作为一个整体都不会选择变成消息灵通,从而不能真正理解章程修改可能造成的影响。[83]

[82] 需要指出,大的公众股东仍可能会选择变为信息灵通,从而具有另外一个选择权:当他认为自己对于章程修改提案的负面影响的分析比市场的分析还要准确时,他就会卖出股票。

[83] 这就产生了一个表面上自相矛盾的结论,即市场是有效的,但股东投票不是,换言之,市场的价格机制反映了所有的公开信息,而股东的投票结果却没有。这个差异是由于上述两种情况中决策机制的性质存在不同而造成的。具体而言,在市场中,一个信息灵通的股东能够通过自己获取的信息进行交易而获利,而且,其他信息不灵通的投资者越多,他的收益就越大。因此,市场机制会越来越有效率。但是,在股东投票的场合,一个股东自己变为信息灵通不能决定投票结果,他需要其他股东的配合,因此,他需要让其他股东也变为信息灵通,而其他信息不灵通的股东越多,他的成本就越大,收益就越小,从而股东投票机制产生高效率结果的能力有限。这种市场机制与股东投票机制之间投资者获取信息行为的差异也解释了为什么前文所述的创新假说(基于信息灵通的市场机制)是与股东理性冷漠问题一致的。Cf. Romano, supra note 16, at 1604 n. 14.

这就是一个经典的“搭便车”问题：由于不存在强制性的成本分担机制，因此，对于个人股东而言，理性的选择就是不变为消息灵通，尽管对于股东集体而言，理性的选择应当是股东通过获取和传播信息而变为消息灵通。[84]

当然，下一个问题就是，对于那些理性冷漠从而消息不灵通的股东而言，他们会如何进行投票：要么赞成，要么反对。一般而言，股东当初购买股票时是基于对公司管理层的信任，认为他们平均而言会为了股东利益而行为。这会使股东在投票时总是倾向于投赞成票，而股东理性冷漠问题又会进一步加强这种投票倾向。[85] 因此，公司内部人能够充分利用这些问题使那些减少财富的章程修改都可获得股

---

[84] 这些结论取决于一系列的因素。如果某个特定的公众股东持有一个足够大的股份，他可能就会获取信息并促使其他股东也获取信息(因为他能够获得一个更大的收益)，但是，这个信息获取和传播的程度会低于公众股东共同行动所需要的最优信息量。当然，如果还有其他的比较大的公众股东，则信息传播的成本就能降低，而且，信息获取和传播的成本更可能在各股东之间分摊。另一方面，内部人持股的大小也非常重要。内部人的持股比例越大，否决内部人的章程修改提案所需要的公众股东投票比例也越大，信息获取和传播的成本也越大，相应的收益也就越小。公司内部人在决定是否提出一个减少财富的章程修改提案时，会考虑这些因素。See Gordon, supra note 47, at 44 –47(双重类别普通股再融资的提案几乎全部是出现在那些公司内部人持有高额股份且大型机构投资者数量低于平均水平的公司之中)。

[85] 由于股东大会达到法定人数才能开会，因此，在很多情况下，那些信息不灵通的股东的缺席会议可能等同于否决提案。关于为什么公众股东不太可能对于章程修改提案采取一个“完全否决”的投票策略，参见下文脚注 97 ~99 和相应正文。

罗梅若教授认为，信息不灵通的股东可以采取一个随机地支持某些章程修改提案而否决其它提案的混合投票策略，从而达到减少投机性章程修改的目的。See Romano, supra note 16 at 1608 –1610. 这个观点存在几个问题。第一，它与现实中的股东投票行为显然不符，即使有的话，也是在极其罕见的情况下；第二，该观点的一个假设是，信息不灵通的股东能够估计出投机性章程修改提案的概率分布，而且，能够根据事件的发展对于其估计进行调整。这显然是一个非常困难的工作，能够做好这个工作的股东不太可能是信息不灵通的股东。

东同意。[86]

2. 具有经济强迫性效果的策略

公司内部人能够控制章程修改提案的结构和提出时间，这是导致投机性章程修改的另一机制。由于拥有这种控制权，即使在股东信息灵通的情况下，公司内部人也能获得股东对于减少财富或财富不变的章程修改提案的投票同意。概言之，公司内部人的策略主要有以下三种，即"甜味剂"(sweeteners)；"添附"(add-ons)；"恐吓"(chicken)。

(1)甜味剂。公司内部人可以将一个减少财富的章程修改提案与一个"甜味剂"(即一个与前者毫不相干的增加股东财富的章程修改提案)进行捆绑提出。这个策略很鲜明地反映在最近的双重类别普通股再融资行动中，在这种再融资中，通常需要进行章程修改而设立一个具有超级投票权的普通股类别。现实中，很多公司在宣布通过股票回购或派发股利而增加对于股东的现金回报时，都以股东同意进行章程修改为条件。[87] 这种章程修改通常都是减少股东财富的，因为如果章程修改本身就是增加股东财富的，则没有必要将其与另外一个现金支

---

[86] 这里剩下的一个问题是，这些股东投票缺陷如何与有效资本市场假说(efficient capital market hypothesis)相协调：根据后者，市场是有效的，反映所有信息，而根据前者，股东选择消息不灵通。怎么可能市场知道所有信息而股东什么都不知道呢？理论上说，如果市场价格迅速且准确地反映了章程修改的提案，那么，投资者就可以据此变为消息灵通并作出反应，而无须付出重大成本。但是，决定章程修改对于一家特定公司的影响非常困难，而且，如果其对于财富的影响很小，则事实上几乎不可能。参见下文脚注115～117和相应正文。另外一个解释是，投资者可能不相信有效市场假说，即虽然市场对于章程修改作出了负面反应，但是，他们仍然相信公司管理层关于章程修改的辩护理由。不过，如果章程修改的提案引发了一个很大的市场负面反应，则我们可能会看到更多的股东反对该提案。因此，这里可能存在一个负面反应度的门槛，它限制了对于投机性章程修改问题的信息不对称理论的解释范围。

另一个剩下的问题是，公司内部人减少财富的章程修改提案是否存在一些约束机制。对于那些将财富从股东转移到内部人从而减少财富的提案，它们可能会在一定程度上受到公司控制权市场的约束，当然，这种约束取决于财富转移的数量和改变公司控制权的成本等因素。对于那些具有让内部人永久保有其职位的效果而减少财富的提案，它们的情形不太一样，公司控制权市场对于它们根本没有作用。因此，如果章程修改提案的内容是涉及内部人的控制权而不是现金流的转移，则投机性章程修改的风险更大。

[87] Gordon, supra note 47, at 48.

付方案捆绑在一起。[88] 正如上例所示,由于公司内部人控制着提案的内容结构和提出时间,因此,股东被迫只能和着“甜味剂”将苦涩的减少财富的章程修改提案一并咽下,从而那些减少财富的章程修改提案最终得以通过和实行。[89]

当然,真正的问题是,这种“甜味剂”的使用是否具有经济上的强迫性。能否将整个捆绑着的提案视为一个交易?公司内部人交出了一些现金流的控制权,可以视为放弃了一些“代理利益”,同时,公司内部人获得了公司收购方面的更大保护,股东承担了更多的“代理成本”。这似乎是一个很公平的交易,而且,从理论上讲,信息完全灵通的股东能够从自己利益的角度出发自由地评估这个交易的价值,从而决定如何投票。但是,问题在于,这种思考逻辑可能让公司内部人具有不正当的动机。也许,公司内部人一直在暗中策划着将一个原本会派发的股利推迟,而不付出任何代价,其目的就是日后将此股利派发用作一个“甜味剂”,以迫使股东同意其章程修改的提案。简言之,允许公司内部人自由使用“甜味剂”的做法会鼓励他们刻意地制造这种“甜味剂”,而对于这种做法的唯一约束机制只是松弛的公司控制权市场。如果让“甜味剂”的使用合法化,即允许公司内部人以“甜味剂”为代价换取股东的投票同意,则实际上就是将公司所有权与经营权相分离导致的代理成本问题转变为公司内部人的某种形式的权利或财

---

[88] 另一个例子是 Inco 公司将一个关于“毒丸”措施的股东投票与一个 10 美元的特别股利捆绑在一起。“Inco ‘Poison Pill’ Tested in Canada”, *N. Y. Times*, Dec. 7, 1988, at D8, Col. 3.

[89] 另外一个反对观点是,在进行提案捆绑时,公司内部人增加了公众股东的信息成本。计算变得更为复杂,其中一个原因在于,有些相关的考虑因素,如增加的现金流的可持续性,完全处于经理层的控制之中。这种捆绑式提案也意味着,股东无法借鉴其他公司股东对于类似章程修改提案的处理经验,因为公司各自捆绑的“甜味剂”可能不同。这些额外增加的信息成本增加了股东理性冷漠的概率,而且,一旦这些信息成本出现,通常都是巨量的。换言之,由于股东是否变为信息灵通的决定与具体提案的情况有关,因此,一个设计巧妙且复杂的提案能够轻易地获得股东同意。

产，这显然有悖于传统的忠实义务。[90]

(2)添附。在章程修改的过程中，公司管理层能够增加一些减少股东财富的特征，但是，只要整体而言章程修改是财富中性的或稍微增加财富的，即使是信息灵通的股东也会同意。比如，有些驱鲨剂条款的章程修改可能是增加股东财富的，因为它们减少了强迫性出价策略的概率，或者以其他方式促使管理层在公司收购中成为股东的谈判代表。[91] 在此章程修改过程中，公司内部人可能会加入一些条款，这些条款对于股东保护而言毫无必要，但有助于内部人永久保有其职位。比如，公司内部人提出了一个章程修改建议，该建议包含公司收购中的一个公平价格条款和一个 90% 的股东投票同意条件。由于公平价格条款，股东可以免受双层要约的风险，但是，股东同时会发现，自己很难接受一个敌意要约收购，因为需要获得 90% 的投票比例。[92] 因此，即使章程修改作为一个整体而言能够稍微增加股东财富，其中的某些组成部分也可能是减少股东财富的。由于公司内部人控制着章

---

[90] 这个问题能够通过契约法上的关于契约修改的先前义务规则(preexisting duty rule)进行很好的阐述。参见下文脚注 121 ~123 和相应正文。如果公司内部人具有一个根据经营状况增加股利派发的先前义务，或者至少不应当从自身利益出发决定是否增加股利派发的先前义务，则契约修改和章程修订就具有经济上的强迫性效果，因为那些股利本来就是股东应得的利益，而公司内部人通过操纵行为将其变为"甜味剂"，迫使股东在得到股利的同时需要接受内部人提出的减少财富的章程修改建议。这就涉及公司内部人的诚信义务问题。在此，忠实义务与公司契约主义者提出的私人利益最大化原则显然相互抵牾。See J. Gordon, supra note 79.

[91] See generally Carney, "Shareholder Coordination Costs, Shark Repellents, and Takeout Mergers: The Case Against Fiduciary Duties", 1983 *Am. B. Found. Res. J.* 341; Oesterle, "Target Managers as Negotiating Agents for Target Shareholders in Tender Offers: A Reply to the Passivity Thesis", 71 *Cornell L. Rev.* 53 (1985).

[92] See Jarrell & Poulsen, "Shark Repellants and Stock Prices: The Effects of Antitakeover Amendments Since 1980", 19 *J. Fin. Econ.* 127, 142 (1987) (区分了不同驱鲨剂的效果)。

程修改提案的内容结构和提出时间,[93]股东没有机会对一个提案的各个组成部分进行分别投票,或者拒绝内部人的提案而提出自己的提案。

(3)"恐吓"策略。公司内部人可以将章程修改提案解释为促使内部人进行最优经营的必要措施,尽管内部人的次优化经营不仅会损害股东,也会损害内部人自己。比如,在双重类别普通股再融资的场合,公司内部人会威胁说,如果不保护他们的公司控制权免受稀释之险,他们就不会再次融资去尝试有利可图的投资机会。[94] 由于内部人能够从公司的成功中受益,这种收益来自他们的持股或来自与公司业绩相挂钩的薪酬,因此,对于内部人而言,在与股东进行章程修改的对抗性谈判时,他们也有底气不足之处。如果对抗的双方都不退让,从而使公司无法再融资和抓住商机,则两败俱伤;如果一方退让,则双方的处境都比无人退让好,但是,退让一方的收益低于对方。公司内部人通常能够虚张声势,制造出表面上可信的威胁,使公众股东在对抗性谈判中处于劣势。

一个特殊的情形值得深入探讨。假设从事一个有利可图的新投资需要发行大量的新股,从而可能导致稀释内部人的股份。内部人可能会提出一个加强其控制权但减少股东财富的章程修改建议,比如,通过双重类别普通股进行再融资。如果股东拒绝此提案,则会减少内部人从新投资中可能获得的收益,以至于内部人的理性选择就是拒绝发行新股。换言之,股东的否决投票揭示了内部人的控制权面临的风险,而此风险会在新股发行的股份稀释效力下进一步恶化。如果内部人非常看重控制权,那么,发行新股对于其控制权的威胁会超过新投

---

[93] 公司内部人对于提案内容和时间的控制权规定在公司法中。See e. g. ,Del. Code Ann. tit. 8, § 242(b)(1983),Revised Model Business Corp. Act § 10. 03(1989). 即使在一个契约自由的体系中,由于股东的集体行动问题,董事也可能拥有这种控制权。See generally Levine & Plott, "Agenda Influence and Its Implications", 63 *Va. L. Rev.* 561 (1977);see also infra note 108.

[94] See Gordon, supra note 47, at 49 -55.

资给其带来的金钱收益。由于公众股东能够预见到,如果投票反对内部人的提案,则内部人会理性地拒绝发行新股和从事新投资,因此,股东不得不同意内部人的减少财富的章程修改提案。

3. 有利害关系的股东的投票

有利害关系的股东的投票,即内部人的投票,会进一步恶化上述的集体行动问题和策略行为问题。根据大多数州的公司法,章程修改只需要得到简单多数投票的支持。[95] 因此,只要章程修改提案能够获得公众股东中一定数量的少数股东的支持,再加上内部人自己的投票,就能够满足简单多数投票的要求,从而成功地通过该提案。当公众股东对于章程修改提案的财富影响存在不同意见时(比如,提案很复杂,或者与"甜味剂"捆绑在一起),上述情况就很容易出现。因此,即使公众股东作为一个整体而言对于提案的负面影响具有准确的评估,但是,由于内部人通常都持有比较大的股份,减少财富的章程修改提案也可能获得股东投票同意。考虑到这个可能性,那些内部人持股很高的公司中的公众股东就更加可能选择理性冷漠。同理,在这类公司中,内部人能够更加容易地使用上文所述的虚张声势的策略。为了得到简单多数投票的支持,内部人只需要欺骗和拉拢公众股东中的一部分人就可以达到修改章程之目的。

4. 具有担保性质的章程条款

诚如上述,作为一种审查章程修改提案的机制,股东投票具有各种局限,但是,这些局限能够在一开始,即公司设立的 t = 0 时,就被预见到。因此,从一个事先的契约主义角度来看,这个投机性章程修改的成本将会由公司发起人承担,因为投资者能够预见到这种风险,从而在最初购买股票时会要求一个折价。[96]

---

[95] 34 个州,包括特拉华州,采取了这个规定;15 个州要求章程修改必须得到特别多数投票的支持,即 2/3 的投票比例。See Revised Model Business Corp. Act Ann. § 10.03 (1989)(总结了各州的公司立法)。

[96] 考虑到证券承销商和证券市场的功能,我们没有理由认为,公司发起人比投资者更能理解投机性章程修改的风险。参见上文脚注 45 ~51 和相应正文。

因此,公司发起人具有动机去减少投机性章程修改的风险,从而减少发行股票时需要付出的折扣。形象地说,在 t = 0 时,契约各方都知道,在 t = 0 时公司经理可能会改变契约条款,以增加其自我利益,但是,在此时,公司经理改变契约条款的方式和范围都是不确定的。如果公司发起人能够提供一个有效的担保,让投资者相信那些对于公司控制权和现金流具有重大影响的投机性章程修改不会轻易发生,那么,在 t = 0 时公司发起人就能获得一个好的发行价格。因此,公司发起人可以制定一些章程条款,使章程修改非常困难或者甚至不可能。限制投机性章程修改的几种可能的章程条款包括:第一是所谓的"冻结"条款(freeze rule),禁止任何的章程修改。第二是所谓的"超级多数投票要求"(supermajority voting requirement)。第三是所谓的"无利害关系股东投票要求"(disinterested shareholder voting requirement)。本文认为,这些章程条款可能要么是成本过大,要么是不足以解决问题,因此,总体而言,它们不如强制性规则。

(1)"冻结"条款。虽然冻结条款防止了投机性的章程修改,但是,它的僵硬性使得契约当事人很难有效地对于变化的环境做出反应,或者很难对于当初错误制定的某些特定章程条款进行修正。这将带来代价高昂的效率损失。由于在一个契约自由的体系下章程将会包含定制化的条款,因而在很多情况下,这些条款的实际适用和司法解释都会产生无法预见的结果。[97] 有些章程条款可能会妨碍公司的正常运营,或者使公司与具有更优的章程条款的其他公司相比处于不利的竞争地位。另外,为了有效地发挥作用,冻结条款需要广泛地适用于所有的章程条款,而不仅仅适用于那些直接处理控制权和现金流等核心问题的条款,否则,新的条款可能增加进来,破坏那些核心条款的

---

[97] 参见上文脚注 52 ~53 及相应正文(讨论股东书面同意程序可能导致的难以意料的结果)。

效力,从而规避冻结条款的适用。[98] 这会增加冻结条款的成本,因为更多的章程条款被完全禁止进行修正。

简而言之,冻结条款是一个极其生硬的措施,它不加区分地禁止了所有的章程修改行为。投机性章程修改问题之所以发生,正是因为章程修改经常是增加股东财富的,而公司内部人能够利用这个事实作为掩护进行减少股东财富的章程修改。这种冻结规则,无论是体现在章程条款中,还是体现在股东对于所有的章程修改都否决的投票政策中,都是成本巨大的,因为它没有顾及那些增加财富的章程修改情形。[99]

(2)超级多数的投票。超级多数投票规则要求章程修改必须获得超过简单多数的投票支持,其目的在于避免冻结规则的僵硬性,而同

---

[98] 比如,假设冻结规则适用于一个要求进行董事年度选举的章程条款,但不适用于股东大会的会议通知期间和最低出席人数要求等的章程条款。对于后者条款的改变能够影响到股东罢免现任董事的能力。持有大比例股份的现任董事会通过章程修改缩短股东大会的通知期间,降低会议最少出席人数的要求,从而能够进行一个快速的、只需要少数股东出席的股东大会,从而提高自己连选连任的概率。如果章程规定,现任董事一直留任,直到新的董事选举产生,那么,现任董事就会修改章程提高会议最低出席人数的门槛,从而增加自己留任的概率。因此,如果冻结规则只是适用于某些核心条款,那么,精明的律师就总能够找到其他途径进行规避。

[99] 再一次,契约法中的大量判例经验能够在此提供有益的参考。在契约法中,契约当事人总是能够修改契约,即使在最初的契约中规定了不得进行契约修改。West India Indus. v. Tradex,664 F. 2d 946,949& n. 4(5th Cir. 1981);Wiener v. Compagnie Generale Transatlantiqu,61F. 2d 893(2d Cir. 1932)(A. Hand, J.);Beatty v. Guggenheim Exploration Co.,225 N. Y. 380,122 N. E. 378(1919)(Cardozo, J.);Dillman v. Massey Ferguson, Inc.,13 Utah 2d 142,369 P. 2d 296(1962);3A. Corbin on Contracts § 574(1960);id. §763;17 A C. J. S. *Contracts* § 373(1963). 这个普通法规则的理由在于,如果契约当事人能够自由地改变契约,通常而言,这种改变能够为他们带来收益。这表明,法院在进行司法解释时可能会尽量避免适用针对章程条款的冻结规则,使该规则不能有效地防止投机性章程修改行为。

公司法的发展历史也证明了冻结规则的无用性。在普通法中,特别的公司事务,包括章程的修改,需要股东的全体一致同意。在很多情况中,这在效果上几乎等同于一个冻结规则。很多的州公司法都改变了这个普通法规则,允许只要多数股东同意就可修改章程,并在后来通过推翻"既得权利"理论(vested rights theory)中蕴含的股东全体一致同意要件而扩大了多数股东的章程修改权力。See H. Henn & J. Alexander, Law of Corporations §§ 340,345(1983).

时又能够限制投机性章程修改的可能性。由于这两个目标存在冲突之处,因此,设定一个最优的超级多数比例就极其困难,特别是因为公司的股权分布随着时间不断变化。如果该比例太低,则不能有效地防止投机性章程修改。比如,尽管双重类别普通股再融资对于股东财富具有重大的负面影响,[100]公司还是能够获得股东的同意,即使超级多数比例为2/3,这在很大程度上是因为内部人持有高额的股份。[101] 这表明,67%的标准超级多数比例是不足以防止投机性章程修改的,因为在公司存续期间中的不同时间点上始终存在股权高度集中的风险,而且,上述股东投票中的集体行动和策略行为问题也影响着这一比例的有效性。[102]

另一方面,任何的超级多数投票要求,特别是能够真正起到保护作用的80%或90%的比例,都会带来重大的成本,特别是因为这个要求通常必须适用于所有的章程条款以防止规避行为。这些成本主要有以下几类。第一,由于很大比例的股东通常都不参加投票,这使公司很难采纳那些增加财富的章程修改提案。由于超级多数投票要求增加了投票权代理请求的成本(proxy solicitation,为了获得超级多数投票,投票权代理请求是不可避免的),因此,有些有益的章程修改提案可能根本都不会提出来。即使是在简单多数的投票规则下,公司有

---

[100] See Gordon, supra note 47, at 31 –39(讨论了美国证监会首席经济学家的一项研究,该研究发现,平均而言,当公司采纳一个双重股票的再融资方案时,其股票价格下降3%,这个数值可能还被低估了);see also Jarrell & Poulsen, supra note 47, at 132 –133.

[101] See Gordon, supra note 47, at 79 –85(在1984～1986年间进行再融资的19家纽约证交所上市的公司中,5家是规定了超级多数投票要求的);id. at 36 –37, 45 n. 144(在上述的公司中,内部人持有的股份比例都很高,平均为30%)。

[102] 另一方面,一项对于1984年200家采纳了反收购章程条款修改的公司的研究表明,标准的超级多数投票要求发挥了重要作用。See Brickley, Lease & Smith, "Ownership Structure and Voting on Antitakeover Amendments", 20 *J. Fin. Econ.* 267, 272, 275 (1988). 该研究的数据表明,平均而言,66%的投票支持章程修改提案(9.4%反对,5.2%弃权,19.9%没有参与投票)。这说明,至少对于那些具有高比例的机构投资者和内部人持股有限的公司而言,标准的超级多数投票规则还是有作用的)。

时也发现很难聚集起一个召开股东大会所必需的最低股东出席人数。[103] 关于公司采纳反收购章程修改提案的最新证据表明,尽管经理层在投票权代理请求方面付出了巨大努力,但是,仍然很难获得 75% 的股东投票人数。[104] 另外,章程修改提案对于股东财富的影响有时可能具有争议,[105]因此,并不是所有参与投票的股东都会支持章程修改。这种高比例的超级多数投票规则和股东理性冷漠问题的互动会实际上使得超级多数投票规则变成一个全体股东一致同意的规则,这意味着,任何的不同意章程修改的少数股东都能够将提案否决掉。[106] 简而言之,超级多数投票规则使得公司难以进行变革,而只能保持现状,在这方面,该规则带来的成本类似于冻结规则的成本。

第二,超级多数投票规则可能促使某些股东形成一个足以否决提

---

[103] See J. Heard & H. Sherman, *Conflicts of Interest in the Proxy Voting System* 75 (1987). 导致这个问题的一个原因是,很难找到股权的受益所有人(beneficial owners),从而很难及时地给他们寄送投票权代理请求文件,因为登记股权时的行业惯例是使用代码或者保管机构的名字,而不是真正所有人的名字。

[104] See Brickley, Lease & Smith, supra note 102, at 289. 该研究发现,在所有的研究样本中,投票股东的平均比例为 80%,但是,各公司之间的差异很大。这个投票率包括了内部人投票的很大比例,平均而言是 10%。然而,80% 的平均投票率并没有准确地反映股东投票的比例,因为平均而言 5% 的股东由于无法判断章程修改提案对于股东财富的影响而弃权,在一个契约自由的体系下,这种导致股东弃权的判断困难可能更加严重,因为章程条款及其修改提案的种类更多,更复杂。因此,在很多情况下,75% 的投票率是很难达到的,而且,这其中的有些股东还可能是投反对票的。See id. at 288(平均而言 9% 的投票是反对章程修改提案的)。

要约收购的案件也反映了达到高比例超级多数投票要求的困难程度。即使是在高溢价的全面要约收购中,也可能很难获得 90% 的投票率。See Letter of SEC Commissioner Joseph Grundfest, Dec. 18, 1987, reprinted in C. Smith & C. Furlow, supra note 77, at 167 – 169(分析了 90% 的超级多数投票要求对于敌意要约收购及其后的挤出式合并是否成功的重大影响)。股东不参与投票并不是出于策略,因为不投票的股东在随后的挤出式合并中最多也只是获得与其他股东一样的收购价格,而且,由于这个合并发生在后,这些股东的收益还受到时差的影响。

[105] See Jarrell & Poulesn, supra note 92, at 134 – 137(讨论了关于驱鲨剂条款对于股东财富影响的不同观点)。

[106] 需要指出,即使将超级多数投票规则的比例基础设定为实际参与投票的股权而不是所有发行在外的股权,也不能解决上述问题。这个方法实际上放宽了超级多数投票的要求,鼓励管理层有选择性地只向那些最有可能投票支持章程修改的股东寻求投票代理权。

案的股权联盟，通过这种联盟，这些股东能够以投票同意增加财富的章程修改提案为条件要求额外的报酬。这种通过阻挠而获益的行为（hold-ups）有很多形式，比如，公司不得不在市场上以溢价回购这个联盟持有的股份。如前所述，超级多数投票规则实际上已经转变为一个要求股东全体一致同意的规则，[107]因此，这个问题变得更为严重。简言之，超级多数投票规则在阻止了投机性章程修改行为的同时，却为其他形式的投机性行为打开了方便之门。[108]

另外，超级多数投票规则也存在被规避的可能。比如，假设一个关于董事年度选举的章程条款适用 90% 的超级多数投票规则。想要规避此条款的公司内部人可以很简单地将本公司并入一个没有这种董事年度选举条款的新公司，从而达到规避目的。由于合并经常都是增加公司财富的，因此，对于公司合并事项的股东投票标准通常都会远远低于 90% 的要求，从而避免某些股东的投机性阻挠行为。因此，投机性的公司合并行为能够取代投机性的章程修改行为，而且，很难

---

[107] 参见上文脚注 103 ~ 106 及相应正文。

[108] 这解释了为什么超级多数投票规则通常被视为一个封闭公司中的少数股东保护机制，在封闭公司中，一般不会出现股东理性冷漠问题，而且，法院能够通过适用于封闭公司的准诚信义务处理投机性的阻挠行为。另外，超级多数投票规则也经常被视为驱鲨剂条款，其目的就是保持现状。See Gilson, "The Case Against Shark Repellant Amendments: Structural Limitations on the Enabling Concept", 34 *Stan. L. Rev.* 775, 812 – 813 (1982).

有学者认为，超级多数投票规则减少了投票股东之间的外在性问题，但增加了决策的成本。See, e. g., J. Buchanan & G. Tullock, The Calculus of Consent 211 (1974). 还有学者从政治学的角度集中研究了超级多数投票规则的另一方面，即在一个可能进行投票交易的环境下，是否存在一个能够保证稳定决策而又不要求全体股东一致同意的投票规则。See, e. g., P. Ordeshook, *Game Theory and Political Theory: An Introduction* 378 – 381 (1986); Caplin & Nalebuff, "On 64% Majority Rule", 56 *Econometrica* 787 (1988); Schofield, Grofman & Feld, "The Core and the Stability of Group Choice in Spatial Voting Games", 82 *Am. Pol. Sci. Rev.* 195 (1988). 这个问题在公司法中不存在，因为在公司法领域，已经建立了一组能够有效限制股东大会提案的机制，比如，章程修改须由董事会提起的规定；股东只能提起请求董事会进行章程修改的提案的限制；以及其他的对于股东召集特别股东大会和要求进行股东投票的权力的限制。以股东民主的名义废除这些限制的一部分或全部，其后果将会怎样，是一个非常值得探讨的问题。

制定一个稳定的、低成本的法律规则去解决投机性的公司合并问题。[109]

(3)无利害关系的股东投票。如果一个规则能够限制内部人的投票权,使其不能对于那些将导致公司控制权或现金流发生有利于他们的改变的章程修改进行投票,那么,该规则就可减少一些投机性行为的发生概率。但是,这个方案存在很多困难。为了减少被规避的可能性,该规则需要像冻结规则和超级多数投票规则一样适用于所有的章程条款。因此,在很多的影响到内部人作为股东的利益的决策中,内部人都没有投票权。这就产生了一个很高的成本。这种对于内部人投票权的严格限制还将导致股东都试图通过各种复杂途径避免成为"内部人",这些途径的设计和监管都将成本高昂。另外,这种限制只能解决一部分的投机性章程修改问题。集体行动和策略行为问题仍会存在,因为它们是公司所有权和经营权相分离的必然结果。[110] 因此,这种投票规则的改变不仅成本高昂,并且不足以解决问题。[111]

5. 具有担保性质的强制性规则

公司需要不断地进行契约修改,以应对公司当事人业已建立的治

---

[109] 投机性的公司合并行为同样也提供了一个规避冻结规则的途径。

[110] 将无利害关系的股东投票规则与超级多数投票规则结合起来一并使用也许能够解决这些问题中的某些问题,然而,其代价是使得公司难以采纳任何的章程修改提案,相关原因已经在前文脚注 100 ~108 和相应正文中讨论过。

[111] 也许正是出于这些原因,无利害关系的股东投票规则在现实中并没有被广泛采用。See generally Sneed,"The Stockholder May Vote As He Pleases: Thoery and Fact",22 *U. Pitt. L. Rev.* 23(1960). 有时,无利害关系的股东的投票同意能够起到使证明某个特定交易是否公平的举证责任发生转移的效果。See Marciano v. Nakash,535 A. 2d 400(Del. 1987)(解释了规范有利害关系的董事自我交易的特拉华州公司法第 144 节);Fliegler v. Lawrence,361 A. 2d 218(Del. 1976)。But cf. Weinberger v. UOP,457 A. 2d 701(Del. 1983)(法院以信息披露义务为由驳回了母子公司之间进行挤出式合并的公平性,虽然该合并方案获得了无利害关系的少数股东中的多数同意。另外,法院认为,由独立董事组成的专门委员会与有利害关系的董事进行正常交易谈判的做法更为可取)。

最近,基于某些其他方面的原因,有些经济学家认为,允许内部人进行投票的简单多数投票规则有利于提高交易效率,使其可能在一个契约自由的体系下被广泛采用。See Grossman & Hart,"One Share-one Vote and the Market for Corporate Control",20 *J. Fin. Econ.* 175(1988);Harris & Raviv,"Corporate Goverance: Voting Rights and Majority Rules",20 *J. Fin. Econ.* 203(1988).

理结构所无法解决的新问题。公司内部人能够利用这个事实,通过他们对于章程修改提案的控制和股东投票机制中的各种缺陷,成功地获得股东对于那些将导致公司控制权和现金流等财富转移至内部人的章程修改提案的投票同意。公众股东通过公司契约试图解决这个问题的自我努力要么成本高昂,要么不足以解决问题。除了公司契约之外,另一个解决投机性章程修改问题的机制就是强制性法律规定,这种法律规定不能简单地根据公司内部人的意愿进行修改。法律规则的修改必须通过立法过程,在很多情况下,这种立法过程能够有效地限制内部人的"寻租"行为。[112] 虽然强制性法律规则具有成本,但公司契约机制也同样有成本。现实中强制性规则的持续存在表明,某些形式的强制性法律规则可能是防止投机性行为的成本最低的方案。

二、强制性规则的形态

(一)"构成型"(constitutive)和"非构成型"(non-constitutive)规则

目前,强制性规则都是构成型规则。这些规则构建起公司的治理结构,设定公司内部人需要遵循的行为标准。但是,如果反对公司契约自由的主要原因是投机性章程修改问题,那么,我们就能够发现一个与构成型规则相比数量少得多的非构成型规则体系。这些非构成型规则通常是关于修改公司契约的方式,而非修改的内容。[113] 异议股东股份收买请求权(appraisal,此词亦译为"估价权"。——译者注)就是一个这样的非构成型规则,根据该规则,如果一个股东认为公司采纳了一个减少股东财富的章程修改提案,那么,该股东就有权要求公司以公平价格购买其股份,从而退出公司。从某种意义上讲,该规则

---

[112] 参见上文脚注 71 ~77 及相应正文。

[113] 爱森伯格教授对于"构成型"一词的使用不同,他使用的该词是指强制性规则的一个特定类别。See Eisenberg, "The Structure of Corporation Law", 89 *Colum. L. Rev.* 1461,1462(1989).

能够消除公众股东面临的投机性章程修改问题。第二个非构成型规则的例子是,任何的章程修改都必须是"公平地采纳"的。此规则汲取了公司契约论中的采用实质性标准审查章程修改问题的观点,将审查任务交给了法院或政府机构。这些非构成型规则在防止投机性行为方面成本非常高昂,使构成型规则成为更优的选择。

1. 异议股东股份收买请求权

理论上讲,一个允许股东在公司进行章程修改时退出公司的规则是非常有吸引力的,因为它实际上为公司内部人作出的不提出减少股东财富的章程修改的承诺进行了担保。[114] 但是,现实中,该规则总是会要么过低要么过高地补偿公众股东,其原因在于,难以确定异议股东的股权的"公平价格"。

假设股权的"公平价格"就是公司在没有进行章程修改时的市场价格。这就需要确定章程修改对于公司股票市场价格的影响,在计算此影响时,需要排除市场整体的变化对于公司股价的影响,换言之,需要进行一个针对特定公司的事件研究(event study)。在此计算过程中,存在很多棘手的技术性问题,包括但不限于现实中只有很大的价

---

[114] 这个担保不是直接的,因为支付款项不是直接来自公司内部人,而是来自公司财务。这个担保可能影响到内部人的控制权,因为一旦出现担保情形,公司需要支付大量的款项,甚至可能导致相关的法律责任。

上面正文中讨论的"理想的"异议股东股份收买请求权与现实中大多数州公司法的规定稍有不同。首先,上文中的请求权适用于所有的章程修改,从而避免内部人对于核心条款的破坏和规避行为。目前,低于半数的州公司法明确规定了促发异议股东股份收买请求权的章程修改类型,通常而言,这些章程修改类型都限制在某些特定的类型,最常见的类型是取消优先股股东获得累积股利的权利。See Revised Model Business Corp. Act § 13.02(a)(4)(1984); Seligman, "Reappraising the Appraisal Remedy", 52 *Geo. Wash. L. Rev.* 829,833(1984). 其次,正文中的请求权应当能够将诉讼费用减至最少,并且在其他方面减少程序障碍。美国法学研究所在评论目前现实中的州法规定时,将相关程序问题视为将来立法改革的最重要的目标,而且,在其提出的改革建议中,很多条款都是针对程序问题。See American Law Institute, Principles of Corporate Goverance: Analysis and Recommendations, Advisory Group Draft No. 10, at 4 – 7 (Sept. 23, 1988); see also Seligman, supra, at 856 – 864(讨论了诉讼费用和程序问题)。

格影响才会记录下来的问题。[115] 同样麻烦的另一个问题是,公司内部人能够通过操纵信息披露的时间使得股价影响难以估算。如果章程修改提案的正式公告时间是 d = 0 天,则内部人可以在此日的前五天就将此信息慢慢泄露出去,使市场能够完全预见到五天后的正式公告。内部人的另一个策略是,他们可以通过在适当时候披露额外的、更为有利的信息而故意添乱,使章程修改提案的股价影响更难以估算。如果对于大量经历类似事件的公司进行研究,那么,就能够更好地将随机事件或添乱事件与统计上的重大事件区分开来,[116]而且,能够使用不同的事件窗口研究信息泄露问题。但是,对于一个单个的公司,减少财富的章程修改提案对于股价的影响不太可能具有统计上的重要性,因此,更可能会由于公司内部人的信息操纵而被减弱或湮没,以至于在统计研究中无法辨认。因而,异议股东股份收买请求权就会

---

[115] 另外一个问题是计算市场整体的价格变动对于单只股票的影响。如果计算标准不是在一个包括章程修改提案宣告日的短暂事件窗口中的价格变化净值,那么,就能够使用一个需要估计特定公司"贝塔值"(beta)的市场模型方法,这个贝塔值反映了一家特定公司股价的变化与市场整体变化的比例关系(比如,一个更好的研究方法应当是采用一个从提案宣告日到最终采纳日的事件窗口,或者将几个事件的价格影响进行合并,从而能够更好地在统计上反映出来,这些事件包括董事会决议,提案的正式宣告和最终采纳等)。但是,特定公司的贝塔值非常不稳定。

一个解决这些问题的可能途径是通过观测一家特定公司的股价变化与其所在行业的一组其他公司的股价变化的关系。See Romano, supra note 16, at 1613. 但是,定义作为参照系的后者公司的范围可能非常困难,因为现实中很多公司都是多元化经营,从而难以进行行业分类;另外,一个特定行为可能是对于能够影响整个行业的事件的反应,比如席卷整个行业的公司收购浪潮,这使一家特定公司的股价变化并不独立于整个行业的价格变化,从而难以通过参照同一行业中的其他公司估算出贝塔值。

[116] 在样本只有一家特定公司的研究中,为了产生 个统计上显著的结果,一个事件的价格影响必须是其在样本包括 100 家公司的研究中的价格影响的 10 倍。See T. Wonnacott & R. Wonnacott, *Introductory Statistics for Business and Economics* 220 – 228 (3d ed. 1984).

过低地补偿异议股东。[117]

假设另一个不同的"公平价格"计算方法不是基于公司股票的市场价格,而是基于其"内在价值"(不管如何计算,该数值会几乎总是高于股票的市场价格)。[118] 这个计算方法也许能够避免过低补偿股东的问题,它被很多人视为一个正确的计算方法,特别是考虑到公司收购中经常出现超过股票市场价格的高溢价现象。因此,在公司进行章程修改时,无论股东是否认为章程修改会减少财富,他们都具有动机选择行使股份收买请求权。这将导致在章程修改时过度补偿股东的结果。另外,这还会创制一个在发生任何的章程修改时股东都能够选择性地部分清算公司的规则。[119] 也许从某种意义上讲,这种规则是有益的,因为它迫使公司去消除资产价值与市场价值之间的差异,但是,它也在一个更深的层次上威胁到了公司的内聚性。[120] 更加可能的一个结

---

[117] 公司内部人能够模糊价格信号的另一个后果是增加了股东行使股份收买请求权的成本,从而减少了该权利作为一个担保机制的效用。为了获得股份收买请求权的救济,股东必须首先决定章程修改是否会减少股东财富。观察公司的股价变化是作出上述决定的一个简单方法。如果股价信号被人为地模糊化,那么,股东在评估章程修改的财富效应时,就会面对与股东投票机制一样的集体行动问题。参见前文脚注 82 ~86 及相应正文。

[118] "内在价值"的定义各种各样。See e. g. ,Armstrong v. Marathon Oil Co. ,32 Ohio St. 3d 397,404,513 N. E. 2d 776,783 -784(1987)(评估内在价值时的相关因素包括,净资产价值,营业额价值,清算价值,净权益资产价值,股票的收益价值或股利预期,公司的营业性质和其在行业中的相对地位,公司合并后的收益或协同收益,对于合并各方的税收收益,重置价值等)。美国法学研究所对于"内在价值"的表述为,"一个购买者在购买公司整体时愿意支付的最高价"。American Law Institute,supra note 114,at 23.

有效市场假说的支持者会说,平均而言,公司的内在价值应当等同于其市场价值,而且,内在价值与市场价值的偏离是随机的,而不总是朝着一个特定方向偏离。但是,司法实践中对于内在价值的判决几乎总是高于市场价值。See,e. g. ,Seligman,supra note 114,at 850 -851. 这种现象的一个原因是,内在价值似乎包括一些公司分拆后的价值或第三方售价,这些价值反映了公司资产置于一个新的更为有效的管理层之手能够带来的预期收益,而市场价值通常不包括这个额外的价值。

[119] 确实,其最终结果可能是完全的公司清算,因为对于所有的股东而言,其最优策略都是先行使股份收买请求权,将股份以高溢价全部卖掉,然后再以较低的市场价格买进。

[120] Cf. Manning,"The Shareholder's Appraisal Remedy: An Essay for Frank Coker",72 *Yale L. J.* 223,240 -241(1962)(如果异议股东股份收买请求权能够轻易得到,那么,公司资金的流动性就可能被耗尽)。

果是,公司几乎不敢进行任何的章程修改,这实际上就变成了一个冻结规则,从而具有与冻结规则一样的成本。由于很难找到一个计算股票公平价值的有效方法,因此,异议股东股份收买请求权不能作为防止投机性章程修改问题的唯一机制。

2. 采纳章程修改提案必须公平

另一个非构成型的规则就是要求章程修改提案采纳的公平性,这个公平性的判断交由法院或政府机构进行。这个规则是来源于契约法中禁止强迫性地修改契约的强制性规定。[121] 此契约规则拒绝执行某些契约修改协议,如果它们没有对价支持,或它们不是由于出现了在订约时无法预见的环境变化而需要修改契约,或它们是经济胁迫(economic duress)的结果。[122] 这个强制性的契约法规则的背后原因显而易见:如果契约的履行不是同时的,那么,在任何时候,契约一方都会比另一方在履行方面投入了更多的资源。这些沉没成本(sunk

---

[121] 毕竟,如果公司就是一个"契约网",那么,我们就应当探讨在公司法中如何借鉴和适用契约法中长期以来积累的各种经验。

[122] See E. Farnsworth, supra note 2, § § 4.21 –4.22; Narasimhan, "Modification: The Self-Help Specific Performance Remedy", 97 *Yale L. J.* 61, 73 –77 (1987).

传统的普通法通过所谓的"先前义务规则"(pre-existing duty rule)防止投机性的契约修改,根据此规则,如果债务人在修改契约中只是履行了一个先前存在的义务,那么,债权人就不受自己的同意契约修改的诺言的约束,因为该债权人没有收到与其新的同意契约修改的诺言相对应的对价。由于这个先前义务规则颇有循环推理之嫌,现代的普通法改革者试图将此规则的适用集中在投机性行为和经济胁迫问题上。只有"在当时情况下契约修改是公平的,而且这种情况是契约当事人在订约时没有预见到的",则此修改具有法律效力。Restatement (Second) of Contracts § 89 (1981). 存在经济胁迫的情形也可能导致契约修改无效。Muris, "Opportunistic Behavior and the Law of Contracts", 65 *Minn. L. Rev.* 521, 532 –534 (1981). 美国统一商法典(Uniform Commercial Code)第 2 –209(1)节完全废除了货物买卖契约中的先前义务规则,但保留了"善意"(good faith)的要求,通常只有存在"合法的商业理由"才能构成"善意",这个立法改变强调了经济胁迫的情形。因此,这个关于契约修改的规则在契约法上都相当复杂,如何将其适用于公司法的背景之下显然会是一个非常困难的工作。See Aivazian, Trebilcock & Penny, "The Law of Contract Modifications: The Uncertain Quest for a Benchmark of Enforceability", 22 *Osgoode Hall L. J.* 173 (1984).

costs)，再加上一个无法进行完全补偿的违约金计算方法，[123]会使已经履约的一方处于不利地位，而让另一方有机会进行有利于自己的契约修改。如果没有一个强制性的法律规则禁止经济胁迫性的契约修改，毫无疑问订约行为还是会继续发生，但是，契约当事人就可能会寻求成本更高的担保机制或其他方法来保护自己不受经济胁迫性的契约修改的伤害。

如果在公司章程修改的场合采取一个类似的规则，那么，对于适用该规则的法院和政府机构来说，其适用问题将会更加复杂。由于章程修改几乎总是以增加股东财富的名义而提出，因此，从表面上看，这种修改并不缺乏对价。另外，由于公司契约具有永久的存续性，因而几乎任何的章程修改都能够以无法预见的情形变更为由进行辩护。[124]最后，上述的契约法规则是基于简单的双方合意理念，没有注意到股东投票过程中的关键的集体行动问题。

因此，一个要求公平地进行章程修改的法律规则将产生一组子规则，这些子规则不但设定股东审查章程修改提案的程序，而且规定章程修改的实质公平标准，换言之，这些子规则旨在剔除那些减少股东财富的章程修改提案。从效果上看，该规则在处理章程修改问题时，实际上适用了一个与处理母公司与其部分持股的子公司进行合并时

---

[123] 违约金计算方法不足的问题具有很多原因。首先是技术性的法律问题，包括即使是胜诉的一方也需要承担其律师费用的规则；对于金钱的时间价值的计算不足；违约一方无须赔偿其没有预见到的损害等。See Narasimhan, supra note 122, at 65 -66. 其次是证明问题。契约当事人的订约事项和目标对于当事人而言是清楚的，但却可能很难向法院表达。最后，有些损害可能是无法补偿的，比如，在某些契约中涉及特定资产的投资，因此，在契约终止时，那些做出了更大投资的一方将遭受更严重的损失。See, e. g., O. Williamson, *Economic Institutions of Capitalism* 52 -56, 190 -205 (1985).

[124] 另外，前文述及，美国《统一商法典》在货物买卖契约中保留了契约修改的"善意"条件，声誉效应在很大程度上减少了适用该条件的困难，因为商人经常性地从事商行为，大家彼此熟识，从而声誉非常重要。但是，在进行投机性的章程修改时，公司并不面临类似的声誉效应，因为它们并不是经常性地到资本市场上进行融资。See Stout, "The Unimportance of Being Efficient: An Economic Analysis of Stock Market Pricing and Securities Regulation", 87 *Mich. L. Rev.* 613, 645 -647 (1988).

类似的标准，在后者情形，由于公司内部人对于合并交易具有控制力，因此有必要对其进行公平性审查。如果诸如 Weinberger v. UOP, Inc. ⑫5之类的判例被忠实遵循的话，法院就会要求公司提供"公平交易"(fair dealing)和"公平价格"(fair price)的证据。在决定"公平交易"的问题时，相关的考虑因素包括：有利害关系的股东投票的比例，信息披露的充分性，反对派股东进行投票权代理争夺战的费用报销规则，以及章程修改提案的结构等。换言之，法院会审查具体案件中是否存在严重的集体行动和策略行为问题。这个关于"公平交易"的司法审查标准可能会最终演变为：董事会应当作为公众股东的谈判代表，对于章程修改的细节与公司内部人进行一个类似于"双方相互独立"的正常商业谈判(arm's length negotiation)的工作，并有权提出一个独立的建议。⑫6 如果没有公平交易的证据，那么，法院就会要求公司内部人证明"公平价格"，即章程修改确实增加了股东财富。另外，即使内部人证明了"公平交易"，公众股东也可以证明章程修改减少了股东财富，从而请求法院撤销章程修改。

因此，上述的要求公平进行章程修改的非构成型规则最终将会变成一个构成型规则，因为法院实际上要求公司采用特定的公司治理机制。大量的强制性规则将会发展起来适用于公司法的重要领域，当

---

⑫5 457 A.2d 701(Del. 1983). 随后采纳了 Weinberger 一案中提出的公平审查标准的案件包括：Mills Acquisition Co. v. Macmillan, Inc., 559 A. 2d 1261, 1280 (Del. 1988); Rabkin v. Philip A. Hunt Chem. Corp., 498 A. 2d 1099, 1105 – 1107 (Del. 1985); Rosenblatt v. Getty Oil Co., 493 A. 2d 929, 937 – 945 (Del. 1985); Alpert v. 28 Williams St. Corp., 63 N. Y. 2d 557, 569 – 573, 473 N. E. 2d 19, 26 – 28, 483 N. Y. S. 2d 667, 674 – 677 (1984); Chiles v. Robertson, 94 Or. App. 604, 618 – 625, 767 P. 2d 903, 911 – 915 (1989).

⑫6 See Rosenblatt, 493 A. 2d at 938 n. 7; Weinberger, 457 A. 2d at 709 n. 7; cf. Edelman v. Fruehauf Corp., 798 F. 2d 882 (6th Cir. 1986)(目标公司的董事被判决缺乏客观性和忠诚性，从而被禁止进行反收购行为); In re Trans World Airlines, Inc. Shareholders Litig., Civ. A. No. 9844, (Del. Ch. Oct. 21, 1988)(Lexis, States Library, Del. file)(公司设立了由无利害关系的董事组成的特别谈判委员会，从而将证明不公平的举证责任转移给原告)。

然,这些规则是法院通过判例确立的,而非立法机关制定的。另外,司法审查将会需要法院积极地、高成本地介入公司内部人与公众股东的契约修改过程。[127] 因此,有理由认为,一组由立法机关制定的限制章程条款范围从而限制投机性章程修改范围的构成型规则将最终取代非构成型规则,因为前者的成本更低。[128]

(二)强制性规则

在现代公司法中,主要存在四种强制性规则:程序性规则(procedural),权力分配性规则(power allocating),经济结构变更性规则(economic transformative)和诚信义务规则(fiduciary standards-setting)。这些强制性规则的存续原因能够由前文所述的几种假说进行解释,即公共产品假说,创新假说和投机性章程修改假说。

1. 程序性规则

有些强制性的公司法规则是关于程序方面的。这些规则并不涉及权力或现金流分配的实质内容,而只是规定进行分配时需要遵守的

[127] 但是,任何对于强制性公司法规则的全面法律分析都必须考虑法院在此体系中所扮演的角色。虽然在一个契约自由的体系中,司法审查可能是一个对于投机性章程修改问题的高成本的解决方案,但是,在一个强制性公司法的体系中,它能够发挥减少成本的作用。法院可以通过适当的司法解释行为解决强制性规则体系中固有的一些僵硬性问题。科菲教授(Coffee)提出了这个观点,并列举了一些非常好的例证,比如,在关于法定资本的成文法下,法院允许了低票面价值的股票;在各种关于公司融资的成文法下,法院允许了"毒丸"政策的使用,当然,这种使用必须遵循更为严格的商业判断准则(business judgment rule)。See Coffee, "The Mandatory/Enabling Balance in Corporate Law: An Essay on the Judicial Role",89 *Colum. L. Rev.* 1618,1635 -1640,1652 -1653(1989).

[128] 另一个可能的解决方案是,允许公司参与人在公司设立之时针对不同的公司事务选择适用强制性规则或任意性规则,这个选择一旦作出,以后就不得更改,这样,强制性规则只是在某些适当的情形下适用,而不是适用于所有的公司事务,从而减少了其僵硬性问题带来的成本。但是,任意性规则的存在将会产生重大的溢出效应(spillover effects),包括由于对于强制性规则进行司法解释的情形减少而导致的公共产品损失,以及更重要的是,公司内部人可能会通过合并机制或其他商业联合途径在强制性规则与任意性规则之间进行投机性的转换,寻求有利于自己但减少股东财富的规则类型。

程序条件。[129] 当然,这些程序性规则在内容上多少有点臆断之嫌,比如,一个关于会议通知期限的条款规定了10天,而这10天只是立法者大概推理的一个数字,实际上规定为15天或18天也无妨。尽管如此,这些规则的强制性特征仍然具有合理性。原因在于,第一,针对这些规则提起的为数不多的诉讼通常都是在利益关系非常重大的情况下出现的,比如,激烈的公司控制权争夺战。[130] 因此,非常有必要建立起一个能够解释这些规则的判例库(公共产品假说)。第二,对于这些规则的任何实质性修改都具有令人非常怀疑的动机,因为这种修改很可能是一个公司控制权争夺战中的,或预见到公司控制权争夺战而提前采取的策略行为(投机性章程修改假说)。

2. 权力分配性规则

很多的强制性公司法规则都是分配权力的,这种权力分配体现在整个的公司治理中,尤其影响到董事与股东之间的权力平衡问题。典型的例子包括,董事会的管理角色,[131]股东在选择董事过程中的投票权,[132]以及股东罢免董事的权力等。[133] 由于公司契约不可避免地都是相当不完整的,因此,很多将来的公司决策都需要通过公司治理结构作出。这使很多重大的经济结果对于公司权力分配的改变高度敏感。

---

[129] 比如,在特拉华州,股东大会的书面通知必须在会议召开之日前不少于10天且不多于60天的期间内发出。See Del. Code Ann. Tit. 8, § 222(b)(1983 & Supp. 1988). 另外,根据该法第213(a)节,股东大会的登记日期也必须遵循一个类似的时间规定。该法第262(d)节规定了一组非常详细的关于行使异议股东股份收买请求权时必须遵循的程序要求。

[130] See, e. g., Midway Airlines, Inc. v. Carlson, 628 F. Supp. 244 (D. Del. 1985)(法院认为,当股东在公司控制权争夺战中是通过书面同意程序进行决策时,董事会不得在第一个股东书面同意提交之后改变登记日期);Empire of Carolina, Inc. v. Deltona Corp., 501 A. 2d 1252(Del. Ch. 1985)(与上述案件的情况基本一样,不同之处在于,当股东没有按照法律规定正确地指定登记日期,则董事会可以重新设定登记日期)。

[131] E. g., Del. Code Ann. tit. 8, § 141(a)(1983 & Supp. 1988).

[132] E. g., id § 211(b).

[133] E. g., id § 141(k).

上述的三个支持强制性规则的假说都能够适用于权力分配性规则。首先,公司治理结构的产出可以理解为,相同或几乎相同的治理形式在不同的公司环境下各种适用情形和经验的不断积累。在一个完全契约自由的体系下,每家公司都能够自由地使用定制化条款,使其治理结构严重偏离标准的结构,而且各家公司之间彼此差异很大,因此,特定公司在治理结构方面的经验和教训都只适用于本公司,而不能为其他公司提供借鉴,从而失去了试验探索性的价值。相反,如果各家公司的治理结构都大同小异,基于一个相对稳定的标准模式,则所有公司都可以通过相互参照而共同获益,优化公司治理结构。这便是公共产品假说的适用。其次,由于信息不对称问题,公众股东总是会猜疑内部人提出的章程修改建议,认为创新性的章程条款都是有利于公司内部人而有损于自己。相比较而言,由于强制性规则的改变必须通过立法机关,而立法改革必须经过公开辩论,因此,这就给了投资者们一个规则改变可能会增加股东财富的担保,采用这些立法改革的公司也就不会因为改变规则而承受股价上的损失。这便是创新假说支持强制性规则的理由。最后,由于公司治理结构的关键角色,股东会非常警惕在这方面的重大改变,这些重大变化可能会将财富和控制权从股东处转移至内部人处。虽然理论上这些变化需要得到股东的投票同意,但是,现实中股东投票过程存在很多的问题。因此,投机性章程修改假说解释了为什么强制性规则具有存在的合理性。

3. 经济结构变更性规则

那些能够变更公司的经济结构的行为通常都是由强制性规则进行规范,比如,吸收合并或现有股东的股份将受到严重稀释的公司合并;[134]公司重大或全部资产的出售;[135]公司的解散等。[136] 这些行为在公司的整个存续期中通常只会发生一次。这些行为需要遵循一个标准

---

[134] E.g.,id § 251.
[135] E.g.,id § 271.
[136] E.g.,id § 275.

模式,主要原因在于,第一,对于任何特定的公司而言,这些事件都非常重大,具有独一无二的性质,一旦犯错,就基本上没有挽回的机会;第二,如果每家公司都适用自己的定制化条款,则会产生相互不同的结果,公司之间无法相互借鉴和参照,重蹈覆辙的事情将难以避免。因此,公共产品假说能够很好地解释为什么这些行为规则必须是强制性的。另外,由于股东担心这种行为将会重大地减少自己的财富,而且,“最后期间问题”(final period problems)[137]将会加剧这种投机性问题,因此,投机性章程修改假说为强制性规则的适用提供了理论支持。

4. 诚信义务规则

董事、高管人员和控股股东的强制性诚信义务规则具有两个理由。第一个理由是公司契约论方面的。行文至此,本文的读者应当已经对于公司契约论非常熟悉了。根据该理由,即使诚信义务的内容应当是契约各方在一个交易成本为零的环境下通过自由谈判可能达成的契约条款(内容原则),但订约过程中的各种缺陷和外在性问题使我们必须拒绝“选择退出原则”。具体而言,由于公司内部人实质上控制着章程修改的程序,他们一直有机会试图放松那些约束他们行为并可能让他们承担法律责任的诚信义务标准。强制性的诚信义务规则能够消除这种投机性行为问题,同时又允许在适当的时候通过立法程序进行义务修改和创新。[138] 另外,一个稳定的诚信义务理念只有通过在大量案件中适用一个相同的义务标准才能得以确立,这样的一个共同

---

[137] “最后期间问题”是指当一个特定行为是最后一个行为时,行为人就无须顾虑将来的声誉问题,市场机制的约束也就失去作用,从而敢于进行“一锤子买卖”。关于此问题在公司法中的适用,see R. Gilson, *The Law and Finance of Corporate Acquisitions* 579 –580, 847(1986)。

[138] See, e. g. , Del. Code Ann. itt. 8, § 102(b)(7)(Supp. 1988). 关于在勤勉义务的背景下对于创新假说的讨论,参见前文脚注 66 ~68 及相应正文。科菲教授主张使用在本文中称为“非构成型”的强制性规则,特别是司法审查的规则,认为应当由法院根据一个公平性标准审查那些选择退出诚信义务规则的章程修改行为,美国法学研究所对于公平标准进行了深入研究。See Coffee, supra note 127, at 1676 –1683. 这个观点将会产生一套不同的判例法上的强制性规则,而不是本文主张的一套由立法机关制定的标准规则。由于法院在司法审查时是针对个案的具体情况具体分析,从而其规则不具有公共产品的效益。

标准就是一个重要的公共产品。如果没有一个强制性的义务规则，则该义务的语言表述和实际标准都将会在各个公司之间大相径庭，从而难以形成一个共同的义务概念，也无法获得公共产品的效用。

第二个理由是公司契约主义适用于诚信义务的方式与其适用于其他公司事务的方式不同，这种差异使选择退出诚信义务的行为非常令人堪忧，而且，特别是对于忠实义务而言，这种选择退出原则最终是错误的。诚信义务提供了一套重要的约束公司内部人的行为标准，特别是在出现了订约时无法预见的情况后，公司内部人行使对于公司和股东的自由裁量权时必须遵守的行为标准。因此，在公司契约当事人订立契约时，他们并不知道诚信义务在将来对于相关事务的决策影响。这不同于公司契约主义适用于成文公司法的情形。虽然原则上成文法应当体现契约当事人在交易成本为零的情况下可能达成的假想条款，但是，成文法通常在订约之时就已经确定，从而契约当事人能够知道将来这些法律条款对于公司事务的决策影响。[139] 换言之，公司契约当事人的实际上事先订立的契约内容已经体现在成文法中。然而，在诚信义务的情形中，关键的问题是如何设定在将来的特定环境下适用的决策规则的内容，因为公司参与人事先订立的诚信义务条款只是假设性的。笔者认为，如果公司参与人考虑到了内部人的控制权和职位优势等问题，那么，他们就会选择一个公平或善意的标准，以规范内部人将来的行为，这个公平或善意标准的内容不是在订约之时事先确定的，而是以后根据具体情况具体分析。这个问题极大地削弱了那些支持选择退出诚信义务规则的观点的可采性。[140]

在此方面，公司契约论提出了一个错误的标准，即私人财富最大化的事后标准，并以此标准充实诚信义务规则的内容，这个做法掩盖

[139] 当然，这个推断可能有点过于机械化，因为任何的成文法都存在一个在解释和适用中具有不确定性的问题。但是，由于成文法通常在特定情形方面能够产生相对确定的结果，因此，上述观点还是站得住脚的。

[140] 采用一个公平或善意的事后标准具有合理性的另一个理由是，诚信原则通常就是一个对于成文法的衡平法限制。参见前文脚注 9 及相应正文。

了诚信义务的上述问题。[141] 该观点认为,公司参与人在将来就诚信义务问题进行决策时应当已经对于一个能够使得公司财富最大化的规则达成了共识,即这个决策问题能够在事后解决,因为公司的财富馅饼做大后,各方分得的利益也会相应增多。[142] 这个观点的问题在于,它没有保证各方都实际上能够得到一个公平的或更大的馅饼份额。假如公司各方参与人在订约时能够预见到将来的情形,他们就会要求共享公司的收益,其结果是,公司的股价就应当已经相应地变化,或某些契约条款就早已被修改。由于现实中他们无法预见将来,因此,一方在以后可能会获得更大收益,而另一方则受到损害。比如,即使一个交易能够增加公司中公众股东和内部人的整体财富,它也可能实际上减少公众股东的财富。因此,公司各方参与人不太可能在公司设立时就事先同意将来适用于诚信义务的私人财富最大化的事后标准。[143]

对于上述问题,公司契约主义者的回应通常是,由于契约各方都

---

[141] See Demott, "Beyond Metaphor: An Analysis of Fiduciary Obligation", 1988 *Duke L. J.* 879, 885.

[142] E. g., Easterbrook & Fishcel, "Corporate Control Transactions", 91 *Yale L. J.* 698 (1982). 这个观点的假设是,一个能够在事后使得私人财富最大化的规则也能够在事前使得私人财富最大化。事前的私人财富最大化目标非常重要,因为这能够保证将来的交易行为可以获得最优的资源配置。

[143] 因此,财富是在事后最大化的,而不是事前,因为股东通常不会在一开始就订立这方面的契约条款,而且,即使订立了相关条款,这些条款也不能视为在一个交易成本为零的情况下的可能谈判结果,从而无法辩护其合理性。See J. Coleman, supra note 17, at 81－85; Bebchuk, "The Pursuit of a Bigger Pie: Can Everyone Expect a Bigger Slice?", 8 *Hofstra L. Rev.* 671 (1980).

另一个支持基于私人财富最大化的事前标准的理由是契约自愿原则。这个理由最早是理查德波斯纳教授(Richard Posner)提出的。See Richard Posner, "The Ethical and Political Basis of the Efficiency Norm in Common Law Adjudication", 8 *Hofstra L. Rev.* 487 (1980). 根据该理由,公司股票就像是彩票,彩票的持有者同意了基于财富最大化的抽奖游戏规则:彩票可能中奖,也可能最终是一张废纸,但是,由于彩票的价格已经反映了中奖率,因此,彩票的购买者在事前得到了补偿。这个观点混淆了对于不利结果的概率的同意与对于不利结果本身的同意。打个比方,如果一个法学教授选择在一个犯罪率很高的城区租房以节约房租,那么,他可以安全地呆在家里做研究,而不去法学院上班,但是,这并不意味着他同意在街上遭到暴力袭击,否则,他被袭击也不能获得赔偿,因为按照波斯纳教授的观点,他通过低房租获得了事前的补偿。

是分散投资的，因此，他们在任何的诚信义务规则下成为胜利者和失败者的概率大致相等，从而他们会在事前选择一个能够在事后使私人财富最大化的义务标准，即总体而言，契约各方在事后都能够获益。[144]这个观点只有在契约各方能够充分分散相关风险的情况下才具有合理性。但是，在诚信义务的场合，冲突发生在股东与管理层之间，公众股东面临一个无法分散风险的问题。在这些情形中，相关的风险是管理层在经营公司过程中的投机性行为。[145] 契约各方只有在其投资组合中包括适量的经理人收益才能够充分地分散这种风险，显然，现实中只有一部分人可能成为经理人，而很多的公众股东都无法获得经理人

---

[144] 伊斯特布鲁克法官(Easterbrook)和费雪教授(Fischel)对于此观点做出了一个经典阐述，参见 Easterbrook & Fischel, "Corporate Control Transactions", supra note 142, at 703 -715. 他们认为，一个不平等的分配规则更有可能产生增加财富的交易，因为这能够给予控股股东更大的动机去接受收购要约，出售公司，即这样一个分配规则在事后是使得私人财富最大化的。投资充分分散的投资者会选择这样一个规则，因为他们可能在某些交易中处于胜利一方而在其他交易中处于失败一方。如果此规则总体而言能够增加财富，则投资者的分散投资组合的预期收益也将相应增加。因此，一个进行不平等分配的诚信义务规则符合契约各方在交易成本为零的情形下的假设谈判可能达成的结果。

上述观点存在不少问题，比如，参见 Gordon & Kornhauser, supra note 25, at 830 -833 (股票市场的有效性取决于那些寻找定价不准的股票的投资者而不是那些投资分散化的投资者)，但更为重要的一个问题是，该观点只有在投资者充分分散了相关风险时才能成立。如果所有其他情况不变，这就意味着，投资者处于胜利一方和处于失败一方的可能性应当大致相等。在伊斯特布鲁克法官和费雪教授自己所举的例子中，这似乎不太可能。不平等分配规则的受益者很可能是公司内部人，主要包括公司的创建人和高级管理人员等。由于内部人对于公司事务具有控制权，因此，普通的公众股东不太可能平等地分享到一个不平等分配规则所产生的收益。See Brudney, "Equal Treatment of Shareholders in Corporate Distributions and Reorganizations", 71 *Calif. L. Rev.* 1072, 1086 - 1089, 1099 - 1100; Cox, "Compensation, Deterrence, and the Market as Boundaries for Derivative Suit Procedures", 52 *Geo. Wash. L. Rev.* 745, 748 -752 (1984).

需要指出，有时公众股东确实能够受益于一个不平等分配的规则，比如，当控股股东是一个公众公司时，该公众公司中的公众股东就能获益。但是，在通常的诚信义务问题中，冲突不是发生在不同的股东之间而是发生在股东与管理层之间，在这种情形下，上述的基于分散投资的观点就无法自圆其说。

[145] 当然，在一个投资者投资的很多公司中，可能只有某些公司的管理层实际上从事了投机性行为。但是，这并不意味着，投资者就已经充分分散了风险。公司管理层面对的进行投机性行为的诱惑是系统性的，一个诸如不平等分配规则的因素会加强这种诱惑，从而增加相应的系统性风险。

收益。

因此,一个基于事后私人财富最大化的模仿事前假设性谈判条款的规则将会在财富分配方面系统性地伤害公众投资者:一个没有考虑到事后结果的诚信义务规则将会使财富从契约一方转移到另一方。而且,由于诚信义务规则在很大程度上就是保护股东免受那些他们无法分散的风险的损害,而事后的私人财富最大化的标准正是取决于投资者分散风险的能力,因此,该标准无法有效地保护公众股东。相反,一个模仿事前在交易成本为零的情况下的假设性谈判条款的标准(hypothetical ex ante bargain)应当是一个基于公平理念的事后标准(a standard of fairness ex post),[146]该公平标准体现了传统的诚信义务内容,特别是关于董事滥用职权的问题。[147] 当然,此标准的具体内容还有待进一步细化,但是,它至少为事后的相关决策规则提供了一个正确

---

[146] 以一个事前在交易成本为零的情况下的假设性谈判为参照而确立将来决策规则的做法本身就存在问题,因为它让解释者在事后有机会加入他们自己的价值观。由于现实中交易成本不可能为零,假设性谈判在本质上就是一个虚拟,契约各方实际上并没有同意其派生的决策规则,因此,上述做法等于说,某个特定规则在当时情况下是理性的,从而各方应当会同意该规则。上面正文中的观点是,在这些情况中事后的"效率"标准不是理性的,而"公平"标准是理性的。确实,事后"公平"的标准实际上在事前是符合私人财富最大化原则的。换言之,交易成本为零的假设性谈判对于诚信义务问题可能会产生什么样的契约条款呢?回答这个问题的最好方法就是通过一个事后公平的规则进行解释。See R. Dworkin, *Law's Empire* 45 -86,228 -238(1986).这个主张公平标准的观点能够从契约订立的行为模式中获得支持,现实中,契约各方在订约时通常都会选择"公平"的结果,而不是选择最大化的短期收益。See R. Frank, *Passions Within Reason* 163 -177(1988)(提出了订约行为的理论模型和实证数据); Hoffman & Spitzer, "Entitlements, Rights, and Fairness: An Experimental Examination of Subjects' Concepts of Distributive Justice", 14 *J. Legal Stud.* 259,283(1985).当然,这种订约行为可以归因于契约各方的合作策略,长期而言这种合作策略是有效的。See Scott, "Conflict and Cooperation in Long-term Contracts", 75 *Calif. L. Rev.* 2005,2040 -2042(1987).

由于很难从交易成本为零的假设性谈判中推理出一个没有争议的决策规则,因此,这会导致人们从根本上怀疑以契约理念解释诚信义务问题的做法。See, e. g., Clark, supra note 3, at 60 -62; Davis, supra note 59, at 16 -18; DeMott, supra note 141, at 887 -888; see also J. Gordon, supra note 79, at 1(怀疑在一个完全市场化的、以自我利益为中心的行为模式下诚信义务还能存续)。

[147] See Weinrib, "The Fiduciary Obligation", 25 *U. Toronto L. J.* 1,4(1975).

的指导方向。[148]

如果上述观点成立，即事后的公平性标准能够成为诚信义务规则的基础，那么，我们就很清楚为什么应当限制那些选择退出诚信义务的行为。在诚信义务的适用场合，为什么股东会想要选择退出一个公平的标准呢？任何理性的股东都不可能同意豁免或重大地改变董事的忠实义务，因为这些行为可能利用谈判过程中的信息不对称及其他问题，导致投机性行为的产生。强制性规则就是保护股东免受这些行为的损害，而同时又允许通过立法程序修改这些规则。[149]

---

[148] 事后公平的标准在实际适用中应当注意两个问题。第一个问题是，在章程修改后，股东作为一个整体是否财富增加了（这个财富包括将来的收益前景）；第二个问题是，将来在公司收益或损失的分配方面出现冲突时，这种收益或损失能否最终在公司内部人和公众股东之间进行公平的分配。实际上，在立法机关决定允许公司选择退出勤勉义务规则时，他们就考虑了上述两个问题，比如，他们认为，如果公司豁免董事的勤勉义务责任，从而鼓励董事积极承担正当的商业风险，则股东的财富会相应增加。与此类似，法院在判决"毒丸"政策（poison pills）的问题时应当考虑以下问题，即根据当时的公司控制权市场情况，在公司采用毒丸政策后，股东财富是否会增加。另外，其他的反收购措施，比如杠杆收购中的金降落伞协议（golden parachute agreements）和管理层的适当补偿问题等，也能够被视为一个收益是否公平分配的问题，当然，在这些情形中，股东从事投机性行为的可能性非常高，从而需要保护经理人的利益。See Coffee, "Shareholders Versus Managers: The Strain in the Corporate Web", 85 *Mich. L. Rev.* 1, 105 (1986).

[149] 需要指出，我的观点不是主张任何的涉及诚信义务问题的契约安排都应无效。由于诚信义务规范公司内部人在将来无法预见的情况下行使自由裁量权的行为，因此，如果公司参与人对于一个可预见的特定事务订立契约，这种契约安排就应当是有效的，而无须再由诚信义务标准进行规范。比如，一家生化公司的章程最初规定，一个内部董事可以获得其周末在自己的私人实验室所做研究成果的利润，这个章程条款不应认为是选择退出董事忠实义务的情形，而是内部人与公司的经济谈判中的一部分。相反，如果一个章程条款完全废除了董事的不得盗用公司机会的义务，则此条款就是试图选择退出强制性的诚信义务规则。公司将来的商业机会价值是无法事先估算的，而且，也无法预见在何种情形下可能会出现这种商业机会和是否公司自己会利用机会。现实中，大多数不应视为选择退出诚信义务规则的特定契约安排都是发生在封闭公司的场合，经常是作为一个特别的补偿机制或是在各参与人之间进行利润分配的特殊安排。See generally Coffee, supra note 127, at 1658 – 1664; see also Jordan v. Duff and Phelps, Inc., 815 F.2d 429, 436 (7th Cir. 1987)（该案认为，根据封闭公司中的员工持股计划，持股的员工在离开公司时需要出售其股份，他们可以同意，作为影响其股票出售条件的经济谈判的一部分，公司没有义务在他们作出离开公司的决定之前向他们披露可能发生的公司收购交易），cert. dismissed, 108 S. Ct. 1067 (1988).

三、结论

强制性规则的范围主要由两个机构决定。第一个决策者是法院。在解释成文法规则时，法院扩大或缩小他们的范围。对于诚信义务问题，除了立法上的一些小修正外，主要规则都是法院创制和解释的。第二个重要的决策者是立法机关。在面临基于公司契约主义的相关法律请求时，这些决策者应当如何应对呢？由于诚信义务应当是强制性的（除非法律另有明文规定），因此，法院应当拒绝那些试图通过修改章程而退出诚信义务规则的要求。同时，如果契约安排非常具体，其涉及的事务是在缺省状态下由诚信义务规则处理的，那么，法院应当同意这些具体的契约安排。[150]

立法机关又应当如何应对？首先，立法机关应当拒绝那些试图使得公司法完全“授权性”（enabling）的建议。强制性规则具有不可或缺的重要作用。它们也是公司参与人在一个交易成本为零的假设性谈判中可能达成的条款，是股东投资条件的一部分，因此，如果强制性规则被完全废除，就会使公司财富从股东处转移至内部人处。其次，在评估那些使得某个具体规则任意化的提议时，立法机关应当假设公司内部人将会使用这种选择退出规则的权利为自己谋求利益，然后考量公众股东平均而言是否受益。这个问题还包括其他一些考虑因素，比如，这种立法改变是否会影响立法机关作为公众股东保护者的形象，或者，公众股东是否相信，有关的强制性规则确实不当，从而需要适度修正。

最后，关于那些试图使任意性规则强制化或增加强制性规则的提议，比如在反收购立法的场合，立法机关在考虑其对股东财富影响的问题之外，还应当在立法中添上一条关于股东选择进入的要求

---

[150] 参见上文脚注 149。

(shareholder opt-in requirement),即如果某家公司想要适用这些规则,则必须获得股东的投票同意。即使上述建议中的相关规则是针对一个显然重大的问题,如涉及董事和高管人员的责任,股东也应当有权通过股东大会决议选择是否适用,而且这个决定必须由股东作出。强制性规则是一个防止投机性行为的保护机制,但是,当它们发生变化时,则不仅需要通过立法程序而且需要通过股东投票才能最终生效和适用,这样的双重程序才能够提供最大的保护。

公司社区论:法理基础及法律改革

大卫·米伦*

一、非股东的公司利益相关者的受侵害问题

最近,很多学者已经开始质疑公司法的传统理念,即奉行股东利益至上原则的公司契约论。根据股东利益至上原则(shareholder primacy principle),公司管理层,包括公司董事和高管人员,应当以股东利益最大化作为其工作目标。如果该目标与非股东的公司利益相关者(nonshareholder constituencies)的利益存在冲突,公司管理层应当选择前者优先。21 世纪以来,公司法的主要任务都是在寻求制定各种保证管理层服务于股东利益的规则。其中,股东投票权和能够通过股东派生诉讼得以执行的董事信义义务等规则尤为重要。虽然这些规则尚不完善,但它们反映了公司法以股东利益为核心的原则,一方面对于董事行为进行强制性的约束;另一方面保障董事在经营管理中享有必要的自

---

* 美国 Washington & Lee 大学法学院教授,Frances Lewis 法律中心主任。

由裁量空间。

虽然上述的公司契约论是当前的公司法主导理论,但近年来遭到了很多学者的反对和质疑,这些人通常被称为公司法的社区主义者(communitarian),因为正如下文将要详细阐述的,这些人将公司视为一个整体社区,而不是像公司契约主义者(contractarian)那样将公司解构为由契约关系联接起来的一群相互独立、自我保护的个体。这个理论称为公司的社区主义理论或公司社区论,其诞生的一个重要催化剂是,公司契约论主张的股东利益至上原则可能导致非股东公司利益相关者的损害。现实中,对于股东财富最大化的追求常常是以损害非股东公司利益相关者为代价的。比如,一家公司发现自己的一个工厂不能盈利,按照股东利益至上原则,公司管理层就应当考虑关闭这个工厂,以保护股东利益。但是,这样做会导致员工失业,工厂所在地社区中的其他相关人的利益也会受损。比如,国家的税收、公司对于工厂所在地社区的经济贡献会减少;工厂的供货商、客户等将失去商业伙伴,从而可能导致更多的失业;失业问题将增加社会保障体系的负担等。因此,虽然关闭工厂保护了股东利益,但牺牲了很多其他人的利益,这些人对于工厂进行了人力和金钱方面的投资,这种投资依附于工厂,与工厂共存亡,而无法转投他处。但是,根据目前的公司法,非股东公司利益相关者对于工厂的上述投资都是他们的自由决定,风险自负,最终遭受损失不能归咎于公司管理层的关闭工厂决策。公司管理层在进行决策时,只需要考虑股东的利益,从股东利益出发对于关闭工厂的问题进行权衡判断。

非股东公司利益相关者的受侵害问题在20世纪80年代的公司敌意收购浪潮中日益彰显,成为关注焦点。股东显然受益于一个活跃的公司控制权市场。在公司收购中,收购者通常都需要给出一个远高于市场价的收购价格,目标公司的股东当然受益。另一方面,由于公司业绩不好就可能成为收购目标,因此,公司收购的威胁促使公司管理层努力工作,最终提高了所有公司的业绩表现。但是,敌意收购通常都是举债进行的,在收购完成后,收购方的还债压力巨大,必须迅速提高盈利,削减成本,其中最常见的方式就是关闭工厂和裁减员工,故在此情况下员工将首当其冲,而其他的非股东公司利益相关者也同样难以幸免。

敌意收购的社会成本凸显了隐含在公司法传统的股东利益至上原则中的一个重大问题。由于公司管理层只须为股东利益服务,因此,当股东利益与非股东的其他人利益出现冲突时,后者就必然成为牺牲品。现实中,敌意收购是出现这种利益冲突的最常见场合,当然还有很多其他的场合,非股东的公司利益相关者都是股东利益至上原则的祭坛上的羔羊。毫无疑问,产品市场的竞争全球化和科技转型等因素进一步增加了上述利益冲突问题出现的可能性。

二、公司契约论

在过去大约10年里,一个积极、规范性的公司理论在法学界影响日隆。该理论摒弃将公司视为一个真实"实体"的概念——公司是与其组成部分相分离而独立存在——或将其视为一个作为权宜之计的虚拟之物。该理论将公司描述为一个契约网,通过这些契约关系,很多人向公司投入不同资源,比如资本、劳动力、原材料和服务等,从而公司能够开展生产经营。公司被解构为由很多自主的双边市场交易组成的一个网络。[①]

① 公司契约论的领军学者是弗兰克·伊斯特布鲁克法官和丹尼尔·费希尔教授,参见 Frank H. Easterbrook & Daniel R. Fischel, *The Economic Structure of Corporate Law* (1991);关于公司契约论的一个简要评论,参见 Henry N. Butler, "The Contractual Theory of the Corporation", 11 *Geo. Mason L. Rev.* 100 (1989);对于公司契约论的尖锐批评,参见 William W. Bratton, Jr., "The New Economic Theory of The Firm: Critical Perspectives from History", 41 *Stan. L. Rev.* 1471 (1989); William W. Bratton, Jr, "The 'Nexus of Contracts' Corporation: A Critical Appraisal", 74 *Cornell L. Rev.* 407 (1989);对于公司到底为何物的各种理论解释及其规范影响的讨论,参见 David Millon, "Theories of the Corporation", 1990 *Duke L. J.* 201。

这种契约的条款反映了各方的不同情况和偏好。劳动力、原材料、服务和债权的提供者与公司管理层达成契约，写明这些股东之外的人对于公司财产索取权的范围。这些契约在不同程度上都是量身定制的，不管其条款是否通过当事人的实际协商而达成。

与这些非股东的契约不同，股东在与公司管理层订立契约时通常都是利用法典或判例法形式的公司法所提供的标准条款。这种"预制"的契约包括一组股东通常都会喜好的条款，因此，这种缔约方式极大地降低了交易成本。如果股东愿意的话，很多(虽然不是全部)的这种预制条款都可以通过明示的契约条款进行改变。

作为公司财产的剩余索取权人，股东面临的风险是，一旦其他人都向公司主张了自己的权利，可能公司财产已经所剩无几。因此，股东就会要求公司管理层追求公司利润最大化。在股东与公司管理层订立的契约中，一个核心条款就是开放性的规定，要求公司管理层服务于"公司及其股东的最佳利益"。这个条款必然是很模糊的，因为从操作上讲不可能在事前精确地规定公司管理层应当在具体情形下如何行为。投票权和施加在公司管理层之上的信义义务(通过股东派生诉讼予以执行)是让股东可以向公司管理层问责，只有股东从这些问责机制中获益，因为股东是剩余索取权人，在公司契约网中占据一个非常独特的地位。

公司契约论所依赖的新古典经济学承认，在公司经理追求股东财富最大化的目标时，非股东的利益可能会受到损害。从概念上讲，这种损害是股东通过公司经理实现自身利益最大化的行为所产生的负面的外在性(externality)。但是，非股东受到上述损害的事实本身并不必然地意味着法律需要对他们进行保护。很多人经常在市场的运行中遭受损失。比如，如果公司不能像其竞争对手那样有效地运行，其命运就是失败。一个动态的市场经济就是不断的变化，有成功者，有失败者，这给很多相关人都带来了成本。但是，从法律的角度来看，很多的这些损失都是不能获得赔偿的，属于申请赔偿中的不能认可的损害(damnum absque injuria)。

公司契约论坚持认为,员工、债权人和其他易受伤害的非股东的公司利益相关者可以通过契约机制进行自我保护。比如,如果员工担心下岗而无补偿的话,可以通过谈判要求公司明确地承诺提供长期的工作保证、离职金、重新培训费用的报销或者其他形式的保护。如果员工没有要求这些保护,就表明他们事先同意可以随时被解雇,当然,为了获得员工的这种同意,公司可能需要提供其他更多的福利作为回报。因此,事后进行司法干预去保护那些没有事先谈判获得保护的员工实际上是一种不正当的将财富从股东转移到非股东的行为。通过这种司法干预,非股东的公司利益相关者得到了他们没有通过谈判争取到的利益,而这种收益是以股东的损失为代价的。从公司契约论的角度来看,这种财富转移是不当的,因为它们不是建立在股东同意的基础之上。

公司契约论的上述立场实际上是基于股东财产权保护的理念。股份所有权隐含了股份价值最大化的自由。法律不应该要求股东去放弃这个权利,除非他们事先同意这样做。换言之,如果第三方由于股东追求财富最大化的行为而遭受损失,那么,第三方应当通过有法律约束力的契约机制进行自我保护。这个应然性的结论是建立在将公司视为一个各种财产所有人之间双边交易网络的基础之上。

三、公司社区论

公司社区论对于公司契约论的批评包含三个方面。第一,公司契约论的一个核心假定是,非股东公司利益相关者可以通过契约机制进行自我保护,但公司社区论对此假定提出质疑。第二个方面涉及更为基础性的问题。公司社区论认为,即使技术上讲通过契约机制进行自我保护是可行的,谈判力量的不平等也会导致至少某些非股东公司利益相关者无法获得适当的保护。这种观点符合正义的概念,即人们应当有权获得超过他们自己通过协商而能够得到的东西。或者，从义务而不是权利的角度来看，社区成员彼此之间具有相互尊重和支持的义务。最后，在实然性的层面上，公司社区论提出一个与公司契约论不同的公司关系的图景，从而在应然性层面上也产生不同的指导意义。该理论将义务概念安放在公司各个参与人相互信任和依赖的基石之上，而不是仅限于实际的契约条款范围，其逻辑基础是将公司视为一个社区，而不是一个仅仅通过契约机制定义其相互关系的公司各种参与人的简单集合。

（一）自我保护的不足

与公司契约论相比，公司社区论在评估股东财富最大化的社会成本时考虑的范围更为广泛。公司契约论的经济分析倾向于关注那些容易被货币化的考虑因素，而不顾及那些很难量化但同样真实存在的成本。譬如，一个员工下岗的成本可能超过这名员工原本可以赚到的收入的折现价值减去其重新就业获得薪水的余额。在下岗之后，这名员工可能会感到绝望和丧失自尊，即使其找到一份新工作，他也会有工作的不安全感，在适应新工作环境的过程中有心理上的困难。这种转变和工作士气方面的成本显然很难通过金钱进行衡量，但对这名员工而言，这种成本是真实存在的。这种成本也应当被反映到社会福利的计算公式中，因此，即使一名下岗员工找到了一份与原来工作薪水差不多的新工作，他还是由于下岗遭受了损失。同样，在一个地方由于下岗带来的工作士气损失成本也不会必然地被一个别处的薪水数量差不多的新工作机会所完全抵消。

另外，在分析哪些人受到股东财富最大化目标的负面影响时，公司社区论的界定范围更为广泛。譬如，关闭工厂的后果可能不仅仅是职工下岗和各种商业关系的结束。消费者也会受到影响，因为他们无法再享受到相关的产品和服务；另外，当地的社区也会失去税收和捐款；公司管理层也将离开，而这些人可能在当地做出了很多社会活动方面的贡献。

对于股东财富最大化带来的社会成本问题,公司社区论无论是在其规模还是在其复杂性方面的理解都是更为全面的,认为除了公司契约论愿意承认的那些成本外,还有很多其他的成本。股东财富最大化交易产生的成本代表了重大的社会和政治问题,而不是细小的、从而可以被忽视的、不可避免的成本。

有人仍可能会说,不管上述成本有多大,股东的财产权还是要求非股东公司利益相关者通过契约进行自我保护。这种契约谈判机制为非股东公司利益相关者提供的保护程度是有效率的。公司社区论的回应是,非股东公司利益相关者通过谈判而获得有效保护的做法通常是不现实的。

非股东公司利益相关者很难事先预见到各种具体的可能对其有害的行为类型,并通过契约条款进行足够精确的描述。其中的一个原因是公司管理层享有的信息优势,他们知晓公司的秘密战略发展计划,不会主动将这些信息披露给公司员工或其他非股东公司利益相关者。员工可能完全不知道关闭工厂并将生产线转移到异地的公司计划,可能还一直被一些表面上的保证他们长期福利的声明或举动所误导。即使员工心里明白,工厂迁移的可能性总是存在的,甚至公司管理层已经有关于工厂迁移的某种暗示,这些信息也还是不够,这种情形下通过谈判获得的自我保护的力度要远远低于如果他们实际上知道关于工厂迁移的详细公司计划,或知道公司制定的准备为了股东利益而让员工下岗的总体政策。

除了信息不对称的问题之外,竞争性的市场经济必然要求不断的产品创新和技术改进。这方面的有些发展可能有利于股东,但有害于非股东公司利益相关者。谁都很难预见这些情形,包括公司管理层和非股东公司利益相关者。因此,即使公司管理层很坦率地披露了他们所掌握的信息,但由于有些信息他们自己也不知晓,故而非股东公司利益相关者还是会处于一个非常易受侵害的地位。虽然大家都明白风险的广泛存在性,但毕竟不知道风险的具体细节。这样一来,非股东公司利益相关者需要在谈判时对这些风险进行猜测,或者干脆置之不理,毕竟这些风险无法进行评估。

即使在可以预知未来风险的情况下,各方也可能选择在谈判时不予考虑,因为他们可能觉得那些风险很遥远,不值得花时间去事先决定如何处理相关成本。他们还可能选择将一些问题搁置起来,因为这些问题可能有很多不同的演变后果,很难事先精确地评估相关成本。各方也可能承认,自己关于未来事件的态度和看法都会随着时间而不断变化,使事先花费时间和精力去协商解决方案的努力没有太大价值。

即使完全知悉风险并选择了处理态度,个体的非股东公司利益相关者在谈判时还可能会遇到严重问题,因为他们与公司的关系通常不是个体谈判的结果。公司债券投资人就是一个典型,他们必须接受那些由投资银行已经谈判好的条款;公司的下层员工也是一样,他们通常必须接受一个标准的薪资计划和工作安排。在有工会组织的行业,仍有可能通过集体方式进行关于薪资和工作条件等问题的谈判,但是,这种行业已经非常少了,而且还在不断缩小。如果没有工会,非股东公司利益相关者就会在协调他们的谈判过程时面临困难。组织集体谈判行动是有成本的,而且还会遭到公司管理层的抵制。另外,如果一个契约条款将惠及所有的成员,而无论他们是否参与谈判过程,那么,就可能出现"搭便车"问题。

由于上述的种种谈判困难,原本可能获得的契约在现实中达成的可能性大为降低。根据现有的产权制度,受到损害的非股东公司利益相关者(人数可能众多)承受了这种契约失败的成本(数额可能很大)。公司社区论的支持者为此感到不安,认为这种契约失败的情况太常见,从而需要进行法律干预。正是在评估这种市场机制失灵的普遍性和高成本方面,公司社区论与公司契约论迥然有异,从而分道扬镳。

(二)谈判力量

上文述及,公司契约论的一个假定是,通过契约就可以为公司利益相关者提供足够的自我保护,但公司社区论对此假定的技术可行性表示怀疑。这是公司社区论的一个重要观点,但是,在一个更为基本的层面上,公司社区论与公司契约论还有一个重大分歧。确实,真正将公司社区论与公司契约论区别开的是,公司社区论认为,即使基于谈判机制的自我保护在技术上可行,也很难判定非股东公司利益相关者到底在多大范围内能够进行自我保护,以免承受股东财富最大化的损害。简言之,在有些情况下,满足最低正义标准的保护可能成本高昂,以至于非股东公司利益相关者无法负担。公司社区论拒绝接受以下观点:非股东公司利益相关者只应获得那些他们能够谈判并支付相关费用的保护。

公司契约论认为,非股东公司利益相关者可以通过契约获得自我保护,该观点有一个基本的应然性假定,即我们都很熟悉的自由主义思想,主张合意应当是义务的唯一基础。除非股东已经同意限制他们的财富最大化目标,否则,他们就没有义务去为了保护非股东公司利益相关者的利益而限制自己对于财富最大化的追求。如果没有合意,义务就变成了一种强迫。强迫是违反自由理念的,因为自由意味着个体自治。自治非常宝贵,它意味着个体追求自我价值目标实现的机会。一个奉行契约自由(以及免受强迫义务的自由)的法律体系有助于促进上述目标。如果财富能够通过自愿交换而获得提升,那么,契约自由的最大化将实现社会财富的最大化。

然而,公司社区论拒绝的正是上述的自由主义思想。其原因是,在现实生活中,契约自由并不足以为全体公民提供足够的机会去界定和追求他们的自我价值目标。公司契约论以契约去定义公司内部各种关系,而定义基础仅仅是一个非常模糊的自由主义思想,因此,公司社区论认为,公司契约论对公司的实然性描述在理念基础上存在不足,而且这种不足非常明显。

公司社区论认为,谈判力量取决于财富。如果股东的义务仅仅产生于合意,那么,非股东公司利益相关者获得自我保护的能力将完全取决于他们进行谈判并支付费用的能力。假设非股东公司利益相关者完全知悉股东财富最大化可能对其造成损害的各种方式,也完全了解这些损害风险的可能性、每个损害可能性的成本以及他们未来对于这些成本的处理态度。另外,还假设非股东公司利益相关者与公司管理层(作为股东的代表)进行谈判的过程不存在成本。即使在上述的这样一个世界中,非股东公司利益相关者通过契约获得自我保护的希望还是会受限于一些无法超越的限制。这些限制取决于非股东的公司利益相关者的谈判力量。他们从公司管理层处获得某些承诺的能力取决于他们为其支付费用的能力,这个支付能力反过来又取决于他们的财富和他们对于管理层承诺的价值评估。有些契约条款非常重要,但可能代价过于高昂而只能放弃,或者需要做出重大牺牲,导致后来出现无法接受的困境。

自由主义者可能会承认,谈判能力确实取决于财富,但他们仍然会坚持认为,对于个体自治进行强迫性的干涉是不正义的。公司社区论的回应是,同意公司契约论提出的关于个体自由的终极关怀,但是,自由理念包含一个积极介入的组织部分,而不仅仅是免受强制干预的自由。这个积极的自由理念认为,追求个体自治和尊严必须首先满足人们的基本生存需求,包括足够的物质满足,智力、情感和道德等方面的成长机会,以及有益的社会交往关系等;如果缺乏这些基本条件,个体就不可能有效地享受自由,去定义和追求自己的美好生活愿景。根据公司社区论,全体人民都应该有权得到最低程度的生活条件。如果有人不能获得这种必要的最低生活条件,那么整个社会就有义务去帮助他们。

自由主义者认为,人们只应该有权获得他们能够通过谈判并支付费用而得到的东西。这种观点罔顾以下事实:人来到这个世界上的先天条件存在巨大差异。有些人生在富贵之家,其拥有的家庭资源远远超过为了实现自我价值而必需的最低生活条件。但是,对于很多其他人而言,他们在实现自我价值时无法获得家庭背景的支持,其中,只有少数真正优秀的人物才可能将自己从物质匮乏和地位低下的家庭环境中成功地解脱出来,而且,如果没有政府资助的教育和社会服务、没有亲戚甚至陌生人的善意帮助,这些少数的幸运儿也很难成功。为了让个体自治和自由选择等理念具有真正的现实意义,社会必须创造一个可以让所有人都获得自由发展机会的环境。如果让个人完全靠自己去通过私人、双边的交易去争取发展机会,恐怕不可能真正地实现个体自治和自由选择的目标。

在公司法和非股东公司利益相关者保护问题的语境下,公司社区论的担心是,即使通过契约获得的自我保护比通常看起来更为可行,谈判机制最终给予非股东的公司利益相关者的保护程度还是会低于一个普遍可接受的最低标准。比如,公司社区论认为,充足的薪资、健康愉快的工作环境、自己对于工作的一些控制以及工作稳定性等都是实现自我价值目标的必要条件。② 但是,在目前的市场环境中,很多公司员工并没有具备这些必要条件。不能仅仅以市场机制并没有妨碍谈判过程本身为由反对法律干预。公司社区论认为,谈判机制本身并不足以提供有效保护,问题关键是各方在谈判过程中的力量不对等,这将导致谈判结果的实质不公平,因此,有必要引入法律干预以解决上述问题。公司社区论反对将市场机制视为一个足以解决实质公平问题的机制,这个反对态度是公司社区论与公司契约论之间的一个核心差异。

② 比较 Jon Elster,"Self-realization in Work and Politics:The Marxist Conception of the Good Life",in *Alternatives to Capitalism* 127 - 158(J. Elster & K. O. Moene eds., 1989)。

(三)公司社区论的规范视野

上文述及,对于很多人而言,仅仅靠市场机制并不足以满足最低的基本需求,因此,社会有义务介入。现在,我们需要进一步讨论这个义务的具体内容。在公司法的语境下,需要探讨的问题包括公司各种参与人之间相互负有什么样的义务,以及这些义务的正当性基础是什么。

在回答上述问题时,公司社区论提出了一个与公司契约论完全不同的公司模型,后者将公司视为一个由很多双边市场交易组成的网络(a web of bilateral market transactions)。[③] 公司社区论的公司模型是在学者对于公司契约论关于公司和公司法观点的不断批评中逐渐形成的,并且是从具体问题开始,后来归纳为一般性理论。公司社区论强调相互信任和依赖的关系,认为这种关系的不断发展可以支撑稳定和公平的交易预期。公司组织中股东与非股东的其他公司利益相关者之间的关系与通常市场中陌生人之间的"臂长"(arm's-length)情形是不同的,不能简化为纯粹的交易契约条款。公司社区论的上述公司模型为向非股东的公司利益相关者提供免受股东财富最大化目标侵害的法律保护提供了基础。

Joseph Singer 教授有一篇关于工厂关闭问题的开山之作,非常精辟地阐述了公司社区论关于非股东的公司利益相关者容易遭受侵害问题的观点。[④] 非股东的公司利益相关者经常发现,自己与股东之间建立了一种长期的合作关系,而这种关系使自己产生了依赖性,并因此容易受到股东投机行为的侵害。Singer 教授认为,公司员工对于这种关系的依赖性应当能够提供在工厂关闭情况下法律对于员工进行

---

③ 关于这些相互对立观点的讨论,参见 Lyman Johnson, "Individual and Collective Sovereignty in the Corporate Enterprise", 92 *Colum. L. Rev.* 2215 (1992).

④ Joseph W. Singer, "The Reliance Interest in Property", 40 *Stan. L. Rev.* 611 (1988).

干预保护的法理基础(Singer 教授的观点也提到了其他类型的非股东公司利益相关者,但其关注重点是公司员工)。就像股东和经理等公司参与人一样,公司员工的理性预期是,公司将会持续地以一种对于股东和非股东的各种参与人利益都予以尊重的方式进行经营。这种对于未来的预期是基于各方合作努力、相互尊重和共同目标的历史关系;相互之间的义务也是在"这种相互依赖关系的基础上逐渐发展而来"。[⑤] 因此,如果仅仅为了股东的利益而突然决定终止雇佣关系和拒绝其他的预期利益,并且不进行任何补偿,那么,这种行为就是不可接受的。

Singer 教授试图建立的上述公平交易义务(duty of fair dealing)并不是非股东公司利益相关者通过谈判而获得的契约权利。相反,它是基于产权的"社会关系"理念,此理念将道德或伦理意义赋予了现实中的社会关系。这种应然性的视角是建立在一个实然的对于公司各种参与人之间相互关系的实际观察之上。这些关系的内容远比一个公司契约论下客观存在或主观臆想的契约条款要丰富得多,因而也更有意义。譬如,虽然雇佣契约通常会包含明示或默示的允许随时解雇员工的条款,但事实上公司的持续雇佣历史(也许还有其他非契约性的关于工作保障的暗示)可能让人产生理性的、从而也是正当的关于长期雇用的预期。这种预期正当性可能还会由于以下因素而进一步加强:员工对于工作进行了特定于公司的投资(比如,员工花费时间和精力去获取特殊的知识或技能,或对于特定社区做出了财务或其他承诺);员工的忠诚和人员稳定给股东带来了生产力提升的利益。因此,Singer 教授的观点可称为"产权依赖利益"理论,认为基于相互的依赖关系而需要保护员工的工作岗位,将员工保护问题建立在实然的基础之上,使员工的这种权利独立于——也许甚至优先适用于——通过契约设立的权利。

---

⑤ 同上,第 653 页。

鉴于此,公司社区论驳斥了那种认为只有契约机制才可以创设权利和义务的观点,因为这种观点让非股东公司利益相关者极易受到股东的侵害。公司社区论还驳斥了公司契约论的公司模型,即将公司视为一个各种自治个体聚集在一起通过完备契约追求自我利益的市场。相反,公司社区论将公司视为一个大家相互依赖、相互信任和互利互惠的社区。这个对于公司利益相关者之间关系的本质的认识更加符合现实情况,启发了公司社区论关于公司利益相关者之间相互义务问题的思考。特别是,这个认识为保护非股东的公司利益相关者免受股东财富最大化目标的侵害的观点提供了法理基础,并且界定了这种保护的范围。因此,公司社区论关于公司本体问题(即公司到底是什么)的观点为其关于公司法应当如何改革的建议奠定了坚实的基础。

四、公司社区论的公司法改革建议

基于上文讨论的理由,公司社区论发现公司契约论存在严重的缺陷,后者认为通过契约的自我保护机制足以解决非股东的公司利益相关者可能遭受侵害的问题。当然,公司社区论也承认,市场机制对于解决社会问题有所助益,但是,市场机制有其限制性,并不能完全解决问题。对于有些问题,还需要其他的法律机制对契约机制进行加强和补充。因此,公司社区论一直在探寻公司法的改革之路,以保护非股东公司利益相关者,而不管他们是否有能力通过契约获得自我保护。

(一)"多重信义"模式(multifiduciary Model)

迄今为止,公司社区论关于非股东的公司利益相关者保护的研究主要是集中在关于董事会义务的重新定义上。这些研究的主要观点是,公司法应当对公司管理决策的合法受益人范围进行扩大化理解。传统上,根据股东至上原则,董事会的信义义务对象是"公司及其股东”,这实际上意味着股东财富最大化目标。批评者认为这一目标可能对于非股东公司利益相关者造成侵害,故主张公司管理层在经营决策时应当也要考虑非股东的公司利益相关者利益。

几个支持公司社区论的学者已经开始提出新的界定董事会义务的理论模式,他们的灵感来自目前大约三十几个州已经通过的新的“董事义务”或“非股东的公司利益相关者”法案。⑥ 这些法案的形式多种多样,但它们的目标一致。每个法案都宣称,董事会在做出经营决策时“可以”(有一个法案的用词是“必须”)⑦考虑各种具体列举的非股东公司利益相关者的利益。譬如,印第安纳的法案很有代表性,其规定是:

董事可以在评估公司的最佳利益时,考虑公司行为对于股东、员工、供应商和客户和公司所在地的社区的影响,以及董事认为有关的其他因素。⑧

有些法案将这种对于非股东公司利益相关者利益的考虑限制在公司管理层采取反敌意收购措施的场合,但大多数法案是将这种考虑的要求适用在广泛的公司决策中。无人知道这些州的法院将如何解释这些法条,或公司董事会将如何遵守这些法条。从表面上看,这些法案似乎是宣示了一个与传统股东至上原则迥然不同的态度,但是,法案措辞的模糊性给各种解释的可能性留下了空间。

Lawrence Mitchell 教授主张,在解释适用这些法案时,对于公司管理层在追求股东财富最大化目标时对于非股东公司利益相关者产生的成本,应当要求股东进行内在化。⑨股东至上仍然保留为公司法的基本原则,但董事会应当承担“一个合理行动以避免公司决策对于非股

---

⑥ 参见 David Millon, "Redefining Corporate Law", 24 *Ind. L. Rev.* 223 (1991)。

⑦ Conn. Gen Stat. Ann. §33-313 (1992).

⑧ Ind. Code Ann. §23-1-35-1 (d) (1990).

⑨ Lawrence E. Mitchell, "A Theoretical and Practical Framework for Enforcing Corporate Constituency Statute", 70 *Texas L. Rev.* 579 (1992).

东公司利益相关者造成损害的义务”。[10] Mitchell 教授驳斥了非股东公司利益相关者应当通过契约进行自我保护的观点，认为“当法律将解决个人和社会问题的任务完全推给竞争机制，就等于法律完全放弃了其作为社会调节工具的功能……那种主张董事应当考虑各种公司利益相关者利益的建议……承认了公司利益相关者之间的相互依赖性，以及有必要将公司各种参与人视为具有共同目标而相互合作，而不是为了自我利益进行相互竞争”。[11]

我也已经提出，对于公司董事义务法案的解释不应当基于公司契约论的理论视角。我的建议是，将这种法案解读为要求三个广泛的（当然也有些模糊）原则。[12] 公司管理层不应追求为股东带来短期收益（如收购溢价），如果这样做会破坏非股东公司利益相关者的正当预期。相反，公司管理层应当探求那些尽可能实现股东和非股东利益和谐发展的财富增长策略。如果股东与非股东之间的利益冲突不可避免（比如，工厂处于亏损状态而必须关闭），公司管理层的解决方案就应当是对于非股东公司利益相关者的损失进行完全补偿。就像 Mitchell 教授的建议一样，我的上述观点认为，以这种方式重新界定董事义务能够为非股东公司利益相关者提供他们没有（或者无法）通过谈判获得的保护。上述从公司社区论角度对于那些新制定的董事义务法案的解读都是试图在这些法案中寻找到保护非股东公司利益相关者免受股东利益最大化目标侵害的途径。[13] 这些改革建议的理论基础都是来自上文关于公司各种参与人之间相互依赖关系的诠释。

这些试图重新界定董事义务以使其涵括股东和非股东利益的改

---

[10] 同上，第 585 页。

[11] 同上，第 641 ~643 页。

[12] Millon，前注 6，第 265 ~268 页。

[13] 另外参见 Morey W. McDaniel，“Stockholders and Stakeholders”，21 *Stetson L. Rev.* 121（1991）；Steven M. H. Wallman，“The Proper Interpretation of Corporate Constituency Statutes and Formulation of Director Duties”，21 *Stetson L. Rev.* 163（1991）。

革建议可以总称为“多重信义”模式。在此模式下,管理层作为信义义务人,服务于多个受益人,而不是像传统股东至上原则所要求的只服务于股东。有些公司社区论学者的改革建议采用了信义义务的提法,但有些学者(比如我和 Mitchell 教授)并不试图将公司管理层视为公司各种参与人(股东与非股东)的信托人。这种观点方面的区别并不重要,重要的是我们的目标是一致的。确实,将各种不同的基于公司社区论的改革建议统一起来的核心要素是,大家都坚信公司法的角色不仅仅是提供一个让各种公司利益相关者可以通过契约追求自我利益和进行自我保护的框架,而是应当做得更多,能够确保这些人免受侵害,不管谈判机制运行如何。这个“多重信义”的标签很好地反映了以下理念,即股东和非股东都应当是公司经营管理决策的受益方。

(二)质疑“多重信义”模式

公司社区论的改革建议——允许董事会既服务股东也服务非股东利益——招致了一些非常尖锐的质疑。在支持股东至上原则的强硬派看来,公司社区论的这种主张——以及其他一些主张——完全是不可接受的。由于董事会需要为了非股东利益而不去追求股东利益最大化目标,股东利益将会受到损害。只有当公司社区论的改革建议能够促进生产力的提高,而且股东能够从中受益,股东才可能最终不受损失(当然,如果给予非股东更大的保护能够促使生产力的提高,股东可能早就选择了这样的做法)。对于公司契约论的支持者而言,他们非常天真而又固执地坚持自己对股东权利的一种特定理解,当公司社区论的改革建议对他们所理解的股东权利构成威胁时,他们就认为这种改革建议必须予以拒绝。⑭

---

⑭ 参见 William W. Bratton, Jr., “Confronting the Ethical Case Against the Ethical Case for Constituency Rights”, 50 *Wash. & Lee Univ. L. Rev.* 1449 (1993)。该文作者 Bratton 教授是一个认同公司社区论观点的学者,他对于多重信义模式向传统公司管理层义务体系提出的挑战从伦理角度进行了深入的剖析。

实际上,即使从一个支持公司社区论的角度来看,“多重信义”的规制进路也面临一些困难问题。首先,试图建立的新型董事义务体系还显得非常模糊。对于公司管理层在追求股东财富最大化目标的过程中给非股东公司利益相关者造成的损失,股东应当在何种范围内进行补偿?包括所有的非股东公司利益相关者和所有的损失吗?百分之百的补偿吗?上文述及,诸如工厂关闭之类的事件可能造成非常广泛的负外部性(negative externalities),相关成本加在一起可能数额巨大。如果要求进行完全的补偿,可能会严重威胁到生产革新。也许,股东补偿的义务应当有一个合理的限度,但具体的限度又在哪里呢?公司社区论提出的基于公司内部关系的应然性义务理念是解决公司契约论缺陷的一剂良药,但不管这剂良药有多强大,目前还没有人对于这种义务的具体边界提出清楚的阐释。虽然有些人认为法律改革的策略应当是建立一些总体原则,而将具体问题留给法院通过司法实践逐步解决,但是,这个“多重信义”模式还是显得过于宽泛,从而招致众多批评。

其次,多重信义的模式依赖于受托人或监护人的工作,即需要通过公司管理层去服务于非股东公司利益相关者。这个进路是针对非股东的公司利益相关者无法通过契约获取适当保护的问题。但是,在这个情形下,受托人需要服务于多个不同的公司利益相关者群体。股东与非股东公司利益相关者之间可能存在利益冲突,而且非股东公司利益相关者又可以分为很多类型,他们相互之间也可能存在利益冲突。因此,公司管理层将面对的问题是,如何判断这么多不同类型的公司利益相关者的利益诉求到底是什么,而且,即使是同一个类型的公司利益相关者在其内部也可能有不同的利益诉求。公司社区论需要阐明,公司管理层应当如何做出必要的利益平衡决策。如果这里需要考虑的公司利益相关者类型只是限于股东和员工,这种利益平衡的决策问题还能容易一些,但是,根据公司社区论,公司利益相关者并不只限于股东和员工,而是还有很多其他类型的公司利益相关者,他们的利益当然也需要得到考虑。

上述问题并不是必然地无法解决。在其他法律领域,受托人也需要服务于多个不同的、相互之间存在利益冲突的受益人。但是,公司社区论主张的义务来源于现实中公司利益相关者之间的相互关系,因此,在界定公司管理层的具体义务时,必须考察这种实际的相互关系,使最终的界定结果很可能取决于个案的具体情境和事实。这样一来,向各种非股东公司利益相关者承担的义务内容就可能随着公司的不同而不同,而没有一个普遍适用的标准。换言之,此义务在内容上具有开放性,只是要求公司管理层保护各种公司利益相关者对公平交易的正当预期,而这种预期又是多元化的,故而,这种义务概念无法为公司管理层的经营决策行为提供具体的指导,特别是在那些存在利益冲突的情形中。

在"多重信义"模式下,非股东公司利益相关者需要依赖公司管理层,这还将导致第三个问题。该模式增加了公司管理层需要服务的公司利益相关者的类型,从而也增加了传统信义模式下的经理职权下放的成本。正如公司契约论所主张的,任何的"代理人"与"被代理人"之间的制度安排都可能存在前者偏离后者利益而行动的问题。为了减少这种利益偏离的成本,我们可以设计和使用很多机制,但是,当达到某个临界点时,增加额外机制的边际成本将超过边际收益,因此,利益偏离问题只能减少,而无法完全消除。那些符合成本收益原则而采用的保护机制自身具有成本,加上残留的利益偏离问题而产生的成本,就构成了所谓的"代理成本"(agency costs),这种成本是代理关系中无法避免的成本。

在多重信义模式下,非股东受益人将承担代理成本,类似于现有体制下股东所承担的代理成本。无论法律设立什么样的机制去促使公司管理层尽力地服务于非股东公司利益相关者,这些机制必然是有成本的,而且也不可能完美。但是,这些成本可能还是划算的,因为它们可以带来更多的保护非股东公司利益相关者免受股东利益最大化目标侵害的收益。

因此,这里的真正问题不是代理成本问题是否使多重信义模式还不如现行的法律规定,而是通过其他的、不涉及代理成本问题的机制能否更好地为非股东公司利益相关者提供保护。下文就要讨论这样的一个机制,即让非股东公司利益相关者通过谈判获取保护,但这个谈判机制是发生于一个重新界定初始产权的情境下,这个机制也许可以解决非股东公司利益相关者保护问题,但是,它具有交易成本,还可能存在市场失灵问题,故仍有其自身的成本。

在现行的股东至上原则下,公司管理层只是对于股东负责,而如果让公司管理层服务于多个主人,是否会加剧目前的代理成本问题?确实,在多重信义模式下,股东承担的代理成本可能会增加,因为公司管理层拥有更大的自由权去罔顾股东利益而保护非股东公司利益相关者的利益。假设一家公司面临一个敌意收购要约,而根据多重信义模式的法律,董事义务是应该让股东去接受要约。然而,公司管理层采取了反收购措施,并后来被股东起诉。公司管理层的抗辩理由是,他们为了保护非股东公司利益相关者的利益而抵制敌意收购。即使这个抗辩理由的事实基础站不住脚,但原告股东也将面临比目前的股东至上法律规则下更大的诉讼困难。在多重信义模式下,保护非股东公司利益相关者的利益是一个正当的抗辩理由,而在现行的股东至上法律规则下,这并不是一个正当的抗辩理由,因此,多重信义模式实际上对于原告股东施加了一个他们本来并不需要承担的诉讼负累。换言之,多重信义模式影响了公司管理层与股东之间的力量平衡,使公司管理层对于股东的负责程度大为降低,从而增加了股东承担的代理成本。

针对多重信义模式的最后一个质疑是其潜在的“家长式作风”。该模式是通过公司管理层保护非股东的公司利益相关者,而不同于其他的依赖于市场或政治结构让股东和非股东自己去界定相互关系的解决机制。在多重信义模式下,公司管理层占据一个中心的角色,决定着公司各种利益相关者的保护问题,因此,他们做出的针对非股东公司利益相关者的保护措施可能并不是后者自己想要的,即使后者拥有充分信息和必要的谈判力量。在这个意义上,公司社区论的学者可能将多重信义模式批评为"家长式"做法,而希望有一个能够让非股东公司利益相关者拥有自己选择机会的法律改革进路。下文将讨论一个基于市场机制的改革策略,该策略的出发点是通过谈判获得自我保护,但该谈判机制的背景是一个重新定义的产权制度,以提升非股东公司利益相关者的谈判能力。另一个策略是通过某种法律要求的、带有政治结构的公司治理框架提供民主自决,这样能够将决策权力分散并下放,但其缺陷是可能带来谈判力量的劣势。多重信义模式并不必然地秉承上述两个目标,而这两个目标被认为是尊重非股东公司利益相关者的尊严和自治。

我认为上述对多重信义模式的批评非常有力,足以促使我们去寻求其他的改革策略。公司利益相关者社区的民主化策略是公司社区论的学者已经在开始研究的一个方向,但我希望在这个方面还有更多的研究。就目前而言,我想提出一个不同的研究进路。我考量是否可能从已有的公司契约论中找到一些有用的元素,并将之运用于公司社区论的问题讨论中。下文就讨论这样的一个策略,但最终结论是它存在不足,因此,我将再提出一个新的策略。

五、改良派的公司契约论学者

(一)改良版的公司契约论

对于非股东公司利益相关者易受侵害的问题,有些学者提出了实质上基于公司契约论的解决方案。这些方案都认为,谈判关系中的协议——不管是默示的还是假想的——应当是法律介入保护受害的非股东公司利益相关者的基础。虽然这些学者具有公司社区论的情怀,但他们对于协议的执着明显带有公司契约论的标签。然而,由于他们寻求改革传统的公司法,以保护非股东公司利益相关者利益,因此,他们与传统公司契约论学者还是存在重大不同,需要区别开来。在这些人看来,非股东公司利益相关者利益应当得到法律保护,但这种保护必须通过实际的、完全写明的、可执行的契约条款来实现。

借助于劳动经济学中的默示契约理论,Marleen O'Connor 教授对于公司管理层信义义务的概念进行了重塑,承认并涵括员工在开始进入雇用关系时对于工作稳定性(job security)的预期。⑮通过运用经济学的相关理论,她对于员工预期的内容进行了一个更为全面的论述,并解释了为何那些服务于股东利益的公司管理层会努力让员工去依赖这种预期。这些相关的经济学理论认为,对于工作长期性保障和延期补偿(deferred compensation)的预期是现实中劳动契约的默示条款。根据这种观点,员工起初获得的薪酬是低于他们为公司创造的边际产品价值,但在他们职业生涯的后来阶段,他们将获得超过实际工作价值的薪酬。这样,员工在一个长期职业生涯中的后来阶段能够对于起初的人力投资获得补偿。

上述的薪酬模式通过默示的方式承诺了员工的工作稳定性,从而激励员工在他们职业生涯的初期就去投资获取与公司特定相关的工作技能和知识。这种激励机制非常重要,因为员工可能原本非常不愿意去投入人力资本,毕竟如果一旦失去这份工作,对其进行的人力投资也就付之东流。这种薪酬模式也促使员工去努力工作并一直坚持下去,因为它默示地承诺,早期的薪酬过低问题将会在他们职业生涯后期得到补偿。

然而,在现有的契约法下,这种关于工作稳定性和延期补偿的默示承诺通常是不具有法律执行力的,因此,公司管理层可能投机性地违背这种默示承诺,在员工获得他们人力投资的完全回报之前就将他们辞退。当员工工作到一定时期,开始获取职业前期工作的补偿,从

---

⑮ Marleen A. O'Connor, "Restructuring the Corporation's Nexus of Contracts: Recognizing a Fiduciary Duty to Protect Displaced Workers", 69 *N. C. L. Rev.* 1189 (1991).

而薪资水平超过了他们的边际产品价值时,雇主就会有动机去辞退这些员工。在进行这种投机性的违反承诺行为时,雇主可能会出于声誉和工作士气影响的考虑而有所顾忌,但不会完全放弃。其结果是,随着职业生涯的时间增长,员工面临的解雇风险将越来越大,因为公司可以通过这样做去削减成本。在这种解雇行为能够让股东受益的情形中,传统公司法上的董事信义义务就会要求董事去选择这种行为。因此,股东至上原则和市场竞争压力结合在一起促使了公司去违背员工工作稳定性和延期补偿的默示承诺。

O' Connor 认为,法律应当承认和执行劳动契约中的关于工作稳定性的默示承诺。她强调,员工的依赖性和易受公司投机性违约行为侵害的脆弱性是董事负有必须公平和善意对待他们的信义义务的法理基础,"由于员工在经济上依赖于雇佣关系,他们将希望和信任寄托在董事身上,期待董事善待他们……董事对于员工的信义义务不是来源于劳动契约,而是董事能够对于他们的命运做出重大决策的权力"。[16] 在此,O' Connor 利用了一个众人皆知的理念,即权力和控制是伴随着责任的,行使权力的人必须对权力行使的对象负责。她将董事的这种义务定性为"信义义务"。

董事对于员工承担义务的内容不是由法律明确规定的,而是基于劳动契约的默示条款和相关情境。员工依赖于工作稳定性的默示承诺,这种依赖导致了员工的易受侵害性,因此,这种默示承诺的内容决定了公司管理层的义务范围。"董事对于员工负有的信义义务要求董事在关闭工厂和辞退员工时兑现那些默示的承诺"。[17] 因此,公司应当根据员工的工作年限支付解雇费(severance benefits),并且继续提供健康保险。公司尤其应当关心那些长期工作、将一生奉献给公司的员工。但是,上述的信义义务也不应无限扩张,去要求提供超过员工与

---

⑯ 同上,第 1252 ~ 1253 页。

⑰ 同上,第 1253 页。

雇主在谈判之中可以预期的保护："股东的权利也应当得到关注；董事不应走的过远，以至于强迫公司去保留一家工厂或员工。"[18]那么宽泛的一个信义义务显然无法建构在默示契约的法理基础上，默示契约界定了——因而也限制了——员工应当获取的利益保护范围。[19]

Ronald Daniels 教授提出了一个新的理论以支持非股东公司利益相关者的保护，该理论不同于 O' Connor 教授的默示契约理论，但也是基于契约模型，适用于当事人在某些问题上没有达成任何协议（明示或默示）的场合。[20] Daniels 质疑 O' Connor 的理论基础，认为股东实际上并没有做出上文提到的默示承诺。在订立劳动契约的时候，员工可能根本不知道那些将给他们带来损害的特定风险，公司管理层也可能如此。或者，员工对工作稳定性预期的依赖可能并不正当，即使公司管理层对公司未来有长远的预期。因此，关于公司管理层在某些情况下是否可以自由决定如何为股东利益服务的问题，也许没有任何明示或默示的协议。这个协议的缺失是适用契约理论的一个重大障碍和

---

⑱ 同上，第 1254 页。

⑲ 与 O' Connor 教授一样，Stone 教授也将她支持员工保护的观点建立在默示契约的基础之上。参见 Katherine Van Wezel Stone，"Policing Employment Contracts within the Nexus-of-Contracts Firm"，43 *U. Toronto L. J.* 353（1993）；Katherine Van Wezel Stone，"Employees as Stakeholders Under State Nonshareholder Constituency Statutes"，21 *Stetson L. Rev.* 45（1991）. 但是，Stone 教授反对重新定义公司管理层义务从而既涵盖员工利益也涵盖股东利益的努力，她对于那种仅仅允许——而不是要求——公司管理层去考虑员工利益的改革建议表示怀疑，并指出即使这种义务是强制性的，而且定义得足够清晰，也存在员工执行成本可能过高的问题。Stone 教授主张改革关于集体谈判的法律，以便利"工会参与公司的重大战略决策"。Stone，Policing Employment Contracts Within the Nexus-of-Contracts Firm，前注，第 376 页。具体而言，她是主张工会能够参与以下问题的决策，包括"公司收入在公司利润和员工薪资之间的分割，生产方式，以及在公司面临经济困难时的工艺升级、合并或出售资产等"。Katherine Van Wezel Stone，"Labor and the Corporate Structure：Changing Conceptions and Emerging Possibilities"，55 *U. Chi. L. Rev.* 73，172（1988）. 因此，Stone 教授运用默示契约理论为其加强员工谈判能力的改革建议提供正当性基础。就此而言，O' Connor 教授是仅仅将员工权利建立在通过实际谈判而形成的契约条款之上（包括默示条款），而 Stone 教授走得更远，认为还要改革谈判机制本身，从而员工能够通过谈判获得更好的自我保护。

⑳ Ronald Daniels，"Stakeholders and Takeovers：Can Contractarianism be Compassionate?"，43 *U. Toronto L. J.* 315（1993）.

弱点。但是，即使不存在一个员工可以依赖的默示协议，还是可以找到一个变通的办法，即利用所谓的假想契约（hypothetical contracting）理论去论证司法介入保护非股东公司利益相关者的正当性。法院可以填补这个协议空白的方式是，去假想"如果当事人在订立劳动契约时预见到了未来的相关风险，那么他们可能会达成的协议是什么？"[21]换言之，信息不完备导致了当事人都没有预见到未来的风险，也就都没有对于这些风险达成明示或默示的协议，为了解决这个订约上的共同失误，就需要司法干预。法院需要根据具体案件做出具体决定。如果当事人预见到风险，那么他们可能在事前如何协商分配这些风险，而不是在事后让非股东公司利益相关者承担所有的损失。或者，正如 Daniels 所主张的，一个假想契约的理论可以支持国家进行各种干预，包括"工厂关闭的法律，强制性的继承权利和强制性的协商……"[22]这些干预措施不但能够解决公司收购行为带来的过渡成本，而且可以处理非股东公司利益相关者在此过程中受到损害的问题，毕竟公司收购是谁也无法在事前预见到的风险。Daniels 的假想契约理论还可以为司法介入提供一个另外的辩护理由，即员工在订约时无法知道未来的风险，这使实际订立的契约条款可能显失公平。

为非股东公司利益相关者提供保护的最为强大的理论支撑主要集中在员工利益保护问题上。但是，有学者也指出了股东可能对于债权人采取投机性行为的风险。[23] 债券持有人可能会利用"默示契约理论"去主张公司重组行为对自己利益损害的救济，因为公司重组行为可能将公司的债务水平提高到超过他们当初订约时依赖的预期值。[24]或者，如果他们的损失是来自当初订约时根本无法预见到的风险，债

㉑ 同上，第 341 页。

㉒ 同上，第 350 页。

㉓ 参见 Lawrence E. Mitchell, "The Fairness Rights of Corporate Bondholders", 65 *N. Y. U. L. Rev.* 1165（1990）。

㉔ 这个观点在 Metropolitan Life Ins. Co. v. RJR Nabisco, Inc., 716 F. Supp. 1504（S. D. N. Y. 1989）一案中提出，但未被法院采纳。

券持有人也可以利用假想契约理论去寻求司法救济。对于其他的非股东公司利益相关者而言,他们也由于预期公司将会长期存在而对于公司进行了各种财物或人力投资,因此,当后来遭遇上述的风险时,他们也可以类似地利用相关理论。譬如,当地社区为了吸引公司在当地投资建厂,可能已进行了一些道路、下水道和其他公用设施的建设项目,还可能给予公司一些税收优惠。类似的,为公司提供货品或服务的供应商可能为了满足该家公司的需求而增加了产能。在此情形下,供应商既可以根据默示契约理论提出,自己是因为依赖于该家公司长期合作的默示承诺而增加了产能,而现在这家公司过早地关闭工厂或出现其他重大变故,因而需要给自己进行补偿;也可以根据假想契约理论主张,公司过早关闭工厂等风险是自己在订约时无法预见的,这使当初订立的契约条款不再公平。

人们对于上述观点的立场可能取决于非股东公司利益相关者的具体类型,以及对于这些人是否具有通过明示契约进行自我保护的能力的判断。比如,相对于其他类型的非股东公司利益相关者,员工的谈判力量更为薄弱,也受制于更多的不利因素,因此,他们更难通过谈判获得保护。另外,公司债券的投资者可能无法主张自己当初不知道相关的风险,而这些风险最终导致了他们的投资受损。也许正是意识到这些问题,改良派的公司契约论学者主要的关注对象是员工,而不是其他类型的非股东公司利益相关者。

(二)质疑改良版的公司契约论

上文述及,改良派的公司契约论学者提出了保护非股东公司利益相关者的各种令人振奋的理论支持。然而,即使是我们这些支持上述研究努力的人也必须认识到,上述学者的改良思想还是存在重大不足。

首先,不管上述观点在理念上看起来有多么高深,但在现实中,默示契约或假想契约的内容非常模糊和不确定,并不比多重信义模式下宽泛的原则强多少。经济学家提出的“生命周期收益”（life-cycle earnings）模型清晰地描述了以下几种薪资类型之间的关系：实际工资、机会工资和一个员工创造的边际产品价值。[25] 但是，即使该模型能够被用来支持默示契约理论，它也不能告诉我们，公司管理层关于员工工作稳定性的默示承诺对于某个具体员工在某个具体时点的现值到底有多大。另外，它也没有考虑那些很可能在当事人默示承诺中伴随的限制。的确，即使是在一个承诺工作终身制的劳动契约中，通常也都会包括一些例外条款，比如表现不佳，以及过度严酷的市场压力导致的紧急情况等。这些例外情形的具体范围到底是什么呢？如何从定性和定量的角度去界定这些例外情形，通常都是一个非常有争议的问题。因此，非股东公司利益相关者的保护力度将取决于审理法官们的偶然性的主观判断。

在 Daniels 的假想契约理论下，内容不确定性的问题更为严重。他自己都承认，假想契约具有很大的“可伸缩性”，[26]取决于当事人在事后基于自我利益对订约时没有考虑到的相关风险的评估。如果这里的关注点不再是当事人自己实际上对于上述风险的好恶，而是事后进行假设性的推理，那么，“这种分析就将变成笼统性的福利分析”。[27] 在这种情况下，司法判决的结果就将取决于法官的个人价值取向，而非当事人自己实际达成的协议安排，因此，这里所谓的假想契约只能在极其勉强的意义上称为“契约”。

除了内容不确定性的问题之外，改良版的公司契约论还有一个更为重大的问题。那些观点都是建立在当事人具有实际契约关系的基础上，然后推理出默示或假想的契约条款。换言之，他们将实际存在的契约作为出发点，由于明示的条款不能保护非股东的公司利益相关

---

[25] 参见 Stone，“Employees as Stakeholders Under State Nonshareholder Constituency Statues”，前注 19，第 50 页。

[26] Daniels，前注 20，第 342 页。

[27] 同上。

者,故而需要在明示条款之外寻求能够提供这种保护的法源。从策略上看,这具有一定优势,因为非股东公司利益相关者的保护诉求能够借助于契约机制的话语体系作为董事义务的法理基础。这套话语体系是广为熟悉和接受的,反观之,Singer 教授提出的"产权依赖利益"(reliance interest in property)理论就显得比较新奇,而"多重信义"理论又具有模糊的家长制色彩,因此,基于契约机制的话语体系显示出更高的可信度,而且,在分析时又运用了经济学理论,增强了法学研究方法论上的权威性,这些都是改良版公司契约论的优势。

但是,话语体系的优点掩盖了一个理念上的弱点。改良版公司契约论对于谈判一词的运用限制了非股东公司利益相关者可以获取的保护的范围。只要运用默示或假想契约之类的词汇进行分析,法院就有两个选择:他们要么推理那些当事人已经协商同意但没有明示的东西,要么推理那些当事人没有进行协商但如果进行协商可能会同意的东西。不管是哪一个选择,法院都需要构建一个契约。在此过程中,法院需要考虑到当事人对待风险的态度,以及他们当时谈判的具体情境。

法院在试图推理默示契约或假想契约的具体内容时应当考量员工在谈判力量上的劣势。员工保护方面的诉求越重大,股东在追求财富最大化方面受到的限制就越多,相关契约条款的价格也相应越高。如果这些契约条款被视为当事人谈判达成的默示条款,那么,法院就会认为,员工在当时的情况下应当有能力也有意愿为这些条款支付费用,而且事实上也已经进行了支付。如果这些契约条款被视为假想契约的条款,那么,法院仍会认为,倘若员工当时知道这些条款问题,他们应当会为这些条款支付费用。因此,如果员工无力支付这些条款或员工紧急需要这些条款以满足一定生活水平,将意味着员工实际上没有,或原本也不会为这些条款支付费用,在这种情况下,法院就不会将这些条款视为默示或假想的契约条款,员工最终也就得不到保护。换言之,改良版的公司契约论能否成功地为员工提供保护,还是取决于员工的谈判力量。就此而言,非股东面对的境况不会比在传统的公司契约论下有实质性的改观,因为员工能否获得保护的问题最终都是取决于——也受限于——员工的谈判力量,至少对于某些类型的非股东公司利益相关者而言,这可能是一个严重的限制。[28]

上述谈判力量的问题可能由于以下事实而进一步恶化:即使默示或假想契约的内容能够被推理出来,也很容易在事前被公司管理层通过明示的契约条款进行排除。如果公司管理层想要达到这种排除默示或假想契约的目标,就只需清楚地加入一个排除性条款,即"不能依赖"。譬如,公司管理层可以很方便地在劳动契约中插入一个条款,强调公司有权随时解雇员工。在此情况下,员工就很难在事后再主张自己对于工作稳定性具有依赖利益。

这个明示排除性条款的问题同样也适用于 Singer 提出的基于产权依赖利益的员工保护理论。假设公司管理层想要排除这种基于依赖关系的、非契约性的保护员工权利的观点。为了达到这个目的,显然需要事先对于非股东公司利益相关者的权利进行仔细的甄别并予以限制。其结果是,公司仍是一个各种参与人基于依赖关系而组成的网络,但这些关系的性质已经发生细微变化。有些原本可以被依赖的预期利益,比如工作稳定性预期,可能已经无法再作为员工保护的法理基础。换言之,公司管理层可以通过明示契约改变 Singer 希望界定的产权,这与 Singer 主张的产权可以通过谈判而进行交换的道理是一样的,而这种改变后的产权安排就可能使基于依赖关系的员工保护理论无法适用。

一旦公司管理层知道上述的默示或假想契约理论或基于产权依赖利益的观点,从而在事前采取了相关的免责措施排除其适用,那么,非股东公司利益相关者就只能通过明示契约获取保护。公司管理层

---

[28] Stone 教授主张加强员工的谈判力量,以便利默示条款的履行,但此观点仍然依赖基于契约机制的自我保护,故最终还是受限于谈判力量问题。

采取的免责措施并不必然是无成本的;如果公司管理层想要排除那些非股东公司利益相关者原本将会包括在与公司谈判中的一些保护诉求时,他们就需要为这种排除做出让步,比如给予非股东公司利益相关者相应的补偿。但是,这里的问题在于,不管怎样,这种排除行为也是一个谈判过程,各方将需要明确地讨论原本属于默示或假想契约或基于依赖关系的产权安排的问题。在此情况下,谈判力量问题将最终决定非股东公司利益相关者通过谈判获取自我保护的能力,就像法院在推理当事人没有明示达成的交易条款时最终的决定性因素还是当事人谈判力量问题的道理一样。

因此,改良派的公司契约论学者将股东对非股东的义务建立在契约基础上,导致他们在处理非股东公司利益相关者保护的问题时具有一个重大的内在局限性。尽管他们也同情非股东公司利益相关者,改良派的公司契约论学者对于谈判机制的依赖使他们不同于公司社区论学者,后者并不是将非股东的保护问题建立在契约或相互依赖关系的基础之上。改良版公司契约论的伦理基础是个体自治和个体合意,将此作为义务的来源。相反,正如我在上文提出的,公司社区论的主要信条是,义务是独立于合意而存在的,而且,由于谈判力量的不对等使契约自由的形式正义可能导致谈判结果的实质不正义。这种基本理念上的差异是公司社区论有别于公司契约论的核心之处。即使是改良版公司契约论,也是依赖非股东公司利益相关者通过契约机制进行自我保护。

改良版公司契约论最为严重的缺陷是,默认了现实中谈判各方之间不对等的财富和谈判力量的分配。Singer 教授提出的理论不是基于契约,因而没有上述缺陷,但有另外的缺陷,特别是容易被免责条款击败,而且存在内容不确定性的问题,当然,这些缺陷也同样适用于改良版的公司契约论。因此,我很难接受那种认为私法就足以解决非股东公司利益相关者易受侵害问题的观点。[29]

如果我的上述论断是对的，而且，我对于多重信义模式的质疑也有道理，那么，公司社区论还有何其他解决非股东保护问题的对策呢？在本文的剩余部分，我认为我们应当重新审视传统的公司契约论，考量该理论很少被关注的一些逻辑前提，并在契约机制的框架内探索一个实现公司社区论改革目标的新路径。

六、能否在契约机制的框架内实现公司社区论的改革目标？

(一)先契约的权利界定规则

1. 权利

公司契约论认为，公司中各种参与人之间的关系应当由他们通过契约进行界定。这是因为公司契约论崇尚效率，将其作为应然性的评判标准，并认为公司法的角色就是让各方当事人能够便利地进行自我定义，追求他们自身财富的最大化。对于传统的公司契约论而言，通过契约进行私人安排(private ordering)是可取的，因为它能够最好地服务于效率目标。

公司法分析的契约自由进路倾向于关注法律规则促进私人安排的程度。因此，大量笔墨都集聚在强制性(而非授权性或缺省性)规则是否具有正当性的问题上。[30] 但吊诡的是，很少有人关注私人安排机制的运行环境或背景，即公司权利的结构问题。契约机制的运行效果不仅有赖于契约订立和执行方面的规则，而且取决于作为契约交换对象的公司权利的初始界定。财产权的法律规则就是发挥这样的功能，对于公司中各种财产的所有权进行界定。只有首先对于财产权进行

---

[29] 关于这个观点的阐述，参见 William H. Simon, "What Difference Does It Make Whether Corporate Managers Have Public Responsibilities?", 50 *Wash. & Lee Univ. L. Rev.* 1697, 1699 (1993)。

[30] 参见"Symposium on Contractual Freedom in Corporate Law", 89 *Colum. L. Rev.* 1395 (1989)。

比较清晰的界定,财产才能成为契约交易的标的物。这个道理也同样适用于侵权法上的法律保护机制,即需要首先对于个人权利进行界定,然后在此基础上决定权利的侵犯问题,包括通过契约机制对于侵权责任进行豁免或交易。

在公司法的场合,权利规则对于股东和各种非股东公司利益相关者的权利分别进行了界定。这些规则赋予权利人各种具体的权力,其中,有些规则来自公司法,有些则不是。前者的一个例子是股东的法定投票权。公司法赋予了股东对于一些特定事项的投票权,其效果是排除公司中的其他参与人(如员工和债权人等)和社会中的其他利益相关者(如消费者)通过投票机制去控制公司。公司法还将股东对于公司债权人的责任限定在出资范围内,使债权人承担公司破产风险。另外,普通法上的信义义务原则在构建股东与非股东的法律关系中也扮演了重要的角色。公司管理层在遵守公司的契约和其他法律义务的前提下,必须服务于股东财富最大化目标,而不是将财富在股东和非股东的公司利益相关者之间进行分配。另一方面,有些权利规则不是来自公司法,一个例子就是普通法上的雇主可随意解雇员工的规则。此规则赋予公司管理层在解雇问题上的广泛自由,只要他们认为解雇员工符合股东利益最大化目标,他们就可以进行解雇。所有的这些法律规则对于股东和非股东的权利范围和属性进行了界定,从而构建了股东与非股东公司利益相关者之间的法律关系。

界定股东与非股东公司利益相关者之间关系的权利法律规则大部分都是缺省性规则(default rules),可以通过契约机制进行变更。公司法学者都很熟悉这个逻辑。比如,股东可以同意放弃他们的有限责任保护,也可以将投票权扩展至股东之外的其他公司利益相关者。股东还可以通过公司管理层赋予员工长期的雇佣契约,从而排除普通法上的随意解雇权的适用。

2. 先契约的偏袒性问题

上述的缺省性规则对于公司的各种参与人进行了权利、义务的分配和界定。公司法中关于投票权和有限责任制度的规则在让股东获益的同时给债权人带来了负面影响,使债权人无法参与和控制公司的经营管理,从而失去了无限责任制度下债权人可以享有的一定程度的财务安全。与此类似,允许随意解雇员工的规则赋予股东自由解雇的权利,但同时给员工带来了相应的成本,而在长期雇用契约的场合,这种成本是不存在的。

的确,由于上述规则是缺省性规则而非强制性规则,因此,如果当事人愿意的话,他们可以通过契约机制改变这些规则。譬如,债权人可以通过谈判让股东承担无限责任或者争取投票权。但是,缺省性规则的意义在于,其对于权利义务的初始分配将自动生效,除非当事人达成合意对其进行了修改。故而,倘若当事人什么也没有做,或试图修改缺省性规则但最终无法达成合意,或当事人一方完全拒绝进行谈判,那么,缺省性规则下关于权利义务的初始分配将成为现实,而受到这些规则偏袒的一方当事人将获得收益。在这个意义上讲,权利界定规则必然是歧视性的,要么是偏袒当事人的这一方,要么是那一方。当然,只要这种规则是缺省性的,就可以通过契约机制进行改变,然而,这些规则在对于权利义务的初始分配中蕴涵的偏袒性问题将会影响契约机制的最终结果。

上述缺省性规则的内容及其偏袒性问题是先契约的,即存在于当事人通过谈判达成契约去做出修改之前。这些规则界定了公司中各种财产权利的属性、人身权利的范围,以及公司中各种参与人之间的关系,然后当事人才通过谈判去试图修改这些规则,因此,缺省性规则是早于或独立于当事人的谈判行为。通过财产法和侵权法方面的规则(包括它们在公司法中的对应规则),国家实际上为当事人的谈判行为划定了一个背景框架。

公司契约论将公司视为公司中各种参与人相互之间自愿订立的很多契约的一个联结体,而投票权、有限责任、信义义务,以及随意解雇权等缺省性规则都是标准契约的条款。因此,如果债权人或员工没有通过谈判去修改这些规则，那么，可以认为他们在向公司提供借款或建立雇用关系时同意了这些规则。但是，这种观点不应掩盖以下事实，即上述缺省性规则的偏袒性问题并不是当事人各方谈判的结果。通过提供这些缺省性规则，公司法和其他相关法律构建了一个权利、义务的分配框架，然后当事人可以通过谈判进行修改。具体而言，股东享有有限责任的保护，除非债权人通过契约取消有限责任。员工将面对随时解雇的风险，除非他们能够通过谈判要求公司放弃这个权利。因此，尽管很多重要的权利规则都仅仅是缺省性的，但它们存在的偏袒性问题不容否认；这些规则将适用在现实中，除非当事人通过谈判进行修改。当然，一个人接受缺省性规则的行为是契约性的（因为该人选择不去修改缺省性规则），但缺省性规则的偏袒性问题并不是当事人合意的产物，而是国家在当事人谈判之前设定的。

3. 偏袒股东

很多调整股东与非股东公司利益相关者之间关系的重要法律规则都是偏袒股东利益的。股东享有管理公司和使用公司资产以增进其自身利益的广泛自由权。当然，欺诈转移公司财产的禁止性规则和利润分配方面的限制性规则是旨在保护债权人利益，联邦政府和州政府也制定了相关法律（如环境保护、产品安全、劳工以及职业健康和安全等）保护非股东公司利益相关者的利益，这些规则是对于股东财富最大化目标的修正。但是，很多重要的缺省性规则，比如股东对于投票权的垄断、有限责任制度、可随意解雇的规则以及公司管理层在传统上的信义义务等，都明显偏袒股东利益。如果非股东公司利益相关者想要推翻这些规则或对于股东权利进行某些限制，那么，他们必须通过契约机制达到目的。

（二）殊途同归？

上文已述及，很多先契约的缺省性规则都是偏袒股东利益，但这重要吗？如果这些规则都只是缺省性的，从而能够通过契约机制进行修改,那么,这些规则对于股东的偏袒是否就根本不重要了呢?[31] Ronald Coase 指出,如果交易成本为零,那么,无论初始的权利界定如何,最终都会达到一个有效率的结果。[32] 譬如,如果股东对于解雇权利的定价高于员工对于保持工作的定价,那么,与保留员工工作相比,解雇就是一个更有效率的资源配置行为。如果存在可随意解雇的法律规则,股东就会直接适用该规则解雇员工。相反,如果法律规则保护员工的工作稳定性,那么,股东在解雇员工时就需要支付补偿,其数额应当等于或高于员工对于工作的定价,但低于股东可以从解雇中获得的收益。因此,不管法律规则如何,解雇行为都是会发生的,那么,先契约的偏袒性规则又有何实质影响呢?

1. 交易成本

当然,在现实世界中,通常存在很大的交易成本。因此,如果法律规则允许随意解雇,而公司也运用该规则做出了解雇决策,那么,即使员工对于工作的定价高于股东对于解雇的定价,股东仍可能会选择解雇,而员工很难进行阻止。理论上讲,在上述情况下,员工可以通过谈判获得自我保护,即向股东支付一个价款以保留工作机会,其数额等于或高于股东对于解雇的定价,但低于员工对于工作的定价。这将是一个有效率的资源配置,但是,诸如集体行动问题和“搭便车”问题等现实困难可能会阻碍这种结果的出现,从而导致市场失灵问题。

如果员工想要事先避免出现上述情形,选择在签订雇佣契约时明确排除公司可随意解雇的权利,那么,这种自我保护机制的有效性取决于他们是否能够准确识别和阐明自我保护的类型以及在什么情况下提供这种保护。使用上述机制必然需要很多信息,并且产生很大的缔约成本,如果保护条款规定得不周详,遗漏了一些相关适用情形,员

---

[31] Black 教授认为,由于种种原因,公司法的强制性规则的现实意义非常有限;另外,缺省性规则也不重要,因为当事人可以通过契约排除其适用。最终,Black 教授得出公司法无关紧要的结论。参见 Bernard S. Black, “Is Corporate Law Trivial?: A Political and Economic Analysis”,84 *Nw. U. L. Rev.* 542(1990)。

[32] Ronald H. Coase, “The Problem of Social Cost”, 3 *J. L. & Econ.* 1(1960).

工就仍然会面临遭受侵害的风险。另外,对于没有加入工会的员工(这种员工在今天的劳动人口中占据绝大多数),他们每个人单独与公司就雇用条件进行谈判并达成双边协议的情况通常不会出现。对于大多数的员工而言,他们必须为了获得工作机会而相互竞争,几乎不可能说服公司管理层放弃可以随意解雇的权利。因此,与上文谈到的事后支付补偿机制一样,事前通过契约机制进行自我保护的办法也不可行。

上述分析表明,当股东认为解雇符合自己的利益时,他们就会利用偏袒股东的可随意解雇规则去那样做。假设交易成本是真实存在的,并阻止了至少一些原本可以达成的协议。在此情况下,股东就会选择解雇员工,即使解雇给股东带来的收益低于工作给员工带来的收益。因此,在交易成本不容忽视的情况下,先契约的权利界定规则的偏袒性问题将会导致无效率的结果,这种结果取决于股东的意愿,而不是各方之间的协商。

由于交易成本的问题,现实中很难通过契约机制去排除一个先契约的带偏袒性问题的权利界定规则,因此,交易成本对于最终的资源配置结果具有决定性的意义,上文讨论的可随意解雇规则只是其中一个例子而已。同样的道理也适用于有限责任制度及其对于股东与债权人关系的影响。同样,在债券契约中,公司作为借款者可能会从事各种降低其偿债能力从而损害债券持有人利益的行为,但现实中很难对于这种行为进行详尽列举和阐明,使得这种契约不完备的风险最终落在债券持有人的头上。即使债权人愿意支付价款以让股东承担无限责任或类似于公平交易的信义义务,但如果交易成本过高的话,这种交易也不可能达成。

可能存在重大交易成本的事实意味着,先契约的权利界定规则的偏袒性问题具有决定性意义。一旦有权采取行动(如股东解雇员工)或得到保护(如有限责任保护),这些权利的被授予方就能自由地行使权利,即使受到这些权利行使负面影响的人可能愿意支付价款去取消这些权利。进行初始权利界定的法律规则让受益人可以自由选择如何行使权利,而无论权利行使的结果是否提升资源配置的效率。因此,先契约的权利界定规则的偏袒性问题并不是无关紧要的,契约机制的最终结果将取决于这种偏袒性问题而不是效率标准。

2. 财富分配方面的考虑因素

另外,还有一个原因使得先契约的权利界定规则相当重要。即使交易成本没有高到完全阻止谈判的程度,但由于财富分配的原因,先契约的权利界定规则的偏袒性问题还是不容忽视。具体而言,在股东与非股东公司利益相关者进行谈判时,偏袒股东的规则实际上将谈判责任和支付补偿等负担放在了非股东公司利益相关者的肩上,而偏袒非股东公司利益相关者的规则就有相反的效果。譬如,在公司可随意解雇的规则下,员工就必须向股东支付补偿,以换取股东同意放弃解雇的权利;相反,在保护员工工作稳定性的规则下,股东就必须承担发起谈判和为解雇员工支付补偿的负担。由上可见,在前一个规则下,员工需要为通过谈判获得的权利支付价款,且还要承担相关保护条款不完备的风险;但在后一个规则下,员工能够获得补偿,且无须承担谈判的压力和风险。因此,假设解雇是有效率的,而且法律规则允许公司随意解雇,那么,股东就可以解雇,而不顾员工的反对;然而,如果法律规则保护员工的工作稳定性(而且交易成本也没有高到阻止谈判的程度),股东仍然可以解雇,但需要向员工支付补偿。总之,虽然上述两种情况的最终结果都是解雇,但对于股东和员工等当事人而言,补偿义务方面的差异还是具有重大的意义。

(三)对于公司契约论与公司社区论的未来发展影响

公司契约论认为,公司股东的福利取决于公司法在多大程度上是契约性的,而不是监管性的。公司社区论的“多重信义”模式就是监管性的,因为它主张公司法包含一些当事人没有达成合意的权利义务条款。从公司契约论的角度来看,很容易理解为什么要反对公司社区论的上述主张。基于公司社区论的公司法致力于保护非股东公司利益相关者的利益,而且在给予这种保护时,没有要求非股东公司利益相关者去与股东进行谈判并支付补偿。因此,在公司契约论看来,非股东公司利益相关者获得的这种保护是对于股东利益和契约精神的不当侵犯。

但是,公司契约论没有注意到,除了契约机制外,实际上还有一个影响股东福利的变量,即先契约的权利界定的内容和偏袒性问题,这个变量非常重要,因为契约机制就是在这个权利界定的背景下运行的。譬如,与保护员工工作稳定性的规则相比,允许公司随意解雇的规则更加有利于增加股东的福利。这是因为,如果允许公司随意解雇的规则被推翻(即缺省性规则变成保护员工的工作稳定性),那么,股东就会失去解雇员工的自由权利(即使解雇会增加股东的福利),而且,股东将不得不为解雇行为向员工支付补偿。这些权利规则的偏袒性问题——要么偏袒股东,要么偏袒非股东的公司利益相关者——对于股东与非股东公司利益相关者的福利具有重大的影响。

因此,支持股东利益的公司契约论需要意识到,契约自由不是公司契约论与公司社区论之间的唯一争议点。除了基于契约自由的私人安排机制之外,公司契约论实际上还有一个要素,即先契约的权利配置结构,该结构的正当性也需要予以阐明。

公司契约论正是在此处存在一个重大问题。其标准的应然性准则——契约自由——没有为先契约的权利配置结构提供正当性基础。现行的权利配置结构并不是当事人各方通过谈判达成的协议,故无法利用契约自由准则进行价值评判。换言之,先契约的权利配置结构与契约机制是两个不同的阶段,就后者奉行的契约自由准则而言,前者不管是偏袒股东还是偏袒非股东公司利益相关者,在所不问。无论在哪种权利配置结构下,都可以将公司视为一个契约联结体,包括公司法和普通法提供的标准形式的缺省性条款,但关键是,这些缺省性条款在不同的权利配置结构下将有不同效果。公司契约论需要寻求其他方法来为现行的权利配置结构进行辩护。

公司社区论能够克服上述理论问题,它并不认同以下观点:初始的权利配置结构无关紧要,因为当事人可以通过谈判最终达到有效率的安排。公司社区论认为,即使最终通过谈判可以达到有效率的安排,一个要求股东为非股东公司利益相关者的损失支付补偿的规则实际上是让股东将其财富最大化目标的相关成本内部化。假设诸如解雇等结果是有效率的,受益者就能够通过向受害者进行补偿而最终实现解雇目标。在其他考虑因素不变的情况下,从公平的角度来看,有必要设计这样一个初始的权利界定规则:要求受益者对于受损者进行补偿,而不是受益者独占所有的利益,完全将成本留给受害者。[33]

但是,当在很多情况下交易成本高企以至于当事人无法进行谈判时(这在现实中似乎是常态),经典的法经济学观点就是运用效率准则去决定先契约的权利界定。根据这个观点,虽然初始的权利配置结构本身并不是当事人谈判的产物,但应当去复制一个如果当事人谈判所可能达成的结构。法律应当模仿一个有效运行的市场,将权利配置给那些更珍视它们的人。[34] 表面上看,公司契约论试图通过效率准则为现行的初始权利配置结构进行辩护,但实际上仍然运用了支撑契约机制的同一价值标准,即基于谈判机制的个体自治和自由选择,区别只在于这里的谈判是一个假想模型而已。

本文不想进一步讨论公司契约论试图通过效率准则为现行的初始权利配置结构进行辩护的做法。但应当指出,效率准则是否真地能够提供一个明确的标准,颇值怀疑。理论上讲,应当将权利配置给那些更珍视它们的人,但在具体操作上,通常很难判断股东和非股东公

---

[33] 如果缺省性规则是让员工享有工作稳定性的权利,员工的策略就可能是阻止股东去解雇员工,即使股东愿意为解雇支付补偿。然而,如果只是将员工的这种权利规定为一种责任条款(即员工有权获得解雇的补偿),而不是产权条款,那么,员工保护的力度就会大打折扣,因为股东仍然可以解雇,只不过需要支付补偿而已,这个补偿数额通常是法院根据一个客观标准进行确定。

[34] 参见例如,Richard A. Posner, *Economic Analysis of Law* 45(3rd ed. 1986)。

司利益相关者之间到底哪一方对于某一项权利更为珍视。比如,判断的标准是谁愿意支付更高的价款去获得该项权利,还是谁将要求一个更高的价款去放弃已经获得的权利?这两个标准是不同的,导致的最终结果也自然会不同。[35] 即使大家都选择运用同一个标准,对于现行的权利配置结构是否符合效率准则的问题仍然会有争议。比如,现行的权利配置结构偏袒股东,当股东认为解雇符合自己利益的时候就会选择解雇员工,但是,谁能确定员工对于工作稳定性的珍视程度就低于股东对于解雇权利的珍视程度呢?人们对于投资回报的珍视程度就一定高于他们对于工作稳定性的珍视程度吗?

除了上述的问题之外,公司社区论还有一个更为重大的反对理由,即反对将效率准则作为评判初始权利界定结构是否具有正当性的标准。基于市场交易的分析进路实际上接受了目前各方当事人之间在财富和谈判力量方面存在不平等的现状,而初始权利界定是根据法经济学理论而做出的,因此,那些愿意并能够为某项权利支付价款的人就可以获得这项权利。虽然其他人更加珍视这项权利,但他们无力支付相应价款,从而成为初始权利界定中偏袒性问题的受害者。当然,这是市场机制必然产生的结果,因为市场机制就是让当事人自由竞争、弱肉强食。如果交易成本不是太高,而且股东对解雇权利的珍视程度高于员工对于工作稳定性的珍视程度,那么,股东终将获得解雇员工的权利,除非法律介入予以禁止。

基于市场交易的分析进路不仅认同各方当事人在财富和谈判力量上的不平等现状,而且其有利于股东的最终结果可能进一步加剧财富差距问题。交易成本和员工需要在事前对于保护范围进行详细界定的负担使员工难以进行自我保护,而这反过来让股东受益。另外,在员工能够通过谈判获得保护的场合,由于不能完全预判未来情况,

---

[35] 参见 Duncan Kennedy, "Cost-Benefit Analysis of Entitlement Problems: A Critique",33 *Stan. L. Rev.* 387,401 -421(1981)。

出于谨慎的考虑，员工将购买过度的保护。这种过度支付将加剧现有的财富分配不平等的问题。

公司契约论在处理权利配置问题时通常都不考虑财富差距方面的因素，故为此饱受诟病。其理论假定是，员工要想获得工作稳定性，就应当支付相应价款。这当然是一个值得商榷的规范性观点，但传统的公司契约论学者通常都将其视为理所当然的标准。

公司契约论学者需要意识到，现有的权利配置结构中存在的偏袒性问题是有利于股东利益的；同样，公司社区论学者也需要意识到，契约自由并非唯一的问题，甚至也不是主要的问题。相比于公司法要求非股东公司利益相关者通过契约获得自我保护的做法，先契约的初始权利配置结构的偏袒性问题对于非股东公司利益相关者的利益损害程度更大。现有的财富差距问题已经让非股东公司利益相关者处于劣势，而这些偏袒性问题又产生了谈判力量方面的进一步劣势。将这些偏袒性问题扭转过来将有助于缓解这些劣势。因此，公司社区论学者可以考虑借用公司契约论的公司法研究进路，但需要进行改造，即适当改变先契约的初始权利配置结构，从而重新界定股东与非股东之间的法律关系。公司契约论基于效率准则的公司法分析方法实际上远没有很多人——既包括公司契约论的支持者，也包括批评者——认为的那样确定。

七、结论

公司社区论的法律改革策略主要有两个，但都没有获得那些担心股东财富最大化目标可能侵害非股东利益的人士的完全支持。以多重信义模式重构公司管理层义务体系是目前最为常见的观点，然而，无论该模式在理论上有多吸引人，公司社区论学者还是没有令人信服地阐明该模式在实践中能够有效运行。另一个策略是试图改造公司契约论的分析框架以实现公司社区论的目标，如甄别默示的契约条款或构建假想的谈判交易。这种改良版公司契约论的策略也有重大问题,因为它最终接受了各方当事人谈判力量不平等的现状。通过借用公司契约论的分析框架,这些公司社区论学者实际上背叛了公司社区论的独特品格。公司社区论反对公司契约论的契约机制理念,即契约机制是权利、义务的正当性基础,非股东公司利益相关者只应获得那些他们有能力通过谈判和支付价款而获得的权利。

我在本文提出,传统公司契约论对于各种公司利益相关者之间关系界定的主要问题是,先契约的初始权利配置结构偏袒股东利益,而且这种结构本身并不是当事人的谈判结果。一旦公司社区论学者意识到这个问题,他们也就会明白,关于非股东公司利益相关者保护问题的很多法律改革目标都可以通过纠正现行的初始权利配置结构的偏袒性问题而得以实现。本文在此不想进一步讨论这个新型的初始权利配置结构应当如何具体构建,而只是指出一个新的改革策略,此策略既不同于监管性的多重信义模式,也不同于改良版公司契约论的默示或假想契约条款的路径。虽然这个新的策略肯定会遭到传统公司契约论学者的反对,但它并没有威胁到公司契约论通过契约机制构建公司治理结构的核心理念。确实,在这个新策略下,需要改革的只是先契约的初始权利界定,而谈判和契约机制的地位和运用空间被完整保留。因此,这个新策略无须彻底颠覆公司契约论的现有理论分析模式,仍可以通过契约机制去处理公司各种利益相关者之间关系的界定问题,但是,由于分析的起点不同,即先契约的初始权利界定结构不同,故其最终得出的结果也就不同。

公司法的团体生产理论

玛格丽特·M. 布莱尔* 林恩·A. 斯托特**

一、引言

谁拥有公司？今天，大多数的经济学家和法学

---

* 乔治敦大学法律中心客座法学教授；布鲁金斯法学所高级研究员。

** 乔治敦大学法律中心法学教授。本文的部分研究经费来源于 Alfred P. Sloan Foundation 和 Brookings Institution's Project on Corporations and Human Capital。我们在此对他们表示感谢。本文的早期版本在以下机构所举办的研讨会上提交过：Annual Meeting of the American Law and Economics Association, the Brookings Institution, Columbia University School of Law, Georgetown University School of Law, the Eastern Economic Association, Northwestern University School of Law, the Russel Sage Foundation. 我们向在以上研讨会上对本文提出宝贵意见的与会者表示感谢。我们还需要对以下人特别致谢：Masahiko Aoki, David Charny, Jeffery Gordon, Claire Hill, Larry Mitchell, Luigi Zingales。Stephen Bainbridge, John Coates, Lynne Dallas, Robert Frank, Robert Gibbons, David Haddock, Robert Hamilton, Henry Hansmann, Michael Klausner, Reinier Kraakman, Donald Langevoort, Gary Miller, Geoffrey Miller, Eric Orts, Roy Schotland, Steven Thel 和 Randall Thomas 等人也对于本文的早期草稿提供了重要的反馈意见。我们还感谢 Rohit Bhoothalinham, Matthew Gilroy, Gabriel Loeb 和 Hannah Zwiebel 等人的研究协助。本文的观点仅是我们的个人观点，而不应当被归结到布鲁金斯法学所及其工作人员和负责人、本文的经费提供者，和乔治敦大学法律中心。

家都倾向于这样回答：股东拥有公司。当代关于公司治理问题的主流观点是，公众公司就是股东拥有资产的集合，股东（被代理人）聘请董事和经理（代理人）以他们自己的名义来管理那些资产。① 基于这种代理关系模式，公司法研究中出现了两个主要课题：第一，公司法所讨论的中心经济问题是通过使董事和经理忠诚于股东利益，从而降低代理成本；第二，公众公司的主要目的是，或者应当是，使股东财富最大化。

在本文中，我们用主流的公众公司代理关系模式及其基础性理念，即股东财富最大化目标，来研究公司法问题。因为公司是法律拟制的团体，只能通过代理人来从事生产经营，所以，从事公司法研究和实践的人经常会遇到代理人忠诚问题。公众公司（public corporation）并不是唯一通过代理人来运行的商业组织，其他组织形式，包括合伙、私有企业（proprietorship）、封闭公司（privately held corporation）和有限

① 关于代理关系模式的学术研究文献非常多，我们不能在此尽述。不过，在经济学领域中，关于代理关系模式的主要文章有：See，e. g.，Eugene F. Fama，"Agency Problems and the Theory of the Firm"，88 *J. Pol. Econ.* 288（1980）；Eugene F. Fama & Michael C. Jensen，"Separation of Ownership and Control"，26 *J. L. & Econ.* 301（1983）；Michael C. Jensen & William H. Meckling，"Theory of the Firm：Managerial Behavior，Agency Costs and Ownership Structure"，3 *J. Fin. Econ.* 305（1976）。法律学者从这个角度来讨论公司问题的例子包括：Frank H. Easterbrook & Daniel R. Fischel，*The Economic Structure of Corporate Law*（1991）［以下称作 Easterbrook & Fischel，Economic Structure］；*Foundations of Corporate Law*（Robert Romano ed.，1993）；Lucian Arye Bebchuk，"Feudalism and the Corporation：The Desirable Limits on State Competition in Corporate Law"，105 *Harv. L. Rev.* 1435（1992）；Bernard S. Black，"Shareholder Passivity Reexamined"，89 *Mich. L. Rev.* 520（1990）；Victor Brudney，"Corporate Convergence，Agency Costs，and the Rhetoric of Contract"，85 *Colum. L. Rev.* 1403（1985）；William L. Cary，"Federalism and Corporate Law：Reflections Upon Delaware"，83 *Yale L. J.* 663（1974）；Frank H. Easterbrook & Daniel R. Fischel，"The Proper Role of a Target's Management in Responding to a Tender offer"，94 *Harv. L. Rev.* 1161［以下称作 Easterbrook & Fischel，Responding to Tender Offer］；Ronald J. Gilson & Reinier Kraakman，"Reinventing the Outside Director：An Agenda for Institutional Investors"，43 *Stan. L. Rev.* 863（1991）；Henry G. Manne，"Mergers and the Market for Corporate Control"，73 *J. Pol. Econ.* 110（1965）；Ralph K. Winter，Jr.，"State Law，Shareholder Protection，and the Theory of the Corporation"，6 *J. Legal Stud.* 251（1977）.

责任公司(limited liability company),也通常通过聘用经理和员工来从事生产经营。因此,虽然代理问题对于理解商业组织非常重要,但是我们怀疑,这个问题对于公众公司的理论研究是否特别有帮助。我们提出了另外一个研究公司法的方法,即团体生产方法(team production approach)。我们认为,这种方法可以比公司的代理关系模式更深入地解释适用于公众公司的特殊法律原则和这些商业组织在美国经济生活中所扮演的独特角色。

在经济学研究文献中,团体生产问题被认为产生于以下情形:生产活动要求两个或更多的个人或群体的共同投资和协调努力。② 如果团体成员的投资是与具体企业相关的(firm-specific,也就是说,一旦投入某个项目就很难复原),并且,如果企业的产出不具有可分性(意味着很难将团体产出中的某个具体份额归结于任何一个具体成员的工作贡献),在决定应当如何划分团体生产所产出的任何经济盈余时就会导致严重问题。事前关于利润的分配规则会导致渎职行为(shirking),③而事后关于分配收益的方法会引发机会主义的寻租行为(rent-seeking)④,这种寻租行为会侵蚀甚至破坏团体生产所带来的经济收益。然而,通过明示契约来界定单个团体成员的责任和报酬,从而阻止渎职行为和寻租行为的方法不太可行,尤其是当团体生产的程序复杂、持续或不确定时。

虽然团体生产问题没有像代理关系问题那样得到很好的研究,但是我们认为前者可以为理解公众公司的经济和法律功能提供更加适当的基础。我们的分析基于股东不是对公司生产提供资源投入的唯

---

② See,e.g.,sources cited infra notes 33,40(讨论了团体生产问题)。

③ “渎职”发生于以下的情形:当个人无法尽最大努力来确保合作项目的成功时,他们就会搭其他人努力的“便车”。

④ “寻租”是指这样一种情形:团体中的个人花费时间、金钱和其他资源来争夺总体数量固定的财富,实际上是为了一个固定规模的整体资产中的具体个人份额而相互争斗。因为寻租行为自身代价高昂,其结果是减少了可用于分配的整体财富。

一群体的观点，这种观点甚至被主张代理关系模式的公司法学者所接受。[⑤] 公司管理人员、普通员工甚至债权人或者当地社区也对公司作出重要的贡献，并且享受公司成功所带来的收益。另外，在这样一种情形下，我们不可能通过明示契约来事前分配公司中不同团体成员的报酬和责任，从而阻止他们的渎职行为和寻租行为。因此，我们认为，这个问题最好由一个明示契约方法的替代性制度来解决，这个制度就是公众公司法。

我们认为公众公司法可以提供次优的解决团体生产问题的方法，[⑥]因为它允许希望从团体生产中获益的理性人（rational individuals）通过选择内部的公司治理结构，来避免渎职和"寻租"行为。我们将这种内部治理结构称为"协调性层级制度"（mediating hierarchy）。本质上，协调性层级制度要求团体成员将一些重要的权力（包括对于团体共同产出和团体投入的财产权，比如，金融资本和与具体企业相关的人力资本）让渡给公司设立行为所产生的法律实体。换言之，公司资产不属于股东，而是属于公司本身。在公司中，对于那些资产的控制权由内部层级的管理者来行使，他们的工作是协调团体成员的活动，分配公司产出和调停团体成员在收益分配上的纠纷。这种层级制度中的最高层是公司董事会，他们支配公司资产的权力是本质上绝对的权力，并且正如后文所述，他们相对于单个团体成员的独立性受法

---

⑤ See, e. g., Easterbrook & Fischel, *The Economic Structure of Corporate Law*, supra note 1, at 35 –39（指出公司其他利益相关人也进行与具体企业相关的投资，但是，保护股东财富最大化是因为非股东群体可以通过合同足以保护自我利益）；Jonathan R. Macey, "Externalities, Firm-Specific Capital Investments, and the Legal Treatment of Fundamental Corporate Changes", 1989 *Duke L. J.* 173, 188 –192（同上）。See generally infra note 61 and accompanying text（讨论了股东和其他利益相关人如何投入与具体企业相关的资源）。

⑥ 在经济学中，如果最优方法所必需的一些条件被违反，次优的方法就能够获得最佳产出。See, e. g., Kelvin Lancaster & Richard G. Lipsey, "The General Theory of the Second Best", *in Trade, Markets and Welfare* 193, 193 – 220 (Kelvin Lancaster ed., 1996).

律保护。[7]

公众公司的团体生产模式强调和解释了其他模式难以说明的董事会的重要经济功能。管理公众公司的责任最终落到董事会手中的观念是美国公司法的基本特征;[8]确实在某种意义上,独立的董事会是公众公司之所以成为公众公司的关键机构。[9] 然而,虽然董事会是公众公司法的核心,但它也导致了代理关系模式下的很多烦恼的问题。在公众公司中,股东对董事的权利和权力在理论上和实践上都受到重大的限制,其结果是,公众公司的董事享有非常大的自由裁量权,从而能够以股东利益为代价来追求其他目的和支持其他利益相关人,尤其

---

⑦ 一旦这种公司内部治理结构适当,法院就会给予公司广泛的自由裁量权,并且拒绝介入公司的内部层级组织关于如何使用其投入和分配其产出而导致的纠纷。因此,公司团体成员之间进行的交易与在市场中个人之间的契约和其他交易之间的最显著区别在于,法院拒绝介入前者的纠纷。参见下文 三(三)。(讨论了法律何时允许和不允许法官介入公司内部决策)。

⑧ See,e. g. ,Del. Code Ann. Tit. 8, § 141 (1974 & Supp. 1996). 在 20 世纪的大部分时间里,普通法和州法都要求设立董事会来管理公众公司。See Jeffrey N. Gordon, "Shareholder Initiative and Delegation: A Social Choice and Game Theoretic Approach to Corporate Law",60 *Cincinnati L. Re.* 347,348 -49 & n.7 (1991). 在 20 世纪 60、70 年代,一些州修订了他们的法律,允许公司在其章程中包含与州法相反的条款。然而,现实中这样的条款在公众公司中并不存在。Id. ,at 349 & n. 7. 相反,很多州允许封闭公司中的股东直接管理公司,而不是通过选举出的董事会来管理。See. e. g. ,Del. Code Ann. Tit. § §8,350, 351 (1974) (描述了允许封闭公司中的股东不通过董事会而直接管理的特别规则)。并且,封闭公司经常采用各种措施以确保股东对于公司的直接控制。See Robert Charles Clark, Corporate Law 781 -782 (1986) (描述了封闭公司中的股东如何采用制度安排来限制董事的自由裁量权,这些方法在公众公司中是不允许的)。

⑨ 独立董事会是公众公司区别于其他企业形式的最重要的特征之一。有限合伙,有限责任公司("LLCs")和封闭公司都限制投资者的责任,不要求他们通过董事会来从事生产经营;合伙,有限责任公司和封闭公司为集合性的投资提供了机制,投资者有时可以自由转让股份;封闭公司和一些有限合伙可以永久存续;并且,实际上,所有的企业形式都允许其所有人可以将管理公司的日常事务委派给企业所聘用的专业人员。相反,大多数成员都来自公司外部的董事会治理方式通常只有在公众公司中才存在。

公众公司的第二个独特特征是发达的、流动的二级股票市场的存在,投资者可以在市场上方便地卖出股票。See infra text accompanying notes 193 -194 (认为公众公司的演变过程反映了公司股票流动性的优势而不是团体生产的优势)。

是管理层自身的利益。[10] 这一现实提出了一个难题，其至少从阿道夫·伯利(Adolf Berle)和加蒂勒·梅因(Gardiner Means)时起就已经吸引了公司法学者。[11] 这个难题是，公众公司中广泛分散的股东如何能够确保董事使用手中的权力来促进股东利益？[12]

学者们对这个问题一般有两种反应。第一个反应是，尽管对董事的法律约束很弱，但是，市场的约束，包括产品市场，资本市场和公司控制权市场等，能够确保董事关注利润最大化和股票价值。[13] 第二个反应就是批评董事自由裁量权的低效率，并且将那些授予公司董事很大自由裁量权的法律规则称为“向监管底线赛跑”(race to the bottom)的立法。美国各州通过这种有利于公司董事和管理人员控制公司的立法而吸引公司在本州设立。[14] 然而，应当指出，这两种反应认为董事应当毫无例外地为股东服务。这两种观点的倡导者都倾向于将弱化股东对董事控制的法律变革(比如，反收购立法或者公司利益相关人法律)看作糟糕的公众政策。因此，这两种观点都反映了“股东至上的原则”(shareholder primacy norm)，这一原则在法学和经济学研究中占

---

⑩ 学者们有时使用“管理层”一词来不加区分地同时指代公司董事会和其他高级管理人员。这一做法可能反映了这样的一个普遍事实，即公众公司的董事会包括与公司没有其他联系的“外部”董事和同时被雇用为公司管理人员的“内部”董事，然而，基于本文讨论的目的，有必要明确这两种不同角色在形式上的差别。

⑪ Adolf A. Berle, Jr. & Gardiner C. Means, *The modern Corporation and Private Property*(1932).

⑫ 同样，大量的研究文献怀疑公众公司中所有权和控制权相分离所带来的生产效率。See, e. g., sources cited supra note 1.

⑬ See, e. g., Foundations of Corporate Law, supra note 1; Winter, supra note 1; Fama, supra note 1; Fama & Jensen, supra note 1; Jensen & Meckling, supra note 1; Manne, supra note 1. See generally Roberta Romano, “The State Competition Debate in Corporate Law”, 8 *Cardozo L. Rev.* 709(1987)(讨论了各州之间对公司税收的竞争如何导致了对公司行为法律限制的有限性)。

⑭ See, e. g., Bebchuk, supra note 1; Brudney, supra note 1; Cary, supra note 1.

据重要地位已经有好几十年,但是在最近 20 年才占据统治地位。⑮

团体生产模式对于为什么公司法授予公众公司的董事那么大的权力这一问题提供了另一种答案。具体而言,公众公司由董事会来管理已经演变为不是为了降低代理成本,实际上,这种法律要求有可能加大代理成本,相反,其是为了鼓励对于某些形式的团体生产很必要的与具体企业相关的投资。换言之,公司董事会的存在不是为了保护股东的利益,而是为了保护公司团体所有成员的与具体企业相关的投资,公司团体成员包括股东、经理、普通员工、可能还有其他群体,如债权人。因为这种观点对于目前在理论界已经占据统治地位的股东至上原则提出了挑战,因此,我们的分析与近年来"社区主义者"(communitarian)和"改良主义者"(progressive)学派的公司法学者提出的观点相类似,这些公司法学者认为公司法应当要求董事不仅为股东利益服务,而且要为员工、消费者、债权人和公司其他利益相关人服务。⑯

---

⑮ See, e. g., Bernard Black & Reinier Kraakman, "A Self-Enforcing Model of Corporate Law", 109 *Harv. L. Rev.* 1911, 1921(1996)("对股东而言,公司价值最大化的效率目标就是公司法的主要功能。"); Deborah A. DeMott, "Beyond Metaphor: An analysis of Fiduciary Obligation", 1988 *Duke L. J.* 879, 917(认为公司利益一般与股东利益相一致); Roberta Romano, *Corporate Law and Corporate Governance* 2 - 3(1996)(未发表手稿,弗吉尼亚法律评论杂志社有存档)("董事会代表股东利益,而不是其他利益相关人的利益。"); D. Gordon Smith, "The Shareholder Primacy Norm", 23 *J. Corp. L.* 277(1998); infra text accompanying notes 198 - 206(讨论了为什么股东至上原则在近 20 年这么深入人心)。

⑯ See, e. g., Lawrence E. Mitchell, "A Theoretical and Framework for Enforcing Corporate Constituency Statutes", 70 *Tex. L. Rev.* 579, 630 - 643(1992)(认为法院应当修改公司法,授予股东当其利益受到公司行为损害时,可以起诉董事的权利); Marleen A. O'Connor, "The Human Capital Era: Reconceptualizing Corporate Law to Facilitate Labor-Management Cooperation", 78 *Cornell L. Rev.* 899, 936 - 965(1993)(认为应当修改公司法来鼓励员工代表进入董事会和有权起诉董事); see also Daniel J. H. Greenwood, "Fictional Shareholders: For Whom Are Corporate Managers Trustees, Revised", 69 *S. Cal. L. Rev.* 1021, 1023(1996)("实际上,几乎所有社区主义者都认为,公司法的唯一任务就是确保经理作为股东的代理人而行事。"); cf. John C. Coffee, Jr., "Unstable Coalitions: Corporate Governance As a Multi-Player Game", 78 *Geo. L. J.* 1495(1990)(讨论了股东在公司中的角色); David Millon, "Theories of the Corporation", 1990 *Duke L. J.* 201, 261 - 262(称赞了那些支持董事使用自由裁量权保护非股东利益的判例法)。See generally *Progressive Corporate Law*(Lawrence E. Mitchell ed., 1995)(评述了公司法学者近来的非传统的研究方法)。

但是,我们认为,我们的协调性层级制度研究方法,即认为公众公司法律作为一种团体成员发现订立明示契约很困难和不可能解决问题的一种替代机制,其与将公司法看作“契约群”(nexus of contracts)的方法相一致。[17] 并且,我们的观点具有极为不同的政策内涵:改良主义学派认为公司法应当变革为使董事对公司利益相关人更加负责,协调性层级方法认为董事应当不受股东或其他利益相关人的直接控制。

因此,我们认为比起集中于代理问题的公司法契约理论,协调性层级制度理论对于公司的解释与公司实际运行的方式更加一致。这是因为现代的倾向于将股东看作公司所有人而将董事看作他们的代理人的观点,掩盖了一些区分公众公司和其他难以用代理理论进行解释的商业组织形式的主要法律原则。公众公司法的这些根本性的、用代理理论难以解释的特征可以被解释为对团体生产问题的应对措施。具体而言,在公司成立时所建立的“协调性层级制度”目的和效果是,使公司董事不受包括股东在内的组成公司的任何团体成员的直接命令和控制。虽然这种法律结构可能提高代理成本,但是,对于团体生产中的契约订立问题提供了一种有效的(虽然是次优的)解决办法。

本文结构如下:第一部分回顾了企业的传统经济理论,并且认为公司的传统分析倾向于使用以下两种主要方法:第一是代理关系分析,集中讨论了订立明示契约以确保董事忠诚的困难之处;第二是财产权分析,考察了财产权如何通过将最终控制权授予契约一方来克服契约订立的问题。在讨论了为什么这两种方法在理解公众公司时作用有限之后,

---

[17] 将公司视为“契约群”的观点认为,公司中的各种关系应当被理解为共同工作并寻求共同利益的团体之间一系列纷繁复杂的关系,即使公司中所有关系不是都有必要在契约中完全讲清楚。正如一些学者所指出,这种契约观点如此宽泛,实际上包括所有自愿的社会安排。See, e. g., Robert C. Clark, “Agency Costs versus Fiduciary Duties”, in *Principals and Agents: The Structure of Business* 55 (John W. Pratt & Richard J. Zeckhauser eds., 1985). 把公司和公司中的层级治理结构看作契约的制度替代物,就像财产权是契约的制度替代物和必要的先决条件一样,这种观点可能更有道理。然而,我们将公众公司的协调性层级模式放在传统的公司契约群理论中讨论,是因为在这种模式中,团体成员自愿选择服从公司层级,将其作为一种有效的制度安排,从而促进他们的自身利益。

第一部分就进入了对于第三种(并且,我们认为其更有价值)方法的讨论,这个方法就是团体生产分析(team production analysis)。第一部分介绍了团体生产方法,并解释了其为什么比代理关系方法能够更好地反映公众公司背后的根本经济问题。然后,评述了解决团体生产问题的一些可能方法,如将财产权授予团体成员,并且,我们得出了在公司背景之下这些方法不会很好运作的结论。因此,我们提出了另一种解决方法:协调性层级制度方法(mediating hierarchy),协调性层级制度中的团体成员通过自愿将对于与具体企业相关的投入和产出的重要权力让渡给本身并不是团体成员的、中立的决策者,从而解决团体生产中固有的契约订立问题。第一部分考察了协调性层级制度方法是如何反映在现代公众公司的结构中,并简要地对团体生产方法提出了一些注意问题。

本文第二部分通过评述公司法的基本结构,来评价其与协调性层级制度方法的一致性,并且发现,用协调性层级制度方法来分析公司,能够为区分公众公司和其他商业组织形式的一些重要法律规则提供理论解释。具体而言,第二部分讨论了协调性层级制度方法如何解释以下问题:(1)为什么法律将公众公司的董事看作受托人(trustees),而不是代理人(agents)。(2)公司独立人格的原因和派生诉讼的程序。(3)信义义务规则的基本结构,包括忠诚义务的狭窄适用范围,和“商业判断规则”。商业判断规则使董事可以免受大多数因违反注意义务的起诉,即使当他们故意损害股东利益来服务其他利益相关人的利益,或者采用商业策略间接使自己受益时。(4)为什么股东投票权在理论与实践中非常有限。此外,第二部分也探讨了公司协调性层级制度方法如何解决让董事为公司利益服务的问题。

本文第三部分分析了公司作为解决团体生产问题的一种方法中,并得出了一些初步结论。首先,团体生产方法可以帮助解释以下问题,即为什么那么多的大型企业采用公众公司形式,而不是合伙、有限责任公司、封闭公司或者其他赋予投资者更大控制权的商业组织形式。具体而言,公众公司在我们的经济生活中占据统治地位的事实本身就可能是团体生产中契约订立问题普遍存在和代价高昂(实际上,可能比代理问题代价更高昂,因为代理问题可以通过其他商业组织形式来加以解决)的证据。其次,团体生产理论通过关注公众公司的核心本质,提出了公司法未来研究的方向,也就是说,公司运行的政治环境和影响公司决策程序的压力。最后,团体生产方法为理解以下两种现象提供了方法:一是股东至上原则在法学界和社会上关于公司治理问题争论中的兴起;二是公司股东群体近年来开始在董事会中享有不断增长的政治力量。[18] 协调性层级模式认为,这些变化不是来自股东作为公司所有人的道德和法律权利,相反,来自经济的变化和公司团体成员内部相对政治力量的变化。这些变化给了股东相对于其他利益相关人更大的经济上和政治上的谈判权。那些基础性的经济和政治因素可能再次逆转回去。因此,尽管股东至上的观念在学术界越来越受到欢迎,但是,我们支持以下事实,即迄今为止,公司法自身已经摒弃了股东至上原则并且拒绝赋予股东对董事的法律控制权。这种制度安排不是提出了一个问题,而是对团体生产所固有的契约订立问题指明了一个精巧的(如果是次优的)问题解决办法。

二、公司的经济理论

企业经济理论的一个核心问题是:企业为什么存在?换言之,为什么通过层级治理结构,而不是通过一系列市场交易来组织企业运作。在罗纳德·科斯(Ronald Coase)关于企业本质问题的开创性文章

⑱ See infra note 200 and accompanying text(讨论了近年来股东力量的显著增长)。

之后，[19]关于这个问题的学术研究已经形成了三种主要思路，每一种都关注企业组织生产活动的不同方面。第一种思路讨论了当一个人雇用另一个人为其利益行事时所产生的契约订立问题(代理理论)；第二种思路考察了在代价太昂贵而不能订立和执行全部契约时与协调性生产活动相联系的问题，并且，特别关注财产权作为弥补契约方法不足所起的作用(财产权方法)；第三种思路认为协调性层级制度可以在监督渎职行为方面起作用，渎职行为产生于协调性的团体生产(团体生产方法)。

目前的法学和经济学研究着重强调前两种思路，并且，实际上，这些关于组织企业生产的思维方法已经提供了非常有价值的关于企业内部运作的见识。但是，我们认为当代理理论和财产权方法适用到公众公司中，它们在很多重要方面是不完全的。因此，迄今被忽视的团体生产方法能够清楚地阐明现代公众公司的根本经济本质和公众公司中有可能产生的公司治理问题。具体而言，我们论述了公众公司理论作为解决团体生产的一种方法，如何能够解释公司法的一些重要方面，而主张代理理论和财产权方法的学者已经发现公司法的这些方面难以解释。然而，在此之前，我们简要地描述了代理理论和财产权理论，并且阐明了这些理论如何促成了所谓的“总设计的代理关系”(grand-design principal-agent)模式的公司模式兴起。

---

⑲ See generally R. H. Coase, “The nature of the Firm” (1937), in *The Nature of the Firm: Origins, Evolution, and Development* 18, 20 (Oliver E. Williamson & Sidney G. Winter eds., 1991)(认为重要的区别是“一种情形下协调是价格机制的功能，而另一种情形下协调则是企业家的功能”)。科斯认为企业生产的一个重要特征是“层级”结构，在此结构之下，需要获得原料和服务的企业家保留了对产品和服务类型和如何进行交付的全部细节的控制权。因此，企业包含一系列关系，当资源的配置方向变得取决于买方时，这些关系便得以形成。Id., at 21. 科斯认为，当订立那些授予产品或者服务的购买者必要控制权的契约过于昂贵和复杂时，企业就产生了。

科斯的分析集中在企业组织形式为什么会存在。但是，我们认为，科斯理论中的企业家通过他和每个员工之间单独的雇佣合同能够解决问题(需要指明或者控制他所购买的产品或者服务)。See infra text accompanying notes 59 – 60. 因此，科斯的理论并没有告诉我们为什么需要“公司”这一具体的企业组织形式。

（一）企业的传统经济分析

1. 代理关系分析

代理关系处理一种特别的双方关系：典型情形是，“被代理人”想完成一些她自己无法完成的事情，通过雇用“代理人”来代表其利益完成那些事情。如果被代理人不能容易地或很好地监督代理人（正如当被代理人无法准确地判断代理人工作质量的时候），或者当代理人实际工作和工作业绩之间存在不确定关系，即受到重要的机遇因素影响时，这种代理关系会导致效率问题。[20] 那么，问题是被代理人如何能够制定一个契约以激励代理人尽其最大努力来实现被代理人的目标。

尽管代理关系模式在分析某些契约关系时非常有用，但其忽视了我们所认为的对公司生产很重要的一些问题。代理关系分析一般认为利益问题会促使代理人去做被代理人想做的事情。但是，研究这个问题的数学模型通常不讨论出现相反情况的可能性，也就是代理人可能会有困难去要求被代理人履行有关交易义务。[21] 这些数学模型也没有讨论代理人的部分工作是判断需要做哪些事情的情形（我们怀疑这种情况在大多数公众公司中是原则而不是例外）。一个相关的问题是，代理关系模式通常假定，在研究特定关系和交易时，谁是被代理人和谁是代理人很清楚。但是，公司内部的许多重要关系可能模糊不清，因为双方都对公司生产有投入，但任何一方都没有凌驾于另一方之上的权力。实际上，正如下文所述，[22]这种根本性的含混不清存在于公司法基本结构之中，并且为寻求更加有用的公众公司理论提供了基础。

---

[20] 比如，一个户主雇用房产代理人帮其卖房所面临的问题。户主很难判断代理人是否尽了最大努力来卖房，并且很难判断如果房子卖出或者没卖出，代理人是否负责任。

[21] See, e. g., Paul Milgrom & John Roberts, *Economics, Organization & Management* 214 –239 (1992)（用了25页的篇幅来讨论订立激励性契约和其他解决典型代理问题的方法，但没有提到如何使代理人执行的问题）。

[22] 参见下文二（二）（讨论公司团体生产理论）。

2. 财产权分析

当双方在长期生产关系过程中相互交往，便产生了第二个有趣的组织问题。订立“完全”契约（complete contracts）以涵括所有可能发生的情形，这种做法通常代价昂贵或者不可能。因此，近年来，经济学者和法学者已经将注意力转移到“不完全”契约（incomplete contracts），特别转移到工作关系中的双方如何消除在长期生产关系中，关于谁做什么和谁得到了什么的隔阂。[23] 已经确定的一种机制将财产权分配给契约的一方，契约赋予这一方拥有对企业中所使用的资产的剩余控制权。

建立在这种观点之上，一些经济学家将企业定义为共同所有权（因此也是共同控制）之下的资产结合。[24] 当企业的这种思维方法被适用到公众公司中，其将公司的所有者（一般被认为是股东）和被雇用的其他相关公司投入的提供者明显地分隔开来。按照这种观点，给予被雇用的相关投入提供者的控制权程度和公司产出的份额被认为已经事先由契约明确规定，而公司所有者在契约义务完成之后，保留全部剩余的资产控制权（residual rights of control）和获得所有的公司剩余资产。

企业财产权理论提供了强有力的见解，并且，可以合理地描述许多私有企业、合伙和封闭公司的组织形式。但这不是公司理论：公司

㉓ 奥利佛哈特（Oliver Hart）和其几个合著者首先分析契约不完全性所带来的问题，并且将其与财产权理论和公司理论联系起来。See infra note 24；Oliver D. Hart, “Incomplete Contracts and the Theory of the Firm”, 4 *J. L. Econ. & Org.* 119；Alan Schwartz, “Legal Contract Theories and Incomplete Contracts in Contract Economics” 76, 76 – 108（Lars Werin & Hans Wijkander eds., 1992）.

㉔ See, e. g., Sanford J. Grossman & Oliver D. Hart, “The Costs and the Theory of Ownership: A Theory of Vertical and Lateral Integration”, 94 *J. Pol. Econ.* 691, 693（1986）（将企业定义为“其拥有或者享有控制权的那些资产集合”）；Oliver Hart, “An Economist's Perspective on the Theory of the Firm”, 89 *Colum. L. Rev.* 1757, 1766（1989）（认为企业是“其拥有的非人力资本和作为企业所有者所拥有的企业资产”）；Oliver Hart & John Moore, “Property Rights and the Nature of the Firm”, 98 *J. Pol. Econ.* 1119, 1120（“我们认为企业就是其拥有的资产”）。

法显然不需要建立公司资产的共同所有权概念。更加重要的是,财产权理论严重虚假地描述了公众公司中股东利益的本质。如果“控制权”是“所有权”在经济上非常重要的特征,那么,在公司资产所有权(因此也是控制权)属于股东的前提之下来构建公司理论,就极其错误地描述了大多数公众公司的本质。[25] 一旦我们认为公司在生产中使用的重要资产之一是“人力资本”,也就是说,知识和经验存在于员工的头脑中,而不是股东手中,那么,将公司看作股东拥有的资产集合的观点看起来就会非常荒诞。[26]

3. 代理关系和财产权的方法结合:协调性层级制度理论(但不是公众公司理论)

在将代理关系方法和财产权方法引入公司理论的过程中,我们已经指出了将以上两种方法作为公众公司理论基础所存在的一些问题。但是,这些模式已经被有时明示地、有时暗示地用以支持公司的传统观点。公司看起来就像图 1 所描述的模式。

在这种观点看来,每个企业都存在一些被代理人,他们是企业用于生产的资产总体的最终所有人。所有人被认为将剩余的资产控制权授予代理人(在公司背景下是董事会),代理人有义务为被代理人的利益而管理资产,这可能是通过更多层次的委托代理关系来实现的。然而,所有生产程序中的利益关系都是垂直的。企业层级制度中的上

㉕ 参见下文三(三)、(四)(讨论股东控制公司资产的法律和实践上的障碍)。对于经济学家而言,所有权的根本特征是赋予所有者剩余的财产控制权。See, e. g., Grossman & Hart, supra note 24, at 693 -694(“我们不区分所有权和控制权,并且,实际上将所有权定义为实施控制权的权力。”);Hart & Moore, supra note 24, at 1120(“我们将公司和公司拥有的资产视为一体,并且认为所有权将对公司资产的剩余控制权授予……”)。

㉖ 由于这些原因,一些学者已经认为公众公司中的股东不能被定性为公司的“所有者”。See, e. g., Stephen M. Bainbridge, “Community and Statism: A Conservative Contractarian Critique of Progressive Corporate Law Scholarship”, 82 *Cornell L. Rev.* 856, 863 n. 22(1997)(因为股东只不过是受公司契约群所约束的资源投入的其中一个来源而已,所以,在公司的契约群理论中,所有权的概念并没有太大的意义);Margaret M. Blair, “Corporate ‘Ownership’: A Misleading Word Muddies the Corporate Governance Debate”, *Brookings Rev.*, Winter 1995, at 16.

级人员可以将一些资产的控制权授予下级人员，但是，所有人员最终都是为了处于企业层级制度中顶层的股东而工作。因此，被代理人被认为是企业的所有人，同时，被代理人在履行其对于所有代理人的契约义务后，所剩余的企业利润也全部归于被代理人。

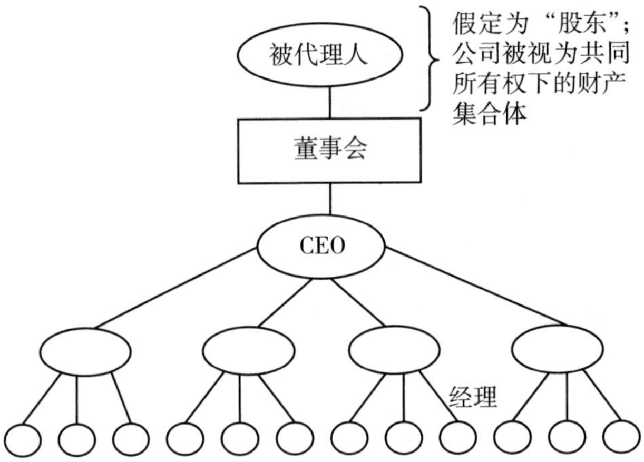

图 1

下文中，我们将这种传统模式称作“总设计的代理关系模式”。[27]近年来，这一模式做了一个很小的修改，已经成为大多数关于公众公司理论探讨的基础，即在层级制度的顶层用股东群体来代替单一股东。并且，由于在金字塔顶层的股东/所有人已经被认为是公司所有利润的剩余资产请求权人，因此，这种模式已经被用来主张董事应当

---

[27] 这个相当笨拙的表述结合了经济学文献中一些相关的观点，来描述我们认为学术界理解公司的最普遍方式是什么。See Bengt R. Holmstrom & Jean Tirole, “The Theory of the Firm”, in 1 *Handbook of Industrial Organization* 61, 107 (Richard Schmalensee & Robert D. Willing eds. ,1989)（指出普通的公司模式是认为“一个广泛的契约订立”，其中，公司所有人对公司的全部层级人员施加了一个总契约，阻止……其成员之间相互订立契约”）；Jean-Jacques Laffont & Eric Maskin, “The Theory of Incentives: An Overview”, *in Advances in Economic Theory* (Worner Hildenbrand ed. ,1982)（从订立契约的角度，描述了限制订立内部成员间契约和形成联盟的组织中的激励机制）；Jean Tirole, “Hierarchies and Bureaucracies: On the Role of Collusion in Organizations”, 2 *J. L. Econ. & Org.* 181, 181 (1986)（“组织可以被看作相互重叠或者交叉的被代理人/代理人关系的网络”）。

以股东利益最大化为唯一目标来管理公司。[28]

应当指出，“总设计的代理关系模式”包括了公司协调性层级理论。虽然经济学家只是刚开始详细地研究公司层级制度的许多功能，但是，他们普遍支持用代理关系来解释公司层级制度的作用。因此，公司层级制度已经被描述为以服务于金字塔顶层的被代理人为目的，比如，通过以下一种机制，即许多处于公司层级制度底层的人收集信息，然后将这些信息加以集中、归纳、传递给公司层级中较高层的人，以使得他们能够最好地理解公司整体情况并作出最佳决策。[29] 同样，在公司制度中，股东将决策权授予董事会的做法已经被认为是有利于股东的最佳利益，因为其考虑到了更加有效的信息和决策程序。[30]

我们认为，公司层级制度在收集和处理信息以及确保专业决策方面扮演了重要的角色(尽管我们认为公司层级制度同时也能起到其他重要的作用，这些我们只简要地讨论)。然而，我们不同意以往研究中对于公司层级制度服务处于公司层级字塔顶层的被代理人的作用的强调。我们认为，这种强调没有正确理解公众公司是什么和为什么企业生产选择以公司形式来运行。问题的核心在于，我们应当认识到，某些生产活动依赖水平关系的程度至少和依赖垂直关系的程度一样。换言之，某些公司目标只能通过共同努力而实现，有时甚至是许多人的共同努力。如果那些参与者的行动和投入得到有效的协调，那么，他们的集体产出就会在数量上不同于，且远远大于每一个人独立工作所能得到的产出之和。然而，由于交易成本和市场缺陷的存在，通常

---

[28] See generally sources cited supra notes 1,15(讨论了股东至上原则)。

[29] See Roy Radner, “Hierarchy: The Economics of Managing”, 30 *J. Econ. Literature* 1382,1405(1992)(评论了关于公司层级制度作为收集和处理信息的组织体系的经济学文献，并且认为“公司层级制度……被认为是代理关系的层叠，每一个管理者作为其下属人员的被代理人而行事，同时，与他自己的上级管理者相比，他又是代理人”);see also Kenneth J. Arrow,“The Limits of Organization” 53 –59(1974)(将组织视为信息处理者)。

[30] See Gordon, supra note 8, at 353 –357; see also Clark, supra note 8, at 781(认为公司法规定董事代替股东来管理公司，是因为“以管理层为中心的公司基本规则避免了股东决策过程的冗长和浪费，并且使得大量复杂的商业运作行为之间的协调更为便利”)。

难以通过非特定的个体交易，甚至一系列明示契约来获得必要的协调。[31]

我们摒弃传统观点的原因是为了强调公司内部协调问题的重要地位，这个协调问题不是产生于自上而下的纵向关系，而是产生于团体成员之间的横向关系。在此背景之下，仍然需要公司层级的治理结构，但是这种治理结构所起的作用是协调这种方式在团体成员之间产生的横向纠纷。因此，当学者在“总设计的代理关系模式”的顶层上简单地用一群股东代替单一股东时，他们掩盖了一些团体组织生产的最有趣也是最困难的问题。更进一步的公司法研究表明，这种替代的意义远远不只是将金字塔顶层的被代理人角色从一个主体变成一群主体。[32] 具体而言，公众公司法实际上取消了被代理人的角色，而代之以一个公司的内部治理结构。这个内部治理结构也就是协调性层级制度（mediating hierarchy），被用来解决某些团体生产形式中固有的横向协调问题。

（二）企业的团体生产分析

1. 团体生产问题的早期研究

我们在阿门·阿尔钦（Armen Alchian）和哈罗德·德姆塞茨（Harold Demsetz）1972 年的论文中发现，经济学家早期热衷于利用团

---

[31] 因此，罗纳德科斯将协调功能看作区分公司生产和原子论式的市场交易（atomistic market exchange）的主要方面。See Coase, supra note 19. 奥利佛威廉姆逊（Oliver Williamson）的交易成本经济学的研究同样利用协调问题作为分析公司层级制度的出发点，将市场作为另一类协调机制。See Oliver E. Williamson, *Markets and Hierarchies and Antitrust Implications*（1975）.

[32] 正如伯利和梅因 60 多年前所指出的，这种做法和将公司利润掰开分给一个大型团体中每个成员的做法，彻底改变了公司中股东角色的基本特征。这种方式实际上废除了“总设计的代理关系模式”中基础性的被代理人和代理人关系。Berle & Means, supra note 11, at 3,35（“迄今为止，那些投资于现代公司的财产所有人将其财产交给那些控制公司的人，也就是说，投资者将其独立财产所有者的法律地位转变成了只能获得投资收益的法律地位……这些资产所有者已经不再要求公司应当只服务于其利益……”）。

体形式来研究组织联合生产的问题。[33] 在那篇文章中，其作者将团体生产定义为这样一种生产，即“生产中(1)使用多种类型的资源……(2)产品不是每一种资源单独产量的简单总和……(3)团体生产中所使用的资源不是只属于某一个人。”[34]比如，一组专业研究人员合作开发一种新药。每个人都做出了不同的贡献：在一些化合物中确定其活性成分和影响人类生理功能的机制；设计产品方法；开发净化程序；检测不良副作用。所有人都希望分享最终将成果商业化而成立一个盈利企业所带来的好处。然而，因为最终的成功产品是他们共同努力的结晶，具有不可分性，所以他们无法判断谁对最终产品的哪一具体部分有所贡献。当所有人对初创企业都必不可少时，谁能说哪一个团体成员的贡献比其他人的贡献更有价值呢？

当谈到设计高效率的激励机制时，这种团体生产提出了一个棘手的问题。如果团体成员根据一些固定的分配规则提前分配公司的利润，显然就会产生“搭便车”问题：每一个团体成员都有动机去逃避责任，因为不管其是否努力工作，他都会得到相同的固定份额。[35] 另一方面，如果团体成员没有事先确定的利润分配规则，而只是同意进行事后分配，那么，当实际分配剩余资产时，所有人都会有动机从事下列行为：导致资源浪费的寻租行为、浪费时间和精力去讨价还价、企图获得总产量中的大部分。因此，两种情形的结果都不理想。

阿尔钦和德姆塞茨认为，协调性层级制度能够解决上述问题。他们提出，在层级生产体系中，团体中的一名成员应当被任命为“监督者”，让他来确保其他团体成员不从事渎职行为。[36] 为了激励监督者更

---

[33] Amen A. Alchian & Harold Demsetz, Production, “Information Costs, and Economic Organization”, 62 *Am. Econ. Rev.* 777 (1972).

[34] Id., at 779.

[35] 如果一个团体成员渎职，团体生产总量就会减少；但是，如果团体中有许多成员，渎职的团体成员就会只承担由于其渎职行为而导致的产量减少的一小部分。

[36] See Alchian & Demsetz, supra note 33, at 781 (“减少渎职行为的一种方法是让某个人专门作为监督者去检查团体成员的表现”)。

好地履行监督职责，应当设计适当的层级制度，以确保其他团体成员能够成为获得与其机会成本（opportunity cost）相一致的固定工资的员工。这样，监督者就获得了所有的剩余回报或利益（当所有员工拿走了他们的固定工资后所剩下的利润）。因此，监督者会有强大的动机来管理渎职行为，同时，付给其他团体成员固定工资，也使寻租行为不可能。

在研究团体生产问题的早期，员工和监督者之间的长期关系被认为几乎无关紧要。[37] 确实如此，因为阿尔钦和德姆塞茨模式具有以下特征，即认为在原子论式的市场（atomized market）中，员工实际上是被雇用的或至少是能够被雇用的无差别的生产资源。换言之，这种模式将员工看作没有特别技能的可替代的单元，并且，更加重要的是，认为员工对团体没有特别投入。因此，在竞争的市场中，所有员工获得与其机会成本相一致的工资，而他们的共同努力所产生的经济盈余都转移给了监督者。[38]

---

[37] See id. ,at 777（“雇主和员工都没有受任何契约责任的约束来维续他们之间的关系”）。

[38] 这种极端的、将劳动力看作纯粹商品的观点认为，团体生产所产生利润的源泉掌握在监督者/企业家的手中，这可能是因为他们控制着工人所使用的机器，或者是他们最清楚如何安排工人和工人之间或者工人和机器之间的关系。因此，当工人被认为是无差别的、可以被相互替换的企业投入者时，以下的做法就可能是最自然的：只付给工人边际机会成本作为工资，而拥有企业所使用的资本设备的企业家则获得所有的经济盈余。See infra text accompanying notes 53 –61（讨论了工人也可以对团体生产进行独特的投入的可能性）。

阿尔钦和德姆塞茨理论的基本前提是，员工没有对企业进行独特投入。这个前提假设反映在他们的以下观点中：用“权力”（power）一词来分析监督者的角色是不适当的。See Alchian & Demsetz，supra note 33，at 777（“企业……没有命令发布权、没有权力、也不能采取惩戒措施，与任何两个人之间的普通市场契约相比，没有哪怕是很小的差异……让一个员工去打印一封信或者将一份文件归档就如同我让杂货店店主卖给我这个牌子的吞拿鱼而不是那个牌子的面包。”）。主张财产权的学者对以下情况的可能性非常关注，即团体生产需要不只一个群体进行与具体企业相关的投资，这些学者已经采用了这个观点来研究问题。因此，奥利佛·哈特（Oliver Hart）和约翰·摩尔（John Moore）认为，如果 A 需要使用被 B 所控制的独特资产，以达到最佳效率，那么，B 就可以对 A 施加相当大的控制权。See Hart & Moore，supra note 24，at 11219（“我们认为，资产所有者拥有的唯一权利是他们可以拒绝让其他人使用资产……我们将会发现，在这个意义上，对实物资产的控制能够间接导致对人力资本的控制。”）；see also Raghuram G. Rajan & Luigi Zingales，“Power in the Theory of a Firm”，113 *Q. J. Econ.* 387（1998）（认为通过对资源使用的控制，团体生产的参与人可以控制其他进行了具体投资的参与人）。

阿尔钦和德姆塞茨模式提出了关于团体成员横向的相互作用能够产生经济收益的理论,并且,通过将团体成员简化为可替代的没有进行与具体企业相关的投资的团体组成部分,将团体生产问题再次理解为纵向的代理关系问题。这样,这种模式就能合理地解释为什么团体中的一方成为"被代理人"。但是,这种理论也回避了以下关于团体生产的最有趣的经济问题,这些问题包括:团体生产中经济盈余的来源是什么,他们怎样才能被最好地利用和配置?我们将重新考虑这些问题。[39]

本格特·霍姆斯乔(Bengt Holmstrom)1982年的文章对于控制团体生产中渎职行为的理论研究做出了又一重大贡献。[40] 阿尔钦和德姆塞茨模式认为监督者能够有效地发现和惩罚员工的渎职行为。[41] 然而,这种假设忽略了代理理论所蕴涵的重要问题,即很难监督代理人。霍姆斯乔通过提出以下问题将团体生产中的搭便车问题和代理成本问题结合在一起:监督者如何能够通过订立雇佣合同来适当地激励团体中每一个成员不从事渎职行为?特别是,霍姆斯乔讨论了是否有可能通过设计一个合同来阻止渎职行为和满足"预算约束"(budget constraint),也就是团体生产中的所有联合产出都必须在团体成员中进行分配。[42]

霍姆斯乔的结论是,不可能订立这样的合同。[43] 他的结论有时被称为"霍姆斯乔不可能原理"(Holmstrom's impossibility theorem)。[44] 尽管霍姆斯乔模式高度精确和抽象,但是,其直觉上是简单的。如果

---

[39] Infra text accompanying notes 47 –48.

[40] Bengt Holmstrom,"Moral Hazard in Teams",13 *Bell J. Econ.* 324(1982).

[41] See Alchian & Demsetz,supra note 33,at 783(指出"公司产生的一个必要条件是,通过监测和指定公司的投入行为来估量边际生产率是方便易行的")。

[42] Holmstrom,supra note 40,at 325 –328.

[43] See Holmstrom,supra note 40,at 327.

[44] See,e. g. ,Gary Miller,Trying the Owner's Hands:The Moral Hazard of Profit Maximization,at 2(July 21,1996)(未发表手稿,存档于弗吉尼亚法学评论杂志社),我们感谢加瑞米勒(Gary Miller)鼓励我们重点注意我们的观点和霍姆斯乔原理之间的联系。

团体成员事先能够明确地知道,不论团体生产所产生的全部盈余的绝对数量有多大,他们都会获得此盈余中的特定份额,如 1/n,那么,对于他们来说,渎职通常是最优的做法,因为他们能够享受到渎职所带来的全部好处,却只承担 1/n 的代价。消除这种障碍因素的唯一办法,就是使每一个团体成员承担其自己渎职行为的全部代价。不幸的是,由于无法逐个地监督团体成员,因此,如果有证据表明团体中某一个成员从事了渎职行为,那么,处理这种行为的唯一办法就是惩罚所有的团体成员(比如,拒绝支付每一个人的工资)。然而,这种团体激励机制破坏了预算约束。如果团体产生了经济盈余,但是其数量并不足够多以致无法证明没有团体成员渎职,那么,未分配的盈余该如何进行分配呢?

霍姆斯乔认为,上述问题的一个可能答案是,安排一个外部人士来享有没有分配给团体成员的任何盈余(或者承担偶然的损失,具体看合同条款是如何规定的),因而“打破预算”(break the budget)。[45]但是,如果团体无法实现其目标,外部人士就会获得意外收获,因此,外部人士应当没有任何的控制权以影响团体努力的结果,这一点非常重要。否则,为了确保团体没有设置相关障碍,从而使盈余全部流入自己的腰包,“预算打破者”就有可能贿赂某一个团体成员去从事渎职行为。

因此,霍姆斯乔认为,这种模式为商业组织中“所有者和员工的分离”提出了一个基本理论。[46] 我们认为“霍姆斯乔不可能原理”相当重要。但是,对于这个原理在公众公司中的一个诠释,即将公众公司中的股东描述为外部的“预算打破者”,将管理人员和普通员工描述为团体成员,我们表示反对。相反,我们认为,股东、管理人员和普通员工都是团体成员,而预算打破者是公司自己。在公司法中,公司是虚拟

㊺ Id. ,at 325.

㊻ Id.

的实体,拥有公司的资产权,并且在其所有的剩余资产支付给股东或者其他利益相关人之前,公司保留这些剩余资产。

2. 重新考察团体生产问题:经济盈余的来源是什么?

为了理解我们的论点,我们有必要回到科斯(Coase)和奥利佛·威廉姆逊(Oliver Williamson)的理论,重新考察他们强调企业层级制度本质的原因。团体生产的本质是团体生产的总量会大于单个团体成员生产的简单总和。但是,这是如何发生的呢?

早期研究中的"总设计代理关系模式"与阿尔钦和德姆塞茨模式都关注了被代理人/监督者和代理人/员工之间的纵向协调机制所产生的企业利润。虽然我们认为这种纵向协调机制是企业利润的重要来源,但是我们倾向于认为团体成员之间的横向相互作用也相当重要。然而,那些提出团体成员之间横向相互作用的经济学家已经几乎没有例外地关注了这些作用中的破坏性因素,比如,团体成员达成的欺骗被代理人的契约。因此,一般而言,团体之间的横向相互作用被认为需要加以约束(如通过"总设计"契约),以确保团体成员服务于被代理人的利益。[47]

然而,在许多情形下,团体成员之间的横向相互作用看起来可能是团体能够生产出比单个团体成员生产之简单总和更多产品的最重

---

[47] See, e. g., Tirole, supra note 27, at 207("在我们的模式中,团体成员间的横向联盟显然降低了纵向结构的效率。这种联盟和他们的执行机制应当被禁止。"); see also Bengt Holmstrom & Paul Milgrom, "Regulating Trade Among Agents", 146 *J. Institutional & Theological Econ.* 85(1990)(集中讨论了代理人之间订立合同的弊端)。有趣的是,许多著名的日本学者对这一普遍原则提出了一些例外情形,即经济学家认为团体成员之间的横向联系具有破坏性(也就是,对被代理人有害),而不是生产利润的一个重要来源。See, e. g., Masahiko Aoki, "The Contingent Governance of Teams: Analysis of Institutional Complementarity", 35 *Int'l Econ. Rev.* 657(1994); Hideshi Itoh, "Cooperation in Hierarchical Organizations: An Incentive Perspective", 8 *J. L. Econ. & Org.* 321(1992).

要原因。[48] 在这种横向关系中,没有明显的"被代理人"和明显的"代理人"。比如,我们合作写作本文,我们彼此之间都不是代理关系。相反,我们进行合作,是因为我们认为从合作中双方都能够受益,并且,制订了我们之间关于谁对什么负责和谁获得什么的详细计划。我们比任何的管理者都清楚,如何去做我们应当尽力做的事情,和我们中的哪一个更加适合做哪一部分工作。我们认为大量的经济生产就是这样运作的。

认为团体成员之间横向相互作用可能是经济利润的一个重要源泉,并不否认横向相互作用也会有破坏性的因素,尤其是团体成员之间浪费资源的寻租行为。然而,对于信奉代理关系模式的学者而言,团体成员共谋、订立私下协议和寻租行为主要是对被代理人的损害。并且,上述行为被认为几乎只能由被代理人通过总合同中精心设计的激励机制来加以解决。[49]

然而,还有另一种方法可以解决这个问题。因为渎职行为和寻租行为会侵蚀甚至破坏团体生产所产生的利润,所以,如果团体成员之间的关系要求他们分享团体利润,那么,基于团体成员共同利益的考虑,他们就会尽力把这种行为减到最少。团体成员怎样才能战胜他们自己的机会主义本能呢?我们认为,当渎职行为和寻租行为的潜在可能性特别明显时,团体成员作为一个团体就有可能选择将对团体资产和产出的控制权交给第三方,这个第三方就是"协调性管理者"

---

[48] See generally David I. Levine, *Reinventing the Workplace: How Business and Employees Can Both Win*(1995)(研究了关于采用员工参与项目和他们对公司业绩影响的实证证据);Roger E. Alcaly, "Reinventing the Corporation", *N. Y. REV. Books*, Apr. 10, 1997, at 38(讨论合作工作方式所导致的公司文化变革);Susan G. Cohen & Diane E. Bailey, What Makes Teams Work: Group Effectiveness Research From the Shop Floor to the Executive Suite(December 1996)(未发表手稿,存档于弗吉尼亚法学评论杂志社)(指出商业组织中越来越多地使用团体这种形式,并且评论了近来关于商业组织中团体问题的研究)。虽然经济学家没有过多关注地团体成员之间横向作用的潜在收益,但是,简梯卢(Jean Tirole)指出,"社会学家已经普遍认同,如果没有团体成员之间每天进行的合作行为,大多数商业组织都会崩溃。" Tirole, supra note 27, at 208.

[49] See generally Tirole, supra note 27; Holmstrom & Tirole, supra note 27.

(mediating hierarch),他的主要职能是,行使这种控制权从而使团体的总体福利最大化。

3. 协调性层级制度作为解决某些团体生产问题的方法

为了阐明这个观点,我们主要借鉴了拉格胡·兰拉简(Raghuram Rajan)和路基·齐格拉斯(Luigi Zingales)近来一篇文章中的一些研究成果。[50] 在那篇文章中,作者提出了两个人,A和B,想成立一个企业时所面临的团体生产问题。然而,在阐明这个问题时,拉简和齐格拉斯很细微地但却非常重要地修正了团体生产的有关分析。具体而言,他们认为,团体生产需要团体的每一个成员对企业进行不可撤回的投入。按照经济学家的话来说,每个团体成员都必须进行与具体企业相关的投资(firm-specific investment)。[51] 比如,如果A和B都是研究者,共同努力开发一种新药,那么,每一个人都要投入如果企业失败就等于浪费掉了的时间和技能。

当团体生产需要不止一方进行这样的与具体企业相关的投资时,并且,当很难事先明确每个人在企业中的具体角色时,A和B就会面临两难困境。如果他们想使收益最大化,他们就必须对公司投入不可撤回的资源。然而,一旦他们这样做了,A和B都会发现自己的命运受到另一方的控制。每一方的特定投资在企业之外几乎没有或者根本没有价值;A和B都不能离开企业,并且,也无法通过将企业转卖给他人而实现其投资的价值。因此,当决定如何分配企业成功所实现的利润时,A和B就别无选择而只能自己相互进行协商解决。他们如何能够做出一个共同的决定呢?

如果只有一方有权决定如何分配利润,另一方就不会愿意投资。比如,如果A有权控制企业及其资产,A就会在支付给B以确保B愿意继续投资的最低数额的利润后(一般而言,这个最低数额是竞争市

[50] Rajan & Zingales, supra note 38.

[51] Id., at 392("公司经理必须进行与具体资产相关的投资,这可能包括他们专业化的人力资本……").

场中 B 的机会成本),利用这种控制权获取所有剩余的企业利润。因此,B 有理由担心,他无法享有那些来源于与具体企业相关的投资的任何经济盈余。其结果是,没有控制权的一方就不会进行与具体企业相关的必要投资。[52] 如果 A 和 B 同意分享企业决策权,那么,他们就会承担所有的企业利润在事后的讨价还价中可能被消耗掉的风险。但是,如果他们事先达成了分配协议,他们就都会有动机从事渎职行为。

采用财产权分析的学者认为,如果双方的投资很难监督和衡量,并且难以通过明示契约进行规定,那么,最好的解决办法就是将企业控制权分配给其投资对企业的成功至关重要的那一方。[53] (实际上,有人会主张,在大多数封闭公司中,正暗含着这种解决办法。封闭公司中的股权和管理权都集中在对公司的成功起到至关重要作用的一小群人手中。)[54]因此,如果 A 对研究所做出的贡献比 B 更重要,我们的最好做法就是通过使 A 成为企业的所有人来保护和鼓励 A 的投资。然后,B 尽其所能与 A 达成最佳协议,但是,由于他的投入也很复杂,很难用明示契约的方式加以解决,所以,B 的投资就有可能是次优的,因为他的与具体企业相关的投资无法获得契约的完全保护。

但是,拉简和齐格拉斯指出,将企业所有权赋予 A 不仅不能保证 B 的最佳投资,也不能保证 A 的最佳投资。具体而言,即使 A 拥有控制权,如果他只要通过将其所拥有的股份转让给愿意经营公司的其他人,就可以从企业中获得巨大的利润,那么,A 就可能也没有足够的动机对企业进行投资。因此,如果 A 获得了医药研究企业的所有权,他

---

[52] 拉简和齐格拉斯建立了一个原来由 Grossman & Hart 所提出的模式,supra note 24(正式地提出了这个问题)。

[53] See,e. g. ,at 708;Hart & Morre,supra note 24,at 1149("如果代理人的行为能够影响其是否有权使用资产,并且对剩余资产的产生很重要,那么,代理人就更有可能拥有资产……")。乔纳森·马西(Jonathan Macey)提出了一个相关的观点,即他认为公司法应当遵循股东至上的原则,因为尽管其他团体也进行了与具体企业相关的投资,但是非股东群体能够通过契约足以保护自己。See Macey,supra note 5,at 174 -178.

[54] See infra text accompanying notes 72 -75(讨论私人公司和公众公司的区别)。

就可能打算从 B 的不可撤回的投资中获利。这个目标的实现不是通过他自己的直接努力,而只是通过威胁要将整个初创企业卖给 C。[55]

这种分析表明,某些团体生产问题的财产权解决方法存在严重不足。虽然财产权方法至少能够保护一个团体成员的特定投资,但是,它同时也能够让"所有者"自己不进行投资而通过剥削其他团体成员的特定投资的方式获取利润。作为另外一种解决办法,拉简和齐格拉斯认为,团体成员通过协商将控制权让渡给第三方,也就是实际生产活动的"外部人士",他们就都能够提高自己的收益。[56] 这个外部人士自己并不进行与具体企业相关的投资,但他享有以下的权利:对团体资产的控制权、在团体成员之间进行利润分配、解雇团体成员甚至解散整个团体。作为回报,外部人士可以获得团体利润的一个很小的份额。[57] 因此,外部人士就有动力选择高效率的、多产的团体(也就是,所有团体成员都进行了与具体企业相关的必要投资)。同时,团体成员也感到他们现在能够放心地进行投资。

这个观点很有价值,原因在于:首先,与阿尔钦和德姆塞茨的理论不同,它强调,个人只是想成为团体的一员,如果他这样做了,他就可以分享团体生产带来的经济盈余。其次,根据这个观点,团体成员会直觉地认为,如果渎职行为和寻租行为没有得到控制,就很难说服其

---

[55] 拉简和齐格拉斯提出了一个分析模式,并且解决了以下情形中的问题,即所有者 A 通过将企业转手卖出而不是通过自己经营的方式使其私人利润最大化(因为自己经营公司意味着要对公司进行投资,并且还要和 B 分享利润),但是,这样就降低了社会的总体收益。See Rajan & Zingales, supra note 38, at 408.

[56] See id., at 442("如果团体生产中的所有成员(也就是,包括企业家在内)必须对公司进行大量投资,那么,由一个完全不相关的第三方来拥有资产可能是最佳的……当第三方拥有权力,对团体生产至关重要的代理人就不会使用所有权相互争斗。")。

[57] 拉简和齐格拉斯认为他们的理论为公司中股权和人力投入的相分离提供了合理解释。See id., at 422-424. 然而,这个解释看起来似乎很奇怪,因为在拉简和齐格拉斯模式中,第三方所有者不是剩余资产索取人。相反,我们将第三方所有人解释为公司自己。因此,公司就是这样一个独立的法律实体,即其拥有团体生产中所使用的资产的所有权,并且由独立的董事会来管理,董事会成员通常获得固定的费用或者可能是一些股票以作为他们劳务的报酬。

他人对团体生产进行与具体企业相关的投资。因此,团体成员意识到,创设一个能够限制和阻却团体成员的渎职和寻租行为的更高权力机关,也就是企业管理者,是符合他们自己最佳利益的。换言之,团体成员服从于企业层级制度的做法,并不是为了层级制度中管理人的利益,而是为了他们自己的利益。[58]

我们现在来讨论一下如何将这种观点适用到公司结构中去。阿尔钦和德姆塞茨对企业层级制度的出现这样进行解释,即认为特定团体成员之间的横向相互作用所带来的任何生产优势都已经不复存在。因此,他们的解决方法是将所有的利润都交给监督者,而让员工没有企业股份,也不进行与具体企业相关的投资。同样,“总设计的代理关系模式”认为,当一个愿意进行与具体企业相关的投资(比如,可能是一个新奇的想法或者机器)的企业家超越他个人努力所能达到的生产规模时,他就会考虑成立企业。企业家雇用其他人来执行他的命令,但保留了对与具体企业有关的投资的控制权,这种投资产生了有计划的生产中的经济盈余。[59]

但是,如果企业的全部潜在价值真的只是来自一个人的与具体企业有关的投资,那么,个人为什么需要成立公众公司来雇用工人和扩大生产呢?也许他可以利用简单的雇用合同或者采用其他商业组织形式,比如,有限合伙或者封闭公司。这一事实表明,典型的公众公司反映了一种相当不同的商业情形,并且,我们认为这一情形相当普遍。现实中,公众公司与其说是“契约群”(nexus of contracts)(明示的或者暗示的),不如说是“与具体企业有关的投资群”(nexus of firm-specific

---

[58] 这种基本观点是现代许多政治理论的核心,并且至少能够追溯到托马斯霍布斯(Thomas Hobbes). See Thomas Hobbes, *Leviathan* (C. B. MacPherson ed., Penguin Books 1968)(1651). 霍布斯关于人们将自己交给一个专制君主是为了避免“彼此之间相互争斗”的观点,集中讨论了团体成员间的横向关系,并将这种横向关系更恰当地称为“团体毁灭”,而不是“团体生产”,但是,他提出的解决办法与我们的方法很相似。

[59] See Raghuram G. Rajan & Luigi Zingales, The Firm as a Dedicated Hierarchy (Jan. 9, 1998)(未发表手稿,存档于弗吉尼亚法学评论杂志社)(提出了明确采用这种结构的公司模型)。

investments)。在这个投资群中,不同的群体对公司进行独特的和必要的投资,并且群体中的每个成员都发现难以通过明示契约来保护他们的投资。[60]

在这一情形中,许多人联合起来共同完成一个团体生产项目,这个项目需要所有的人都进行一些与具体企业有关的投资。可能一个人提供了必要的技术技能,而另一个人有管理才能,第三个人则提供了市场营销技能。但是,他们可能缺乏资金,因此,他们就会寻找富有的朋友或者家庭成员来提供企业的初始启动资本。这样,一个团体就诞生了。但是,从事团体生产需要每一个团体成员都进行不可撤回的投资,这使他们容易受到其他团体成员的机会主义的剥削(opportunistic exploitation)。比如,那个市场营销专家必须具备一定的专业知识和个人关系(这就是与具体企业相关的人力资本),他的价值很容易受到团体的整体行动和决策的影响。技术专家的情形也一样。另外,虽然资本投资者的现金投入在一开始是流动的、可替换的,但是,一旦这些资金被用来购买特定的资产或者支付工资,它们就实际上被锁定在公司中。[61]

虽然团体成员之间会相互伤害,但是,他们争取绝大多数时候能够和睦相处,并且能够计划好如何分配任务和分享收益。当出现纠纷时,他们希望能有他们所认为的公平和适当的解决程序。解决这些问题的办法是什么呢?答案是,成立公众公司。

---

[60] Id. ,at 3. ("在我们看来,公司最重要的东西在很大程度上就是特定投资的集合或者网络(和重要资产的所有权)。")。

[61] 虽然一个股东能够以合理价格将其股票卖出,但是,如果所有的人同时卖出股票,股价就会下降,从而他们就会失去相当一部分的投资价值。同样,当债权人投入资源寻找特定公司时,他们就会使其资本处于危险中,并实际上是在进行与具体企业相关的额外投资。当普通员工获得与企业相关的技能(包括熟悉企业的商业文化)时,他们也就进行了与具体企业相关的投资,并且,即使是当地社区也会进行与具体企业相关的投资,比如,他们修建了公路、学校或者其他基础设施,从而满足了企业或者其员工的需求。

(三)公众公司作为协调性层级制度

我们现在来看,成立一个公众公司如何能够被看作建立了协调性层级制度。当一个生产性团体成立时,法律要求这个团体的首要任务之一就是选举享有公司决策权的董事会。[62] 这个董事会可能包括一些团体成员的代表,其同时也可能包括(在公众公司中通常总是这样)一些外部人士。董事会享有以下问题的最终决策权:选择公司未来的管理人员和董事、决定公司资产的使用、作为公司内部的"上诉法院"来解决团体成员之间可能产生的纠纷。[63] 其结果是,通过成立一个公司,原来的团体成员都同意放弃对于企业产出和他们与具体企业相关的投资的控制权。金融资本的提供者,也就是股东,甚至包括潜在的债权人,通过这样的协议,就和专业人力资本的提供者(管理人员)一起锁定在公司中。

因此,成立公司的行为意味着,没有一个团体成员是享有团体控制权的"被代理人"。[64] 相反,一旦他们成立了公司,并且选举了董事会,团体成员实际上就创设了一个全新的、独立的法律实体。这个法律实体具有自己的存续期间,并且其行为可能损害团体成员的利益,导致团体成员丧失他们的投资。团体成员明白,成立公司的行为就意

---

[62] See, e. g., Del. Code Ann. tit. 8, § 108(1974 & Supp. 1996).

[63] 正如我们在下文更详细地所讨论的那样,一般而言,公司法授予股东至少一年一次选举董事的权利。尽管这种权利被理解为股东所享有的对董事会的最终控制权,但在实践中,现有的董事会通常控制了董事提名程序。并且,高级管理层对提名程序也具有相当大的影响力。这些事实表明,股东通过投票来实现对董事会的控制权的程度实际上相当有限。在下文中,我们认为,用来抵制公司管理层的强大控制力和影响力的股东投票权实际上的作用微不足道。参见下文三(四)。

[64] 作为员工或者董事而积极参加公司事务的团体成员,作为一个整体,他们就是公司的"代理人",这种身份意味着他们要对公司承担所有的法律所要求的信义义务。See generally Scott E. Masten, "A Legal Basis for the Firm", in *The Nature of the Firm: Origins, Evolution, and Development*, supra note 19, at 196(讨论员工作为公司"代理人"的法律责任)。

味着他们丧失了对公司未来和公司利润分配的决定权,[65]那么,团体成员为什么会愿意这么做呢?

这个问题的答案就是,团体成员明白,如果他们不放弃控制权,他们就不太可能进行全面的合作和促使其他团体成员进行与具体企业相关的投资。因此,他们事先判断出,如果他们将控制权让渡给决策层,那么,他们能够获得团体生产所产生的重大利润的机会,会大于他们与其他公司参与人订立明示契约而获得利润的机会。这个分析表明,公司层级制度除了具有经济学家提出的两个功能之外(优化信息的收集和决策,与通过一系列的代理契约来控制渎职行为),还具有第三个功能。第三个功能就是通过协调解决团体成员之间关于责任和报酬分配的纠纷来鼓励他们对团体生产进行投资。

我们认为,将公众公司只看作共同所有权之下的资产集合的观点具有误导性。相反,公众公司是一个由人组成的团体,团体成员通过签订一个复杂的契约而一起工作,并共同受益。公司参与人,包括股东、员工、可能还包括债权人或者当地社区这样的其他利益相关者,达成了一个特别的"臣民契约"(pactum subjectionis),[66]在这个契约之下,他们将对于公司产出和主要投入(时间、智力技能或者金融资本)的控制权让渡给公司层级制度进行行使。团体成员达成这一共同协议的目的,是通过将企业中责任和资源分配的决定权授予公司的内部

---

[65] 苹果电脑公司一案就是一个这方面很好的例子,苹果电脑公司最初是由 Steven Jobs 和 Steven Wozniak 于 1976 年在 Jobs 的车库中创立的。苹果公司在其最初的八年中很快就发展成为价值十亿美元的公司。但到了 1985 年,Wozniak 已经辞职,Jobs 被董事会剥夺了管理公司日常事务的责任,董事会雇用了 John Sculley 来管理公司。Jobs 后来辞去了其董事会主席的职务。See Christine Winter, Founder Job's Future Role Remains Major Mystery at Apple, Chi. Trib., June 10, 1985, §4, at 4. 尽管苹果公司的董事会在 1996 年年末说服 Jobs 回来重任董事会主席,但是,在其间的 11 年里,Jobs 显然已经丧失了对苹果公司的控制权和影响力。See John Markoff, "Steven Jobs Making Move Back to Apple", *N. Y. Times*, Dec. 21, 1996, at 37.

[66] 这一用语原来是指中世纪的欧洲君主和其臣民之间所达成的契约。United States v. Standard Oil Co., 60 F. supp. 807, 811 (S. D. Cal. 1945), rev'd, 153 F. 2d 958 (9th Cir. 1946), aff'd, 332 U. S. 301 (1947).

层级制度以减少浪费资源的渎职行为和寻租行为。因此,团体成员不同意事先决定的特定契约条款或者结果(就像在传统的契约中),而同意参与一个设定公司目标和解决纠纷的公司内部程序。[67] 因此,公司协调性层级制度可以被看作明示契约的替代物,但是,明示契约在这样一种情形下更有价值,即团体生产需要几种不同的团体成员来对复杂的、正在进行的、不可预测的公司项目进行多样化的与具体企业相关的投资。[68]

因此,比起图1所展示的“总设计的代理关系结构”,公司结构看起来应当更像图2中所表明的那样。[69] 在公司中,公司层级制度有很多层,并且每一层的相关管理者(上司)都有权解决下层团体成员的纠纷。金字塔的顶层不是所有者/被代理人,而是董事会,董事会的职能是作为解决公司层级制度中的下层所无法解决的纠纷的最终仲裁者。在任何时候,当公司层级制度中下层的成员对其上司的决定不满意时,就可以选择离开公司,而不论其上司是董事会还是低层的经理。然而,如果他们离开公司,他们就会失去他们已经作出的与具体企业相关的投资价值,并且无法再分享公司产生的剩余利润。同样,如果上司作出一项让某些下层员工不满的决定,那么,与其意见不一致的团体成员就会被驱逐出公司团体,无法再分享公司未来的收益。因此,团体成员如果选择留下来,就必须遵守其上司关于义务和报酬的

---

[67] 虽然可转让资产和公司产出的财产所有权在这种模式中很重要,但它们并不是公司的本质性特征。然而,财产权仅仅是团体生产的媒介,并为管理者有权阻却公司层级制度中位于其下的个人渎职行为和寻租行为提供了基础。

[68] 虽然一些持契约论的法学家会觉得这种观点中经理和董事的角色有待商榷,但是,有必要指出,契约理论本身也认为独立管理者的存在是为了执行契约条款,而所谓管理者即是第三方执行者,比如警察和法院。See infra text accompanying note 79(讨论使用独立管理者的其他制度)。

[69] 参见下文二(一)3。

分配的决定。[70]

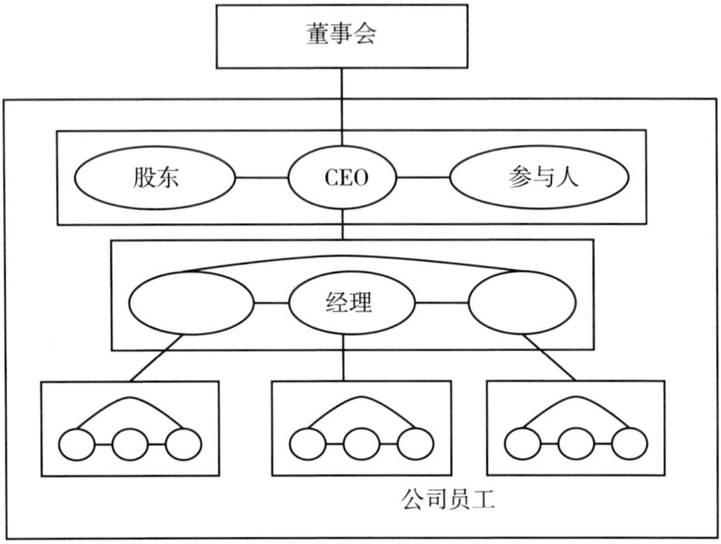

图 2

当公司层级制度被认为还具有协调性功能时，员工的角色就不再那么明显地像"总设计的代理关系模式"所表明的那样，应当被看作公司管理者的代理人，并要对那些管理者负有报告义务。相反，我们认为，管理者是为团体成员（包括员工）服务的，团体成员雇用他们来控制公司内部的渎职行为和寻租行为。[71] 在商业组织的每一个层级，从底层的经理到董事会，都是如此。因此，公众公司董事会的主要工作

---

[70] 当然，外部法律和明示契约也可以对团体成员之间的义务和收益如何进行分配的方式加以限制。比如，劳工契约可以限制以下问题：工作的分配，或者解雇的资历规定。另外，反对歧视和性骚扰的法律也可以试图设置关于经理可以命令董事做什么和员工被解雇原因等问题的限制。但是，在那些契约和法律所设定的广阔范围内，员工还是给予了经理相当大的自由裁量权。See Oliver E. Williamson, *The Economic Institutions of Capitalism* 249 (1985)（将那些广阔的范围称作"可接受的地带"）。

[71] 这个观点让人回想起 Steven Cheung 所举的一个有趣的例子。Cheung 认为，在共产主义兴起之前的中国，劳工为拉纤而自己组织起来的现象在中国非常普遍。更为重要的是，劳工自己同意雇用一个第三人来监督和鞭打那些工作不卖力的团体成员。Steven N. S. Cheung, "The Contractual Nature of the Firm", 26 *J. L. & Econ.* 1, 8 (1983).

不是作为代理人,以员工、债权人或者其他团体成员的利益为代价来绝对地追求股东的利益。相反,董事作为公司自身的受托人(trustee),也就是协调性管理者,其工作是平衡团体成员之间相互冲突的利益,从而让每个团体成员满意,使公司作为一个生产性团体能够存续下去。

在进一步将上述观点适用到对于公司法的分析之前,我们需要指出,这种协调性层级制度模式受到以下几个条件的约束。第一,这种模式主要适用于公众公司,而不是封闭公司。正如下文所述,股权高度分散的公众公司的董事会几乎不受组成公司"团体"的任何一个群体的直接控制,这些群体包括股东、管理人员和员工。[72] 虽然董事有动力为所有群体的利益服务,但是,他们不受任何群体的支配。相反,在封闭公司中,股权通常集中于少数投资者手中,他们不仅自己选举董事会,紧紧地控制着董事会,而且,自身也作为管理人员或董事直接参与公司的管理。[73] 因此,典型的封闭公司更像是"总设计的代理关系模式",而不是协调性层级制度模式。[74] 这反过来表明,公司进行公众化的选择可能部分是基于方便团体生产的考虑。比如,当单个的个人或者一小群股东酝酿、创设、运作,并且投入大量初创企业所必要的初始资本时,他们可能更愿意选择封闭公司的形式。但是,上述的个人或者一小群人可能会及时地寻找其他愿意投入与具体公司有关的资源的群体(比如,投入权益资本的外部投资者或者承担日常管理公司责任的外部职业经理人)。此时,原来的企业家会认为,通过使公司成为公众公司,从而选择协调性层级制度模式符合他们的最佳利益。换言之,如果理性的企业家在团体生产无效率的问题不大时还选择以封闭公司的形式做生意,那么,这要么是因为某个个人或者群体的与具体

---

[72] 参见上文三。

[73] See generally Clark, supra note 8, at 772 –784(描述了封闭公司)。

[74] 在这一背景中,"封闭公司"不仅指那些符合狭义上的封闭公司法律定义的商业组织, see, e. g. , Del. Code. Ann. tit. 8, § 342(1974)(定义了封闭公司),而且指那些虽然名义上由公众持有,但实际上由单个或一群股东所控制的公司。

企业相关的投资比起其他人的投资而言对公司更加重要,要么是因为订立明示契约来解决如何分配剩余资产的问题几乎没有什么大的障碍。[75]

第二,需要指出,虽然我们认为董事位于公众公司的权力金字塔的顶层,但是,这种协调性层级制度并不意味着董事实际上管理公司的日常事务。相反,我们认为,大多数公司决策是在下层团体成员之间作出的。实际上,协调性层级制度的存在可以增加团体成员解决他们之间冲突的动机,因为其他的解决方法是将问题诉诸他们的上层管理者那里。这些上层管理者与他们并无利害关系,但却可能无法预测或者信息不充分。因此,一个独立的董事会能够鼓励股东、管理人员和员工对公司生产进行投资,这并不是因为这些团体成员希望由董事会来决定团体中的哪些人获得公司经济剩余的多大份额,而是因为由董事会进行分配的可能性阻碍了团体成员之间过分的渎职行为和寻租行为。现实中,董事会很少由于公司利润下降而执行经理仍然付给自己丰厚薪酬的原因而解雇此经理。在大多数情形中,这种明显的机会主义因为管理人员会自觉意识到董事会有可能解雇他们而得到了抑制。

第三,协调性层级制度模式并不表明,对公众公司进行与具体企业相关的投资的所有个人和群体,将会获得团体生产所产生经济剩余的相等或者公平份额。每一个团体成员进行的与具体企业相关的投资对企业都很重要,他至少应当获得经济盈余的一部分,否则,没有分得经济盈余的团体成员就会通过退出团体而在别处投资以获得其应得的收益。然而,只要团体成员获得高于其机会成本的微小溢价,他就会继续留在团体中。因此,尤其是当团体生产的回报非常大时,每个团体成员所获得的份额之间的差别就会很大,但不会威胁到团体的

---

[75] See supra text accompanying notes 53 –61(讨论关于团体生产问题的单一所有者的解决方案)。

存续。并且,这些差别可能更多的是由于政治力量,而不是经济因素的推动。[76]

第四,协调性层级制度模式认为公司董事作为无利害关系的受托人,承担保护公司中所有成员利益的义务,但是,并不要求董事成为无私的利他主义者。董事对公司的服务应当有报酬,而且通常相当丰厚。这就使他们有动机努力去通过满足公司所有重要利益相关人的最低要求而保住其职位,以免一些重要的利益相关人从公司中撤出,从而导致公司的崩溃(如果公司崩溃了,董事也就将失业)。[77] 尽管这不是一个严厉的约束,但其抑制了极端的权力滥用行为,并且,在下文中我们将更加详细地探讨有助于确保董事忠诚的其他因素。[78]

更加重要的是,能够抑制极端的权力滥用行为也许就足够了。在协调性层级制度是否能够成团体生产契约订立问题的有效解决方案的争论中,我们并不认为,协调性层级制度是一个完美的解决方案。很显然,将商业企业的最终控制权置于其成员与公司没有或者没有直接利害关系的公司董事会的手中,会加剧公司代理问题。然而,采用协调性层级制度的团体成员在某些情形下,从约束渎职行为和寻租行为中得到的收益要比他们的代理成本损失要大。比如,假设懒惰的或者粗心的董事会浪费了团体生产所产生的50%的甚至更多的利润。但是,如果其他的公司体系(比如,由一个团体成员控制的封闭公司)抑制了其他团体成员进行与具体企业相关的投资,以至于团体生产的全部优势丧失殆尽,那么,团体成员就会认为,他们在由那个糟糕的董事会管理下的公众公司中所得到的利益还是高于在那些采用其他体系而运作的公司中所得到的利益。换言之,如果无约束的寻租行为和

---

[76] See infra text accompanying notes 195 –204(讨论政治和经济因素如何决定每一个团体成员获得经济盈余中的份额大小)。

[77] 即使团体成员还继续在一起,为了继续保留其在董事会中的职位,声誉的考虑也可以鼓励董事竭尽全力让所有重要的团体成员都满意,从而可以在其他董事会任职。

[78] See infra text accompanying notes 118 –120(讨论阻止董事利用其职位谋取私人利益的法律规则)和 152 –160(讨论了对于受信人的社会规范和期待的角色)。

渎职行为所可能导致的生产性团体的经济损失,要比将决策权移交给不太忠诚的管理者所导致的可能经济损失大得多,那么,协调性层级制度就会成为解决团体生产问题的次优方案。

并且,这种次优的解决方案在现实中非常普遍。公司董事会只是现实生活中许多通过某些无利害关系的管理者来解决团体之间纠纷的制度之一,对于那些团体而言,通过订立明示契约来解决纠纷代价过于昂贵。其他的例子包括:足球比赛中的裁判员,为许多相互冲突的受益人而管理财产的信托人,以及在当事人的诉讼中做出判决的法官。这个观点提出了将协调性层级制度适用到公众公司中的最后一个问题,即为什么我们将董事会(而不是,比如说,法官)置于公司权力金字塔的顶层?

公众公司的协调性层级制度必然意味着决定公司内部利益分配方案的权力最终会落到董事会的手中,董事会的决定不能被法院等外部机构所推翻。这个观点不应当被过于宽泛地理解。当团体成员的行为威胁到了公司的利益(比如,当公司董事通过自我交易违反了其对公司的忠诚义务时),法院就会介入。[79] 同样,一般而言,法院执行团体成员之间关于权利和义务分配的明示契约和为公司内部交易设置最低条件及基本规则的外部法律(比如,最低工资法)。然而,法院通常不会介入同一公司的两个部门或子公司之间关于价格转移的内部纠纷,或者公司内部员工关于工作任务、晋升,或者奖金分配的纠纷。[80] 正如威廉姆逊所指出的那样,"内部组织的默示契约法是自治性的契

---

[79] See infra text accompanying notes 118 – 149(讨论对于董事信义义务的司法执行)。

[80] See Oliver E. Williamson, "Comparative Economic Organization: The Analysis of Discrete Structural Alternative", 36 *Admin. Sci. Q.* 269, 274 (1991) (指出,对于因为价格、因延期而导致的损失、质量不合格或者其他类似原因而导致的纠纷,法院通常会给公司起诉其他公司的权利,……但是,法院不受理公司内部一个部门和另一个部门之间在同一问题上所产生的纠纷)。

约法”。[81]

这种自治性反映了这样一个事实，即在许多情形下，团体成员发现订立明示契约代价太昂贵，于是，他们就会选择以董事会为最高层级的公司内部协调机制。比起法院或者其他解决纠纷的外部机制，这种内部协调机制有许多优势，尤其是在相争斗的群体之间、这些群体与协调者之间经常相互发生作用的情形之下。比如，内部决策的作出者应当具备以下两个条件：第一，对某个纠纷的具体情形比其他人清楚；第二，与解决方案有利害关系，希望解决方案能够真正解决纠纷，并且能够降低纠纷所造成的紧张状态。内部决策程序和决策可以是不太正式的、更加灵活的，并且能够更好地解决微妙问题。法院的判决趋向于总值为零，但是，内部决策者能够使用避免或者绕开总值为零的游戏的折中方法（“这个月我不能让你升迁，但我现在可以先给你一个大办公室，并且在下一个会计年度，我可能给你升迁的机会”）。或者，公司的内部决策者可以对团体成员施压，让他们自己找到解决方案，如果他们找不到，就会有其中一个或者都被解雇的危险。

因此，协调性层级制度表明，公众公司不应被看作明示或者暗示契约的集合，而应被看作由许多或者不同的个人进行的与具体企业相关的投资的集合。进行投资的个人将其投资的控制权让渡给一个决策程序，并希望分享团体生产所带来的收益。我们知道，对于用“总设计的代理关系模式”来分析公司的学者而言，这种方法可能会看起来很奇怪，甚至有点违反直觉，因为上述学者习惯于把股东看作被代理人，而把董事看作他们的代理人。但是，我们认为，董事应当被看作无利害关系的受托人、承担忠诚地不是仅代表股东利益，而是代表所有团体成员利益的义务的观点，与许多董事长期以来对自己角色的描述

---

[81] Id.，George Baker，Robert Gibbons，and Kevin J. Murphy 通过“纠纷是否会被法院受理”的标准，类似地对于以下两种关系进行了区分：一种是服务的购买者和公司员工之间的关系；另一种是服务的购买者和独立的契约订立者之间的关系。George Baker et al.，Implicit Contracts and the Theory of the Firm 14（Apr. 17，1997）（未发表手稿，存档于弗吉尼亚法学评论杂志社）。

相一致。[82] 我们的观点还与其他学者所提出的董事应当按照上述要求而工作的观点相呼应。[83] 更加重要的是,我们所主张的公司模式与法律本身相一致。因此,在下文中,我们主张,应当按照协调性层级制度模式来解释公众公司法。

三、公司法的团体生产分析

在过去的 20 年中,“契约主义”(contractarian)或“法经济学”(law

---

[82] 比如,后来成为新泽西州标准石油公司的董事会主席的 Frank Abrams,将现代公司的目标描述为“在与公司有直接利害关系各种群体的权利之间维持一种公平的、有效的平衡,这些群体包括股东、员工、消费者和一般大众。”Eugene V. Rostow,“To Whom and for What Ends Is Corporate Management Responsible?”, in *The Corporation in Modern Society* 46,60(Edward S. Mason ed. ,1959). 同样,美国罐头公司在其 1971 年的年度报告中指出,“在我们不断变化的社会契约中……经理必须满足三种公司参与人的合法利益,这三种参与人就是我们的消费者、我们的所有者和我们的员工”。Robert J. Samuelson,“I Love Coke's Report”, *Wash. Post*, Apr. 16, 1997, at A 17. 在 1978 年,控制数据公司的董事们在他们给股东的投票代理权陈述中正式地承认了相似的观点,他们敦促股东修改公司章程,从而要求董事会必须考虑收购要约对于公司员工和其他利益相关人的影响。他们同时指出,“董事会知道并且支持那种认为公司对于许多的利益相关人具有社会责任的观点。” Margaret M. Blair, *Ownership and Control: Rethinking Corporate Governance for the Twenty-First Century* 212 n. 19(1995)(引用 Control Data Corp. ,投票代理权陈述,1978 年 5 月 3 日,at 4). 公司董事会的文化近年来看起来有所改变,以至于董事更加愿意作出这样的陈述。See infra text accompanying notes 181 – 188, 207 – 208(讨论公司董事会文化的变化)。

著名的日本学者长期以来也认为,公司的角色是平衡相互冲突的利益。See, e. g. , Masahiko Aoki, *The Co-operative Game Theory of the Firm*(1984)(讨论了这样一种公司模式,即认为董事和经理努力协调金融资本的提供者和人力资本的提供者之间的关系,并且,公司管理层根据上述两个群体的力量对比而在他们之间分配利润)。一些管理学学者已经用这种方式来描述董事和经理的角色。See e. g. , Murray L. Weidenbaum,“Updating Corporate Board”, in *Business and Society: Dimensions of Conflict and Cooperation* 310, 317(S. Prakash Sethi & Cecilia M. Falbe eds. ,1987)(大多数现代管理学文献谈到了高级管理层需要平衡员工、消费者、供应商、公众利益群体和股东之间利益的问题)。

[83] See supra note 16(评述了公司法研究领域中的改良主义学派)。我们的观点不同于那些改良主义者的观点,是因为后者普遍地认为公司董事没有充分地考虑非股东的利益,并且主张通过法律改革来实现这一点。See, e. g. , O'Connor, supra note 16(认为董事应当作为“中立的裁判人”,并且提出董事会中应有员工代表的法律要求)。

and economics)的方法在有关公司理论的研究中占据了主导地位。这种方法总体上采用了公司的"总设计的代理关系模式"中的一些观点，最终也认为公司应当按照股东至上原则来进行管理。[84] 因此，大多数的当代公司法学者都倾向于认为董事应当使公司股东的经济利益最大化。[85] 然而，近年来出现了与上述学者相对立的被称作"社区主义者"(communitarians)或者"改良主义者"(progressives)的学者，这些学者普遍反对股东至上原则，并且认为，董事应该适当地关注其他潜在利益相关人的利益。这些所谓的其他潜在利益相关人包括员工、债权人、消费者、供应商或者当地的社区。[86]

尽管法学家和经济学家与其信奉改良主义的反对者之间存在很大的观点差异和分歧，但是他们在以下一点上达成了共识：现实中的美国公司法遵循了股东至上的模式。[87] 换言之，两个阵营都承认，董事实际上被股东控制，并且只对股东承担合同外的法律责任。美国公司法的以下两个重大特征支持了这一观点。第一是派生诉讼(derivative suit)，它是一个允许股东在某些情形下以公司名义起诉那些违反信义义务的董事的法律程序。因为这种替代性的诉权通常只授予股东，派生诉讼可以被当作董事只对股东，而不对诸如债权人和员工之类的其他公司利益相关人承担信义义务的证据。[88] 看起来支持股东至上原则的美国公司法中的第二个特色是股东投票权制度。不同于其他利益相关人，股东名义上有权选举(并且在某些情形下可以罢免)公司董

---

[84] See sources cited supra note 15.

[85] Id.

[86] See sources cited supra note 16.

[87] See Michael P. Dooley, *Fundamentals of Corporation Law* 97 (1995) ("人们普遍认为，公司管理者的主要信义义务是使股东共同收益最大化。"); David Millon, "Communitarians, Contractarians, and the Crisis in Corporate Law", 50 *Wash. & Lee L. Rev.* 1373, 1374 (1993) ("股东至上原则在上个世纪的大部分时间内占据了公司法研究的主导地位。"); Smith, supra note 15, at 280 ("认为股东至上原则是现代公众公司中董事会在进行日常商业决策时的一个主要因素，这一观点在现代公司法研究中极为流行。")。

[88] 参见下文二(二)(讨论派生诉讼制度)。

事,并且在公司的重大变化问题上有投票权。[89] 这些投票权被认为是给予了股东一种独特的方式来控制公司的运行。

因为通常情况下只有股东享有投票权和派生诉讼的诉权,所以人们很自然就会得出公司法要求董事只受股东控制并且只为股东利益服务的结论。然而,我们认为,如果更加仔细地研究美国公司法的原则,就会发现上述结论有待商榷。公司法并不是把董事视为股东的代理人,而是视为不同的角色:董事不是只为股东利益服务,而是为公司这样一个法律实体的整体利益而服务的独立管理者。公司的利益可以被理解为,那些进行与具体企业相关的投资,并且同意参与在契约之外的公司内部协调程序的所有公司成员的共同利益集合。对于大多数公众公司而言,公司主要包括管理人员、普通员工和权益投资者等成员,但在一些特殊情形下,还可能包括其他利益相关人,如债权人,而如果公司有很强的地域联系,甚至还包括当地社区。

下文中,我们将讨论上述关于"公司利益"的解释,并且认为,这种解释比起股东至上的解释更能准确地描述美国的公司成文法和判例法。具体而言,我们认为,公众公司法一般通过使董事不受任何一个包括股东群体在内的单独利益相关人群体的控制,来鼓励董事为组成公司团体的所有利益相关人的利益服务。虽然在某些情形下,股东享有其他利益相关人无法享有的特殊权利,但是,这些权利只是工具性的(instrumental)。股东享有某些特殊权利并不是因为他们对董事可以提出特殊的要求,而是因为他们通常能够最好地代表公司的所有参与人的利益。因此,当董事违反信义义务,并且以公司利益为代价追求私人利益时,股东有时就能够以公司的名义提起诉讼。然而,作为一般原则,这种派生诉讼成功的收益不只属于股东,而是属于所有的公司利益相关人。同样,股东有限的投票权也可以使公司其他利益相关人受益。

---

[89] 参见下文有关股东投票权和有效行使投票权的实际障碍的讨论。

因此，我们的结论是：不像“总设计的代理关系模式”，协调性层级制度能够很好地解释美国公司法，并为公众公司法的基本结构提供了坚实的理论基础。而且，这一结论涵括了实践层面和法规层面。从实践角度而言，公众公司实际运行的方式与以下观点相一致，即董事是独立的公司管理者，其对公司整体承担信义义务，并且对于任何一个公司参与人而言，董事只是工具性的。从法规角度而言，关于团体生产的理论分析认为，这种公司董事会的角色定位以及总体的协调性层级制度是法律应当保证实现的目标。通过确立董事的独立地位并使其对整个公司而不是任何一个具体的团体成员承担信义义务，公司法总体上加强并支持了公司管理者所起到的重要角色，特别是公司董事会。[90]

（一）董事的法律角色：受托人（trustee）而不是代理人（agent）

在讨论公众公司的协调性层级模式的相对优势时，我们从考察“总设计的代理关系模式”的一个最大弱势开始，即认为董事是公司股东代理人的观点。董事是股东代理人的观点在理论界已经产生了巨大的影响。[91] 但是，正如罗伯特·克拉克（Robert Clark）教授所指出的那样，从法律角度而言，上述观点对董事、股东和公司关系的描述具有

---

[90] 在描述公司法允许什么和禁止什么时，我们认为，我们所提到的许多法律规则都是缺省性规则（default rules），其只有在公司章程或者规章（bylaw）缺乏与之相反的条款时才适用。理论上，公司可以不采用这些规则。然而，我们讨论的许多规则，都是公众公司必须遵循的实体性法律要求。See，e. g.，Del. Code Ann. tit. 8，§203（1974 & Supp. 1996）（允许公司章程规定违反注意义务的董事可以不承担个人责任，但这不包括违反忠诚义务）。并且，当采纳某些具体公司章程或细则的条款导致交易成本太高时，缺省性规则通常就会作为实体性规则。最后，近来的研究发现，当公司“公众化”后，就通常会不辞辛劳地去采纳改变董事法律权利和义务的章程条款。一般而言，这些做法是为了保护董事免受股东控制的独立地位，从而进一步证明了协调性层级制度的存在。See Robert Daines & Michael Klausner，Value-Maximizing Charters：An Empirical Analysis of Antitakeover Provision in Corporate Charters at the IPO Stage（Jan. 13，1997）（未发表手稿，存档于弗吉尼亚法学评论杂志社）。

[91] See，e. g.，sources cited supra notes 1，15（讨论董事作为股东的代理人）。

很大的误导性。[92] 克拉克总结了以下的法律问题:

(1)诸如董事会主席和财务总管之类的公司管理人员是公司自身的代理人;(2)董事会是公司最终决策者(并且,在某种意义上,其几乎就代表着"公司");(3)董事不是公司的代理人,而具有独立的法律地位;(4)公司管理人员和董事都不是股东的代理人;但是(5)董事和管理人员都是公司和其股东的"受信人"(fiduciary)。[93]

正如上文所述,从法律层面而言,公司董事不是代理人。代理规则要求代理人对被代理人承担"遵从的义务"(duty of obedience),换言之,被代理人享有控制和支配代理人行为的权力。[94] 公司董事的实际角色本质上不同于这种模式。作为公司的最终决策者,他们并不受任何人的直接控制和管理,包括公司股东。并且,董事享有自由裁量权的这一根本原则不能被解释为,由于股东集体投票在现实中存在困难而作出的法律对策。[95] 即使公司股东一致通过让董事会从事某些行为的决议,比如,要求分红或者解雇某个具体的管理人员,董事会也没有遵循这些行为的法律义务。[96] 虽然股东可以选举董事,并且在某些情形下可以罢免董事,但股东不能要求董事会具体去做什么。

因为美国公司法不允许股东要求董事如何具体行事,所以,将董事看作股东代理人的观点至少误解了他们之间关系的法律本质。从法律角度而言,董事是一种独特的受信人(fiduciary),其在某种程度上

---

[92] Clark, supra note 17, at 56.

[93] Id.

[94] See Restatement (Second) of Agency § 385 (1958).

[95] Cf. Gordon, supra note 8, at 353(认为董事自由裁量权规则能够被解释为解决棘手的股东投票问题的方法,因为股东的利益相互不一致)。从某种意义上而言,我们的协调性层级模式采用了 Jeffrey Gordon 的观点,并且认为,董事自由裁量权是对以下问题作出的反应,即有可能困扰公司所有的不同利益相关人的投票和契约订立问题,从而将 Jeffrey Gordon 的观点展开和深入。

[96] See, e. g., Auer v. Dressel, 118 N. E. 2d 590, 593 (N. Y. 1954)(认为董事没有义务遵从股东通过的要求被解雇的管理人员复职的决议)。

与其他形式的受信人相似，但可能与受托人(trustee)最相似。[97] 董事与受托人一样，一旦被选举为董事，就成为公司的最终决策者，并主要受到信义义务(fiduciary duties)的约束。法律允许受托人代表利益冲突的多方受益人(beneficiary)。与受托人一样，董事也有权自由考量和衡平不同公司参与人之间的利益冲突。换言之，认为公司法遵循股东至上原则的主流学术观点是错误的。正如下文所述，美国公司法事实上授予了董事广泛的自由裁量权，在决定公司的最佳利益时，董事可以牺牲股东的利益而服务于管理层、员工和债权人的利益。[98]

协调性层级模式可以解释和支持对于公司董事会的广泛授权。如果董事的角色是公司的管理者，那么，拥有公司的最终决策权和能够自由代表公司中相冲突利益的权利，对他们而言就非常重要。相反，如果董事会受到公司利益相关人中的一个或者更多人的直接命令和控制，那么，那些利益相关人就会利用手中的权力控制董事会，并从公司的其他成员那里攫取利益，从而抑制其他公司成员进行与具体团体相关的投资(team-specific investment)。因此，由于公司所有成员都希望从团体生产中获利，但又害怕他们的收益会被寻租行为所浪费，所以，为了他们的共同利益，他们就会通过协议自缚其手(tie their own hands)，即将公司资产的最终控制权交给董事的方式，来提升团体生产的经济效率。

(二)公司人格和派生诉讼程序规则

公司法支持协调性层级模式的第二个显著的方面是将公司视为"法人"(legal person)的观点。从法律角度而言，提交成立公司的法律文件就意味着产生了一个与其发起人和股东相独立的新的法律实

---

[97] See DeMott, supra note 15, at 880(董事具有与受托人相似的地位)。然而，董事不同于受托人之处在于，董事不享有公司的财产权，公司的财产权由公司本身所享有。同样，股东也不享有公司的任何财产权。

[98] See infra text accompanying notes 123 - 162(讨论利益衡平问题)。

体。[99] 这种法律人格的概念具有重要的法律和经济意义。比如,公司能够享有财产所有权,并且可以保留团体生产所带来的没有分配给团体成员的所有剩余利润。因此,公司实体能够作为霍姆斯乔(Holmstrom)所称的被动的"预算打破者"(budget breaker)。霍姆斯乔提出,需要这种"预算打破者"来解决他所认为的团体生产中最根本的契约订立的困境问题。[100] 现实中,大多数公众公司在完成企业的所有契约义务之后,仍会保留相当大份额的剩余利润,而不是将其以红利的形式分配给股东,或者以奖金的形式分配给员工。[101]

公司人格的法律拟制导致了美国公司法的一个核心特征,即派生诉讼制度(derivative suit)。就理论上而言,公司董事对公司负有信义义务:如果一个董事违反了其信义义务,那么,任何诉讼都应由公司提起。但是,因为公司只能通过其代理机关来行事,所以,在某些情形下,公司法人格就有可能产生不良后果。这种问题经常出现在以下情形,即当董事会被要求以公司名义提起由董事会自身所造成的损害赔偿诉讼时。这样,使董事自己起诉自己而导致的困境便产生了派生诉讼制度。

根据派生诉讼规则,当让董事会中的大多数董事以公司名义提起法律诉讼,并且,这些董事具有使他们难以适当地代表公司利益的个人利益冲突时,在极有限的情形下,股东就会被允许代替公司实体的诉讼地位,从而以公司名义并代表公司利益提起法律诉讼。[102] 因为派生诉讼的诉权通常只属于股东,所以,这样给人的第一感觉就是,派生

---

[99] See, e. g., Del. Code Ann. tit. 8, § 106(Supp. 1996).

[100] Supra text accompanying notes 40 - 46.

[101] See Eugene F. Fama & Harvey Babiak, "Dividend Policy: An Empirical Analysis", 63 *J. Am. Stat. Ass'n* 1133, 1156 tbl. 11(1968)(从大量公众公司的样本中发现,中等规模公司的股利分配率从公司利润的44%到57%不等,这个数值取决于计算的初始条件)。

[102] See, e. g., Smith v. Van Gorkom, 488 A. 2d 858(Del. 1985)(因为董事违反注意义务而提起的派生诉讼)。See generally Clark, supra note 8, at 639 - 664(讨论派生诉讼制度)。

诉讼意味着法律支持股东至上原则。[103] 然而,进一步研究派生诉讼的法律规则就会发现,在派生诉讼中,授予股东诉权的法律程序主要是为了维护公司的整体利益,而不是股东的自身利益。换言之,法律允许股东提起派生诉讼不只是为了保护股东的利益,而是为了保护组成公司团体的所有成员的利益。

我们知道,一些人可能会发现,董事对公司而不是对股东负有信义义务的观点是值得商榷的。近年来,认为董事对股东承担信义义务的观点无论是在法学界还是经济学界都已经相当普遍。[104] 然而,判例法已经明确了董事主要是对公司本身承担信义义务。[105] 虽然董事对公司的这种信义义务能够被解释为仅是对公司股东承担的,但是我们同意以下观点,即董事除了要对股东承担义务之外,董事还应当对作为独立法律实体的公司负有信义义务。[106]

派生诉讼的一些程序规则也支持了这一观点。比如,大多数州要求提起派生诉讼的股东首先要请求公司董事会代表公司的利益采取

---

[103] 比如,一些学者将派生诉讼解释为帮助股东克服搭便车效应的一种机制,因为"搭便车"行为会阻止任何单个股东去采取会使所有股东都受益的法律行动。See,e. g.,Clark,supra note 8,at 394 –397.

[104] See,e. g.,Brudney,supra note 1,at 1416 & n. 33;Oliver Hart,"An Economist's View of Fiduciary Duty",43 *U. Toronto L. J.* 299,303(1993).

[105] See Restatement(Second) of Agency § 14 C cmt. a(1958)(认为董事是对公司本身而不是对单个或联合的股东负有信义义务)。一些判例和学者认为,董事的信义义务是针对公司和其股东。See,e. g.,Mills Acquisition Co. v. Macmillan,Inc.,559 A. 2d 1261,1280(Del. 1988)("我们的法律基本上规定,董事对公司和其股东承担注意和忠诚的信义义务。")。其他学者认为董事只对公司负有信义义务,而没有明确地提到股东。See,e. g.,United Teachers Assocs. Ins. Co. v. MacKeen & Bailey,99 F. 3d 645,50 –51(5th Cir. 1996)(认为董事对公司负有信义义务)。然而,大量的判例法要求董事在决定公司的最佳利益时考虑非股东的利益,这说明了董事的义务不只是针对股东,而是针对公司整体。See infra text accompanying notes 111 –115,123 –162;see also Demott,supra note 15,at 916 –17(提到一些认为公司实体本身对股东负有信义义务的判例,并且质疑了在将公司利益和其股东利益视为一致的情况下这种判例观点如何能够成立的问题)。

[106] See,e. g.,Steven M. H. Wallman,"The Proper Interpretation of Corporate Constituency Statutes and Formulation of Director Duties",21 *Stetson L. Rev.* 163(1991).

法律行动;这一请求只有在董事会面临明显的、重大的利益冲突时才可以被豁免。[107] 并且,即使当这种请求程序被豁免时,如果无利益冲突的独立的董事调查委员会认为,董事会能够控制并且终止股东提起的派生诉讼,那么,董事会就可以这样做,从而阻止股东提起派生诉讼。[108] 这样的程序障碍使股东提起派生诉讼极为困难,同时也使董事不受股东的挑战和控制,从而保护公司的协调性层级制度。

法律对待代表公司利益而提起的股东派生诉讼,不同于其他由于直接利益损害而提起的股东诉讼。最重要的是,如果派生诉讼成功,获得的任何赔偿都必须归入公司资产。[109] 在股东至上原则之下,难以解释损害赔偿金为什么直接支付给公司,而不是给起诉股东的这一法律要求。然而,一旦我们将公司视为股东和其他进行与具体企业相关投资的其他利益相关人的联盟,这一要求似乎就很好解释。如果在派生诉讼案件中,股东能直接获取损害赔偿金,其效果就与支付股利的效果相似:股东作为一个群体以公司整体利益为代价而变得更加富有。这种财富的转移通常损害了债权人、员工和公司中其他利益相关人的利益。比如,债权人受到了损害,是因为公司的债务保持不变,但其消耗了现金,从而提高了公司破产的风险;同时,公司管理层希望保留公司资金并进行再投资,从而提高与其职位相联系的声誉和薪酬。因此,派生诉讼的程序规则通过将损害赔偿金支付给公司,确保了公司的所有利益相关人都能获得成功诉讼所带来的收益。股东仍然能够通过股利的方式从公司中获取现金,但只能在董事(协调性层级制度)同意时才能这么做。[110]

---

[107] See Clark, supra note 8, at 640 –643; see, e. g., Aronson v. Lewis, 430 A. 2d 779 (Del. 1984)(讨论这种请求程序的法律要件)。

[108] See Clark, supra note 8, at 640 –643; see, e. g., Zapata Corp. v. Maldonado, 430 A. 2d 779(Del. 1981)(讨论终止派生诉讼的问题)。

[109] See Clark, supra note 8, at 659. 原告股东在一个成功的派生诉讼中所花费的诉讼费和律师费也应当由公司来支付。See id., at 660 –662.

[110] 这种分析可以帮助解释为什么董事会一般选择提留大部分公司收益,而不愿意以股利的形式进行分配。See Fama & Babiak, supra note 101.

最后,认为股东派生诉讼的诉权具有工具性的第三个原因是,在某些情形下,法律赋予公司中的其他利益相关人诉权来起诉违反了信义义务的董事。公司法长期以来一直允许债券所有人和其他债权人在公司破产时主张董事违反了信义义务。[111] 更加重要的是,近来的判例法表明,即使在公司没有达到破产界限之前,债权人也可以提起诉讼。在 Credit Lyonnais Bank Nederland, N. V. v. Pathe Communications Corp 一案中,[112]一个仍具有偿付能力的公司的董事会拒绝执行一个公司股东大力支持的高风险策略,因为其损害了债权人的利益。在赞成董事会的决定中,特拉华州衡平法院发现:

> 公司董事会不仅仅是公司剩余风险承受人(股东)的代理人,而且对公司负有义务……在处理一个临近破产公司的商业事务时,可能会出现以下情况,即对于公司整体而言是正确的道路(既有效率又公平)可能偏离于股东(或者债权人、公司员工,或者任何一个公司利益人群体)的单独选择……公司董事会对于那些支持了公司的存在与发展的社区负有义务,并且有义务为了公司的长期盈利能力而作出信息充分的、善意的判断。[113]

以上用语明显地反映了这样一个司法理念:董事对公司的信义义务超越了单纯的使股东财富最大化的义务,而且,还包括对于其他公司参与人的利益的考虑。因此,这种观点表明,即使在公司破产之前,债权人也能以董事违反信义义务为由而起诉,这就对股东至上原则提出了直接的挑战。[114] 因此,Credit Lyonnais 一案的判决引起了对此观

---

[111] See Geyer v. Ingersoll Publications Co., 621 A. 2d 784, 787 – 788 (Del. Ch. 1992) (认为在公司破产之前,董事对债权人负有信义义务)。

[112] Civ. A. No. 12150, 1991 Del. Ch. LEXIS 215 (Del. Ch. Dec. 30, 1991).

[113] Id., at 108 – 109.

[114] See In re Buckhead America Corp., 178 B. R. 956, 968 (D. Del. 1994) (认为债权人可以对于那些没有保护其利益的董事提起派生诉讼)。

点的含义和优点的学术大争论。[115]

然而，从公司协调性层级模式的视角来考察，Credit Lyonnais 一案的判决是有道理的。作为一般原则，公司协调性层级模式不允许将派生诉讼的诉权授予股东之外的其他群体。没有一个董事愿意成为这种诉讼中的被告，所以，如果派生诉讼的诉权被许多群体所拥有，那么，包括经理、员工和债权人在内的各种利益相关人就会试图利用诉讼的威胁来从董事那里获取特权，从而正好为公司团体成员中的寻租行为大开了方便之门，而这种寻租行为正是公司协调性层级模式所要阻止的。因此，虽然某些人（股东）能够对肆意妄为的董事提起派生诉讼，但是，保护董事不被所有人起诉这一点很重要。并且，由于下文中所讨论的各种原因，在大多数情形下，实际上股东能够最好地确保，只有当派生诉讼符合公司的整体利益时，才会提起派生诉讼。[116]

但是，当公司接近破产时，股东利益就难以代表公司的整体利益。只要公司为了保证收支相抵而苦苦挣扎，股东就不可能通过红利或者股价上涨的方式从其股权中获得任何收益。因此，正如在 Credit Lyonnais 一案中那样，股东就有可能赞成那些会大大提高公司破产风险的高风险策略，因为如果公司破产，股东损失不大，但是如果策略成功，股东就能获得很大收益。但是，破产却会对公司的其他成员带来

---

[115] See, e. g., Laura Lin, "Shift of Fiduciary Duty Upon Corporate Insolvency: Proper Scope of Directors Duty to Creditors", 46 *Vand. L. Rev.* 1485 (1993); Lynn M. LoPucki & William Whitford, "Corporate Governance in the Bankruptcy Reorganization of Large, Public Held Companies", 141 *U. Pa. L. Rev.* 669, 768 – 771 (1993); C. Robert Morris, "Directors' Duties in Nearly Insolvent Corporations: A Comment in Credit Lyonnais", 19 *J. Corp. L.* 61 (1993); Steven L. Schwarcz, "Rethinking a Corporation's Obligation to Creditors", 17 *Cardozo L. Rev.* 647 (1996); Royce de R. Barondes, Fiduciary Duties if Officers and Directors of Corporations Operating in the Vicinity of Insolvency (July 1997)（未发表手稿，存档于弗吉尼亚法学评论杂志社）。

[116] 参见下文二（三）（讨论为什么只有在董事违反信义义务而损害了公司所有成员利益，而不仅仅是股东利益的情形之下，股东才能提起董事违反信义义务的诉讼）；参见下文二（四）（讨论股东的投票权如何为整个公司服务，这主要基于以下两个原因：一是股东不太可能利用投票权来从事寻租行为；二是股东股价最大化的利益通常与其他利益相关人的利益相一致）。

巨大的损失，比如，员工和债权人，他们会损失与具体企业相关的全部或者部分投资。因此，在公司破产时，甚至破产之前，将派生诉讼的诉权由股东转移给债权人，就可能是最好的确保派生诉讼用来保护公司利益的策略。

（三）董事信义义务的内容

上述关于派生诉讼程序和诉权的分析表明，公司法允许股东提起派生诉讼的原因主要是为了保护公司整体的利益，而不仅仅是股东的利益。如果我们越过程序问题来考察派生诉讼的实体法内容，也就是那些定义股东派生诉讼所寻求执行的董事信义义务的规则，那么，派生诉讼是为了保护公司利益而不是股东利益这一点就更加清楚了。对于那些董事被控违反信义义务的案例进行考察，我们发现了一种奇怪的现象：只有在派生诉讼不仅使股东受益，而且使公司其他利益相关人受益的情形下，公司法才允许股东对董事提起派生诉讼。

通过考察那些能够成功地指控董事违反信义义务的有限情形，这一现象就不再奇怪了。正如下文所述，判例法一般将董事信义义务分为两种：忠实义务（duty of loyalty）和注意义务（duty of care）。[117] 在这两种情况下，一般只有在董事行为不仅损害了股东利益，而且损害了公司的整体利益时，董事才承担责任。

1. 忠实义务

尽管乍一看董事的忠实义务相当广泛，但是，在实践中，美国法律对于这一义务的解释非常狭窄。确实如此，判例法认为只有在以下两种情形下，董事才对其违反忠实义务的行为负责。第一种是最明显和过分的自我交易行为（self-dealing），如董事自己或者通过他所拥有并

---

[117] See Clark, supra note 8, at 123 – 140（注意义务），141 – 157（忠实义务）。

控制的商业组织来与公司进行交易。[118] 第二种是董事通过从自己的商业组织中获益,从而夺取公司机会(corporate opportunity)。董事自己的商业组织与公司属于同一行业,或者是由于其在公司中的职位而得以成立的。[119]

尽管董事的忠实义务范围非常狭窄,但其威慑力很强大,并对董事行为具有重大的限制性作用。但是,董事忠实义务仅适用于董事利用公司权力为自己谋取利益的所有可能情形中的极少一部分。最明显的是,董事忠实义务不适用于董事在进行战略性的商业决策中以股东利益为代价,为自己谋取非金钱利益的情形,这种情形被克拉克教授称为"具有混合动机的公司行为"(corporate action with mixed motives)。[120] 因此,当董事利用公司资金建造极为奢侈的公司总部时,或者对其喜爱的慈善机构进行捐赠时,董事并没有违反其忠实义务。

在文章的下一部分,我们将会继续讨论对董事忠实义务的这一特殊限制。目前,我们认为,关于董事忠实义务的判例法与我们所倡导的公司协调性层级制度相一致。这是因为,传统的、被狭隘定义的董事忠实义务,像保护股东利益那样地来保护员工、债权人和其他利益相关人的利益。毕竟,当董事利用其公司职位从公司中攫取私人利益时,公司中的每一个成员都会遭受损失。因此,允许股东在董事违反忠实义务的情形下提起派生诉讼的做法是与公司协调性层级模式一致的,因为这种诉讼使公司团体的所有人都受益。

---

[118] 由于害怕这种交易可能会过分地以公司利益为代价而方便董事谋取私人利益,所以,公司法认为自我交易行为应当由公司决定是否可撤销,除非董事能够证明以下两点:一是在交易中他对其个人利益进行了完全和公正的披露;二是交易条款已由董事会中大多数无利益冲突的成员通过,或者在本质上是公正的。See, e. g., Del. Code Ann. tit. 8, § 144 (1974 & supp. 1996). See generally Clark, supra note 8, at 159 - 189(讨论自我交易的规则)。

[119] See, e. g., Broz v. Cellular Info. Sys., 673 A. 2d 148, 149 (Del. 1996). See generally Clark, supra note 8, at 223 - 262(讨论公司机会原则)。

[120] Clark, supra note 8, at 142.

2. 注意义务、商业判断规则和公司最佳利益

理论上,除了忠实义务,公司董事对其公司还负有注意义务。[121] 我们说"理论上"是因为,虽然注意义务乍看起来对董事行为施加了重大限制,但实际上董事的注意义务规则几乎被所谓的"商业判断规则"(business judgment rule)所架空。[122] 因为"商业判断规则"通过保护董事免于承担违反注意义务的法律责任,严重地破坏了董事对股东的义务,这看起来与董事是股东代理人的观点相冲突。但是,我们提出的公司协调性层级模式表明,商业判断规则可以发挥重要的经济功能。具体而言,这一规则有助于阻止公司成员(尤其是股东)将法律诉讼作为一种从公司团体中攫取利益的策略。这是因为,商业判断准则是为了确保只有在董事承担责任是符合公司所有成员的利益时,董事才对其违反注意义务的行为负责。[123]

董事要得到商业判断规则的保护,必须证明其被指控的商业决策满足以下三个条件:(1)在信息充分的基础上做出决策;(2)董事善意行事;(3)董事坚信其行为是为了公司的最佳利益。[124] 虽然董事在进行决策之前获取充分信息[125]的要求显然使股东受益,但是,其也可能使员工、债权人和其他利益相关人受益。同样,虽然判例法没有说明,要求董事"善意"而行为的义务对现有的忠实义务到底增加了什么新内容,但是,"恶意"而行为的董事很可能会威胁到所有的公司成

---

[121] See Smith v. Van Gorkom, 488 A. 2d 858 (Del. 1985)(判定违反了注意义务)。See generally Clark, supra note 8, at 123 – 140(讨论了注意义务)。

[122] See *Van Gorkom*, 488 A. 2d at 872(讨论商业判断规则); Clark, supra note 8, at 123 – 125(同上)。

[123] 在美国许多州,商业判断规则已经通过成文法条款得到了进一步加强,这些条款允许公司章程甚至进一步限制董事责任。See, e. g., Del. Code Ann. tit. 8, § 102(b)(7)(1974 & Supp. 1996)(允许公司章程包含免除董事因违反注意义务而导致的对公司的个人责任的条款)。

[124] *Van Gorkom*, 488 A. 2d at 872(引用 Aronson v. Lewis, 473 A. 2d 805, 812 (Del. 1984)).

[125] 判例法已经将这种要求解释为"要求董事获取充分的信息……'他们可以合理获得的所有重大信息'"。Id.,(引用 Aronson v. Lewis, 473 A. 2d at 812).

员的利益。

然而,最重要的是,商业判断规则也要求董事证明,他们善意地相信自己是为了公司的最佳利益而行为的。正是这第三个要求最清楚地表明,美国法律认为公司作为独立的法律实体有其自身利益,而不仅仅是代表股东的利益。这是因为判例法一般将公司的最佳利益解释为包括非股东利益在内,诸如员工、债权人和社区的利益。[126]

支持股东至上原则的学者可能会质疑这种观点。实际上,大多数19世纪和20世纪早期的案例都通过限制董事对非股东利益的责任来支持股东至上原则。[127] 1919年的道奇诉福特汽车公司(Dodge v. Ford Motor Co.)一案[128]判决是经常被引用来支持股东至上原则的案例之一。[129] 在那个案例中,道奇兄弟是福特汽车公司的少数股东,要求公司大比例派发红利。公司董事会拒绝了这个要求,在很大程度上是同意亨利福特的以下要求,即将公司的巨额利润用于扩大再生产,从而提供更多的工作机会;而且,通过降低福特汽车的价格来使广大消费者受益。密歇根州最高法院的判决全力支持了股东至上原则,认为"一个商业公司主要是为了股东的利润来组织和运行的"。[130]

然而,正如大多数学者所指出的那样,道奇诉福特汽车公司一案是一个很例外的案件。[131] 道奇兄弟想从福特公司中获得现金红利,是为了从事他们与福特公司相竞争的商业,并且,有充分的证据表明,亨

---

[126] See infra notes 140 – 148 and accompanying text.

[127] 旧的判例法将股东等同于合伙中的合伙人,因此有时认为股东对公司财产拥有共同"所有权"。See Koehler v. Black River Falls Iron Co.,67 U. S. (2 Black)715(1862)(认为董事应当履行他们的信托义务,但这不是为了他们自己的利益,而是为了公司股东的共同利益)。

[128] 170 N. W. 668(Mich. 1919).

[129] See Smith, supra note 15, at 315.

[130] Dodge, 170 N. W. at 684.

[131] See, e. g., Mitchell, supra note 16, at 601 – 602.

利·福特已经将道奇兄弟作为其潜在的竞争者并对其不友善。[132] 因此,福特要求为了其他公司利益相关人的利益而保留现金的主张只不过是掩人耳目。这个案件中真实的矛盾可能不在于股东和其他利益相关人之间,而是在股东内部的两个群体之间。后一种矛盾非常重要,因为那时福特汽车公司还是一个封闭公司。[133] 封闭公司中的股东不仅作为投资者,而且同时作为经理管理公司日常事务。[134] 其结果是,封闭公司中的股东通常试图利用手中的管理权来剥削与其利益相冲突的其他股东。[135] 为了解决这个问题,封闭公司法就加强了股东对股东的信义义务,而不是董事对公司的信义义务。[136] 因此,道奇诉福特汽车公司一案的判决被最准确地解释为关于封闭公司中股东之间相互负有特别义务的阐述,而不是关于股东和公司其他利益相关人之间关系的阐述。[137]

更加重要的是,即使道奇诉福特汽车公司一案的判决也适用于公众公司,自 1919 年以来的判例法也会沿着摒弃股东至上原则的方向而发展。早在 20 世纪 30 年代,两个著名的法律学者,阿道夫·伯利

---

[132] 法院可能也关注了福特阻止道奇兄弟与其进行竞争的有关反托拉斯问题。See generally Jesse H. Choper et al. , *Cases and Materials on Corporation Law* 994 –995 (3d ed. ,1989) (讨论案例的背景);Clark, supra note 8, at 602 –604 (同上)。

[133] See Clark, supra note 8, at 602 –603.

[134] Id. , at 762.

[135] 相反,公众公司中的消极的股东倾向于追求那些股东能够同等享有的利益,特别是,使股票价格最大化而产生的利益。See infra text accompanying note 175 (讨论公众股东的同质性)。

[136] See generally Clark, supra note 8, at 798 –800 (讨论在封闭公司中,股东对其他股东的信义义务)。一般而言,在单个股东或者股东联盟拥有公司的控制股份,从而能够对董事会的选举享有单边决定权时,那些想通过创设协调性层级制度来降低股东内部利益冲突的封闭公司中的股东,就无法依赖于独立董事会的机制。尽管这个问题能够通过累积投票权制度或者类似的制度加以解决,但是,这些程序下选举出的董事就不像无利益冲突的受托人,相反,他们更像立法机构中的代表,负有义务去保护选举他们的特定利益相关人的利益。

[137] See Smith, supra note 15, at 286, 315 (认为在 Dodge v. Ford Motor Co. 一案中所清楚阐明的股东至上原则与封闭公司中少数股东被压迫的情形相互有联系,并且,商业判断规则使得股东至上原则在公众公司中实际上无法执行)。

(Adolf Berle)和莫里克·多德(Merrick Dodd),在哈佛法律评论上对股东至上原则和刚出现的利益相关人理论展开了一场著名的论战。⑬⑧到了20世纪50年代,伯利也承认,从法律上而言,"为了整个团体的利益,公司权力应当通过信托机制而行使。"⑬⑨20世纪中后期的一系列案例支持了伯利的观点,这些案例允许董事在必要时为了公司最佳利益,而牺牲股东利益来满足其它公司利益相关人的利益。因此,法官同意以下董事决策:董事利用公司资金来从事慈善活动;⑭⓪拒绝以当地社区的利益为代价来提高公司利润的商业战略;⑭①拒绝进行以债权人利益为代价而使股东受益的高风险商业活动;⑭②为了保护员工或者社区的利益而防御高溢价的敌意收购。⑭③ 正如这些例子所阐明的那样,现代公司法并没有遵循股东至上原则。相反,解释商业判断规则的判例法通常明确地授权董事可以牺牲股东利益以保护其他公司利益相

⑬⑧ See A. A. Berle, Jr., "Corporate Powers as Powers in Trust", 44 *Harv. L. Rev.* 1049(1931); E. Merrick Dodd, Jr., "For Whom Are Corporate Managers Trustees?", 45 *Harv. L. Rev.* 1145(1932). 多德争辩:认为公司是那些为追求个人利益而组织起来的股东联合体,并且公司由董事会按照此目标而进行管理……的传统观点无可争议。然而,最终影响法律制定的公众观点,已经并且正在向以下观点发展,即商业公司作为一种经济机构不仅有创造利润的功能,还有社会服务的功能。

Id., at 1146–1148. 多德进一步指出"企业对其员工不仅负有避免使其过度工作和遭受伤害的消极义务,而且还有尽可能地为其提供经济安全的积极义务的观点越来越深入人心", id., at 1151, 并且,这种观点认为,公司不是作为股东的集合,而是"从本质上而言,与组成的个人相独立的、不同的……这样一个团体。" Id., at 1160(引用 Albert Venn Dicey, Law and Public Opinion in England 165(3d ed., 1920)).

⑬⑨ Adolf A. Berle, Jr., *The 20th Century Capitalist Revolution* 169(1954)("争论以赞成多德教授的观点而结束(至少是暂时)")。

⑭⓪ See, e. g., Theodora Holding Corp. v. Henderson, 257 A. 2d 398(Del. Ch. 1969).

⑭① See, e. g., Shlensky v. Wrigley, 237 N. E. 2d 776(I11. App. Ct. 1968).

⑭② See, e. g., Credit Lyonnais Bank Nederland, N. V. v. Pathe Communications Corp., Civ. A. No. 12150, 1991 Del. Ch. LEXIS 215(Del. Ch. Dec. 30, 1991).

⑭③ See case cited infra note 146.

关人的利益。[144]

一些法律学者和判例将这种做法解释为是为了股东的长期利益。[145] 然而，在“总设计的代理关系模式”之下，这种解释几乎没有道理，因为在这种代理关系模式中，所谓“股东利益”被视为董事支持其他公司利益相关人利益的具体公司中当时的股东利益。比如，法院通常支持董事会为了保护公司员工和社区的利益而拒绝一个高溢价的收购要约的裁量。[146] 如果像现代金融理论所认为的那样，今天较低的公司股价反映了对于在目前管理层管理之下的股东未来收益的最好评估，那么，拒绝一个高溢价的收购要约怎么可能是符合现有股东的长期利益呢？[147]

相反，公司协调性层级模式认为，授予董事考虑其他利益相关人利益的自由裁量权可以使股东也从中受益，因为这表明股东的长期利

---

[144] 此外，28 个州的“公司利益相关人”法案已经明确授权，董事至少在公司面临收购威胁的情况之下可以考虑非股东的利益。See Mitchell, supra note 16, at 579 n. 1, 587 - 588 n. 33（上市法案）。See generally Eric W. Orts, "Beyond Shareholders: Interpreting Corporate Constituency Statutes", 61 *Geo. Wash. L. Rev.* 14 (1992)（讨论公司利益相关人法案的有关争论）。

[145] Clark, supra note 8, at 681 - 684; John C. Coates IV, Note, "State Takeover Statutes and Corporate Theory: The Revival of an Old Debate", 64 *N. Y. U. L. Rev.* 806, 832 - 833 (1989).

[146] See, e. g., Cheff v. Mathes, 199 A. 2d 548 (Del. 1964)（讨论荷兰锅炉公司的董事为了保护员工的利益，如何防御敌意收购者）; Paramount Communications v. Time, Inc., [1989 Transfer Binder] Fed. Sec. L. Rep. (CCH) & 94, 514 (Del. Ch. 1989)（描述时代公司的董事为了寻求能够保存其崇尚新闻真实的“时代文化”的合并，而如何拒绝派拉蒙公司的高溢价收购要约）。

[147] See Coates, supra note 145, at 841 - 842（描述了以金融学方法为基础的对于这种股东长期受益的观点的批评）。See generally Richard A. Brealey & Stewart C. Myers, *Principles of Corporate Finance* 287 - 310 (4th ed., 1991)（描述了现代投资组合理论）。在股东至上原则之下，如果股票的市场价严重低于公司的实际价值，并且，尽管董事知道这一情况，但他们一般无法以某种方式将事实真相告诉股东或者市场，那么，人们就可能会认为，授权董事拒绝高溢价收购要约的自由裁量权是适当的。虽然在标准金融理论之下，这种情况看起来不太可能，但是，Lynn Stout 已经在别的文章中详细地阐述了以下观点，即考虑到了投资者可能会具有相互不一致期望的标准金融理论为公司股票的市场价可能会“过低”的情形提供了理论支持。LynnA. Stout, "Are Takeover Premiums Really Premiums? Market Price, Fair Value, and Corporate Law", 99 *Yale L. J.* 1235 (1990).

益应当被解释为以下所有股东的长期利益,即曾经持有、已经持有或将要持有公司股票的所有股东,包括当公司最初公众化时购买公司股票的那些初始投资者。剥削公司利益相关人的与具体企业相关的投资(比如,将公司的生产厂房搬到墨西哥,就破坏了员工对职业安全的预期利益)会让那些在作出公司迁址决定时碰巧拥有公司股份的个人,无论是从短期而言还是从长期而言都能很好地受益。但是,如果公司员工事先预测到这种迁址行为,他们在早些年就会要求更高的工资,或者更加不愿意对公司投入与具体企业相关的人力资本。

因此,公司协调性层级模式支持以下观点,即将董事视为服务于包括股东利益在内的所有公司相关人利益的受托人,实际上是符合股东的长远利益的,因为将公司控制权事先授予董事的股东决策,也就是,当公司首次成立时的决策,能够促使公司团体生产过程中的其他参与人进行与具体企业相关的投资。为了能够从团体生产中获得经济盈余,这些初始的投资就必不可少。[148] 因此,对于商业判断规则的广义解释,即允许董事为了公司其他利益相关人的利益而牺牲股东利益,约束了公众公司中的股东,并最终达到了不仅让整个股东阶层受益,而且也让公司中其他成员也受益的结果。

3. 董事采取反收购防御措施和其他"具有混合动机"的案例

以上的分析表明,判例法将商业判断规则的适用范围扩展到董事有权为了其他利益相关人的利益而牺牲股东利益的情形,这种做法与公司协调性层级模式不谋而合,因为协调性层级模式就是将董事看作协调和衡平公司中多种利益相关人之间相互冲突利益的第三方受托人。公司协调性层级模式也解释了困扰许多学者的公司法中另一个

---

[148] Andrei Shleifer 和 Lawrence Summers 提出了相似的观点,他们认为,如果一个公司的股东剥削其他利益相关人的与具体企业相关的投资,从而导致其他公司的利益相关人不愿意进行与具体企业相关的投资,那么,所有公司的股东作为一个阶层就可能会因这种"名誉损失的外在化"(reputational externalities)而受累。Andrei Shleifer & Lawrence H. "Summers, Breach of Trust in Hostile Takeovers", in *Corporate Takeovers: Causes and Consequences* 33, 45 –46 (Alan J. Auerbach ed., 1988).

有趣的问题:为什么法院将商业判断规则,而不是更加狭窄的董事忠实义务规则,适用到“具有混合动机”的案件中,在这些案件中,董事利用公司权力不是为了公司的利益,而是为了他们自己的利益。[149]

因为董事的忠实义务限制了明显的自我交易行为和夺取公司机会的行为,所以,公司法使得董事依靠其在公司中的职位获取其薪酬之外的任何金钱利益都相当困难。然而,这种对董事忠实义务的狭窄定义忽略了以下一个明显的事实,即董事通常能够利用他们手中的权力为自己获取非金钱利益,比如,权力、职位的稳定、生活质量的提高。例如,董事可以决定保留公司利润并建立公司帝国,而对股东不分红;规避高风险的项目,即使从事那些高风险项目有可能极大提高公司的预期利润;抵制即使是高溢价的敌意收购要约;在公司与债券持有人、员工和社区领导人之间发生冲突时,选择息事宁人的妥协方式而不是勇敢地直接面对并设法解决。[150]

一般而言,法院不把这些类型的案件归入董事违反忠实义务的范畴,相反,对它们适用商业判断规则。[151] 这种司法宽容很难与股东至上原则相协调。但是,公司协调性层级模式却能够解释,为什么公司法即使是在那些具有混合动机的案件中,也不干涉董事的决策。其中原因是,在董事追求非金钱利益的混合动机的情形下,即使其损害了股东的利益,但其通常能使公司的其他利益相关人获益。

思考这样一个例子:公司董事会通过收购不相关的生意或者使用金融衍生工具来降低公司收益的不稳定性。现代投资组合理论认为,降低与具体企业相关的或者特殊的非系统风险无法让投资组合多元化的股东受益。[152] 但是,通过减少公司破产和董事丢掉饭碗的可能性

---

[149] See supra text accompanying note 120(讨论具有混合动机的案例)。

[150] See Randall Morck et al., Causes and Consequences, supra note 148, at 101(描述了典型的减少股东财富的董事行为)。

[151] See supra text accompanying notes 118 – 120(讨论了董事忠实义务的有限范围)。

[152] See Brealey & Myers, supra note 147, at 137 – 139.

来降低特殊的风险可以使董事受益。[153] 然而，降低特殊风险不仅使董事受益，而且使公司其他利益相关人也受益，包括经理、普通员工和债权人。与股东相比，这些人更有动力确保公司保持债务清偿能力。

第二个例子是，通过对工会或债权人的让步，董事会选择"平静的生活"。虽然这种战略显然与股东利益相抵触，但是，其正好明显地使公司中的其他成员受益。因此，这种允许董事以此方式来牺牲股东利益的对于商业判断规则的广泛解释，再次是服务于公司整体利益的，即使它也让董事自己获得了非金钱利益。就是在这种情形下，法官也不愿意事后评价董事的决策，这强有力地证明了公司法保护董事考虑非股东的其他利益相关人利益的自由裁量权，即使董事实际上滥用这种权力来满足自身利益。

在法律容忍具有混合动机的董事行为的判例法中，最有趣的例子可能是，将商业判断规则适用到董事阻却高溢价的敌意收购要约的情形中。董事会防御敌意收购的决策通常能够保护公司员工、债权人、经理或者进行了与具体企业相关的投资的其他团体成员的利益，尤其是当收购要约通过缩减公司规模、改变公司资本结构或者只是替换掉现有管理层的方式来改变公司结构时。同时，由于收购要约也威胁到董事作为董事（他们在董事会中的职位）的主要利益，所以，这种情形反映了不仅存在于董事会和股东之间，而且存在于董事和其他利益相关人之间的潜在利益冲突。

有趣的是，由于意识到董事追求自我利益的可能性，特拉华州法院已经修改了公司收购情形中的商业判断规则。在 1985 年的尤诺克公司诉莫沙石油公司（Unocal Corp. v. Mesa Petroleum Co.）一案中，[154] 特拉华州最高法院认为，公众公司中试图抵制敌意收购要约的董事，

---

[153] See Henry T. C. Hu, "Hedging Experience: 'Derivative Reality' and the Law and Finance of the Corporate Objective", 73 *Tex. L. Rev.* 985, 1016 – 1017 (1995). See generally Brealey & Myers, supra note 147, at 137 – 139（讨论了特殊的风险）。

[154] 493 A. 2d 946 (Del. 1985)（法律也要求董事证明，他们所采取的抵制敌意收购要约的任何防御措施都与公司所面临的被收购威胁之间具有合理的联系）。Id., at 955.

除非他们首先能够证明被提议的收购要约对公司构成了威胁，否则他们不能主张商业判断规则的保护。[155] 然而，尤诺克公司一案的判决同时也清楚地表明，在决定收购要约是否对公司构成威胁时，公司董事需要考虑收购对债权人、消费者、员工和甚至一般社区的利益影响。[156] 换言之，尤诺克一案的判决显然拒绝采纳股东至上原则，相反，其赞成公司利益包括非股东的利益相关人的利益的观点。[157]

尤诺克一案对公司收购背景下的商业判断规则的重新诠释就是一个例外情形，这个例外情形为支持公司协调性层级模式提供了有力的证据。在尤诺克一案之后不到一年，特拉华州最高法院再次将公司收购背景下的商业判断规则适用到露华浓公司诉马克安德鲁和福布斯公司（Revlon，Inc. v. MacAndrews & Forbes Holdings）一案中。[158] 在该案件中，露华浓化妆品公司的董事采取了赞成善意收购而反对敌意收购的防御措施，其部分原因是为了保护公司的某些债权人的利益。特拉华州最高法院认为，董事违反了商业判断规则，因为"解散公司是不可避免的……董事会的义务……从维持露华浓公司作为一个公司实体，改变为出于股东利益而以最高可能的卖价将公司出售"。[159] 因此，法院认为"董事的角色从公司的捍卫者转变成为了股东利益而以最高价格将公司出售的拍卖人"。[160]

乍一看，这种观点似乎支持股东至上原则。然而，我们仔细地考察就会发现，露华浓一案实际上是支持了公司协调性层级制度。尽管

---

[155] Id.，at 954 –955.

[156] Id.，at 955.

[157] 在随后的一个案件中，特拉华州最高法院认为，只有在考虑非股东的其他利益相关人的利益的同时也能使股东受益时，董事才能这样做。Revlon，Inc. v. MacAndrews & Forbes Holdings，506 A. 2d 173，176（Del. 1986）. 团体生产模式能够解释，为了其他利益相关人的利益而牺牲股东利益的做法有时符合他们的共同长期利益。See supra text accompanying notes 145 –148（讨论董事的自由裁量权如何为股东利益服务）。

[158] 506 A. 2d 173（Del. 1986）.

[159] Id.，at 182.

[160] Id.

露华浓一案的判决没有阐明“公司解散不可避免”意味着什么，但是，在随后的一些案件中，露华浓一案的判决被解释为适用于“当公司的大多数有投票权的股份被单个个人或者单个组织，或者一致行动人所取得时”的情形。[161] 换言之，露华浓一案的判决适用于当原来的公众公司将变成实质上的封闭公司的情形。如上文所述，在由一个股东或者一群股东所控制的封闭公司中，董事相对而言没有独立性，并且，不能像协调性管理者那样有效地管理公司。[162] 因此，作为一般规则的例外，露华浓一案可以反映以下一种直觉的司法观念，即当公司成为封闭公司时，公司就摒弃了协调性层级模式而采用由控股股东作为管理者的“总设计的代理关系模式”。

（四）股东投票权制度

以上我们对于董事信义义务的本质和股东派生诉讼程序规则的分析，产生了一种有趣的观点：一般而言，公众公司中的股东只能在提起派生诉讼不仅使自己受益，而且使公司中的其他利益相关人都受益的情况下才能以公司的名义提起诉讼。这个奇怪的结果支持了公众公司的协调性层级制度，而不是“总设计的代理关系模式”。然而，在接受公司协调性层级模式作为“总设计的代理关系模式”的替代模式之前，我们需要讨论股东投票权制度。这个制度也是一个乍看起来像是支持股东至上原则的公司法制度。

公众公司中的股东一般在以下两个领域中享有投票权。第一，股

---

[161] Paramount Communications v. QVC Network, 637 A. 2d 34, 42 (Del. 1994). Compare Black & Decker Corp. v. American Standard, 682 F. Supp. 772 (D. Del. 1988)（认为露华浓一案的判决适用于将经理的股票所有权从5%提高到55%的资本结构重组的情形）, with Paramount Communications v. Time, Inc., 571 A. 2d 1140 (Del. 1989)（认为露华浓一案的判决不适用于以下情形：即两个公众公司之间的合并，并且存续的公司也是公众公司）。

[162] See supra text accompanying notes 72 –75.

东有权选举(有时是罢免)董事会成员。[163] 第二,股东也享有对公司的某些重大变化的投票权。[164] 乍一看,这些权利授予了股东比公司中的其他成员更多的关于公司如何运作的控制权。然而,无论是在理论上还是在现实中,至少在公众公司中的股东投票权的力量都太微弱以至于几乎没有实际意义。所以,名义上存在的股东投票权并没有对公司协调性层级模式提出严重的挑战。在绝大多数情形下,股东投票权很少能够控制董事或者毫无控制,从而董事仍然可以自由衡平公司中不同群体的利益和分配他们的报偿。

我们首先来分析股东选举和罢免董事的权利。在小型的封闭公司中,或者在单个股东或者一群股东控制了大多数股份的公司中,投票权可以赋予大多数股东选举董事会成员并对其工作施加影响的重大权力。[165] 但是,在股权高度分散的典型的公众公司中,股东集体行动的法律问题和现实障碍使得股东投票权基本上没有实际意义。最明显的是,正如伯利梅因首先所指出的那样,"搭便车"问题导致了股东的"理性冷漠"(rational apathy),从而使他们"投票支持经理建议的任何人和任何事"。[166] 股东追随管理层领导的这种倾向被以下法律规则所扩大,这些法律规则授予董事以下权力:确定选举日期、提名董事候选人、利用公司资金从不打算参加股东大会的股东那里获得代理投票权(通常是压倒性的多数)。[167] 其结果是,公众公司中的股东选举董事的做法没有任何的现实意义。相反,实际上是董事自己选举自己。并且,董事一旦当选,他们通常就不受股东的控制。虽然股东有时试图罢免董事,但是这种罢免程序很困难,并且还会遇到同样的代理规则

---

[163] See generally Del. Code Ann. Tit. 8, § § 141(k),216(3),223(1974 & Supp. 1996)(讨论了股东选举和罢免董事的权利)。

[164] See generally Del. Code Ann. tit. 8, § § 109,242,251,271(1974 & Supp. 1996)(描述了股东在公司合并、资产出让、公司章程、规章变更方面的投票权)。

[165] 应当指出的是,即使在那些公司中,其他利益相关人,尤其是经理,在现实中 般对董事的选举也有相当大的影响力。

[166] Clark, supra note 8, at 94.

[167] See generally id., at 358(描述了股东大会),366 –374(描述了代理投票程序)。

和集体行动问题。[168]

股东在公司某些重大变化方面的投票权也似乎只是一种装饰。大多数州严格限制了股东有权投票的公司交易种类,这些交易只包括法定的公司合并、公司章程和规章(bylaw)的修正案、大额资产的出售。[169] 除了股东对公司规章变更的投票权这一例外,其他投票权本质上都是否决权:股东不能主动提议公司的重大变化,而且,如果董事会提出来,股东只能投"赞成"或"否决"票。[170]因为经常有多种方法来处理同一问题,所以,董事能够设计一个适当的交易方式来达到他们的目的,而不引发股东投票。[171] 并且,即使当股东有权投票时,比如在选举董事的情形下,董事也仍然控制着代理投票程序,而且,股东仍然面

---

[168] 如果有关公司法案没有授予股东召集特别股东大会的权利,股东试图罢免董事的努力就可能会面临更多的障碍,see,e. g. ,Del. Code Ann. tit. 8, § 211(d)(1974 & Supp. 1996)(董事和那些公司章程中规定的人可以召集特别股东大会);如果有关法律或者公司章程要求股东证明罢免董事的原因,see,e. g. ,id. , § 141(k)(公司章程可以包括原因条款);并且,如果判例法中规定董事享有被通知和听证的权利,see,e. g. ,Campbell v. Loew's,Inc. ,134 A. 2d 852,859(Del Ch. 1957)(认为董事在进行可能被罢免的投票之前,有权被告知和进行听证)。

[169] See,e. g. ,Del. Code Ann. tit. 8, § § 109,242,251,271(1974 & Supp. 1996)(描述了需要股东进行投票的公司变化)。

[170] See id. ,(描述了股东投票权制度)。因为股东能够提议对公司规章进行变更,而不是简单地对董事提出的变更进行否决,所以,在理论上,有关公司规章变更的股东投票权为股东提供了命令董事采纳公司政策的能力。See Stewart J. Schwab & Randall S. Thomas,"Realigning Corporate Governance:Shareholder Activism by Labor Union",96 *Mich. L. Rev.* 1018,1055 –1056(1998). 因此,近年来,股东已经试图利用他们的权力来修订公司规章,从而强迫董事会赎回毒丸。这种努力成败参半。See id. ,at 1056 –1058(描述了俄克拉荷马州的这样一个案例);Jeffrey N. Gordon,"'Just Say Never?' Poison Pills, Deadhand Pills, and Shareholder-Adopted Bylaws:An Essay for Warren Buffett",19 *Cardozo L. Rev.* 511,544 –546(1997)(描述了那个相同的俄克拉荷马州案例和乔治亚州一个相似的案例)。但是,学者们认为,"在某种程度上,股东采纳和修订公司规章的广泛权力必须服从于董事会管理公司事务的权力。"Schwab & Thomas,supra,at 1956;see also Gordon,supra,at 547 –548(讨论法律的不确定性和对股东介入董事会的"具体商业决策"进行限制的必要性)。

[171] See,e. g. ,Paramount Communications v. Time,Inc. ,[1989 Transfer Binder] Fed. Sec. L. Rep. (CCH)& 94,514(Del. Ch. 1989)(描述了想和华纳公司合并的时代公司的董事如何改变一项交易的结构,从而避免引发时代公司的股东投票)。

临着集体行动问题。因此,股东利用投票权对公司的重大变化问题进行投票来反对董事会所赞成的交易或者政策,通常相当困难,甚至不可能实现。

这种分析不可避免地引发了以下问题:为什么公司法要规定股东的投票权?正如克拉克教授所指出的那样,一个从股东至上原则角度来分析的人可能认为,股东投票权是“一个骗局,或者给董事管理权穿上合法外衣的一个仪式而已”。[172] 然而,另外一种解释是,实际上没有给予股东很大权力的股东投票权,在公司运作不佳的情形下,仍然能够起到防止过分的渎职行为的重要作用。比如,股东可以拒绝通过一个价格不合理的公司购并。相反,一个大股东或者股东群体可以发动投票代理权争夺战来替换掉表现不佳的董事会,或者简单地在“公司控制权市场上”将股票卖给愿意以高价购买的买方。[173]

认为股东投票权能够作为一项防止极端的错误行为的安全措施的观点,对公司协调性层级制度提出了一个挑战,因为这种观点认为股东对公司的运作享有比公司其他成员更多的控制权。但是,我们认为,根据以下两种理论,股东投票权和公司协调性层级模式并无矛盾。

第一种理论重复了上文中的观点,即股东对违反信义义务的董事提起派生诉讼的权利是工具性的(instrumental)。[174] 也就是说,有理由认为,公司法授予股东有限的投票权不仅是因为这一权利使股东受益,而且因为其也使公司中其他利益相关人受益。比如,股东选举董事的做法可以很好地服务公司所有利益相关人的利益。无论如何,总须有人来选举董事,并且一般而言,由股东来选举董事的做法能够最好地为公司所有成员的利益服务。这个观点至少有以下两个原因:第一个原因是,相对而言,股东群体在股价最大化问题上的利益比较一致,因此,由股东群体来选举董事,比起由利益相互冲突的公司其他利

---

[172] Clark, supra note 8, at 95.

[173] Id., at 464 - 478.

[174] 参见上文三(二)。

益相关人来选举董事,问题就会更少,并且从事寻租行为的可能性也要小。[175]（想像一下,如果由公司的债权人、管理人员、普通员工和利益相互冲突的公司其他利益相关人来投票选出他们各自支持的董事,将会导致多大的混乱和政治争斗。)。第二个原因是,主要股东有可能选举使他们股票市价最大化的董事。公司股票价值的最大化不仅会使股东受益,而且会使公司其他利益相关人都受益,至少当董事能够通过保留公司收益并用于再投资而不是将其作为股利分配给股东的方式来使公司股价最大化时。[176]因此,股票价值有时能够代表公司的全部价值,或者是其重要表征。[177] 虽然这种代表并不完美,但我们认为其至少是一个适当的表征。[178]

让股东投票权制度和公司协调性层级制度和谐共处的第二种可能的方法是,认为股东投票权是对股东特有的易受伤害性的部分补

---

[175] 戈登(Gordon)已经比较详细地研究了这一可能性。他认为,董事会的管理行为能够为股东利益服务,因为当股东群体内部对于如何管理公司具有不同观点或者对于管理结果有不同偏好时,股东投票就会被寻租行为和其他“公共选择”问题所困扰。See Gordon, supra note 8,at 359 –374(评述了困扰股东投票的问题)。但是,参见上文中注 95 ~96(认为戈登的分析并没有解释为什么董事可能会忽略甚至全票通过的股东决议)。我们的观点实际上将戈登的分析扩展到包括公司所有利益相关人的投票问题。See also Henry Hansmann, *The Ownership of Enterprise*(1996)(讨论需要由利益相对一致的很多个人共同拥有所有权,以避免投票的异常问题)。

[176] 保留公司收益的做法降低了公司可能破产的风险,从而使债权人和员工受益,并且,也会提高公司高层管理人员的声誉和职位权力,从而提升高管人员的利益。

[177] See Lin, supra note 115, at 1497(认为当一个公司在财务安全时,利润最大化就会使公司所有参与人都受益,并且能够提高社会福利)。

[178] 如果正如通常所认为的那样,在员工和其他债权人都获得了报偿之后,股东便是公司所有剩余利润的唯一“剩余资产请求者”,那么,股票价值最大化等同于公司整体价值最大化。See, e. g., Frank H. Easterbrook & Daniel R. Fischel, “Voting in Corporate Law”, 26 *J. L. & Econ.* 395, 403 –406(1983)(认为股东是公司利润的剩余资产请求人,并且,解释了为什么股东拥有投票权的原因)。然而, Margaret Blair 在别的文章中认为,因为其他公司利益相关人进行了与具体企业相关的投资,并且因为这种投资通常无法通过订立明示契约得到保护,所以,股东实际上不是唯一的公司收益的剩余资产请求人。因此,股票价值最大化通常并不是与公司整体价值最大化相一致。Blair, supra note 82. 并且, Lynn Stout 在别的文章中认为,如果股东对股票价值的预期不一致,那么,股票的市场价值就不能很好地代表股东的整体财富。Stout, supra note 147.

偿。公司管理人员、债权人和其他利益相关人，与公司之间有明示契约，或者至少定期地与公司代表人有接触，因此这些人有契约之外的其他机会影响公司利润的分配。相反，股东很少有机会为了自我利益而与公司直接磋商。因为股东不参与公司日常的生产经营，也相对而言没有机会获得公司如何运行的信息和直接向董事会和高级管理层表达他们的愿望。[179] 最后，因为股东人数通常多于公司其他利益相关人，并且他们的个人利益相对较小，所以，股东面临着更大的集体行动问题。

不管股东投票权被视为服务于公司整体利益的工具性权利，还是对股东特有的易受伤害性的补偿，公司协调性层级模式与大多数公众公司实践中的股东投票权并无矛盾。现实和法律的障碍使得大多数公司中的大多数股东对董事会的影响力很少，或者基本上没有影响力。因此，董事能够不受股东或者公众公司的其他成员的直接控制，从而自由地执行协调性功能。

（五）公司法如何保证董事忠实

行文至此，我们的讨论一直集中于公司协调性层级模式能够解释的许多公司法特征。这些特征允许董事自由地衡平和考量组成公司的不同利益相关人之间相互冲突的利益。然而，主张董事能够自由地使公司所有成员的整体利益最大化，并不意味着他们愿意这样做。如果董事是专制君主，那么，他们怎么会这样善意而为呢？

虽然关于董事善意的进一步讨论超越了这篇文章的范围，但是，公司法和社会文化至少在三个方面有可能鼓励董事为公司利益服务——尽管这种鼓励效果并不完美。首先，如果董事喜欢并想保住其职位，那么，他们就会很好地为公司利益相关人的利益服务（这个方面

---

[179] 这一现实也可以解释为什么公司法授予股东特有的（即使受到重大限制）查阅某些公司账簿和记录的权利。See generally Clark，supra note 8，at 96 – 105（描述股东的查阅权）。

看起来有一定道理)。为了保住他们的饭碗,董事必须至少满足公司所有重要利益相关人的最低要求。否则,一些人就会离开公司,公司团体就会土崩瓦解。如果董事希望被聘请去其他公司的董事会任职,那么,他们就会有动力去获得“好董事”的声誉。

其次,公司法严格限制了董事为自我利益服务的能力,从而鼓励董事为公司利益服务。我们对董事忠实义务和商业判断规则的分析表明,实际上公司法对董事行为只有一个重大限制,也就是,不能从事自我交易。董事可以获得公司同意的(并且是公告的)丰厚薪酬,但是,在这一报酬之外,他们不能利用其在公司的职位来攫取公司的资产和收益。因此,公司法似乎认为,只要董事利用其职位使自己受益的能力受到限制,那么,他们就会选择使用他们的公司职位去服务于其他人,提升组成公司的所有利益相关人的整体福利。

这种观点看起来有些零乱,所以,另一个类似的观点长期以来被接受作为对于非营利组织的标准解释。在关于非营利组织的一篇文章中,亨利·汉斯曼(Henry Hansmann)认为,用于限制非营利组织中董事请求直接从组织利润中获取报酬的“非分配约束”(non-distribution constraint),能够吸引这种组织的潜在成员或客户来信任董事能够善意而为,从而起到了重要的经济功能。[180] 我们所主张的公司协调性层级模式表明,汉斯曼的观点同样可以适用到营利公司中,因为营利公司的董事也处于“非分配约束”之下,这种“非分配约束”也就是董事的忠实义务,其同样能够吸引公司成员信任董事成为善意的协调性管理者。

最后,第三种鼓励董事为公司利益服务的力量,简单而言,就是公平和信任的公司文化规范。公司法认为董事不仅仅是公司的代理人。相反,他们是受信人(fiduciary)的一种独特形式,其与受托人(trustee)

---

[180] Henry B. Hansmann, “The Role of Nonprofit Enterprise”, 89 *Yale L. J.* 835, 838, 847(1980).

极为相似,并且,其义务蕴涵了相似的道德观念。人们期待受托人始终不渝地为受益人的利益服务,并且公平、无偏见地解决受益人之间的相互利益冲突。[181] 虽然这种忠实服务的观念似乎与以理性的自我利益考虑为基础的经济分析相矛盾,但是,信任关系(trust)是法律中一个最基本的概念,并且是许多法律关系的核心。这些法律关系不仅包括像公司董事、法律监护人和受托人这样的受信人,而且还包括司法机关自己。毕竟,在所有的契约理论中都隐含着需要一个善意的、可信赖的协调者,而法院和警察权力通常就被认为是这种协调者。[182]

经济理论还没有发展出一个普遍的信托理论,[183]经济学家通常也没有将信托的功能看作是方便契约订立的制度安排的必要组成部分。经济学家忽略这个问题的一个原因可能是,仅仅通过经济学的传统方法来描述法官(或者,在我们的协调性层级模式中是管理者)的行为很困难。如果我们假设法官和警察是理性的,也就是以自我利益为中心,那么,用什么来保证他们不被贿赂行为所腐蚀,或者不以权谋私呢?在法律制度之下,其中的一个答案是,如果法官和警察受贿被发

---

[181] See Restatement(Third) of Trust § 183(1992).

[182] See supra notes 79 -81 and accompanying text(讨论公司协调性层级模式如何用董事会代替法院作为管理者)。

[183] 想了解经济学家从经济学角度讨论信托机制作用的著名文章,参见,David M. Kreps,"Corporate Culture and Economic Theory", in *Perspectives on Positive Political Economy* 90 (James E. Alt & Kenneth A. Shepsle eds., 1990); Oliver E. Williamson, "Calculativeness, Trust, and Economic Organization", 36 *J. L. & Econ.* 453 (1993). 博弈理论者(game theorists)通常使用"信托"一词来指从事让自己承担被"背叛"风险的行为。基于理性行为人假设模式的观点,经济学家通常认为,没有人会从事这种行为,除非他们相信以下两点:第一点是交易另一方不背叛他们的做法是符合交易另一方的长期最佳利益;第二点是交易另一方自己也知道不从事背叛行为是符合他们自己的长期最佳利益。Robert Gibbons 使用了"确信"(assurance)一词来描述根据以上对于交易另一方动机的精确判断而采取的行为。这种行为有别于那些由于"非理性地信赖交易另一方的人格"而采取的行为。See Robert Gibbons, Notes on Two Horse Races: Hobbes and Coase Meet Repealed Games (Apr. 23, 1997) (未发表手稿,存档于弗吉尼亚法学评论杂志社); see also Bruce Chapman, "Trust, Economic Rationality, and the Corporate Fiduciary Obligations", 43 *U. Toronto L. J.* 547 (1993) (讨论信义义务中信托的角色和那些对于纯粹工具性的合理性(purely instrumental rationality)的限制)。

现后,将会受到严厉的处罚。这个考虑也同样适用在公司董事的场合,尽管相关的有效约束机制无疑要温和得多。因此,忠实义务规则禁止明显的董事自我交易行为(如接受贿赂)。

我们认为,要让公司协调性层级模式运作良好,还需要更多的东西。只有管理者享有诚实的、独立的和勤劳的声誉,并且希望维护和提高这些声誉,人们才可能信任这些管理者。[184] 并且,我们认为,这些声誉方面的约束力量还必须通过强大的社会规范来加强。这最后一个观点是经济学家最不认同的。比如,威廉姆逊认为,在经济关系中起重要作用的信托的唯一形式是对于交易另一方不会从事机会主义行为的可能性的仔细估算。[185] 我们认为不止这些。诸如守信之类的社会规范的形成原因是它们有效率优势,但是,它们运行的方式是让人们事前承诺如何行为,这种行为也许在事后对那些人而言不是利益最

---

[184] See Holmstrom & Tirole, supra note 27, at 124 – 125. Holmstrom and Tirole 讨论了仲裁者(arbitrator)必须具备的两个素质条件:第一,仲裁者必须对案件具体情形有很好的了解。第二,她必须独立。关于第一个条件,像法院这样的外部仲裁者,有可能承担与获得充分信息有关的成本。这一信息成本也存在于商业组织的上层管理者中,具言之,在大型企业中,首席执行官可能需要对于其下属之间很多的相互争议作出仲裁决定,而且,对于每一个这样的仲裁事务事先都知之甚少;但是,因为他们处理企业日常事务,与其他公司职员接触频繁,并且,对企业中各种各样的工作都很熟悉,因此,这种内部仲裁者就面临较低的信息成本。第二个条件,即独立,要求仲裁者既不是法官也不是当事人,因而能够超越任何一方当事人利益的影响而正确评估仲裁争议的整体利益。与仲裁者订立单方契约的行为必须被禁止。比如,当仲裁者与争议案件的任一方当事人具有紧密的联系,那么,其独立性就会丧失。更一般地讲,仲裁者必须享有能够公正解决纠纷的声誉。

[185] See Williamson, supra note 183, at 463.

交易成本经济学(transaction cost economics)提到的是契约性的安全措施或这种安全措施的缺失,而不是信任或不信任。我认为,使用"信任"一词来描述那些已经采取了经济上合算的安全措施的商业交易是多余的,甚至是有误导性的。"算计性的信任"(calculative trust)在用语上是相互矛盾的……我认为,信任与经济交易没有关系,并且,在这种关系中提到"信任"反而会导致混乱。

Id., at 463, 469. 威廉姆逊喜欢用"个人的信任"(personal trust)一词来指处理人际关系的"非算计性"的方法:

因此,个人的信任具有以下几个特征:(1)不需要相互监督,(2)良好的或者仁慈的倾向,和(3)不连续的……因此,信任只存在于诸如家庭、朋友和爱人之间等非常特殊的关系中。Id., at 483.

大化的。[186] 换言之,出于效率考虑,“信任”(trust)和“正直”(integrity)的规范必须能够阻止管理者(比如董事)从事机会主义行为,即使在背叛这些规范而获得的利益会超过其代价时。虽然对于这种“非理性”行为还有许多研究工作要做,但已有研究表明,解决订立明示契约问题的协调性层级方法,能够通过小心地选择那些可信赖的、符合适当社会规范的个人而得到加强。比如,汉斯曼强调了控制非营利组织中董事行为的规范的重要性,并且他指出,通过自我选择,非营利组织中的董事将会成为这样的董事,即重视其声誉并遵从有关最佳董事行为标准的社会观念。[187] 我们认为,一些相同的机制也适用于以营利为目标的公司的董事。[188]

综上所述,公司协调性层级模式也许只是一个次优的解决方案。但是,如果有某些约束机制,比如面对市场压力维持公司团体的必要性、忠实义务所施加的利益分配方面的限制、支持和鼓励守信行为的文化规范,那么,作为协调性管理者的独立董事会相对于其他可能的形式,就可以更好地产生巨大的经济优势。这些其他的形式,比如合伙、封闭公司,它们允许生产性团体中的某些参加者成为对团体可以施加更大的影响力,并有权获得团体剩余利润的“所有者”。承认这一现实也许就可以解决公司法的许多疑难问题,这些问题困扰着那些认为公司法采用了股东至上原则的学者。

---

[186] See generally Symposium:“Law, Economics, and Norms”, 144 *U. Pa. L. Rev.* 1643(1996)(从经济学角度分析了法律和社会规范之间的相互作用);Richard H. McAdams, “The Origin, Development, and Regulation of Norms”, 96 *Mich. L. Rev.* 338(1997)(提倡在法经济学分析中使用社会规范)。

[187] Hansmann, supra note 180, at 875 –876.

[188] 实际上,Shleifer 和 Summers 提出了这个观点。See Shleifer & Summers, supra note 148, at 38 –41(认为由于股东想让公司其他利益相关人相信他们不会受机会主义行为的侵害,所以,股东就会特意选择那些非常值得信赖的董事,这些董事通常对于保护公司利益相关人的利益非常努力,也非常有经验)。

四、结论

近年来,经济学家和法学家普遍将公司看作明示的或者默示的“契约群”(nexus of contracts)。[189] 在本文中,我们提出了考察公众公司的另外一种方法,这种方法虽然并没有否定用契约理论来分析公司的思路,但是,其建立在对于订立明示契约的有限作用的认识基础之上。许多类型的联合生产都过于复杂,难以通过明示契约进行管理。因此,学术界出现了大量的文章,主张通过将联合生产的剩余资产控制权(财产权)授予交易中的一方来弥补订立明示契约的缺陷。在本文中,我们讨论了可能解决这一问题的其他方法:将控制权既不授予股东,也不授予公司的任何其他利益相关人,而是授予第三方,即董事会,董事会在很大程度上不受组成公司的任何经济利益集团所控制。因此,我们认为,对于公众公司的本质而言,一个重要的且通常被忽视的“契约”是“臣民契约”(pactum subjectionis),在这一契约之下,股东、经理、员工和进行与具体企业相关的投资的其他群体将其对于公司投资和产出的控制权让渡给公司的内部管理人。

我们提出的公司协调性层级模式比起其他模式,特别是建立在股东拥有公司的观念基础之上的代理理论模式,能够更有力地解释公司法的许多重要方面。具体而言,主张美国公司法遵循了股东至上原则的观点,似乎是建立在公司法的两个重要方面的基础上,这两个方面

[189] 认为公司是“契约群”的观点通常可以追溯到阿尔钦和德姆塞茨,supra note 33,但是,其作者并没有明确地使用这一具体名词。See Milgrom & Roberts,supra note 21,at 20(“签订契约的能力问题对于进行产业组织的经济分析至关重要。按照阿尔钦和德姆塞茨首先提出的这种观点,一个组织被看作一个契约群……”)尤金法玛(Eugene Fama)和迈克尔延森(Michael Jensen)可能是第一个使用这一用词的人。See Fama & Jensen,supra note 1,at 302(“一个组织是一个作为生产要素的所有者和消费者之间的契约群,这些契约是书面的或者口头的。”)从那时起,许多公司法学者开始理解“契约群”这一用语,并且将之适用到公司法中。See especially,Easterbrook & Fischel,Economic Structure,supra note 1,和注 1 中所引用的其他材料。

看起来似乎赋予了股东独有的控制董事会的权利,分别是:对违反信义义务的董事提起派生诉讼的制度和股东投票权制度。然而,我们仔细分析后就会发现,这些权利太受限制,以至于几乎不存在。关于商业判断规则的宽泛司法解释基本上将股东提起派生诉讼的事由限制为以下两种极为少见的、明显的行为:一种是自我交易行为;另一种是夺取公司机会的行为。同样,股东投票权在理论上和实践中的作用极为有限,以至于他们除了在极少情形下,根本不可能影响投票的结果。因此,公司法赋予董事自由地选择任何公司项目和发展方向的很大程度的裁量权,这种权利的唯一限制就是董事不能利用他们的公司职位以谋取私人利益。

这一结论已经遭到了支持股东至上原则、用契约理论来分析公司问题的许多学者的攻击,他们抱怨公司法没有充分地保护股东免受他们"代理人"的侵害,这里所谓股东的代理人就是董事会。[190] 因此,法经济学派(law and economics school)努力地试图对董事的信义义务进行严格解释,实际上是再现了伯利和多德之间的争论。[191] 同时,摒弃了股东至上原则而支持利益相关人理论的改良主义者也抱怨现有的公司法,认为员工应当和股东一样享有投票权,在董事会中拥有自己的

---

⑲ Milton Friedman. Milton Friedman, "The Social Responsibility of Business Is to Increase Its Profits", *N. Y. Times Mag.*, Sept. 13, 1970, at 33, 122("公司的管理人员是公司所有者的员工。管理人员直接对他们的雇主负责。其责任是按照雇主的意愿行事,雇主的意愿一般是尽可能的挣更多的钱……允许股东选举公司管理人员的原因在于管理人员是为被代理人利益服务的代理人。")。

⑲ See, e. g., James D. Cox, "Compensation, Deterrence, and The Market as Boundaries for Derivative Suit Procedures", 52 *Geo. Wash. L. Rev.* 745(1984)(主张强化董事的注意义务);Easterbrook & Fischel, Responding to Tender Offers, supra note 1(认为经理应当在公司收购活动中扮演被动的拍卖人的角色);see also Aleta G. Estreicher, "Beyond Agency Costs: Managing the Corporation for the long term", 45 *Rutgers L. Rev.* 513, 593-613(1993)(描述了那些可能减少董事追求无效率的"短期"行为的改革措施);cf. Charles M. Elson, "Director Compensation and the Management Capture Board-The History of a Symptom and a Cure", 50 *SMU L. Rev.* 127(1996)(认为通过以股票的形式支付董事薪酬,可以将董事利益和股东利益很好地结合起来);Gilson & Kraakman, supra note 1(认为机构投资者应该争取在公司董事会中具有更多的外部董事)。

代表,或者员工有权对董事违反信义义务的行为提起派生诉讼。[192]

公众公司的团体生产理论认为,上述两种批判都没有击中要害。如果公司法的目标主要不是为了保护股东的利益,相反,如果其允许董事在不同利益相关人之间进行利润分配,从而保护公司的整体利益,那么,公司法的规则就会更有道理。具体而言,公司协调性层级模式认为,股东的投票权应当受到很大的限制,并且只能在提起派生诉讼是为了公司的整体利益,而不是以其他利益相关人利益为代价来谋求股东利益时,股东才能被允许起诉董事。因此,公司协调性层级模式清楚地解释了现代公司法的许多重要方面,这些方面让法经济学派以及他们的主张改良主义的反对者都感到十分困惑。

公司协调性层级模式还提出了其他富有价值的见解。首先,它强调了团体生产作为一种商业工具在公众公司兴起中的重要性。当投资者面临的订立契约的核心问题是代理问题时,他们就不需要成立公众公司。相反,他们可以利用明示契约和其他商业组织形式来组织和管理商业活动,这些组织形式包括合伙、有限责任公司、封闭公司,它们允许投资者对管理者和员工享有很大的控制权。[193] 美国最大公司中的大多数都选择了公众公司而不是封闭公司或合伙来从事商业活动的事实表明,公众公司这一组织形式具有巨大的经济优势,尽管(或者,正如我们所认为的,因为)需要将控制权让渡给独立的董事会。当然,这种观点认为,公众公司之所以这么兴旺,是由于公司法为组织经济生产提供了独特的优势。有人可能会提出与此不同的观点,认为公众公司在现代经济生活中占据了主导地位是因为政治或者历史的因素(比如,税收规则或者早期的股票市场的发展)使公司形式具有吸引

---

[192] See, e. g., Mitchell, supra note 16, at 630 –643(认为公司利益相关人应当有权对董事提起派生诉讼);O'Connor, supra note 16, at 962 –963(同上)。

[193] 一些学者认为,也正是由于这个原因,封闭公司的一种特殊形式,即"杠杆收购"(leveraged buyout)公司,是一种更好的组织形式。See generally Michael C. Jensen, "Eclipse of the Public Corporation", *Harv. Bus. Rev.*, Sept. –Oct. 1989, at 61.

力,尽管法律规则并不太理想。[194] 但是,如果公众公司兴起的全部或部分原因在于公司法的效率优势,那么,公众公司在现实生活中的普遍性就表明,团体生产问题要比人们通常所认为的更加普遍,并且与之相联系的契约订立问题更加具有地域性和代价高昂。因此,我们希望,无论是经济学者,还是法学者将来都能够更加关注这些契约订立问题。

团体生产理论的第二个见解是关注公司的政治本质。[195] 关于公众公司的学术界的和公众间的争论需要认识到,公司实际上是在协调进行与具体企业相关的投资的不同群体和个人之间相互冲突的利益。除了经济和法律手段,这些群体将不可避免地使用政治手段,以获取团体生产所产生的利润中的较大份额。因此,以后的学术研究应当更加详细地讨论那些影响公司决策的内部和外部的政治和经济压力。[196] 正如新兴的"公共选择"(public choice)理论目前正在研究立法机构和政府机构中的政治决策问题一样,[197]公司学者也需要进行这样的研究,即关注政治工具的使用(包括投票交易、联盟形成、公共关系运动、为减少集体行动障碍而组织起来、起诉监管机构和国会调查委员会)和降低、解决纠纷的文化规范的作用来研究公司治理问题。他们也需要

---

[194] See, e. g., Michael Klausner, "Corporations, Corporate Law, and Networks of Contracts", 81 *Va. L. Rev.* 757 (1995)(研究公司法的路径依赖理论,即由于公司网群外在性(network externalities)而导致了无效率的法律规则的持续存在)。

[195] See Henry Hansmann, *The Ownership of Enterprise* 287 (1996)("一个特别有力的新兴观点已经认识到将公司视为一种政治机构的重要性")。

[196] 杰克·科菲(Jack Coffee),琳娜·达拉斯(Lynne Dallas)和马克·罗伊(Mark Roe)是在这个研究方向上做出重大贡献的学者的杰出代表。See, e. g., Coffee, supra note 16(描述了公司作为一系列包括股东、经理和其他利益相关人在内的不稳定的政治联盟);Lynne L. Dallas, "Two Models of Corporate Governance: Beyond Berle and Means", 22 *U. Mich. J. L. Reform* 19 (1988)(讨论了作为由许多利益相关人而组成联盟的公司的"权力模式",公司的各种利益相关人为了权力和控制而相互进行政治争斗);Mark J. Roe, "A Political Theory of American Corporate Finance", 91 *Colum. L. Rev.* 10 (1991)(讨论为什么美国的金融机构在公司董事会中一直没有形成强大力量的政治原因);Mark J. Roe, Strong Managers, *Weak Owners: The Political Roots of American Corporate Finance* (1994)(同上)。

[197] See generally Dennis C. Mueller, *Public Choice II* (1989)(将"公共选择"定义为经济原则在政治过程中的适用,并且总结了当前的公共选择理论)。

进行更多的关于经济压力导致公司中权力平衡变化的研究。

我们现在来讨论团体生产模式的最后一个见解。人们普遍认为,在20世纪60～70年代,美国公司的表现非常糟糕,并且,有些人认为,美国公司的董事会也许是对于员工和高级管理层过度慷慨,而不太关心股东的利益。美国公司变得机构臃肿和效率低下,并且,公司的股权收益呈日益下降之势。[198] 最终(按照传统的观念),这些"低效率"的因素变得非常严重,以至于在80年代引发了大规模的公司收购浪潮,并且,美国公司进行重组和缩减规模的运动持续长达15年。[199] 这种重组过程产生了所谓的"精简"(leaner and meaner)公

---

[198] 商业领域的多因素生产增长率在1948年到1968年之间,从年增长率的2%以上开始下降,到了1968年至1973年,下降到1%左右,然后,从1973年至1979年间,跌到了0.25%以下。See Martin Neil Baily et. al., *Growth With Equity: Economic Policymaking for the Next Century* 16(1993). 虽然员工每小时薪酬的增长率在20世纪70年代急剧下跌,see id., at 21,但是,劳工的工资在国民收入中的份额从1959年的68.5%增长到1979年的73.2%。See Lawrence Mishel, "Capital's Gain", *Am. Prospect*, July-Aug. 1997, at 71. 从1965年到1982年,道琼斯工业平均指数从1965年年底的910.88点,跌到了1982年年底的884.36点,下降了2.9%。See 1998 Econ. Rep. President 390 tbl. B-95; see also infra note.

[199] 从20世纪60年代末期到70年代初期,由于那些经济学家目前仍然没有理解的原因,资本的回报收益急剧下降。到了70年代末期和80年代初期,美国的资本回报已经达到了战后的最低水平,这正如70年代股票市场的低迷表现所反映的那样。(虽然这种资本回报的下降看起来是全经济领域内的普遍现象,对于公司经济和非公司经济都产生了影响,但是,这种下降对于在公众公司占主导地位的生产制造行业所造成的冲击特别严重。)然后,到了80年代早期,资本成本(影响这种成本的一个关键要素是"现实的",或者随着通货膨胀率而调节的银行利率)由于以下两个因素达到了空前的高度:一是联邦预算赤字剧增,二是美联储控制通货膨胀的努力。其结果是,在20世纪80年代的大部分时间,在美国经济的许多行业中,资本的实际成本超过了资本的实际回报。See generally Margaret M. Blair & Robert E. Litan, "Corporate Leverage and Leveraged Buyouts in the Eighties", in *Debt, Taxes, and Corporate Restructuring* (John B. Shoven & Joel Waldfogel eds. 1990); Margaret M. Blair & Martha A. Schary, "Industry-Level Indicators of Free Cash Flow", in *The Deal Decade: What Takeovers and Leveraged Buyouts Mean for Corporate Governance* 99 (Margaret Blair ed., 1993); Margaret M. Blair & Martha A. Schary, "Industry-Level Pressures to Restructure", in *The Deal Decade*, supra, at 149; Margaret Mendenhall Blair, "A Surprising Culprit Behind the Rush to Leverage", *Brookings Rev.*, Winter 1989/1990, at 19(提供了详细的实际账目以表明20世纪80年代普遍的资本实际收益的下降和资本实际成本的增长,并且研究了同时期这些发展趋势和公司重组之间相互关系的证据)。

司,这种公司比起以往的公司更加关注股东的利益,并且,其股权收益也相应地提高。[200] 同时,董事对股东利益的重新关注消极地影响了公司的其他利益相关人的利益,尤其是公司普通员工。在公司股东收益增加时,这些普通员工从公司中得到的收益甚至相对有所减少。[201]

对于上述现象,公司法学者应当如何解释,并且立法者应如何作出反应呢?公司协调性层级模式提出了两种可能性。第一,公司董事作为协调性管理者在决定公司成员应当获得多大份额的公司利润时,享有广泛的自由裁量权。尽管董事会必须满足每一个团体成员的最低要求,从而保证公司不瓦解,但是,在这一最低要求之上,团体成员之间任何可能的分配份额都是可能的。因此,公司的任何利益相关人从公司中所获得的收益不仅取决于市场力量,而且取决于政治力量。[202] 这种分析反过来表明,20 世纪 80 年代机构投资者的兴起,比如,投资公司和养老基金(他们在许多公司中拥有相当大份额的股票)通过减少投资者集体行动问题的障碍,已经导致了公司中的政治权力平衡向股东倾斜。这进一步地表明,同时期的工会衰落[203]使得劳工保护其在公司中的利益的努力更加困难。其结果是,股东作为一个阶层已经获得了允许他们从公司中获得更大份额利润的额外政治权力,因此股东变得越来越富有,而公司的员工作为一个阶层已经失去了政治权力,

---

[200] See, e. g., Bernard S. Black & Joseph A. Grundfest, "Shareholder Gains from Takeovers and Restructurings Between 1981 and 1986: $ 162 Billion Is a Lot of Money", 1 *J. Applied Corp. Fin.* 5, 6 (1988) (股东从公司收购中所获得的收益……反映了这些收购交易会提高被收购公司中的投资者价值的市场预期。这些收益在很大程度上说明,投资者预测到由新的所有者来管理被收购公司将会更加有效率。) 从 1982 年开始,道琼斯工业平均指数从 884.36 点增长到 1997 年年底的 7909 点,在 15 年中上涨了将近 8 倍。

[201] See generally Mishel, supra note 198; see also Stephen Roach, "Angst in the Global Village", *Challenge*, Sept. -Oct. 1997, at 95 (认为在过去的 15 年中,经济权力已经从劳工转移到资本所有者)。

[202] See supra text accompanying note 76 (认为在公司协调性层级制度下,团体成员从团体生产中所获得的报酬份额是由政治权力所决定的)。

[203] See generally *Unions in Transition: Entering the Second Century* (Seymour Martin Lipset ed., 1986) (考察了工会在其政治和经济权力明显下降的一段时期内所面临的挑战)。

因此变得相对贫困。[204]

然而,公司协调性层级模式也对公司财富从员工转移到股东的现象提出了第二种可能的解释。具体而言,这种转移可以被理解为对于正在变化的市场力量所作出的反应:由于变化的市场力量已经改变了不同团体成员的机会成本,因此他们必须获得最低报酬才会有动力继续留在公司中。技术的变革和越来越全球化的经济增加了投资者到海外寻求更高收益机会的同时,对于美国工人的工资水平施加了下跌的压力。[205] 公司董事在认识到这一现实的同时,也已经认识到,必须将团体生产带来的部分经济盈余从员工转移到股东,从而阻止资本转移,确保公司的维续。换言之,公司董事近来对股东财富的关注,是对基础性的资本和劳动力市场的变化所做出的适当的、经济上有效率的反应。

在上述任何一种解释下,我们都认为,这段时期股东至上原则在学术界越来越流行并不偶然。我们的观点认为,公司中权力转移到股东并不是因为董事突然意识到股东实际上是公司的所有者,相反,是因为正在变化的经济和政治力量已经提高了股东与公司团体的其他成员进行面对面谈判的权力。如果这里的推动力是政治因素,那么,是由股东还是由员工获得公司利润中的较大份

---

[204] 现在,美国资本回报率回升到了战后的最高点,并且有迹象表明,公司有压力需要将权力和利润转移到员工手中,以吸引和留住他们所需要的人力资本。See, e. g. , Joann S. Lublin & Joseph B. White, " Dilbert ' s Revenge: Throwing Off Angst, Workers Are Feeling In Control of Careers", *Wall St. J.* , Sept. 11, 1997, at A1; Bernard Wysocki Jr. , " Retaining Employees Turns into a Hot Topic", *Wall St. J.* , Sept. 8, 1997, at A1.《华尔街》杂志的经济学家斯蒂芬·罗奇(Stephen Roach)对正在变化的经济压力持悲观态度,他预测,如果公司的权力和利润没有发生这种转移,就会导致"工人的对抗性反应"。"经济权力要从资本所有者再转移到劳工手中",他写道,"随着公司利润的增长和公司资本回报率达到28年以来的最高点,劳工的实际工资近15年来几乎保持未变的事实表明,劳工将会要争取更大的公司权力和利润。" See Roach, supra note 201, at 101.

[205] See generally Gary Burtless et al. , *Globaphobia: Confronting Fears about Open Trade*(1998)(讨论了日益增长的全球贸易所带来的经济影响,并且分析了经济全球化和技术变革在多大的程度上导致了美国越来越严重的工资不公正现象)。

额，就可能是一个主要关于社会财富分配的问题。但是，如果这种权力的转移反映了经济因素，那么，这就体现了对持续存在的团体生产所进行的有效率的必要调整。因此，在理论层面上，我们的理论告诫试图改革公司法的以下两类学者：一类是想提高股东对董事控制权的契约主义者；另一类是想给予公司其他利益相关人更大控制权的改良主义者。[206] 很显然，公司法对这两种改革提议都不予理睬，并且继续维持董事作为公司所有利益相关人的协调者而拥有的自由裁量权。

因此，迄今为止，我们并不关心法律所采取的态度。但是，我们有些担心近年来发生的在语言表述上和公司文化上的转变。[207] 我们不想让法律界，尤其是法官，过于严格地遵循股东至上原则，而无视董事会自由协调公司中相冲突利益所能发挥的重要经济功能，并且，开始以一种损害董事独立性的方式来改变法律。[208] 由于这个原因，我们认为，在过去20年中，在公司理论研究中对于代理问题的强调已经太多，并

---

[206] 公司协调性层级模式表明，如果一个法律改革建议给予公司利益相关人更大的控制董事的权力，而这种建议是基于现行公司法无力保护非股东的与具体企业相关的投资的效率考虑，那么，这种建议就是误导性的。See, e. g., Mitchell, supra note 16, at 607 -609（提出了效率方面的考虑）；O'Connor, supra note 16, at 917 -940（同上）。我们在此不讨论这种改革从财富分配和公正的角度而言是否有道理。

[207] See John A. Byrne, "The Best & Worst Boards: Our New Report Card on Corporate Governance", *Bus. Wk.*, Nov. 25, 1996, at 82, 94（引用克莱斯勒汽车公司的董事约翰内夫(John B. Neff)的话："这些天来，提高股东价值是董事会的大多数会议所讨论的一个话题……公司的主要管理人员都知道，如果他们不把这件事情做好，就会有很多股东来敲他们的门。"）。公司管理人员和董事的薪酬与股价紧密相联系的薪酬制度的变化加强了社会规范的转变。学者、管理咨询人员、和其他评论人士已经宣扬并且称赞了这些变革。See, e. g., Ira T. Kay, *CEO Pay and Shareholder Value: Helping the U. S. Win the Global Economic War*(1998).

[208] 我们对于需要保护董事不受公司任何利益相关人的过多法律控制的强调，不应当被理解为是保护那些懒惰的、不合格的或者以自我利益为中心的董事。但是，我们认为，在大多数情形下，这种董事最终将被迫对于有关的经济压力（比如，股价下跌或者无法聘用到合格公司员工的困难）和政治压力（比如，负面的媒体报道）作出反应。我们更愿意看到，受伤害的公司利益相关人采用这些方式而不是通过以下改变法律的方式来保护自己，这种改变法律的方式会严重削弱现行法律对于董事所提供的保护。

且具有误导性。我们坚信,如果学者们从一个更好的能够更准确地抓住公司法所试图解决的契约订立问题的模式开始,那么,将来关于公司治理问题的争论就会更富有成果。公司协调性层级模式正是朝向这个目标所迈出的第一步。

鸟、兽与蝙蝠的故事:公司宪政论之发展

斯蒂芬·波特姆利*

一、引言

有一个伊索寓言讲述了鸟类和兽类之间爆发的一场战争,以及这场战争给蝙蝠带来的身份问题。虽然参与这场战争的双方都各有一些共同点,但蝙蝠并不属于任何一方。不幸的是,战争的双方均没有意识到这个微妙之处,而是都将蝙蝠视为敌人。蝙蝠的困境隐喻了我在本文中将要讨论的问题。在澳大利亚的公司法理论中,对于公司治理和监管问题存在两个主要的正当性理论(justificatory theories),①即"特许权理论"(concession theory)和

---

* 澳大利亚国立大学法学院商法教授。

① 在这个语境下,"正当性理论"是寻求为公司监管的方法和路径提供一个逻辑连贯的正当性解释,以阐明为何我们选择采用某种监管路径,而不是其他的路径。当然,在进行解释之前,需要首先对于该种监管方法进行详细介绍,但本文就不浪费篇幅来做介绍了。

"公司契约论"(contract-based theory),[2]支持这两个理论的学者也一直在进行激烈论战(如用"战争"一词,似乎火药味太浓)。我认为,虽然这场论战迸发出一些重要的见解,但最终结果还是要么太简单(只提供了公司生活的一维图像),要么太局限(限制了我们对于如何改善公司治理和监管水平的思路)。因此,我在本文中勾勒出一个新的(替代性的)正当性理论,称之为"公司宪政论"(corporate constitutionalism),该理论综合利用了特许权理论和公司契约论的某些观点,但是,正如我将要阐述的,这并不是简单的将二者合并在一起,也不是二者之间的一个折中。就像蝙蝠一样,该理论在上述论战中占有一个独立的、自成一派的地位。[3]

在上述论战中,比较激动人心的问题包括国家是否应当在公司监管中扮演一个角色,以及如果是的话,应当在多大范围内扮演其角色。在 Salomon v. Salomon & Co. Ltd. [4]一案进行审判之时,对于英国 1862 年公司法中的公司设立权利是否应当适用于小型商业的问题,各界论战正酣。100 多年后的今天,我们争论的问题是,国家应当在多大范围内对公司进行强制性的监管(不论公司的大小)。显然,上述两场争论的内容细节并不相同,其背后的缘起也不同。在 19 世纪后期,争论的问题是监管的范围:哪些商业组织应当受到公司法的监管?而在 20 世纪后期,当公司已经成为一种在经济、社会和政治生活中占据主导地位的组织形式,争论的问题变成了监管的方式:对于公司行为的最佳监管方式是什么?由上可见,虽然这些争论问题表面上不同,但实际上有一个共同点,即应当如何厘清国家在公司监管中的角色。这也正是问题之所在:尽管上述争论在细节上有所不同,但核心问题是

---

② 使用这两个理论标签可能会简化一个原本很复杂的论战。正如我在下文解释的,使用契约机制来解释公司监管问题的理论有很多,它们都是建立在契约机制之上。

③ 应当指出,在伊索寓言中,蝙蝠被描绘成一个机会主义者,在鸟与兽的战争中总是选择投入占据上风的一方阵营。V. S. Vernon Jones (trans), *Aesop's Fables* (1963), 第 133 页。就此而言,公司宪政论与蝙蝠的情形迥然有异。

④ [1897] AC 22.

一样的,对于这个问题做出的不同回答所依据的基本理念也是一样的。因此,我们实际上一直在争论公司监管中的国家角色问题,自Solomon's一案以来的100多年里,我们并没有取得真正的实质性进展。[5]

写作此文的缘由并不令人诧异:在Solomon's一案[6]的百年之后,我们需要提出一个为公司监管进行解释和辩护的理论,以适当反映公司这一商业组织形式在现代社会中扮演的角色。我们必须发展一个新的理念分析路径,让我们能够超越当前争论的局限。

具体而言,我将提出,这个新的分析路径(当然,正如将要论述的,该路径也不是那么"新")必须在以下各方之间达到一个利益平衡,其中一方是公司股东和管理层的利益,另一方是社会的利益。[7]为阐明此观点,我将从关于公司理论和公司监管的思想史中撷取一些精华要素。需要指出,我并不会详细地介绍这个思想史,而只是一个大致的总结。其中,我将提及的精华要素包括特许权理论,Solomon's一案,[8]以及公司契约论。然后,我将建构一个新的分析路径,既涵括特许权理论的思想(该理论认为国家在公司监管中应当发挥作用),又顾及公司契约论的思想(该理论认为公司成员(corporator)[9]的利益应当受到尊重)。在此过程中,与一些学者一样,我主张摒弃那种呆板的强制性监管(mandatory regulation)和协助性去监管化(facilitative deregulation)的两分法思维,确实,关于公司监管的争论长久以来一直局限于

---

⑤ [1897] AC 22.

⑥ 同上。

⑦ 本文使用传统的股东中心主义的公司模型作为参照点。不过,这只是一个出发点,本文还主张保护其他公司利益相关人,这些观点的意义尚待考量。

⑧ [1897] AC 22.

⑨ 在本文中,"公司成员"(corporator)一词是股东和董事的总称。

这种思维模式的窠臼。[10]

本文的结构如下。首先,我简要地论述 Salomon' s 一案[11]对 20 世纪早期的公司监管理论思想的影响。然后,我考察公司监管特许权理论的日趋式微问题,包括反对该理论的实证和理论观点,并从哲学和政治的角度讨论这些反对观点的基础和不足。最后,在公司宪政论的思想基础上,我为国家监管提出一个新的正当性理论,并扼要阐明国家监管应当实现何种目标。[12]

在此引言部分,我应当简短说明 Salomon' s 一案[13]在本文中的角色。需要指出,本文之所以多次引用该案,并非因为它是本文讨论的焦点,而主要是该案代表了关于公司监管问题的争论发展过程中的一个重要时间点。当然,正如我在下节将要谈到的,Salomon' s 一案[14]对于本文观点也是非常重要的,因为至少对于法律人而言,它极具权威性地宣告了公司与国家关系的一个时代的结束(在这个时代,公司的法律地位和行为"一对一"地直接依赖于国家行为,即一家公司对应一份特许状),同时也标志着一个新时代的开始(在这个时代,公司的法律地位具有普遍的可得性,并广泛运用)。

---

⑩ I. Ayres and J. Braithwaite, *Responsive Regulation: Transcending the Deregulation Debate*(1992); A. Corbett, "A Proposal for a More Responsive Approach to the Regulation of Corporate Governance", (1995) 23 *F. L. Rev.* 277; C Shearing, "A Constitutive Concept of Regulation", in P. Grabosky and J. Braithwaite (eds.), *Business Regulation and Australia' s Future*(1993) at 67.

⑪ [1897] AC 22.

⑫ 本文是一个研究项目的部分成果,对于以下文章中提到的一些观点做了进一步发展:S. Bottomley, "From Contractualism to Constitutionalism: A Framework for Corporate Governance", (1997) 19 *Syd. L. R.* 277. 本文也进一步回答了另一篇早期文章提出的问题:我们如何才能适当评价公司在现代社会中的重要性? 参见 S. Bottomley, "Taking Corporations Seriously", (1990) 19 *F. L. Rev.* 203. 在该文中,我探索了从社团主义的角度去回答上述问题的可能性,但本文摒弃了这个分析角度。

⑬ [1897] AC 22.

⑭ 同上。

二、Salomon's 一案的重要性

在 19 世纪后半叶的英格兰,公司法的发展一直伴随着国会对于这种法律应当适用于何种商业组织形式的激烈争论。即使当 1856 年英国公司法(Companies Act 1856)将公司设立发起人的数量从 25 人减到 7 人,似乎其目的也不是为了让公司法能够适用于私人的合伙企业或独资企业。[15] 根据 Ireland 教授的研究,"公司的法律形式(享受有限责任保护的公司)只限于股份公司的经济形式,并被刻意地阻止适用于合伙和个人独资企业的经济形式"。[16] 无论国会当时的意图究竟是什么,这并没有制止小型商业去努力寻求在此法律下进行公司设立,特别是在 19 世纪的 80 年代及其之后。不过,对于将公司形式适用于私人商业是否妥当的担心一直没有停息。1895 年提交给英国交易委员会(Board of Trade Committee)的一份报告认为,公司形式正在被用于欺诈无担保权的债权人,从而更是加重了上述担心。[17] Salomon's 一案[18]反映的公司问题在当时并不罕见,但此案提供了一个让法院就上述争论表达意见的机会。

对于公司法学者而言,Salomon's 一案[19]的事实情节以及当事人在诉讼过程中命运的跌宕起伏都已经是众所周知。上诉法院支持了 Vaughan-Williams 法官的一审判决,认为 Salomon & Company Ltd. 公司的成立及其后来的融资交易都只是为了让 Aron Salomon 能够获得优先于公司债权人的法律地位。正如上诉法院的 Lindley 法官所言:

---

⑮ 1844 年英国股份公司法(Joint Stock Companies Act 1844)规定公司设立人数量必须至少为 25 人。

⑯ P. Ireland, "The Triumph of the Company Legal Form, 1856 – 1914", in J. Adams (ed.), *Essays for Clive Schmitthoff* (1983) 33.

⑰ P. Ireland, "The Rise of the Limited Liability Company", (1984) 12 *Int Jnl of Sociology of Law* 239 at 253 – 253.

⑱ [1897] AC 22.

⑲ 同上。

"公司成立本身是没有争议的……故而该公司具有法律上的公司地位,但它的成立是出于一个非法目的。"[20]尽管一审法院和上诉法院的推理并不完全相同,但二者有一个共同点,都认为 Salomon 的行为是滥用了当时的公司法。公司法规定公司设立人至少为 7 人,是要求这 7 人都是公司的真正参与人,而不仅仅是 7 个形式上的签名人。

最后,上议院一致推翻了上诉法院的判决,其出发点实际上是对于相关法条进行严格的文义解释。上议院认为,公司法只是规定公司设立人需要为 7 人,而没有要求这些设立人必须实质性地参与公司经营。既然 Salomon 公司的设立过程符合公司法的要求,那么,从文义解释的角度看,Aron Salomon 的行为就不能被指责。Halsbury 勋爵认为:"在我看来,一旦公司是合法成立的,它就必须获得与其他独立人一样的待遇,拥有自己的相关权利和义务。在讨论这些权利和义务的时候,那些参与公司设立过程的人具有何种动机,在所不问。"[21]从本质上讲,上议院与上诉法院在推理上的差异就是,后者要求既遵守法律的条文,也遵守法律的精神,而前者只是要求遵守法律条文而已。

Ireland 教授总结了上议院判决的重要意义,认为"Salomon's 一案承认了个人独资企业和小型商业合伙采用公司形式的合法性,让其可以获得有限责任保护。这为公司形式的广泛运用铺平了道路"。[22]从这个角度看,上议院的判决可被视为代表了对于以下两个问题的观念转变的开始,一个是国家与公司的关系,另一个是公司监管的正当性基础。由于该案正式确认了小型商业可以适用公司法规定的公司组织形式,它标志着公司监管的特许权理论走向没落的重要一步。

---

[20] Broderip v. Salomon [1895] 2 Ch 323 at 337.
[21] [1897] AC 22 at 30.
[22] P. Ireland,前注 17,第 255 页。

三、特许权理论

公司监管的特许权理论包括两个相互联系的观点。每个观点都各有一个强势版本和弱势版本。[23]

第一个观点（我将其称为“法律地位观点”）认为，公司法人的产生和与公司设立行为相关联的法律效果（比如独立法人地位，永久存续，股东的有限责任等）都是国家赋予的特权。换言之，国家赋予公司的法律地位是一种特权，从而国家有权监管公司设立过程以及后来对于公司法律地位的使用。在 Nicholson v. Permakraft 一案中，Cooke 法官的判词对于上述观点及其后果做了一个现代性的表述：“有限责任是一种特权，有利于鼓励商业发展，但有滥用的风险。不负责任的滥用行为——包括设立、解散和改造公司形式，从而损害债权人利益——正是法院应当惩罚的对象”。[24]上述观点的一个弱势版本是，公司在法律上的存在和权力都是来自国家赋予的公司法律地位。这个弱势版本试图回避关于公司到底是什么的形而上学的本体论问题，而仅仅关注公司地位带来的法律效果。反观之，强势版本认为，公司是一个拟制的实体，且是由国家拟制的，故而，该版本引起的争议也大很多。

法律地位观点的证据（不管是强势还是弱势版本）能够在上议院对于 Salomon's 一案[25]的判决中找到，当然，公平而论，该判决并没有详细讨论上述的法律地位观点，而是默认了此观点。因此，Halsbury

---

[23] William Bratton 也区分了强势和弱势版本，但他的分类方式稍有不同。“The New Economic Theory of the Firm: Critical Perspectives from History”，(1989) 41 *Stanford L. R.* 1471 at 1475（以下简称 W. Bratton，“New Economic Theory”）.

[24] [1895] 3 ACLC 453 at 459.

[25] [1897] AC 22. 特许权理论在美国早期的公司法理论研究中也很有影响力。Trustees of Dartmouth College v. Woodward 17 US 518 at 636 (1819) per Chief Justice Marshall.

法官将涉案公司描述为“立法机关的拟制产物”,而 Macnaghten 法官认为“公司在诞生之时就已成年”,而这个“诞生”就是指公司设立过程。㉖

法律地位观点对于法官的影响是悄无声息、潜移默化的。譬如,1985 年,澳大利亚联邦最高法院的 Brennan 法官指出:“公司是一个法律拟制之物。它的存在、权利和行为都完全是法律赋予的。”㉗我无意在本文中就形而上学的公司本体论问题进行更为深入的探讨,我更感兴趣的是特许权理论的第二个观点。

第二个观点(监管观点)可以被解读为公司获得法律地位而付出的条件。由于公司地位是国家赋予的,故可推定国家有权监管公司设立之后从事的行为。㉘这个推定理论让国家有权控制公司权利的范围以及对于权利的行使。㉙ 这便是监管观点的弱势版本。有时,该观点的表达更为强势,要求公司不仅遵守国家规则,而且必须符合公共利益或对社会负责。㉚要求公司符合公共利益的观点发轫之时,正是公司特许权主要赋予那些具有公共目的或服务于公共需要的企业的年代(比如,像 Hudson Bay 公司一样的发展海外贸易的企业,建造铁路的企业等)。㉛ 现代公司法学者似乎都同意,在公司设立的法律普遍适用于所有商业之后,强势版本的监管观点就失去说服力了。但是,该观

㉖ 同上,第 29、51 页。

㉗ Northside Development Pty. Ltd. v. Registrar-General (1990) 8 ACLC 611 at 626. John Dewey 也将弱势版本与强势版本区分开来,但只将前者视为特许权理论,而将后者归入拟制理论(fiction theory)。J. Dewey, "The Historical Background of Corporate Legal Personality", (1926) 35 *Yale L. J.* 655 at 667.

㉘ Roberta Romano 认为,这两个观点之间并没有必然的联系。国家可以制造一个新的法律主体,而且理论上讲,可以同时“赋予该主体不受他人干涉的权利”。R. Romano, "Metapolitics and Corporate Law Reform", (1984) 36 *Stanford L. R.* 923 at 933.

㉙ A. S. Dewing, *The Financial Policy of Corporations* (5th ed. 1953) Vol. 1 at 12.

㉚ J. E. Parkinson, *Corporate Power and Responsibility* (1993) at 26.

㉛ J. E. Parkinson, 同上, 第 28 ~ 29 页。C. A. Cooke, *Corporation, Trust and Company* (1950) at 102. 除了设立公司之外,另一个选择就是设立非公司化的商业组织。关于美国类似情况的讨论,参见 J. Hurst, *The Legitimacy of the Business Corporation in the Law of the United States 1780 – 1970* (1970) at 33 – 47。

点在今天依然存续下来,表现形式就是主张公司社会责任,或认为公司应当被视为社会企业。㉜

虽然特许权理论的源头可以一直追溯到罗马时代,但直到 19 世纪早期,对于公司监管问题的讨论才在英国和美国变得活跃起来。㉝譬如,Blackstone 在 1765 年写道:"在英格兰,国王的同意是成立公司的绝对必要条件,不管是默示还是明示的同意。"㉞逐渐地,该理论似乎发展出两个不同的用途:随着民族国家的兴起,该理论被用以支持国家对抗其他权力集团,包括商业组织。㉟然后,在 19 世纪早期,公司形式在经济生活中占据越来越重要的地位,人们开始意识到,公司可能会利用其法律地位所带来的法律效果和权力去损害与其交易的个人(包括公司自己的成员)。因此,特许权理论被用来支持对于公司行为进行监管,以保护与公司进行交易的个人的利益。㊱

今天,很多公司法学者都将特许权理论视为公司法发展早期阶段的遗迹,但如下文所言,特许权理论还是获得了一些支持。这种支持主要是因为该理论为国家对于公司行为进行监管提供了一个正当性解释。确实,在所有的关于公司监管的理论中,特许权理论对于国家干预公司行为的支持力度最为强劲,我在后文中也会利用该理论的这个特点。当然,我并非主张我们应当让特许权理论复兴,而是认为,它可以作为建构一个新的公司监管正当性理论的起点。在后文中我将提出的公司宪政论就是部分地建立在该理论认为国家在公司监管中应占有重要地位的思想基础之上。不过,在论述此问题之前,有必要

㉜ 譬如,J. E. Parkinson,前注 30,第 22 ~ 23 页;K. Greenfield,"From Rights to Regulation in Corporate Law" in F Macmillan Patfield (ed.), *Perspectives on Company Law*:2 (1997) 1。

㉝ 如上面的正文所言,在整个 20 世纪,特许权理论也一直被法官反复引用。

㉞ 引用在 A. S. Dewing,前注 29,第 11 页。另外参见 C. A. Cooke,注 31,第 78 页。

㉟ J. Dewey,"The Historic Background of Corporate Legal Personality", (1926) 35 *Yale L. J.* 655 at 666 – 667.

㊱ W. Bratton,"New Economic Theory",前注 23,第 1486 ~ 1489 页,讨论了公司法规则在不运用特许权理论的情况下对于公司损害交易人的问题是如何应对的。

先考察一下特许权理论是如何引发了发对国家干预公司事务的观点。

四、针对特许权理论的批评

针对特许权理论的大多数批评都是来自那些基于契约机制的公司理论(特别是新古典经济学理论)。[37]的确,有人认为,这场论战实际上是公司契约论学者精心策划和发起的,将特许权理论从故纸堆里找出来当靶子,以"反衬新古典经济学理论的伟大"。[38] 不管是否出于精心策划,这场论战的双方观点确实在表述上对比鲜明:特许权理论被视为支持公共监管的理论基础,甚至被等同于社区的有机体理论,[39]而新古典经济学理论支持对于私人事务采取私人安排(private ordering)的观点。

从契约角度对特许权理论的批评包括几个观点,它们都是寻求减少国家在公司设立和监管中的角色。其中一个观点是实证性的:特许权理论已经不符合现代公司的事实情况。在公司设立需要获得特许状或国会特别立法的年代,特许权理论还有其道理,但是,自 19 世纪后期以来,开始出现普适性的公司设立法律,上议院在 Salomon's 一案中确认公司形式可以广泛运用于各种商业,公司结构也日益变得标准化,凡此种种,已经意味着特许权理论的落伍和过时,失去了"生命力"。[40]当然,这个衰亡过程是缓慢的,上文中提到的很多法院判决还一直在引用该理论,在法律执业者和学者的心中,特许权理论也是一直

---

[37] 这只是一个概述——并不是所有批评特许权理论的人都认为自己是属于公司契约论的阵营。比如,J. E. Parkinson,前注 30。关于公司的新古典经济理论的基本构架,以及其将公司视为一个契约联结点的核心观点,早已是众所周知,故本文不再赘述。关于该理论的一个介绍,参见 Bratton,"New Economic Theory",前注 23,第 1478 ~ 1480 页;W. Bratton,"The 'Nexus of Contracts' Corporation: A Critical Appraisal" (1989) 74 *Cornell L. R.* 407 at 417 – 420(以下简称 W. Bratton,"Nexus of Contracts")。

[38] W. Bratton,"Nexus of Contracts",前注 37,第 433 ~ 434 页。

[39] R. Romano,前注 28,第 933 ~ 934 页。

[40] W. Bratton,"Nexus of Contracts",前注 37,第 435 页。

挥之不去。比如,1914 年英国商业组织法教材的作者在书中写道,“公司人格是国家赋予的礼物,这一点并没有仅仅因为国家制定了普适性的公司设立法律而改变”。[41] 1944 年 Otto Kahn-Freund 还利用特许权理论发出一个螳臂挡车式的呼吁,要求遏制私人公司的增长。[42] 然而,尽管存在上述的一些支持,学界的主流观点是,随着公司设立机制日益变成一个行政性的登记程序,特许权理论的解释力也逐渐衰微。正如 Bratton 所言,“一旦公司形式变得可以平等而免费的获得,特许权的概念就无法再适用于公司设立行为”。[43] 大多数的学者,无论是否属于公司契约论学派,都认为关于公司监管的特许权理论已经失去了理论价值。[44]

第二个观点是支持采用私人安排的方式处理公司事务。Butler 和 Ribstein 的以下论述就是一个例证:“由于公司不是国家的行政单位,而且,监督公司契约的资本市场并没有比其他市场要求更多的法律干预,因此,没有理由让公司事务受制于更高程度的国家监管。”[45] Hessen 也采用了类似的方式去抨击特许权理论和 Stet Nader 的著作。[46] Hessen 试图表明,与公司形式联系最为紧密的三大特征——独立实体地位、永久存续和有限责任——都能够通过普通的契约或信托安排得以实现,故而国家在设立或监管公司的过程中并没有担当任何特殊的角色。[47] 根据 Hessen 的观点,公司设立的法律规则只是国家制定的一

---

[41] H. Smith, *The Law of Associations Corporate and Unincorporate*(1914) at 137.

[42] O. Kahn-Freund, "Some Reflections on Company Law Reform" (1944) 7 *MLR* 54.

[43] W. Bratton, "Nexus of Contracts",前注 37,第 435 页;另参见 M. Horwitz, "Santa Clara Revisited: The Development of Corporate History", (1985) 88 *West Virginia L. R.* 173, at 181 –183.

[44] W. Bratton and M. Horwitz,同上;J. E. Parkinson,前注 30,第 35 页。

[45] H. N. Butler and L. E. Ribstein, The Corporation and the Constitution (1995) at 2 (以下简称 H. N. Butler and L. E. Ribstein, "Corporation and Constitution")

[46] R. Hessen, *In Defense of the Corporation*(1979).

[47] 同上,第 2 章;G. M. Anderson and R. D. Tollison, "The Myth of the Corporation as a Creation of the State", (1983) 3 *Int Review of Law and Economics* 107。

个登记程序，就像登记一个婴儿的出生一样；该程序并不代表国家的创造性行为。[48]总体而言，这些批评并列了两个对立观点，一个将公司视为国家创设之物；另一个将公司视为自由契约安排达成的结果。

这个二分法隐含了另外一个两分法的论战，即公司法规则应当是强制性（mandatory）还是赋权性（enabling）。后者主导了——也限制了——澳大利亚和美国在过去十多年里关于公司监管问题的研讨。

在上述论战的一个极端，有人主张，强制性或指令性（directive）的公司法规则，再加上国家执行力的支撑，是保护股东、债权人和整个社会免受公司及其经理的机会主义和利己主义行为损害的必要条件。强制性规则可能有各种不同的表现形式。哥伦比亚大学法学院的 Gordon 教授提出以下几种公司法规则应当是强制性的：某些程序要求的规则；在公司中分配决策权力的规则；涉及公司某些重大交易的规则（如公司收购规则）；以及关于行为标准的规则（如信义义务规则）。[49] 通说认为，特许权理论支持国家通过强制性的公司法规则去加强对于公司的控制和监管。[50]

相反的观点认为，强制性规则很难适应各种不同公司的特殊需求。既然国家为公司制定法律，相关规则就应当是赋权性或协助性的，公司应当可以自由选择退出这些法律规则而制定他们自己的规则。墨尔本大学法学院的 Ian Ramsay 教授指出，赋权性规则也有不同的表现形式。有些是缺省性规则，它们自动适用，除非公司选择修改它们，这种缺省的适用方式能够节约公司为协商制定规则而付出的交易成本。有些规则是便利公司采取某些行为（比如，澳大利亚公司法第 249A 条允许私人公司无须召开股东大会就可以通过股东决议）。另外，根据有些规则，"在公司当事人的意图由于一些失误或程序问题

---

[48] R. Hessen，前注 46，第 26 页。

[49] J. N. Gordon, "The Mandatory Structure of Corporate Law", (1989) 89 *Columbia L. R.* 1549.

[50] D. Ratner, "Corporations and the Constitution" (1980 - 1981) 15 *Univ San Francisco LR* at 19.

而无法实现的时候，法院可以实行当事人的真实意图”。[51]不过，对于公司可以在多大范围内选择退出公司法规则的问题，还是存在不同意见。最激进的观点是，公司成员的契约自治可以推翻一切公司法规则：在此再次援引 Butler 和 Ribstein 的话：“在当事人契约没有规定的时候，公司法的缺省性规则可以适用，但是，不能制定一个普遍适用的规则，而不管当事人契约是否已有相关规定。”[52]然而，其他学者认为，在有些情况下，强制性规则还是必要的。比如，Easterbrook 和 Fischel 主张，公司法应当强制性地规定，在公司面临敌意收购要约的情况下，公司董事不能采取防御措施。[53]

概言之，至少在公司契约论学者看来，特许权理论的命运和公司的国家监管问题是紧密联系在一起的。[54]在下文中，我将试图把这两个问题分开处理。无论特许权理论的目前地位如何，我认为，至少在一定范围内，公司监管体系应当是基于国家强制力的。

五、对于上述批评的批评

上文讨论了一些反对特许权理论的批评观点，本节将对这些批评观点进行批评。这不是因为我想为特许权理论进行辩护——实际上，我不想站在上述论战中的任何一边。相反，我的目标是将上述论战中的一些问题摘取出来，从而有助于我们提出一个新的理论框架。

---

[51] I. M. Ramsay，“Models of Regulation：Command and Control versus Facilitation”，未发表文章，但在以下会议上提交过：*The Centenary Celebration of Salomon v. Salomon* (University of Auckland，July 1997) at 13 – 14。

[52] H. N. Butler and L. E. Ribstein，“Opting Out of Fiduciary Duties：A Response to the Anti-Contractarians” (1990) 65 *Washington L. R.* 1 at 17.

[53] F. Easterbrook and D. Fischel，*The Economic Structure of Corporate Law* (1991) at 173 – 174.

[54] 以下文章也提到该观点，M. Whincop and M. Keyes，“Corporation，Contract，Community：An Analysis of Governance in the Privatisation of Public Enterprise and the Publicisation of Private Corporate Law”，(1997) 25 *F. L. Rev.* 51 at 67。

特许权理论与公司契约论之间、强制性规则与赋权性规则之间的论战本身有一个根本性问题，即这场论战给予我们选择的空间太有限。比如，Easterbrook 和 Fischel 很早就在他们的关于公司法经济分析的著作中告诉我们，公司法是“赋权性的，而非指令性的”。[55] 同样，Bernard Black 教授在其一篇广为引用的文章中认为，强制性的公司法规则是无关紧要的，这个观点也是基于上述论战的二分法。[56]

另外，在上述论战中，我们面临的选项都是陈规老套的观点。支持强制性规则的一方赞成国家监管，以实现保护和提升公共利益和投资者利益的目标。该观点的哲学基础是积极自由主义（positive liberty），认为国家有帮助个人提升其社会和经济自由的作用。但是，反对者把这种做法定性为国家通过强制性手段干预个人的选择自由。从这个角度来看，强制性法律被想当然地认为具有命令式的执行风格，即国家对于违法行为进行处罚。

支持赋权性规则的一方强调以私人安排替代国家监管。该观点重视蕴涵于契约之中的个人权利和自由的价值，认为“公司的成立和运行是基于结社自由和契约自由，自由的源头不是国家许可，而是个体权利，这种权利不会因为一个商业成长到超出人为划定的规模而突然丧失”。[57] 强制性法律被认为违背契约自由理念。[58] 这个观点倾向于质疑所谓“公共利益”概念的正当性，[59]并最终导致对国家监管角色的质疑。Butler 和 Ribstein 就是这样的一个例子：他们对于强制性公司法规则的批评实际上变成对于法院和立法者干预私人事务的能力

---

[55] F. Easterbrook and D. Fischel，前注 53，第 15 页。

[56] B. Black，“Is Corporate Law Trivial?：A Political and Economic Analysis”，(1990) 84 *Northwestern Univ. LR.* 542.

[57] R. Hessen，前注 46，第 115 页。

[58] 比如，J. C. Coffee，“The Mandatory/Enabling Balance in Corporate Law：An Essay on the Judicial Role”，(1989) 89 *Columbia LR* 1618 at 1619。

[59] 比如，R. Hessen，前注 46，第 27 页。

的攻讦。[60] 这种观点的最终哲学基础是消极自由主义(negative liberty),据此,国家的角色应当被严格限定在保护个人享有自由安排其事务而不受随意干涉的权利。因此,解除监管(dere-gulation)的观点被提出来,以反击与强制性规则紧密联系在一起的命令式执行风格。

有人也许会反驳说,上文对于论战双方观点的简短描述可能会产生一个错误的二分法,因为在现实中,我们发现公司法及其执行机制既不是完全的强制性,也不是完全的赋权性,监管与解除监管的路径也是混合运用。这个情况当然是真实的,不过,虽然公司法体系是一个混合物,[61]但当公司法学者试图寻求公司监管的一个理想模式时,他们仍然倾向于将自己的思维限制在上文提到的两种观点之内,并最终做出非此即彼的选择。

其他人可能还会反驳说,我对于论战双方观点的描述过于泾渭分明,是选取极端观点进行讨论,故而我对于论战的本质问题可能做了错误的定性。这个情况也许不假,该领域的文献汗牛充栋,其中大部分都是试图在两个极端观点之间寻找到一个折中办法。但是,即使是"中间路线"也必须以两个极端观点为参照系进行定位,说明自己更加靠近哪个观点。譬如,哥伦比亚大学的 Coffee 教授寻求在两个极端观点之间进行折中时,承认他的观点"更加靠近论战中的强制性一方"。[62]因此,强制性与赋权性的论战最终还是要求我们选边站:要么支持国家监管,要么支持个人自由,从而我们要么支持强制性规则,要么支持某种形式的契约自由。在这两个理论之间的论战中,几乎没有可能在承认国家监管重要性的同时,又强调私人安排的价值。此种情形就像伊索寓言中的蝙蝠一样,很可能两头都不得好,而被论战双方

---

[60] H. N. Butler and L. E. Ribstein,"Corporation and Constituion",前注 45,第 25 ~ 26 页。

[61] I. M. Ramsay,前注 51,第 11 页,描述了澳大利亚公司法的情况;J. C. Coffee,前注 58,描述了美国公司法的情况。

[62] J. C. Coffee,前注 58,第 1618 页,注 1。

猜疑。

最后还有一个批评值得探讨。公司契约论经常假定或有时断定，使用公司形式是自愿的，也是个人自由选择的表现。在某种意义上讲，这是对的。确实，人们选择是否从事某种商业、社会或其他行为，在做出这种选择时，他们也选择采取何种法律形式去从事上述行为。不过，商业组织法课程上的任何学生都会很快意识到，后面的那个选择并非真实，而更是假想性的。法律组织形式的选择实际上受限于很多因素，包括其他法律的因素（如税收方面的考虑）、市场期待以及法律和商业专业人士在给出相关建议时的各种假设条件。譬如，我们作为公司员工或退休人员参与退休金和养老金等计划，这种参与当然也是对于公司形式的选择，但这种选择不能说是自愿的。然而，吊诡之处在于，那些要求我们正视公司设立中现实问题的批评者还是一直将公司设立的决策过程等同于我们自由决定买哪一款式的汽车的过程。

行文至此，有必要总结一下上述讨论。传统的特许权理论将公司及其经理和股东的所有权力的来源都最终归于国家。对于这种集权式观点的主要反对观点是，这些权力主要是——如果不是全部——公司成员进行契约安排的结果。上述两种观点都有问题。特许权理论将太多的控制权力和责任放到了国家的手中，认为公司在本质上主要是（如果不是完全）一个法律组织。这经常导致公司监管采取不适当的命令式风格，且对于私人利益以及在设立和运营公司过程中的问题关注不够。另一方面，公司契约论过度依赖市场机制和私人的自治能力。现实中，市场对于公司经理行为的控制和约束并不成功。[63] 尽管被指责存在各种不足，国家从来没有完全退出公司监管的领域，其角色不能简单地被视为过时之物而予摒弃。[64] 因而，上述两种观点都不能帮助我们全面理解公司生活和监管问题的复杂性，当然，每种观点

---

[63] W. Bratton, "Public Values and Corporate Fiduciary Law", (1992) 44 *Rutgers LR* 675, at 682（以下简称 W. Bratton "Public Values"）.

[64] K. Greenfield，前注 32，第 21 页，提出了一个类似的观点。

也都有其价值。[65] 在下节中,我将提出一个新的理论模型,以突破目前二分法的思维限制。

六、一个新的理论:公司宪政论

这个新的公司治理和监管理论的提出是因为传统论战中的二分法存在局限,在这个二分法的范式下,一方观点的特征是公共、特权、强制性和命令式风格;另一方则是私人、契约、赋权性和废除监管。幸运的是,近年来,有些公司法学者和监管理论学者已经开始意识到了上述问题,[66]下文将在这个研究方向上做出进一步努力。

新理论兼容并蓄了特许权理论和公司契约论的一些要素,但并不属于二者中的任何一方,而是自成一派。一方面,由于下文中将要讨论的理由,该理论承认,国家在公司监管中有其重要角色,而且,这个角色不仅仅限于公司契约论主张的范围,即国家只是提供一套标准的契约条款,公司可以缺省或选择适用,从而节省公司的缔约成本。另一方面,该理论认为,在公司组织内,存在个人选择和集体行动。简言之,公司法既有外部的维度,需要处理公司与社会的关系;也有内部的维度,需要处理公司内部参与人的关系。[67] 正如 Bratton 所言:"公司法并不完全是私人安排,尽管它在公法与私法的广阔连续区间中可能更加靠近私法一侧……公司法问题,就像所有的法律问题一样,都是公

---

[65] 这些并非新观点,参见 W. Bratton, "Nexus of Contracts", 前注 37, 第 442 ~ 445 页。

[66] 前注 10。应当指出,有些学者选择跳出传统两分法的路径是运用关系契约理论,从而还是停留在契约分析的范式之中。比如 W. Bratton, "Nexus of Contracts", 前注 37, M. Whincop, " A Relational and Doctrinal Critique of Shareholders ' Special Contracts " (1997) 19 *Syd LR* 314。我的选择是,探索运用宪政理论的话语体系和分析框架去突破传统的二分法思维范式。

[67] D. Millon, "Theories of the Corporation", (1990) *Duke LJ* 201 at 201 – 202. 关于内部和外部视角的讨论,参见 W. Bratton, "Public Values", 前注 63, 第 690 ~ 691 页。

共事件。"[68]我试图将公司法的这些外部维度和内部维度连接起来，具体路径就是将公司视为宪政安排。[69]

公司宪政论的基本观点是，公司并不仅仅是人为拟制的法律组织（就此而言，不同于特许权理论），同时也不仅仅是经济组织（不同于公司契约论）。公司具有上述两个维度，而且是社会企业，还是自成一体的政治组织。[70]从这个基本观点出发，公司宪政论认为，公司治理的路径资源应当既来自国家，也来自公司自身。

首先让我们来考虑一下国家监管的角色和国家的投入。公司宪政论认为，国家可以通过法律体系对于公司行为施加一些正当的限制和成本。该观点是基于现代的共和理论（republican theories）对于国家角色的阐述。在共和政治理论中，国家在保护和提升公共价值方面具有独特的角色，公共价值是政治学中一个广为运用的重要概念："每个人对于公共利益概念都有自己的主观理解，这个概念体现了与社区中其他人共享的公共价值。公民共和主义要求，政府行为的基础应当是这些公共价值，而不是公民的个人私欲。"[71]由此引发的另一个观点是，如果国家行为是试图阻止破坏公共价值的活动，那么，这种国家行为就不应被视为对人自由的侵犯。[72] 这并非是说国家监管就一定是好的——政府、法律和执行这些法律的机构有可能是压迫性的和不公平的，故而我们需要有限制国家行为的机制和程序。但是，共和理论的要旨是，国家监管应当也能够为整个社会带来福祉。

---

[68] W. Bratton, "Public Values"，前注63，第696页。

[69] S. Bottomley，前注12。下文对于宪政角色的解释就是该文观点的一个总结。

[70] 公司是政治体，因为在其系统内部，对于权力和权威、权利和义务、责任和期待、利益和弊端等要素进行了配置和行使，无论是主动还是被动，集体还是个体。S. Bottomley，前注12。

[71] M. Seidenfeld, "A Civic Republican Justification for the Bureaucratic State", (1992) 105 *Harvard LR.* 1511 at 1537; C. Sunstein, "Beyond the Republican Revival", (1988) 97 *Yale L. J.* 1539 at 1574. 我不想在此对于共和主义文献如何定义公共价值及其是否与多数表决投票制度相兼容等问题开展进一步的探讨。

[72] P. Pettit, *Republicanism: A Theory of Freedom and Government* (1997) at 148 – 150.

政府的一个主要关注点应当是,当私人组织行使私人权力时,可能会威胁其他人的自由。政府和法院的角色是“限制这种私人组织的权力,但同时要尊重他们的存在”。[73] 共和理论认为,我们应当支持以下的管治体系:在此体系下,法律和国家承担公司监管的很多责任,当公司的权力和权威累积到一个无法自负其责的程度时,法律和国家就可以进行干预。[74]

在将上述观点应用到公司监管问题时,我们需要回到关于公司的本质问题,即公司并不是纯粹的私人组织。正如 John Parkinson 所言,它们还是社会企业(social enterprises):“公司能够做出具有重要社会后果的行为选择:它们的决策是私人的,但具有公共效果。正是由于公司拥有这种权力,故它们必须符合公共利益而行为。”[75]在此基础上,Parkinson 还认为,“这个观点的现实意义在于,承认国家有权制定一些规则,以约束公司权力的持有和行使”。[76]

将上述观点与关于国家监管的共和主义理论结合起来,我们可以说,公司法应当是保护公共价值,比如,避免压迫性行为,在评估公司行为时采用客观而不是纯粹主观的标准,公司对内和对外行使权力时应当可问责等。诸如此类的公共价值实际上已经得到现代公司法的高度认同。在澳大利亚,对于压迫性或不公平的行为的法律处理体现在公司法的第 246AA 条以及这方面的法院判例(一个显著的例子就是联邦最高法院的 WCP Ltd. v. Gambotto 一案)。[77] 在最近的关于董事信义义务的判例中,有一个很明显的适用客观标准的趋势,既包括对于普通法的适用,也包括对于公司法第 232 条的适用。[78] 公司融资

[73] C. Sunstein,前注 71,第 1574 页。

[74] P. Pettit,前注 72,第 150 页。

[75] J. E. Parkinson,前注 30,第 10 页。

[76] 同上,第 23 页。

[77] [1995] 13 ACLC 342.

[78] 比如,Permanent Building Society (in liq) v. Wheeler [1994] 12 ACLC 674(在评判目的是否正当时采用客观标准);R. v. Byrnes;R. v. Hopwood [1995] 13 ACLC 1 at 488(第 232 条下的正当性标准是客观标准)。

和经营过程中决策行为的可问责性是现代公司法构建的监管体系的核心。[79] 国家依据公共价值对于公司进行监管,这是正当的,因为公司是社会中的强势群体,扮演重要的角色。在社会生活中,公司与公民之间不断发生互动关系,要么是外部的(例如,个人与公司之间的货物和服务交易),要么是内部的(例如,个人是公司的股东)。

但是,公司自身也是一个政治体,因而,公司宪政论的第二个特征,即公司治理和监管体系中除了来自国家的其他组成部分,是公司成员通过私人安排提供的。[80] 虽然公司宪政论认为公司作为法人的地位是有赖于国家行为,但这并不是说国家是公司治理规则的唯一来源。公司并不是简单的社会缩影,公司关系的结构体现了其一套独特的价值。[81] Eells 对此问题有一个精彩的总结:"公司的治理体系在本质上是来自国家的许可性行为(permissive action),具体方式包括立法,行政规定,以及法院对于公司法和公司章程的解释。"[82]Eells 强调了国家行为的许可性特征,因为公司在成立后可以修改其组织规则,换言之,可以对于自己的组织规则进行私人安排。如果公司被视为政治体,那么我们就能很容易地理解为何公司成员应当有权去决定和追求他们所认为的公司最佳利益。

在公司宪政论的分析框架下,国家监管与私人安排的关系必须厘清。与命令式的监管模式不同,国家并没有在公司宪政论的监管机制下占据一个中心位置:借用 Clifford Shearing 的话说,这个监管机制是"去中心化的"(decentred)。[83] 国家监管也不应被认为是高于或自动优先于私人安排。这里再次引用 Shearing 的话,"那种认为国家应当

---

[79] 总言之,这些观点契合于 Pettit 的自由理念,即自由就是一个人的选择不受他人的武断和任意的干涉。前注 72。John Coffee 也强调,法院在确认诸如善意行为义务和不合理条款救济等最低标准的强制性规则方面扮演了重要的角色。前注 58,第 623 页。

[80] C. Shearing,前注 10,第 73 页。

[81] W. Bratton,"Public Values and Corporate Fiduciary Law",(1992)44 *Rutgers LR* 675 at 695.

[82] R. Eells,*The Government of Corporations*(1962)at 67.

[83] C. Shearing,前注 10,第 73 页。

在监管体系中占据最高点，而私人监管者只是获得国家授权的观点是站不住脚的"。[84] 类似的评论也适用于私人安排：公司宪政论与公司契约论不同，并不认为私人安排是国家监管的替代物，更遑论是一个本质上更优的替代物。国家监管和私人安排都是必不可少的，不能完全替代。

由上可见，"公司宪政论"的概念实际上有两层含义。第一，它提醒我们，公司是运行在一个宪政框架中，在此框架下，国家具有权力和责任。第二，公司自身也是一种宪政安排，即公司是一个通过其宪政安排协调公共和私人利益和价值的组织。

对于公司宪政论的概括性论述就到此为止，还有两个问题需要进一步讨论。第一个问题是公司宪法的本质，第二个问题是公司宪法的形式和内容。

七、公司宪法的本质

宪法概念在公司法语境下的内涵是什么？特别是，它与公司契约论究竟有何不同？要回答这些问题，我们需要首先明白，诸如"宪法"和"宪政主义"等术语在政治学理论中有很多不同的定义方式。就目前而言，可以将这些定义方式分为两个大类。[85]

在第一类定义方式下，宪法被视为一个为实现某些实体性目标和服务某些利益而订立的协议。这里需要强调的一点是，这些目标和利益是在宪法订立之前就存在的，换言之，宪法的作用不过是帮助完成这些先验存在的目标和利益。在公司法的语境下，其中的一个目标也

---

[84] C. Shearing，前注 10，第 73 页。

[85] 这个分析是受以下著作的启发，但并不完全一样：S. L. Elkin，"Constitutionalism: Old and New"，in S. L. Elkin and K. E. Soltan (eds.)，*A New Constitutionalism: Designing Political Institutions for a Good Society* (1993) 20，and R. Bellamy and D. Castiglione，"Constitutionalism and Democracy—Political Theory and the American Constitution"，(1997) 27 *B. J. Pol. S.* 595。

许就是实现公司资本的有效利用。因此,我们很容易理解公司契约论也能够兼容于这个宪法的概念,同样,也不难理解这个宪法的定义方式又如何反过来完善了公司契约论。[86]

在第二类定义方式下,宪法被视为一个框架,在此框架内,各种参与人可以提出自己的偏好和做出决策。这个定义方式也是基于预先决定的想法,但它们不是实体性的目标和利益,而是结构和程序性的问题,有些学者称为“制度设计的问题”。[87] 在公司中,这些问题通常包括如何分配决策权,如何选举董事,董事的职权范围等。在另外的著作中,我提出这些问题还应包括协商式决策的理念,通过分权制衡机制避免权力过度集中的重要性,问责机制的必要性等。[88] 在宪法建立的这些结构和程序下,人们再对实体性的目标和利益偏好问题进行决策。故而,公司宪政论依赖于作为一个框架的宪法理念。

通过将公司宪法定义为一个框架而非当事人之间的协议,我们还能够发现,宪法创设和定义——也就是组建——公司的治理结构,并因此有助于定义公司本身。正如 Sheldon Wolin 所言,“宪法具有一个迂回的本质:它自身是集体行为的产物……宪法之下发生的行为,反过来,又是集体性的”。[89] 根据宪政主义的框架,在某些情形下,公司成员的利益能够区别于公司作为一个整体的利益。宪政主义的框架让我们可以顾及个体成员和组织整体之间关系的复杂性。它让我们意识到,这是根据既定的程序进行一个持续的谈判和重新定义权力关系的过程,而不是适用预先设定的这些权力关系应当如何安排的计划。

---

[86] W. J. Stankiewicz, *Aspects of Political Theory: Classical Concepts in an Age of Relativism*(1976)12 –14.

[87] R. Bellamy and D. Castiglione,前注 85,第 602 页。结构和程序的重要性在以下著作中被一再强调:D. Branson, “The Death of Contractarianism and the Vindication of Structure and Authority in Corporate Governance and Corporate Law”, in L. E. Mitchell (ed.), *Progressive Corporate Law*(1995)92。

[88] S. Bottomley,前注 12。

[89] S. Wolin, “Collective Identity and Constitutional Power”, in G. C. Bryner and D. L. Thompson(eds.), *The Constitution and the Regulation of Society*(1988)93 at 98.

八、公司宪法的形式和内容

公司宪法由什么组成?当我们想要正式地查明一家公司的结构和程序,我们应当去看什么资料?这些都是很重要的问题,因为如上所述,公司宪政具有内部与外部的双重维度:一方面,它规定公司内部的权力分配。另一方面,它将公司设立为一个社会、政治和经济的实体。这意味着,如果我们将公司宪政定义的过于狭窄,我们可能对于公司内部的权力关系得出不正确的理解,而且,我们对于公司本质问题的理解也会被扭曲。

根据宪政理论,不存在一个普适的判定什么是宪政、什么不是宪政的模式。[90] 正如我已经提到的,宪政的核心特征是,它构建一个政治体系,并界定很多相关问题,包括如何在这个政体之内分配决策权(或这个分配机制是如何决定的),哪些程序应当被遵循以使决策具有合法性,哪些权利、义务和责任应当保留给这个政体的成员。

公司法学者通常将公司的"内部规则"(过去通常包含在备忘录(memorandum)和组织大纲(articles of association)之中)视为公司的"宪法"。这个用法反映在澳大利亚的公司法第136条,该条允许公司采纳一个章程去规定公司的内部管理事务,这个章程补充或替代成文法中的可替代性条款(replaceable rules)。这反映了对于上文讨论的宪法理念的狭义处理,将"宪法"一词视为"协议"或"契约"。[91] 公司法第140条就是显例,明确规定公司的章程(以及第135条的可替代性条款)具有契约的法律效果,而这种契约存在于公司与股东之间,公司与董事和公司秘书之间,以及股东相互之间。

---

[90] W. F. Murphy, "Constitutions, Constitutionalism, and Democracy", in D. Greenberg et al. (eds.), *Constitutionalism and Democracy: Transitions in Contemporary World* (1993) 3.

[91] 另一个问题是,备忘录和组织大纲可能包含一些通常不视为"宪法"性质的条款。

对于“宪法”一词的契约性理解具有局限性，体现在 Wilcox v. Kogarah Golf Club Ltd. 一案中。[92] 一家公司化的俱乐部在组织大纲中赋予董事会制定相关规章制度（by-laws）的权力，这些规章制度涉及俱乐部成员的权利和义务，比如会员费用，会员资格的暂停和取消等。该案中的争议问题是，俱乐部成员能否根据公司法第 180 条（现为第 140 条）去执行这些规章制度。Young 法官认为，上述执行请求是不可能的，因为这些规章制度只是成员之间的“自愿协议”（consensual compact），而不能作为成文法创设的法定契约进行强制执行。[93] Young 法官的判词是：

一个经政府登记的公司章程授权董事会制定规章制度，这个理由并不能使得相关的规章制度变成公司章程的一部分或具有与公司章程一样的法律地位。[94]

Young 法官的判决将以下两个事物明确地区分开来：一个是公司的备忘录和组织大纲，被视为可以执行的契约条款；另一个是规章制度，执行力就弱很多。Young 法官的这个判决也许是出于公司法第 140 条的规定，不过，即使是从公司契约论的角度来看，这个区分也很难站得住脚。[95] Young 法官也意识到这个问题，他承认，法院在以下几种情况中可能会执行相关的公司规章制度，比如，公司成员的资格被取消，公司成员在公司中担任职务而获取薪水的资格被限制，或公司中出现只能通过法律干预才能解决的问题等。从公司宪政论的角度来看（先将公司法第 140 条搁置一边），我们很难理解为何在本案中公司的规章制度就不能被视为公司“宪法”的一部分，毕竟公司“宪法”就是调整公司成员作为一个整体的法律关系。

与严格意义上的公司契约论不同，公司宪政论认为，公司宪法的

---

[92] [1996]14 ACLC 421.

[93] 同上，判决书没有解释“自愿协议”到底是什么。

[94] 同上，第 425 页。

[95] 特别是因为本案中公司的组织大纲还明确地提及公司的规章制度。

范围并不仅仅限于备忘录和组织大纲。这两个文件当然非常重要,但并没有涵括"关于公司权力的本质和范围的全部规则"。[96] 正如 Kogarah Golf Club Ltd. 一案所示,可能还有其他文件对于公司中的权力关系具有创设和影响的作用。

在这些"其他文件"中,一个显然的例子就是公司法。公司法中的相关条款对于公司中的决策结构和程序进行了强制性或赋权性规定,那么,这些条款就可被解读为公司宪法的一部分。需要注意,这些条款不仅仅限于公司法第 135 条规定的可替代性条款,[97]而且包括其他一些条款,比如赋予股东要求或召集特别股东大会的权利条款(第 249D ~ 249F 条)。当然,还包括对于这些条款的司法和行政解释,以及补充性的普通法规则。因此,公司宪法可以被视为公司法倡导的价值理念(比如,禁止压迫性行为,诚实,以及避免利益冲突等)在具体公司中的实现途径。

另外,公司宪法的概念不应局限于正式的书面文件——公司法可以像公法一样涵括非书面(或半书面)的宪法。宪法学者认为,如果我们不考虑那些在日常生活中对于规则适用有重要影响的非书面的惯例、谅解和做法,那么,我们对于宪法性行为的描述就会出现偏差。[98] 公司法问题亦是如此。那些已经牢固确立并广泛承认的非正式或非书面的惯例也能够让我们更好地将正式规则与现实生活中的政治状态结合起来。[99] 它们有助于解释和适用那些正式的规则,而无须通过法院诉讼获得答案。在公司法领域,非正式或非书面规则的一个例子就是关于公司治理最佳做法的行为规范(code of conduct),涉及各种

---

[96] R. Eells,前注 82,第 59 页。

[97] 可替代性条款制度是由《1998 年公司法改革法案》引入的,这个制度废除了以前公司法在附录 Schedule1 of Table A 中集中提供的示范条款。可替代性条款是放在《公司法》正文的不同章节之中,像缺省性条款一样适用。

[98] 比如,S. A. de Smith, *Constitutional and Administrative Law*(4th ed. ,1981) at 40。

[99] 该观点在下文中提出:P. Hanks, *Australian Constitutional Law: Materials and Commentary*(5th ed. ,1994) at 344。

公司治理问题，如独立董事的任命、董事会主席与总经理角色分离的必要性以及审计委员会的重要性。

在对于公司宪法的形式和内容进行反思时，需要有所选择地集中关注某些问题。公司法规定了一些程序和结构，在这些条款与公司章程出现冲突时，显然前者适用。反过来，公司章程是一个公共文件，对于章程的修改有严格规定的方法。因而，当非书面的规则或惯例没有在公司章程中提及，或者与后者相冲突，那么，它们就不能被归入公司宪法。公司宪法是“一个谨慎的潜在投资者”[100]在购买公司股票之前想要知道的信息，比如，他作为股东可能获得的权利和义务，以及这些权利和义务可能如何被公司治理结构所影响。

最后，通过上文的论述，我们得出的公司宪法概念具有多个维度。它部分是书面的——包括备忘录、组织大纲和公司法的相关条款——也部分是非书面的——包括普通法规则和公司惯例等。多维度的宪法理念已经在宪法学文献中广为接受。该理念的一个优势在于其对于制度变革的快速反应。Carl Friedrich 在其关于宪法政府的论述中就提倡“活宪法”(living constitution)的思想，这种“活宪法”的具体表现形式包括书面文件、惯例和习俗，以及已经固定化或者能够被“理解”的做事方式等。它是活的宪法，因为“其基本结构或模式一直得以保留，尽管各个组成部分可能发生重大变化”。[101] 在此基础上，我们就能够接受 Eells 对于公司宪法的以下定义：

这些基本原则，不管是否成文还是不成文，书面还是非书面，只要在现实中决定了以下两个领域的权力关系就是公司宪法，一个领域是行政事务的协调，另一个领域是对公司进行投入并享有权利的不同利益集团之间的契约和非契约关系。[102]

---

[100] Bratton Seymour Service Co. Ltd. v. Oxborough [1992] BCLC 693 at 699 per Sir Christopher Slade.

[101] C. Friedrich, *Constitutional Government and Democracy* (4th ed., 1968) at 29.

[102] R. Eells，前注 82，第 85 页。

由上可见,公司宪法的有些方面是不能被公司成员直接改变的。另外,那些体现在成文法或者司法判例中的公司宪法条款是可以不通过公司成员同意就进行改变的。这就是公司宪政论的必然特征。公司宪法不仅仅是公司利益相关者之间的协议或契约。它实际上体现的是权力和责任在国家与公司之间、公司内部以及公司成员之间的分配关系。在公司的语境下,宪政争论有两个层面。第一个层面是社会的。既然公司法是公司宪法的一部分,故有必要对该法律的改革进行公众讨论。第二个层面是公司内部的,包括对公司章程修订的讨论。比较这两个层面可以发现,公司成员的决定更能反映公司成员内部的利益诉求,而国家机关的决定(国会、法院和监管者等)能够更好地保护社区的价值目标。

九、平衡国家与公司的角色

上文提到,公司监管既应当有国家的参与,也应当有公司的参与,那么,下一个问题就是如何界定二者对于公司宪政构建的参与方式。我将从国家投入的角度来考察这个问题,这里可供选择的解决路径很多,比如,国家是否应当只提供宽泛的标准,而让公司去制定具体的规则?国家是否应当只处理公司外部事务,而将内部事务交由公司自己处理?国家是否应当只制定某些结构或程序性要求,而将实体性问题留待公司自己决定?

上文讨论的公司宪政论表明,至少有一些强制性的公司监管标准是由国家制定的。我在前文提出了这方面的一些例子,比如避免压迫性或不公平行为,融资需求和决策可问责性等。在一些极端情形下,对于这些标准的执行必须通过司法对于公司章程进行干预:一个例子就是公司法第246AA条(2)(d)允许法院对于公司内部事务发布命令。[103] 根据公司宪政论,公司法规范有多种形式,包括赋权性规则、协助性规则和指引性文件等。公司应当可以添加它们自己的宪法性条款,修改国家提供的可选择性条款,当然,这些改变都应当明确地体现在公司章程中。之所以要求这种改变必须明示,其原因不仅在于像Coffee教授所主张的效率问题,[104]而且是出于公开透明的需要。这种明示的要求让所有的公司成员都可以看到并评判那些改变在多大程度上损害了或提升了公司价值。

除了上述非常宽泛的评论之外,不可能仅仅通过公司宪政论提出一个单一的、清晰的宪法性蓝图。究其原因,至少有以下3个。第一,在标准和规则之间、程序和实体问题之间以及公司事务的内部性与外部性之间,都无法划出一个清晰的界限。第二,国家角色的范围不仅取决于法律执行方法,而且在同样的程度上也取决于公司监管的形式。第三,国家角色的性质取决于很多因素,比如,公司的规模和类型(如公众公司、私人公司、国有公司等),公司法是基于成文法还是判例法的程度等。对于某些公司法问题和某些公司类型而言,基于标准的监管路径可能更加妥当。譬如,在封闭公司中,公司成员之间更有可能进行面对面的协商和谈判,故基于灵活标准的监管方式应当会优于基于具体规则的监管方式。[105] 以上3个原因综合作用的结果是,国家监管角色的问题变得非常复杂,需要除了考虑政治理论之外,还要关注组织理论、法学和社会学等问题。

---

[103] 在Hannes v. MJH Pty Ltd.(1992)10 ACLC 400一案中,新南威尔士州上诉法院认为,法院改变公司章程的权力应当是有所限制——法院不应对于公司内部的权力平衡关系进行重大改变(第418页)。

[104] J. C. Coffee,前注58,第1680~1681页,认为对于缺省性条款进行修改必须明示的要求是有效率的,因为它能够促使人们在制定公司规则时尽量谨慎和精确。

[105] J. C. Coffee,同上,第1677页,不同意上述观点,认为封闭公司中公司成员之间的紧密关系可能会抑制有效的协商,从而需要制定强制性规则。

十、结论

自从 Salomon's 案以来,[106]公司法一直在努力解决国家角色与个体权利之间的冲突关系,这对于所有的自由法律体系而言都是一个根本性的大问题。100 多年后的今天,虽然争论远未停息,但有一点是肯定的,即对于公司行为的公共监管并没有消亡。在本文中,我提出了一个新的公司治理监管理论,试图避免传统的公共与私人二分法,而是将二者的视角结合起来,既关注社区的价值,也关注公司内部的利益诉求。该理论的基础是将公司视为宪政安排的思想。

我认为,通过将公司置于一个宪政分析的框架内,我们可以对公司法在公司监管中扮演的角色有一个更好的解释。从法律和政治的角度来看,与公司契约论将公司法视为一套标准契约条款的做法相比,这个解释更易被接受。

公司宪政论的目标并不是重建一个全新的公司监管体系。相反,该理论试图解决公司契约论面对的同一组问题,比如,公司应当在多大范围内可以制定自己的规则,法院在判决公司内部事务问题时应当扮演什么样的角色。公司宪政论旨在提供一个不同的分析框架以回答上述问题,并提出一套不同的用以评价公司和国家行为的标准。

---

[106] [1897] AC 22.

第二部分　公司法的运行

有限责任与公司

弗兰克·H. 伊斯特布鲁克*　　丹尼尔·R. 费希尔**

有限责任是公司法的一个基本原则，但责任从未是绝对有限的。法院偶尔让债权人"刺破公司面纱"，要求股东必须偿还公司的债务。刺破公司面纱的发生似乎非常吊诡，就像闪电一样，发生率很小，但后果很严重，而且无章可循。大家普遍认为，有限责任问题和与其对立的刺破公司面纱问题，是公司法中最为令人困惑的领域

* 美国第七巡回上诉法院法官，芝加哥大学 Lee and Brena Freeman 讲席法学教授。

** 芝加哥大学法学教授。我们感谢 Douglas G. Baird，Walter J. Blum，William M. Landes，Bernard D. Meltzer，A. Mitchell Polinsky，Richard A. Posner，Steven Shavell，和 George J. Stigler，这些人对于本文的初稿提出了有益的评论。芝加哥大学法学院的法经济学项目为本文的研究和写作提供了支持。本文是一个正在进行的项目的一部分，这个项目将以《公司法的经济结构》一书的形式出现。

之一。[1]

但是,我们的观点正好相反,认为经济分析——特别是公司理论和保险经济学——能够解释关于有限责任的法律规则。有限责任规则及其例外都发挥着重要的经济功能。

一、引言

在开始正式讨论之前,有必要先重温一下有限责任到底是什么。"公司"责任的有限性来源于公司并非是实体的事实。公司只不过是一个名称,用以称呼公司各种参与人(如经理、员工和资本提供者等)相互之间存在的一组契约而已。它并不是独立于这些契约关系而存在的。有限责任规则意味着,公司的投资者不会在他们的投资额范围之外承担责任。付出100美元购买股票的人需要承担这100美元的投资风险,但是,他没有除此之外的更大的风险。以100美元购买债券或者赊账卖给公司100美元商品的人也需要承担100美元的风险,也没有更大的风险。公司经理和其他员工并不连带地对公司行为负责。没有一个人的风险大于其投资数额,换言之,所有人都是在其投资数额的范围内承担风险。

将责任限制在投资数额的范围之内是大多数投资行为的一个特征,而不仅仅是公司法的特征。私人企业、一般或有限合伙、商业信托或者其他企业中的债券投资者也承担有限责任。假设,一家银行借给一家合伙企业100美元,并且后来合伙企业的债务超出其资产。这家

① 一个评论者将这方面的法律分析描述为"比喻或称谓的法理,它并没有对于该问题的法律理解做出贡献,因为它是一个智力游戏,脱离了商业现实。那些比喻都是一些结论性的词语,无助于理解法院判决背后的具体考量因素和政策,也无法对于未来的案件结果进行预测……其结果是,我们面对着成百上千个无法调和和无法完全理解的法院判决。鲜有其他的法律领域像这个领域一样受到评论者如此猛烈的抨击。" Philip Blumberg, *The Law of Corporate Groups: Procedural Problems in the Law of Parent and Subsidiary Corporations* 8(1983)(省略了脚注)。

银行可能会损失 100 美元，但是，它不会被要求向合伙企业投入更多的钱去偿还其债务。银行的责任限制在其投资范围之内，正如公司中股东的责任是有限的一样。不管所处企业的组织形式是什么，员工和其他人力资本的投资者也享有有限责任的保护。公众公司、有限合伙和商业信托中的股权投资者（equity investors）在企业经营失败的情况下，无须投入额外资本去为企业偿还债务。

"无限"责任的例子非常少见。合伙中的一般合伙人可能被要求投入额外资本以偿还合伙的债务。但是，即使在一般合伙中，当合伙进行破产清算而偿还债务时，合伙人的责任也是限制在清算时他们所拥有的部分资产范围之内（即使在破产中，某些资产也可能免于计算为清算资产）。因此，有限责任实际上是非常普遍的。

为了理解这些对于投入额外资本要求的限制，有必要思考两个问题。第一，为何投资者的资本投入要求一直都是有限的？为何股权和债权投资者都是在投资范围内承担风险？第二，为何风险有时在不同的投资者之间发生转移？股权投资者在风险面前首当其冲，而债权投资者承担的风险相对较小。为何这种制度设计是有益的？如果有时需要对于风险进行重新配置，其边界又在哪里？如果超过这个边界，比如要求股权投资者投入额外资本从而进一步减小债权投资者的风险，就不会有收益，这又是为何呢？

在回答这些问题时，我们并不是从零开始。Henry Manne 教授在一篇重要的文章中认为，如果缺失有限责任制度，以拥有很多小股东为特征的现代公众公司就不可能存在。② 如果投资者需要投入无限的额外资本，富人在进行小额投资时就会非常踌躇，因为他们的每个投资都会将他们的全部个人资产置于风险之下。为了控制这种风险，投资者就会减少投资的公司数目，从而能够密切地进行监督。

---

② Manne，"Our Two Corporation Systems：Law and Economics"，53 *Va. L. Rev.* 259（1967）.

Manne 的上述观点非常有力,但并不完整。有限责任不会消除商业失败的风险,而是将其中一些风险转移给债权人。债权人可以投资国库券和其他无风险的证券,他们不会对公司进行有风险的投资,除非能够获得更高的利率,而这种利息收入最终来自股东的收益。但是,债权人要求增加的收益并不完全等值于股东减少的收益,换言之,总体上存在效益损失,这是为何呢?Manne 的分析没有解释为何债权人承担了那么多风险。

其他学者提出了几个理由以解释以下问题:只有当债权人承担公司商业失败风险的很大比例时,公司价值才能够最大化。Richard Posner 认为,债权人可能是合适的风险承担者,因为与股东相比,债权人不太厌恶风险,而且拥有信息优势。[③] 我们认为这个观点难以让人信服。通常而言,债权人比股东更加厌恶风险,有其他理由能解释让股东承担大部分的商业风险吗?债权人愿意接受较低的投资回报率,正是因为股东承担的商业风险更大。股东收益的变数更大,他们承担大部分的风险,当然,如果公司经营成功,他们也相应获益。

至于 Richard Posner 的另一个理由,即债权人拥有信息优势从而是更适合的风险承担者,比上一个理由更有说服力,但还是不能完全解释有限责任。比如,它没有解释为何投资者不需要投入更多的资本去满足“非自愿债权人”(侵权受害人)的诉求。另外,虽然债权人可能有时掌握更多信息,但并不总是这样。相反,我们认为债权人在信息方面处于劣势。股权投资者享有公司的剩余索取权,他们获得或失去公司财富变化的几乎全部价值。因此,剩余索取权人具有动机对公司经营进行监督,并在扣除监督成本之后还能产生净收益(或避免损失)。[④] 对于公司债权人而言,他们具有一个“股权缓冲”的保护,即股

---

③ Posner, “The Rights of Creditors of Affiliated Corporations”, 43 *U. Chi. L. Rev.* 499(1976).

④ See Easterbrook & Fischel, “Voting in Corporate Law”, 26 *J. L. & Econ.* 395, 402 – 406(1983); Fama & Jensen, “Agency Problems and Residual Claims”, 26 *J. L. & Econ.* 327, 331 –332(1983).

东在公司商业风险面前首当其冲，故而债权人没有太多动机去监督公司，对于公司事务也自然知之甚少。当然，如果债权比股权更为集中，债权人也许会更积极地监督公司，那么，信息方面的搭便车问题就会减少，但是，没有实证数据表明债权与股权在集中度方面存在显著的差异。

Halpern、Trebilcok 和 Turnbull 三位教授提出了一个不同的、用以解释有限责任的理论。⑤ 他们的文章很有启发性，认为有限责任是一个有序证券市场存在的必要条件。如果股权投资者需要在投资额的范围之外承担额外责任，那么，股票的价值就不会对于所有投资者而言都是一样的。与公司中其他投资者相比，某个投资者的个人财富越多，在公司无法偿还债务时，这个投资者需要用个人财富为公司偿还债务的可能性就越大。承担额外责任的预期成本越高，这个投资者购买股票的意愿就会越低。由于不同的投资者对同一公司股票具有不同的定价，这取决于投资者的个人财富多寡，故不可能产生一个有序流动的证券市场。总而言之，有限责任使市场的存在成为可能。

有限责任与有序证券市场之间的关系对于理解有限责任规则至关重要，但这仍不是一个完整的解释。确实，从某种意义上讲，它只是重述了问题本身。为何一类企业（公众公司）的剩余索取权人需要有序证券市场，而其他种类企业（合伙，封闭公司，合作社等）的剩余索取权人就不是那么需要呢？一个关于有限责任的完整解释必须回答这个问题。与此相关的一个观点是，有序证券市场提供的收益具有外溢性，并不能完全被市场参与者所占有。除非一家企业的投资者能够获得的私人收益超过其私人成本，否则，他们不会承担这些成本。因此，有必要搞清楚为何有些企业（而不是全部企业）愿意承担参与一个有序证券市场的成本，这有助于真正理解有限责任的意义。

---

⑤ Halpern, Trebilcock & Turnbull, "An Economic Analysis of Limited Liability in Corporation Law," 30 *U. Toronto L. J.* 117 (1980).

最后,倘若不采用有限责任,为何证券市场就无法组织起来、无法让投资行为不受投资者个人财富的影响呢?理论上讲,即使不采用有限责任,企业也可以为投资者提供保险,或者实际做出投资的人可以是结算公司或其他具有固定财富的中介机构。期货市场上的投资者就是一个例子,这些投资者的投资风险经常并不限于实际的投资额,但是,他们的经纪商和结算公司会对他们的投资进行担保,从而可以建立起一个流动的期货市场。为何公司的投资者没有运用这种风险转移或担保机制呢?一个关于有限责任的解释必须能够回答上述问题。

我们在本文提供了一个解释,以阐述为何有限责任制度是公司这种组织形式的必要条件。本文第二部分表明,公众公司的一个特征——公司管理权被委托给一群不同的代理人,但那些投入资本的人承担商业风险——是依赖于有限责任制度的。我们还认为,(自愿)债权人和股东都受益于有限责任制度。如果法律没有提供有限责任制度,公司将会试图通过契约机制来自己创设这种制度。当然,法定的有限责任制度能够让公司以一个更低的成本获取该制度的收益。

在第三部分,我们讨论一个长期以来的老问题,即有限责任制度是否让股东将公司经营失败风险转嫁到了债权人。对于非自愿债权人而言,确实存在承担了这种风险但没有得到完全补偿的情况,然而,这个问题并不是太大,因为公司具有动机购买保险。我们将分析为何公司会选择针对上述问题购买保险,而为何公司又不会购买全额保险。在第四部分,我们将讨论刺破公司面纱规则。我们认为,法院对于刺破公司面纱问题提出的各种考量因素是为了平衡有限责任制度的收益和过度冒险行为的成本。最后,我们在第五部分中讨论一些其他相关法律规则,这些规则旨在降低出现未进行补偿的风险转移的可能性。

二、有限责任的存在合理性

我们从公司理论和有限责任之间的关系开始进行讨论。然后,我们再分析有限责任对于公司资本的成本的影响。

(一)有限责任和公司理论

人们可以通过很多不同的形式进行经济活动。那些发现了创业机会的人需要决定是设立一个私营企业(sole proprietorship)、普通或有限合伙、商事信托、封闭公司还是公众公司。在所有这些商业组织中,债权投资人都是承担有限责任。股权投资人在公众公司、有限合伙和商事信托中也是承担有限责任。股权投资人的有限责任制度长期以来被解释为国家给予投资者的一个福利。但更准确地说,这种有限责任应当被视为各种商业组织之间差异的一个逻辑结果。

当生产技术要求企业将许多代理人的专业技能和巨额资本联合起来时,公众公司的企业形式就要比其他组织形式更有优势。[⑥]公众公司便利了劳动分工。公司管理和资本提供(以及风险承担)具有不同的经济功能,可以被分解开来并配置给不同的人——比如,缺乏资本的员工,拥有资本但缺乏专业生产技能的股东。那些向公司投入资本的人能够承担其他的风险,因为每个投资者都可以自由地参与很多公司。一个拥有分散投资组合的人更加愿意承担一个小概率投资不幸失败的风险。

当然,这个功能分工不是没有成本的。投资和经营的分离需要公司创设一种可以让公司各种参与人相互监督和保证工作成效的机制,毕竟没有哪个公司参与人可以完全值得信赖。另外,作为代理人的经

---

⑥ 关于该问题的一个详细分析,参见 Fama,"Agency Problems and The Theory of The Firm",88 *J. Pol. Econ.* 288(1980);Fama & Jensen,前注 4;Fama & Jensen,"Separation of Ownership and Control",26 *J. L. & Econ.* 301(1983)。

理通常都是为股东做嫁衣,他们不能获得自己经营工作的全部价值,从而也就不会有最好的动力去有效工作。这种投资和经营相分离带来的成本(代理成本)是非常大的。但是,从大型公司的现实发展来看,投资与经营功能的相分离和专业化所带来的收益超过了其产生的代理成本。有限责任就是降低上述代理成本的一个重要制度。⑦

第一,有限责任降低了监督代理人的必要性。投资者能够通过更加紧密地监督代理人的方式保护自身利益。他们承担的风险越大,他们就越愿意进行监督。但是,在超过某个临界点之后,由于监督行为本身存在成本,进行更多的监督就会得不偿失。并且,许多投资者能够通过进行分散组合投资的方式减少投资风险(这是一种高级的风险承担方式)。他们只会将自己财富中很小的一部分投资于一家公司。这些进行分散化投资的投资者既没有专业技能也没有适当动机去监督那些职业代理人的行为。有限责任使投资分散化和对于监督行为采取消极态度成为投资者更为理性的策略,从而潜在地降低了公司运行的成本。

当然,理性的股东懂得公司经理行为可能会给他们带来损失的风险。股东并不只是消极地接受这种风险,他们愿意支付的股价实际上反映了这种风险。因此,经理会想办法让股东对他们的经营行为放心,而不需要股东直接去进行监督。那些在这方面做得最好的经理就会吸引最多的资本。相反,如果经理没能有效地解决这个控制问题,股东就会要求股价打折。打折越多,投资者也就越愿意去承担监督成本,以降低经理和股东之间的利益偏离程度。⑧ 有限责任能够减少这种成本。由于投资者的潜在损失是限制在投资额范围之内,而不会扩

---

⑦ 公司还创设了很多其他的用以降低这种代理成本的机制。参见 *Agency: The Structure of Business*(J. Pratt & R. Zeckhauser eds. 即将发表);Easterbrook, "Managers' Discretion and Investors' Welfare: Theories and Evidence", *Del. J. Corp. L.* (即将发表)。

⑧ See Jensen & Meckling, "Theory of the Firm: Managerial Behavior, Agency Costs and Ownership Structure", 3 *J. Fin. Econ.* 305, 313 (1976).

展到个人的全部财富,因而也就会花费更小的成本去保护自己的投资。

第二,有限责任降低了监督其他股东的成本。[9] 在一个要求投资者承担无限责任的法律规则下,其他股东的财富越多,其他任意单个股东需要用自己的全部资产去支付企业债务的可能性就越小。因此,现有股东就会具有动机去承担巨大的成本监督其他股东,从而确保他们没有将资产转移给别人或者出售给其他财富较少的人。有限责任使得其他股东的财富数量变得不重要,从而避免了这些监督成本。

第三,通过促进股份的自由转让,有限责任能够使经理更加有效率地管理公司。虽然单个股东缺乏专业技能和适当动机去监督那些职业经理人的行为,但是,由于投资者能够自由地出售股票,因此,对于作为一个整体的投资者群体而言,他们就可能拥有必要的专业技能和动机去监督职业经理人并约束其行为。只要股票与投票权紧密地相联系在一起,运作不佳的公司就会吸引新的投资者,这些投资者能够通过积聚起大额股份而获得公司控制权,并且任用新的公司管理团队。[10] 这种公司管理层替换的潜在可能性能够促使现任经理去更加有效地管理公司,从而保持高位的公司股价以免自己成为公司收购行为的目标。

在有限责任的规则下,股票的价值是由公司资产所产生利润的现有价值所决定的。其他投资者的身份和财富变得无关紧要。股票可以相互替代;在流动的市场中,股票以某个价格进行交易。相反,在无限责任的规则下,股票不可以互换。股票的价值不仅取决于公司未来现金流的现值,而且与持有该股票的特定股东的财富有关。这种互换性的缺失将会阻碍股票的收购。想要获得一家公司中大额控制股份

---

⑨ See Paul J. Halpern, Michael J. Trebilcock, and Stuart Turnbull, "An Economic Analysis of Limited Liability in Corporation Law", 30 *U. Toronto L. J.* 117 (1980).

⑩ See Easterbrook & Fishcel, 前注 4; Easterbrook & Fishcel, "Corporate Control Transactions", 91 *Yale L. J.* 698 (1982); Manne, "Mergers and the Market for Corporate Control", 73 *J. Pol. Econ.* 110 (1965)。

的人可能不得不与每一个股东分别进行协商,并支付不同的价格。另外,公司控制权交易中的购买方通常要比那些出售股票的投资者富有得多。对于这些新的公司股东而言,他们将来可能需要支付额外资金以偿付公司债务的预期成本比那些原有股东的预期成本要高(由于无限责任,公司股东需要以自己的个人财富偿付公司债务,因此,股东越富有,这种责任就越大)。这种情况对于那些想要收购处于财务困境中的公司的人而言尤为重要,因为一旦他们收购公司后仍然无法扭亏为盈时,他们就需要从自己的个人财富中拿出额外的资金去偿还公司债务,而对于一个原本处于困境中的公司而言,这种可能性非常大。但是,有限责任能够让一个人放心地购买大额股份,而不必担心将来承担以个人资产偿付公司债务的风险,故可以鼓励人们进行有价值的公司控制权交易。方便公司控制权转移的法律规则反过来又能够促使公司经理更加有效地工作,以免自己的公司遭受这样的公司控制权转移的命运;因此,这种法律规则能够降低公司的代理成本,不管公司实际上有没有被收购。

第四,有限责任使股票的市场价格有可能反映更多的关于公司价值的信息。如上所述,在无限责任的规则下,股票不是可互换的商品,而且不具有一个统一的市场价格。投资者需要花费更多的资源去分析公司的经营前景以确定"股票的价格是否正确"。但是,当所有人都能够以相同的价格条件进行交易时,投资者就会一直进行交易,直到股票价格反映了所有可以获得的关于公司前景的信息。这样,大部分的投资者都不需要花费资源去收集额外的信息,他们可以将市场价格作为一个"公平价格"进行交易。[11]

第五,正如 Henry Manne 教授所强调的那样,有限责任可以实现

---

⑪ See J. Lorie & M. Hamilton, *The Stock Market: Theories and Evidence* (1973); Fishcel, "Use of Modern Finance Theory in Securities Fraud Cases Involving Actively Traded Securities", 38 *Bus. Law.* 1 (1982); Gilson & Kraakman, "The Mechanisms of Market Efficiency", 70 *Va. L. Rev.* 549 (1984).

更有效率的投资分散化。投资者可以通过持有分散化投资组合的方式降低风险。公司能够以更低的成本筹集资本,因为投资者不需要承担与没有分散化的投资相联系的特殊风险。需要注意,这个结论只适用于那些存在有限责任规则或者类似替代规则的情形中。相反,在无限责任的规则下,投资分散化将会增加而不是降低风险。倘若一个投资者投资组合中的任何一家公司破产,那么,他就有可能失去其所有财富。因此,在无限责任规则下,投资者的合理策略将是使自己持有的证券数量最小化。如此一来,投资者将会被迫承担那些本来可以通过投资分散化而予以避免的风险,从而公司筹集资本的成本也将会更大。

第六,有限责任能够让投资者更易作出最优的投资决策。当投资者持有分散化的投资组合时,公司经理能够通过投资于任何一个具有净现值的项目而使得投资者财富最大化。经理能够接受一个变数很大的商业项目(如新产品的开发),但同时又不会让投资者承担过大的风险。每个投资者都能够通过持有其他公司的股票而有效规避某一家特定公司中商业项目的失败风险。相反,在一个实行无限责任的世界中,公司经理将会采取不同的行为。他们会由于"风险太大"而拒绝某些具有净现值的项目。投资者也希望他们这样做,因为这是降低风险的最好方法。⑫ 但是,从本质上而言,这种选择将是一个社会损失,因为具有净现值的项目能够有效地利用资本,而经理和股东却选择放弃了这些项目。

对于股权投资者个人而言,不管关于投资责任的法律规则如何,他们都能获得大致相同的总体投资回报,因为他们能够基于不同的责任规则相应调整自己的投资行为。每个投资者都必须在诸如政府债券之类无风险的证券和具有较大风险的投资工具之间进行选择。与

---

⑫ See Henry J. Manne, "Our Two Corporation Systems: Law and Economics", 53 *Va. L. Rev.* 259 (1967).

某种权益投资工具相联系的风险越大,投资者愿意支付的价格就越低。投资者将会一直压低权益证券的价格,直至经过风险调整后的收益率(risk-adjusted return)和政府债券的收益率大致相同。⑬ 一个无效率的责任规则将会促使投资者选择风险小的投资工具,从而减少对那些具有净现值但风险大的商业项目的投资总额。相反,一个有限责任的规则能够增加投资者对于那些具有净现值的项目的投资,这就是有限责任规则所产生的真实收益。

(二)有限责任和公司资本的成本

有限责任并没有排除投资者遭受重大损失的可能性;当公司失败时,投资者必须承担相应的损失。有限责任规则是一种限制损失而不是转嫁损失的制度安排。每个投资者都将承担损失,但是,这种损失具有一个限制。在一家负有债务的公司中,债权投资者(debt investors)享有以公司资产偿还自己债权的优先权。作为公司剩余财产的请求权人,股东只能在债权人受偿之后才获得公司资产,而且,他们存在一无所获的可能性。从这个意义上讲,公司的经营风险是从债权投资者"转移"到股权投资者。但是,在无限责任的规则下,转移的风险将会更多。因为不管责任规则如何,最后总要有人承担商业失败的全部损失,所以有人认为,有限责任的重要性被夸大了。⑭

这种观点认为,股东来自有限责任的收益正好被债权人的相应损失所抵消。股东更加安全,因而在有限责任规则下股东要求的投资回报率就较低,但债权人就会要求更高的回报率;在无限责任规则下,则是相反的情形。根据这种观点,在任何一种责任规则下,公司的资本成本都是一样的。但是,这种观点的一个基础假设是,风险由债权人

---

⑬ 这是科斯定理的一个具体运用。Coase,"The Problem of Social Cost",3 *J. L. & Econ.* 1(1960).

⑭ Robert B. Ekelund, Jr. and Robert D. Tollison, "Mercantilist Origins of the Corporation," 11 *Bell J. Econ.* 715 (1980); Robert E. Meiners, James S. Mofsky, and Robert D. Tollison, "Piercing the Veil of Limited Liability," 4 *Del. J. Corp. L.* 351(1979).

承担还是由股东承担在经济效果上完全一样,所以,风险在二者之间的具体分配无关紧要。这一假设值得商榷,我们在下文具体检讨这个假设的几个方面。

第一,股东与债权人共同利益的范围。公司资本成本并不随着责任规则的变化而变化的观点取决于以下假设,即股东来自有限责任的收益正好被债权人的损失所抵消。基于我们在前文中已经讨论了的原因,这一假设并不成立。

比如,思考一下有限责任和外部人监督之间的关系。前文述及,公司收购(和其他公司控制权交易)的威胁能够促使公司经理努力工作,从而保持一个高的股价。但是,外部监督人对债权人的作用就没有这么明显。在一个代理投票权争夺战或者公司收购中,那些执行过度保守的、对债权人有利但不能使得公司整体价值最大化的投资战略的公司经理就可能会被董事会罢免。因此,就事后而言,某些这种行为损害了债权人的利益。但是,就事前而言,由于公司收购能够促使经理去努力工作去使公司财富最大化,股东和债权人作为公司财富的共同请求权人,就能够分配一个更大的馅饼(公司财富),这显然增加了他们的经济利益。因而,一个允许非自愿的公司控制权变化的制度能够让债权人和股东同时受益。[15] 如前所述,这种制度只有在有限责任规则下才能运行良好。

第二,监督成本的比较。股东监督公司经理和其他股东所导致的成本在有限责任规则下要比在无限责任规则下少。有人认为,在无限责任规则下,股东在监督经理方面动机的减少能够被债权人在监督经理方面动机的增加所抵消。但是,这种情况不会发生,因为不同投资者具有不同利益偏好。在公司失败时,股权投资者的投资首先遭受损失,所以,在监督公司经理方面,他们具有更大的利害关系。确实如

---

⑮ 已有的证据表明,在公司控制权交易中,股东获利的同时债权人也没有受到损失。Asquith & Kim, "The Impact of Merger Bids on the Participating Firms' Security Holders", 37 *J. Fin.* 1209 (1982).

此,在试图建立一个最优的公司监督体系时,我们必须考虑到这种投资者集团内部的不同利益偏好。将监督行为的全部边际收益和损失集中放在投资者集团中的某一个群体上(如股权投资者,即股东),将会促使这个群体在监督公司经理方面进行适当的投入(或者将股票卖给那些愿意进行监督的人),同时,也能够使其他的较为安全的投资者(如债权投资者,即债权人)避免在监督经理方面进行多余的投入。对有担保的债权人而言,他们享有最安全的权利,从而可能选择只是监督与自己的担保权有关的公司事务,而不是整体公司的全部事务。因此,对债务进行担保可能是一个进一步减少监督成本的方法。[16]

因此,债权人并没有增加他们对公司经理的监督去正好抵消股东在监督经理方面投入的减少。另外,债权人也没有付出成本去抵消在有限责任规则下股东群体内部相互监督行为的减少。不论股东是否承担有限责任,其他债权人的财富并不受影响,因为在任何一种规则下,债权人都是承担有限责任。当股东和债权人都承担有限责任时,其总体的监督成本要低于当只有债权人承担有限责任时的监督成本。

第三,信息和协调成本的比较。股东可能会付出代价去让债权人承担更多商业失败风险的另外一个原因是,债权人在监督经理的某些特定行为方面具有一个比较优势。作为专业化的资本提供者,单个的股东不会积极地监督经理的行为。他们依赖于第三方(如大型的机构投资者或者公司控制权的潜在竞争者)去监督经理,并且在适当的时机购买股票。虽然债权投资者没有公司剩余财产的请求权,因而没有适当的动机去监督经理的日常行为,但是,他们可能特别适合监督公司的某些行为。

银行和其他机构投资者通常具有某些特定行业方面的专业知识,

---

[16] 这个观点避免了 Alan Schwartz 对于以前各种解释担保债权的理论的批评。比较 Schwartz,"The Continuing Puzzle of Secured Debt",37 *Vand. L. Rev.* 1051,1055 -1059 (1984)和 Levmore,"Monitors and Freeriders in Commercial and Corporate Settings",92 *Yale. L. J.* 49,55 -59(1982)。

故可能成为对于诸如是否设立新工厂之类的重大公司决策的优秀监督者。资本出借方可能对一个行业中的好几个公司都提供资金,从而获得并积累了关于这个行业的知识和信息。这些债权投资者通常与公司订立详细的契约,在契约中规定他们有权否决经理的某些决策;这些决策非常重要,带给公司重大的新风险,尽管它们的重要性可能达不到激起一个公司控制权争夺战的程度。

然而,上述契约性的权力只是债权人保护自身利益的各种武器之中最弱的。最强大的武器是公司必须偿还借款的法定义务。在公司债务的整个存续期间,股权投资者都处于这个义务之下。债务必须按时偿还,否则,债权人将获得公司控制权。债权人可能会通过对于长期的债务偿还计划施加更高利率的方式促使公司缩短偿付期。被迫向债权人偿还债务的公司必须筹集新的资本以开展生产经营活动。当公司重新回到债务市场时,他们的商业计划就会受到详细的审查;他们必须支付与他们所具有的风险相一致的利率。如果公司运作不良,经营风险增加,那么,其借款利率也就会相应增加。这种借款利率的调整不仅补偿了债权人,而且提高了公司筹集资本的成本。债务资本所具有的强制性偿付的特征便利了这种持续的监督机制和对公司事业进行重新定价的机制。

不同的协调成本也能够解释某些债务融资的合理性。让我们将一个成熟的股东与一个成熟的债权人(或者是一群债权人的受托人)进行比较。即使这个成熟的股东有能力对经理行为进行监督,他也没有动机去监督。他将承担监督行为的全部成本,但是,所有的投资者都可以根据他们所持有股份的份额来享有监督行为所带来的收益。相反,那个成熟的债权人能够获得其监督行为所产生的大部分收益,因为同种类型的债权投资者的人数要少得多。当同种类型的债权人数目很大,并且是长期债务时,这些债权人就可以通过设立一个受托人解决“搭便车”问题。[17] 当债权人所承担的协调和信息成本低于股东所承担的相应成本时，对于股东适用有限责任规则就具有明显的优势。因为在股东承担有限责任时，债权人需要承担更大的商业失败风险，所以，债权人就会具有更多的动机去利用他们的知识和信息对公司进行监督。

第四，对待风险的态度。股权投资者和债权投资者都能够进行分散化投资，从而使自己在任何一家公司中的投资风险最小化。但是，整个经济领域的风险（系统性的风险）无法通过分散化投资而得以避免。在交易双方都害怕风险的情形下，最优的契约制度安排就是交易双方都承担一些风险。[18] 在有限责任规则下，股东和债权人分别在自己投资数额的范围内承担风险；在无限责任规则下，股东将承担几乎所有的风险。

（三）保险作为有限责任的替代方案

综上所述，即使不存在有限责任规则，公司自己也会努力去创设有限责任。一个非常接近的替代制度是保险。如果公司能够购买“失败保险”以支付对于债权投资者的偿还责任，那么，公司的结构还是会与现有的公司结构大致一样。[19] 股东承担责任的范围将只限于其投资额；债权人将获得一个更低的回报率，因为他们的债权更加安全。为

---

[17] 关于担保债权人和债券信托人在克服“搭便车”问题中的角色，参见 Levmore，前注16，第 68 ~73 页。引入不同类别的股东也会产生自己的问题，但我们在此不对该问题进行讨论。参见 Jackson，“Bankruptcy，Non-Bankruptcy Entitlements，and the Creditors' Bargain”，91 *Yale L. J.* 857（1982）。

[18] 关于这个观点的具体运用，参见 Marcus，“Risk Sharing and the Theory of the Firm”，13 *Bell J. Econ.* 369（1982）；Polinsky，“Risk Sharing through Breach of Contract Remedies”，12 *J. Legal Stud.* 427，433（1983）；Shavell，“Risk Sharing and Incentives in the Principal-Agent Relationship”，10 *Bell J. Econ.* 55，65（1979）。

[19] Halpern，Trebilcock & Turnbull，前注 5，第 138 ~145 页；该文也分析了将无限责任和保险机制结合起来以替代有限责任的可能性，但他们的视角与我们的不同。我们比他们更为乐观，认为在一个无限责任的世界中可以存在保险市场。确实，正如我们在下文将要讨论的，尽管存在有限责任，公司还是会购买保险。

什么我们选择了有限责任规则而不是保险以防范公司破产所造成的损失风险呢?

首先,让股东每个人单独购买保险所导致的交易成本过于高昂。每个股东都需要与保险人进行谈判协商。为了评估自己所承担的风险,保险人需要监督每个投保人的财富以及所有其他股东的财富。我们认为,应当存在(也确实存在)一种成本低于这种保险机制成本的实现方式:公司可以为作为一个整体的投资者购买保险。谁会卖保险给公司呢?专业的保险人只是众多选择中的一个;债权人是保险的另一个来源,而且可能成本更低。

债权人在最初评估一项交易的风险程度方面具有一个比较优势,并且,在借款契约存续期间具有更强的能力去监督公司行为,尤其是能够阻止公司增加经营风险的行为(这是所有保险机制的一个作用)。换言之,公司可以从债权人那里购买保险。这正是我们所观察到的现实情况。债权人承担公司经营失败的某些风险,使他们既是债权人又是"保险人"。有限责任的法律规则正是实现这一目标的捷径,因为避免了股东个人单独进行协商的交易成本。[20]

从独立的保险人那里购买保险的一个优势是,许多债权人所面临的搭便车问题能够得以避免。第三方保险人也许具有更好的监督能力。不论法律规则是什么,公司都能够从价格最低的保险人处购买保险。现实中,尽管已经存在有限责任,公司通常还购买火灾险、侵权责任险以及其他险种。[21] 但是,如果第三方保险人在承担公司经营风险方面具有一个比较优势,那么,我们应当就会看到"公司失败保险"这一险种的普遍应用。债权投资者将会出钱给公司去购买这样的保险,

---

[20] 有时,达成这种单独交易的成本太高。侵权行为受害者是非自愿债权人,他们与公司无法进行事先协商。但是,即使在这种情况下,如果公司对其预期的侵权责任购买了保险,有限责任仍然存在收益(我们将在本文第二部分讨论侵权责任债权人是否应当与自愿债权人进行不同的法律处理)。

[21] See Mayers & Smith, "On the Corporate Demand for Insurance", 55 *J. Bus.* 281 (1982)(讨论了公司购买保险的很多动机)。

从而承担较低的风险。然而,在现实中,我们从未见过这样的险种。

既然公司自己能够通过契约完全复制或至少近似地获得有限责任或者无限责任,那么有限责任的法律规则还有意义吗?回答是肯定的,但是,其意义可能确实不是太大。[22] 根据债权人通常是最有效率的风险承担者这一合理的假设,有限责任规则可以让公司无须与每个债权人进行单独协商,从而节省了交易成本。而且,有限责任不会导致公司与第三方保险人进行交易数量的相应增加。无论法律规则是什么,只要第三方保险人的价格最低,这样的交易就会发生。

另外,如果公司购买了不充足的保险,或者如果在一个竞争激烈的市场中没有相关保险可供购买,那么,有限责任也将具有重要作用。比如,我们很难想象一个以所有的公司破产行为作为投保对象的保险市场。公司破产可能是由于与整个经济领域相关的事件所致,保险人也无法避免这些事件。另外,完全补偿公司破产损失的保险将会产生道德风险;它会促使公司经理进行过度的冒险。股权投资者和债权投资者都会停止监督公司经理,并且,保险人在面临这种道德风险时也不太可能提供最优的监督。如果没有完全的破产保险,那么,某些团体就必须承担公司经营失败的风险。如果由股东完全承担所有的风险,就会出现与无限责任相关的那些问题;如果让债权人也分担部分风险,其情形就与有限责任规则的结果完全一样。

公司破产提出了一个更加普遍的关于保险作为有限责任的替代制度的问题——谁来给保险人进行保险?如果保险人承担公司经营失败的风险,那么,投保公司所负担的未偿债务有可能就会超出保险人的资本。这个风险必须有人来承担。保险公司的股东可能就需要承担无限责任,但是,这可能会抑制大型保险公司的设立,从而反过来加剧这一问题。另外一个选择是,让投保公司的股东和债权人都承担

---

[22] 这个结论取决于高度发达保险市场的存在。我们毫不怀疑,在 19 世纪当保险市场不发达时,有限责任在公众公司的发展过程中发挥了关键的作用。

一些风险,而我们以上的分析逻辑将可以同样地被用以判断最优的制度安排是有限责任还是无限责任。

概言之,这里自始至终的一个问题是:让行为人自己承担相关损失,抑或将那些损失转移给某些其他风险承担人,到底哪一个机制更好呢?这是一个实证性的问题。基于现实市场的情况,我们的回答是,需要进行部分的风险转移。相对而言,股权投资者承担的风险大于债权投资者承担的风险,但不可否认,债权投资者也承担着重大的风险,而且,所有投资者(包括股权投资者和债权投资者)的风险都限制在他们最初的投资额范围之内。这种制度安排具有巨大的价值,因为它经过了历史检验而生存下来。如果进行更多的风险转移是有益的,那么,我们就应当早已看到其在市场上的相应发展(现实中并未出现这种情况)。仅仅说交易成本高并不能完全回答这个问题,因此,从一项制度的生存事实所得出的证据非常不确定。订立那些规定股东责任的契约相当容易。向封闭公司提供资本的出借方通常都要求公司股东提供个人担保或者对他们的有限责任进行某种修改。在下文中,我们将讨论他们为什么要这样做。就目前而言,值得指出的是,如果人们经常对于小型公司订立修改甚至规避有限责任的契约,那么,我们就不能简单地将大型公司没有做同样事情的事实完全归因于交易成本。确实如此,有限责任制度的存在本身就能够为我们提供很多重要的信息。

三、有限责任和风险外部化

有限责任增加了公司没有足够资产以偿还债权人债务的可能性,故而公司股东获得了高风险经营行为的全部收益,但却不承担其相应的全部成本。这些成本部分地由债权人承担。对有限责任批评的人特别强调以下的道德风险——有限责任将会使公司股东具有动机去将高风险经营行为的成本转移给债权人——并以此作为需要对于有限责任规则进行重大修正的理由。[23]

根据上述批评观点,有限责任的这种风险外部化效果(externalization of risk)产生了社会成本,因此应当尽力避免。但是,这一观点的意义并不明确,因为修改有限责任也需要成本,而且在没有有限责任的情形下也会存在道德风险问题。前文已述及,如果实质性地修改有限责任,那么,投资者对于某些种类公司项目的投资就会减少,这造成的相应社会损失可能会远远超出从降低道德风险中所获得的收益。另外,即使废除了有限责任,也不能完全解决道德风险问题。当一个人或者一家公司没有足够的资产去承担预期的债务责任时,就必然会具有从事过高风险行为的动机。[24] 当然,在有限责任下这种道德风险问题可能会更加严重,但实际上这个问题在任何的责任规则之下都会存在。当通过契约将更多的风险分配给股权投资者时,这些收益和损失的大小量级就是一个实证性的问题。对于这个问题,现实中有限责任规则的主导地位已经充分说明了一切。

我们认为,有限责任规则下的风险外部化问题的严重程度被夸大了。正如理查德·波斯纳(Richard Posner)已经说明的那样,对于自愿的债权人而言,并不存在风险外部化的问题。[25] 此外,公司具有动机去为那些超出自己现有资本的债务数额进行保险。保险公司成为契约性的债权人,减少了风险外部化的问题。

---

[23] See e. g., Jonathan Landers, "A Unified Approach to Parent, Subsidiary, and Affiliate Questions in Bankruptcy", 42 *U. Chi. L. Rev.* 589 (1975); Christopher D. Stone, "The Place of Enterprise Liability in the control of Corporate Conduct", 90 *Yale L. J.* 1, 65 -76 (1980).

[24] See Keeton & Kwerel, "Externalities in Automobile Insurance and the Uninsured Driver Problem", 27 *J. L. & Econ.* 149 (1984); Shavell, "Liability for Harm versus Regulation of Safety", 13 *J. legal Stud.* 357 (1984); Steven Shavell, The Judgment Proof Problem (1984) (未发表稿件,存档于《芝加哥大学法律评论》)。

[25] Richard A. Posner, "The Rights of Creditors of Affiliated Corporations", 43 *U. Chi. L. Rev.* 499 (1976).

(一)有限责任和自愿债权人

公司员工、消费者、普通交易债权人和资本出借方等都是自愿债权人(voluntary creditors)。他们所要求的赔偿额是他们所面临的各种风险的一个函数。风险是由于有限责任的存在而导致的公司不能偿还债务的可能性。另外一种风险是,在交易的条款设定之后,债务人可能会从事风险更高的行为,从而损害债权人的利益。这种风险普遍地存在于所有的债务人与债权人关系之中。

只要这些风险为人所知,公司就需要付出代价以获得从事相应高风险行为的自由。任何债权人通过投资于政府债券或者其他低风险的投资工具都能获得没有风险的回报率。因此,公司必须提供一个更好的风险与收益组合以吸引投资。如果公司不能作出令人信赖的承诺,保证自己不从事过高风险的行为,那么公司就必须支付较高的利率(或者,当债权人是员工时,他们就会要求更高的工资;当债权人是普通交易债权人时,他们就会要求以赊账方式购买公司产品)。虽然在钱借到手之后公司经理可能会改变公司的风险程度,但是债务必须偿还;这将迫使公司重新回到借贷市场,在这一市场中,公司必须支付与其目前项目的妥当性和风险程度相一致的利率。这里不存在风险外部化的问题,除非公司已经处在其"最后时期"(last period),亦即公司已经不再想从资本市场上筹集新的资本。此时,也只有在此时,公司才可能从事其没有为之付出代价的高风险行为。另外,即使在此时,实际上公司也已经为自己处于能够从事这种"最后时期"行为的情况付出了代价,因为自愿债权人可能事前就获得了相应补偿以反映以下可能性,即公司会增加其经营风险,以至于后来无力偿还其债务。

故此,股权投资者和公司经理具有动机去减少风险,从而降低公司必须支付给债权人的溢价。债券契约是降低这种溢价的一种方法,其通常包含一些禁止公司从事有损于债权人利益行为的详细条款。[26] 如果由于从事特定行为而需要支付给第三方的补偿超出了公司的相应收益,那么,无论是在有限责任规则还是在无限责任规则下,公司都不会从事这样的行为。[27] 这是科斯定理的一个简单应用。最优的风险数量并不是零,只有当从降低风险中获得的收益超出其成本,公司经理才会采取措施降低风险。

公司采取最优的预防措施以防止风险增加的动机并不取决于所有的拥有完美信息的自愿债权人。在某些情形下,拥有充分信息的那些人的行为将会导致公司需要支付适当的风险补偿。譬如,公司行为所产生的风险可能被债券信托的受托人或者工会所知悉,即使它没有被每个债券持有人或者员工所知悉。因此,如果风险补偿额设定适当的话,每个单独的自愿债权人是否拥有信息就变得无关紧要。每个自愿债权人都将自动地受到市场价格的保护。[28]只要公司必须支付适当的风险补偿,公司就不会有动机去从事风险过高的行为。

但在有些时候,可能没有一个自愿债权人拥有充分的信息,或者具有适当动机去准确地评估风险或监督债务。这可能会使自愿债权人要求一个较高的风险补偿,因为他们没有能力进行有效的监督,从而就会推测性地认为公司将会冒过高的风险。正是在这些情形下,公司才具有动机去投保以防范诸如大额侵权赔偿责任或者整个机器设备失灵的风险。通过与一个更优秀的监督人(一个更有效率的保险

---

[26] See Smith & Warner, "On Financial Contracting: An Analysis of Bond Covenants", 7 *J. Fin. Econ.* 117(1979). 法律规则也可以减少公司支付给债权人的溢价。比如,公司资本规则限制了股东从公司抽回资本的能力,从而保护了可用于偿债的公司资产池。这些规则是有益的,因为它们降低了缔约成本。

[27] A. Micthell Polinsky, *An Introduction to Law and Economics*, 95 – 102(1983).

[28] 关于这个观点的各种运用,参见 Easterbrook & Fishcel, "Mandatory Disclosure and the Protection of Investors", 70 *Va. L. Rev.* 669, 693 – 694(1984)(讨论证券市场); Fischel, 前注 11; Schwartz & Wilde, "Intervening in Markets on the Basis of Imperfect Information: A Legal and Economic Analysis", 127 *U. PA. L. Rev.* 630(1979)(讨论消费品市场)。

人)订立契约,公司就可以降低其本来必须支付的风险补偿。[29] 保险人能够利用其更优的监督能力去促使公司将其高风险行为的成本内部化。我们并不认为,有限责任绝对不可能导致对于社会而言数量过多的冒险行为;相反,我们的观点是,任何一种责任规则都不会必然地产生过多的冒险行为;换言之,任何一种责任规则都不会使得冒险行为一定过多,也不能保证一定不过多,而是都有可能过多或者不过多。确实如此,在这方面,关于责任的法律规则不可能具有太大作用。

有限责任规则的最大效果是对于任何特定债权人在事后被清偿可能性的影响。即使公司为自己从事高风险行为付出了代价,并且采取了适当的防范风险措施,经营失败的公司债权人在有限责任规则下也不太可能获得完全的补偿。然而,这并不是一个反对有限责任的"理由",除非关于风险分配的担心是最主要的考虑。当所有的当事人都处于契约关系中时,关于风险分配的考虑就没有太大意义,因为他们能够通过协商达成自己的交易条款,并且通过契约去规避那些不受欢迎的法律规则(尽管这些法律规则是声称为他们利益而制定的)。[30] 更为重要的是,在任何的责任规则之下,当事人都可以选择持有不同比例组合的债券和股票,从而调节自己的总体投资风险。无论如何,我们认为,契约中一方当事人所提供的保险使得关于风险分配的担心远远没有它们最初看起来那么严重。潜在的受害人能够通过保险机制保护自己免受损失,这是我们在选择责任规则时可以忽视关于风险分配考虑的一个重大理由。

(二)非自愿债权人和公司投保的动机

当公司必须为从事高风险的行为付出代价时,他们就只会选择从

---

[29] See Mayers & Smith,前注 21,第 286 页。

[30] See,e. g. ,Baird & Jackson,"Corporate Reorganizations and the Treatment of Diverse Ownership Interests:A Comment on Adequate Protection of Secured Interests in Bankruptcy",51 *U. Chi. L. Rev.* 97(1984);Epstein,"The Social Consequences of Common Law Rules",95 *Harv. L. Rev.* 1717(1982).

事那些社会边际收益等同于社会边际成本的项目。但是,当很高的交易成本使那些受到高风险行为影响的人无法要求获得适当的风险补偿时,承担有限责任的公司选择从事过高风险行为的可能性就会上升。公司从这些高风险行为中获得了收益,但却只承担部分成本;其他的成本转移给非自愿债权人(involuntary creditors)承担。这是有限责任的一个真实的成本,但如下所述,公司投保的动机减小了这个成本。

对于公司选择投保的一个通常解释是公司害怕风险(risk-averse)。一个害怕风险的人可能会愿意支付一个数目确定的保险费以消除将来遭受数目很大且不确定的损失的可能性,即使保险费超出了将来损失的预期价值。通过将各种不同的风险集中组合起来,保险人能够分散自己的风险。一个风险完全分散化的保险人就是风险中立的(risk-neutral),从而无须担心风险。保险机制让那些害怕风险的人能够付费给那些风险中立的人去承担风险。

公司购买保险的行为似乎与上述解释不一致。前文述及,投资者能够进行分散化投资,这是一种成本低廉的降低风险的方式,而有限责任便利了这种分散化投资。因此,投资者应当不会愿意付费给保险人以降低风险——为什么要花钱去购买你已经免费获得的东西呢?

然而,不是所有与公司订立契约的人都具有同等的通过分散化投资以降低风险的能力。比如,人力资本就很难进行分散化投资。对于一家特定公司投入了人力资本的经理无法分散化自己承担的公司经营失败的风险。相反,投资者千方百计地想要将经理的财富与其所在公司的命运紧密地联系在一起,其做法是,如果公司经营失败,投资者就迫使经理承担额外的成本;如果公司经营成功,投资者就为经理提供额外的报酬。[31] 公司破产的可能性也代表了那些进行与具体公司相

---

[31] See Carlton & Fischel, "The Regulation of Insider Trading",35 *Stan. L. Rev.* 857, 869-872(1983);Easterbrook,前注 7。

关的(firm-specific)人力资本投资的人所承担的一种真实成本,因此,公司必须对于那些承担了这种风险的人进行补偿。如果公司购买的保险数额超出了公司资本的数额,这个超出的部分就能够用以支付公司债务,从而减少公司必须以自己资本进行支付的债务数额,从而也减少公司破产的可能性。[32] 譬如,如果一家公司对其因侵权行为招致的赔偿责任进行投保,那么它的破产可能性就会减小,从而对其经理和其他员工造成损失的可能性也相应减小。故此,保险机制能够促进人们进行与具体公司相关的人力资本投资。[33]

公司投保的数额超出公司资本的数额是否会减少公司从事过高风险行为的动机呢?这是一个非常复杂的问题。[34] 在公司购买保险之前,公司投资者的所有投资都处于风险之中。在公司购买保险之后,投资者的投资所面临的风险大为减少,甚至可能为零。保险公司现在承担了由于侵权行为而导致的投保公司经营失败的风险。这样,保险机制就可能被认为减少了经理履行注意义务的动机;由于有限责任的存在,经理的这一动机已经太低。但是,公司购买保险的行为具有在一个原本可能不存在任何契约性债权人的场合创设一个契约性债权人的作用。投保公司必须为其从事高风险行为付出代价(通过较高的保险费),这意味着公司现在实际上承担了从事高风险行为的成本,故公司在作出投资决策时就会权衡社会收益和社会成本。

我们并不认为,公司购买保险的动机完全消除了其从事过高风险

---

[32] 在一个信息完美的世界中,上述观点需要有所限定。公司破产并不等同于所有资产的清算。破产公司可能被重组,原来的经理可能被重新聘用。但是,在一个具有不确定性的世界里,经理没有信心认为他会被重新聘用,因而会要求公司支付溢价。即使经理被重新聘用,他也会遭受声誉资本的损失,因为别人可能会认为是由于他的经营不善导致了公司破产。

[33] Alan Schwartz 认为,公司保险还可以让高危行业的投资者确保公司能够存续足够长的时间,从而获得投资的正收益。参见 Alan Schwartz,"Products Liability, Corporate Structure and Bankruptcy: Toxic Substances and the Remote Risk Relationship", *Yale L. J.* (即将出版)。

[34] See Steven Shavell,前注 24。

行为的可能性。现实中,很可能存在即使可以投保但公司决定不投保的情形。如果潜在的损失非常大,那么,公司支付给那些害怕风险的进行了与具体公司相关的人力资本投资的经理的风险补偿额(经理承担了公司破产的风险)就可能会低于其选择投保时必须支付给保险公司的保险费。换言之,经理的有限责任(尤其是在一个允许公司通过破产程序清偿债务的世界中)和公司的有限责任相结合在一起,可能会促使那些面临向非自愿债权人负担巨额的预期债务的公司去选择向经理支付一个风险补偿,而同时减少自己的资本额。另外,如果各种不同的公司风险之间具有高度的相关性,那么,保险公司就不一定会提供相应的保险。即使保险公司提供了相关保险,其保险范围也将会排除某些异常大的损失。但是,我们关于公司投保动机的分析表明,在个人企业和合伙企业不会选择投保的某些场合中,公司可能会选择投保。比如,一家拥有一个载货大卡车车队的运输公司投保的数额可能会超出其资本额,但是,对一个拥有很少资产的个人而言,其投保的数额就可能很小或者根本不投保。[35]

四、刺破公司面纱

法院有时允许债权人要求股东以自己的个人财产偿还公司债务。这种做法的法律基础并不清楚。州法通常认为有限责任是绝对的。[36]另外,法院所使用的“名义测试”(nominal tests)也无助于我们的理解,所谓“名义测试”是指法院判断公司是否具有一个“它自己的独立人

---

[35] See Keeton & Kwerel,前注 24,第 154 ~156 页。

[36] See,for instance,8 Del. Code §152(投资者一旦以现金购买了股票,股票就是“完全支付的并且无追加出资义务的”);§162(投资者对于部分支付的股票的责任被限制在其剩余未支付的股票价款的范围之内);同时参见 American Bar Association, *Model Business Corporation Act* §6.22(b)(rev. 1984)(“除非在公司章程中另有规定,否则,股东对公司的行为和债务不承担个人责任,当然,股东可能由于其个人的行为而承担个人责任”)。

格”,公司是否“只是一个工具”,等等。这些种类的“名义测试”具有极大的任意性,表明其缺乏坚实的法理基础。

但是,我们认为,就经济学角度而言,所谓“刺破公司面纱规则”以及法院为其所划定的边界实际上比它们乍看起来更有道理。它们的存在合理性可以粗略地理解为一个平衡有限责任规则收益与成本的努力。当有限责任规则从提高公司股票的流动性和分散化投资的可能性中产生的收益很小而同时却增加了公司过度从事风险行为的可能性时,法院就非常有可能允许债权人要求股东以自己的个人财产承担公司责任。下文将讨论该规则的一些重要问题。

(一)封闭公司与公众公司的区别对待

在法院允许债权人要求股东以自己财产承担公司责任的几乎每个案例中都涉及封闭公司。[37] 法院对封闭公司和公众公司在这个问题上进行的区别对待是符合经济逻辑的。在封闭公司中,公司管理和风险承担之间的分离程度相对而言要小得多。这对于有限责任所起的作用具有深远的意义。那些在封闭公司中提供资本的人通常也是作出公司决策的人,因而有限责任并没有减少监督成本。公众公司中有限责任的其他好处,如促进有效率的风险承担和通过资本市场进行监督,在封闭公司中也不存在。由于那些投入资本的人通常也是管理公司的人,所以相对而言,分散化投资在封闭公司中远不如其在公众公司中那么重要。类似地,封闭公司限制股票的转让以确保公司的投资者与公司的决策者相一致。对于封闭公司而言,要约收购是不可能

---

[37] 我们说“几乎每个”仅仅是因为我们没有完全地调查所有的相关案例。关于刺破公司面纱的著名案例都涉及封闭公司。参见 Minton v. Cavaney, 56 Cal. 2d 576, 364 P. 2d 473, 15 Cal. Rptr. 641(1961);Walkovsky v. Carlton, 18 N. Y. 2d 414, 223 N. E. 2d 6, 276 N. Y. S. 2d 585(1966);Bartle v. Home Owners Cooperative, Inc., 309 N. Y. 103, 127 N. E. 2d 832(1955)。但是,当公司和经理很难区分开时(公司就是经理的一个“壳”),投资者通常就不需要承担个人责任。对于一个能够通过协商获得他所想要的保护的债权人而言,我们没有理由为了他的利益而刺破“壳”公司的面纱。在这些案例中,法院通常执行股东的有限责任规则,参见 Brunswick Corp. v. Waxman, 599 F. 2d 34(2d Cir. 1979)。

的;封闭公司也不需要要约收购机制,因为封闭公司中经营管理的职能与风险承担的职能是相统一的。

另外,在封闭公司中,经理从事过高风险行为的动机也大得多。不管责任规则是什么,公众公司中的经理都不会承担他们行为的所有成本。公众公司中有许多经理,而且每个经理都只拥有很小份额的公司股票。在封闭公司中,情况就不一定如此。在无限责任的规则下,封闭公司中的投资者兼经理(上文述及,封闭公司中的投资者同时也是经理)需要承担他们行为的所有成本。相反,在绝对的有限责任规则下,封闭公司中的投资者兼经理能够将他们的风险限制在公司所拥有资本的范围之内,并且能够将更多的风险转移给第三方。[38] 刺破公司面纱能够减小第三方承担这些成本的范围,这个措施尤其有利于保护那些无法与公司进行协商的债权人,比如,由于侵权行为之债而产生的债权人以及普通交易债权人等。[39]

(二)公司股东与个人股东的区别对待

有些刺破公司面纱的案例涉及母子公司情形,即子公司的债权人试图要求以母公司的资产承担责任。[40]通常而言,法院更倾向于允许债权人要求以公司资产而不是股东的个人资产偿还债务,这再次与经济

---

[38] 有时,对于该问题的一个适当回应是制定一个要求公司购买保险的法律规定。See New Jersey v. Ventron Corp. ,94 N. J. 473,468 A. 2d 150(1983)(有限责任保护股东免于支付费用去清理有毒废料,但根据一个特别的反污染法律,股东还是需要直接承担责任);另参见 Ohio v. Kovacs,105 S. Ct. 705(1985)(在破产程序中可能需要承担清理有毒废料的责任);Baird & Jackson,"Kovas and Toxic Wastes in Bankruptcy",36 *Stan. L. Rev.* 1199(1984)。

[39] 另一方面,如果一个债权人能够通过协商获得他所想要的这种保护,那么,就没有理由去刺破即使是一个空壳公司的面纱。在这种案件中,法院通常都是支持有限责任。See,e. g. ,Brunswick Corp. v. Waxman,599 F. 2d 34(2d Cir. 1979)。

[40] See William P. Hackney and Tracy G. Bensen, "Shareholder Liability for Inadequate Capital",43 *U. Pitt. L. Rev.* 837,873(1982)(引用很多案例以支持以下的观点:与由一个自然人或者更多自然人拥有的公司相比,法院更加愿意否认由一个母公司拥有的子公司的人格);同时参见 Robert W. Hamilton,"The Corporate Entity",49 *Tex. L. Rev.* 979,992(1971)。

学原理相一致。

允许债权人要求以母公司的资产承担责任并不是要求投资者承担无限责任,因此,分散化投资、股票的流动性以及通过资本市场对于经理进行监督等好处都没有受到影响。另外,道德风险问题在母子公司的情形下可能更加严重,因为子公司投保的动机更小。在公众公司中,经理无法对于其所进行的与具体公司相关的人力资本投资实现分散化,因而他们具有投保的动机。但是,如果子公司的经理同时也是母公司的经理(现实中通常都会是这样),那么,上述关于经理具有投保动机的逻辑就不适用于子公司的经理。子公司的破产不会导致他们失去在母公司中的职位,或者遭受其他的与具体公司有关的人力资本投资的损失(当然,他们有可能遭受声誉上的损失)。如果有限责任是绝对的,那么为了实现将来从事高风险行为的目的,母公司就会选择以最少的资本成立子公司。如果一切进展顺利,母公司就能够从高风险行为中获取收益;如果进展不顺利,母公司就可以让子公司宣布破产,然后再设立一个新的子公司,仍然由相同的经理去从事相同的高风险行为。因此,如果有限责任是绝对的,公司在从事高风险行为方面的收益与成本之间的不对称将会使公司具有动机去从事过多的高风险行为。

当然,这并不是说,母公司及其关联公司应当经常性地对于它们持有股份的其他公司的债务承担无限责任。这种普遍性的无限责任将给予小型公司和非关联公司一个竞争优势。试想一下出租车行业。出租车公司可以只拥有一辆出租车或者拥有很多辆出租车。如果法院经常性地忽视这种安排,并且要求公司以自己的全部资产为每一辆出租车的事故承担责任,那么,“真正”只拥有一辆出租车的公司就能够切断责任的追索链条,从而承担较低的运营成本。这将会导致不正当的动机,因为正如我们已经强调的那样,大型公司将会选择购买数额更多的保险。故而,这种关于责任的法律规则将会促使公司减小自己规模,或者将联合公司解体。公司侵权行为的潜在受害人不能从这个结果中获得收益,甚至可能受损,因为公司规模越小,其偿付债务的能力也越小。另外,要求公司偿付其关联公司的债务将会导致每家公司的债权人都需要去监督与其关联的其他公司,从而浪费了债权人作为公司资产或项目的专业监督者的优势(这与无限责任在导致股东监督其他股东的财富方面的效果相类似)。因此,现实中法院很少否认公司的人格,只有当公司的组织安排增加了其从事高风险行为的可能性时,法院才会刺破公司面纱。法院的这一做法非常正确。

(三)契约案件与侵权案件的区别对待,以及在公司从事欺诈行为或者虚假陈述行为时的例外

法院在侵权案件中要比在契约案件中更加愿意否认公司人格。[41]这种区别对待的合理性直接来自道德风险问题的经济学原理——由于有限责任的存在,债权人承担了一定程度的债务不履行的风险,而公司必须为此付出代价;因此,公司就不太可能从事那些社会成本超出其社会收益的行为。换言之,契约性债权人(contract cred-itors,即基于与公司订立契约而成为公司的债权人)对于事后的公司不偿还债务的风险增加问题已经事先获得了相应补偿。相反,侵权性债权人(tort creditors,即基于公司侵权行为之债而成为公司的债权人)通常并没有获得事先的风险补偿;当然,公司产品的价格一般会根据其侵权行为发生的可能性而进行相应调整(比如,存在一些安全问题的产品必然会减价),从这个意义上讲,债权人可以被认为获得了风险补偿。

当债务人从事欺诈行为或者虚假陈述行为时,契约性债权人和侵

---

[41] 关于公司法人格否认问题在契约案件和侵权案件中的不同司法处理,至少早在1929年的以下文章中就有所涉及:William O. Douglas and Carrol M. Shanks, "Institution from Liability through Subsidiary Corporations", 39 *Yale L. J.* 193, 210 – 211 (1929). Blumberg,前注7,提供了一个对于公司法人格问题的当代论述。想要了解关于这种区别对待的近来案例,参见 Edwards v. Monogram Indus., 730 F. 2d 977, 980 – 984 (5th Cir. 1984) (in banc)。

权性债权人之间的上述区别就不复存在了。[42] 为了使债务人过度冒险行为的成本完全内部化,债权人必须能够准确地评估债务人义务不履行的风险。如果债权人被误导认为债务人的义务不履行风险低于其真实的风险,那么,债权人就将无法要求充分的风险补偿。这将会导致作为债务人的公司从事过多的冒险行为,因为其部分成本将会转移给债权人承担。

针对以上问题,在欺诈行为和虚假陈述行为的案件中,法院允许债权人在公司资产之外还可以要求股东以其个人资产承担责任。[43] 上述问题能够在很多情况下发生。当公司对其行为的本质、履行义务的能力或者财务状况等作出虚假陈述时,上述问题就最为明显。另外,有时债权人在公司的误导下认为,如果公司出现债务不履行的情况,债权人就可以对其他公司的资产具有追偿权,从而也会导致债权人错误评估债务不履行风险的问题。譬如,公司经理告诉债权人,其公司的母公司将会作为其公司债务履行的保障;另一个例子是,母公司和子公司具有令人混淆的相似名称,以至于实际上是与子公司进行交易的债权人,误以为自己是在和母公司进行交易。在所有这些情形中,债权人都无法准确地评估公司不履行债务的风险,因此,公司从事过高风险行为的可能性就会相应增加。

(四)公司资本额不足(under-capitalization)

最后,在法院决定是否允许债权人在公司资产之外还可以要求股东以其个人资产承担责任时,一个通常考虑的因素是公司资本额问

---

[42] 关于虚假陈述例外问题的详细讨论,参见 Posner,前注 3,第 520 ~524 页。

[43] See,e.g.,Edwards v. Monogram Indus.,730 F. 2d 977,980 – 984(5th Cir. 1984)(en banc);Cathy S. Krendl and James R. Krendl,"Piercing the Corporate Veil: Focusing the Inquiry,"55 *Den. L. J.* 1,31 –34(1978);and Blumberg,前注 7,这两篇文章都汇总了相关案例。

题。[44] 原因很简单:公司资本的数额越少,其从事过高风险行为的动机就越大。

公司资本额问题在涉及非自愿债权人的情形中尤为重要,因为在这种情形中,高昂的交易成本会妨碍甚至阻止公司与债权人之间的协商。但是,在涉及自愿债权人的情形中,公司资本额不足也可能很重要。许多债权交易的交易额都太小,以至于债权人认为不值得花费时间去全面调查债务人的财务状况。显然,以赊账 30 天的方式出售给公司一张椅子的人不会与公司就风险和安全问题进行详细的协商。在这些情形中,债权人通常会合理地假定作为债务人的公司具有充足的资本,而公司应当负有义务向债权人告知自己的任何异常的资本额状况。让公司(对自己的资本结构最清楚)仅仅在自己具有异常的资本额时告知债权人,要比让债权人在所有交易中都进行调查的成本更低(我们在此所称的"资本额充足",是指公司具有一个处于正常营业范围内的股本数额。权益资本的绝对数额和资产负债的比率都取决于公司所从事商业的具体类型)。

允许债权人在资本额不足的公司资产之外要求股东承担个人责任的做法,为公司提供了在交易时披露其资本额状况的动机。[45] 如果公司披露了自己异常的资本额状况,那么,债权人就会决定不进行交易或者对公司的债务不履行的高风险要求更多的补偿。或者,债权人还可以要求公司预付款项、进行个人担保或者采取其他保证债务偿还的安全措施。在任何一种这样的替代方法之下,作为债务人的公司都必须为其从事高风险行为付出代价,因此,它们就会有更好的动机去

---

[44] Douglas & Shanks,前注 41,第 218 页,认为"子公司的资本和财务安排的充足与否对于决定母公司是否需要为子公司承担责任的问题影响重大,远远超过另一个考虑因素,即母子公司之间的人格混同,包括共同的员工、董事和财务账簿的混同等"。

[45] 合同法中有一个与此对应的规则。Hadley v. Baxendale, 9 Ex. 341, 156 Eng. Rep. 145 (1854) 一案提出了一个"可预见性"的规则,拒绝对于无法预见的损失进行赔偿,使得原告有动机在交易时披露不寻常的情形和风险。反过来讲,信息披露可以使得交易相对方采取更多的防范措施,或者对于承担更多的风险提出相应补偿的要求。

平衡社会收益和社会成本。[46]

五、降低道德风险的其他方法

如上所述，有限责任导致公司具有从事过高风险行为的动机，降低这种动机的方法很多，刺破公司面纱制度只是其中的一个。我们现在简要地从成本和收益的角度考察以下四种降低道德风险的方法，包括最低资本要求（minimum-capital requirements），强制性保险（mandatory insurance），经理责任（managerial liability）以及进行直接监管（regulation of inputs）。我们的讨论主要是一般性的和描述性的。进行理论上的分析需要以下两个方面的数据：第一，有限责任所导致的风险外部化的规模；第二，那些试图减少风险外部化的法律监管行为所产生的净效果；遗憾的是，目前我们没有这些数据，所以，我们以下的讨论就只能是一般性的和描述性的。

公司的资本额越低，其从事过高风险行为的可能性就越大。法律所规定的公司最低资本的要求是使公司从事高风险行为的成本内部化的一种方法。但是，这种法律监管方法也有其自身的问题。一个问题是，在具体确定公司应当拥有多少的资本数额时，显然存在管理性

㊻ 虽然我们在此讨论的问题是“刺破公司面纱”，但是，对于这个问题的逻辑分析能够同样地适用于各种债权人之间“衡平居次”（equitable subordination）的规则。在这个规则下，公司内部人的债权的权利次序低于公司外部人的债权，比如，外部的普通交易债权人，其他的不知道公司内部人债权性质的外部债权人。由于一个资本额很小的公司将会使其外部的交易债权人承担无法预料的风险，因此，这个“衡平居次”规则能够用以促使公司内部人披露公司的异常的资本结构以及各种债权债务关系。参见 Costello v. Fazio，256 F. 2d 903（9th Cir. 1958）；Robert Charles Clark，“The Duties of the Corporate Debtor to Its Creditors”，90 *Harv. L. Rev.* 505（1977）。这个“衡平居次”规则应当被视为所有的公司债务契约中的一个默示条款，而不是仅仅作为公司破产问题中的一个特殊规则。参见 Thomas H. Jackson，“Translating Assets and Liabilities to the Bankruptcy Forum”，14 *J. Legal Stud.* 73，86 –87（1985）；Taylor v. Standard Gas & Elec. Co.，306 U. S. 307（1939）（认为破产法规定母公司对于其子公司的债权应当从属于其他债权，但是同时主张，这样一个规则应当具有更加广泛的适用范围）。

的成本；[47]另一个问题则是出现错误的成本。如果这种最低资本额要求设定的太高，就会阻止新公司的设立，从而让现有的公司能够获得垄断价格。另外，这里还存在一个问题，即公司应当如何地达到它们的资本额要求。为了有效地达到资本额要求，公司必须拥有一个数额与其最高的预期债务责任相同的保险，或者自己在财务上拥有充足的资金，并将这些资金投资于没有风险的产业。[48] 所有的公司作为一个整体而言，它们以这种方式拥有的资本额总量将远远超出它们具有的预期风险总量（因为并不是所有的公司都会破产或者遭受最大可能的损失）。因此，在以上任何一种满足资本额要求的方法下，权益投资的回报率都会降低。在这种情况下，人们就会将资本从高风险行业的权益投资中撤出。由于高风险行业能够增加社会财富，这里的资本撤出实际上就是一种社会成本。

强制性保险的要求在一些方面与最低资本额要求相类似。它们都会产生管理成本，并且都有可能成为新公司设立的障碍。但是，与最低资本额要求相比，强制性保险的要求是否在更大程度上阻碍了新公司的设立则很难判断。从保险人的角度而言，新设立的公司不如现有的公司经验丰富，从而经营风险更高，因此，新公司必须支付更高的保险费。这些保险费可能会低于自我保险（self-insurance）的成本（译者注，这里所谓的自我保险，是指公司不购买任何保险而完全以自己的资产担保债务履行）；在这种情况下，强制性保险的要求就能够促进新公司的设立。但是，某些公司，尤其是新公司，可能会发现实际上很难获得保险。因此，强制性保险的要求对于新公司的影响可能会大于最低资本额要求的影响。

上述这两种要求之间的一个重要区别是，它们对于公司从事过高

---

[47] 这个问题也会出现在以资本额显著不足作为理由的刺破公司面纱案件中。但是，在刺破面纱案件中，这个问题不太严重，因为管理成本只会出现在破产情形中，而不是所有的情形。

[48] 波斯纳就持该观点。Posner，前注3，第520页。

风险行为的动机有不同的影响。最低资本额的要求通常会减少这种动机，然而，强制性保险的要求可能提高或者降低公司从事过高风险行为的程度，这取决于保险人的监督能力。在保险人不能进行有效监督的场合中，由于那些与保险机制相伴随的道德风险问题，公司从事过高风险行为的程度就会提高。比如，在汽车保险市场中就存在一个这样的问题。州法通常要求保险公司必须为那些驾驶技术不佳的司机（这个风险是政府指定的）进行保险，并且禁止保险公司设定一个过高的保险费，以免这些司机不愿投保。对于其他行为的强制性保险也可能会产生类似的问题。

使公司从事过高风险行为的动机最小化且同时避免最低资本额要求或者强制性保险要求所导致的管理成本的一种方法，是对经理个人和公司同时施加责任。经理责任是经理所承担的一个额外的经营风险，公司必须为此向经理进行补偿。但是，从公司的角度而言，对于经理承担这个风险的行为进行补偿存在重大问题。由于经理无法对自己的人力资本进行分散化投资，所以他们是无效率的风险承担者。因此，公司就会有动机通过给予经理责任补偿（indemnification）或者投保的方式去消除经理的责任风险。[49]

但是，上述公司通过补偿机制或保险机制转移经理个人责任风险的做法并没有挫败经理责任制度的目标。如果只有公司承担责任，那么，对于拥有较少的人力资本投资的公司而言，价值最大化的经营策略就很可能导致公司保持一个少于预期责任的资产，从而在破产时可以免除偿还一些债务。但是，如果公司经理自己也承担责任，那么，他们就会有动机去监督公司的资本额和保险状况，因为如果公司的资本额不足或保险额不足，他们的责任风险就没有完全转移，从而仍需承担剩余的责任。因此，在经理个人责任制度下公司价值最大化的经营

㊾ 关于风险转移的详细论述，参见 Kraakman, "Corporate Liability Strategies and the Costs of Legal Controls", 93 *Yale L. J.* 857 (1984)。

策略就会促使公司进行自我保险（即增加公司的资本额）或者购买保险，择其成本较低者。[50] 在任何一种情形下，公司从事过高风险行为的动机都将减少。

经理责任制度的问题在于，风险转移机制可能运作得并不完美。比如，对于严重侵权行为承担责任的经理，面临巨大的但不确定的预期责任，而将不可能转移其所有的责任风险。由于涉及的保险额巨大和监督困难，保险人将不愿意对最高可能的预期责任进行保险。这意味着，经理的责任风险并没有完全地被转移，因此，经理责任的法律规则就会对那些在承担这个风险方面处于劣势的人带来风险。这种无效率的结果将导致公司经理要求一个更高的工资，并使经理尽量避免从事具有任何较大风险的行为。由于公司的风险行为能够创造财富，所以，无人能够保证，公司经理避免从事具有任何较大风险行为的社会成本将不会超过在没有经理责任的情形下公司从事过高风险行为的社会成本。

减少有限责任所产生的公司从事过高风险行为的动机的最后一种方法是，进行直接监管。比如，对于核能工厂进行监管的合理性可能在于，它是对于有限责任所产生的不正当动机的一个反应。然而，对于冒险行为进行直接监管也存在着成本问题。监管者并不比市场参与者具有更好的动机去平衡从事某些行为的社会成本和社会收益。确实如此，关于监管行为的经济学理论已经表明，许多监管计划都是为了产生而不是消除市场机制的“缺陷”。[51] 譬如，对于核能工厂进行监管的目标和效果可能是保护其他种类能源的生产者免受核能工厂的竞争压力，而不是消除有限责任所导致的核能工厂的不正当动机。监管行为的社会成本是否超过了公司过高风险行为的社会成本完全

---

[50] 如前所述，这里的前提条件是，保险成本要低于原本需要支付给经理的溢价。

[51] 参见 George Stigler, *The Citizen and the State* 105－108（1975）；Becker, “A Theory of Competition Among Pressure Groups for Political Influence”, 98 *Q J. Econ.* 371（1983）。

是一个实证性的问题。因此,监管行为的合理性不能简单地仅仅通过指出有限责任会让公司具有从事过高风险行为的动机而得以确立。

六、结论

一方面,有限责任为公众公司中投资与经营功能的相分离和专业化提供了便利条件;另一方面,在某些情况下,它又让公司能够将商业风险行为的成本外部化。为了降低有限责任的这种社会成本,在公司有动机从事过度冒险行为时,法院会选择刺破公司面纱。其他的法律规则,如经理责任、最低公司资本要求和强制性保险等,也可以被视为旨在降低有限责任的社会成本的努力。

公司法中的投票问题*

弗兰克·H.伊斯特布鲁克　丹尼尔·R.费希尔

一、导论:投票与公司民主

《现代公司与私有产权》(*The Modern Corporation and Private Property*)一书中一个主要观点是,经理使用投票机制来攫取公司的控制权。经理提名董事候选人,并控制委托投票的代理人。即使是在情况最好的时候,股东都是理性冷漠的,因为他们的参与几乎不可能实质性地改变投票结果,而经理对于委托投票机制的控制才是决定性的。"委托投票机制已经成为一个将股东权力从股东手上剥离的主要机制,而不是让股东行使其在公司经营方面的权力"。[①]

很多人都继受了伯利(Berle)和米恩斯(Means)

---

* 作者感谢 Douglas G. Baird, SanjaiBhagat, Walter J. Blum, Dennis W. Calton, Victor P. Goldberg, Sanford J. Grossman, Leo Herzel, Henry G. Manne, Bernard D. Meltzer, Merton H. Miller, and Richard A. Posner 对于本文初稿提出的有益评论。

① Adolf A. Berle& Gardiner C. Means, *The Modern Corporation and Private Property* 129 (rev. ed., 1967). See also id., at 71 -82, 129 -131.

的上述观点,主张投票机制必须进行改革,从而让公司的所有权人重新获得在公司经营方面的权力。他们认为,在征集委托投票权的时候,经理应当全面披露自己的利益和公司的状态;公司应当让股东可以免费地使用委托投票机制,从而股东可以提出他们自己的议案;公司董事会应当设立与经理没有关联的董事提名委员会,并由后者控制经理和股东等人对于选举机制的使用。其他的改革建议倡导股东自己做出更多的决策,包括公司会计师的选任;倡导引入更多的法律规定,限制董事利用公司资金为自己竞选连任的行为。那些人认为,如果实行上述的改革建议,就会让股东的控制权复活,并让公司重新获得"合法性",而在经理不能被问责时,这种"合法性"是缺失的。②

尽管上述的很多改革建议已经以某种方式被采纳了,但股东还是没有非常关注董事的选举,除非那些选举导致了有组织的委托投票争夺战。与以前相比,现在的委托投票权争夺战已经很少。③ 经理继续支配着选举过程:他们提名的公司官员通常都顺利当选,他们提名的审计人也获得支持。反观之,股东提出的议案通常被否决。面对如此严重的股东冷漠情况,那些致力于寻求如何解决伯利和米恩斯发现的公司问题的学者认为,这是由于信息披露不足,而不是股东的参与度不够,以至于股东没有兴趣。正如美国证券交易委员会所言:"虽然学者断言股东并不想要更多的参与公司选举过程的机会,但其原因可能是,股东过去一直缺乏参与公司选举过程的有效方式。"④

---

② 比如,美国证券交易委员会的一份报告,SEC Staff Report on Corporate Accountability, Committee Print, Senate Committee on Banking, 96th Cong., 2d Sess. (1980)(以下简称 SEC 报告);J. Willard Hurst, *The Legitimacy of the Business Corporation in the Laws of the United States* 1780 – 1970 (1970);Daniel M. Friedman, "SEC Regulation of Corporate Proxies", 63 *Harv. L. Rev.* 796 (1950)。

③ 比较阅读以下两篇文章:Peter Dodd & Jerold B. Warner, "On Corporate Governance: A Study of Proxy Contests", 11 *J. Financial Econ.* (1983);D. Austin, *Proxy Contests and Corporate Reform* (1965)。

④ SEC 报告,前注 2,第 68 页。很多学者还有其他相类似的一些观点,数量太多就不一一列出。这些观点大部分都收集在美国 SEC 报告中。

如果疾病对于医药没有反应,其解释不是药方出了问题,而是药物的剂量不够、服药时间不足,以及对于治疗不够配合等。因此,如果我们加倍努力去争取真正的公司民主,情况就会好转。这就是对于很多学者在投票问题上的态度的真实写照。

当然,也有与那些学者不同的声音。一些学者指出,公司并不是以股东参与为特征的民主政体,而是受到产品市场影响的商业实体。就作为公司的“所有者”而言,股东的地位与其他公司参与人几乎一样,比如债券持有人、其他债权人、员工(包括经理),这些人都向公司投入了自己特殊的资源,但债券持有人和员工完全没有投票权。公司的这些参与人相互之间协商订立契约,要么明示要么默示,他们获得投票权的标准是,那些投票权对于公司整体而言是有益的。

这种契约论的进一步观点是,民主程序的设计在一定程度上是为了获取被统治人群的意见和限制国家的强权。然而,在公司场合,股东是通过买入和卖出股票表达意见,他们没有理由去拖累公司或给公司增加成本,从而降低公司的竞争力。股东不可太能比经理还了解如何经营公司,因此,他们没有能力做出好的决策或发现差的决策。股东管得越多,公司的市场表现就会越差。股东的利益不是通过投票机制来保护的,而是通过市场机制,包括股票市场(经理需要从资本市场筹资)、产品市场、经理人服务市场等。如果股东像债券投资者一样完全不能投票,情况也不会有太大不同。公司投入资源以让股东能更好投票的做法是纯属浪费,甚至有害,因为这可能会妨碍公司追求利润最大化的效率。根据这种观点,让股东享有或行使投票权就非常令人困惑。

无论是公司民主的监管进路还是认为投票不重要(或者有害)的观点都没有准确地把握好伯利和米恩斯的思想。伯利和米恩斯认为,他们诊断出了一个致命的疾病。他们对于像美国证券交易委员会采纳的那种治标不治本的措施不感兴趣;他们也许会认为这种措施成本高昂却毫无用处。伯利和米恩斯认为,股东没有权力是股权分散的必然结果。股东没有动机去参与公司治理,因为任何一个股东都不能影响选举的最终结果。另外,消极的投资者既没有意愿也没有能力去管理公司。[5] 伯利和米恩斯开出的药方不是去改革选举机制,从而让投资者更好地控制经理,而是加强对公司的社会控制。一旦股东失去公司控制权,他们也会失去引导公司或获取利润的权利。社会将给予投资者一个足以让他们感到满意的回报;经理将变成"中立的技术官僚";"公共政策而不是私人贪欲"将作出重要的公司决策,并规定如何处理公司利润。[6]

伯利和米恩斯以及其后的很多学者——Henry Manne 教授是一个重要的例外[7]——都没有提出为何公司投票的法律和实践是现在的样子,即现实的合理性问题。也许,那些决定由谁可以投票、对于什么事情进行投票、投票前需要披露什么信息等问题的法律规定和实践做法具有一些重要的功能。如果投资者能够从额外的投票参与中获益,我们就可以预期,法律规定或私人契约将会反映这种情况。如果投票没有用处,我们就可以预期这种机制将会消失,同样也是通过法律规定或私人契约的途径,因为减少投票行为的公司会在市场竞争中战胜其

⑤ Berle& Means,前注 1,第 76 ~82、129 ~131 页。另外参见 Edward S. Herman, *Corporate Control*, *Corporate Power* 152 –153,265 –329,278 –283(1981)(这本著作重复了伯利和米恩斯的研究,认为投票机制是纯属浪费,或是一个借口,用以要求更多的信息披露、或要求对于公司施加更多的社会压力以改变公司完全以追求利润最大化为目标的做法);Russell B. Stevenson, Jr. , *Corporations and Information*(1980)(得出类似的结论)。

⑥ Berle& Means,前注 1,第 301、312、313 页。另外参见 Abram Chayes,"The Modern Corporation and The Rule of Law", in *The Corporation in Modern Society* 25(E. Mason ed. ,1959)(运用伯利和米恩斯的最初观点去抨击"公司民主"运动,然后又回到伯利和米恩斯的结论)。

⑦ Henry G. Manne,"Some Theoretical Aspects of Share Voting",64 *Colum. L. Rev.* 1427 (1964); Henry G. Manne, "Our Two Corporation System: Law and Economics",53 *Va. L. Rev.* 259,273 –275(1967). Manne 似乎是目前唯一试图对于股东投票的法律规则和实践做法进行经济分析的人,他认为,投票是一个利用非多数股权实现公司控制权变更的途径,因此,其成本低于要约收购;但是,除此之外,投票机制几乎没有作用,比如,批准重大的公司变化事项。与我们不同,他不强调投票规则、剩余索取权和代理成本之间的关系。虽然我们的观点与 Manne 有所不同,但这并不能掩盖他的开创性工作对于我们的帮助,而且,我们的分析判断在很大程度上是一致的。

他公司。但是,投票机制并没有完全消失。大型公司举行很多投票,而且经常还在法律规定之外进行额外的投票;从时间上看,公众公司在国家制定相关法律之前就已经自发地采用了投票机制,并且,这种实践也影响了法律规定。另外,投票规则在不同的公司之间、在不同的州之间都惊人地相似。

我们将讨论那些决定由谁投票、对于什么事情投票和适用何种程序投票等问题的法律规定和契约安排。我们认为,州法为投资者提供了他们在缔约和履约成本都很低的情况下可能想要达成的那种投票机制安排。这种投票并不是毫无意义,也不是一个败笔。然而,对于联邦法中的投票规则,我们的结论是不同的,这也许反映了各州公司法之间的竞争,这种竞争的结果是产生有益于股东的法律规则。

本文讨论的结构如下。第二节考量为何各个类别的股东都有投票机制,以及为何只有股东(而不是债券持有人、其他债权人或员工)拥有投票权。第三节讨论那些关于如何选举公司高级职员的法律规定的结构。我们考察对于投票权购买行为的法律处理、对于不可撤销委托投票的禁止、对于投票信托的监管、累积投票权的消失、证券交易所对于无投票权普通股票的禁止、股东可以在董事任职期间进行罢免的权利以及其他一些相关问题。第四节讨论公司对于重大事项进行投票的问题。比如,为何州法要求股东在某些“重大公司改变”的事项上进行投票?为何公司在它们的法律义务之外自愿地将其他问题也交由股东投票,如公司高级职员的薪酬问题?在第五节中我们考察联邦法中对委托投票机制的监管。第六节是一个结论。

二、为什么股东要投票?

“为什么股东要投票?”这一提法实际上包含了三个问题。第一,为什么每个股东都有投票权？第二,为什么只有股东才有投票权？第三,股东为什么行使他们的投票权？我们在本节对这些问题进行讨论。[⑧]

(一)法律规则和实践

很多州都允许公司制定自己所想要的几乎任何种类的投票制度。比如,在特拉华州,公司可以在一股股票上赋予任何数量的投票权(包括投票权为零),而且,在股东之外,还可以将投票权授予(甚至只授予)债券投资人。[⑨] 公司能够自由地选择可以或不可以进行累积投票(cumulative voting)(累积投票制度允许股东将自己的多个投票权投向一个候选人,从而一个候选人可能在支持自己的投票权未达到多数的情况下当选)。[⑩] 股东可以亲自投票也可以委托投票。他们可以直接选择经理,或者通过董事会的中介聘请经理。[⑪] 他们可以让董事(或经理)完成一个任期,也可以在中途以任何的理由或者完全不需要理由将他们罢免。[⑫] 股东大会的法定出席人数可以设定为少于总体投票权半数的人出席,而且公司可以要求在某些特定的问题上实行超级多数通过的规则。享有投票权的人可以在任何时候通过投票设定或修

---

⑧ 需要指出,与伯利和米恩斯一样,我们的讨论主要是针对大型的公众公司,这些公司拥有500名或更多股东。我们知道,很多公司的股权并没有如此分散,在这些公司中,股东的动机——以及投票机制的功能——在很大程度上与大型公众公司存在差异(如果不是质的差别)。参见 Alfred E. Conrad, *Corporations in Perspective* 94－123,318－366(1976);Melvin Aron Eisenberg, *The Structure of the Corporation*(1976)。我们忽略了这些公司,不是因为他们不重要,而是因为在封闭公司中,"搭便车"问题有所缓解,正是该问题使我们对于投票机制的理解产生争议。

⑨ 8 Del. Code §§151(a),221. 除非公司章程另有规定,通常只有股东能够投票,而且是一股一权。

⑩ 8 Del. Code §§102(b)(3),214.

⑪ 8 Del. Code §§102(b)(1),109(b),141(a)&(f),228(a).

⑫ 8 Del. Code §141(k). 这里唯一的例外是那些由少数股股东通过累积投票选举出的董事。这些董事只能在以下两种情况下被中途解职:第一,具有合理的原因;第二,一个足以在当初阻止他们当选的多数投票权罢免他们。

改以上这些规则。其他州的情况与此大致相同。⑬ 尽管不同的州制定了不同的推定规则(比如,投票推定为适用累积投票制,除非另有规定),但是,这并没有减损这些州公司法的作为授权性法律(enabling statutes)的性质。

然而,在这些州里,现实中公司对于投票制度的选择表现出一些明显的共同特征。几乎所有的股票都附有一个投票权,并且,只有股票才附有投票权。在公司处于财政危机时,优先股或债券也可以享有投票权。在公众公司中,累积投票制很少采用,无投票权的股票或者投票权受到重大限制的股票也非常罕见。⑭ 股东很少直接选择经理,相反,他们先选举董事会,然后由董事会挑选经理。在既定的年度股东大会之间,一般没有通过召开特别会议选举董事的现象;董事通常很少被中途罢免。股东经常委托投票,而不是亲自投票,并且在选举时,董事候选人一般都是由现任的公司管理层进行提名。股东大会的法定出席人数是代表所有投票权半数的人,决议的通过需要出席会议的投票权的半数。这些做法的例外情形很少发生。

一些法律规则限制了公司随心所欲地制定自己的投票权结构的

---

⑬ See American Bar Association, *Model Business Corporation Act*ch. 7 (rev. 1984). 大多数州都采用了这个模范公司法。

⑭ 有些公司发行很多种类的普通股股票,不同种类具有不同的投票权。关于这种投票权结构的分析,参见 Daniel R. Fischel, "Organized Exchanges and the Regulation of Dual Class Common Stock",54 *U. Chi. L. Rev.* 119 (1987)。同时参见 Gregg A. Jarrell and Annette B. Poulson, "Dual-Class Recapitalizations as Antitakeover Mechanisms: The Recent Evidence", 20 *J. Fin. Econ.* 129 (1988); Richard S. Ruback, "Coercive Dual-Class Exchange Offers", ibid., at 153; Kenneth Lehn, Jeffry Netter, and Annette Poulson, "Consolidating Corporate Control: The Choice between Dual-Class Recapitalizations and Leveraged Buyouts", 26 *J. Fin. Econ.* (1991)。对于具有不同投票权的股票的法律研究似乎超过了这个现象本身的重要程度,参见 Ronald J. Gilson, "Evaluating Dual Class Common Stock: The Relevance of Substitutes", 73 *Va. L. Rev.* 807 (1987); Jeffrey N. Gordon, "Ties that Bond: Dual Class Common Stock and the Problem of Shareholder Choice", 76 *Cal. L. Rev.* 1 (1988); Joel Seligman, "Equal Protection in Shareholder Voting Rights: The One Common Share, One Vote Controversy", 54 *Geo. Wash. L. Rev.* 687 (1986); George W. Dent, Jr., "Dual Class Capitalization: A Reply to Professor Seligman", ibid., at 725。

能力。比如,尽管投资者可以通过出售股票的方式转移他们的投票权,但他们不能在股票之外单独地出售投票权。⑮ 为了防止规避该禁止性规则的行为,法律限制了股东授予不可撤销的投票委托(irrevocable proxies)的能力。一个投票委托,即投票权人授权其他人行使自己的投票权,是可以撤销的;如果一个股东将自己的投票权授予了一个新的受托人,那么其先前的投票委托就自动失效。只有在投票委托和一个与股票有关的利益相联系时,比如可以保证获得贷款,投票委托才能够被设定为不可撤销的。⑯ 所谓的投票信托(voting trust),是指一种不可撤销的投票委托的形式,在这种信托中,几个股东将他们的股票以及相应的投票权转移到一个受托人处,这个受托人必须根据信托人的指示将委托的投票权作为一个整体进行处分。在普通法下,投票信托是非法的。即使成文法允许投票信托,这个许可也通常伴随着一些限制信托时间和要求定期更新受托人权力的法律规则。⑰ 这种成文法许可的投票信托通常只适用于封闭公司。

在每个州中,公司法都要求对于某些"重大的"公司交易必须进行投票,如公司合并以及出售公司重要资产等行为。⑱ 另外,公司法还规定,如果足够数量的投票人或董事请求董事会向投票人提交其他的方案,那么董事会就必须这样做。⑲ 当然,还有一些其他的重要性相对而

---

⑮ 有些州通过法律禁止出售投票权的行为(比如,N. Y. Bus. Corp Law 609[e]),而有些州通过法院判例进行禁止(比如,Macht v. Merchants Mortgage& Credit Co. ,22 Del. Ch. 74,194 A. 19 [1937])。参见 Schreiber v. Carney,447 A. 2d 17(Del. Ch. 1982)(讨论了在哪些情形下需要禁止出售投票权)。

⑯ 比如,8 Del. Code § §212。

⑰ 比如,8 Del. Code § §218(投票信托的存续期间最长为 10 年)。

⑱ 比如,8 Del. Code § §251(c)(要求公司合并计划的通过必须获得公司所有投票权的多数,而不是出席股东大会的投票权的多数)。

⑲ 比如,8 Del. Code § §109(a)(尽管董事会可能有权修改公司自己的内部规章,但是,这种行为"不能剥夺股东或某些董事采纳、修改或废除公司内部规章的权力");§211(b),(d)(股东大会和特别会议应当依照公司内部规章而举行);§228(投票人在作出决议时,可以采用获取多数人签名的方式,而不需要举行会议)。参见 SEC v. Transamerica Corp. ,163 F. 2d 511(3d Cir. 1947)(将特拉华州公司法解释为要求董事会在股东大会上提交股东的建议方案进行投票表决)。

言小很多的限制性规定。

(二)从契约的视角分析投票

我们现在对于投票的法律规定和实践做法提出经济学的解释。我们首先来解释投票本身。

从经济学的视角看,公司只不过是一个由很多契约安排组成的网络的称谓而已。[20] 在公司中,聚集了很多生产的要素:投资者投入资本;经理投入经营技能;工程师投入他们各自的技能等。利用公司形式开展商业行为让人们可以更加容易地获得劳动分工的收益,让那些有钱但无经营技能的人能够与那些有经营技能但无资本的人携手创业。大量的公司让投资者可以进行分散投资,从而在承受一个更低的总体投资风险情况下获得收益。

在上述性质的商业行为中,几乎不可能通过契约去完备地规定每个参与人的责任及其限制。将这些事项进行明确规定也是无效率的:以持续性的关系替代详尽契约从而节省订约成本,是采用公司从事商业的众多收益之一。[21] 很多公司事务处理需要当事人的自由裁量。那些没有通过契约进行明确规定的问题,诸如谁负责执行什么任务、和谁一起工作、制造什么产品、如何进行产品销售等,通常比那些能够被明确规定的问题更为重要。

在上述的订约过程中,法律规则具有几个功能。公司法实际上是针对公司结构问题的一个标准格式契约。公司法提供现成的原则,这些原则符合缔约各方的期待值,因此,公司中的各种参与人需要协商

---

[20] Michael Jensen & William Meckling, "Theory of the Firm: Managerial Behavior, Agency Costs and Ownership Structure", 3 *J. Financial Econ.* 305 (1976). 另外参见 Armen Alchian& Harold Demsetz, "Production, Information Costs, and Economic Organization", 62 *Am. Econ. Rev.* 777 (1972); Eugene Fama, "Agency Problems and the Theory of the Firm", 88 *J. Pol. Econ.* 288 (1980)。

[21] See Clifford W. Smith & Jerold B. Warner, "On Financial Contracting: An Analysis of Bond Covenants", 7 *J. Financial Econ.* 117 (1979).

达成协议的事项就大为减少，协商成本也相应降低。

在很多情况下，法律规则都不是足够地详细。公司法中的备用规则，即信义原则，要求相关人的行为标准符合在订约和履约成本为零的情况下可能达成的契约条款。[22] 即使如此，法律规则和信义原则加在一起还是只能覆盖公司中各种参与人之间的一些大致关系。细节问题还是需要通过其他方式解决。

股东投票制度就具有这种功能。进行投票的权利就是作出所有那些未被契约规定的决策，无论这些契约是明示的还是由法律规则提供的。作出决策的权利包括将这些决策权进行授权委托的权利。因此，投票权人可以选举董事，并给予他们对于公司事务的自由裁量权。

由于股东投票成本高昂，所以股东就会通过制度安排努力减少投票的使用。股东选择公司管理层，并且制定关于他们经营管理行为的基本规则。这个过程通常不会重复出现，除非经理的业绩表现严重不足。确实如此，公司中许多股东一起投票（从契约理论的角度看，每个投票的股东都是契约订立人）会存在严重的集体行动问题（collective action problems），这个问题使得股东投票机制只是在某些极端的情况下才有效。当很多人都有权投票时，任何人都会认为自己的投票对最终结果无足轻重。故每个投票者都没有适当的动机去研究公司的情况从而明智地投票。[23] 譬如，倘若一个特定的选举能够使得每个投票人都获得或损失 1000 美元，并且，每个投票人都认为，不管自己是否参与投票，选举的最终结果都是一样的，那么，每个投票人为投票而付出的最优信息投资就是零。另外，即使一个投票人认为自己的投票将起到关键的作用，从而值得进行最高数额为 1000 美元的信息投资，这

[22] 对于公司法中信义原则的性质和功能的分析，参见 Frank H. Easterbrook & Daniel R. Fischel, "Corporate Control Transactions", 91 *Yale L. J.* 698 (1982)。

[23] See Anthony Downs, *An Economic Theory of Democracy* (1957); Mancur Olson, *The Logic of Collective Action* (1965).

可能还是不够的。如果公司总共有1000个投票人,那么,那个选举对于他们的整体效果就是100万美元。一个价值仅1000美元的信息也许不足以作出一个价值100万美元的决策。因而,即使那1000个投票人每人都单独地在信息方面投资1000美元,这也可能意味着,每个投票人实际上都是基于不足的信息进行投票;相反,将这些钱集中起来进行一个单个的仅为10000美元的信息投资可能就足够了。那些拥有更多股票的人(如投资公司、退休金信托和一些公司内部人等)所面临的集体行动问题在程度上可能会小一些。但是,不管一个投票人拥有多大的股份份额,他也不可能具有完全适当的动机。(当然,除非他拥有全部的公司股份;但是,这在公众公司中是不可能的)

我们也许可以通过并购(如公司合并以及要约收购)将公司股票及相伴随的投票权集中起来,从而解决集体行动问题。股东投票机制能够让那些聚集起股票的人获得公司的控制权。如果没有出现这种集中股票的行为,那么,建立一种能够集体生产信息的机制就显得很有必要。在公司中,经理人就充当着这一角色,并且,投票人会认为经理比自己更有能力行使这一功能。这揭示了为什么现实中投票人(股东)向经理进行广泛授权,而且几乎总是同意经理的决策。但是,这个默契不应当掩盖以下事实,即经理是在股东的授权下进行决策的。

(三)投票作为风险承担机制的一部分

在公司中存在投票机制的原因是,当公司契约不完整时,就需要某些人具有行动或者授权他人行动的剩余权力(residual power)。投票权的可能行使主体有股东、债权人、经理或其他的公司员工。由于上述集体行动问题,有人可能会认为投票权应当授予一小群容易获取信息的人,即公司经理。然而,现实中投票权是完全地授予股东,而债权人、经理和其他公司员工等都没有投票权。当一家公司的创立人将公司变为公众公司时,他们几乎总是发现,有必要出售包括投票权(实际上就是能够最终驱逐公司内部人的权利)在内的各种股票权利。为什么公司内部人会选择出售这样的股票权利？为什么投资者愿意额外出资购买这些权利？（他们必须付出额外的代价获得投票权，否则，公司内部人就不会让自己承担将来被驱逐的风险。）

其原因在于，股东是公司的剩余财产索取权人（residual claimants）。相反，债权人具有固定的权利，公司员工通常在工作之前与公司进行谈判而确定自己的薪资等级。股东最终承担由于公司经营业绩的优劣而导致的收益和损失的风险，他们的权利次序排在其他所有的公司利益相关者的权利之后。

作为剩余财产索取权人，股东具有适当的动机（尽管存在集体行动问题）去作出需要自由裁量的决策。公司应当一直投资于新产品，建造新工厂等，直到边际收益等于边际成本。但是，除股东之外其他所有的公司利益相关者都缺乏适当的动机。那些对公司收益拥有固定权利的人（如债权人）从一个新的公司项目中也许只能获得很少的利益（如公司偿还能力的增强）。相反，股东获得那个新项目的大部分边际收益，同时也承担大部分的边际成本。因此，股东具有适当的动机去行使自由裁量权。另外，尽管集体行动问题使分散的股东不能进行日常的商业决策，但是，他们可以授权经理作出此类决策。经理知道自己处于那些具有正确动机的股东的监督之下，而且，股东权利可能随时被集中起来并进行投票，因此，经理就会努力服务于股东的最佳利益，从而保障自己的职业前途，以免被公司罢免。

当然，这并不是一个完整的解释。股东利益可能与债权人利益发生冲突。股东具有动机去采取各种能够将公司财富转移给自己的策略，比如，选择高风险的投资项目，从公司中抽回投资。债权人通过以下两个途径控制这种行为。首先是通过精密详细的契约。[24] 当股东行

---

[24] 关于详细契约的制定成本的讨论，参见 Clifford W. Smith, Jr., and Jerold B. Warner, "On Financial Contracting: An Analysis of Bond Covenants", 7 *J. Fin. Econ.* 117 (1979); Laurentius Marais, Katherine Schipper, and Abbie Smith, "Wealth Effects of Going Private for Senior Securities", 23 *J. Fin. Econ.* 155 (1989)。

为使债权人承担额外的风险时，债权人就变成了公司的剩余财产索取权人，因而，债权人就有权审查风险特别高的公司交易，如重大的基建项目、公司合并等。这种审查的权力反映在债券条款以及重大银行贷款的条件中。另外，借贷工具还包含将导致额外风险的某些具体情况定义为缺省性的条款，从而授予贷方其他的审查权力。第二个途径默示地存在于债务的本质之中——借款必须偿还。偿还债务的压力会迫使公司进入金融市场寻求新的资金，与分发股利的压力相比，这在更大的程度上迫使经理回到股票市场上去。那些必须持续地在股票市场上筹集资本的公司受到市场持续的监督，如果它们选择了导致过度风险或者预期回报很低的项目，他们就必须为资本筹集付出更高的成本。只要公司正在按计划偿还债务，并且债权人同意参加相关问题的谈判，那么，债权人就既能够获得债务偿还，又能够在没有投票权的情况下控制着公司。

任何人只有在获得公司剩余财产索取权之后，才具有进行投票的权利（亦即行使自由裁量的权利）。当公司处于经营困境时，股东的剩余财产索取权就受到限制，并且，他们也会失去使公司边际效益最大化的适当动机。其他的公司利益相关者，如优先股股东、债权人等，则可以优先获得公司新决策和新项目所创造的收益，直到他们的权利要求被满足为止。在这种情况下，对于股东以及为他们最佳利益而服务的经理而言，他们没有理由投入大量金钱和精力去提升公司的盈利，因为这些盈利将被股东之外的其他人获得。所以，当股东的剩余财产索取权无法实现时，股东就不能继续拥有控制性的投票权。现实中，股东丧失其投票权的途径有两个：第一，契约；第二，破产法。在此之后，经理就必须转而对股东之外的其他公司利益相关者负责。故而，尽管股东可能会通过“限期扭亏为盈”的协议让经理继续留任，但是，这并不能抹煞股东的自由裁量权已经转移的事实。由于经理想要努力提升自己的职业声誉，他们会像当初服务于股东最佳利益一样忠实地服务于债权人的利益。

如上所述，公司投票权应当归属于拥有公司剩余财产索取权的任何团体。这个事实强有力地支持了我们的关于投票权功能的分析。另外，它也说明了为什么在任何一个时期通常只有一个公司利益相关者团体拥有投票权。将投票权同时授予多个团体（比如，股东和公司员工）将会产生代理成本，因为那些没有获得边际收益的人也能够影响公司的自由裁量，这种影响不能使公司的整体财富最大化。所以，在现实中，不同种类的公司利益相关者团体共同享有投票权是非常罕见的，除非在被迫的情形下，比如，德国的“共同决定机制”（codetermination）（公司员工参与公司的经营管理）和美国的“与工会的善意协商”。[25]

除代理成本之外，还有一个解释为什么在一个时期只能由一个公司利益相关者团体拥有投票权的原因。投票人以及他们所选择的经理必须决定公司的经营目标和实现目标的大致途径。但是，众所周知，当投票人存在几个本质不同的利益偏好时，他们就不可能将这些利益偏好统一起来并最终形成一个始终如一的决策体系。[26] 如果公司作出的决策前后不一致，这可能导致公司的自我毁灭。但是，当投票人都来自同一个公司利益相关者团体时，他们的利益偏好就基本上同质，从而能够作出一致的公司决策。

确实如此，同一个公司利益相关者团体中各个成员的利益偏好即使不是完全相同，也至少是类似的。对于股东团体而言，这个情况尤为明显，因为人们在股票市场中自由地买进和卖出，从而，在对于公司的期望方面，任何一家公司在任何一个时间点上的股东都是一个基本

㉕ See Michael Jensen & William Meckling, " Rights and Production Functions: An Application to Labor-managed Firms and Codetermination" ,52 *J. Bus.* 469(1979).

㉖ Kenneth J. Arrow, *Social Choice and Collective Values*(2d ed. ,1963); Duncan Black, *The Theory of Committees and Elections*(1958).

同质的群体。[27] 所以,将投票权授予单个利益相关者团体的公司就可能具有单个的经营目标。相对于其他公司而言,具有单个经营目标的公司更容易成功。这不仅表明了为什么现实中只有一个团体在一个时期享有投票权,而且揭示了为什么法律没有试图要求公司遵循任何固定不变的除了利润最大化之外的经营目标。[28]

现在简要讨论一下关于投票权和公司剩余财产索取权之间联系的最后一个问题。股东并不总是具有平等的力量。有时,稳定的股东联盟(由公司内部人股东和一些机构投资者相联合所组成的团体)可能在长时期内有效地掌握公司控制权。这个做法是有益的,因为正如我们已经解释过的,它能够缓解集体行动问题。如果公司行为所产生的收益在全体股东之间按照股份比例进行分配,那么,这种股东联盟就没有问题。即使有时当公司收益没有按照比例分配时,这种"投票权"联合的问题也不是很大,因为这种股东联盟可能会通过公司控制权交易市场而发生变化。只要每个股份都有平等的机会参加一个获胜的股东联盟,那么,在总体上公司收益就能够以一种保持股东适当监督动机的方式进行分配。

(四)投票机制发挥了应有作用吗?

伯利和米恩斯也许会接受我们的上述观点,但可能质问,其现实意义有多大?他们在书中断言,股东已经失去了投票机制赋予他们的

---

[27] Merton Miller & Franco Modigliani, "Dividend Policy, Growth, and the Valuation of Shares", 34 *J. Bus.* 411 (1961); Maron Scholes, "The Market for Securities: Substitution versus Price Pressure and the Effects of Information on Share Prices", 45 *J. Bus.* 179 (1972). 另外参见 Harry DeAngelo, "Competition and Unanimity", 71 *Am. Econ. Rev.* 18 (1981), 讨论股东全体一致同意的正式条件; Easterbrook &Fischel, 前注 22, 第 711 ~715、726 ~727 页, 讨论公司法中的运用。

[28] See Easterbrook &Fischel, 前注 23, 第 1070 ~ 1071 页; Frank H. Easterbrook & Daniel R. Fischel, "Antirust Suits by Targets of Tender Offers", 80 *Mich. L. Rev.* 1155, 1175 –1178 (1982); David Engel, "An Approach to Corporate Social Responsibility", 32 *Stan. L. Rev.* 1 (1979 Wilbur G. Katz, "Responsibility and the Modern Corporation", 3 *J. Law & Econ.* 75 (1960)。

权威。伯利在其学术生涯中一直坚持认为,投票机制没有实际意义。[29] 现实中投票机制是否发挥了我们在上文所讨论的功能?这本质上是一个实证性的问题。目前,还没有对这个问题的最终结论,但是,以下几个考量因素还是能够在一定程度上说明问题的。

第一,投票机制经过长期的历史考验而生存下来了,这本身就是其现实作用的一个绝佳证明。如果不值得付出成本去举行投票,那么,摒弃投票机制的公司的业绩就会优于并最终淘汰那些举行投票的公司。但是,现实中情况并非如此,所以,我们能够据此推断投票是有益的。

第二,投票能够促进公司收购行为。一个要约收购能够让收购人通过行使附于被收购股票之上的投票权去获得目标公司的控制权。这样的公司收购行为通常伴随重大的股票溢价,而任何的阻碍公司收购的策略都会使这种溢价减少。[30]

第三,投票权争夺能够使公司的股价上涨,无论这种争夺是否最终导致公司控制权的转移,因为投票权争夺可能反映了公司价值的真正增长。[31] 当市场知悉一家公司发生投票权争夺时,该公司的股价就

---

[29] Adolf A. Berle, *Power Without Property* (1959); Adolf A. Berle, "Modern Functions of the Corporate System", 62 *Colum. L. Rev.* 433 (1962). 另参见 Adolf A. Berle, "Non-Voting Sotck and 'Bankers' Control", 39 *Harv. L. Rev.* 673 (1926)。

[30] 比较 Michael Bradley, "Interfirm Tender Offers and the Market for Corporate Control", 53 *J. Bus.* 345 (1980) 和 HarryDeAngelo& Edward M. Rice, "Antitakeover Charter Amendments and Stockholder Wealth", 11 *J. Financial Econ.* (1983); Larry Y. Dann & Harry DeAngelo, "Standstill Agreements, Privately Negotiated Stock Repurchases, and the Market for Corporate Control", 11 *J. Financial Econ.* (1983)。关于公司经理采用反收购措施的后果,参见 Easterbrook &Fischel,前注 23; Frank H. Easterbrook & Daniel R. Fischel, "Auctions and Sunk Costs in Tender Offers", 35 *Stan. L. Rev.* 1 (1982). 投票机制在便利股东监督方面的作用尤其重要,因为这能够解释下文将要讨论的很多问题。参见 Manne, "Some Theoretical Aspects of Share Voting",前注 7。

[31] Peter Dodd and Jerold B. Warner, "On Corporate Governance: A Study of Proxy Contexts", 11 *J. Fin. Econ.* 401 (1983); Harry DeAngelo and Linda DeAngelo, "Proxy Contests and the Governance of Publicly Held Corporations", 23 *J. Fin. Econ.* 29 (1989); John Pound, "Proxy Contests and the Efficiency of Shareholder Oversight", 20 *J. Fin. Econ.* 237 (1989).

会上涨;即使在挑战者被击败之后,这个上涨了的股价仍会继续保持下去。对于这个现象的唯一可能解释就是,投票以及将来监督机制的增强对公司经理产生了压力,促使其更好地服务于股东利益。

第四,如前所述,集体选择问题(collective selection problem,在股东投票中,集体选择问题也就是集体行动问题,因为投票过程即是股东集体进行选择的过程。在本文中,作者对于这两个术语经常互换使用。——译者注)重大地限制了公司剩余财产索取权人通过投票作出公司决策的能力,因此,如果投票是有价值的,那么,减少集体行动成本的举措(比如,集聚起一个大宗股票份额)就能够使公司所有股票的价格上涨。现有的数据表明,集聚大宗股票份额能够导致在大宗股份之外的公司其他股票的价格上涨。要约收购通常集聚起最大程度的公司大宗股份,并产生最大程度的股价上涨,当然,小型的股份集聚行为也能够产生相应的股价上涨。[32]

第五,在很少的情况下,公司发行不同种类的股票,这些股票在分派股息方面的权利完全相同,但在投票权方面存在重大差异。有关数据表明,那些具有更多投票权的股票的交易价格比其他股票的价格高出2~4个百分点。同样,在委托投票权争夺中,所有股票的价格在登记日都上涨,此后股东一般出售股票。[33] 这种基于投票权的股票溢价可能代表了股票的期待价值,而这个期待价值的产生是由于那些投票权的行使也许能够提升公司的业绩。我们不可能将这种股票溢价归

---

[32] Bradley,前注30,发现未被要约人收购的股份的价格上涨了大概30%。Dann & DeAngelo,前注30,发现当10%左右的大宗股份被公司回购而消失时,其他股票的价格就会下降大概5%。委托投票权争夺战通常涉及大宗股份的聚集,要么是经理要么是反抗的股东。前注3中Dodd & Warner的发现是,即使反抗股东在投票委托权争夺战中失败,股价也不会回到之前的水平,这反映了剩余的大宗股份的重要性。参见Scholes,前注26,举出证据表明,随着大宗股份的规模越来越大,股价也相应上升。

[33] Ronald C. Lease, John J. McConnell, and Wayne H. Mikkelson, "The Market Value of Control in Publicly-Traded Corporations", 11 *J. Fin. Econ.* 439(1983);Dodd and Warner,前注17;Haim Levy, "Economic Evaluation of Voting Power of Common Stock", 38 *J. Finance* 79(1983)(在以色列,由于投票权而导致的股票溢价平均为45%)。

因于那些拥有投票权的人能够将公司利润“转移给”自己的特权，因为这种转移行为只是让公司内部人获利，而公众投资者并不能期望从中受益，从而就不会支付溢价去购买股票。

最后，我们发现一些证据，揭示了那些不存在剩余财产索取权人或剩余财产索取权人不进行投票的公司业绩表现。与其他公司相比，没有股东的公司业绩表现很糟糕，另外，那些自身结构阻碍了控制性大宗股份形成的公司也表现不佳。[34] 因此，这些证据强有力地表明，尽管存在集体行动问题，但投票机制仍然非常重要，并且，投票机制能够使公司更加有效地运行。

三、关于投票选举的州公司法规则

在本部分中，我们讨论那些在公司高管选举机制方面的限制性的州法规则。第四部分考察针对重大事项的投票，第五部分分析相关的联邦法规则。

（一）一股一权的推定

在各州中，最基本的投票法律规则都是一样的，即所有的普通股都有投票权，所有的投票权在计算时都具有相同的加权值；公司中除股东之外的其他人不能投票，除非有与此相反的明确的契约规定。

现实中，这种契约性的相反规定非常罕见。尽管存在很多不同的投票制度安排，比如，不同的股票选举董事会中不同的职位、优先股在

---

[34] See Maureen O' Hara, "Property Rights and the Financial Firm," 24 *J. L. & Econ.* 317(1981)(在共有银行(mutual banks)中，投票权通常服从于主观的部署配置，而不是基于可转移的股票；与具有可转移股票的银行相比，共有银行表现欠佳)；Eric Rasmusen, "Mutual Banks and Stock Banks", 31 *J. L. & Econ.* 395(1988)；David G. Davies, "The Efficiency of Public versus Private Firms: The Case of Australia's Two Airlines", 14 *J. L. & Econ.* 149(1971)(具有剩余财产索取权人的公司比没有剩余财产索取权人的公司更为兴旺)。注意，我们的这个比较只限于营利性公司中。

某些情况下拥有投票权,但是,几乎所有的公众股份都是每股具有一个投票权,并且,这些投票权能够用以选举董事会中的任何职位。一直以来存在这样一个观点,认为上述的特殊投票机制不“民主”,因为某些人(那些拥有更多股票的股东)比其他人享有更多的投票权。[35]

实际上,一股一权的平等投票制度是我们在上文中所讨论的投票功能的一个合乎逻辑的结果。投票权追随着公司剩余财产索取权;除非剩余财产索取权的每个部分都具有对应的投票权,否则,就会产生公司经营上不必要的代理成本。那些享有与剩余财产索取权不成比例的投票权人不能从公司的新决策和新项目中获得与其投票权数量相一致的公司剩余利润或损失的份额;因此,他们就不会作出最优的公司决策。

以上观点可以解释为何现实中无投票权的股票非常少,这也是纽约股票交易所不允许挂牌那些发行了无投票权股票公司的原因。[36] 其基本原则是,投票权应当赋予剩余财产索取权人,而且投票权的权数应当平等,不存在超级投票权或无投票权。与这个原则偏离越远,产生的代理成本(属于没有必要的成本)就会越大。另外,债权人与公司员工通常不享有投票权并不奇怪,因为他们没有公司的剩余财产索取权。

这也解释了为什么累积投票制度在公众公司中很少运用,以及为什么大多数的州公司法都推定不适用累积投票制。累积投票制给予

㉟ 比如, David Ratner, “The Government of Business Corporations: Critical Reflections on the Rule of‘One Share, One Vote,’56 *Cornell L. Rev.* 1(1970). Ratner 认为,股票的平等投票权权数(equal weighting)使持有大量股份的股东拥有过度的权力,这可能导致集团收购,从而产生严重问题。他还认为,平等投票权权数的做法违宪。从近来的法律发展来看,这个观点是站不住脚的。比如,Ball v. James,451 U. S. 355(1981)(当地的电力行政区采纳了一个规则,让土地所有权人根据土地面积的大小行使投票权)。

㊱ 纽约股票交易所,《公司指南》第 A15 节,第 A ~280 页(规定如果一家公司存在无投票权的普通股,则该公司的股票不能上市)。另参见 Lease, McConnell &Mikkelson, 前注 33(发现在 1940 年到 1978 年之间的任何时候,在所有的证券交易所和柜台交易市场中,只有 30 例发行无投票权的普通股股票或者投票权权数不相同的普通股股票的情况)。

某些“少数股”股东与其持有股票(即公司剩余财产索取权)不成比例的投票权,而这种比例失衡会产生公司经营上的代理成本。它使公司中更多的股东拥有一种“阻碍”(holdup)公司事务的力量,从而增加了将公司控制权股份联合起来的难度;虽然每个股份都具有相同的“阻碍”潜力,但是,这种“阻碍”力量的整体价值可能超过公司价值,从而使谈判协商非常困难。

累积投票制(或者任何其他形式的对于公司事务要求超级多数同意的方法)还具有另外一个特点:即阻碍公司控制权的变化,从而庇护了公司经理免受股东的驱逐。因此,像任何其他使公司经理能够保护自己职位的机制一样,累积投票制产生了代理成本。[37] 另外,由于累积投票制使“少数股”股东在公司经营中也具有发言权,也可以选出自己的董事,它增加了董事会中各成员所代表的利益偏好存在分歧的可能性。因此,累积投票制以及其他让“少数股”股东在董事会中拥有代表的制度使公司面临着一个作出不一致或没有逻辑的公司决策的风险。

同时,上述考量也支持了对于投票信托的设立和存续进行法律限制的做法,解释了现实中这种投票信托仅适用于封闭公司的事实。投票信托的设立目的是抑制公司控制权的转移。在封闭公司中,投票信托能够阻止家族内部的争斗和加强监督机制;在公众公司中,它们则会增加公司经营的代理成本,因为它们将公司控制权与公司剩余财产索取权割裂开来。根据有关“控制权股份”的法律规则,拥有大宗控制权股份的股东在某些情况下不能进行投票,除非其他股东明确地允许他们投票,这种规定同样也使投票权与剩余财产索取权相分离。不管是基于什么原因,任何投票权与剩余财产索取权的相分离都将会产生一个重大的、对公众公司而言不必要的代理成本。

---

[37] See Dann &DeAngelo,前注 30;Easterbrook &Fischel,前注 23。

(二)投票权购买之禁止

将股票所附有的投票权从股票本身剥离出来的做法是不可能的。如果一个人想要购买一个投票权,他就必须同时买下那个投票权所依附的股票。前文所述,法律对于不可撤销的委托投票权进行了重大限制,只有在投票委托伴随一个与股票相关的利益时,才可以设立不可撤销的投票委托,这种规定也保证了投票权与股票经济利益相联系。

乍一看,这些规定似乎是对于股东处分自己股票权利的能力的奇怪限制。然而,根据上文中所阐述的关于一股一权规则的原因分析,它们是可以理解的。将投票权与剩余财产索取权牢固地捆绑在一起能够保证避免产生不必要的代理成本。股票与投票权之间的相分离将会导致投资成本与投资收益之间的关系失衡。

譬如,一个拥有20%股票(即20%剩余财产索取权)的股东获得了公司全部的投票权,他就不会具有正当动机通过行使投票权作出决策或采取措施去提升公司的业绩,因为他只能获得这些决策或措施所产生收益的20%。所以,这个股东对公司所进行的投资就会很少。相反,他还具有动机去享受过度舒适的工作条件,获得过高的薪水,以及进行其他一些有损于公司财富最大化目标的行为,因为这些行为的大部分成本将由公司中其他的股东(剩余财产索取权人)承担。[38] 出现这种逃避义务行为(shirking)的风险将减少公司整体投资的价值,而这种风险能够通过将投票权与股票紧密联系在一起的方式予以消除。

对于这个问题的一方面反应是,如果那个拥有20%股票但却享有100%投票权的股东能够获得高于其股份比例的公司收益,就可以避

---

[38] 因此,我们不同意克拉克教授的以下观点:如果一个人在公司中已经拥有一个重大的股份份额,并且只是希望从其股份份额的增值中获得收益,那么,就应当允许其单独地购买投票权。Robert Charles Clark, "Vote Buying and Corporate Law", 29 *Case West. L. Rev.* 776(1979). 克拉克教授并没有讨论与这种单独购买投票权行为相联系的代理成本问题,而且,他也没有解释为什么单独购买投票权行为在现实中被普遍地反对和禁止。

免产生代理成本。另一方面,只要在股票市场之外存在一个独立的投票权市场,投票权购买者之间的竞争就可能会使投票权的交易价格反映将来代理成本的问题,从而足以补偿公司中其他股东由于剩余财产索取权的贬值而导致的损失。

这个观点很有意思,但是,我们认为其存在缺陷。投票权交易将会面临评估投票权价值的困难问题,并且与将投票权和股票捆绑在一起进行交易相比,这种交易还会导致其他成本,同时并没有产生任何明显的收益。[39] 另外,集体选择问题也将对投票权的市场价格带来重大的影响。由于每个投票权人都认为自己的投票权对选举的最终结果无足轻重,他们就会以低于将来自己剩余财产索取权的预期贬值额(他们出售投票权后,仍然拥有公司股票,拥有剩余财产索取权)的价格出售投票权。他们的推理是,如果自己不出售投票权,别人就会出售;在这种情况下,自己最后就不仅会遭受剩余财产索取权贬值的损失,而且也没有通过出售投票权获得任何收益。因此,只要价格不算太低,他们就会争相出售自己的投票权。[40]

虽然投票权购买者之间的竞争能够抬高投票权的价格,但通常并不能促使价格一直上涨到足以补偿出售者将来可能遭受的剩余财产索取权贬值损失的程度。每个出价购买投票权的人都会担心自己最后可能无法成功收购到公司的大多数投票权;如果一个投票权购买者最后没有获得大多数投票权,那么,实际上他就等于什么也没有得到,为收购而付出的成本付诸东流。出于这个风险的考虑,他就会提出一

---

[39] See Lester G. Telser, "Voting and Paying for Public Goods: An Application of the Theory of the Core", 227 *J. Econ. Theory* 376(1982).

[40] 另参见 Easterbrook &Fischel,前注 22,第 722 ~723 页(一个类似的分析代理人出售职权的问题)。

个低于剩余财产索取权预期贬值额的购买价格。[41]

当然，我们也不能绝对排除投票权购买者之间的竞争能够完全补偿出售者的可能性。然而，如果真是这样的话，对于投票权购买者而言，购买投票权与购买股票之间就没有任何的差别。在购买股票的情况中，购买者行使投票权后可以继续持有股票，或者将股票再卖回给它们以前的所有者。只购买投票权而不购买股票的做法具有优势的唯一场合是，购买者想要稀释公司中其他股东的剩余财产索取权。正如我们在其他文章中已经讨论的，投资者通常会选择禁止这种稀释行为，从而保证所有的公司控制权变化都能够增加财富。[42] 因此，那些将投票权附属于股票的法律规则提高了公司组织的效率；公司控制权争夺场合是一个可能的例外，因为此时禁止股票出售。

（三）不规定董事的固定任期保障

尽管董事会成员在选举时通常都有一个特定的任职年限，但是他们并没有固定任期（tenure of office）的保障。投票人能够随时召集和进行特别选举，并以任何理由或根本不需要理由将董事罢免。特拉华州在公司法领域居领先地位，其公司法在所有的州公司法中是让董事任期最没有保障的。[43]

这些拒绝授予董事固定任期保障的法律规则使投票人牢牢地掌

---

[41] 显然，对于那些在选举日前买进股票（而不仅是投票权），然后进行投票，最终又在选举日后将这些股票卖出的人而言，上述的那种收购失败的担心显然就不存在。当然，按照一般的说法，这些购买股票然后进行投票的人实际上就是在购买投票权。但是，这些人所承担的收益或损失的风险直接来源于选举；在任何州中，他们的行为都不被视为非法的购买投票权活动。

[42] Easterbrook &Fischel，前注 22，第 703 ~715 页。

[43] 参见前注 12。有关判例，比如，Campbell v. Loew's，Inc.，36 Del. Ch. 563，134 A. 2d 852（1957）；Schnell v. Chris-Craft Industries，Inc.，285 A. 2d 437（Del. 1971）（董事会不能为了避免反对派的攻击而改变会议的举行日期）。有时，公司章程中可能包含要求罢免董事必须获得超级多数投票权同意的条款，这种规定实际上是保护董事的任期。尽管这些章程条款并不是完全无效，但是，在很多州中，它们的有效性程度经常受到质疑。参见 Texas Partners v. Conrock Co.，685 F. 2d 1116（9th Cir. 1982）（Delaware Law）。

握着公司的控制权;投票人能够在任何时候选择行使投票权,从而保证自己对公司事务具有最终的决定权。当代理成本变得不可接受时,经理就会被迅速地罢免。虽然现实中公众公司经理很少被中途罢免,但是,被中途罢免的可能性也许足以促使董事忠实地服务于投票人的利益(亦即股东的利益或者剩余财产索取权人的利益)。能够立即改变董事人选的权力是公司收购争夺战中最为重要的因素,因为任何一个最终获得公司大多数股票的收购人都会想要组建自己的管理层。

比较一下政治体制中对固定任期的处理会很有意思。大多数经选举产生的政府官员都有长度不等的固定任期。即使有些州在理论上允许中途罢免政府官员,但现实中他们并没有那样做。为什么政治体制中的官员享有这种任期保障呢?一个可能的解释是,经理并不需要任期保障去促使他们服务于股东的利益。经理工作的效果反映在公司股价中和他们自己的未来薪资中,因此,即使他们不享有任期保障,他们也会努力地使公司财富最大化。相反,政治体制中的官员并没有类似的监督机制和激励机制,故而他们就会倾向于忽视长远的利益考虑。提供一个固定任期保障也许能够部分地解决这种政府官员从事短期行为的问题。

(四)关于进行选举的普通法规则

与我们在下一节中将要讨论的联邦法不同,州法通常没有对于选举的实施进行限制性的规定;唯一的例外是,要求现任的公司管理层向未来的挑战者提供股东的名册,但挑战者必须承担与此相关的费用。[44] 经理可以使用公司的经费进行反对股东提案的活动,或者开展争取让自己重新当选的活动;如果挑战者最终获得胜利,公司就会补偿他们的挑战费用;有时,即使他们失败,公司经理也可能补偿他们的

---

[44] 特拉华州具有一套很精细的关于在何种情况下公司经理应当提供股东名册的规则。参见8 Del. Code §220。

费用(尽管这种情况很少见)。[45]

所有这些规则(或者更准确地说,在举行选举方面限制性规则的缺失)是与我们已经提出的经济分析相一致的。由于委托投票权争夺战可能由那些未拥有公司重大股份的人所发起,因此,这样一个争夺战的成功就可能使那些在经营管理能力方面实际上不如现任经理的挑战者获得公司的经营权。尽管公司在这些挑战者经营下的业绩不佳会使挑战者自己的股份价值减少,但是,这些挑战者通过增加自己的薪水和津贴等方式能够获得更多的收益。因而,如果这样的挑战者被击败,所有的公司股东都将受益。现任经理使用公司资源谋求自己再次当选或者使自己提名的人获选的行为实际上就是将选举的费用向全体股东进行平摊。就像我们已经讨论的其他原则一样,这减少了以下的代理成本:如果某个董事单独承担了选举费用,而这个费用与其在公司中所拥有的股份权益不成比例,那么就会产生代理成本。董事决策所产生的收益和损失归属于所有的公司剩余财产索取权人;如果董事的选举费用没有同样地在所有股东间进行平摊,那么董事就不会权衡公司的边际成本和边际收益。这个分析同样也解释了为什么当挑战者获胜时就可以让公司补偿自己的挑战费用和为什么现任经理可以补偿失败的挑战者。

但是,挑战者不能在任何情况下都从公司中获得补偿的规定看起来似乎很奇怪。在发起一个挑战行动的过程中,通常存在严重的"搭便车"问题。前文述及,集体选择问题会使投票人不愿付出成本去获取进行明智投票所必要的相关公司信息,这个问题肯定也会同样地出

---

[45] For example, Hall v. Trans-Lux Daylight Screen Picture Corp., 20 Del. Ch. 78, 171 A. 226(1934); Rosenfield v. Fairchild Engine & Airplane Corp. 309 N. Y. 168, 128 N. E. 2d 291(1955). 有人主张,只有在争议事项是关于公司的"经营政策"问题而非"个人"问题时,现任的公司经理才可以使用公司的资源保卫自己的职位。但是,这种主张并没有实质意义,因为如果一个经理不能在一个争议事项中挑出一些"经营政策"的因素,那他就实在是太差劲了。人们不会仅仅因为经理穿着太炫丽而发起旨在罢免经理的委托投票权运动;他们只可能反对现任经理管理公司的方式。因此,在某些案例中所提出的政策问题与个人问题之间的区别对待方法实际上并没有对于公司经理施加任何的限制。

现在发起挑战的场合。在每个挑战中,挑战者都承担了全部的费用,但他们只有在最终获胜的情况下才能获得补偿,而他们从公司管理层改变中只获得与其持有的股份比例相一致的收益。这种成本与收益之间的不对等使现实中的委托投票权争夺战非常少见,并且迫使挑战者选择一个成本更为高昂的要约收购方式去实现改变公司管理层的目标。实际上,无论挑战者最终成功与否公司都能获益(失败的挑战也能使得公司经理具有更加努力工作的压力),[46]所以,公司应当至少以补偿现任经理选举费用的同样力度去补偿挑战者的费用。

然而,允许挑战者使用公司的经费进行挑战存在一个重大的问题。公司为挑战者买单的承诺可能会导致很多无谓的麻烦。现实中总是有很多希望使用别人的金钱去寻求公司职位的爱出风头的人。因此,一个为挑战者买单的承诺只在以下两种情形中具有价值:第一,如果没有这种承诺,很多实际上有益的挑战就会被扼杀;第二,我们能够找到一个很好的方法去区分有益的挑战和无益的挑战。[47]

我们可以先把辨别无益挑战并将其剔除的困难放在一边。在现实的选举中,出现真正挑战的情况并不多见,这已经足以解释在选举中公司经费支持的缺失问题。之所以挑战很少,不仅是因为"搭便车"问题,而且还有资本市场的运作因素。

伯利和米恩斯研究的公司,以及我们在此讨论的公司,都是大型公众公司,具有流动性很好的公共股票市场。这种公共市场中的很多参与者一直都在监督公司和调整自己的投资组合。如果他们认为公司股票的价格过高,就会卖出股票。在任何时候,一家公司的股票都是由两种人持有:一种是积极的交易者,这些人对公司的业绩表现有比较类似的预期;另一种是消极的投资者,这些人对公司没有自己的预期(如果他们出售股票的话,也就是完全接受积极交易者设定的股

---

[46] See Dodd & Warner,前注3。

[47] 同样的问题也发生在政府公职选举的融资过程中,国会对此的解决方法是关于最低程度支持和配套资金的规定。参见 Buckley v. Valeo,424 U.S. 1,85 -109(1976)。

价)。如果公司股票被广泛持有,这个调整投资组合的过程可能就会导致价格调整,这个价格调整会对于经理产生约束力,其有效性可能与一个选举战(但选举战的发生概率很小)相当。[48] 同时,投资者对于公司预期的同质性会使挑战者很难,甚至是不可能吸引到投票。因此,让公司为选举战提供资助可能就是在浪费公司的资金。

但是,如果一个人将其很大比例的个人财富都投资在一家公司中,那么,当这个人认为这家公司经营不善而股价低估时,他就不太可能将手中股票卖出。他更可能进行挑战,而不是转而投资其他公司。现实中,几乎所有的委托投票权争夺战都是由拥有大宗股份的股东或者以前的公司经理所发起,[49]这些人已经具有足够动机去进行挑战,而不需要公司为鼓励有价值的挑战而补偿其挑战费用。

四、需要股东投票的事项

股东投票的事项并不只限于选举董事。州公司法通常要求某些公司行为必须获得持有一定比例已发行股票的股东的投票同意,比如,重大的公司变化(公司合并、清算、出售主体资产)以及公司章程的修改等。[50] 另外,现实中还有很多其他的公司行为通常也需要提交股

---

[48] 公司股价低估会增加公司被收购的可能性。这也会直接减少经理的个人财富,因为经理薪酬的很大部分通常都是与其所在的公司股价相挂钩的。关于这方面的研究,参见 George J. Benston, *Conglomerate Managerial Motivation towards Mergers: A Test of the Salary Maximization Hypothesis*, draft 1981(发现大部分经理的收入都是来自于股价的上扬);Wilbur G. Lewellen& Blaine Huntsman, "Managerial Pay and Corporate Performance", 60 *Am. Econ. Rev.* 45(1970)(报告经理的工资和奖金都是与他们所在公司的业绩表现紧密联系在一起的)。另参见 Douglas W. Diamond & Robert E. Verrecchia, "Optimal Managerial Contracts and Equilibrium Security Prices", 37 *J. Finance* 275(1982)(显示股价的变化应当被涵摄在公众公司的经理聘用合同中)。

[49] Dodd & Warner,前注3。持有大宗股份通常是愿意在公司中担任职务的逻辑前提,因为如果公司价值下降,这种股东也很难独善其身。

[50] 8 Del. Code §242(要求公司章程的修改必须获得股东同意);§251(公司合并需要股东同意);§271(公司出售重大资产必须获得股东同意);§275(公司解散需要股东同意)。

东投票决定,尽管法律并没有明确地这样规定。我们在下面讨论这些需要股东投票的公司事项。[51]

(一)重大的公司变化

每个州的公司法都规定,公司事务应当由董事会管理或者在董事会的指导下进行管理。[52] 对于日常性的商业判断问题,股东通常不进行投票。但是,所有的州公司法都要求,“非同寻常”的公司行为——重大的公司变化——必须提交股东投票决定。这种规定也有助于减少代理成本。

作为公司剩余财产索取权人,股东是公司重大变化所导致结果(不管是获益还是受损)的最大承受者。另外,如前所述,股东的集体行动问题使其无法对于日常性的商业决策进行投票,但是,由于“非同寻常”公司变化的重大性而使得股东能够大幅获利或受损的可能性足以克服这个集体行动问题(特别是对机构投资者而言)。对于公司合并的投票可以被视为一种对经理的中途选举,一个对重大公司行为的信任投票。集体行动问题使得股东很难在定期选举之间组织起来进行投票以罢免董事,故而,上述效果上等同于中途选举经理的法律规定能够部分地解决集体行动问题。当公司行为足够重大时,投票权完全就是剩余财产索取权人所拥有的一个额外的监督经理的机制。尽管现实中股东几乎批准所有的公司合并计划,但这可能是由于经理事先就得到了机构投资者的同意;显然,如果股东没有投票权的话,经理就无须努力去争取机构投资者的事先同意。

有一个与上文相左的观点。该观点认为,股东只是消极的财务投资者,缺乏能力和意愿去参与公司的商业决策过程。公司的基础性改变都是重大的商业决策,这进一步促使缺乏信息和经验的股东选择将

---

[51] 我们在脚注 79 ~83 及其相应正文中讨论股东的提案规则,这是另一类针对重要事项的投票问题。

[52] 比如,8 Del. Code § 141(a)。

这些决策授权给经理。另外,对于公司并购行为的实证研究发现,总体而言,公司收购会产生正值的股价反应表明公司收购产生了真实的收益。[53] 因此,几乎没有必要去增加额外的(也是成本高昂的)监督机制,比如投票机制,事实上股东也不善于运用这些机制。

从先验的角度来看,上述观点很难被驳斥。也许我们只能说,要求股东对公司的重大性改变进行投票的法律规则已经在 19 世纪历经考验而岿然不动,广为各国采用。如果这个规则没有收益的话,上述情况是不太可能出现的。现实中股东投票规则被一致接受并持续至今,这可以至少推定该规则的有效性,除非有相反证据推翻这一推定。

(二)章程的修改

另外一个通常需要股东投票同意的公司行为是章程的修改。在此方面值得特别注意的是那些旨在阻止潜在的要约收购人发出收购公司要约的章程修改。[54] 这些章程修改会降低公司股东获得要约收购带来的重大收购溢价利益的可能性,因而它们实际上减少了股东的财富。[55] 如果股东投票机制是一种对于公司经理的服务于自我利益行为的监督机制,那么,股东就应当投票反对这些章程修改。

现实中的情况与我们这个分析完全一致。很多机构投资者都背离他们通常遵循的所谓"华尔街规则"(即投票支持公司经理或者卖掉股票),投票反对"驱鲨剂"(shark-repellent)之类的章程修改("驱鲨

---

[53] 关于这些证据的总结,参见 Michael C. Jensen & Richard S. Ruback,"The Market for Corporate Control:The Scientific Evidence",11 *J. Financial Econ.* (1983)。

[54] 关于这个问题的全面讨论,参见 Gilson,前注 43。

[55] 一项实证研究发现,采用了"驱鲨剂"章程条款修正的公司后来都经历了一个投资回报率的下降,但该下降在统计学意义上并不显著。D'Angelo & Rice,前注 30。没有出现显著的回报下降可能是因为"驱鲨剂"条款不是很有效,而且,它可能向外界表明一个公司收购交易即将发生,从而有利于股价。参见 Gilson,前注 43。另参见 Scotton C. Linn & John J. McConnell,"An Empirical Investigation of the Impact of'Antitakeover'Amendments on Common Stock Prices",11 *J. Financial Econ.* (1983)(月度数据表明,"驱鲨剂"条款修正带来正的回报,但是并不统计上显著)。

剂”条款是用以驱赶“鲨鱼”——即公司收购人——的反收购措施。——译者注)。[56] 机构投资者持有的股份越多,公司采纳一个反收购性质的章程修改的可能性越小,那些被公司采纳的章程修改对于股东财富的损害也就越少。

(三)法律要求之外的股东投票

行文至此,我们的分析一直集中在那些法律明确要求的股东投票情形。但是,现实中公司经理常常将很多法律并没有要求进行股东投票的事项提交股东决定,比如股票期权计划、独立审计人的选择以及不需要股东投票同意的公司合并等。如何解释这种现象?

经理将那些事项提交股东投票决定是因为法律规则促使他们去这样做。股东对于一项公司交易的投票同意能够降低以后在法庭上那项交易被成功攻击的可能性。即使公司与经理或其他公司管理人员之间的交易涉及利益冲突问题,但只要交易获得了股东的投票同意,那么也不会被法院撤销。[57] 同样,如果一项公司合并交易获得了除公司收购人之外的其他股东的多数投票权同意,那么它就更有可能经受得住法院的审查。[58]

这些规则的效果并不是很清楚。这些规则鼓励经理在非常需要监督经理行为的场合将公司事务提交股东进行投票决定,比如涉及自

---

[56] See Office of the Chief Economist, Securities and Exchange Commission, "Shark Repellants and Stock Prices: The Effects of Antitakeover Amendments Since 1980" (1985); James A. Brickley, Ronald C. Lease, and Clifford W. Smith, Jr., "Ownership Structure and Voting on Antitakeover Amendments", 20 *J. Fin. Econ.* 267 (1988); Paul H. Malatesta and Ralph A. Walking, "Poison Pill Securities: Stockholder Wealth, Profitability, and Ownership Structure", 20 *J. Fin. Econ.* 347 (1988).

[57] 8 Del. Code §144(a)(2).

[58] Weinberger v. UOP, Inc., A. 2d (Del. Supr. Feb. 1, 1981). 根据特拉华州法律,公司合并必须获得有投票权的不同类别股份的股东多数同意。8 Del. Code §251. 在很多合并交易中,比如母子公司的合并,股东投票其实就是一个形式而已。但是,法院在做出决定时,会考虑投票支持公司合并的少数股东的比例。如果少数股东中的多数同意,那么,就很难对于这个合并交易提出挑战。

我交易的情形,因此,它们可以让股东监督经理的行为,从而降低代理成本、增加股东财富。但是,集体行动问题可能会导致股东在任何情况下都批准经理的行为。确实,股东可能会投票同意一些实际上是减少股东财富的交易,不过,这个风险已经被以下两个因素减小到了最低限度:第一,根据普通法规则,股东不能投票批准欺诈行为;[59]第二,法院在审查自我交易时,主要考虑这种交易是否对公司有益。[60] 这些鼓励对于某些交易进行股东投票的法律规则历经考验而继续存在的事实本身表明,它们能够产生净收益(尽管这个净收益小于那些明确要求对于重大公司变化进行股东投票的法律规则的净收益)。

五、关于委托投票机制的联邦法律规则

公司具有动机去选择设立在那些能够让他们采用增加投资者财富的投票程序的州中。公司利用其在州法中的自由裁量权制定自己的投票规则,这些规则将投票权分配给最优的持有者,帮助他们克服集体行动问题(主要是通过降低股票转移的成本),并同时保证投票权人具有共同的利益目标(从而避免投票权人的利益偏好存在重大分歧的问题)。他们发展了一些关于通过投票解决的问题类型以及在投票前需要进行信息披露问题的实践做法。这些历久犹存的实践做法就是关于如何针对投票程序进行资源优化配置的最佳证据。[61]

很多遵循伯利和米恩斯的传统思维研究公司法的人没有像我们这样看待公司法。根据伯利和米恩斯的观点,现代公司的主要特征是

---

[59] See e. g. ,Kerbs v. California Eastern Airways,33 Del. Qi' shisCh. 474,184 A. 2d 602(1962);Continental Securities Co. v. Belmont,206 N. Y. 7,99 N. E. 138(1912).

[60] Fliegler v. Lawrence,361 A. 2d 218(Del. Supr. 1976).

[61] 关于认为公司具有强大动机去披露最佳数量的信息的观点,参见 Sanfold J. Grossman & Oliver Hart, "Disclosure Laws and Takeover Bids", 35 *J. Finance* 323 (1980); Sanford J. Grossman, "The Informational Role of Warranties and Private Disclosure about Product Quality",24 *J. Law & Econ.* 461(1981);Daniel R. Fischel, "The Law and Economics of Dividend Policy",67 *Va. L. Rev.* 699(1981)。

无所不能的经理,经理通过控制委托投票权机制保护自己的职位。1934 年证券交易法第 14 节[62]被认为是通过让股东对于自己的处于经营管控之下的财产具有更多决定权的方式去纠正这个权力失衡的问题。[63]

委托投票规则包含四个主要的组成部分:(1)旨在保证股东拥有充分信息的一般性信息披露条款(即使在没有激烈的委托投票权争夺战的情况下);[64](2)在出现投票权争夺的场合,要求那些相互争夺委托投票权的团体进行充分信息披露的条款,以保证股东获得充分的相关信息从而能够明智地进行投票;[65](3)在征求委托投票权的情况下,禁止使用虚假或者误导性陈述的一般性反欺诈条款;[66](4)除某些例外情况之外,允许股东在征求委托投票权的有关材料中放入自己的议案,从而让其能够通过这种方式与其他股东进行相互沟通。[67]

这些委托投票规则在以下两个问题中取代了私人契约的作用:第一,股东有权对哪些公司事项进行投票;第二,股东有权获得哪些信息。但是,这些规则的效率可能低于私人自愿性契约的效率。

(一)委托投票规则在行为理论方面的假定

上述的委托投票规则基于以下两个主要的假定:第一,股东要求

---

[62] 48 Stat. 895,15 U. S. C. §78n(1976).

[63] 第 14 节的立法目的体现在以下的国会报告中:"对于广大投资者的财产进行经营管理的公司经理不应当被允许通过不当使用公司的委托投票制度使得自己永久地占有经理职位。那些对于自己管理的财产具有很少或甚至没有重大利益关系的公司经理通常保持他们的公司控制权,而同时不充分地披露自己的利益关系,不充分地解释自己所执行的公司管理政策。公司经理经常征集股东的委托投票权,但是没有公平地把委托投票权的使用目的告诉股东,而且,为了自我利益使用这些从股东处征集到的委托投票权。" H. R. Rep. No. 1383,73d Cong. ,2d Sess. 13 -14(1934). 这节条款的实施细则包含在 17 C. F. R. §240. 14a。

[64] 17 C. F. R. §240. 14a 3, 4, 5(1981).

[65] Id. ,at §240. 14a -11.

[66] Id. ,at §240. 14a -9.

[67] Id. ,at §240. 14a -8.

的关于公司事务的信息多于经理自愿提供的信息；第二，股东希望参与制定公司政策的程度高于州法的允许程度。一个由此引申的假定是，股东很容易被误导去投票同意那些实际上不符合自己利益的公司行为，除非法律详细规定向他们所提供的信息的类型和准确度。

然而，这些假定并没有得到证据的支持。确实，无论是实证证据还是经济理论都与这些支撑联邦委托投票规则的股东行为假定（behavioral assumptions）相矛盾。股东对投票过程的参与度没有由于这些委托投票规则的采用而增长。经理仍然很少被投票人罢免；经理有关重大公司变化、章程修改或者其他事项的提议通常都被公司最终采用；如果股东获得5%的投票支持，股东的提议基本上就能够进展顺利。在那些为数很少的为公司控制权而进行委托投票权争夺的情况中，挑战者的成功与否通常都是由他自己所持有的股份数量所决定的，而不是取决于他观点的力量（换言之，不是取决于是否有人同意他的观点而授予他委托投票权）。[68]

那些支持需要通过委托投票机制增加股东投票参与度的人并不否认股东对投票持冷漠态度的事实，但他们认为，股东的这种冷漠态度是由于股东缺乏有意义的投票参与机会。[69] 因此，如果披露更多的信息，并且，股东能够得到一个更"有意义"的投票参与机会，他们就会积极地投票，发挥他们作为公司所有者和决策者的应有作用。

显然，要求增加股东民主决策度的主张与股东自己不关心投票的现实之间存在抵牾，对此状况的一个更为合理的解释是，那些支持委托投票机制的股东行为理论假定存在问题。正如前文所述，我们没有理由认为股东——向公司提供资本的人——会有兴趣或有能力管理

---

[68] Bayless Manning, "Review of J. A. Livingston, The American Stockholder", 67 *Yale L. J.* 1477, 1483 (1958).

[69] 譬如，美国SEC官员最近表达了这样一个观点：股东对于投票的漠不关心可归因于"过去股东参与投票的有效途径"的缺乏，股东的冷漠反映了"股东/投资者对于自己没有权力的挫折感"，如果股东相信他们的投票能够对于公司政策产生影响，他们就会积极参与投票。SEC报告，前注2，第66～68页。

公司事务。由于集体行动问题和股东能够通过在股票市场上出售股票而轻易退出公司的能力,故对于大多数不满意公司经理表现的股东而言,他们的理性选择就是简单地出售股份,而不是付出代价去试图通过投票机制改变公司的管理层。[70] 相反,我们可以找到理由去解释为什么投资者会选择限制投票机制的适用范围以及披露的信息量:股东的理性冷漠意味着股东对公司事务管理的授权,意味着更少的股东投票;信息的相关成本意味着需要限制向股东披露的信息量,因为很多股东即使拥有信息也不会利用它们去进行投票。

将关于委托投票选举的法律规则与劳动法中关于工会选举的法律规则进行比较,我们能够得出一些很有意思的见解。全国劳资关系委员会(National Labor Relations Board)长期以来规制各团体在工会选举中的陈述,认为公司员工很关注工会的选举活动,而且,他们的自由投票决定受到选举活动中宣传材料的重大影响。但是,有关研究表明,公司员工并不是很关注工会的选举,而且,也不是很容易被宣传活动所误导。[71] 如果工会选举中的宣传没有误导公司员工,如果公司员工甚至不太关心将会对于他们未来职业前景具有重大影响的工会选举,那么,经验丰富的股票投资者对于公司经理选举的关心程度就会更低,他们能够轻易地通过在股票市场出售股票而退出公司,因此,对于他们而言,投票选举经理的重要性远小于公司员工投票选举工会的重要性。

这个阐述与我们在前文中关于投票在监督经理方面作用的分析

---

[70] 股东越容易通过出售股票而退出公司,通过投票机制改变公司经理的选择就越不值得。参见 Albert O. Hirschman, *Exit, Voice, and Loyalty*(1970)。我们很难想象出一个比股票市场还有效的股东退出途径。

[71] Julius G. Getman, Stephen B. Goldberg, and Jeanne B. Herman, *Union Representation Elections: Law and Reality*(1976). 在 1976 年第 28 期的《斯坦福法律评论》中,有篇文章质疑以上研究中所采用的研究方法,后来,以上的几个研究者为自己的研究方法进行了相应的辩护: Stephen B Goldberg, Julius G. Getman, and Jeanne M. Brett, "Union Representation Elections: Law and Reality: The Authors Respond to the Critics", 79 *Mich. L. Rev.* 564(1981)。

并不矛盾。对于经理的监督需要把握一个最优的度,这才符合公司的最佳利益。正如我们所指出的,投票机制只能适用于一些重大的公司行为(公司合并等),因为在这种情况下,投票的收益通常会超过相关的成本,如信息成本,集聚大宗股份的成本。遗憾的是,美国证券交易委员会似乎认为,如果某些投票机制能够产生净收益,那么,更多的投票和更多的信息披露就一定会更好。相反,我们不应当只看到投票机制产生的收益,同时也必须关注其导致的成本。股东很容易在市场上出售自己的股票,而且,如果经理想要通过发行新股票筹集资本,他们就必须为新股票设定有吸引力的权利条款(包括投票权的条款),所以,没有理由认为,公司自己制定的投票规则就一定会劣于美国证券交易委员会制定的规则。

(二)委托投票制度的基础性假定的意义

很多具体的法律规则都是基于以下的股东行为假定:股东很关心也有兴趣参与公司的事务。在此节中,我们将讨论一些这样的法律规则,并且在更合理的股东行为假定下对它们进行分析。

传统上,虚假陈述的信息或者遗漏陈述的信息重大性标准(materiality)是:"一个理性投资者在决定如何投票时会认为该信息是重要的,而此情形具有实质可能性"。[72] 这个定义的问题在于,它没有提供任何的关于"理性投资者"在投票时会认为到底何种信息是重要的指导原则。[73] 一个可能的解释是,法律不具体规定陈述的内容,而是依赖于法院的自由裁量和披露人自己希望披露最优信息量的动机。这样,公司选举就很接近政治选举。在政治选举中,选民不具有像股东出售股票而退出公司那样的退出国家的途径,因此,选举对于选民的重要

[72] TSC Industries, Inc. v. Northway, Inc., 426 U. S. 438, 449 (1976).

[73] 与投资相关(而不是投票,决策和提供解决方案等)的信息重大性的定义问题,参见 Daniel R. Fischel, "The Use of Modern Finance Theory in Securities Fraud Cases Involving Actively Traded Securities", 38 *Bus. Law.* 1 (1982)。

性更大，然而，法律并没有规定政治选举中候选人的竞选陈述问题，而是将这个问题交由选举的各方当事人自己判断。

但是，美国证券交易委员会和法院并没有采纳上文的规制路径，而是走到了一个相反的极端。长久以来，美国证券交易委员会的立场是，关于国外付款、环境法遵守以及公司管理人员的背景数据等信息都必须披露，即使无理由认为这些信息在评估某项具体投资的风险和预期回报时非常重要。[74] 这个做法的逻辑在于，股东在行使公司选举权时应当有权获取关于公司管理人员的资格和诚信方面的信息，从而能够进行有意义的投票。[75] 显然，这个逻辑令人信服的一个前提是，我们需要假定股东是对公司事务感兴趣而且非常关注的。

上述关于股东行为模式的假定在有关公司选举问题的法律规制中也影响显著。虚假陈述或怠于披露的问题可能导致选举结果的作废，即使虚假陈述或怠于披露问题所涉及的信息并不是很重要，而且选举过程也没有竞争，只有一个候选人。[76] 这种做法的实际结果就是增加了成本，但同时并没有产生明显的收益。在针对公司控制权的委托投票权争夺战中，委托投票规则要求参加人披露巨量的信息，包括控制权发生变更后的未来计划等。[77] 再一次，这种规则的实际效果就是徒增成本，反过来降低了那些反对派股东进行委托投票权争夺战的

---

[74] 有学者讨论并批评了美国 SEC 在这方面的政策，参见 Roberta S. Karmel, "Regulation by Prosecution", *The Securities and Exchange Commission vs. Corporate America* 230 –251(1982)。

[75] 有观点认为，投票决策场合中的信息重大性标准应当宽于投资决策场合中的标准，因为股东需要决定董事是否有资格去行使公司的经营管理权。Maldonado v. Flynn, 597 F. 2d 789(2d Cir.), on remand, 477 F. Supp. 1007(S. D. N,. Y. 1979), on remand, 485 F. Supp. 274(S. D. N. Y. 1980).

[76] 比如，参见 Weisberg v. Coastal States Gas Corp., 609 F. 2d 650(2d Cir. 1979)(在一个无竞争性的董事选举中，董事候选人没有披露贿赂问题，这个披露问题被认为很重要)；Gladwin v. Medfield Corp., 540 F. 2d 1266(5th Cir. 1976)(虚假陈述导致有竞争性的选举的结果被推翻)；Rafal v. Geneen, Fed. Sec. L. Rep. (CCH) 93,505(E. D. Pa 1972)(由于没有披露内幕交易的诉讼问题，委托投票权用以选举三名董事的结果被宣布无效，即使该选举是无竞争性的)。

[77] 17 C. F. R. §240. 14a –11(1981).

的动机。委托投票权争夺战的减少意味着股东监督行为的减少，从而增加公司的代理成本，因此，股东是最终的输家。[78]

股东行为模式的上述假定同样构成了联邦法委托投票规则的基础，并最明显地体现在有关股东提出自己议案的规则之中。联邦法委托投票规则中的规则 14a－8 规定，[79]除某些例外情况之外，公众公司必须将任何股东的议案包含在征求委托投票权的信息材料中。[80] 从表面上看，这个规定似乎促进了公司民主，因为它让每个很关心也有兴趣参与公司事务管理的股东提交自己的议案，从而其他很关心也有兴趣管理公司事务的股东将会仔细地考虑这些议案。然而，现实正好相反，这个允许股东提出自己议案的规则实际上是一个反民主的举措。由于大多数的股东都很消极，他们对于其他股东的议案根本没有兴趣，从而现实中股东的议案通常都以大票数落败。但是，公司必须资助这种股东提出议案的行为，换言之，大多数的股东必须为少数股东提出议案的行为埋单。[81]

支持这个股东议案规则的人没有考虑到股东议案的相关成本或其成功概率很小的问题。他们认为，这个规则是有益的，因为它对于公司行为具有一个“健康的间接影响”。[82] 这个观点的大概意思是，由于股东提案得到广泛传播或其他原因，股东提案能够促使公司放弃一个利润最大化的策略，而采取一个更“道德的”或“对社会负责的”策略。但同时这个观点也赞成股东投票机制和联邦委托投票规则的存

---

[78] 参见 Dodd & Warner，前注 3（认为不论是成功的还是不成功的投票权委托争夺战都与股价上涨存在相关性）。

[79] 17 C. F. R. §240. 14a－11（1981）.

[80] 主要的例外是，如果股东提案不是与公司的经营很相关，或者只是关于公司的日常商业运作，经理可以将这种提案进行排除。

[81] 可以比较一下联邦法中的资助规则和不对候选人进行资助的州法规则，而州法下的候选人有更强的诉求。参见脚注 44～45 及其对应的正文。

[82] Donald Schwartz and Elliot L. Weiss，“An Assessment of the Shareholder Proposal Rule Proposal”，65 *Geo. L. J.* 635（1977）；David Vogel，*Lobbying the Corporation*（1978）.

在理由。如果联邦委托投票规则的目的是让股东能够更强有力地影响公司政策,从而使自己的财富最大化,那么,我们就很难发现股东议案规则的价值,因为它实际上迫使多数股东为少数股东的与公司利润最大化目标相背离的行为埋单。[83]

在当代的学者建议中,很少有人要求公司摒弃那些有利可图的、但同时也是高风险的行为,更多的人要求公司摒弃那些旨在保护经理的措施,比如"毒丸"政策。我们同意这些建议,但是,不管反收购措施导致了多大的成本,它也不会改变联邦股东议案规则的成本收益比率。如果让股东能够轻易地提出议案并交由股东投票决定的做法在总体上而言是有益的,它应当早被公司自己或者州法所采纳了,何需等到联邦规则去那样做!

(三)对于委托投票制度的改革建议

如上所述,那些支持联邦委托投票规则的人忽视了股东投票的经济学现实,相反,他们假定股东要求更大程度地参与公司决策过程,假定股东对于投票持冷漠态度的事实可归因于投票规则的缺陷。[84] 在此背景下,他们提出了很多对于委托投票制度进行改革的建议,包括增加信息披露量、让股东有更多机会进行委托投票以及要求机构投资者更多地参与投票等。我们认为,上面的每个建议都会减少股东的财富。

1. 增加信息披露量

一个对于现实中股东投票参与度很低的解释是,投资者缺乏进行明智投票所必需的信息。因此,有人建议,应当要求公司披露更多关

---

[83] Daniel R. Fishcel, "The Corporate Governance Movement", 35 *Vand. L. Rev.* 1259(1982).

[84] 另一个解释是,联邦监管的支持者完全理解股东投票问题的经济学机制,但使用股东民主的口号去追求除了公司财富最大化之外的其他目标。关于这种观点,参见 Fischel,前注 83。股东提案规则和下文将要讨论的改革建议都完全反映了上述观点。

于其事务和其经理的背景及任职能力的信息。[85]

但是,正如我们已经强调指出的,没有证据表明股东对这些信息感兴趣。由于信息披露成本高昂,而且这些成本都是由公司的现有股东承担,故增加对于这种信息的强制性披露会使股东的财富减少。股东财富的减少还可能体现在另外一个也许更重要的方面:通常建议的这种强制性信息披露可能会具有抑制那些使公司利润最大化的行为的效果(也许这个效果正是那些建议者所想要的)。[86] 要求公司披露它们的关于环境法遵守方面的政策、监管法规的违反情况或者有问题的国际或国内付款方式,所有这些因素都会影响到公司愿意从事上述行为的积极性。由于担心诉讼、负面媒体报道或者监管机构的介入,经理可能会最终认为,这些信息披露的成本将超出那些行为所产生的预期收益,从而放弃从事那些行为,尽管它们能够使公司利润最大化。

2. 让股东有更多机会进行投票

另外一个通常解释,为什么股东对于公司决策过程明显缺乏兴趣的原因是股东缺乏参与真正有意义的选举过程的机会。在目前制度下,现任的公司董事会提名下一届的董事候选人,而这些候选人通常都会随后在股东投票中当选。对于那些认为股东应当有权控制董事候选人的提名及选举程序的人而言,这个允许董事会内部繁殖和自我延续的制度实在是洪水猛兽。为了补救这个问题,人们提出了很多改革建议,比如,授权股东可以将他们自己提名的董事候选人信息包含在征求委托投票权的材料中;[87]要求所有公司都设立完全由独立董事

---

[85] 比如,参见 Ralph C. Ferrara, Richard M. Starr, & Mark I. Steinberg, "Disclosure of Information Bearing on Management Integrity and Competency", 76 *Nw. U. L. Rev.* 555 (1981)。

[86] Fischel,前注 83。

[87] Eisenberg,前注 8,第 113 页。

组成的提名委员会,这些独立董事在考虑股东的提名后确定最终候选人。[88]

然而,那些主张让股东有更多投票选举机会的人在抨击现行制度时,认为其唯一缺陷是它与认为股东有兴趣和要求更多信息参加投票的行为假定不一致。如果这个股东行为假定不正确,那么就没有理由认为股东应当有权控制董事的提名程序。相反,关于股东投票经济学分析的一个基本假定是,由于集体行动问题的存在,在大多数情况下股东缺乏技能和动机去识别和评估不同的董事候选人从而决定如何投票。

另外,采纳上述改革建议可能会导致重大成本。那些改革使委托投票机制更加复杂,并引入了一个新的公司行政层级,从而将增加公司的行政管理成本。除此之外,代理成本也会增加。那些改革建议会增强公司小股东或者甚至那些在公司中没有经济利益的人以大股东利益为代价在董事会中安排自己提名之人的能力。由于我们已经讨论过的原因,这种对一股一权原则的背离将会增加公司的代理成本。其最终结果是,公司股价降低、所有股东受损。

3. 增加机构投资者的投票参与度

很多公司中的最大股东都是为小投资者利益进行投资和管理基金的金融机构。这些机构通常单独或与别人共同拥有股票的投票权。在此方面,机构投资者一直以来受到认为他们没有为投票问题投入充分资源的批评。[89] 比如,美国证券交易委员会的官员就"敦促"机构投资者"不要继续将无争议的董事选举视为一个可以自动地投票同意所

---

[88] 完全由独立董事组成的提名委员会的概念得到了广泛支持。比如,美国法学研究所(American Law Institute),*Principles of Corporate Governance and Structure: Restatement and Recommendations*, *Tent. Draft No.* 1, at 97 - 106(建议公众公司必须设立提名委员会)。

[89] 比如,参见美国证券交易委员会报告,前注 2,第 379 ~ 429 页;Myron P. Curzan & Mark L. Pelesh, "Revitalizing Corporate Democracy: Control of Investment Managers' Voting on Social Responsibility Proxy Issues", 93 *Harv. L. Rev.* 670(1980)。

有董事候选人的公司日常事务,而应当记住,对于董事选举进行更加细致的判断能够增强公司管理层的责任意识,并提升公司的长期盈利能力。”[90]为了实现这个目的,有人建议,要求机构投资者设定自己参与投票的标准,向受益人披露他们的投票政策,[91]还有人更为激进,建议将投票权转交给受益人,然后受益人自己可以进行投票(简称传透性投票机制,pass-through voting)。[92]

以上充满悲观情绪的论述给人的印象是,机构投资者通过怠于履行他们的投票义务损害了受益人的利益。然而,这是站不住脚的。职业的基金经理是工作在一个竞争激烈的行业中;在此行业,资产的可流动性使投资者很容易评估经理的业绩表现,并相应地将资金从一个经理转移到另一个经理处。如果基金经理对于设定一个更为复杂的投票程序的成本收益比率没有做出适当的判断,那么他就不能吸引投资者的资金。因此,机构投资者完全具有动机去付出最优的成本参加投票过程。确实,机构投资者投票反对那些反收购的章程修改案的事实表明,如果这样做符合他们的利益,机构投资者实际上会积极参与投票反对公司经理。相反,在其他情况下,机构投资者就会不愿意参与投票,不愿意“作出更加细致的判断”。根据我们在上文所阐述的关于股东投票机制的经济分析,机构投资者表现出的这种“不愿意”完全是理性的。故此,这里真正的问题在于那些监管者和建议者适用的股东行为假定,而不是机构投资者在现实中的投票做法。[93]

---

[90] 美国证券交易委员会报告,前注2,第422页。

[91] 同上,第379~429页。

[92] Curzan and Pelesh,前注89,第694页。

[93] 令人莞尔的是,在有些公司收购战中,公司经理似乎灵光突现,竟然加入了支持改革运动的行列。在最近的一宗公司收购战中,一家养老基金持有Bendix公司的大量股票,其受托人拟将持有的股票卖给另一家公司Martin-Marietta,由于存在收购溢价,该基金这样做显然会增加自己的资产价值,所以是符合基金利益的,但Bendix公司的经理非常担心该基金这样做,因为这会导致Bendix公司被收购,所以,他们提议,基金的受托人应当将出售股票的决定交由受益人(也就是员工们)进行投票批准。Bendix公司经理的如意算盘是,由于这些员工受益人掌握的信息很少,他们将不会投票批准出售股票的决定。

传透性投票机制要求机构投资者将投票权传递给受益人,这一要求还会引发另外的问题。找到极度分散的受益人并向他们提供相关信息将会导致重大的成本,并且,没有理由认为受益人能够更好地行使那些投票权从而值得付出这些成本,因为与一个大的机构投资者相比,分散的单个投资者具有更少的动机去参与投票和监督经理。所以,传透性投票的结果将是拆散大宗的投票股份(机构投资者手中的股份)从而恶化集体行动问题。就像让股东有更多投票选举机会的建议一样,这种要求传透性投票的建议会导致更高的代理成本和更低的公司股价,从而损害投资者的利益。

六、结论

我们已经阐明,总体而言,股东投票的普通法规则可被视为降低代理成本的努力。因此,这些规则模拟了股东在交易成本为零的世界中可能通过契约想要达成的那种投票机制安排。对于联邦法中的投票规则,我们的结论是相反的,而这恰恰是伯利和米恩斯的观点具有最大影响力的领域。这些联邦法规则替代了普通法中股东自愿达成的制度安排,故其产生的成本可能超过其收益。

外部董事的核心信义义务*

伯纳德·S. 布莱克**

一、引言

我在本文中从普通法的角度对外部董事核心信义义务以及应当如何就义务之违反进行补救展开全面分析并提出了一些个人观点。

公司董事信义义务的问题最早是普通法法官在正式成文法规定之外进行阐述的。实际上,在美国许多州的公司法以及许多其他普通法法系地区的公司法中,都没有说明信义义务的最初两个核心义务,即忠实义务和注意义务。即使有些地区成文法对信义义务有所述及,那些论述也是相当概括性的。法官在司法时必须添加细节性的实质内容。

---

* 本文是作者在世界经济合作组织(Organisation for Economic Cooperation and Development)主办的第三届亚洲公司治理圆桌会议论坛上(Third Asian Roundtable on Corporate Governance, Singapore, 4 April 2001)提交论文的修订版,并发表于 *Asia Business Law Review*(July 2001)。本文的写作得到了世界经合组织的资助。作者对 Ron Gilson, Joe Grundfest and Michael Klausner 等教授就本文早期草稿所作的评论表示感谢。

** 美国斯坦福大学法学院法学教授。

如美国模范公司法,它是美国将近半数州的公司法起草范本,它对公司董事忠实义务仅有以下的简单描述:

公司董事会每个成员……都应当在行为时(1)善意(in good faith);并且(2)以一种董事合理地认为是符合公司最佳利益的方式(in a manner the director reasonably believes to be in the best interests of the corporation)。①

即使是在大陆法系国家,对董事义务的成文法规定也常付诸阙如。当成文法规定存在时,它们也是非常笼统的,法官仍需自己去填补相关细节内容。在大陆法系国家,董事义务不是称为"信义义务",因为信义义务是普通法上的概念。但是,大陆法系国家的董事义务的实际范围和普通法系的信义义务大致是类似的。

董事的信义义务内容一直在持续地发展,从未正式法典化。美国法学院教科书中对于信义义务的经典描述是:董事对公司负有两类基本的信义义务,即忠实义务(the duty of loyalty)(有时也称为公平交易义务(the duty of fair dealing))和注意义务(the duty of care)。②我认为这个描述太简单了。现在的董事至少还有两个其他的核心义务:信息披露义务(the duty of disclosure);和另外一个我目前还未命名的义务,这个义务就是当其所在的公司成为收购目标时董事的特别注意义务(the duty of special care when the director's company is a takeover target)。这些新的信义义务完全都是法官们创造的。

这些信义义务一般都是不可免除的。美国的公司法基本上都是授权性的(enabling),也就是说,公司法中包含了许多可以被公司章程

---

① Model Business Corporation Act § 8.30(a)(1984).

② See, for example, William T. Allen & Reinier Kraakman, *Commentary and Cases on Corporate Law*(unpublished materials, 2001); Melvin A. Eisenberg, *Corporations and Other Business Organizations: Cases and Materials* (8th ed. 2000); American Law Institute, *Principles of Corporate Governance: Analysts and Recommendations* Parts IV – V(1994).

改变的默认条款。[③] 但是,信义义务属于那些最为重要的不能为公司章程所改变的强制性规则之列。但是,尽管这些核心义务不能被完全豁免,外部董事违反义务后的金钱赔偿责任(monetary liability)是可以通过公司章程中的有关条款进行限制,甚至完全取消的。注意,这里所违反的义务不包括忠实义务。

我将对以上所列4类义务逐一进行简洁的论述,分析他们为什么存在,以及是怎样被履行和又是怎样被免除。我的讨论集中在公众公司的外部董事的信义义务上。公司内部董事和不是公司董事的高级管理人员也同样负有这些义务。但是,就信义义务的范围和义务违反后的责任等级而言,外部董事与内部董事和公司高管人员是有区别的。有些问题,比如,董事是否只对公司负有信义义务还是对股东也直接负有信义义务,大股东是否对于小股东负有信义义务,因超出本文范围而不做讨论[④]。

下表中对于外部董事所负有的4类核心信义义务和美国法上对于义务违反的救济方式进行了一个简要的小结。

---

③ 关于公司法的授权法本质的讨论,see, for example, Frank H. Easterbrook & Daniel R. Fischel, *The Economic Structure of Corporate Law* (1991); Symposium, "Contractual Freedom in Corporate Law", 89 *Columbia Law Review* 1395 (1989); Bernard S. Black, "Is Corporate Law Trivial?: A Political and Economic Analysis", 84 *Northwestern University Law Review* 542 (1990)。关于董事信义义务在多大范围内被免除或者应当被免除的讨论,see Ian Ayres & Robert Gertner, "Filling Gaps in Incomplete Contracts: An Economic Theory of Default Rules", 99 *Yale Law Journal* 87 (1989); Tamar Frankel, "Fiduciary Duties as Default Rules", 74 *Oregon Law Review* 1209 (1995)。

④ 关于作者自己对于董事在什么时候对股东直接负有信义义务的论述,see Bernard Black, Barry Metzger, Timothy O'Brien & Young Moo Shin, *Corporate Governance in Korea at the Millennium: Enhancing International Competitiveness* (Report to the Korean Ministry of Justice May 2000), Recommendation I. B, 26 Journal of Corporate Law (forthcoming 2001), available at http://papers.ssrn.com/abstact=222491 from the Social Science Research Network。

外部董事的核心信义义务

义务	美国法上对于是否适当履行义务的判断标准	美国法上对于违反义务的救济方式
忠实义务	董事承担举证责任证明“完全公平”,但是,公平的程序(由无利害关系的董事批准)将举证责任转移到股东去证明缺乏完全公平	通常是股东派生诉讼(由股东以公司名义提起的诉讼):禁令或者损害赔偿。股东派生诉讼中的赔偿金支付给公司
注意义务	注意义务是一个带期望性的标准。违反义务而导致责任的判断标准是商业判断准则	通常是没有的。公司章程可以免除外部董事违反注意义务的法律责任
信息披露义务	当寻求股东投票批准和在自我交易情况时,披露所有的重大信息	纠正性的披露或者损害赔偿(向股东支付)
当公司成为收购目标时的特别注意义务	没有清楚的判断标准。对于决策过程的细致审查;对于那些会完全阻止敌意收购要约的防御性措施的一些限制	禁令或者损害赔偿(向股东支付)

二、忠实义务

忠实义务是最重要的信义义务。它的概念很简单,即当一个公司的董事,高管人员或者控制股东(总称为”内部人员”)提出一个他们的自身利益和公司利益有冲突的自我交易(self-dealing transaction)时,那些内部人员应当为公司利益而不是他们自己的利益而努力。

自我交易包括两种情况:第一种情况是,内部人员在交易中直接以公司的损失为代价而获利。第二种情况是,关联公司之间通过交易转移价值。在这种情况下,内部人员通常在转移进价值的公司中的拥有股份多于比在转移出价值的公司中的拥有股份。或者,价值是从更成功的集团公司成员中转移到相对不成功的成员中。

我们的主要考虑在于,当内部人员从事自我交易时,他们经常提出对公司不公平的交易条款。有时这是故意的,有时这是因为内部人员觉得他们的利益就是股东的利益。对于发生在公司集团内部之间的以拯救孱弱集团成员为目标的价值转移交易而言,内部人员是想保持一个公司大帝国,但是,外部股东也许更倾向于干脆就让集团中的那个孱弱成员倒下。

有时我们会看到对于忠实义务的一个比较温和的表述:董事应当以一种符合公司利益或者不损害公司利益的方式而作为。我不同意这个表达方式,因为它的意思是董事可以与公司交易而获利,只要与公司和其他人交易相比,公司并没有遭受明显的损失。按照我的判断,内部人员应当和公司共同分享自我交易的好处。因为这样更接近面对面对抗性谈判交易(arms-length bargaining)可能产生的结果。在正常的面对面对抗性谈判交易中,交易双方一般是分享交易带来的好处。如果自我交易不能带来好处的话,那个自我交易从一开始就不应当被批准。

我们也会经常看到信义义务的一个满足条件是要求董事必须基于善意而作为(act in good faith)。确实如此,在某些大陆法系国家,交易相对方应当善意而作为的义务是忠实义务的重要成文法渊源。但是,什么是善意是一个相当不清楚的问题。我认为,善意而作为的义务概念,除去其作为忠实义务成文法渊源的作用之外,实际上对于我们先前提到的忠实义务概念中的满足条件——董事在公司利益与他们自身利益发生冲突时应当为公司利益而作为——没有补充太多内容或者甚至根本就没有补充。

在忠实义务之外,公司法还包括其他重要的条款来规制自我交易,包括没有公开披露的自我交易。这些例子包括:披露规则;对于已披露的自我交易的特别批准条件;当公司发行股票时的先买权(preemptive rights);股东对于公司合并和其他重大交易的表决权;以及股东在公司进行合并和其他重大交易时的评估和赎回权。本文只重点对忠实义务进行讨论。[⑤]

1. 独立董事对于自我交易的批准

对于一个公司而言,保障忠实义务直接的方式,通常也是最好的方式,就是完全不要进行任何的自我交易。但是,自我交易在激励补偿董事和高管人员方面又确属必要。不过,我认为在这些有限的例外情况之外,大公司最好还是不要进行自我交易。

当然,对于自我交易完全禁止可能不切合实际,特别是对于小公司而言。在大多数的国家中,保障忠实义务之履行的另外一个方法是要求自我交易必须由一个无利害关系的决策人来审查。这个决策人可能是无利害关系的董事,无利害关系的股东,或者两者兼有。无利害关系的董事可以从公司的外部董事或者非执行董事中选任。内部董事或者执行董事是被推定与自我交易有利害关系的。即使他们在自我交易中没有个人的直接经济利益,但是他们要想在公司继续任职就需要他们与其他内部董事和公司的控股股东保持良好关系。

最理想的情况是,大多数或者全部参与审查自我交易的董事们应当是"独立的",与公司及其内部人员没有任何其他重大关联的外部董事。有附属关系的外部董事(affiliated outside directors),即那些与公司有或者想有业务联系的外部董事,在审查公司非自我交易的业务决策或者在平时给公司管理层提供咨询意见时,能够起到非常积极有效的作用。这是因为他们通常比许多一般的独立董事更了解公司的情况。[⑥] 但是,让有附属关系的外部董事审查自我交易就难谓理想的选择,因为他们与公司之间的附属关系可能会影响他们的独立性。所

---

⑤ 关于用来控制自我交易的各种技术性措施的一个近来的概述,see Luca Enriques, "The Law on Company Directors' Self-Dealing: A Comparative Analysis", 2 *International and Comparative Corporate Law Journal* 297 (2000)。

⑥ 关于有附属关系的董事角色的论述,see April Klein, "Affiliated Directors: Puppets of Manager or Effective Directors?" (Working Paper, 1998), available at http://papers.ssrn.com/abstact=10569 from the Social Science Research Network。

以,在任何可行的情况下,这项工作应当交由真正的独立董事去做。

大多数的美国公众公司都有一个独立董事占多数的董事会。而且,美国学者和商界人士的传统观点是,公众公司的董事会应当主要由独立董事组成。我们的商业圆桌协会(the Business Roundtable,一个由大型公众公司的首席执行官们构成的组织)和全国公司董事协会(National Association of Corporate Directors)都推崇这一做法。⑦ 我个人对此做法的重要性程度持怀疑态度。相反,我认为董事的专业化分工很有必要。具体地说,独立董事非常适合担任审查自我交易的重要角色,甚至具有无可替代的作用。有附属关系的外部董事则像内部董事一样能够给公司董事会带来不同的可利用资源和聪明才智。毫无疑问,一个公司需要拥有一定合理数量的独立董事来审查自我交易。不过,我认为,是否这些独立董事一定要构成公司董事会的绝对多数,就像目前美国公司所流行的那样,不是最重要的问题。

由无利害关系的独立董事来审查自我交易的这一程序策略只有在公司拥有一定合理数量的独立董事的情况下才能发挥其作用。而要让这一程序策略很好有效地发挥作用则需要那些独立董事是事实上真正地独立于公司管理层。否则,这些程序会反过来变成掩盖那些事实上损害公司而让内部人员获利的自我交易的障眼法。

这个对于公司独立董事应当具备真正独立性的要求给董事的薪酬设定问题制造了一个两难的困境。如果公司付给独立董事的薪酬过低,独立董事也许就不会愿意在其工作上花费太多时间和精力。如果公司过于慷慨地设定独立董事的薪酬,独立董事也许又会出于可能失去好职位的担心而不愿反对自我交易。在美国,这个问题的最好例证是投资基金。投资基金一般以股份公司的形式而组建,根据法律规

---

⑦ See Business Roundtable, *Statement on Corporate Governance* 10 (1997); National Association of Corporate Directors, *Report of the NACD Blue-Ribbon Commission on Director Professionalism* 9 (1996) (两者都推荐董事会中绝大部分的董事应当是独立董事)。

定他们需要拥有一个独立董事占多数的董事会。那些表面上好像独立的董事们经常在多只投资基金中同时任职,并因此收入可观。但是,那些基金事实上是由同一家基金管理公司管理的。所以,那些董事在现实中很少会去解聘一家即使表现很差的基金管理公司,而且经常批准比如果通过公开竞价而可能产生的基金管理费高得多的基金管理费。

那些在其他公司担任高管人员的独立董事通常会有除董事费之外的其他渠道的不菲收入,因而过度报酬补偿的问题就小很多。但是,他们面临一个不同的微妙的利益冲突:他们经常以一种他们作为高管人员在其本公司想被对待的方式去对待其作为独立董事的公司的高管人员。这样就必然意味着会给于公司高管人员大量的自由裁量权。

因此,对于大多数的表面上似乎合理的独立董事候选人而言,我们总有一些理由去怀疑他们是否会既积极而又真正独立地履行职责。真正的独立性通常会涉及具体董事的道德敏感性,而这又非常依赖于整个社会文化的道德规范。如果一个国家中支持董事独立性并厌嫌自我交易的社会文化规范力量很弱的话,由形式上独立的董事进行审查也就只能为小股东提供非常有限的保护。

2. 美国实践

(1)完全公平和举证责任转换(Entire fairness and burden shifting)

在美国,如果一项自我交易是由无利害关系的董事们以一种类似于面对面谈判交易的方式进行协商而获批准的话,我们的法院一般都会认为那个交易是公平的,除非反对此项交易的股东能够在法庭上证明此项交易对于公司不是完全公平。股东需要承担证明交易不是完全公平的举证责任。我将这种程序要件称为"准面对面协商"(quasi arms-length negotiations)。为了满足这一程序要件,那些无利害关系的董事必须有机会去选择和利用他们自己的法律和财务顾问,而且必须有权力去完全拒绝批准其所审查的交易。如果一个公司没有遵照这一程序要件去审查一项自我交易,只要有股东起诉,该项自我交易就将被视为是无效的,除非董事能够在法庭上证明那项交易对于公司事实上完全公平。这时的举证责任就落到董事头上去证明交易的完全公平。⑧

这个“完全公平”的标准是非常模糊的。至今还没有任何法院详细阐述到底什么是完全公平,以及它和我们所称的“一般公平”(ordinary fairness)有什么不同。另外,经由“准面对面协商”的程序要件批准而被视为完全公平的同一自我交易价格,是否在没有通过上述程序要件批准时也会被认为是完全公平。

我们的判例法表明,好的程序能够支持一个比在没有此程序时法官会接受的价格为低的价格。这样的情况乍一看似乎很奇怪,但实际上是很有道理的。使用一个好的程序可以让法官更容易接受那个交易价格确实是合理的。对于法官而言,判断什么是一个公平的价格非常困难,毕竟法官是坐在离实际交易很远的地方进行判断。法官必须自己筛选判断那些相互对立的专家证词和主张:①从原告方来说,主张价格过低;②从被告方来说,主张交易价格是远高于公平价格而且是出于被告董事内心的善意而设定的。另外,公平价格通常是一个价格区间,而不是一个具体单一的点。董事使用好的程序能够让法官相信:那实际交易价格很接近通过“面对面协商”程序可能产生的价格。

这个举证责任上的微妙转换,加上另一因素,即在公司使用好的程序时法官更愿意认为所支付的价格是公平的,共同在现实中产生了很大的效果。大多数的美国公众公司都有一个外部董事占多数的董事会。外部董事经常坚持认为,应当由无利害关系的董事,通常通过

⑧ 这个法官创造的规则不是基于许多州的公司法中的规定。根据许多州的公司法,只要某些程序步骤被遵循的话,一项自我交易不会仅仅因为它的自我交易的本质而自动无效或者可撤销。See, for example, Delaware General Corporation Law §144. 这些成文法条款的作用实际上仅仅是推翻一项古老的普通法规则,即自我交易仅仅因为它们的自我交易本质而无效或者可撤销。关于这些令人困惑的成文法条款的论述, see Robert C. Clark, *Corporate Law* §5.2.1(1986)。

一个完全由独立董事组成的特别委员会的形式,应当来协商和批准一项自我交易。外部董事具有坚持执行这种程序的能力,可以解释为什么公司有一个外部董事占多数的董事会有利于保护股东利益。内部人员知道,公司外部董事通常会坚持执行"准面对面协商"的程序要件。这种情况首先就会阻吓许多内部人员不敢去提出自我交易的提案,或者导致他们在最初提案中就给出对公司更有利的条件以便在以后的协商中少费功夫使提案得到批准。

美国公司的外部董事通常都会坚持指定一个特别的委员会,部分是因为我上面所描述的法律效果的缘故。他们同时也清楚,使用一个不同的程序有可能导致对董事的批评。特别是在一个持怀疑态度的法官审理案件的时候,董事就很可能输掉那个官司,因为法官知道董事本来应当使用更好的程序而却选择不用,其中必有问题。董事的赔偿金数额就会首先因此而受到影响。实际案件中,赔偿金一般都是由保险公司或者公司内部人员支付,而不是外部董事自掏腰包。但即使如此,几乎没有外部董事愿意遭受公开的困窘或者承担哪怕是概率非常之小的可能是重大个人责任的风险。

(2)程序与实体

美国法院对于公司在审查一项自我交易时所采用的程序非常重视。这个现象只不过是美国在法官审查公司决策时范围更为广泛的重视程序理念的一部分。我们的法官非常不愿意自己去判断决定一项具体商业决策的优劣。相反,他们通常注意的是公司是否遵循了适当的程序。然后,在综合非常广泛的各种因素基础上,他们就判定是否正当的程序被遵循,以及决策者们是否真正的无利害关系、决策结果是否应当被接受。

对于自我交易而言,法院意识到有时正当的程序可能会掩盖一项肮脏的交易,所以他们对于实体的公平也非常注意。对于非自我交易而言,正如后文所述(参见下文"商业判断准则"),依赖于商业判断规则的保护,适当的程序会让一个公司完成几乎所有的交易,不管那个交易是多么愚蠢。

(3)义务违反之救济

在有些场合,诉讼在自我交易完成之前就会提起。这样,如果公平程序没有遵循或者公平结果无法预期,法院就可以颁发禁令对自我交易进行干预。但是,法院工作效率通常太慢以至于这种救济方式难以实行。不满的股东就只能在自我交易完成之后提起诉讼。对于已经完成的自我交易,最常用的救济方式就是由批准那项交易的董事支付赔偿金(damages)。我们的法院对于撤销一项业已完成的自我交易持非常谨慎的态度,并且,如果那样做有可能导致对善意第三人的利益损害时,就几乎永远不会判定撤销。

诉讼通常是由一个股东以公司的名义提起。在此诉讼中,赔偿金由董事(或者其他因自我交易而受益的内部人员)支付给公司,而不是个人股东。这就是所谓的股东派生诉讼(shareholder derivative suit)。股东派生诉讼能够保证公司所有股东都可以按照他们在公司中占有的股份比例公平受偿。

少数股东仍然面临这样一种风险:那些曾经试图自我交易但失败了的董事可能会以一种更狡猾的方式用他们返还给公司的钱再次进行自我交易。但是,内部人员会滥用公司资产的风险是公司集中管理模式所固有的,所以,把赔偿金支付给公司不会显著地增加这种风险。当然,在通常情况下,那些不忠诚的内部人员还会留在公司。这时,如果把他们违反忠诚义务而交付的赔偿金直接分配给股东也许会更好。把赔偿金支付给股东不会流失公司所需要的资金,因为这些钱本来就不是公司的。

在美国,律师可以收取胜诉酬金(contingency fees)而且诉讼原被告双方一般都要另外负担自己的诉讼费用。尽管股东派生诉讼中的赔偿金是支付给公司的,但是,原告股东律师的费用通常是从董事或高管人员的责任保险中直接支付的。所以,现实中原告股东的律师经常是股东派生诉讼的最大受益人。这些律师实际上在某种程度上像规范公司行为的私家警察。

如果我们没有采用这种支付律师费用的方式,美国对于董事忠诚义务的法律执行情况肯定会比现在糟糕。但是,到底糟糕多少是一个非常困难的假设性的问题。另外,如果股东派生诉讼少一些是否我们的情况就会更好一点,仍是一个学者之间还有争议的问题。[9]

(4)对于国际最佳做法的意义

我认为,一个公司应当拥有一定合理数量的独立董事的最重要原因是这些董事最适合审查自我交易。这些独立董事也许能,也许不能,帮助公司做出更好的非自我交易商业决策。我们可以讨论一个公司到底需要拥有多少独立董事的问题。举个例子,我和桑贾·巴盖(Sanjai Bhagat)的研究发现,没有证据可以说拥有更高比例独立董事的美国公司表现得比那些拥有低比例独立董事的公司更优异或者更糟糕。[10] 但是,从总体上说,美国公司在规制自我交易方面都做得不错。这样,美国独立董事的核心地位比起总体上公司治理结构较脆弱的其他国家中的独立董事而言重要性为低。但是,没有人怀疑拥有一定数量独立董事的重要性,以及独立董事的核心功能在于审查自我交易以及由于他们的存在阻吓了很多自我交易。

行文至此,我都一直在集中讨论董事会的角色,而没有涉及其他

---

⑨ 关于一个对股东派生诉讼价值持怀疑态度的观点,see Roberta Romano,"The Shareholder Suit: Litigation Without Foundation?",7 *Journal of Law, Economics & Organisation* 55(1991)。

⑩ Sanjai Bhagat & Bernard Black,"Board Independence and Long-Term Performance",27 *Journal of Corporation Law* (forthcoming 2001),available at http://papers.ssrn.com/abstact=133808 from the Social Science Research Network. See the reviews by Sanjai Bhagat & Bernard Black,"The Uncertain Relationship Between Board Composition and Firm Performance",54 *Business Lawyer* 921 (1999),available at http://papers.ssrn.com/abstact=11417 from the Social Science Research Network; and by Michael S. Weisbach & Benjamin E. Hermalin, *Boards of Directors as an Endogenously Determined Institution: A Survey of the Economic Literature*(Working Paper 2000),available at http://papers.ssrn.com/abstact=233111 from the Social Science Research Network.

的法律和市场的制度和机构对于自我交易的控制作用。实际上,独立董事作用的有效发挥需要得到以下配套制度的支持:强硬的会计规则和审计要求;强硬的关于自我交易信息披露的规则;一个经验丰富的会计职业团体,他们的审计能够发现隐藏的自我交易;以及一个能够及时报道各种不当行为而促使董事洁身自好的财经新闻机构。并且,董事选择洁身自好的动机会因法律责任条款而进一步加强。如果董事批准那些对小股东非常不公平的自我交易,那些责任条款会让他们承担个人责任。在这些配套措施的支持下,独立董事能够起到一个非常关键的监督作用,即保证公司的利润能比没有独立董事时更公平地为内部和外部股东所分享。当然,完全的公平不是很容易能做到的。

更广泛地说,有效地防范不当自我交易需要一个复杂的制度网络,而独立董事的审查只不过是其中的一部分。注意,像本文这样集中讨论董事会作用的文章很可能会无意中蕴涵一个危险结果:即过分强调董事在审查自我交易过程中的作用而忽视其他重要相关制度的关键角色。⑪

因此,在美国运行相当良好的反自我交易的规则就有可能在其他国家运行得不够理想,其部分原因在于其他国家的配套制度网络不够强大。这些制度因素可能包括:许多国家中独立董事制度的历史传统很弱;对于自我交易有更大的文化宽容;以及法官更不愿意审查自我交易以判定是否自我交易的程序和所支付价格事实上对小股东公平。在这些国家里,独立董事的审查和后来法官可能进行的司法判定都难以向少数股东提供足够的保护。

如果名义上独立的董事的独立性,或者法官司法的公正性,或者两者,存在问题的话,那就必须由无利害关系的股东来批准大宗自我交易和采取其他能够合理规制自我交易的程序。比如,当公司发行股

⑪ 作者讨论了多个对于控制自我交易有帮助的制度,see Bernard Black,"The Legal and Institutional Preconditions for Strong Securities Markets",48 *UCLA Law Review* 781 (2001)。

票或可转换成股票的证券时，就可以采用先买权(preemptive rights)的做法。在这里，主要风险是公司可能以低于市场价的价格向内部人员或者与内部人员有关系的其他人员发行股票。[12]

另外一个有用的程序规则是选举董事时所适用的累积投票权制度(cumulative voting)。累积投票权制度可以让大的外部股东选举出他们自己的代表进入董事会。这些董事就很有可能真正地独立于内部人员并且忠诚于选举出他们的外部股东。他们通常会比那些由内部人员选定的名义上独立的董事更积极地履行职责。[13]

(5)董事和高管人员的薪酬问题

一个无法避免自我交易的场合是公司向董事和高管人员支付薪酬。在美国法上，对这个问题的处理和对其他类型的自我交易问题的处理迥然有异。外部董事的薪酬一般足够小以表明不是享受特别待遇，尽管他们的薪酬可能是要通过股东大会的批准，而不是仅仅董事会自己的批准。

高管人员的薪酬问题就更加麻烦。直到最近，虽然大型公司的首席执行官们薪酬都不低，但是也不太可能敛聚出巨财。今天，由于巨额的股票期权和其他激励补偿机制，首席执行官(有时包括其他的管理人员)通常能够变得极其富有。因为这些薪酬已经超出激励那些管理人员的必要金额，所以，他们的财富是以股东们的利益损失为代价的。

这种可能对于高管人员的过度补偿是大多数的美国大型公众公司所面临的最为严重的自我交易问题。当然，其部分原因在于，美国

---

[12] 关于诸如先买权和累计投票制度等用以控制自我交易的规则的总体论述，see Bernard Black & Reinier Kraakman, "A Self-Enforcing Model of Corporate Law", 109 *Harvard Law Review* 1911(1996)。

[13] See Ronald J. Gilson & Reinier Kraakman, "Reinventing the Outside Director: An Agenda for Institutional Investors", 42 *Stanford Law Review* 863 (1991); Jeffery N. Gordon, "Institutions as Relational Investors: A New Look at Cumulative Voting", 94 *Columbia Law Review* 124(1994).

已经成功地规制了其他类型的自我交易。[14] 我们的法律发展显然没有跟上公司高管人员薪酬的爆炸性增长的步伐。法院仍然将高管人员的薪酬问题几乎全部委诸董事会的自由考量。高管人员的薪酬必须要经过外部董事的批准,但是,按照宽泛的公司浪费规则(the doctrine of corporate waste),股东只能质疑那些真正非常极端的过高薪酬。这条规则本质上是一条注意义务规则,而不是忠诚义务规则。它赋予了公司董事会在决定高管人员薪酬问题上的广泛的自由裁量权。[15]

在以前薪酬数额小的时候,即使理论上有争议,但是这种对公司高管人员薪酬问题的宽松处理方式基本上还是可以理解的。不过我认为,像今天我们所看到的相当高额的管理人员薪酬,应当由无利害关系的股东来批准,而不是仅仅由外部董事决定。这个处理方式是非常必要的,因为外部董事经常是其他公司的首席执行官而自然会对高管人员的薪酬问题非常慷慨。

三、注意义务

在董事与公司没有利益冲突的场合中,第二项董事核心义务就是注意义务,即应当投入合理注意并努力做出好的决策。下面给出了一个对于注意义务比较有代表性的成文法上的描述:

董事会成员……应当在履行他们的义务时,恪尽一种处于其类似位置的其他人在类似场合下会合理地认为是适当的注意。[16]

与对忠实义务一样,这个描述是非常概括性的。司法裁判必须充

---

⑭ See Graef Crystal, *In Search of Excess: The Over-Compensation of American Executives*(1991).

⑮ See Randall S. Thomas & Kenneth J. Martin, "Litigating Challenges to Executive Pay: An Exercise in Futility?", *Washington University Law Quarterly*(forthcoming 2001), available at http://papers.ssrn.com/abstact=268148 from the Social Science Research Network.

⑯ Model Business Corporation Act §8.30(b)(1984).

实注意义务的细节内容。

另外,这个对于注意义务的描述是有误导性的。因为它暗指对于违反注意义务的责任规则应当类似于对于侵权(伤害别人的行为)的一般责任规则,即是否董事在履行义务时有不合理的疏忽大意。实际上,这不是注意义务责任承担的判断标准。

在美国,注意义务在大部分情况下是一种关于董事应当如何行为的带期望性的陈述(aspirational statement),而不是作为在董事没有达到这个标准时追究责任的法律基础。对于这个责任追究的标准,正如商业判断准则(business judgment rule)所标明的那样,几乎对董事行为没什么要求。董事并不被要求一定要做出明智的商业决策。他们需要做的仅仅是,制定决策时到场,集中注意力和作出一个不是完全不理性的决策。

1. 商业判断准则

美国法院通常不会对没有涉及利益冲突的商业决策追究董事的责任,除非那些决策是彻底的不理性。这个司法不介入的原则(the doctrine of judicial non-interference)就体现为所谓的商业判断准则(business judgment rule)。这个商业判断准则,而不是通常的过失标准,是判断注意义务是否被违反的标准。[17]

商业判断准则的合理性基于以下几个理由。首先,法官通常不是商业人士。他们不善于事后判断那些结果糟糕的商业决策,和判定那些决策是否在制定当时就属不当。商业判断经常需要迅速作出,即使是基于相当不完整的信息。实际上,为收集更多信息而导致的时间延误可能会像在没有那些信息时作出决策而犯下的错误一样代价高昂。当然,凭借后见之明,不满的股东能够指出当时董事在做出决策时董事应当知道多少的信息,以及董事作出的决策是多么的仓促。一个在

---

⑰ 关于商业判断准则作为一个司法不介入原则具体体现的经典性解释,see Ronald J. Gilson,"A Structural Approach to Corporations:The Case Against Defensive Tactics and Tender Offers",33 *Stanford Law Review* 819,823(1981)。

制定时相当合理的商业决策在事后也许会看起来不合理。

其次,对于一家公司股份的投资以失败告终可能出于很多原因,糟糕的管理层决策只是其中之一而已。糟糕商业决策的风险,就像其他造成失败后果的缘由一样,是股东们明知要承担的一个风险。另外,这个风险也是股东们能够合理承担的,因为此处董事和股东的利益是几乎一致的。

这是一般商业决策与自我交易的一个极其重要的区别。在一般商业决策场合,董事与股东有共同利益,都希望看到公司兴旺。但是在自我交易场合,董事和股东的利益相互冲突。如果内部人员和股东的利益一致,让股东承担一个交易失败结果的风险就在情理之中。但是,当内部人员能够以股东利益为代价而获利时,要求股东承担这样一个风险就难谓合理,因为有太多的场合会使内部人员基于利益偏离而滋生道德风险(moral hazard)。

最后,有些高风险的商业决策会运行良好,而有些则会很糟糕。上文已述及,董事的薪酬事实上是,也应当是合理的一般水平,以免过高的薪酬会损害他们的独立性。在此情况下,如果董事可能会因为一项决策的糟糕结果而面临哪怕是非常小的个人责任,他们一般就不会愿意承担这个风险。他们也许会作出更少的、糟糕的高风险决策,但同时他们也将作出更少的、更成功的高风险决策。所以,从总体上说,我们难以得到更好的决策,而仅仅是更加谨慎的决策而已。

如果我们考虑到现实中有很多的限制性因素会促使大多数公司管理人员在多数时候努力工作的话,商业判断准则就会更易于接受了。这些因素包括:产品市场的竞争;公司控制权市场;经理人市场;激励补偿机制;管理文化;以及公司法中关于董事应当努力工作的注意义务方面的描述。只要这些限制性因素能够激励管理人员竭尽他们之所能而努力工作的话,法官不去事后判断即使是那些他们认为很糟糕的商业决策,也都是合理的,因为法院对于商业决策的事后判断有可能会抑制管理人员进行冒险。

在大陆法系国家,这种司法不介入原则的合理性基础就更加强大,因为那些法官通常都是从学术人员中挑选出来,因而没有太多的实践经验。这种情况使大陆法系国家的法官与美国法官相比更不善于事后判断商业决策,因为美国法官通常在成为法官之前是执业多年的高级律师。比如,特拉华州衡平法院(Delaware Chancery Court)的法官们一般都是从特拉华州的顶尖商业律师中遴选出来。如果这些律师都感觉事后判断商业决策力不从心,那些没有商业经验的法官们在这个艰难的工作面前就会更加一筹莫展。

2. 鼓励商业冒险的必要性

在许多处于经济转型期的国家,学者和监管者通常认为公司董事应当为其糟糕的商业决策负责。当我在向他们解释商业判断准则时,我最喜欢讲述下面这个故事。设想一个公司今年的商业战略包括:投入 100 亿美元建立几个新工厂;寻求他们还没拥有的客户;销售他们还有待开发的产品。这个战略只有在以下情况下才有望成功:今年市场总体容量至少增长 30%;并且,他们的工程师能够及时解决多项技术难题并把他们的新产品计划变成可以大批量生产的真正产品。如果公司今年成功的话,他们在明年会执行同样的战略,而且规模会更大。如果公司失败的话,那些工厂就会废弃不用,并且那些工厂里的设备在 5 年之内就会过时。这个公司的首席执行官在新闻发布会上这样描述这个战略:就像驾车在漆黑的盘山公路上不开车灯,以每小时 150 公里的速度飞驰而试图不出事故。

这个商业战略注定迟早要出事,只是公司的管理人员不知道这一时刻何时来临。当事故真正发生时,是否我们会想让一个法官去审查这个战略和公司首席执行官的解释,并且追究董事们的个人责任和要求他们赔偿呢?如果我们要追究董事的过失责任,在这个例子里我们很有理由这样做。或者,是否我们愿意让公司董事去冒很大的商业风险并期望他们取得很大成功?商业判断准则就是要鼓励公司董事冒险,甚至是很大的风险。

这个故事有个现实版本。这个公司实际上就是英特尔公司（Intel），全球最成功的公司之一。那个描述他的商业战略就像在漆黑的盘山公路上高速驾车的首席执行官就是著名的安德鲁·格罗夫（Andrew Grove）。英特尔公司实际上是在去年（2000 年）出了事的。当然，这不是一个是否会出事的问题，而是一个在什么时候会出事的问题。但是，英特尔公司仍然是一个大型的、成功的公司，许多长期战略投资者很喜欢对其进行投资。

我认为，法官不应当惩罚那些善意犯错的董事。事后判断商业决策的实际意义非常小，相反，可能抑制商业冒险的负面作用却非常大。所以，我赞成在内部人员没有利益冲突的情况下适用司法不介入原则，而在内部人员从事自我交易的场合下适用严厉的责任规则。商业判断准则就反映了这一司法不介入原则。

3. 义务违反之救济

美国法院几乎从未对违反注意义务追究法律责任。另外，大多数美国的州公司法都允许公司采用章程条款免除外部董事违反注意义务的法律责任，而现实中几乎所有大型公司都照此而行。所以，我对于违反注意义务的救济问题的讨论自然就很简短。我对于外部董事违反注意义务的适当救济和法律责任限制等问题的观点非常类似于我对于董事非故意地违反信息披露义务救济问题的观点。我将在下文讨论董事信息披露义务的有关问题。

四、信息披露义务

在过去约 15 年里，美国公司法中出现了董事的第三类核心信义义务，即向股东提供完整的信息披露。公众公司的信息披露义务长久以来是我们证券法中的一部分内容，但是，我将在这里集中讨论公司法中新兴的信息披露的信义义务。

1. 信息披露义务的范围

公司法中信息披露义务的范围仍在不断发展中,但是,基本上包括两个核心的发生场合:第一,当股东要进行投票时;第二,当公司完成一项自我交易时。对于二者来说,信息披露义务都是体现为一种不能遗漏或者误述(omit or misstate)"重大"(materiality)事实的义务。因此,在这里,信息重大性标准就必然是不精确并且事实依赖的(fact-dependent)。

在股东投票之前进行全面信息披露的理由是显而易见的:没有好的信息披露,股东们就根本不知道如何投票。对于自我交易要求全面信息披露也有几个理由。首先,信息披露能够向股东提供他们主张董事违反忠实义务而提起诉讼的必要信息。其次,一般说来,信息披露自身就可以起到阻止完成某些自我交易的威慑作用,而且对于那些已经完成的自我交易而言,信息披露会促使它们对外部股东更加公平。最后,如果一项自我交易被隐瞒但后来又被发现的话,股东证明董事违反信息披露义务比证明其违反忠实义务要容易得多。

2. 义务违反之救济

违反信息披露义务的救济问题是比较困难的。如果义务违反被及时发现,进行纠正性披露就可以了。但是,不当信息披露(misdisclosure)经常是在自我交易已经完成后才被发现。这时候,什么样的救济方式才适当?设定一个明智的救济方式要分以下几个情况考虑。

(1)在股东投票之前的信息披露

先考虑当信息披露发生在股东投票之前的情况。在大多数时候,不当信息披露不是出于故意隐瞒而是因为一个对于应当披露多少信息的判断偏差问题。这种情况下追究董事的个人责任就未免过苛,特别是因为外部董事并没有亲手起草信息披露文件。相反,他们只是审查别人——通常是公司的律师——起草的信息披露文件。外部董事一般只投入有限的时间去审查草拟的信息披露文件。通常情况下,他们并不非常了解公司的事务,因此,不可能发现除那些显而易见的披露问题之外的所有披露瑕疵。

过于苛刻地处理董事违反信息披露义务的潜在可能性是很大的，因为，我们通常不知道是否更好的信息披露会改变股东投票的结果。某些情况下，在股东投票之前可以发布禁令，或者也可以重新进行投票。但是，在更多时候，赔偿金可能是唯一可行的救济方式。法院必须以某种方式推定，更好的信息披露会产生不同的投票结果，然后在此基础上判定赔偿金。但是，这种推定方式会导致在以下一种情况也仍然会判定赔偿金：如果我们能够假设性地重新进行投票，改进后的信息披露实际上也不会改变投票结果。

法院应当在什么时候推定如果信息披露得更好就会改变投票结果呢？答案是不确定的。根据美国证券法，如果存在重大事实被遗漏和误述的情况，那不完美的信息披露就会被推定为改变了股东投票的结果。这里，"被遗漏的事实会被认为是重大的，如果有这样一种实质性的可能，即一个理性的股东会认为那个遗漏事实在其决定如何投票的问题上是重要的。"(an omitted fact is material if there is a substantial likelihood that a reasonable shareholder would consider it important in deciding how to vote.)[18]这个标准并没有要求一个理性的股东可能会投不同的票，而仅仅是要求那个遗漏事实是全部信息整体中的一个重要组成部分。因此，在许多更好的信息披露实际上也不会影响投票结果的案件中，这个宽泛的标准都导致了判罚赔偿金。

除了赔偿金的判罚可能会出现过于严苛的问题之外，在股东投票之前的信息披露还有一个关键问题。实际上，我们没有一个客观的确定的最低披露标准以让董事能够遵照履行而避免个人责任。另外，事实上合格的信息披露可能会在事后被发现是有问题的，因为判罚法律责任的决策者自己会犯错。法律责任的判决者犯错误在美国尤其成问题，因为我们在复杂的公司法和证券法上的信息披露案件中都是把

---

⑱ TSC Industries v. Northway, Inc., 426 U.S. 438, 449(1976).

相关的事实问题委托给陪审团决定。陪审团成员一般都不是投资方面的专家,而且教育程度和文化水平也参差不齐。我认为,由法官,特别是那些专业法官,去做决定也许会更好。但是,由陪审团进行判决的做法在我们的联邦宪法和许多州宪法(除特拉华州外)中已经根深蒂固,因而不太可能被改变。

在任何情况下,无论法律责任由谁决定,或者法官或者陪审团,实际上都是有犯错的风险。这个风险,再加上对于到底多少的信息披露能够满足客观上的标准(即使没有法律责任判定者的错误)没有确定答案,意味着公司披露的信息细节越多,公司董事就能够得到越好的保护以免因信息披露不足而被起诉。但是,更多的信息披露就会导致更长的、更复杂的信息披露文件。信息披露文件越长,越少的股东就会去仔细地阅读它,或者根本就不看。

如果信息披露的目标是要让股东能够最好地作出相关决定,那信息披露的细节程度就有一个最佳层次。决定这个最佳的细节披露程度要考虑到以下三个因素:首先,可能由于信息披露不足而使股东做出错误的决定;其次,股东获取足够信息的成本;最后,如果公司披露太多细节,某些股东就会更倾向于不要获取那些信息。在这个最佳披露程度,凭借事后之明而觉得有必要披露的商业风险(或者精明的律师能够主张有必要披露的商业风险)在现实中经常就会没有被完全披露。

毫无疑问,如果公司或者公司董事不会因为不当信息披露而承担责任的话,他们就会很少地披露公司存在的问题。所以一定的法律责任是必要的。但是,对于非故意的不当信息披露施加过苛的法律责任又会导致降低整体披露质量的过度信息披露(overdisclosure)。

股东投票之前过度信息披露的代价比公开发行股票中过度信息披露的代价更大。对于公开发行股票而言,中小投资者实际上只是接受股票价格。他们能够分享大股东努力结果的福祉。即使过于详细的信息披露使某些投资者不去阅读那些披露文件,损失也是几乎没有的,因为几乎肯定阅读过信息披露文件的大股东们对于股票价格具有主要决定作用,而小股东们也许对于股票价格的设定没有太大影响。相反,对于股东投票而言,每个股东的投票决定对投票结果都有影响。当然,每个股东单独作出自己投票决定的问题会由于以下因素而得到部分的缓和:可以提供私下的投票服务去建议股东如何投票,并因此总体上降低让股东拥有足够信息的成本。但是,小股东一般很少会有兴趣去参加这些投票服务活动。

董事对于不当信息披露的法律责任同样也会妨碍商业冒险的积极性。商业风险越大,潜在的法律责任也就越大,而且,通常法院凭借事后之明而判定信息披露有瑕疵的概率也会越大。这样,董事就会因为害怕承担法律责任而尽量少冒商业风险。但是,我们并不希望信息披露义务会产生如此结果。

本文的研究中心在于董事的信义义务,而不是证券法上所规定的信息披露义务。但是,这里的分析与证券法中关于违反信息披露义务而承担法律责任的标准是直接相关的。我认为,基于过失或者甚至间接故意的法律责任是过于严苛的,理由包括:外部董事在准备信息披露文件中的参与程度是有限的;这种责任可能会导致过度信息披露;另外,这种责任会阻止商业冒险或者不利于鼓励好的外部董事履行其职责。

在美国,对于涉及股东投票过程违反信息披露义务的适当救济问题还有待解决。其部分原因在于,目前已经发生的绝大多数案件都包括公众公司,董事通常面临的是证券法上基于过失或者间接故意的信息披露义务。证券法上的这个义务标准与公司法上的信义义务标准一样严格甚至更为严格。所以,几乎全部案件都是根据证券法中的信息披露义务而判定责任,而几乎没有案件是按照公司法中董事信息披露信义义务而判定责任。

我认为以下做法很有道理,即当原告起诉在股东投票之前的不当信息披露时,他应当负举证责任去证明好的信息披露很有可能会改变投票的结果。如果法院判定不当信息披露已经改变投票结果,那它也会推定好的信息披露会导致不同的投票结果,并在此推定基础上判罚赔偿金。

如果没有理由认为更好的信息披露可能会产生不同的投票结果,那就不应当进行救济。但是,即使在某些情况下不会有救济,进行良好信息披露的动机仍然事先就存在,因为公司的内部人员事前不可能知道是否不同的信息披露在事后会被认为对投票结果有决定性影响。

对于一个存在大股东控制的公司而言,投票结果一般与信息披露的准确性无关。因此,在这种情况下,对于与股东投票有关的信息披露义务之违反就应当没有救济。这里没有损害发生,因为投票结果没有改变。当然,不完美的信息披露即使不会影响公司的决策,也可能会影响公司股票的市场价值。但是,除去自我交易之外,这样的不完美信息披露的风险应当是投资者能够合理地承担的。这个无法律责任的处理方式是美国法院根据证券法但通过稍微有点不同的推理逻辑而得到的结果。⑲

(2)与自我交易有关的信息披露

我在这里讨论的是,当外部董事与自我交易无利害关系时外部董事违反信息披露义务后的救济问题。如果外部董事有个人利害关系,没有进行适当信息披露就表明违反了忠实义务,并因此适用对于违反忠实义务的救济方式。

当不当信息披露涉及自我交易而与股东投票无关,并且外部董事与自我交易无利害关系时,就没有显而易见的救济方式。一旦股东知悉了事实真相,他就可以直接提起基于忠实义务的诉讼,并且可能获得赔偿

---

⑲ See Virginia Bankshares, Inc. v. Sandberg, 501 U. S. 1083 (1991); Santa Fe Industries v. Green, 430 U. S. 462, 474 n. 14 (1997). 当更好的信息披露也不会改变投票结果时,一般就应当没有损害赔偿的救济。不过,如果不当信息披露虽然没有改变投票结果但是对于股东有其他形式的影响,那就应当有其他的某种救济。比如,如果股东对于一项提议的交易投反对票,他们就有权利要求评估并回赎他们的股票。一个收到不当信息披露的股东应当能够重新获得他的没有行使的要求评估和回赎股票的权利。

金。如果自我交易被隐藏的话,股东也可以提起基于信息披露义务的诉讼。但是,股东在证明损害时仍将面临与在忠实义务案件中所碰到的类似问题。信息披露义务的违反使股东更难发现事实真相和提起忠实义务之诉。但是,无论诉讼是基于忠实义务还是基于信息披露义务或者两者兼具,不当信息披露不会对赔偿金的数额有直接影响。

如果不进行信息披露是故意的,或者基于重大错误而没有使用保证适当信息披露的程序具有重大错误,我们也许能够基于信息披露义务而追究董事的责任,赔偿金也许就是自我交易价值的一定百分比。[20]或者在要求对于完全公平问题实行举证责任转换的美国法律体系中,如果没有适当信息披露的话,董事应当承担举证责任去证明自我交易是完全公平的,即使公司遵循了本来会导致举证责任转换到原告去证明自我交易缺失完全公平的程序。

为了保障法律被合理遵循,有必要对涉及自我交易的不当信息披露进行某种救济。但是,寻求一种适当救济方式的工作再次被以下考虑复杂化,即在没有故意的不当行为的情况下,我们很难追究外部董事的责任,以免挫伤董事履行职责和勇冒风险的积极性。但是,对于自我交易而言,这种潜在法律责任会妨碍商业冒险的顾虑就小多了。自我交易通常都是那些我们应当希望阻止的交易。所以,对于涉及自我交易不当信息披露的救济就会比那些在不涉及自我交易情况下的救济强大很多。但是,我对这种法律责任可能会挫伤外部董事履行职责积极性的顾虑仍然存在。因此,我对这种情况下应当如何进行救济的问题还没有一个清晰的观点。

3. 对于劣质信息披露(poor disclosure)的董事责任范围

对于外部董事是否应当和应当在多大范围内因为非故意地违反信息披露义务而承担个人责任这个问题,我个人的观点反映了不要挫

---

[20] 正如 In re Caremark International Inc. Derivative Litigation,698 A. 2d. 959(1996)一案中所表明的,这个做法与对于董事保证公司建立有效内部控制的一般义务的处理类似。

伤商业冒险积极性的顾虑。如前所述,这个顾虑在注意义务的问题上也同样存在。通常,外部董事都会基于善意而行事。如果他们将面临哪怕是概率非常小的重大个人责任风险,他们都会变得过于谨慎。这种谨慎会导致过度的信息披露。董事也会尽量避免可能会是错误的高风险交易。所以,我们必须非常小心地设定标准以判断什么时候外部董事才会面临不当信息披露的法律责任,以及决定当违反信息披露义务时董事应当承担多大的责任。

在美国,公司采用章程条款来免除外部董事在违反注意义务时法律责任的做法扩展到了信息披露义务。这与许多国家在董事违反注意义务时和所有国家在董事违反忠实义务时,施加完全个人责任的做法形成了鲜明的对比。

对于注意义务和信息披露义务而言,我个人比较倾向于介于这两个极端做法之间的中庸之道。当董事没有利益冲突而行事时,他们的法律责任可以被限制在他们年薪的一个合理倍数的范围之内,比如5~10倍。这样,通过施加适当的法律责任来促使董事谨慎地履行职责。这种法律责任的风险,即使很小的话,也能够让外部董事有一个足够强大的理由去抵抗公司内部人员想要进行过分乐观的信心披露的提议。同时,这个法律责任也不是太大,以至于外部董事有可能因为一个不小心的错误而有倾家荡产之虞。

对于故意违反信息披露义务而言,无限制的董事责任仍然是合理的。但是,我认为这种无限制的董事责任必须限定在真正的故意违反信息披露义务的情况中,而不能适用在基于过失或者间接故意而违反义务的情况。基于过失或者间接故意通常是美国证券法上承担不当信息披露法律责任的基础。

这里还有两个紧密相关的子问题:第一,是否部分或者所有的董事法律责任都应当可以由保险公司通过董事或者管理人员的责任保险(保险费是由公司承担)来偿付?第二,是否部分或者所有的董事责任可以由公司通过公司法或者公司章程中的补偿条款(indemnification provision)来偿付或者报销？如果没有一个对于董事责任的限制，在非故意地违反信息披露义务的案件中允许适用保险或者补偿机制的做法是很有道理的。但是，如果对于董事责任有限制的话，是否还应当需要保险和补偿机制就变成一个颇值探讨的问题。

董事和管理人员的保险与公司进行补偿的承诺是非常类似的机制。对于一个正常运行的公司而言，通常有二者之一即可。但是，保险能够保护董事免于公司将来可能破产而无法兑现所承诺补偿的风险。保险还能为董事提供一个无须自己承担法律责任的途径，即使公司拒绝偿付它实际上应当偿付的金额。这种情况可能发生在公司控制权发生转移之后，或者当对董事是否正当行为问题存在争议时。

我认为，外部董事应当可以被保险、被补偿，或者两者兼备，以此来偿付法律诉讼费用，但是，应当自己来偿付法院判决的、最终的、有一个法定限额的赔偿金。董事应当可以利用保险和补偿机制来偿付案件和解的费用。这样可以解决通常案件中继续进行诉讼的法律费用可能会等于或者超过和解金额的问题。

我还认为，对于董事实际上需要自掏腰包的法律责任(out of pocket liability)应当有一个进一步的限制，比如，董事从公司领取的终身薪酬(lifetime compensation)的 2 倍或 3 倍。这样可以保护那些已经长期不在公司任职而因此没有赚取太多薪金的被起诉并科以法律责任的董事。

这些对于董事法律责任的限制，再加上合理范围的保险和补偿机制，可以保证外部董事很少需要自掏腰包去偿付法律责任。但是，从理论上来说，承担适度法律责任的风险仍然存在。这个小的风险能够对外部董事行为起到一个重要的约束作用，而又没有那些严厉法律责任可能会导致的负面影响。[21]

---

[21] 这个要求对于外部董事违反注意义务和信息披露义务的法律责任进行限制的建议类似于美国法学研究所(American Law Institute)提出的建议，see *Principles of Corporate Governance: Analysis and Recommendations* §7.19 –7.20(1994)。但是，美国法学研究所的建议，反映了来自公司律师和他们客户的压力。它将董事的法律责任限制到董事年薪的同等数额，这样小的法律责任对于董事而言几乎没有什么意义。

五、当公司成为收购目标时的董事特别注意义务

第四个也是最后一个信义义务涉及当公司收到一个收购要约时的情况。这个义务至今还缺一个合适的名字。我姑且称它为当公司成为收购目标时的董事特别注意义务(the duty of special care when the company is a takeover target)。这个义务的部分内容可以被一个“中等审查标准”(intermediate standard of review)的概念所涵括。这个中等审查标准介于商业判断准则下对于注意义务案件的宽松审查和完全公平标准下对于忠实义务案件的严厉审查之间[22]。

1. 董事特别注意义务的本质

当公司成为收购目标时的董事特别注意义务要解决的核心问题是各种利益冲突类型中的一个类型。这个利益冲突问题是董事无法通过避免收购交易而避免的。由于董事无法避免这个利益冲突,所以,导致法院进行像在传统忠实义务案件中一样严格的审查。这种审查对于当公司成为收购目标时的董事特别注意义务而言未免过苛。

当一家公司成为收购目标时,内部董事就会面临可能失去工作职位和相应权力和地位的损失。这样,内部董事在决定如何应对收购要约时就面临一个直接的利益冲突。他们可能会拒绝一个股东希望他们接受的收购要约。他们也会选择一个要约而拒绝另一个要约,因为那个被选择的要约方承诺内部董事将继续在被收购后的公司中留任。

外部董事则面临一个相对较弱的利益冲突。他们也面临可能失

---

[22] 关于这个中等审查标准和特拉华州判例法原则的论述,see Ronald J. Gilson & Bernard S. Black, *The Law and Finance of Corporate Acquisitions*(second edition 1995 & supplement 1999)。三个杰出的特拉华州衡平法院大法官很有意思地试图将信义义务分解为三个人的范畴,即注意义务,忠实义务和当董事有一个“白保利益”(entrenchment interest)时对于公司收购案件的中等程度审查。关于这个情况的论述,see William T. Allen, Jack B. Jacobs & Leo E. Strine, Jr., “Function Over Form: A Reassessment of Standards of Review in Delaware Corporation Law”, *Business Lawyer*(forthcoming 2001)。

去工作职位的损失,但是正如我们所希望的那样,保住工作职位对于外部董事而言不是非常重要。如果外部董事把保住工作职位看得非常重要,那他们在审查公司收购交易时就不能有效发挥其应有作用,就像他们在对待自我交易时不能有效履行其职责一样。董事的独立性是其履行忠实义务的重要基础。前文述及的那些会影响董事独立性的因素,(参见前文"独立董事对于自我交易的批准"),同样也会影响董事在审查公司收购交易时的独立性。

美国法官在审查公司收购交易中目标公司董事会决议时,比审查没有涉及利益冲突的董事会决议要细致得多,但是比审查关于自我交易的决议要宽松。法院介入审查的理由在于,即使独立的董事也面临一个利益冲突问题,包括可能失去工作职位的损失。但是,美国法院还是选择把独立董事视为无利害关系的人,即忽略事实上存在轻微的利益冲突。同时,我们的法官又发现,在大量的案件中,独立董事履行职责时表现得就像他们有利益冲突一样,并且做出非常有问题的决议。法院也知道那些关于公司收购交易的决议对于股东具有特别的重要性。所以,美国法院就一直对董事实际做出的决议进行特别审查。

对于美国判例法上有关公司收购行为中反收购措施的讨论超出本文范围。而且,我也不想别的国家照搬我们令人困惑的判例法。[23]但是,近年来法院判决违反注意义务的仅有的一些案件都涉及了公司收购。实际上,这些案件应当被理解为属于当公司成为收购目标时的

---

[23] 关于作者自己对于特拉华州公司收购判例法的相当尖锐的评论,see Bernard Black & Reinier Kraakman, "The Irrationality of Delaware Takeover Jurisprudence", *Northwesern University Law Review*(forthcoming 2001)。关于反收购措施的一个详细的论述,see Ronald J. Gilson & Bernard S. Black, *The Law and Finance of Corporate Acquisitions*(second edition 1995 & supplement 1999)。关于欧洲这方面作法的介绍,see Guido Ferrarini, "Share Ownership, Takeover Law and the Contestability of Corporate Control", in *Company Law Reform in OECD Countries: A Comparative Outlook of Current Trends*(forthcoming 2001), available at http://papers.ssrn.com/abstact=265429 from the Social Science Research Network。

董事特别注意义务案件,而不是一般的注意义务案件。[24] 在美国,采取反敌意收购要约的防御措施是允许的,但是,那些防御措施可能要受到中等程度的法院审查。这种中等程度的法院审查介于非公司收购交易案件中所适用的商业判断准则下的不介入审查和忠实义务案件中所适用的完全公平标准下的非常仔细的审查之间。法官非常注意保护公司收购过程中的竞争行为,也就是所谓的“公司控制权市场”(market for corporate control),并希望他们的出现。所以,他们限制或者反对使用那些会绝对阻止一项敌意收购的完全的防御措施,以及那些会彻底地锁定目标公司和一个被偏爱的要约方之间收购交易的合同安排。

在其他国家,尤以英国为代表,有些特别规则对于目标公司董事会采用反收购措施的能力进行限制。[25] 其基本理念是,股东,而不是董事会,应当有权决定是否接受或者拒绝一项敌意收购要约。这个理念建立在这样一个法理基础上,即股东作为公司的最终所有人,应当决定是否卖掉公司,以及决定对于表面上独立的董事在这种情形下会如何作为有无信心。

好的公司收购规则应当是什么样的问题是另外的一个很大的话题。我对于这个问题的观点在我和内涅尔·克拉克曼教授(Reinier Kraakman)合写的一篇关于俄罗斯国公司法的文章中。我的总体判断是,由股东决定是否接受收购要约的英国模式,比由法院采取集中司

㉔ See Smith v. Van Gorkom, 448 A. 2d 858 (Del. 1985); Cede & Co. v. Technicolor, Inc., 634 A. 2d 345, on reargument, 636 A. 2d 956 (Del. 1994); Cinerama Inc. v. Technicolor, Inc., 663 A. 2d 1156 (Del. 1995); Cede & Co. v. Technicolor, Inc., 684 A. 2d 289 (Del. 1996). 关于就某些反收购措施的不合理性所做出的判决, see Mentor Graphics Corp. v. Quickturn Design Systems, 728 A. 2d 25 (Del. Ch. 1998), affirmed on other grounds, 721 A. 2d 1281 (Del. 1998)。

㉕ See Panel on Takeovers and Mergers, *The City Code on Takeovers and Mergers and the Rules Governing Substantial Acquisitions of Shares* (1993), General Principles 4, 7, 10, Rule 9. 1, Rule 21. 根据最近通过的欧盟第 13 号公司法指令,类似的规则将于 2006 年开始在整个欧盟生效并适用。

法审查的美国模式更为可取。这个判断在新兴市场中更有道理,因为在新兴市场国家中,法院通常缺乏能力去针对目标公司董事会采取的反收购措施的适当性这一复杂问题进行细微的判定㉖。

2. 义务违反的救济

在美国,当公司成为收购目标时的董事特别注意义务是被视为一般注意义务范畴中的一个变化形态,并因此允许通过公司章程免除外部董事的金钱赔偿责任。所以,目前主要的救济方式是,通常应收购要约方的诉求,法院在一项收购行为完成之前颁发一个对一项特定反收购防御措施的禁令。如果一项收购交易已经完成,就几乎不会去撤销它。另外,还有一个非正式的救济方式,即外部董事有可能会遵照特别注意义务中所要求的期待性行为标准而行事。如果公司法律顾问告知董事他们的特别注意义务,外部董事就更可能这样做,即使他们不这样做也不会面临金钱赔偿的风险。

这样就引发了一个很有价值的问题:当违反义务后没有有效的救济时,到底美国的董事们会投入多大的注意去履行义务,如注意义务,或者当公司成为收购目标时的特别注意义务?目前这个问题的答案是,大多数的董事在审查公司收购要约时是严肃地履行其职责的。至少,他们通常会遵循特拉华州判例法所要求的那些程序步骤,包括仔细地审查收购要约的条款;经常在同意友好的收购交易之前采取某种形式的"市场监督"(创造导致竞争性要约的机会);而且,会聘用投资银行来审查提议的收购交易是否公平。

一个假设性的问题是,如果外部董事永远都不会面临违反注意义务或者当公司成为收购目标时的特别注意义务的法律责任,而不是像现行法律所处理的那样,即开始存在可能导致法律责任的义务但是此

㉖ Bernard Black & Reinier Kraakman, "A Self-Enforcing Model of Corporate Law", 109 *Harvard Law Review* 1911(1996); see Lucian Arye Bebchuk & Allen Ferrell, "A New Approach to Takeover Law and Regulatory Competition", 87 *Virginia Law Review* 111 (2000)(主张美国的公司股东应当可以通过多数表决权原则选择适用限制使用反收购措施的英国法模式)。

法律责任可以被免除，我们是否还会获得与目前董事履行职责现状同样令人满意的结果呢？我认为，美国公司法发展的历史轨迹对那个结果有影响；如果其他国家过早地除去外部董事对于违反这个特别注意义务而可能导致某些金钱赔偿责任的担心，其他国家将会得到一个不太满意的结果。

我关于违反特别注意义务的外部董事法律责任适当范围问题的观点类似于前文中我对于违反信息披露义务的法律责任问题的观点。但是，我总体的政策取向是，采取像英国的那些限制董事抵制收购要约能力的规则。这样，损害赔偿的问题就会少很多。

六、结论

本文提出了我个人对于外部董事核心信义义务的总结、目前美国法上适用的救济方式，以及我认为的适当的救济方式。对于信义义务的传统处理方式是列举仅仅两类核心义务，即注意义务和忠实义务。但是，它也承认当公司成为收购目标时的董事行为应当受制于“中等程度”的审查。我认为，更好的处理方式是承认外部董事负有 4 类核心信义义务，而且，每一类核心信义义务都有其自己的责任标准和损害赔偿计算方法。

美国股东积极主义与公司治理

伯纳德·S. 布莱克*

引言

在美国，十多年来，大型机构投资者所引发的股东积极主义(shareholder activism)已经成为一道独特的风景。这么长的一段发展历史足以让我们来评价其对公司业绩是否起作用。目前的证据表明，美国特色的股东积极主义对公司业绩几乎没什么作用。关于机构投资者进行长期性的“相关投资”(relational investing)与提高公司业绩之间是否有关系的证据也是支持和反对兼而有之。① 虽然某

---

* 美国斯坦福大学法学院法学教授。

① J. E., Bethel, J. P., Liebeskind, and T., Opler, 1996, "Block share purchases and corporate performance.", Working Paper. Ohio State University, Fisher College of Business. S. Bhagat, & B. S., Black, 1997, "The relationship between board composition and firm performance", in R., Smith, ed., *The Power and Influence of Pension and Mutual Funds* (forthcoming).

些机构投资者能够改善它所投资的公司的业绩,[2]但总体上,这种情况在机构投资者中极为少见。

在美国和其他地方,股东积极主义的程度同时受到政治和经济力量的影响。[3] 机构投资者对美国"代理投票权规则"1992 年的修正案给予了重大支持,这一修正案适当地降低了机构投资者之间结成联盟的障碍。但是,美国的机构投资者所受到的法律约束比起英国、德国或者日本的机构投资者来说要大得多。[4] 机构投资者没有足够的政治力量来反对采用新的法律规则,这些规则使敌意收购,即公司控制权市场(the market for corporate control),在 20 世纪 90 年代对大型公司经理的约束效力比 80 年代要弱。[5] 然而,与独立董事的监督或者机构投资者的干预(jawboning)相比,敌意收购的威胁更能有效地推动业绩较差的公司进行改革。比如,Mikkelson 和 Partch 在 1997 年发现,敌意收购高峰期公司首席执行官(CEO)的替换率比敌意收购较少发生的时期要高。相反,机构投资者的干预对于收购行动或者 CEO 的更替没有什么明显的作用(参见后文),尽管时有关于机构投资者不如意而促使 CEO 被替换的轶闻报道。[6]

---

② J. B. ,Delong, 1991, " Did J. P. Morgan ' s men and value? An economist ' s perspective on financial capitalism," in P. Temin, ed. , *Inside the Business Empire: Historical Perspectives on the Uses of Information.* Chicago, IL: University of Chicago Press.

③ B. S. ,Black, 1990, " Shareholder Passivity Reexamined" , *Michigan Law Review* 89:520 –608. M. J. , Roe, 1994, *Strong Managers, Weak Owners: The Political Roots of American Corporate Finance.* Princeton, NJ: Princeton University Press.

④ B. S. Black, and J. C. , Coffee, Jr. , 1994, " Hail Britannia?: Institutional investor behaviour under limited regulation" , *Michigan Law Review* 92: 1997 –2087. M. J. , Roe, 1993a, " Some differences in corporate structure in Germany, Japan, and the United States" , *Yale Law Journal*, 102: 1927 –2003.

⑤ M. J. , Roe, 1993b, " Takeover politics" , in M. , Blair, ed. , *The Deal Decade: What Takeover and Leveraged Buyouts Mean for Corporate Governance* 321 376. Brookings Institution, Washington DC.

⑥ D. G. , Smith, 1996, " Corporate governance and managerial incompetence: Lesson from KMart" , *North Carolina Law Review* 74: 1039 –1139.

我们很难说股东积极主义是一件坏事。但是,仔细观察近来的一些情况就可以发现,机构投资者的积极主义对公司业绩实际上没有起到什么重要作用。特别是它不能取代积极的公司控制权市场。

我将按顺序讨论以下问题:美国机构投资者积极主义的本质、积极主义对公司业绩影响的证据以及股东监督对公司经理约束的总体效果。我讨论的重点集中在股东积极主义对公司治理和公司业绩的影响,不讨论其对社会价值目标的影响。另外,我讨论的重点是那种作为改变公司行为或者治理原则的事前性努力的股东积极主义的影响。本文不讨论机构投资者所拥有的股票所有权和机构投资者事后性的投票积极性的作用,机构投资者事后性的对于其他股东所提出的问题进行投票时通常但不总是出于自我利益。机构投资者从自我利益出发进行投票能够部分地抵消偏向公司经理层的法律规则的作用,从而使公司控制权市场能够发挥其作用。

一、美国股东积极主义的本质

美国股东积极主义主要源于大型金融机构,而不是个人。其一般包括两种不同的表现方式:(1)在公司股东年会上提交(或者可能提交)关于公司治理的议案;(2)干预特定的公司经理或者董事会以促使管理或战略上的改变。

股东关于公司治理的议案是按照美国证券交易委员会的14a-8规则而提交的,14a-8规则允许股东在股东年会上提交一个包括议案和一个500字的支持意见在内的投票代理权陈述。股东也可以提出14a-8规则之外的议案,但他们很少那么做。

使用14a-8规则的好处在于,股东可以避免因准备投票代理权陈述和进行投票代理权劝诱所付出的费用。避免这些费用很重要,因为即使是最积极的机构投资者对这些行动的成本投入也相当谨慎,以确保这些投入绝对地或者相对于其他不够积极的机构投资者(他们可以“搭便车”)而言,不对他们的收益产生负面影响。Admati,Pfleiderer和 Zechner 在 1994 年模拟了在机构投资者监督方面“搭便车”行为的影响。[⑦]

使用 14a－8 规则的劣势在于,股东必须在股东大会召开 6 个月前提出议案,并且提议的内容也受到限制。特别是股东无法依据 14a－8 规则来提名董事会成员。将股东对董事的提名权排除在 14a－8 规则之外在原则上说不通,必须用政治性的术语来理解:14a－8 规则排除了股东最想解决的问题,这样做的原因恰好是因为这个问题的重要性。所以,政治因素约束了股东积极主义的范围,这在 SEC 的投票代理权规则中得到了充分的反应。

对股东议案的投票结果因议案的种类和公司特征的不同而有所不同。[⑧] 只有很少一部分股东议案能获得大多数股东的支持,而大多数只能接近但难以达到多数票的支持(投资者责任研究中心,各年份的关于投票结果的数据),并且,如果对某一议案进行投票,其有可能获得大多数或接近大多数股东的支持时,公司通常就会非正式地采纳那个议案。但是,如下文所述,最近有一个例外,即股东议案是请求性的。公司董事会可以,而且事实上也经常,不理睬大多数股东对一项议案的投票支持。

即使是最积极的机构投资者每年花在公司治理上的钱也远少于半个基点(0.005%)。[⑨] 他们只关心基本的公司治理问题,而不关心需要专门知识背景才能加以决定的特殊问题,比如公司决策是否明智、CEO 是否适格等。

---

⑦ A. R., Admati, P., Pfleiderer, and J., Zechner, 1994, "Large shareholder activism, risk sharing, and financial market equilibrium", *Journal of Political Economy* 102: 1097－1130.

⑧ L. A., Gordon, and J., Pound, 1993, "Information, ownership structure, and shareholder voting: Evidence from shareholder-sponsored corporate governance proposals", *Journal of Finance* 48: 697－718.

⑨ D. Del Guercio, and J., Hawkins, 1997, "The motivation and impact of pension fund activism", Working Paper, University of Oregon, Lundquist College of Business.

机构投资者在公司治理上有限的投入与在积极财务管理上的投入形成了鲜明的对比。积极管理(active management)每年在管理费和交易成本上的开支通常为50～100个基本点。因此,采用积极管理的机构投资者在股票选择上的花费是积极参与公司治理的机构投资者在公司治理问题上的花费的100倍,并且关心股票选择的机构投资者要多于关心公司治理的机构投资者。机构投资者不愿意在公司治理方面投入大量的金钱,说明了他们期待从这些行动中获得的回报率。[10] 这种有限的投入,相应只能得到很少的回报。一些机构投资者在参与公司治理方面可以搭其他机构投资者的便车的潜在可能性,可以部分地解释为什么机构投资者在公司治理问题上投入这么少的精力和物力。

14a－8规则下的典型的股东议案包括:赎回或者弱化公司“毒丸”;废除交错董事(staggered board)任期,以确保在一次选举中替换掉所有的董事;让股东进行无记名投票;在董事选举上采用累积投票制;出售公司;将董事长和CEO的职位分开;组建完全由独立董事组成的提名或薪酬委员会。大多数议案包括在许多公司中经常出现的结构和程序问题。许多机构投资者已经总结出如何在这些反复出现的问题上进行投票的经验。

机构投资者每年要对上千个问题进行投票,因此,在决定如何对某一特定的公司某一特定的问题进行投票时,其投入就非常有限。在大多数情形下,机构投资者不是支持管理层就是追随先前的投票方针。面对信息不充分的投票者,激进的机构股东所提交的议案通常是其他投资者在其他公司提过的议案,而不是提出新的或者专门针对本公司的议案,因为这样的议案可能会以失败而告终,由于那需要其他股东仔细进行调查研究。我在1990年和1992年研究了那些会导致

---

[10] R. C., Pozen, 1994, "Institutional investors: The reluctant activists", *Harvard Business Review*, Jan./Feb. 1994: 140－149.

激进机构股东集中关注公司结构和程序问题的规模经济问题。

提交股东议案的机构投资者通常是州和地方政府的养老基金。⑪这些"公众"养老基金可能更加愿意提出议案,因为,在对抗公司经理方面,他们没有其他机构投资者那么强烈的利益冲突关系。⑫ 但是,州和地方政府养老基金有时会有政治上的而不是利润最大化的动机。⑬更加普遍的是,机构投资者自身也会面临代理成本和信息成本问题,这些都会降低他们作为监督者的效率。⑭

现实中,只有很小一部分机构投资者曾经提交过股东议案。比如,Daily,Johnson,Ellstrand 和 Dalton 在 1996 年调查了 975 家机构投资者,发现其中只有 13 家在 1986 年至 1994 年提交过股东议案。⑮ 股东议案有时也来自个人投资者或者工会,他们知道他们能够获得机构投资者的投票支持。⑯ 就这个意义上而言,工会和个人投资者是机构投资者的投票代理人。

股东议案通常是针对那些在相当长一段时间内业绩表现不如其

---

⑪ Gillan & Starks 在 1997 年对谁提交议案进行了全面评述。See, S. L. Gillan, and L. T., Starks, 1997, "Relationship investing and shareholder activism by institutional investors", Working Paper, University of Texas at Austin, Department of Finance.

⑫ Black 在 1990 年讨论了这些利益冲突, Bickley, Lease 和 Smith 在 1988 年提出了利益冲突会影响机构投资者如何投票的证据。See, B. S., Black, 1990, "Shareholder Passivity Reexamined", *Michigan Law Review* 89:520 –608; J. A., Bickley, R. C. Lease, and C. W., Smith, 1988, "Ownership structure and voting on antitakeover amendments", *Journal of Financial Economics* 20:267 –291.

⑬ R., Romano, 1993, "Public pension fund activism in corporate governance reconsidered", *Columbia Law Review* 93:795 –853.

⑭ J. C., Coffee, Jr., 1991, Liquidity versus control: The institutional investors as corporate monitor. *Columbia Law Review* 91: 1277 – 1368. W. M. O' Barr, and J. M., Conley, 1992, *Fortune and folly: The wealthand power of institutional investing.* Business One Irwin, Homewood Illinois.

⑮ C. M., Daily, J. L., Johnson, A. E. Ellstrand, and D. R., Dalton, 1996, "Institutional investor activism: Follow the leaders?", Working Paper, Purdue University.

⑯ Schwab 和 Thomas 在 1997 年讨论了作为股东支持者的工会的角色。See, S. J. Schwab, and R., Thomas, 1997, "Labor unions as shareholders: Careful monitors or wildcat strikers?", Working Paper, Cornell Law School.

同行的公司。比如,作为最大的州养老基金的 CalPERS,其同时也是机构投资者委员会,和 TIAA - CREF 一起每年都会确定几个表现较差的公司作为进行公司治理改革的目标。这种股东议案因而具有双重功能:提高公司治理的方式和投资者对管理层不满的信号。

一旦机构投资者将一个公司作为股东议案的潜在目标,它通常就会事先与这个公司进行非正式接触,以冀私下达成进行公司治理改革的协议。[17] 通常这种私下协议一旦达成,机构投资者就不会再正式提交股东议案。如果管理层反对非正式的私下协商,就会导致机构投资者根据 14a - 8 规则正式提出股东议案。

在双方都知道提起正式股东议案的可能投票结果时,机构投资者和目标公司管理层就会对于公司应当如何就机构投资者所发出的非正式的改革压力进行反应的问题展开协商。目标公司一般知道其大股东是谁,因为根据美国证券规则的要求,金融机构投资者每季度都要公布其持有的股份情况。目标公司将会雇用一个委托投票劝诱者来探明其股东将如何就一个特定的股东议案进行投票。如果是一个经常性出现的议案,如废除"毒丸"的议案,委托投票劝诱者对投票结果的估计就会比较准确,从而能够为公司和提出议案者之间进行非正式的协议提供一个基础。

传统观念认为,在机构投资者持有股份比例较高的公司中,股东议案会获得更大的支持。但实际中情况要复杂得多。各种关于主要

---

[17] Nelson Carleton,& Weisbach's 在 1997 年 对 TIAA - CREF 的研究。See, W. T. Carleton, J. M. Nelson, and M. S., Weisbach, 1997, "The influence of institutions on corporate governance through private negotiations: Evidence from TIAA - CREF", Working Paper. University of Arizona, Department of Finance; M. P. Smith's 在 1996 年对 CalPERS 的研究。See, M. P., Smith, 1996, "Shareholder activism by institutional investors", Evidence from CalPERS. *Journal of Finance* 51:227 - 252.

机构投资者所提起的议案是否与股东支持有关系的证据表明,[18]机构投资者所持有的股权对股东支持公司治理改革的议案起不了多大作用;而且,机构投资者持有股权比例较高的公司并不比其他公司更有可能收到股东议案。[19]

一项股东议案是否能赢得大多数股东支持的一个重要因素是机构股东服务中心(Institutional Shareholder Services,ISS)的建议,机构股东服务中心是一个为机构投资者提供委托投票建议和投票服务的咨询公司。在ISS以他们的客户名义进行投票而持有的股份和那些听从ISS的建议的机构投资者所持有的股份之间,ISS的一项建议可以使一项股东议案多获得15% ~20%的股东支持。因此,提出议案的股东通常会努力使他们的议案与ISS的指导方针相一致,并且花很多精力以说服ISS来支持他们的议案。相反,公司经理也会去游说ISS反对股东议案,而赞成经理提出的像批准股票期权计划这样的议案。

就理论角度而言,ISS是一个专业的信息媒介,其成功之处在于,它的存在降低了机构投资者在决定如何投票问题上的成本,因而能够促成信息更充分,质量更高的投票。在十几年之前,没有相似的投票服务机构,而今天它的存在,是因为与十几年之前相比,投票对于机构投资者而言具有日益凸显的重要地位。

股东积极主义除了以上看得见的成功外,还有一些看不见的成功,即阻止了那些有利于管理层的公司治理改革的实现。比如,虽然股东很少能够说服拥有交错董事会的公司废除交错董事会,但是,几

---

⑱ L. A., Gordon, and J., Pound, 1993, "Information, ownership structure, and shareholder voting: Evidence from shareholder-sponsored corporate governance proposals", *Journal of Finance* 48:697 –718. K., John, and A., Klein, 1995, "Shareholder proposals and corporate governance". Working Paper. New York University, Stern School of Business. J. M. Bizjak, and C. J., Marquette, 1997, "Are shareholders all bark and no bite? Evidence from shareholder resolutions to rescind poison pills", Working Paper, Texas A&M University.

⑲ K., John, and A., Klein, 1995, "Shareholder proposals and corporate governance", Working Paper, New York University, Stern School of Business.

乎也没有公司会提起建立新的交错董事会的议案,因为这种议案成功的机会很低。股东积极主义者反对交错董事会的努力使这个问题日益重要,并且导致许多机构投资者采纳反对交错董事会制度的投票方针,因此,这种结果的出现是与股东积极主义者的努力分不开的。

协调一致的股东积极主义很少。实际上,每一个机构投资者都是单独行动,他们互不参与对方的事务,即机构投资者之间尽量避免在同一年中将同一个公司作为公司治理改革的目标公司。这与英国的实践形成鲜明的对比,英国的机构投资者通常联合起来行动,以提高他们的影响力。[20]

当问及美国的机构投资者为什么不联合起来,他们通常会提到一个法律障碍,即联合起来投票的股东如果占有公司 5% 的股份就必须向美国证券交易委员会提交 13D 表格,并且公司和其他股东就有可能起诉他们对联合计划的不完全披露。因此,降低提交 13D 表格的要求能够促进更强的积极主义。[21] 但是,美国证券交易委员会并没有要修订 13D 规则的意思。

但是,实际的法律障碍可能要比机构投资者所认为的要小。提交 13D 表格并不复杂,公司对主要机构投资者提起诉讼的可能性也很小。公司通常起诉激进的个人股东,有时是基于不充足的理由,但很少起诉主要的机构投资者。所以,机构投资者难以克服这样弱小的对于协调积极主义的障碍,表明其中的限制因素并非根植于客观的法律

---

⑳ B. S. Black, and J. C. , Coffee, Jr. , 1994, " Hail Britannia?: Institutional investor behaviour under limited regulation" , *Michigan Law Review* 92:1997 –2087.

㉑ B. S. , Black, 1993, " Next steps in corporate governance reform: 13(d) rules and control person liability" , in K. Lehn, and R. , Kamphuis, eds. , *Modernizing U. S. Securities Regulation: Economic and Legal perspectives* 225 –238; J. C. , Coffee, Jr. , 1994, " The SEC and the institutional investor: A half-time report" , *Cardozo Law Review* 15:837 –907.

障碍,而是在于他们自己主观上愿意达到的激进程度。[22] 在这样一种背景下,股东积极主义就不可能使法律变革产生巨大的突破。正如Black 和 Coffee 在 1994 年对英国机构投资者的积极主义行为进行研究所得出的结论表明,英国的机构投资者很少面临美国的那些法律障碍:

英国的经历为美国提供了两个经验:(1)降低监管控制力度,机构投资者就会更加积极;(2)降低监管控制力度,就会出现其他阻碍激进变革(在股东积极主义层面上)的限制性因素…… 在英国的经历中,我们可以发现股东监督经理方面的一种不同的内在局限——不是Berle 和 Means 所声称的建立在所有权和控制权分离的基础之上的完全被动性,而是连大股东在内的对于介入公司管理的回避,这种情况建立在以下基础之上:不完全的信息、机构投资者有限的能力、巨大的合作成本、与经理不一样的动机、流动性的优先选择、积极干预的不确定收益。基金管理人层面的代理成本问题可能不比公司管理人层面的代理成本问题小,因为基金管理人更加关注自己的相对于其竞争对手的公司业绩,而不是绝对的公司业绩。即使机构投资者聚集起大宗股权以至于能够拥有 Beile 和 Means 所称的股东政治力量,机构投资者之间的协作成本依然存在。[23]

正如很少存在协作的股东积极主义,他们也很少努力向公司董事会提名代表自身利益的候选人。公司董事会不仅独立于管理层,而且

㉒ J. C. , Coffee, Jr. , 1991, "Liquidity versus control: The institutional investors as corporate monitor", *Columbia Law Review* 91:1277 – 1368; J. C. , Coffee, Jr. , 1997, "The folklore of investor capitalism", *Michigan Law Review* 95: 1970 – 1989 (book review of M. , Useem, 1996, Investor capitalism: How money managers are changing the face of corporate America).

㉓ B. S. Black, and J. C. , Coffee, Jr. , 1994, "Hail Britannia?: Institutional investor behaviour under limited regulation", *Michigan Law Review* 92:1997 – 2087.

要对股东负责。[24] 法律的限制，尤其是控制人责任和内幕交易规则，更加有助于解释这种模式，但非法律的因素也同样重要。

关于股东议案方面最新的改革是一个要求赎回"毒丸"的公司章程修正案。[25] 这和其他反收购议案的重要区别在于公司章程具有约束力，而其他的股东议案是带请求性的。公司经理已经强烈抨击通过公司章程提出股东议案，认为这不适当地限制了董事会管理公司的自由裁量权。在特拉华州这个法律问题仍然没有解决，但我在此大胆做一个否定性的预测。为什么敌意收购中的目标公司在 20 世纪 90 年代没有被成功收购的占到几乎 50%，而 80 年代仅有 20%，其主要原因就是"毒丸"措施的应用。正是由于通过章程提出股东议案有可能改变股东和经理在反收购方面的力量对比，所以，要么特拉华州最高法院会认为反毒丸的公司章程是非法的，要么特拉华州的立法机构（由于其他州有可能采取相似的举措，从而威胁到特拉华州在吸引大公司方面的优势）会改变其公司法规则，将这样的章程认定为非法。

上文所述集中于股东积极主义看得见的行为和效果方面。还有一个通常看不见的方面：大股东会写信或者打电话给公司董事会成员或者 CEO 或者二者，以表达他们对公司战略的不满。至少在一些已经公开的例子中，这些行为迫使董事会换掉了 CEO，或者改变了公司处理 CEO 反对意见的有关策略，从而有时会带来有益的结果。[26]

---

[24] Gilson 和 Kraakman 在 1991 年讨论了董事对经理负责的重要性。See, R. J., Gilson, and R., Kraakman, 1991, "Reinventing the Outside Director: An Agenda for Institutional investors", *Stanford Law Review* 43: 863 – 906.

[25] H., Lesser, and D., Sugimoto, 1997, "Emerging trends in the use of shareholder bylaw amendments", *Corporate Governance Advisor* 5 (Sep./Oct.): 15 – 25; J. N., Gordon, 1997a, "Just say ever? Poison Pills, deadhand pills, and shareholder-adopted bylaws: An essay for Warren Buffett", *Cardozo Law Review* 19: forthcoming.

[26] J., Grundfest, 1993, "Just vote no: A minimalist strategy for dealing with barbarians inside the gates", *Stanford Law Review*; J., Pound, 1993, "The rise of political model of corporate governance and corporate control", *NYU Law Review*.

二、机构投资者的积极主义提高了公司业绩吗?

我们很难反对机构投资者的积极主义。但是美国相对弱小的股东积极主义真得起作用了吗,它们对公司业绩产生影响了吗?关于这个问题的研究越来越多。总体而言,没有令人信服的证据表明股东积极主义对公司业绩产生了积极影响。当然,发现股东积极主义对公司业绩的作用并非易事。股东积极主义有可能在经济上产生重要的积极作用,但可能被影响公司业绩的其他因素所掩盖。总体上缺乏股东积极主义和公司业绩之间关系的令人信服的证据表明,股东积极主义对公司业绩至多起了很小的作用。

研究者已经提出了这样一个问题,即机构投资者所占股份较高的公司,相对于机构投资者所占股份较低的公司,其监督经理的可能性是否更大。没有充足的证据表明,公司业绩和机构投资者占有的股份比例之间有正相关的关系。一些研究指出,机构投资者所占股份较高的公司的业绩还不如其他的公司,[27]这就是所谓的"被忽视的公司"(neglected firm)效应。但近来的两个研究未能发现这一效应。[28] McConnell 和 Servaes 在 1990 年指出了托宾 q 值(Tobin's q)和机构投资者股权比例之间的关系,托宾 q 值可以部分地衡量管理公司的技能。[29] 但是,这只能反映机构投资者愿意购买托宾值比较高的公司通

㉗ S. A. Carvell, and P. J., Strebel, 1987, "Is there a neglected firm effect?", *Journal of Business Finance and Accounting* 14:279 –290; R. B. Edelman, and H. K., Baker, 1987, "The dynamics of neglect and return", *Journal of Portfolio Management*: 14 (Fall):52 –55.

㉘ C. G., Beard, and R. W., Sias, 1997, "Is there a neglected-firm effect?", *Financial Analysts Journal* Sept./Oct.: 19 – 23; M. Brennan., T., Chordia, and A., Subrahmanyam, 1997, "Cross-sectional determinants of expected returns", Working Paper, University of California, Los Angeles.

㉙ J. J., McConnell, and H., 1990, Servaes, "Additional Evidence on Equity Ownership and Corporate Value", *Journal of Financial Economics* 27:595 –612.

常也是高增长的公司的股票,而不能说明机构投资者能够提高它们所持有股份的公司的业绩。

研究者提出的第二个问题是,机构投资者将特定的公司作为目标公司是否会真正影响公司业绩。许多研究都未能发现公司业绩和机构投资者的积极主义之间有关联,Daily,Johnson,Elstrand 和 Dalton 在 1996 年的研究便是其中的代表。他们发现公司业绩(通过非正常的股价回报,资产回报、权益回报来衡量)和总体的机构投资者的股权,或者仅仅激进的机构投资者的股权(他们已经提交股东议案),或者实际提交的股东议案之间没有重大的关系。[30]

Nesbitt 在 1994 年的研究是个例外。他指出 CalPERS 所选定的公司治理改革的目标公司获得了积极的长期股价收益。然而,Del Guercio 和 Hawkins 在 1997 年发现,总体上而言,业绩较差的公司都有相似的积极收益效应,包括被 CalPERS 选定的公司,其他机构投资者选定的公司,和没有被股东议案所选定的公司。Wahal 在 1996 年还发现,CalPERS 和其他八家激进机构投资者所选定公司的股价收益的回归值很低。这表明,市场效率机制的失灵,或者无法完全涵括这些公司风险因素的资产定价模式,比 Nesbitt 所称的股东积极主义的反弹效应更能解释以上问题。

第二个例外是 Opler 和 Sokobin 在 1997 年对在机构投资者委员会(Council of Institutional Investors,CII)重点名单(focus list)上的公司的研究。机构投资者委员会是一个大型机构投资者的行业性组织。他们发现,公司在被作为公司治理改革的目标公司之后,获得了显然

[30] D. Del Guercio, and J., Hawkins, 1997, "The motivation and impact of pension fund activism", Working Paper. University of Oregon, Lundquist College of Business; S. L., Gillan, and L. T., Starks, 1997, "Relationship investing and shareholder activism by institutional investors", Working paper, University of Texas at Austin, Department of Finance; J. M., Karpoff, P. H. Malatesta. and R. A., Walkling, 1996, "Corporate governance and shareholder initiatives: Empirical evidence", *Journal of Financial Economics* 42: 365 – 395; S. Wahal, 1996, "Pension fund activism and firm performance", *Journal of Financial and Quantitative Analysis* 31: 1 – 23.

高于市场平均收益的业绩表现。与 Del Guercio 和 Hawkins 在 1997 年以及 Wahal 在 1996 年的研究相比,他们在控制样本中没有发现很低的回归值。我们需要进一步的研究来判断,是否 Opler 和 Sokobin 对控制样本的选择导致了他们没有发现反弹效应。总体而言,关于衡量长期股价收益方法的可信度也存有疑问。[31] 我个人认为 Opler 和 Sokobin 的结论值得怀疑,部分原因在于它们的数值太大。他们发现的 12%(平均值一般是 9%)的平均异常回报率大得让人难以置信。

第三种方法是观察以下两个时间点前后的异常股价回报:一是正式提交股东议案时;二是公司默许了非正式的股东议案时。没有关于公司治理改革的目标公司获得短期异常股价回报的一致证据。[32]

这个一般模式也有一些例外。Del Guercio and Hawkins 在 1997 年和 Smith 在 1996 年发现,当股东提议废除反收购防御措施时,股价会有重大的负回报。Strickland, Wiles 和 Zenner 以及 Wahal 在 1996 年发现,激进股东干预成功时股价会有重要的正回报,这是因为干预成功后就不会导致正式的股东议案。Smith 发现,与收购没有关系的股东议案也能带来重大的正回报。他还指出,同意 CalPERS 议案的公司,其在议案公布期间正向的股价回报率非常大,平均达到 1.1%,但对于那些抵制议案的公司而言,其负向的股价回报率也很大,平均达

---

[31] B. M., Barber, and J. D., Lyon, 1997, "Detecting long-term abnormal stock returns: The empirical power and specification of test-statistics", *Journal of Financial Economics* 43: 341 – 372; S. P., Kothari, and J. B., Warner, 1997, "Measuring long-horizon security price performance", *Journal of Financial Economics*.

[32] D., Del Guercio, and J., Hawkins, 1997, "The motivation and impact of pension fund activism", Working paper. University of Oregon, Lundquist College of Business; S. L. Gillan, and L. T., Starks, 1997, "Relationship investing and shareholder activism by institutional investors", Working Paper, University of Texas at Austin, Department of Finance; J. M., Karpoff, P. H. Malatesta. and R. A., Walkling, 1996, "Corporate governance and shareholder initiatives: Empirical evidence", *Journal of Financial Economics* 42: 365 – 395; D., Strickland, K. M., Wiles, and M., Zenner. 1996, "A requiem for the USA: Is small shareholder monitoring effective?", *Journal of Financial Economics* 40: 319 – 338; S. Wahal, 1996, "Pension fund activism and firm performance", *Journal of Financial and Quantitative Analysis* 31: 1 – 23.

到 1.2%。

将这些研究作为一个整体来看,人们很难得出股东积极主义起了重大作用的结论。我对其是否起作用也深表怀疑。已有的在统计意义上重要的结论纷繁芜杂,缺乏一个清晰的模式。其所表达的信息也很不清楚。正式地提出股东议案反映了公司管理层的导致了非正式协商失败的不妥协态度。相反,如果非正式的协商取得成功,就表明管理层关注了股东利益,因而产生了积极的股价反应,这个反应与他们达成协议的具体公司治理问题无关。

这些研究的结论总体而言非常模糊,也反映了研究中事件日期选取的不确定性。这个不确定性部分基于以下原因:股东议案在正式提出之前,股东通常会与管理层进行非正式的协商;当提出股东议案时,投票的结果还不为人知;对于像道·琼斯新闻服务之类的媒体而言,股东议案没有足够的新闻价值而不值得被连续报道。

第四种方法,是研究那些被激进股东提议进行公司治理改革的目标公司的公司离散事件(discrete corporate event)是否更为频繁。行文至此,读者应当可以预测到,采用这种方法进行的研究会得出相互矛盾的结论。股东积极主义和随后 CEO 的更换[33]或者随后的公司收购(不管是善意收购还是敌意收购)之间没什么重大联系。[34]

Del Guercio 和 Hawkins 在 1997 年发现,在收购行为发生后的 3 年里,公司收购中目标公司的一些事件的发生频率比一般公司要高,最为显著的是资产出售、分离、重组和解雇员工(将它们视为一组事件),并且一些激进的机构投资者,主要是 CalPERS,比其他机构投资

---

[33] D., Del Guercio, and J., Hawkins, 1997, "The motivation and impact of pension fund activism", Working Paper, University of Oregon, Lundquist College of Business; J. M., Karpoff, P. H. Malatesta. and R. A., Walkling, 1996, "Corporate governance and shareholder initiatives", Empirical evidence. *Journal of Financial Economics* 42: 365-395.

[34] D., Del Guercio, and J., Hawkins, 1997, "The motivation and impact of pension fund activism", Working Paper, University of Oregon, Lundquist College of Business.

者更有影响力。他们还发现,成功的股东议案和关于反收购防御措施的议案(不管其是否成功),与收购行为的高发生率紧密相关。这与以下两点相一致:(1)股东对一项议案投赞成票表明股东对公司管理层的不满,并且向未来的收购者发出股东将会支持收购要约的信号;(2)激进股东在提出议案时,特意针对那些很有可能会成为潜在公司收购目标的公司。[35] Bizjak 和 Maquette 在 1997 年发现,废除"毒丸"的股东议案提高了目标公司对毒丸加以修改或者废除的可能性。但是,对股东而言,公司的反应只是表面上的而不是实质性的东西,因为如果公司成为收购行为的目标公司,他们会采用新的"毒丸"进行防御。[36]

关于经理对股东议案反映的研究存在一个研究方法的设计问题。机构投资者一般将业绩较差的公司作为目标公司提起股东议案。这些公司由于业绩较差,已经很有可能成为收购的目标公司或者其高层管理人员面临被替换的危险。因此,精心设计的研究必须使用没有被股东所选定的同一行业中业绩同样差的一组公司作为比较对象。如果一项研究中用以确定控制样本的公司业绩衡量方法不如机构投资者用以选择治理改革目标公司的方法复杂,而且,当激进股东选择治理改革目标公司的标准和公司治理事件之间确实有关系时,研究就会发现股东积极主义和公司治理事件之间存在一定关系。比如,Del Guerico 和 Hawkins 在 1997 年发现目标公司的选定和一些公司治理事件之间有关系,是因为他们采用了单一的公司业绩衡量方法,即资产回报率,来确定研究样本。

第五种方法,也就是 Wagster 和 Prevost 在 1996 年所使用的方法,是考察 1991 年至 1992 年美国证券交易委员会放松其委托代理投票

㉟ Ibid.

㊱ J. M., Bizjak, and C. J., Marquette, 1997, "Are shareholders all bark and no bite? Evidence from shareholder resolutions to rescind poison pills", Working Paper, Texas A&M University.

规则时，已经被选定作为公司治理改革的目标公司的股价反应。放松委托代理投票规则的这一法律变革提高了股东积极主义的潜在效率。但是，他们发现公司股价对这些法律变革并没有重大的反应。

即使机构投资者的积极主义没有直接影响目标公司的业绩，它也许能够改变公司文化，因而间接地影响所有公司业绩。但是，这种理论的可能性难以直接被检验。不过，我们可以讨论，机构投资者所发起的特定的公司治理变革是否影响了公司业绩。已经有人研究了以下三种这样的公司治理变革，包括：董事会的组成情况；完全由独立董事组成的提名委员会和薪酬委员会的设立；董事会主席和首席执行官两个职位的分开。

机构投资者强烈要求独立董事在公司董事会中占支配地位。但是，没有显著的证据能够证明董事会越独立就越能提高公司业绩，并且，一些证据表明内部董事和附属董事（affiliated directors）实际上起了重要的作用。[37] Westphal 在 1997 年讨论了 CEO 如何适应独立董事占大多数的公司董事会结构，并且能够在很大程度上挫败这种董事会结构上的独立性。一般而言，股东积极主义者支持设立完全由独立董事组成的提名委员会和薪酬委员会。但是，Klein 在 1997 年发现，没有证据能表明这些委员会和其成员影响了公司业绩。许多机构投资者也支持将董事会主席和 CEO 的职位分开。但是，仍然没有令人信服的证据表明这种公司治理的变革影响了公司的业绩。[38]

以上关于股东积极主义重要性的评论集中在看得见的积极主义。几乎看不见的对于特定公司的股东干预也会有所收获，比如促成公司

---

[37] 关于独立董事的作用，see S. & Bhagat, B. S., Black, 1997, "The relationship between board composition and firm performance", in R., Smith, ed., *The Power and Influence of Pension and Mutual Funds* (forthcoming)；关于附属董事的作用，see A., Klein, 1997a, "Affiliated Directors: Puppets of Management or Effective Directors?", Working Paper, New York University, Stern School of Business。

[38] J. A., Brickly, J. L., Coles, and G., Jarrell, 1997, "Leadership structure: Separating the CEO and chairman of the board", *Journal of Corporate Finance* 3: 189 – 220.

战略的改变或者CEO的更换。这种改变不仅直接影响了事实上被选定为干预目标的公司,而且也影响了其他的由于业绩较差而可能成为干预目标的公司,使它们自觉地去改变公司战略或者更换CEO以避免成为干预目标。但是,我们还没有能够定量地分析这些行为的数据,所以,我们必须依靠轶闻证据。在股东积极主义的实际效果问题上持乐观主义的人认为,上述看不见的股东干预所产生的收获很大,[39]相反,悲观主义者,包括我自己,倾向于认为股东积极主义者的努力是有价值的,但是他们是否具有很大的、总体有效的效果还值得怀疑。[40]

三、机构投资者监督的全面重要性

总体而言,以上归纳的实证研究相互冲突,难以得出一个确定的结论。这种情况应该不足为奇。目前,股东积极主义的总体水平还相当低。一些机构投资者在公开的激进行为方面的投入微不足道。他们不进行委托投票代理权争夺,也不试图通过委托投票代理权争夺,或者通过私下干预,选出自己的代表进入董事会。事实上,大多数股东议案都是请求性的,公司经理经常不理睬那些甚至已经得到大多数股东投票赞成的议案。机构投资者要面临在什么样的公司治理问题上提出议案的信息成本问题,和彼此组织起来影响经理行为的集体行动问题。这些问题由于以下类型的法律规则的存在而变得更加严重,根据这些法律规则,机构股东更难独自地拥有大额股份,或者,他们之间的联合行动变得更为困难,而且,机构股东派出自己的代表进入董

---

[39] J. N., Gordon, 1997b, "The shaping role of corporate governance in the new economic order", *University of Richmond Law Review*.

[40] B. S. Black, and J. C., Jr., Coffee, 1994, "Hail Britannia?: Institutional investor behavior under limited regulation", *Michigan Law Review* 92: 1997 - 2087. J. C., Jr., Coffee, 1997, "The folklore of investor capitalism", *Michaigan Law Review* 95: 1970 - 1989 (book review of Useem, M., 1996, Investor capitalism: How money managers are changing the face of corporate America).

事会的做法也很危险。

公司控制权市场为评估股东积极主义的效果提供了一个很好的检测方式。许多股东议案的目标都是在于提高市场的活跃性。在一定程度上,股东的反对意见已经降低了反收购防御措施的扩散速度和范围。那些反收购措施,如交错董事会,现在必须经过股东的批准。但是,股东试图使公司全面停止反收购防御措施的努力并没有取得成功。更加重要的是,股东没有能力阻止公司经理和他们在特拉华州最高法院和州立法机构中的支持者通过采取以下行为来打消敌意收购者的积极性:“毒丸”措施;反收购立法;允许公司经理“把股东视为没有能力去理解公司真实价值的白痴”的司法判决(这是特拉华州最高法院法官 william Allen 的原话)。这些态度和做法反映了我们的法院和立法机关对于公司法中一个核心问题的原则立场,这个问题就是,公司应当何时被出售?

当然,他们的观点在我们学术界看来是很可笑的。

即使股东要求废除毒丸或者其他反收购措施的议案对股价产生了积极的影响(如上文所述,实证研究还没有证实这一点),或者使公司经理对于这些防御措施的使用有所收敛(实际上,Useem 在 1996 的实证研究发现,反收购措施,特别是那些不需要通过股东批准的反收购措施,在过去的 10 年间已经被更为广泛地使用),这也只能表明,机构投资者在政治战场上仅仅赢得了一场小战役,而输掉了整个战争。这个战争的目的就是要让股东,而不是经理来决定是否应当将公司卖掉。实际上,美国机构投资者在整个政治战争中失败的同时也丢掉了许多局部的小战役。相反,英国机构投资者所赢得的最重要的一次战役就是维持了活跃的公司控制权市场。

从比较法的角度来看,美国机构投资者的积极主义没有取得显著成效也不足为奇。虽然德国银行具有让美国机构投资者所梦想的影响力,然而德国银行在使用他们的影响力去努力提升所投资公司业绩方面的工作也不是成绩斐然,并且还经常疏以防止严重的不当经营行为。[41] 日本的主要银行作为公司监督者,其监督效率也很不确定。[42] 英国机构投资者规模更大,面临的法律限制也少得多。尽管在公司监督方面他们比美国同行做得更好,但是,差距也不是非常大。[43] 所以,我们对于美国的机构投资者的期望理应要比对于他们的英国、德国和日本同行们的期望低一些。也许,目前美国机构投资者在公司治理方面所取得的微薄成效正是我们应当理性地所期望的水平。

---

[41] J., Edwards and K., Fischer, *Banks, finance and investment in Germany*. Cambridge University Press, 1994, Cambridge, United Kingdom; E. Wenger, and C., Kaserer, 1997, "German banks and Corporate governance-a critical review", Working Paper.

[42] M. J., Ramseyer, 1993, "Columbia cartel launches bid for Japanese firms", *Yale Law Journal* 102: 2005 – 2020, J – K.; Kang, and R. M., Stulz, "Is bank-centered corporate governance worth it? A cross-sectional analysis of the performance of Japanese firms during the asset price deflation", Working Paper, Ohio State University, Fisher College of Business.

[43] B. S. Black, and J. C., Coffee, Jr., 1994, "Hail Britannia?: Institutional investor behavior under limited regulation", *Michigan Law Review* 92: 1997 – 2087.

第三部分　公司法的未来

公司法的终极

亨利·汉斯曼*　内涅尔·克拉克曼**

一、引言

近年来的学术研究经常强调欧洲、美国和日本的公司在公司治理、股权结构、资本市场、企业文化等制度上的差异。① 然而，尽管存在这种明显的差异，公司治理的基本法律，即公司法，在国家之间已经取得了高度的统一，并且有可能继续朝着标准模式方向进行融合。发达国家在100年以前也就是20世纪初就已经建立了公司形式的核心法律特征。虽然经过整个20世纪的发展，各国公司治理实践和公司法的细微结构方面仍然存在不小的差

---

* 美国耶鲁大学法学院教授。

** 美国哈佛大学法学院教授。

① See, e. g., Mark Roe, "Some Difference in Company Structure in Germany, Japan, and the United States", 102 *Yale L. J.* 1927 (1993); Ronald J. Gilson & Mark J. Roe, "Understanding the Japanese Keiretsu: Overlaps Between Company Governance and Industrial Organization", 102 *Yale L. J.* 871 (1993); Bernard S. Black & John C. Coffee, "Hail Britannia? Institutional Investors Behavior Under Limited Regulation", 92 *Mich. L. Rew.* 1997 (1994).

异,但是,目前促使公司法进一步融合的力量在迅速增长。其中,主要的压力在于,在经济发达国家中,不论是公司、政府还是法律精英都普遍认同公司法的股东中心主义。公司法应当主要致力于提高股东长期价值的思潮已经占据了绝对的统治地位。这个达成的共识已经在世界范围内深刻地影响了公司治理的实践,因而,影响公司法律的变革也不过是个时间问题。

二、融合的历史:公司形式的出现

我们首先必须承认:商业公司法在 19 世纪末已经取得了显著的世界性的融合。那时,在每一个主要的经济国家,规模大的企业已经以公司的形式来组织生产经营,并且在这些国家公司的核心功能特征在本质上不谋而合。这些特征,也能用来描述今天的公司,它们是:(1)完整的法律人格,包括明确的授权使公司受契约的约束;以及将契约和公司自己的区别于股东个人财产的资产结合起来;②(2)所有者和管理者的有限责任;(3)投资者分享公司所有权;(4)董事会下的委派管理;(5)可转让的股票。

这些核心特征,单个或是结合在一起地,使拥有众多股东的大公司高效率运转,从而在发达的市场经济中占据统治地位。我们在别的地方会详细探究那些效率。③ 在这里需要着重指出的是:虽然那些法律特征和他们结合在一起所带来的高效率在今天看来是理所当然的,但是,在 19 世纪初之前仅有几个被特别授权而成立的具有全部五个特征的公司。在英国,直到 1844 年拥有可转让股票的股份公司才被

② See Henry Hansmann and Reinier Kraakman, *The Essential Role of Organizational Law*(Yale Law School and Harvard Law School,1999).

③ Henry Hansmann and Reinier Kraakman,"What is Coporate Law?",Chapter 1 in Reinier Kraakman,Gerard Hertig,Henry Hansmann,& Hideki Kanda,eds,*The Anatomy of Corporate Law: A Comparative and Functional Approach*(working draft, June 1999); Henry Hansmann,*The Ownership of Enterprise*(1996).

普遍的运用到商业活动中,并且直到1855年才采用有限责任。[④] 虽然美国的一些州早几年就发展了公司的形式,但是,所有的普通商业公司形式都是在1800年之后出现的。然而,到了大约1900年,每一个主要的经济国家开始提供至少一种将以上五个法律特征作为默认规则的标准法律实体,从那时起就一直延续至今。

因此,关于商业公司法的基本构成要素,在一个世纪之前就已经迅速的融合。一般而言,从那时起,只是在更为细微的公司法结构上,各个国家才差别明显。

公司形式的五个基本法律特征从本质上使公司强有力地保护股东的利益。然而,它们并不必然地规定如何保护其他公司参与人的利益——像员工、债权人、其他供应商、消费者或整个社会。它们也不规定股东之间,特别是控股股东和非控股股东之间,利益冲突的解决方式。在整个20世纪已经有这些问题的争论,并且试验解决这些问题的方法。

然而,近些年已经有充足的证据表明,这些争论在主要国家的学术、商业和政府精英方面不断地在融合。这种融合主要表现在:对公司的最终控制权应当掌握在股东手中;公司管理层应当承担为了股东的利益来管理公司的责任;其他公司利益相关人,像债权人、员工、供应商和消费者,他们的利益通过契约的和政府监管的途径而不是通过参与公司治理来加以保护;非控股股东应当免受控股股东的剥削;公众公司股东利益的主要衡量标准是公司股票的市场价值。简而言之,我们认为包含这些因素的公司就是公司形式中的"标准股东中心模式"(或者简单地说,就是"标准模式")。因为公司法与这种标准模式的执行紧密相关,所以,这种在公司事务适当执行方面的融合也就是公司法相关内容方面的融合,并且有可能对公司法律结构产生深远的影响。

---

④ Phillip Blumberg, *The Law of Corporate Groups: Substantive Law*, 9 - 20 (1988).

因此,正如在 19 世纪末期公司形式的核心特征得到快速的发展一样,在 21 世纪之初我们见证了代表公司结构和治理理念趋同的标准股东中心模式的快速融合,并且,我们应该期待这种形式上的融合能够带来公司法律和公司治理实践方面的实质性融合。

促使标准模式的融合有三个主要的因素:其他可选择模式的失败;全球经济竞争的压力;有利于一个新兴股东阶层的利益集团力量对比方面的变化。我们按顺序来分析这些因素。

三、其他可选择模式的失败

20 世纪关于公司法基本结构的争论和试验集中在为非股东的利益相关人的利益提供保护的方式上。在这一点上,传统的关注力集中在其他三个模式而不是股东中心模式。我们把这三个模式称为公司法的经理中心模式、员工中心模式和政府中心模式。尽管这三种模式中的每一个——在不同方面和不同国家——在法律实践和理论方面取得了一些成功,但他们最终丧失了吸引力。

最近的学术研究中心集中在,认为公司利益相关人模式可以代替股东中心模式。然而,利益相关人模式本质上只是过去的经理中心模式和员工中心模式一些构成要件的糅合。因此,那些使得经理中心模式和员工中心模式失去吸引力的因素同样会影响利益相关人模式,而使其不具备与股东中心模式相抗衡的实力。

1. 经理中心模式(Manager-Oriented Model)

从 20 世纪 30 年代到 60 年代,美国普遍流行的观点是极力颂扬将实质性的自由裁量权授予大公司的管理层所带来的种种优势。比如,麦瑞克·多德(Merrick Dodd)和约翰·肯尼斯·高贝斯(John Kenneth Galbraith)都极为推崇这种观点,阿道夫·伯利(Adolph

Berle)到晚年才认同。[5] 这种观点的核心是认为公司职业经理人能够无私地管理公司,从而使之服务于整个社会公众的利益。20 世纪 50 年代公司社会责任的思潮可以被看作这些观点的体现。[6]

这种观点的魅力在于有争议地阐明了美国 20 世纪 50 ~ 60 年代多种法律发展的合理性,这些法律倾向于加强公司经理的自由裁量权,比如,美国证券交易委员会投票代理权规则和威廉姆斯法案。然而,到了 70 ~ 80 年代,联合大企业运动的崩溃,很大程度上使这种经理中心的模式丧失了往日的吸引力。传统观念认为,当管理层手中掌握了巨大的权力来支配公司的投资决策,不论他们如何的善意,绝大多数都会以自利而告终。虽然以经理为中心的公司较之以股东利益为中心的公司在某些方面对于非股东利益的保护更有力,但是,由于低效率的运作和过多投资于低价值的项目而付出的代价,今天看来实在是太大了。

2. 员工中心模式(Labor-Oriented Model)

规模大的企业无疑存在员工合同的问题。简单的合同和合同法的基本理念,难以规范工人和雇佣他们的公司之间的长期利益关系。这些关系通常会受包括重大交易投资和信息不对称在内的多种因素的影响。

通过有组织的工会进行集体谈判是解决这些问题的方法。这种

---

⑤ Dodd 和 Berle 在 20 世纪 30 年代在这个问题上进行了一场持久的争论,Dodd 认为公司经理应当承担社会责任,而 Berle 则拥护股东利益。Adolph A. Berle, "Corporate Powers as Powers in Trust", 44 *Harvard Law Review* 1049 (1931); E. Merrick Dodd, "For Whom are Corporate Managers Trustees?" 45 *Harvard Law Review* 1145 (1932); Adolph Berle, "For Whom Corporate Managers Trustees: A Note", 45 *Harvard Law Review* 1365 (1932). 到了 50 年代,Berle 好像支持 Dodd 所推崇的经理自由裁量的积极意义,赞成经理为整个社会利益服务。See Adolph A. Berle, *Power Without Property: A New Development in American Political Economy* 107 – 110 (1959), John Kenneth Galbraith 也赞同此说, see *The New Industrial State* (1967)。

⑥ See, e. g., Galbraith, supra, and Berle (1959), supra. 如想知道关于经理社会责任问题的正反面的各派观点, See Edward Mason, ed., *The Corporation in Modern Society* (1959)。

方法超越了公司法,因为代表员工谈判的工会和公司的组织结构无关。另外一种办法是员工直接参与公司管理,比如,委派员工代表进入公司董事会。早在魏玛共和国时期,德国就高度重视员工参与公司治理,但直到第二次世界大战时员工参与才在各地成为主导的解决办法。第二次世界大战之后,欧洲开始试验让员工直接参与公司治理。试验的结果在德国尤为显著。在德国,1951 年通过法律首先在煤和钢铁企业实行这一试验,然后分阶段地从 1952 年到 1976 年逐步在德国其他行业中实行。这个试验的结果是,在所有的德国大公司中员工都有权力选举一半的监事会成员。尽管德国的这种共同决策模式具有最为深远的影响,但是,其他的一些欧洲国家以较为缓和的方式让员工参与公司治理,给与员工在一些大公司的董事会中强制性的少数代表席位。

让员工参与公司治理的热情在 20 世纪 70 年代到达巅峰。在德国,共同决定模式无所不及,而且欧共体的公司法第 5 号指令草案也建议引入这种模式,[⑦]从而有可能使德国特色的共同决定模式遍及整个欧洲。同时期,激烈对抗性的工会主义作为一种处理员工合同问题的方式开始失去吸引力,实际上,开始从工业舞台上消失。由于这种工会对抗性的减弱,美国也对员工参与公司治理的模式表现出极大的兴趣。

从那时起,员工参与公司治理逐步丧失其作为一种理想模式的实力。尽管几番努力,但是,欧共体的第 5 号指令从未变成正式法律,并且从目前来看,德国特色的共同决策模式不可能被其他国家所引进。今天,越来越多的人认为有意义的员工直接投票参与公司事务的管理会导致低效率的决策、瘫痪或者弱化董事会的职能,这些代价有可能超过任何员工参与管理所带来的潜在好处。从本质上讲,这个问题是个公司治理的问题。虽然员工直接参与公司管理决策可以缓和一些

---

⑦ Proposals for a Fifth Company Law Directive,1983 O. J. (C240)2.

困扰员工合同的无效率的问题,在典型公司中,劳动力太庞杂,按照他们的意愿来实现高效率的公司治理是不太可能的,并且,在员工与投资者共同治理的情形下问题会更加突出,就像共同决策的公司所体现的那样。总而言之,不管合同机制有多么的弱,在解决员工和投资者的利益冲突时都会明显优越于投票或其他的共同决策方式(当施加了适当的劳动力市场监管时)。⑧

今天,即使在德国,几乎没有学者主张在其他国家将共同决策模式作为公司法的一般模式。相反,共同决策模式在德国至多被认为是适应当地利益和情况的可使用的一种模式,甚至更加适当地说,作为价值有争议的试验,现在由于政府的原因而很难改变。⑨

3. 政府中心模式(State-Oriented Model)

第二次世界大战前后,主张政府应在公司事务中扮演重要角色来保证私人公司为公众利益服务的观点获得了广泛的支持。这种观点认为,懂技术的政府官僚通过在公司事务中直接实施影响力可以避免市场失灵。这种模式在战前的法国和日本得到了大力推行。美国虽然在除国防以外的企业没有真正实行这种模式,但学者们对之表现了极大的兴趣。在英美国家,关于政府中心模式最具影响力的著作是 Andrew Shonfield 在 1967 年写成的《现代资本主义》,以赞美的笔触描

---

⑧ Henry Hansmann, supra note 2, at 89 – 119; Henry Hansmann, "Worker Participation and Corporate Governance", 43 *University Of Toronto Law Journal* 589 – 606 (1993); Henry Hansmann, "Probleme von Kollektiventscheidungen und Theorie der Firma-Folgerungen fur die Arbeitnehmermitbestimmung", in Clause Ott and Hans-bernd Schafer, editors, *Okonomische Analyse des Unternehmensrechts* 287 – 305 (1993). 关于德国董事的弱点, see, e. g., Mark Roe, "German Securities Markets and German Codetermination", 98 *Columbia Business Law Review* 167 (1998).

⑨ 当然,一些学者仍然将共同决定模式看作独特的北欧公司治理模式的一个核心要素, See, e. g., Michel Albert, Capitalism V. Capitalism (1993) (声称资本主义的"莱茵河模式"要比"盎格鲁萨克逊模式"优越)。然而,即使 Albert 也承认,公司治理的股东中心模式意识形态力量在不断增长。Id. At 169 – 190.

述了法国和日本风格的“指示计划”(indicative planning)。[10] 日本和随后采纳政府中心模式的其他亚洲国家,在经济上都表现强劲。这种结果使政府中心模式的价值得到高度评价,即使是在20世纪80年代。

在社团主义经济中(corporatist economies),政府控制公司事务的主要手段已经超出了公司法的范围。比如,政府官僚可以控制银行存款的分配、外币兑换、许可证、以及反竞争法有关规则的豁免。然而,公司法也发挥了一定的作用。比如,削弱股东对公司管理者的控制(减少对经理的压力有可能与政府的意愿相反);以及对管理者的渎职行为规定采用以政府主导的刑事诉讼而不是股东主导的民事诉讼进行规制(授予政府很大的自由裁量管理层行为的权力)。

但是,政府中心模式如今也几乎丧失了吸引力。其中的一个原因是国家社会主义(state socialism)作为一种文化和政治模式已经有了很大的改变。这一进程中的重大事件有20世纪70年代英国兴起的撒切尔夫人主义、80年代密特朗总统对法国国家所有权的废弃以及90年代几乎随处可见的社会主义的突然土崩瓦解。1989年之后日本公司表现相对较差,和以政府中心模式建立的其他亚洲国家经济近来的崩溃,更加使这种模式失去吸引力。今天,没有人会认为让政府直接控制公司事务会多么美妙。

4. 利益相关人模式(Stakeholder Model)

在过去的几十年,有关公司治理和公司法的著作中有时提倡将利益相关人模式代替强有力的股东中心模式。利益相关人包括员工、债权人、消费者、公司当地社区的批发商、或者像环境保护的受益人这样更加广泛的利益群体。他们认为,如果公司经理仅对股东负责,利益相关人会遭受公司和股东机会主义的剥削,因此公司法必须确保经理

---

⑩ Andew Shonfield, *Modern Capitalism: The Changing Balance of Public and Private Power*(1967).

也对利益相关人负责。

虽然利益相关人模式从一开始就存在一个普遍的问题,但是它假定了两种不同的解决方法。利益相关人模式中的一种,我们将其定义为公司的“信托人”模式,公司董事会的职能是作为公司所有利益相关人在对公司的投入和回报等问题上的中间协调人。在这种模式下,除了投资者之外的利益相关人都不能进入公司董事会。通过缓和董事会只对股东利益负责的原则来保护其他利益相关人的利益,因此赋予董事会更大的裁量权来关注其他利益相关人的利益。

信托人模式在美国法中通过有关利益相关人的法案得以清楚地体现,即允许董事会在实行反收购措施时考虑除了股东之外的其他利益相关人的利益。Margaret Blair 和 Lynn Stout,两位坚定的信托人模式倡导者,呼吁在美国公司法其他更广阔的领域内推行信托人模式。[11]在英国,信托人模式是正在进行的有关公司董事义务争论的一个焦点。[12]

利益相关人模式的另一个分支是让利益相关人的代表直接进入公司董事会,取代负有信义义务的董事。在这种公司“代表人”模式下,两个或者更多的利益相关人团体委派自己的代表进入董事会,然后他们协商制定的公司政策能够使所有利益相关人的共同利益最大化。当然,这个协商过程的结果取决于董事会中各个利益相关人团体的力量对比。在这种情况下,董事会的职能被视为一种集体信托人,虽然每一个单个成员仍然是他所属的那个集团利益的代表。董事会(或者管理委员会)变成了无中介的“利益相关人集团的联盟”,为不同的利益相关人集团之间合作监督管理层和解决它们之间的利益纠

---

⑪ Margret M. Blair & Lynn A. Stout, *A Team Production Theory of Corporate Law*, 85 VA. L. REW. 247(1999)

⑫ Company Law Reform Steering Group, “Modern Company Law for a Competitive Environment: The Strategic Framework” 39 –46(March 1999)(提出了两个方案,一个是保持现行的以股东利益为中心的董事义务;另一个是重新制定一个对于所有重要利益相关人负责的多重性义务)。

纷提供了平台。⑬

然而,不论是利益相关人的信托人模式还是代表人模式,从本质上说,都不是公司法的一条新思路。不管利益相关人模式多么地自吹自擂,有关的经济学理论多么的深刻,从本质上来说,它不过是过去的经理中心模式和员工中心模式的翻版。利益相关人的信托人模式只是经理中心模式的有效演变,存在同样的缺陷。没有约束的经理有可能为一些利益相关人服务,像公司现有的员工和债权人,但在做出决策时经常以牺牲股东、消费者、潜在的新员工和债权人的利益来不正当地谋取私利,利益相关人遭受的损失要远远超出他们所获得的利益。而且,法院也显然无力丰富信义义务的内容以确保经理们更加有效和公正地管理公司。

利益相关人的代表人模式很像过去的员工中心模式,尽管利益相关人的范围更广,也难逃同样的困境。强制性地让所有的利益相关人代表都进入董事会,有可能干扰公司决策程序,沉重的代价要超出利益相关人代表进入董事会所来的收益。

四、股东中心(或者“标准”)模式(Shareholder-Oriented Model or Standard Model)

如上所述,在公司事务中以经理、员工和政府为中心的各种模式逐一被抛弃。今天,人们一致认同,公司经理应当唯一地只对股东负责。

1. 谁的利益?

股东中心模式并不是说公司只以维护股东的利益为己任,更不用

---

⑬ Reinhard H. Smith and Gerald Spindler, "Path Dependence, Corporate Governance and Complementarity-A Comment on Bebchuk and Roe", *the Johann Wolfgang Goethe-Universitat Working Paper Series in Finance and Accounting*, No. 27 (1999), at p. 14.

说法律应该惩罚这样的结果。任何有思想的人都知道公司应该服务于整个社会的利益,在这个社会中股东不应该享有比其他的社会成员更多的特权。这种观点作为逻辑和实践的结果,简单地说,就是追求社会整体利益的最好办法就是让公司经理绝对地对股东负责,并且(至少直接地说)只对股东利益负责。即使所谓的“公司特许权理论”(concession theory)的大力支持者也公正地承认股东利益至高无上的地位。[14]

当然,主张股东利益在公司法中至上的地位,并不表明公司其他利益相关人的利益不应该得到保护。这只是说,保护非股东利益相关人利益,至少是除了债权人的所有利益相关人的最有效的法律机制,在公司法领域之外。对于员工而言,保护机制包括劳动合同、养老金法、健康和安全法、反歧视法;对于消费者而言,保护机制包括产品安全法、担保法、规制产品责任的侵权法、反托拉斯法和关于产品内容和特征的强制信息披露;对于一般公众而言,则是环境保护法、防碍行为(nuisance)和侵权行为法。

债权人在某种程度上存在例外。普遍的观点认为,公司法应该直接调整商业公司和它们的债权人之间关系的某些方面。明显的例子包括,揭开面纱规则和在公司资本不充足的情况下限制红利的分配。制定这些规则的原因是由于现存公司结构特征中的有限责任使公司与债权人之间的合同尤为特殊。然而,这些规则在适用范围上是有限

---

⑭ 在一个跨越国界的古老争论中,这个观点的支持者认为公司依靠政府的特许权或者特权而成立,这已经和另外一种观点联系在一起,即认为公司应该受社会的利益所支配——或者所有的公司利益相关人——而不仅仅是股东的利益。See, e. g. , Dodd, supa note 5, at 1148 – 1150; Paul G. Mahoney, “Contract or Concession? A Historical Perspective on Business Corporations”, Working Paper, *University of Virginia School of Law*(1999). 相反,认为公司在本质上是投资者之间的合同的人倾向于提升公司治理中股东利益至高无上的地位。

我们认为,传统的公司特许权理论与公司合同关系理论之间的争论完全被混淆了。一方面,公司不管是特许权还是合同,当它代表公众利益时就应当受监管;另一方面,标准模式主张通过鼓励公司经理追求股东利益来最好地为社会利益服务。

的。除了破产,他们不包括债权人对公司事务的管理,而是限制股东利用公司的有限责任来剥削债权人。

2. 哪些股东?

股东中心模式极力主张公司股东利益的最高地位。股东利益指的是所有股东的利益,包括小股东的利益。更具体地说,股东中心模式的一个核心原则是小股东或非控股股东应当获得更多的保护,以免遭受控股股东的剥削。在公众公司中,这意味着应当确保所有的股东本质上平等地享有公司的资产和收益。

采用这种思路有两个显著的原因,都是基于效率的考虑。一个原因是如果对非控股股东没有可靠的保护,公司就很难在资本市场上筹集到资金;另一个原因是控股股东在公司收益中占据了不适当的份额通常会伴随无效率的投资和管理决策。

3. 股权结构的重要性

有时,有人会说公司法的股东中心模式只适合美国和英国那样的拥有股权高度分散的许多大公司的国家。而在其他的欧洲大陆国家,由于股权相对集中,适用不同的模式会比较适当。

然而,这种观点很难令人信服。不论是封闭公司还是公众公司,只要公司法能够确保经理主要为股东的利益服务,并且保证控股股东不会剥削非控股股东,公司都可以高效率运转。股东中心模式在逻辑上并不青睐任何特殊的股权结构。实际上,不论是股权集中还是分散,在面临严重的代理问题时都能提升股东利益,这在不同的时期得到了不同学者的高度赞扬。同样重要的是,每个国家都有多种公司股权结构。英国和美国都有许多股权分散的大公司,而更多的公司则是封闭公司。同样,每一个欧洲大陆的公司至少都有一些股权分散的公司,并且这些公司的数量在逐步增长。因此,每个国家都应当有一套完整的公司法体系,能够调整各种各样股权结构的公司。

五、导致融合的竞争性压力

股东中心模式作为一种标准模式出现,不仅仅因为其他模式的失败,而且因为重要的经济推动力使这种模式的优势越来越突出。大体上讲,从三个方面能说明一种公司治理模式的优越性:逻辑的力量、榜样的力量、竞争的力量。近些年,在标准模式上达成共识是每一种力量强烈驱动的结果。我们按顺序来探讨。

1. 逻辑的力量

标准模式取得成功的一个重要原因在于:近些年来,法学界、经济学界和商界的学者和评论人士已经提出了一些有说服力的推论来证明这种模式比其他的模式更能提高效率。

第一个推论是,在大多数情况下,公司权益投资者也就是公司剩余权益主张者的利益,无法通过合同得到有效的保护。要保护他们的利益,必须赋予他们控制公司的权利。第二个推论是,如果赋予公司权益所有者的控制权是排他的和强大的,他们就会全力以赴来使公司价值最大化。第三个推论是,除了股东的公司其他参与人的利益,一般可以通过合同和政府监管得到充足的保护,因此,股东在使公司价值最大化的同时也提升了公司其他参与人的利益,而不是与他们相竞争。

如今这些论断出现在许多关于公司金融和经济的文献中,并且这些文献越来越国际化。结果是突出了公司治理的股东中心模式的经济优势。此外,由于标准模式得到了世界范围内的商业中介的支持,其普遍的影响力更为强盛。这些商业中介包括国际律师行、五大会计师事务所、主要的投资银行和咨询公司。这个商业中介网络迅速扩大规模,为公司治理的股东中心模式扩大影响力提供了支持。

2. 榜样的力量

公司治理的股东标准模式取得成功的另一个原因是,实行股东标准模式国家的强劲经济表现。在采用不同公司治理模式的国家之间作一个简单的比较,就不得不承认采用标准模式的国家的经济收益更大,至少是最近一些年。主要的东亚和欧洲大陆国家很少采用标准模式,经济发达的普通法国家与之相比经济发展较好。当然,主要的例子包括美国的强大经济实力与相对较弱的德国、日本、法国经济之间的比较。

当然,有人会争辩股东中心模式的成功是暂时的,有可能毁于一旦,并且建立于此之上的普遍认同也会随之消失。毕竟,仅在 15 年以前,很多人认为,没有采用股东中心模式的德国和日本公司在世界经济竞争中获胜,是因为他们采纳了更好的公司治理模式。⑮ 但这种观点可能错误解释了最近几十年经济竞争的本质,并且确实与今天流行的观点不一致。实际上,20 世纪 60 ~ 80 年代,日本政府中心模式的公司、德国员工中心模式的公司是和美国经理中心模式的公司之间竞争。直到 80 年代末,人们才可以说他们是和美国股东中心模式的公司之间的广泛的国际竞争。

3. 竞争的力量

产品和金融市场的不断国际化使公司在竞争中采用不同的公司治理模式。现在,人们普遍认为在越来越激烈的竞争中,按照股东中心模式运作的公司已经占据了上风。⑯

按照股东中心模式组建和运作的公司比采用其他模式的公司更具有竞争优势。这些优势包括以低成本获得权益资本(显然包括启动

---

⑮ 然而,公平而论,美国的学者是以股东中心模式来描述和称赞德国和日本的公司。实际上,是所谓的德国银行监控经理和准确评估长期商业计划价值的能力而不是共同决定模式和员工中心模式吸引了美国学者。See, e. g., Michael T. Jacobs, *Short-Term America: The Causes and Cures of Our Business Myopia*(1991).

⑯ 这个结果的间接证据来自国际调查,比如,近来金融时报对高级经理进行国际调查来评选出全球最受尊敬的公司。前五个最受尊敬的公司中有四个是美国的按照股东中心模式运行的公司(第五位的 Daimler-Chrysler,由于控股权关系,也“几乎”可以算作美国公司),同样,前 40 个公司中有 29 个不是美国公司就是英国公司。See “World's Most Respected Companies”, Financial Times Web Site(December 17, 1999).

资本)、更积极地开发新产品市场、[17]更有动力重组公司以提升管理效率、更加迅速地放弃无效率的投资。

这些竞争性的优势并不表明,采用标准模式治理的公司在经济竞争中会战胜那些采用其他模式治理的公司。这基于以下两个原因。

第一,按照标准模式运作的公司在很多方面并不比其他公司更有效率。比如,按照政府中心模式运作的日本和韩国公司已经被证明在管理和扩大标准生产线方面很有效率;而像戴姆勒奔驰和飞利浦这样的德国和荷兰公司(分别按照员工中心模式和经理中心模式运作)也广泛地被认为拥有机械制造优势和善于技术革新。

第二,即使当按照标准模式治理的公司较之其他未采纳标准模式的竞争者更有效率,但是,有成本意识的采纳标准模式治理的公司也有可能会被迫放弃特定的已被占领的市场。按照其他模式运行的效率较低的公司可能在规模上过度投资或者接受非正常的投资回报,因而通过削价的办法战胜了追求收益最大化的竞争者,而逐步占领了产品市场。

但是,如果有竞争优势的采用标准模式的公司在开拓市场时并不必然取代没有采用标准模式的公司,这些采用标准模式的公司就有可能在创办公司、新产品市场和正经历深刻变化的产业方面占据不成比例的较大份额。[18]

而且,采用标准模式的公司在成长性行业中快速扩大规模的能力通过机构投资者和国际资本市场得到了提升,因为他们更倾向于标准模式或者他们本身就是标准模式的有影响力的倡导者。随着时间的推移,标准模式就有可能在激烈的竞争中获胜,从而使其他的公司治

---

⑰ See, e. g., Roman Frydman, Marek Hessel, and Andrzej Rapacyznski, "Why Ownership Matters? Entrepreneurship and the Restructuring of Enterprises in Central Europe" (Working Paper, April 1988)(在新市场的发展中,私有化给外部所有人的公司要优越于国有公司和私有化给其员工或者以前的经理人的公司)。

⑱ 在这一点上,每个国家小规模和中等规模的公司都是按照与标准模式相一致的法律制度组建的。因此,在大多数德国和丹麦的(小)公司,股东并且股东单独选择管理委员会的成员。这些国家只是在少数相对较大的公司中才采用其他的员工中心模式或经理中心模式。

理模式只限于一些老公司和成熟的产品市场。随着技术变革的步伐不断加快,标准模式的竞争优势也会不断增强。

六、股东层的兴起

标准模式理念发生融合的最后一个原因是,在经济发达国家中利益集团呈现根本性的变化和新的格局。这种新格局的中心特征是公众股东阶层作为广泛而强大的利益群体开始在公司和政治事务中出现。

有两个因素促成了这种新格局。第一,权益股票的所有权在社会的各个阶层迅速扩张,促成了利益一致的利益群体,具有与其他像管理层、员工、政府这样的利益群体相抗衡的力量。第二,不断扩大的股东阶层内部权力发生了转移,从内部人或控股股东手中转移到小股东或非控股股东手中。

1. 股票所有权的扩散

股票所有权在各地越来越普遍深入。[19] 股权不再局限于一小部分富有的人。

在美国,股权的扩散始于20世纪初。然而,近年来其速度明显加快。从第二次世界大战开始,越来越多的美国工人将他们的存款通过养老基金投资于公司股票。与此同时,美国共同基金行业也发展迅猛,总体而言,成为越来越多的人不通过养老基金来投资股票。[20] 同样,随着股票市场的日益发展,欧洲和日本,以及一定范围的其他地区

[19] 过去的二十年中,事实上在任何一个主要国家,股票市场的资本总额在GDP中所占的比例增长显著。在大多数欧洲国家,增长的速度已经高达三倍到四倍。School Brief, "Stocks in Trade", *The Economist*, November 13, 1999, at pp. 85 -86.

[20] Carolyn Kay Brancato et al., Institutional Investor Concentration of Economic Power and Voting Authority in U. S. Publicly Held Corporations (Sept. 12, 1991) (未发表的研究成果)。

都有类似的经历。[21]

经济发达国家财富的不断增长是蕴藏于这些变化之后的深刻原因。即使蓝领工人也有足够的个人存款投资于权益股票,这样,社会中工人和资本家的区别不再那么明显。工人们通过股权日益与其他权益所有者分享经济利益。实际上,美国养老基金在今天仍然相当活跃,更加说明了公司必须为股东利益服务的观点的合理性。[22]

2. 公司股权结构向公众股东偏移

正如前述的活跃的养老基金所表明的那样,股权的扩散只是股东阶层兴起的一个方面。另一个方面是与公众股东利益相一致的重要机构异军突起,他们积极争取和捍卫自己的利益。像在美国举足轻重的养老基金和共同基金这样的机构投资者,如今在其他国家也发展迅速,是这些重要机构中最突出的代表。这些机构不仅重视股东利益,而且特别关注分散的公众股东而不是控股股东或者公司内部人的利益。其结果是,股票所有权普遍掌握在公众手中,范围比以前更广。因此,公众股东在公司事务中也更有发言权。

新型的活跃的支持股东中心模式的机构日益国际化,他们的影响力远远超出其所属国。[23] 现在,我们不仅有共同的理念来支持公司法的股东中心模式,而且有组织健全的利益集团来支撑这种理念——一

---

[21] 拉丁美洲就是一个明显的例子。1981 年,智利在拉美成为第一个设立私人养老基金系统的国家。到了 1995 年,阿根廷、哥伦比亚、秘鲁也设立了同样的养老基金。到了 1996 年,拉美养老基金资产管理总值达到 1080 亿美元,后来在当地股票市场的发展中扮演了重要角色。据 1997 年估计,总资产到 2000 年会增长到 2000 亿美元,到 2011 年会增长到 6000 亿美元。"Save Amigo Save", *The Economist*, December 9, 1995, at S 15; "A Private Affair", *Latin Finance*, December 1998, at 6; *Stephen Fidler*, "Chile's Crusader for the Cause", *Financial Times*, March 14, 1997.

[22] See Stewart J. Schwarn and Randall S. Thomas, "Realigning Corporate Governance: Shareholder Activism by Labor Unions", in S. Estreicher, ed., *Employee Representation in the Emerging Workplace: Alternatives/Supplements to Collective Bargaining* (1998).

[23] See, e. g., Greg Steinmetz and Michael R. Sesit, "Rising U. S. Investment in European Equities Galvanizes Old World", *Wall Street Journal*, Aug. 4, 1999 at pp. A1&A8 (美国投资者在欧洲大公司中发动了重要的公司治理变革)。

个广泛的、分散的、成员日益国际化的利益集团。

在美国,股东阶层不断扩大的一个重要的结果是利益集团的权力已经从管理层转移到股东。在欧洲和日本,更加深刻的影响是权力日益从工人、政府和控股股东手中发生转移。㉔

七、政府实践的融合

行文至此,我们一直在努力解释公司治理标准模式逐步融合的理念上的因素。我们的主要论点建立在这个层面上,即我们认为,相对于公司治理标准模式的其他竞争模式,今天都不再那么具有说服力。这个论断与各个国家之间在公司法律和实践的短期的重大差异相一致:理念上的融合并不意味着实践上的快速融合。制度上的融合存在着许多潜在障碍,即使已经对什么是最好的法律实践达成了普遍共识。然而,从长远来看,我们坚信公司治理标准模式理念上的不断融合对法律和实践的融合必将产生深远的影响。

我们预见,公司治理实践的改革会在公司法律的改革之前进行。原因很简单,因为公司治理实践在很大程度上是一种私人行为,而不需要国家法律的介入。大多数发达国家和许多发展中国家的近期发展都证实了这一预言。

在前面所讨论的理念和利益集团变化的影响之下,公司治理改革不仅在北美而且在欧洲和日本都是热点问题。公司参与者本身也对公司实行结构性的改革,使之更加接近于标准模式。在美国,这些改革包括委派大量的独立董事进入董事会、全面缩减董事会的规模、外

㉔ 在主要的德国和日本公司中交叉所有权结构发生变化的迹象尤其引人注目。德国政府建议的新立法将废除公司销售股票的繁重资本所得税(最高达60%),此举目的在于将集中的股权广泛分散化。Haig Simonian,"Germany to abolish tax of disposal of cross-holdings",*Financial Times*,*Dec.* 24,1999,at p. 1. 在日本,作为银行收购和寻求高资本回报的竞争性压力的结果,keiretsu 结构正在开始解体。Paul Abrahams and Gillian Tett,"The circle is broken",*Finance Times*,Nov. 9,1999,at p. 18.

部董事控制的强大的董事会下属各委员会(像审计委员会、薪酬委员会和提名委员会)的发展,使管理人员薪酬和公司权益股票的价值之间的联系更加紧密,加强董事会成员和机构投资者之间的交流。虽然时间上落后了一些,欧洲和日本也经历了同样的变革。这些例子包括:世界经合组织(OECD)发布的新公司治理规则;日本公司做出的削减董事会规模和引进非执行董事的决定(在索尼公司引导之下);以及英国和欧洲大陆主要经济国家对高级经理实行股票期权计划的推广。

八、法律融合

公司法律细微结构上的融合要比公司治理实践的融合速度更慢,这一点不足为奇。法律的变化需要立法行动。然而,我们期望股东的力量(和股东中心模式理念的力量)能促使法律的逐步变革,大体上但不完全地按照英美公司法和证券法的方向进行。在董事会结构、证券监管和会计方法、甚至在收购规则等领域都已经出现了高度融合的重要表征。

1. 董事会结构

董事会结构的融合已经按照单层董事会的方向进行。单层董事会规模相对较小,主体是外部董事,但同时也包括公司内部人。强制性的双层董事会结构似乎已经过时。这种结构中的董事会职能较弱并且反应较慢,其存在的主要意义是作为员工共同决策机制的一个补充部分。这种董事会也因此具有员工共同决策模式的虚弱性,或更准确地说,实际上构成员工共同决策模式虚弱性的一个部分。双层董事会结构的衰落在关于所谓“欧洲公司法”的欧盟建议规则(European Union's Proposed Regulation on the Statute for a European Company)的演变过程中得到了充分的反映,1970 年开始起草时,建议规则要求强制的双层董事会结构,然而,到了 1991 年,建议规则修改后允许成员国家自由选择双层或单层结构。同时,在实践层面,当双层董事会结构的概念十分流行的时候,法国为选择使用双层董事会结构做好了相关准备,实际上几乎没有一个公司采用这一结构。

与此同时,传统上支持内部人控制现象的国家,他们的单层董事会结构也开始大量引入外部董事。在美国,独立董事长期以来按照纽约证券交易所上市规则的要求作为上市公司的审计人员。近来,许多州的公司法还赋予外部董事对可能有利益冲突的交易的审批权。日本公司内部新近的行动预示了相似的变革。如前所述,他们也缩减董事会的规模、推行独立董事制度。在其最近公布的公司治理原则法案中,一个由优秀的公司经理人组成的委员会也提倡这些改革。[25] 结果是,融合从两头向中间进行:虽然双层董事会结构自身好像即将灭亡,单层董事会结构的国家在自己的制度中正吸取典型的双层董事会结构的精华,即给予独立(外部)董事重要的地位。

2. 信息披露和资本市场监管

信息披露规则的实施有助于对经理人的行为进行控制。现在,对股东进行定期信息披露的规则也有显著的融合趋势。我们不在这里详细讨论这一复杂领域。我们注意到,除了美国之外的主要国家都在加强信息披露制度,而美国正逐步简化其繁重的晦涩难懂的联邦规则,比如,高度限制性的征集委托投票权制度直到最近还在阻碍机构投资者之间的交流合作。实际上,公众公司的强制信息披露制度的客观内容在主要的经济国家从一开始就极为相似。[26]

㉕ Corporate Governance Priciples: Final Report, Corporate Governance Committee of the Corporate Governance Forum of Japan (May 26, 1998).

㉖ 比如,将欧盟的上市实施细则指令(the EU's Listing Particulars Directive)和美国1933年证券法中关于证券登记的SEC S-1表格进行比较就可以发现这个现象。如果美国信息披露要求看起来比欧盟指令似乎严格的多,我们需要注意,欧盟的指令实际上只是设立了最低要求,其成员国可以对其进行补充而采取更严格的规则。See John C. Coffee, "The Future as History: The Prospects for Global Convergence in Corporate Governance and its implications", 93 *Nw. U. L. Rew.* 641 (1999). See generally Amir N. Licht, "International Diversity in Securities Regulation: Roadblocks on the way to Convergence", 20 *Cardozo Law Review* 227 (1998) (讨论在信息披露规则、会计准则和公司治理方面的融合)。

同样,从各国杂乱无章的规则和实践中融合出两套国际会计准则:美国的金融审计标准委员会制定的 GAPP 会计准则,和伦敦的国际会计准则委员会制定的国际会计准则。虽然在这两个相竞争的国际准则之间仍然存在重大差别,但是,这些差别比起在制定 GAPP 和国际会计准则之前各国会计方法之间的差别要小得多。而且,这两个会计准则,有可能进一步的融合,因为单一的全球会计准则可以节约经济成本。㉗

3. 股东诉讼

股东提起对董事和经理的诉讼在一些国家原来作用不大,但现在都在发挥作用。德国最近降低了股东怀疑执行董事存在不正当或者非法行为而要求提起法律诉讼的门槛(这个诉讼一般由监事会或者特别的公司代表提起),从 10% 的股权降到 5% 或者 100 万德国马克的股权。㉘ 日本调整了律师收费规则来促进股东积极诉讼的动力。与此同时,美国法从另外一个方向进行改革,即约束提起诉讼的有点过于强大的潜在动因。联邦法最近加强了股东提起诉讼的要求,发布了公司预测性信息新的安全港规则,以及规定了领头股东在集团诉讼中应处于控制地位。同时,州公司法让公司能够使股东诉讼变得更容易被法院驳回。

4. 收购

最后,关于收购规则也有融合的趋势。实际上,收购规则现存的差异主要是形式上而非内容上的。英美法国家之外的国家很少有敌意收购,这主要是因为在这些国家股权比较集中。随着股权模式越来越相似(像我们所期待的那样)和各地的公司文化越来越认可公司收购(像它注定的那样),公司收购就有可能在欧洲、日本和其他国家相

㉗ See, e. g., Elizabeth Macdonald, "U. S. Accounting Boards Faults Global Rules", *Wall Street Journal*, Oct. 18, 1999, at 1.

㉘ Theodor Baums, "Corporate Governance in Germany: System and Current Developments", Working Paper, Universitat Osnabruck(1999).

当普遍。[29]

而且,尽管各国法律对公司收购限制方面的规则实际上有所不同,但是,他们也显示了融合的迹象。多年来,美国一直在加强对公司收购的监管,对收购者实施收购的能力和负有义务的经理防护其自身利益或者从事自我交易的能力加以额外的限制。随着"毒丸"反收购防御措施的普遍应用和法院对实行这一防御措施的限制,具有强制性特征的敌意收购要约已经成为历史,这与欧洲大陆国家推行"强制要约规则"(mandatory bid rule),要求要约人以相同的价格购买目标公司的所有股份的结果相类似。

固然,各国在公司收购法律的其他方面还存在差异,能否融合还不确定。比如,美国公司的董事对采取反敌意收购防御措施的支持态度比大多数欧洲国家的董事强得多。在现行特拉华州公司法中,负有义务的董事有权抵制敌意收购,尽管他们在股东大会的投票权争夺战中易受攻击。随着敌意收购的影响范围在欧洲扩大,欧洲国家有可能倾向于特拉华州公司法的做法而允许董事采取更多的防御策略。或者,如果存在管理层自保(entrenchment)的风险,特拉华州公司法可以按照欧洲法的模式来严格限制防御策略。虽然我们不能预测平衡点在什么地方,但我们可以合理地推测大西洋两岸的收购规则最终会融合到一起。

5. 司法裁量权

公司法存在一个人们普遍认为很慢才能实现融合的方面,即解决公司与公司参与者之间事后纠纷的司法自由裁量权的程度。长期以来,这种自由裁量权在普通法国家要比大陆法国家突出得多,尤其是

---

[29] 1999年欧洲已经经历了一场引人注目的收购浪潮,Vodaphone 意欲收购 Mannesmann 使之达到了高潮,这可能是欧洲历史上最大的一次敌意收购。此外,许多国家正采用规则来规制要约收购,使之与威廉姆斯法案或者英国城市法典相类似。See,e. g., Brazil's tender offer regulations,Securities Commission Ruling 69,Sept. 8. 1987. Arts. 1 – 4;意大利最近对公司收购规则进行了改革,See Legislative Decree 58 of February 24,1999 (the so-called"Draghi Reform")。

在美国。

但是,我们有理由坚信随着时间的推移,不同的制度之间一定会实现融合。大陆法国家,不论是法院审判还是仲裁,好像都在朝自由裁量的方向发展。同时,在美国也有迹象表明法院审判正逐渐抛弃不可预测的事后决定(ex post decision-making)的做法,比如说,特拉华州法院有时就具有这样的特征。美国证券法在本质上是私法,通过证券交易委员会发布的详细规则加以解释。美国法律研究院(American Law Institute)的公司治理方案以类似于法典的形式对州公司法的实体内容进行系统化,甚至包括阐述信义义务中忠诚义务和注意义务的非常模糊不清的和可以无限制广泛解释的判例。

九、融合的潜在障碍

当然,朝着标准模式的改革会威胁到一些重大利益,这些利益问题可能会成为这个改革过程中的阻碍因素。但是,我们怀疑,这些利益问题会长期阻碍那种不断高涨的在标准模式上达成的理念共识所要求的改革。

举个例子,Lucian Bebchuk 和 Mark Roe[30] 认为公司控制者(控股股东或强大的经理)获取的私人价值对于高效率的所有权结构、公司治理实践和公司法来说一直都是一个障碍。

Bebchuk 和 Roe 论点的本质特征是:在小股东缺乏保护的国家,控股股东能够对公司现金流量享有不成比例的份额。因而,控股股东会尽量避免公司股权、公司治理、或者公司规则的任何变化,因为这些都会促使其他股东更加公平地分享公司收益。并且,在许多国家,这些公司内部人有能力阻止这些变化。控股股东的地位使他们仅仅通过拒绝出卖

---

[30] Lucian Bebchuk and Mark Roe, "A Theory of Path Dependence in Corporate Ownership and Governane", forthcoming 52 *Stanford Law Review* 127(1999).

手中的股票就可以阻止公司所有权结构的变化。他们的地位也让他们能够通过选举公司董事来阻止公司治理上的变化。在大多数欧洲国家,股权集中的公司统治着国家经济和财富,所以,控股股东的集体政治力量让他们能够阻止法律变革,从而维续他们超额的个人收益。

然而,这种悲观的观点似乎没有道理。正如达成的共识所认为的那样,如果以股东为中心的公司治理模式能够使原来为大股东所控制的公司价值最大化,主要被经济利益所驱动的控股股东就有可能不会选择继续控制公司。因为,在转变为这种标准模式后,虽然原来的大股东会失去对公司的控制利益,但是他们会由于公司整体价值最大化而得到比以前更多的经济利益。即使非金钱的考虑使内部人继续控制公司,但是,随着时间的推移,那些被内部人控制的公司的经济重要性不论是在本国还是在国际市场上都有可能逐渐消亡。

1. 榨取公司潜在价值的交易

首先,考虑控股股东(控制者)希望经济回报最大化的情形。假设法律允许控股股东从公司中榨取大量的私人利益,而公众股东无法享有这些利益。我们可以预见,只要这些控股股东获得了溢价就会卖掉手中的股票,并且拒绝有可能降低他们收益的任何公司治理的改革。然而,这些控制者宁可提升自己的收益也不愿提升公司的收益,并不表明他们排斥能够提升公司价值的公司治理制度或股权结构。Bebchuk 和 Roe 草率地得出控制者提高了公司治理效率自己就无利可图的论点是没有依据的。

控制者从公众公司中榨取了大量私人利益,有可能沉迷于两种低效率的管理模式。第一,他们会选择使自身利益而不是公司利益最大化的投资计划。比如,控制者会选择一个收益不大的而不选择另一个收益大得多的投资计划,正是因为前者方便其从事自我交易。第二,控制者可能优先选择将收益继续保有或再投资而不是将其加以分配,即使这样做没有效率。原因在于,小股东也要参加正常的公司红利分配,而控制者将收益再投资为以后继续榨取私人收益提供了便利,比如通过自我交易。并且,如果他们能够采取一定的措施——正如在欧洲已经很普遍的那样——如股票金字塔(stock pyramids)、公司交叉持股(cross-holdings)、设置两种不同类型的股票,他们就可以在减少自己相应持股份额的同时还能控制投票权。[31] 这样,控制股东从事上述两种低效率行为的积极性就会进一步提高。

然而,在法律执行有效的地方,低效率的行为自身会产生强大的经济动机来寻求更有效率的股权和公司治理结构。当股价十分萧条的时候,任何人——包括控股股东自己——通过引进更有效率的公司治理结构能够带来净收益。控制者可以获取绝大多数或全部的效率收益,甚至多于他们从效率低下的公司中获取的超额收益。控制者至少可以通过以下两种方法来榨取这些效率收益:第一,以反映公司潜在收益可能性的溢价将股票卖给一个或一群购买者,这些购买者愿意或者能够以公平的治理规则运行公司。第二,在股价低迷时购买小股东的股票,然后,或者作为单一的所有者管理公司,或者将整个公司再转手卖给拥有高效股权结构的购买者。

然而,控制者要想榨取这些效率收益,提升效率的公司改组在法律上必须是可行的:这也就是说,法律必须为重组后的公司从事有效率的公司治理提供途径。这可以通过许多方式来实现,而不威胁到没有参加重组的控制者的私人收益。一种方法是选择比现行法律制度更加有力地保护小股东利益的公司法和证券法。比如,允许公司到拥有更加严厉的股东利益保护规则的外国证券交易所上市。另一种办法是简单地将股东保护条款写入重组后的公司章程。

因而,即使是经济上以自我利益为中心的控制者也有动力改进法律制度,这样公司至少可以选择高效率的模式运转。如前所述,今天最有效率的模式是股东中心模式。并且,一旦建立了有效率的法律制

---

[31] See Lucian Bebchuk, Reinier Kraakman, and George Triantis, "Stock Pyramids, Cross-ownership, and Dual Class Equity: The Creation and Agency Costs of Separating Control from Cash Flow Rights", *NBER Working Paper* No. 6951 (1999).

度,和许多现存的存在剥削的公司利用这些制度来重组获得收益,企图维持原来的公司旧体制而剥削非控股股东的利益集团在规模上就会大大削减。

Bebchuk 和 Roe 似乎认为不会出现这样的发展,因为法律会通过强迫控股股东与非控股股东分享重组带来的收益,从而限制控股股东寻求有效率的重组模式。以下说法也许更有说服力:如果在一些国家法律允许控股股东将收益和有效率的重组联系起来,比如,通过挤出合并(freezeout mergers)和强迫性的要约收购,这样,控制者就能够从正常的公司运作中获取大量的私人收益。

简而言之,如果现在的控股股东真正关注自身利益的最大化,我们可以预见会有巨大的动力来促使高效率法律的采用。

2. 控股股东企图建立公司帝国

然而,控股股东并不总是企图使自身经济利益最大化,他们也寻求非金钱的回报。我们怀疑这在欧洲是否真实。

比如,一个控股股东仅仅是想拥有最大的公司帝国,因而以非常低的价格出售产品来抢占市场份额,然后将获得的收益用于更大规模的再投资和研发。或者,一个控股股东可能会愿意接受低的经济回报,其原因是为了从多种代价昂贵的行为中获得某种满足感,这些行为包括:让无能的家庭成员占据公司要职;与员工和当地社区保持一种半封建的关系。如果控制者获得的非金钱回报比他放弃的金钱回报要大,上述做法就很有可能行得通。但是,控股股东和并不重视非金钱回报的非控股股东共享所有权,因此,存在控股股东剥削非控股股东的危险,如控股股东拒绝分配公司的收益,而将这些收益再投资于在他们看来是低回报的项目。(当然,这只能发生在控股股东已经设法误导非控股股东的情况下。如果非控股股东购买股票时知道他们并不享有控制权,而控股股东会通过无效率的投资将部分收益转移到自己手中,然后非控股股东有可能以反映了这种价值转移的折扣价来购买股票,这样非控股股东仍然获得了市场比率的投资回报。)

我们在前文讨论了提高效率的控制权交易,但是这些交易对于上述那些不以经济效率为首要目标的控股股东而言没有太大意义。公司重组意味着控股股东放弃对公司的控制,而且,放弃的不仅是他们用非控股股东的钱为自己带来的非金钱回报,还包括他们用自己的公司资本份额换取的非金钱回报。因此,重视非金钱收益的控股股东没有纯粹为金钱所驱动的控股股东的强大动力来推动高效率的公司治理结构的改革。

而且,具有这种控股股东的低效率公司,尽管其效率低下,但还可以在竞争激烈的市场上相当好地生存下来,并实际上在不断扩大规模。比如,如果控股股东仅重视公司的规模,只要投资收益不是零,他们就会继续大规模投资。结果是,他们能够从相竞争的公司手里赢得市场份额,与他们相竞争的公司虽然在管理上要有效的多,但必须付给股东较高的资本回报。

那些拥有许多被以非金钱利益为动机的控股股东所控制的公司的国家比起其他国家,采取公司治理标准模式的压力相对要小。但是,在不久的将来,即使在那些国家,可能包括大多数西欧国家,向标准模式改革的压力也会势不可挡。我们在下文简洁地阐述这方面的几个原因。

(1)公司内部人的政治力量不足以保护他们

首先,追求非金钱回报的低收益公司有可能反对它们的所有人对公司的控制。只要这些公司的所有者需要对公司低效率的行为给予补贴,这些公司所有者的经济实力相对于其他公司的所有者而言就会变得越来越弱。其他公司的所有者,包括投资于新兴产业的投资者和已经成立的公司的所有者,他们或者努力提升公司股东收益,或者把公司卖给与他们一样的为经济利益所驱动的其他人。这样一来,经济和政治影响力就会日益从追求非金钱利益的公司所有者手中向追求金钱利益的公司所有者手中转移。

其次,按照股东中心模式治理的公司的成功有可能破坏对于公司治理其他模式的政治支持。这主要有两个原因:第一个原因是,如前所述,越来越富有的股东阶层的兴起造就了一个利益集团,他们迫切要求公司治理的改革,从而鼓励提升价值的公司行为和限制控股股东榨取私人收益。那些通过承诺良好回报来吸引公众股东和养老基金的公司,无论是本国公司还是外国公司,也会造就一批热情支持法律改革和公司治理标准模式的人。

其他公司治理模式丧失吸引力的第二个原因是,公司治理标准模式理念已经深入人心。以前的社会观念推崇半封建家族企业所具备的令人尊敬的行为品质和在内部人治理下的大联合企业的产业优势,但是,今天标准模式日益凸显的重要地位让人们清楚地看到,建造公司帝国并进行统治的价值是有疑问的,以牺牲小股东利益为代价来榨取私人利益是非法的。因而,代价高昂的公司治理实践在政治上变得越来越难以维持。从新理论的视角来观察,这是因为他们剥夺了包括养老金领取者和小投资者在内的普通公民投资的公平回报。随着市民社会更加民主,那些控股股东、豪门望族以及竭力维护自身利益的经理拥有特权性回报的做法将越来越受到质疑。

我们真诚地期待社会价值标准能够早日改变许多国家中的豪门望族控制公司帝国的现象。我们现在看到的在许多产业所有权模式中本质上带封建主义色彩的标准将会被一种新的社会价值标准所取代。这种社会价值标准关注社会平等和个人的进取心,其结果是,被那些非常注重非金钱利益的控股股东所控制的公司数量就会不断减少。

(2)内部人保持对公司控制和投资者保护要求日益背离

最后,即使公司控制者在某个特定国家,某段特定时期内成功地阻止了公司改革,但他们很有可能越来越落后于本国经济、世界经济或者两者。

如前所述,新公司融资和新产品市场得到公众权益资本的条件有可能被公司治理标准模式所决定。如果小投资者难以得到很好的保护,风险资本投资和公司初次发行就不可能实现。保护小投资者利益可以通过制定单独的仅适用于新公司的公司治理标准模式制度来实现,这些制度不适用于已经建立的老公司。比如,法兰克福证券交易所中的二板市场,通过加强信息披露和引入 GAPP 会计准则来保护筹集权益资本的初创公司的投资者,而对已经成立的公司则适用不太严格的老规则。

并且,在本国法和本国公司无法为公众股东提供足够保护的领域内,如果其他国家能够提供标准模式的保护,资本就会从本国流向其他国家和在本国经营的外国公司。或者,本国公司可以在外国成立或者在外国证券交易所上市并接受当地的规则来保护股东(像一些以色列的公司在纳斯达克市场上市)。[32]

通过上述允许新公司采用不同于老公司的治理模式的制度安排,那些为老公司的控制者提供保护的本国法律和公司治理实践就能够在不妨碍本国经济发展的情况下维持下来。其结果是削弱了家族控制和以经理为中心的公司,他们代价昂贵的公司治理模式使他们即使在国内经济发展中也越来越落伍。

十、促使融合的其他弱势力量

行文至此,我们已经讨论了推动公司法向相对统一的股东中心治理模式融合的一些力量,包括内在的效率逻辑、竞争、利益集团的推动、效仿和兼容的需要。但在很大程度上,我们忽视了另外两个推动融合的潜在力量:跨国界协调化的外在努力,不同国家公司章程之间的竞争。

1. 法律协调化(harmonization)

欧盟已经成为国家之间努力实现公司法自觉融合的典范。然而,

---

[32] See, e. g. , John C. Coffee, supra note 26; Edward Rock, "Mandatory Disclosure as Credible Commitment: Going Public, Opting in, Opting out, and Globalization", (Working Paper, September 1998).

这一进程体现了法律融合过程中较弱的力量。各个成员国之间的公司法存在本质差异，推进融合的努力总体上没什么效果。而且，融合的建议通常表现为在欧盟内部施加各种形式的规则。因为这些规则本身的效率就值得怀疑，所以，融合有时看起来是避免而不是促进推行标准模式。

职是之故，前文所述的那些推动融合的内在力量有可能比推动融合的外在努力更能推动融合。我们最多只能期待，一旦采用公司治理标准模式的共识变得足够强大，法律协调化就可以成为一个很好的理由来驳回反对进行公司法改革的意见。这些反对意见通常来自各成员国中顽固的国家利益集团。

2. 公司章程方面的竞争

美国的经验表明，在公司章程方面的跨国界竞争能够成为公司法融合中的强大推动力，特别是在一种有效公司治理模式上的融合。[33]这种竞争发生的前提是公司可以自由选择自己的章程。然而，只有在实质性的法律融合已经开始发生之后，大多数的国家才会制定允许公司自由选择章程的法律规则。因此，我们认为，在世界大多数国家明文许可跨边界的公司章程竞争之前，法律融合能够而且一定会迈出它最为重要的步伐。而且，公司章程的竞争将会最终被用作一种设计出法律融合的具体细节和进行小型试验和随后调整的方法。

十一、融合的限制

不是所有公司法之间的差异都是无效率的体现。为了适应当地的社会结构或者偶然事件而引起的差异可能是有效率的。逻辑和竞争都不可能产生强大的力量使这种形式的差异消失，因此，它就会在相当长的一段时间内继续存在。但是，我们仍然有理由相信，即使是

---

[33] See generally Roberta Romano, *The Genius of American Corporate Law* (1993).

有效率的差异，尽管它们改变的速度会比较慢，也会像无效率的差异一样持续地消失。

1. 制度背景的差异

有时，国家选择公司法的其他模式，是因为这些模式适应了一些国家差异，比如，股权形式、法律执行方式以及破产法等相关法律。新的俄罗斯公司法自觉偏离了许多发达国家所提倡的公司治理标准模式就是一个明显的例子。它将累积投票制作为强制规则适用于所有的公司，这与大多数经济发达国家的公司法形成了鲜明对比。这样做的原因是，在俄罗斯全面私有化的独特进程中所形成的特殊股权结构的背景下，累积投票制可以确保一定程度的股东影响力和股东获取信息的途径。[34]

然而，公司法差异的程度，比起公司行为在其他制度上的差异要小得多。比如，公司债权人保护机制上的差异也许比已知的公司债权制度渊源和结构上的差异要小。同样，保护股东免受经理机会主义侵害的有效制度安排上的差异要比已知的各个国家在股权结构上的差异要小。

各国公司法运行的环境，即经济制度和法律结构，本身越来越统一。这显然是正确的，如股权结构。所有的国家都开始面临或需要面临各种类型的股东，从控股股东到共同基金再到高度分散的个人股东。其中一些国家是被内部经济发展趋同的力量所驱动。因此，企业私人化、个人财富增长、初创企业融资的需要（资本市场帮助初创企业融资，同时又为原先的私人投资者提供了退出机制）都促进了小股东的增长，同时也需要对小股东提供强有力的保护。资本市场的全球化也促成了同样的结果。因此，随着时间的推移，俄罗斯有可能不断向

---

[34] 1993 年俄罗斯证券私有化之后，大公司中的经理和其他员工拥有大部分股票。公众持有的股票高度分散，但通常至少有一个外部大股东拥有足够的股票，能利用累积投票制度获得董事会中的代表席位。See Bernard Black and Reinier Kraakman, "A Self-Enforcing Model of Corporate Law", 109 *Harvard Law Review* 1911 (1996).

经济发达国家的股权结构转变,并且最终感到有必要使股东投票规则与经济发达国家的规则相一致。

2. 无害的变异(harmless mutation)

我们预期,在各国公司法规则之间将会存在很少甚至根本不存在有效率的差异。在这些情况中,尽管融合的压力不会完全消失,但是会有所减轻(因为我们仍然认为全球投资者会努力使这些规则标准化)。[35]

会计标准就是一个例子。如前所述,在发达国家有两种不同的会计准则占据重要地位:美国的 GAAP 和欧洲的国际会计准则。这两种会计准则是各自独立发展的,因而在许多重要细节方面存在差异。然而,从目前的情况来看,就效率角度而言,任何一方都没有明显压倒另外一方的优势。

如果各国经济完全封闭发展,这两种会计准则都可能很好地生存下来而在效率方面没有损失。资本市场的日益全球化,不仅要求所有的国家采用这两个规则中的一个或者另外一个,而且要求采用一个单一的会计准则。随着时间的推移,国际市场采用一个共同标准模式的整体效率,有可能消除公司法中这种或那种偶然差异。

---

[35] Ronald Gilson 提出了一个"功能性融合"的概念。这个概念是指表面上不同的公司治理结构或者法律规则逐步发展来解决实际上相同的根本功能性问题的进程。Ronald J. Gilson, "Globalizing Corporate Governance: Convergence of Form or Function", (Working Paper, 1997). 在认为形式上的法律和公司治理实践是植根于变化缓慢的更大制度背景中的假设前提下,Gilson 猜想功能性融合的速度要比形式上融合的速度快得多。这种功能性融合,我们将其称为无害的变化。然而,与 Gilson 相反,我们认为,一旦股东至上主义被普遍接受,形式上的法律和公司治理结构与社会背景相关性的程度不如人们所想象得那么大,而且,它们的可塑性比人们所想象的要强。因此,功能性的融合,没有 Gilson 想象得那么必要。我们也怀疑,其他公司治理结构和法律原则中的类似替代制度没有像 Gilson 所认为的那样被广泛应用。

十二、融合效率的限制

如前所述,效率并不总能带来公司法的融合。同时,我们必须承认它的反面也是正确的:高度的融合并不总是反映效率。我们希望,之所以会有这些无效率的融合,是因为现代经济普遍具有的市场和政治制度方面的缺陷,以及不断加强而不是有所缓和的国际竞争。

1. 第三方成本:公司侵权

最显著的关于无效率融合的例子可能是,规则已经通用,一个国家与另一个国家之间的规则差别很小,比如,对公司侵权行为的股东责任加以限制的规则。这一规则导致无效率的冒险和过多的冒险行为——这些无效率行为从目前来看超过了任何的相关利益,如降低诉讼成本和平稳证券市场。正如我们在其他文章所认为的,股东对公司侵权行为承担无限连带责任这一原则总体上会带来更全面的效率。[36]

为什么在无效率的规则上会达成普遍的共识?答案显而易见,因为市场和政治力量都不能通过很好的运作来保护直接承担这一规则不利后果的人的利益,也就是侵权行为受害人的利益。从定义上来说,侵权包括对第三方的损害,受这一规则影响的人,包括公司和潜在的侵权受害人,不能通过私下契约的方式避开这一规则来获取和分享改变这一原则所带来的利益。同时,由于公司侵权行为高度随机的本质,侵权受害人,特别是大量的潜在受害人,不太容易组成政治利益集团。[37] 另外,即使一个国家想要采纳公司侵权行为的股东责任原则,执行也存在相当的困难,因为现在股权或者组建公司可以很容易从这个

---

[36] See Henry Hansmann and Reinier Kraakman, "Toward Unlimited Shareholder Liability for Corporate Torts", 100 *Yale Law Journal* 1879, 1882 – 1883(1991).

[37] 与此相对,在美国,大多数非随机的环境污染侵权行为已经很容易地成为政治集团关注的焦点,并且,正如下文所述,已经导致强有力的立法来部分揭开实施污染行为的公司的面纱。

国家转移到其他仍然保有股东有限责任原则的国家。

2. 经理主义(managerialism)

第二个关于无效率融合的例子是,几乎在所有的国家中,当经理与股东可能发生利益冲突时经理都享有相当大的自由来保护他们的特权,包括采用反敌意收购措施来保持自身职位的权力。政治和市场力量的失败看起来应当对此负责。分散的公众股东最有可能在自保的经理实施反收购防御措施时处于不利地位。当他们想向经理表达他们的意见时,他们通常会面临潜在的集体行动问题(collective action problem)。经理的地位确保他们在任何地方都能够形成强大的、有影响力的利益集团,能够利用他们的政治影响来提高集体行动的代价,比如,让一个敌意收购者很难从目前的股东手中购买到有效的控股份额。因此,公司法并不会朝着代表公司治理理念趋同的纯粹的股东中心模式融合,而是朝着带有一点管理主义倾向的有点变异的股东中心模式融合。

3. 问题有多大

然而,公司法无效率融合的问题看来是一个相对有限的问题。除了侵权受害人,直接受公司影响的所有实际参与人之间的关系主要是契约关系。这样,那些公司参与人就有一个共同的利益来制定有效率的法律。并且,如前所述,股东、经理、员工和自愿债权人已经或者正在从有效率的公司法中获取巨大的利益。实际上,公司侵权行为中的股东有限责任原则也许根本不能被称作公司法的规则,而应被看作侵权法的规则。由于大规模的侵权损害变得越来越普遍以及其损害结果日益具有政治影响,所以,即使是侵权法上的有限责任也会逐渐被抛弃。我们看到美国环境保护法已经朝着这个方向改变,即在某些情形下揭开公司面纱到了令人吃惊的程度。

十三、结论

今天似乎可以肯定地说,公司治理的股东中心模式已经战胜了其主要竞争模式,尽管这在最近 25 年还存有争论。逻辑本身并不能说明这种模式或者这种模式所暗含的原则有多么优越,它只是建立了只对股东利益负责的公司管理层和对小股东要加强保护。然而,股东中心模式确定其在公司治理中的主导地位经历了一个艰难的历程:第二次世界大战时期它战胜了其他三种公司治理模式,即经理中心模式、员工中心模式和政府中心模式。

如果其他三种模式的失败已经导致了标准模式在理念上的领导权,这可能不足为奇。标准模式从来没有被大多数公司怀疑过,在各个国家它都支配着封闭公司的法律规则和治理结构。大多数德国公司没有采纳共同决定模式,许多重要的荷兰公司也没有采用管理中心模式。同样,股东至上的标准模式也已经占据了美国和英国公司治理法律模式的主导地位。法律模式的选择在这两个国家被认为至关重要。英国和美国法律模式的选择之所以那么重要,是因为大公司通常具有高度分散的所有权结构。在欧洲大陆,许多大公司股权相对集中,传统上控股股东的利益决定公司的政策,不管公司形式采纳什么样的基础理念。

因此,我们预见,随着欧洲资本市场的发展,标准模式在其理念和竞争上的优势即使在法学界也将变得无可争议。并且,随着股东至上的价值目标日益被政治家们所接受,公司治理的法律和实践许多方面的融合肯定也会随之而来。

公司治理和所有权结构中的路径依赖理论

卢西恩·A. 伯查克*　马克·J. 罗伊**

引言

世界经济发达国家的公司治理和所有权结构之间存在差异。有些国家的公司所有权分散，经理人牢固地控制着公司；其他国家的公司所有权集中；在另外一些国家中，员工对于公司具有强大的影响力。在第二次世界大战结束后的半个世纪里，西欧、美国和日本，在经济，商业行为和生活水平等

---

* 美国哈佛大学法学院，法学、经济学和金融学教授，哈佛大学法学院公司法研究中心主任。

** 美国哥伦比亚大学法学院，法学教授。我们感谢以下人士给予本文的宝贵评论：Merritt Fox，Ron Harris，Marcel Kahan，Ehud Kamar，Louis Kaplow，Randy Kroszner，Benjamin Mojuye，Roberta Romano，Reinhard Schmidt，Gerald Spindler，Luigi Zingales，哈佛大学、法兰克福大学和纽约大学研讨会的参加人员；1997 年哥伦比亚大学举办的关于公司体系融合的研讨会参加人员；1998 年美国法经济学学会和国家经济研究局的会议参加人员；1999 年欧洲金融市场研讨会的参加人员。另外，在本文写作的资助方面，伯查克感谢哈佛大学法学院 John. M. Olin 法学、经济学和金融学研究中心，以及国家科学基金会。罗伊感谢哥伦比亚大学法学院关于公司治理的 Sloan 项目。

方面已经趋同。但是,它们的公司所有权结构还是各不相同,并且,不同程度的所有权集中和员工影响一直持续。如何解释这些差异?另外,这些差异在将来是会消失还是会继续存在?

我们在本文中对上述问题进行了阐释。我们的研究显示,在一个对于国家公司所有权结构的模式选择中,存在路径依赖(path dependence)的重要产生原由。由于这种路径依赖的作用,一个国家在任何时候所具有的公司所有权结构都部分地依赖其早先具有的所有权结构。因此,如果不同国家在早先时候具有不同的公司所有权结构,这些差异可能会一直持续到后来,尽管那些国家的经济在其他方面已经变得非常相似。当然,不同国家在早先时候具有不同所有权结构的原因有很多,比如,它们当时不同的社会环境,甚至可能是历史的偶然因素等。

在本文第一部分,我们说明了本文要讨论的问题,即在全球经济一体化的背景下,为什么经济发达国家在它们的公司所有权结构方面还存在如此大的差异?为了更具体地讨论这个问题,我们的分析集中在国家间公司治理差异的一个重要方面:是否它们的公司通常存在一个控股股东。

我们在此部分还区分了路径依赖的两种类型。一种类型是我们称为所有权结构驱动的路径依赖(structure-driven path dependence)。这种路径依赖涉及早先公司所有权结构对于其后所有权结构的直接效果。我们阐述了一个国家在任何时点的公司所有权结构是怎样受到其早先公司所有权结构影响的。

路径依赖的另一种类型,我们称为公司法则驱动的路径依赖(rule-driven path dependence)。在这个路径依赖中,早先公司所有权结构对于后来所有权结构具有的效果是通过它们对规范公司行为的法律规则的影响而实现的。我们这里所指的公司法则(corporate rules),包括所有那些规范公司与股东、利益相关人和经理之间以及这些公司参与人之间关系的法律规则。因此,公司法则不但包括狭义上的公司法,而且包括证券法以及规范公司破产、劳资关系和金融机构等方面问题的法律的相关部分。我们认为,公司法则本身也是路径依赖的。本文的下面两个部分将对于这两种主要的路径依赖类型分别进行分析。

第二部分集中讨论所有权结构驱动的路径依赖。在此,我们分析了公司所有权结构的选择是怎样直接地受到早先所有权结构的影响的。① 基于此目的,我们阐述了,在现今拥有相同公司法则但早先公司所有权结构不同的两个国家中,它们对现今公司所有权结构的选择可能会不同。对于为什么一个国家早先所有权结构可能会影响后来所有权结构的问题,我们指出了两个原因:一个是基于效率;另一个是基于寻租(rent-seeking)。首先,一个公司的有效所有权结构通常都是路径依赖的。由于沉入适应成本(sunk adaptive costs),公司网群外在性(network externalities),互补性因素(complementarities),和多样性最优(multiple optima)等原因的存在,一个新的公司所有权结构的相对效率就会部分地依赖那个公司和它周围环境中其他公司早先具有的所有权结构。

其次,由于内部的寻租问题,现行的公司结构可能会有很强的持续力,即使它们已经不再有效率。那些在现行公司结构中占据控制地位的人会既有动力又有权力来阻碍任何可能减少他们私有控制利益(private benefits of control)的改革,即使这些改革是有效率的。比如,一个控股股东也许会选择不把他的公司转变为分散所有权结构,因为这种改革会减少控股股东的私有控制利益。同样,一个具有分散所有权结构公司的经理们会基于维续他们的内部控制权力的考虑而选择防止他们的公司被改革为集中所有权结构,即使这种改革在总体上是有效率的。另外,在那些工会对于公司有重大控制作用的国家里,工

---

① 我们用 S_1 和 R_1 来分别表示一个国家在时间 T_1 具有的公司结构和公司法则,用 S_0 来表示那个国家在早先时间 T_0 具有的公司结构。我们认为,S_1 不仅是那个国家现行法律规则 R_1 的应变量,而且是那个国家早先时候具有的公司结构 S_0 的应变量。

会领袖也许就会选择保持现行的给予他们权力地位的公司结构。只要那些有能力阻碍公司结构改革的人没有承担保持现行低效结构的全部损失,或者没有得到一个有效改革的全部利益,那么现行的低效结构就会得以维续。固然,所有潜在有效率的改革在一个纯粹的科斯世界(Coasian World)中都会发生。但是,正如本文所述,我们的现实世界是一个不完美的科斯世界,因而,现实中可行的那些交易通常无力阻止某些现行无效结构的继续存在。

第三部分集中讨论的是公司法则驱动的路径依赖。我们认为,一个国家在任何时点上的法律规则都可能会受到那个国家早先具有的公司所有权结构的重大影响。[②] 我们提出了造成这种路径依赖的两个原因:一个是基于效率,另一个是基于利益集团政治(interest group politics)。首先,即使假定法律规则的选择是纯粹出于效率的考量,早先公司所有权结构也会影响到新公司规则的相对效率。我们认为,是否新的公司法则有效率,可能依赖于那个国家现行的公司结构和其他机构。

其次,公司法则驱动的路径依赖也可能基于利益集团政治。一个国家早先的公司结构会影响不同利益集团在制定公司规则过程中的权力分配。如果早先的公司结构为某个利益集团提供了相对更多的财富和权力,那个集团就会有更大的机会来保持那些有利于他们的公司规则。这种公司内部的地位优势会转变为在国家政治中的地位优势,而国家政治行为过程影响着公司规则的选择。另外,这种对于公司法则的影响会反过来加强早先公司所有权结构。比如,如果一个国家制定了有利于职业经理人和保护分散所有权结构的公司规则,那些经理人就会拥有更多的政治权力,而且,这种政治权力反过来又会增加那个国家继续保持这种公司规则的可能性。类似的,如果一个国家

---

② 我们认为,一个国家在某个时间 T_1 拥有的法律规则 R_1 是这个国家在早先时候 T_0 所具有的公司结构 S_0 的一个应变量。

制定了增加控制股东的私有控制利益和鼓励控股股东存在的法律规则,那些控制股东的政治权力就会增加那个国家继续保持这些公司规则的可能性。

当然,如果一个国家因为利益集团政治的影响而具有一个次优的法律体系,这个次优性也许会促使那些设立公司的人选择避开这个国家的法律系统,比如,通过公司章程的适当条款,或者在国外设立公司,或者在国外上市。在一个完美的科斯世界里,这些机制能够导致所有的公司选择相同的有效法律制度。但是正如本文所述,在一个不完美的科斯世界里,这些机制也是不完美的因而不能期待它们强有力地产生那样的制度融合。

第二部分和第三部分的分析重点不是公司结构和公司法则会低效的可能性,而是这些结构和法则是路径依赖的可能性。我们对于路径依赖的分析在两个方面不同于对于低效可能性的分析。首先,公司结构和公司法则可能既是路径依赖而同时又是有效率的,因为,正如本文所述,有效率的公司结构或者公司规则的类型特征可能是依赖一个国家早先的公司所有权结构的。其次,尽管我们的分析也考虑到低效公司结构或公司规则出现的可能性,但是,这里分析的重点不是低效率出现的可能性,而是路径依赖在其中起到了什么样的作用。有人也许会同意利益集团政治会导致低效的公司规则,但是,他们仍然认为那些低效的公司规则是大致同一类型的。因此,我们的分析不是集中在低效公司规则出现的可能性问题上,而是阐明为什么那些低效的公司规则有可能通过不同的方式、以不同的程度、在不同的国家中出现,依赖于具体国家的起始条件。比如,在我们对于利益集团政治的分析中,我们重点解释了为什么利益集团政治所导致的低效法律规则会由于国家早先公司所有权结构的原因而可能在国家之间有所差异。

在第二部分和第三部分,我们讨论了全球经济日益一体化所带来的力量。在这两个部分,我们将会阐释为什么全球产品市场和资本市场所产生的压力不能消除路径依赖。

尽管我们集中研究路径依赖问题,但是在第四部分,我们也讨论非基于路径依赖的解释为什么随着时间的发展公司结构在不同国家间出现差异并保持这种差异的其他原因。路径依赖原因重点揭示了为什么不同国家的公司结构会出现差异,即使那些国家在经济的其他各方面都很类似。但是,经济发达国家实际上在某些相关方面可能也会有所差异。这些存在差异的领域包括公司和市场的本质特征、观念、文化、意识形态以及政治观念等。这些差异也许都阻碍并继续阻碍着全球公司结构的融合。

在全球公司所有权结构和治理模式的发展过程中,路径依赖可能起到了一个至关重要的作用。我们在本文中提出的路径依赖原因能够解释为什么经济发达国家在它们的公司所有权结构和治理模式方面仍然存在重大差异,尽管现在这个日益竞争激烈和全球化的市场具有强大的力量来促进它们的融合。我们所提出的路径依赖原因还显示了某些重要的差异可能还会在将来持续下去。

一、问题:解释持续存在的公司差异

在此部分,我们定义一些我们在文中使用的术语,描述那些被认为能够减小公司结构差异的竞争性力量,并提出我们将集中讨论的问题:在那么多其他方面的经济差异已不复存在的情况下,为什么公司结构方面的差异还一直持续?然后,我们指出了能够帮助回答这个问题的两个路径依赖方面的原因。

(一)我们研究的问题焦点

我们主要研究不同国家在公司所有权结构和治理模式方面是如何产生差异的,亦即公司的所有权结构如何,公司权力是如何在所有者、董事会、高管人员以及员工之间进行分配的。为了具体地分析这些问题,我们集中讨论公众公司所有权结构的相对分散和集中的程度。公司结构中的这个方面至关重要，因为一个控股股东的存在与否会极大地影响一个公司将如何被治理和其治理模式的目标。

目前，美国和英国的公众公司通常都具有分散的所有权结构，而其他经济发达国家的公众公司通常具有一个控股股东。[③] 确实如此，大多数的大型美国公司具有分散的所有权结构，而85%的大型德国公司存在持有25%或者以上的公司表决权股份的控股股东（通常是一个家族，有时是金融机构）。[④] 而且，尽管有人认为某些功能上的公司治理融合已经发生，[⑤]但是，毫无疑问的是，由于控股股东的存在非常重要，那些在控股股东存在程度上不同的国家实际上具有彼此相差很

---

③ 关于比较不同国家中控股股东存在情况的研究，see Marco Becht & Alisa Roel, "Blockholding in Europe: An International Comparison", 43 *Eur. Econ. Rev.* 1049 (1999)（讨论欧洲大宗股份的规模）；Rafael La Porta, Florencio Lopez-de-Silanes & Andrei Shleifer, "Corporate Ownership Around the World", 54 *J. Fin.* 471 (1999)（发现只有少数国家拥有大量的广泛持股的公司）；关于发现在某些特定欧洲国家中控股股东高比例存在情况的研究，see Luigi Zingales, "The Value of the Voting Right: A Study of the Milan Stock Exchange Experience", 7 *Rev. Fin. Stud.* 125, 131 (1994)（一个由意大利大型公众公司组成的样本研究表明公司所有权集中程度很高）；Marcello Bianchi, Magda Bianco & Luca Enriques, "Ownership, Pyramidal Groups and Separation Between Ownership and Control in Italy" (Sept. 1997)（未发表的论文手稿，作者有存档）（发现在意大利公司所有权集中程度很高）；Laurence Bloch & Elizabeth Kremp, "Ownership and Control in France" (Oct. 14, 1997)（未发表的论文手稿，作者有存档）（发现在法国公司所有权集中程度很高）；Julian Franks & Colin Mayer, "Ownership, Control and the Performance of German Corporations" (Jan. 25, 1997)（未发表的论文手稿，作者有存档）（发现在德国公司所有权集中程度很高）。

④ Franks & Mayer, supra note 3, at 8（在一个由171个德国公司组成的样本中，发现85%的公司存在一个持有25%或者更多的公司表决权股份的单个股东）。

⑤ See, e. g., Steven N. Kaplan, "Top Executive, Turnover, and Firm Performance in Germany", 10 *J. L. Econ. & Org.* 142, 144 (1994)（发现在日本、德国和美国存在影响董事会成员轮换的类似趋势）；Steven N. Kaplan & Bernadette A. Minton, "Appointments of Outsiders to Japanese Boards: Determinants and Implications for Managers", 36 *J. Fin. Econ.* 225, 256 – 257 (1994)（认为日本的公司治理实质上发挥了与美国的投票权代理争夺和收购行为同样的作用）；Elisabeth Roman, Une nouvelle generations' installe a la tete du capitalisme familial italien（在意大利资本主义最前面的新崛起的一代），LE Monde, May 15, 1998, at 16（讨论意大利新一代的管理人是如何日益追随美国商业模式的）；Greg Steinmetz, "Changing Values: Satisfying Shareholders Is a Hot New Concept at Some German Firms", *Wall St. J.*, Mar. 6, 1996, available in 1996 WL – WSJ 3097228（探讨德国经理人对于股东利益日益增长的关注）。

大的公司结构。这些差异一直持续至今,尽管其他的经济制度已经融合。

我们还会探讨公司权力结构中的员工参与问题。这是目前公司机构国际间差异的另一个重要的方面。在德国公司中,员工通过共决机制(codetermination)参与对于公司的控制,但是,这种德国模式没有在其他国家的公司中产生很直接、正式的影响。

我们主要研究造成公司结构国际间分歧的路径依赖基础。这里的路径依赖基础是指那些由于国家不同起始条件而导致的原因。以两个国家为例。假设它们在初始时具有不同的公司结构和公司法则,但是,一段时间后它们在经济、政治、公司类型、文化、社会标准和意识形态等方面变得几乎相同。在此情况下,它们在公司结构方面的差异还会继续存在吗?我们认为,那些差异还会持续,因为一个国家的公司结构和公司规则依赖于那个国家初始的公司结构和公司规则。

由于我们的兴趣在于路径依赖,我们将集中研究全球经济发达国家中的公司结构和公司规则。当两个国家处于显著不同的经济发展水平时,就显然会有除路径依赖原因之外的其他因素导致它们拥有相互不同的公司所有权结构。所以,我们讨论的范围限定在经济发达国家,因为它们相似的经济发展阶段让我们能够集中研究路径依赖问题。

(二)公司差异的持续性

1. 全球化和向有效结构融合的推动力

也许有人会认为,时至今日,经济发达国家应当在公司结构方面呈现类似的局面。这些国家的公司面临着类似的公司治理问题。所有的大型公司执行一些重要的共同功能:募集公司资本;选举并约束公司的经理人员;把信息传递给核心的决策人员。公司组织规则会导致公司机构上的类似性。另外,有人还会认为,其他强大的力量会促使国家和公司采纳最有效的公司结构和公司规则。在我们这个竞争激烈的全球经济中,如果不这样做就会面临公司甚至整个国家经济失败的风险。一个没有采用最佳结构的公司将因此受损,要么体现在利润方面,要么体现在筹集新资本的能力方面。没有采纳有效公司规则的国家会使它们的公司承受损失,从而那些公司的价值就会减少并且筹资能力也会下降。因此,公司、工厂和其它商业就会受损,或者它们就会选择离开原来所在的国家。⑥

以上观点的另一个表述是,正如高效的新科学技术能够快速散播一样,我们也可以期待,新的公司技术(corporate technologies)如果是更好的话,也应当会迅速散播开来。公司治理模式可以被视为一种这样的公司技术,这个技术类似于一般的制造技术,一个存货管理系统,或者一个机械生产的规模经济系统。因而,公司就会面临强大的压力来采纳最有效率的公司技术。这个比喻的经典描述如下:

在金融市场中,公司和其股票就是产品。这非常类似于公司所制造的像缝纫机和其他商品一样的传统意义上的产品。正如公司会有动力去制造那些人们愿意买的缝纫机品种一样,它们也会有动力去建立那些资本市场中的投资者们想要的公司、公司治理结构和股票⑦。

由于公司治理技术方面的信息流动非常容易,这样就会方便经济发达国家采纳同样高效的公司治理结构。跨国的投资者和具有多国

⑥ See Frank H. Easterbrook & Daniel R. Fischel, *The Economic Structure of Corporate Law* 212 -218(1991)(认为竞争导致了美国各州间的法律融合);Roberta S. Karmel, "Is It Time for a Federal Corporation Law?", 57 *Brook. L. Rev.* 55, 90(1991)("尽管英国和其他欧洲国家之间在公司治理实践中存在这些历史上的差异,它们的法律仍将在不久变得更为一致……");cf. Harold Demsetz, "The Structure of Ownership and the Theory of the Firm", 26 *J. L. & Econ.* 375, 375 -377(1983)(认为有一股无法避免的压力在促使公司结构向提高效率的方向改进)。

⑦ Easterbrook & Fischel, supra note 6, at 4 -5.

籍的人群会使公司熟悉国外的公司治理实践。⑧ 各国的国家报告经常探讨国外的公司治理实践并且认为它们对本国是有借鉴意义的。⑨

2. 持续性

如果上文所述的种种力量会减小公司治理的差异,那么,我们就需要回答一个问题,即为什么国家间公司所有权结构和治理模式方面的差异在现实中一直持续呢?

当然,我们也可以列出一些表明那些公司差异在减少的例子。比如,欧洲的鼓励采纳更分散的公司所有权的努力;⑩德国银行关于他们

---

⑧ 在90年代末期,这种跨国投资力量倾向于使公司治理朝着美国模式进行融合,因为迄今为止,在推动国际公司治理改革方面最积极的国际投资者都是美国人。See Martine Orange & Enguerand Renault, Les patrons francais se sont convertis aux exigencies des actionnaires [The French Owners Have Converted to Stockholder's Demands], Le Monde, Apr. 23, 1998, at 21(提到大型法国公司中的外国股东,特别是盎格鲁-撒克逊人,一直在推动公司经理层更关心股东利益);John Tagliabue, Compliments of U. S. Investors: "New Activism Shakes Europe's Markets", *N. Y. Times*, Apr. 15, 1998, at D1(谈到在欧洲的日益广泛的美国股东激进主义);Sara Webb, "Calpers Sees New Targets Overseas", *Wall St. J.*, Oct. 20, 1997, at C1, available in 1997 WL-WSJ 14170443(提到Calper想要提高海外公司的公司治理的意图)。戴姆勒公司对于克莱斯勒公司的收购使德国公司治理实践与美国公司相一致(或者是进一步在德国散播了美国的公司治理模式)。

⑨ See generally Corporate Governance Forum of Japan, Corporate Governance Principles—A Japanese View (Interim Report) (1997) (讨论总体的公司治理问题); Competitiveness policy Council, Reports of the Subcouncils (1993) (讨论大机构投资者的作用);Peter Mulbert, Empfehlen Sich Gesetzliche Regelungen Zur Einscheran Kung Des Einflusses Der Kreditinstitute Auf Aktiengesellschaften? [Are Rules Limiting Bank Influence Desirable?] (1996) (探讨其他公司治理模式的有用性); Organization for Economic Cooperation and Development, Business Sector Advisory Group on Corporate Governance, Institutional Modernization For Effective and Adaptive Corporate Governance: Challenges and Responses (1997) (寻求全球公司治理模式的基本原则); Michael E. Porter, Capital Disadvantage: America's Failing Capital Investment System, Harv. Bus. Rev., Sept. -Oct. 1992, at 65-82(倡导采纳国外公司治理中的创新举措)。

⑩ See Jeffrey N. Gordon, "Pathways to Corporate Convergence? Two Steps on the Road to Shareholder Capitalism in Germany", 5 *Colum. J. Eur. L.* 219, 220 (1999).

将减持其股权的声明;⑪欧洲日益激烈的收购行为;⑫以及在美国的机构投资者拥有的更大的影响力(这些机构投资者有可能获得像欧洲大陆和日本的金融机构所拥有的影响力一样的影响力)。⑬ 但是,尽管有这些发展,经济发达国家间的公司差异仍然继续存在。

德国银行就是一个很好的例子。尽管他们声称要出售所持有的公司股权,但是,到目前为止他们还在继续持有公司股权。实际上,在过去的10年中,德国银行增持了他们在100家最大的德国公司中的股权比例,从40% ~50%⑭。因此,尽管已经公布的许多案例表明德国银行似乎没有很好地履行他们的监督职能,而且,尽管他们经常是公众舆论的抨击对象,但是迄今为止,他们持有的高比例公司股权继续存在。与此类似,德国大型公司中高度集中的家族股权结构也一直持续⑮。

在日本,由于其银行体系的崩溃和对于日本公司治理模式存在问题的普遍共识,我们似乎可以期待日本公司中银行所持大宗股权的比

---

⑪ See, e. g., Brain Coleman & Dagmar Aalund, "Deutsche Bank to Cash out of Industrial Stakes", *Wall St. J.*, Dec. 16, 1998, at A179(提到德意志银行宣告其出售所持股权的计划);"Role of the Financial Services Sector: Hearings Before the Task Force on the International Competitiveness of U. S. Financial Institutions of the Subcommittee on Financial Institutions Supervision", Regulation and Insurance of the House Committee on Banking, Finance and Urban Affairs, 101st Cong. 164 –165(1990)(述及德意志银行总裁透露准备出售银行所持股权的意图)。

⑫ See, e. g., Sophie Fay & Pascale Santi, L'offensive de la BNP plonge le monde bancaire dans la confusion [BNP's offensive plunges the banking world into confusion], Le Monde, Mar. 12, 1999, at 23(提到一家法国银行同时向另外两家大银行发出敌意收购要约)。

⑬ See Mark J. Roe, Strong Managers, *Weak Owners: The Political Roots of American Corporate Finance* 223 –224(1994)[以下称 Roe, Strong Managers].

⑭ Compare Hauptgutachten der Monopolkommission, Marktoffnung umfassend verwirklichen [To Comprehensively Implement the Opening of the Market] 187 – 192 (1996/1997)(在1996年,金融机构持有的公司股权超过55%), with Hauptgutachten der Monopolkommission, Wettbewerbspolitik order Industriepolitik [Competition Policy or Industrial Policy] 205 –212(1990/1991)(在1990年,金融机构持有的公司股权大约为45%)。

⑮ See Franks & Mayer, supra note 3, at 25.

例会减少。但是,在过去的30年间,有关日本大型公司所有权分布的统计数据没有显示银行和保险公司的持股比例有任何变化。⑯

当然,目前我们所具有的数据还不足以回答各国近年来在公司所有权结构方面的总体差异是如何变化的。但是,无论其变化趋势如何,或是减小,或是保持原样,或是增大,对于本文的研究主题而言都无关紧要。毫无疑问的是,尽管有经济全球化和效率竞争的压力,各国公司结构中的一些重大差异仍然存在。这个事实向学者们提出了一系列重要的问题:为什么这些差异会一直持续?它们是否还会在将来持续下去?

(三)路径依赖的产生原由

我们主要研究路径依赖在导致并保持各国公司结构间差异的过程中所扮演的角色。路径依赖有两种类型。第一种类型是结构驱动的路径依赖。我们将在本文第二部分中讨论此类型。所谓的结构驱动的路径依赖,就是指一个国家初始的公司所有权结构会直接影响其后来的公司所有权结构。我们在后文还更进一步地指出,这种影响是通过两条途径实现的。

第二种路径依赖类型来源于公司规则。那些公司规则能够影响公司的所有权结构和治理模式。最主要的,那些公司规则会左右公司是否拥有一个控股股东的决定。公司规则至少有三条途径来影响公司所有权结构和治理模式。

第一,使金融机构积聚并持有大宗股权更为困难或者需要付出更大成本的公司规则会阻碍集中型股权结构的存在。⑰ 这种公司规则在

⑯ See generally Michael S. Gibson, "'Big Bang' Deregulation and Japanese Corporate Governance: A Survey of the Issues" (Federal Reserve Int'l Fin. Discussion Paper No. 624, 1998)(其结论是,到目前为止,日本的金融机构改革对于公司治理的效果非常有限)。

⑰ See Roe, Strong Managers, supra note 13, at 26–49.

美国很强大,但是在其他国家就相对较弱。⑱

第二,在那些允许公司控制者获取高额私有控制利益的公司系统中,保护寻租行为的考虑就会导致集中性股权结构的存在。⑲ 当私有控制利益非常大时,那些在公司初次发行(Initial Public Offering,IPO)时建立公司结构的人就不会愿意将其拥有的公司控制权拿出来让别人进行争夺,因为这样做会吸引别人来争夺公司控制权从而导致当初选定的公司结构不稳定。进而言之,如果私有控制利益非常大,在筹集新资本时,公众公司的控股股东就不会轻易地将其控制权拱手让人,因为其他股东不会补偿他们由于放弃控制权而导致的失去高额控制利益的损失。

第三,一些国家具有对于公司治理结构的选择进行限制或者向某个特定方向推动的强制性公司规则。比如,有些公司规则影响到董事会的组成和公司中的员工参与程度。⑳ 美国的证券交易所规则和各州的公司法都赞成公司董事会中应当拥有高比例的独立董事。日本以员工为导向的法律导致了公司内部人员控制公司的董事会。㉑ 德国法律则要求在其大型公司中员工应当拥有公司董事会席位的一半。㉒

---

⑱ See id. at 167 –197.

⑲ See generally Lucian Bebchuk, "A Rent-Protection Theory of Corporate Ownership and Control" (National Bureau of Econ. Research Working Paper No. 7203, 1999) [以下称 Bebchuk, Rent-Protection Theory] (分析了保护寻租行为的考虑是如何影响在公司初次发行阶段的公司所有权结构的选择); Lucian Arye Bebchuk, "Rent Protection and the Evolution of a Firm's Ownership Structure" (July 1999) (未发表的论文手稿,作者有存档) [以下称 Bebchuk, Rent Protection and Evolution of Ownership Structures] (分析了保护寻租行为的考虑是如何影响在公司公开发行之后的公司所有权结构的选择)。

⑳ See Mark J. Roe, "Political Preconditions to Separating Ownership from Control" (September 1999) (未发表的论文手稿,斯坦福法学评论杂志社有存档) [以下称 Roe, Political Preconditions].

㉑ See Yasu Izumikawa, "Amidst Calls for Corporate Governance Reform, Nisson Questions Role of Non-Executive Directors", *IRRC Corp. Governance Bull.*, July-Sept. 1997, at 21 (提到日本人认为非执行董事对于公司治理贡献甚微)。

㉒ See Katharina Pistor, "Co-determination in Germany: A Sociopolitical Model with Governance Externalities", in *Employees' Role in Corporate Governance* (Margaret Blair & Mark J. Roe eds., forthcoming 1999).

总之,由于公司规则非常重要,各国的规则之间的重大差异就可能足以导致各国公司所有权结构方面的重大差异。本文第三部分将集中讨论公司规则驱动的路径依赖问题。公司规则驱动的路径依赖是指初始公司结构影响后来公司结构的一个另外的、间接的但很重要的方式,即通过影响将来的商法规则来影响后来的公司结构。正如下文所述,一个国家的公司规则对于公司所有权结构的选择有重大影响。同时,公司规则自身又受到该国家初始公司结构的影响。

二、公司所有权结构驱动的路径依赖

我们以分析结构驱动的路径依赖(structure-driven path dependence)来开始我们对于总体路径依赖问题的讨论。我们首先探讨一个国家初始公司结构对于其后来公司结构的"直接"影响。具体而言,我们将说明一个国家的公司所有权结构是如何依赖其早先的公司所有权结构的。

假如有两个经济发达国家,A 和 B。他们在时间 T_1 具有一套同样的法律规则和经济条件,但是,在早先时候 T_0 具有不同的公司所有权结构。更具体地,我们假设:在时间 T_0,国家 A 的公司普遍地具有一个控股股东,而国家 B 的公司普遍地具有分散的所有权结构。这些在时间 T_0 时的公司结构差异可能是由于两个国家在当时具有不同的法律规则或者经济条件而造成的。尽管这两个国家通过不同的发展道路到达时间 T_1,他们在时间 T_1 具有相同的公司法则和经济条件。是否这些相同的公司法则和经济条件意味着这两个国家的公司结构从时间 T_1 开始也将会相同呢?答案是不会。在此部分的第一节,我们将会阐明在时间 T_0 时的早先公司所有权结构是如何影响一个公司在时间 T_1 时的有效结构的类型特征。在此部分的第二节,我们将会解释公司内部的寻租行为是如何在某种程度上使现行的公司结构一直持续。

(一)基于效率的结构路径依赖

结构驱动的路径依赖发生的第一个原因根源于效率因素。一个公司在时间 T_1 时的有效结构的类型特征可能依赖其在早先时候 T_0 时的公司结构。因此,国家 A 和 B 中的公司结构在时间 T_1 就可能有所不同。这种差异的出现可能归因于沉入适应成本(sunk adaptive costs)、互补性因素(complementarities)、公司网群外在性(network externalities)、既得利益效应(endowment effects),或者多样性最优(multiple optima)。我们在下文简要地逐一解释这些原因。

1. 沉入适应成本

沉入成本能够影响公司有效所有权结构的选择。考虑一个比拟的情形。在此情形中,保持一个现存的老工厂可能在效率上行得通,即使从零开始新建的工厂会比现存的老工厂更有效率。这是因为,一旦成本沉入那些没有其他好的使用机会的设备中,保持现状通常就是有效率的。与此类似,当我们在某个时点判断哪个公司所有权结构更有效时,沉入成本就是一个非常重要的考虑因素。比如,在一个分散所有权结构在时间 T_0 时非常普遍的国家中,公司可能已经适应了这种大环境,通过采用对于经理人的补偿激励机制,增加更多的独立董事,和建立适当的负债结构来降低代理成本。[23] 一旦国家 A 和 B 各自

㉓ 公司发展了很多能够降低其内部的交易成本从而获取竞争优势的程序。这些根深蒂固的程序使公司很好地适应了它所处的环境,但是,如果环境变化太大的话,公司很难立刻忘却这些程序。它就会逐渐衰弱而不会去适应新环境。同时,新的公司由于采用新的能够更好适应新环境的程序而迅速崛起。由于公司很难忘却原来根深蒂固的程序,而且这种情况也适用于有关公司治理的程序,所以,公司的适应过程会很慢。See Rebecca M. Henderson & Kim B. Clark, "Architectural Innovation: The Reconfiguration of Existing Product Technologies and the Failure of Established Firms", 35 *Admin. Sci. Q.* 9, 9 – 10 (1990)(认为传统上关于渐进式的和激进式的改革的分类具有误导性); cf. Cristiano Antonelli, "The Economics of Path Dependence in Industrial Organization", 15 *Int'l J. Indus. Org.* 643, 644 (1997)(指出沉入成本和转换成本是导致不可逆转性的重要因素)。由于这种公司结构潜在的僵化性确实是个问题,所以,更好的公司治理就是更具灵活性的公司治理。

在时间 T_0 发展了这些不同的适应制度(由于他们在 T_0 时具有不同的所有权结构),那么,这些适应制度可能就会使国家 A 和 B 的公司在时间 T_1 的有效率的公司所有权结构有所不同。[24]

2. 互补性因素

互补性因素类似于沉入适应成本,但是,它们影响公司的适应过程不是通过那些所有权结构正遭受变革压力的公司,而是通过其他的机构和团体。相关机构,实践做法,以及专业性的团体通常在每个国家中都已经发展起来以方便该国的公司治理结构的正常运行。一个国家在早先时候 T_0 所具有的公司所有权结构决定了该国所发展的相关配套机构,实践做法和技巧的类型。这些公司环境方面的各种因素可能会反过来影响在时间 T_1 时何种公司结构有效。

假设分散所有权结构在一个具有活跃的公司收购市场和透明的会计制度的环境下会运行更加良好,而且,发展这样一个活跃的公司收购市场和透明的会计制度需要公司和其他相关人进行投资以获得必要的技术和装备。一个国家是否在时间 T_0 会发展这样的制度依赖于该国在当时具有何种公司所有权结构。在这个例子中,这些制度可能会在当时普遍具有分散所有权结构的国家 B 中发展,而不会在当时分散所有权结构非常稀少的国家 A 中发展。这意味着,在时间 T_1,对于公司而言,如果他们是在国家 B,那么分散所有权结构就是有效的;如果他们是在国家 A,那么分散所有权结构就不是有效的。

㉔ 举个例子:德国公司也许是通过不扩大他们的监事会规模的方式来适应共决机制,因为无论是经理还是股东都对增加劳工在监事会中的人员不甚高兴(在大型德国公司中,劳工必须占有监事会席位的半数)。他们实际上在使用有别于这种法定公司治理模式的另外一种治理模式:在公司董事会和拥有大宗股份的股东之间举行非正式的会议。See Pistor, Codetermination in Germany, supra note 22; Mark J. Roe, "German Securities Markets and German Codetermination",98 *Colum. L. Rev.* 167,168(1998)[以下称:Roe,German Codetermination]。一旦找到了能够用于适应共决机制的措施,公司参与人也就不会再想去改变公司所有权结构和治理模式。

3. 公司网群外在性

公司网群外在性也会导致公司已有制度的持续性。[25] 对于一个公司而言,其有效的所有权结构可能依赖于其所在国的其他公司所采用的所有权结构。适用在一个国家中占支配地位的和那些市场参与人最熟悉的公司形式是有利的。这样,如果其他公司都采用分散所有权结构,那么,一个公司也采用此结构的成本就会较小。这样的原因就会使一个公司选择一个控股股东的结构是有效率的,如果一个国家中其他公司都普遍地采用集中所有权结构。同理,如果其他公司普遍地具有分散所有权结构,那么一个公司选择分散所有权结构的做法也是有效率的。

4. 既得利益效应

既得利益效应也可能影响有效所有权结构的类型特征。如果某人在现行的公司结构中具有控制权,那么,这种情况就会影响他对现行公司结构的价值评价。这个价值评价反过来又会影响到公司采纳另外一种结构将可能产生的总体价值。[26]

这种既得利益效应可能会使公司结构的改变更为困难。这些公司既包括由具有欧洲特色的集中家族所有者治理的公司,又包括由具有美国特色的经理人治理的公司。欧洲的处于公司控制地位的家族所有人可能会高度珍惜他们的控制权。同样,美国的经理人也会高度珍惜他们的地位和权力。在以上任何一个情况下,取得和放弃控制权

---

[25] 关于公司法中的网群外在性的研究,see Marcel Kahan & Michael Klauser,"Path Dependence in Corporate Contracting: Increasing Returns, Herd Behavior and Cognitive Biases",74 *Wash. U. L. Q.* 347,350 –353(1996)(讨论公司契约中的网群外在性);和Mark A. Lemley & David McGowan,"Legal Implications of Network Economic Effects",86 *Cal. L. Rev.* 479,562 –586(1998)(建议基于网群外在性的原因而对于公司规则进行适当的修改)。

[26] 另外一个可能的既得利益效应,就是德国劳工对于共决制度的评价也是依赖于现行的条件。也就是说,如果要让德国劳工放弃已有的共决机制,他们将会要求比其最初为得到共决机制而愿意付出的代价更多的东西。这种情况意味着,对于一个德国公司而言,共决机制的总体效率依赖于它是否已经拥有共决机制。

的条件可能是不同的。由于现行控制结构的存在,上述的两种公司控制人集团所认为的公司控制权价值都会高于如果他们没有控制权从而愿意为得到控制权而付出的代价。因为这种既得利益效应的影响,公司控制结构的总体效率就依赖于它们在初始时是否存在。

5. 多样性最优

公司所有权结构以很多复杂的方式影响着公司治理和公司价值。因此,两种可供选择的公司结构可能各自具有与对方相比有利和不利的方面,并且,它们能够产生大致相等的总体公司价值。假设,在时间T_1,在国家A和B所拥有的公司规则下,集中公司所有权结构和分散公司所有权结构各自具有大致抵消的优势和劣势,并因而几乎同等程度的有效。由于从一种公司结构转变为另一种公司结构会包含交易成本,所以,每个国家保持现状也许就是有效率的。在这种情况下,每个国家中的初始公司所有权结构就会决定其后来的所有权结构。

所以,沉入适应成本、互补性因素、公司网群外在性、既得利益效应以及最优多样性等原因总体上可能导致以下结果:公司在时间T_1的有效所有权结构类型依赖于此公司和同一经济环境中的其他公司在时间T_0所具有的初始所有权结构。这种情况可以部分地解释为什么国家A和B在时间T_0所存在的初始差异会一直持续到后来的时间T_1。

(二)基于寻租行为的结构路径依赖

我们现在讨论寻租行为方面的原因来解释为什么在时间T_0存在的公司结构会一直持续到时间T_1。由于寻租行为,已有的公司结构会保持下来,即使它们在时间T_1已不再有效。那些在现行公司结构中占据控制地位的团体会既有动力又有权力来阻碍对公司结构的改变。改变一个公司的结构需要该公司控制者的合作。即使一个公司结构的改革事实上是有效的,公司控制者也不一定就会想实施这个改革。如果一个改革会减少公司控制者的私有控制利益,同时,这个改革所带来的部分效率收益不是流向公司控制者而是其他人的话,公司控制者也许就会反对这个改革。在这种情况下,现行公司结构就会一直持续。[27]

1. 集中所有权结构的持续性

假设,在时间 T_1,在国家 A 和 B 的公司规则下,对于一个具体公司 Y 而言,有效率的所有权结构是分散所有权结构。如果公司 Y 在时间 T_0 具有初始的分散所有权结构,那么很显然它就会继续在时间 T_1 保持分散所有权结构。但是,假设,公司 Y 是一个国家 A 的公司,并且像国家 A 的大多数其他公司一样,它初始具有一个集中所有权结构。公司 Y 也许不会在时间 T_1 转变成分散所有权结构。我们现在来解释这个原因。

(1)公司控制者设置的路障

假设,公司 Y 有 100 个股份,在时间 T_0,一个初始所有者拥有公司全部股份并在此时卖出公司的半数股份给公众投资者而自己保留半数股份以获得公司控制权。在时间 T_0,那个初始所有者会有动力去选择可以将其所拥有的 100 个股价值最大化的公司结构,因为在此时,她拥有公司的全部股份并享有这个交易决策的全部效益。所以,我们可以假设,在时间 T_0,由于当时的条件,集中所有权结构就是有效率的公司结构并因而被选择为公司 Y 的结构。

但是,到时间 T_1,周围环境条件已经发生改变,以至于公司 100 个股份在分散所有权结构下的总体价值会比其在集中所有权结构下的总体价值高。假设,在时间 T_1,公司全部股份的价值在集中所有权结构下是 100 美元,包括公司控制者的 60 美元(控制股份每股价值为

---

[27] Cf. Stacey Kole & Kenneth Lehn, Deregulation, "The Evolution of Corporate Governance Structure, and Survival", 87 *Am. Econ. Rev. Papers & Proc.* 421(1997). Kole 和 Lehn 阐明了航空业的取消管制导致航空业需要采取新的公司治理结构。取消管制要求更加复杂的经理管理,从而,就要求更具激励效果的经理薪酬制度,更小的董事会,和更集中的公司所有权结构。尽管新进入航空业市场的公司具有与取消管制相适应的高级治理模式,但是,原来的老公司转变缓慢。即使 20 年后,这个转化过程还没有完成。

1.20美元)和其他小股东的40美元(小股东的股份每股价值为0.80美元)。而且,假设,在分散所有权结构下,公司全部股份的总体价值将时110美元(每股价值1.10美元)。问题是,公司的控股股东是否会在时间 T_1 选择把公司结构改革为分散的所有权结构?

如果公司初始所有者卖出公司半数股份的时间是后来的时间 T_1(而不是早先的时间 T_0),毫无疑问,她就会选择分散的公司所有权结构,因为这样做会产生最大的价值。通过把所有的股份卖给分散的股东,她就会获得110美元。相反,如果她选择集中的公司所有权结构,那么她就只能获得100美元:40美元是她卖给公众小股东50个股份而得到的价值;60美元是她拥有剩下的50个控制股份而保持公司控制权的价值(或者,60美元是如果她把剩下的50个控制股份卖给另外一个想成为公司控制者的人而得到的价值)。这样,如果公司Y是在时间 T_1 进行首次公开发行,选择分散所有权结构就会使初始公司所有者获得最大价值。所以,如果在时间 T_1 拥有公司全部的100股份,公司所有者就会选择能够将那些股份价值最大化的公司结构。在时间 T_1 所具有的新的法律规则下,分散所有权结构就是这种能将公司股份价值最大化的公司结构,因而,此时拥有公司全部股份的初始所有者就会选择这个公司结构。

表1　在时间 T_1,在集中所有权结构下,公司价值的分配情况

	拥有的股份	拥有股份价值的比例	股份价值
公司控制者的控制股份	50股	60%	1.20美元/每股
外部小股东的股份	50股	40%	0.80美元/每股
公司总体	100股	100%	100美元
总体价值分配			公司控制者的控制股份60美元+外部小股东的股东40美元=100美元

表2　在时间 T_1，在分散所有权结构下，公司价值的分配情况

	拥有的股份	拥有股份价值的比例	股份价值
公司控制者的控制股份	0股		
外部股东的股份	100股	100%	1.10美元/每股
公司总体	100股	100%	110美元
原来公司控制者所获价值			110美元的卖出所有股份的现金收入

但是，因为公司在时间 T_0 已经公开发行股票，它在时间 T_1 就已经具有了集中所有权结构。所以，问题变成了：在此情况下，公司控制者是否还会把公司结构改革成能够增加10美元公司总体价值的分散所有权结构？答案是，这种改革不符合公司控制者的私人利益。[28]

考虑一下完成这个公司结构改革的最直接的途径：公司控制者将其拥有的控制股份分割开来并卖给分散的股东。这样的一个交易不会让公司控制者获利。公司在分散所有权结构下的总体价值是110美元（每股价值1.10美元）；因此，公司控制者将只能从卖掉其50%控股股份的交易中得到55美元。也就是说，这个出售股份的交易给公司控制者带来的收益比其如果保持控股股份而得到的60美元的价值要少5美元。所以，公司控制者就不会从出售其控股股份的交易中受益。当然，这个交易会增加原来已经在公众股东手中的股份价值，从40美元到55美元。但是，这个好处不是公司控制者所能得到的；公司控制者显然不能事后地将其当初在时间 T_0 出售的少数股份的价格从40美元提高到55美元。所以，公司控制者就不会在时间 T_1 分解其控股股份，从而集中所有权结构就会持续下去，即使把公司变为

---

[28] 关于因为类似的路障而导致有效率的公司结构改革无法进行的分析，See Lucian Arye Bebchuk，"Efficient and Inefficient Sales of Corporate Control"，109 *Q. J. Econ.* 957（1994）（分析了不同的关于转让控股股份的法律规则是如何阻碍有效控股股份转让的）；Mark J. Roe，"The Voting Prohibition in Bond Workouts"，97 *Yale L. J.* 232，277（1987）（分析了为导致发行债券失败而合法制造的障碍）。

分散所有权结构会增加公司的总体价值。

或者把公司变为分散所有权结构的改革在以下情况是能够发生的：在时间 T_1，如果公司控制者把公司的所有资产卖给一个私人企业家然后进行公司的清算；然后，这个企业家就会具有如同上文所述的一个初始所有人在时间 T_1 所具有的动力，这些动力就会促使这个企业家把公司变成分散所有权结构。但是，在这个情况中，公司控制者出售全部公司资产而从那个企业家处能够得到的价格最多也就是 110 美元，并且，公司控制者在随后的公司清算中只能获得 55 美元。这个收益还是低于公司控制者保持控股股份所能得到的 60 美元的利益。

在以上考虑的两种情况下，公司控制者都不会从把公司变为分散所有权结构的改革中受益，因为这个改革会除去公司控制者在公司中的私有控制利益。在集中所有权结构下，公司控制者能够攫取目前公司总体价值 100 美元中的 60%，但是，在公司改变为分散所有权结构的过程中，公司控制者只能获得更大的公司总体价值 110 美元中的 50%。尽管公司总体价值有所增加，但是，对于公司控制者而言，获得有所增大的公司总体价值的 50% 还不如获得目前集中所有权结构下稍小的公司总体价值的 60%。

因此，尽管分散所有权结构能够增加 10 美元的公司总体价值，但是，公司控制者不会从中受益；相反，她还会损失 5 美元。我们还可以通过另外一个直觉方法来理解为什么公司控制者不会受益于一个更有效率的公司结构，即是那样的公司结构改革会给予现有的分散股东一个直接的利益。如果公司控制者把公司结构改革为分散所有权结构，现有的分散股东将获得 55 美元而不是 40 美元的利益。这个 15 美元的收益是公司控制者无法得到并因而在她的决策过程中不会将此金额计算在自己的收益之内。所以，尽管那个改革是有效的，但是，公司控制者不会从中获利，因为公司控制者将会损失他们的私有控制利益，并且，不能获得那个结构改革的全部效率收益（部分效率收益将会由现有的分散股东得到)[29]。

总而言之,是否公司在时间 T_1 会拥有集中或者分散的所有权结构,依赖于它在时间 T_0 的初始所有权结构。如果公司在时间 T_0 由私人拥有并在时间 T_1 进行首次公开发行,分散的所有权结构就会被选择。类似地,如果公司在时间 T_0 就进行首次公开发行并选择了分散所有权结构,那么这个结构会一直保持到时间 T_1。但是,如果公司在时间 T_0 进行首次公开发行并选择了集中所有权结构,那么这个集中的所有权结构会持续到时间 T_1,而且,一个把公司变为分散所有权结构的改革不会发生。

(2)现实世界:不完美的科斯世界

是否还有其它的途径能够实现公司分散所有权结构改革所带来的 10 美元的潜在效率收益?是否那 10 美元的收益将可能被扔在桌上而无人可及?能不能通过某些交易使公司利益各方来共享那潜在的 10 美元收益?在一个纯粹的科斯世界(Coasian World)里,公司的利益各方确实会通过契约来实施那个公司结构改革,并且得到和分配那个 10 美元的改革收益。但是,我们的现实世界是不完美的科斯世界,存在许多妨碍实现那个 10 美元改革收益的因素,因而,不是所有的 10 美元的收益都会被实现。

在一个完美的科斯世界里,那个公司结构改革可能通过以下机制发生:即少数股东付给公司控制者一定的金额以诱使控制者同意进行改革。由于少数股东将从改革中获得 15 美元的收益,而公司控制者在改革中只损失 5 美元,所以,存在一个有利于双方的交易。少数股东可以付给公司控制者一个介于 5 美元和 15 美元之间的金额,比如 10 美元,而公司控制者以同意进行公司结构改革作为回报。但是,在我们不完美的科斯世界里,少数股东的集体行动问题(collective action

---

[29] 公司控制者不会把公司变为分散所有权结构的原因等同于,公司控制者可能不会在平等机会规则(Equal Opportunity Rule)下转让控制权的原因,即使公司的转让在总体上是有效率的。See Bebchuk,supra note 28,at 968 -973.

problems)将会阻碍这样一个交易。少数股东会发现,由于“搭便车”问题(free-ride problem),聚集起那些付给公司控制者的金钱“贿赂”是很困难的,甚至是不可能的。每个少数股东都知道,自己不参与这个交易几乎不会影响那个交易所需要的金钱“贿赂”的筹集,因此,每个少数股东都有动机去逃避自己应交的份额。

或者,在一个完美的科斯世界里,公司控制者可以首先以40美元或一个介于40美元到50美元之间的价位买进全部的现有分散股份,然后再把公司结构转变为分散所有权结构,最后出售所有的分散股份而得到110美元。只要付给现有少数股东的股份价位低于50美元,公司控制者就可以通过这种方式获得高于60美元的收益,即高于其在现行集中所有权结构下拥有的收益。但是,在一个不完美的科斯世界里,公司控制者会发现在这样一个价位上买进全部的现有分散股份是非常困难的,甚至是不可能的。假设,公司控制者发出一个愿意以0.80美元每股(或者40美元的总价位)的价格收购少数股份的要约。这样的一个要约很可能由于“搭便车”问题而以失败告终。有些公众股东可能会拒绝卖出其股份。原因在于,如果其他的股东都卖出股份而且公司控制者随后把公司结构改革为分散所有权结构,一个拒绝卖出其股份的股东就会看到她的股份价值从每股0.80美元上涨到每股1.10美元。如果所有的少数股东都为了每股1.10美元的潜在收益而保留其股份,那么,公司控制者就不能够以一个让其有利可图的价格去买进现有的少数股份㉚。

(3)限制制度持续性的因素:非常大的效率差异

我们的观点不是说,在时间 T_1,在前文提及的条件下,把公司转变为分散所有权结构的改革绝对不会发生,无论改革能够带来多大的潜

㉚ 按照经济学的术语来讲,公司控制者把公司变为分散所有权结构与在此之前付给少数股东低于1.10美元每股的价格这两个行为之间缺乏平衡。也就是说,公司控制者能够从发出收购要约而获得公司所有股份中受益与随后把公司转变为分散所有权结构这两个行为之间缺乏平衡。

在效率收益。我们认为，如果潜在的效率收益足够大，这种改革是会发生的。只有在改革的潜在效率收益不是很大的情况下，公司内部的寻租行为才可能导致公司结构的持续。

在上文已经讨论的情形中，如果改革所增加的公司总体价值将超过 20 美元，也就是说，如果在时间 T_1 公司转变为分散所有权结构后其总体价值将超过 120 美元，那么，公司控制者就会选择实施转变公司结构的改革。假设，在分散所有权结构下，公司的总体价值在时间 T_1 将会是 122 美元。在这个情形中，如果公司控制者选择分解其大宗控股股份并把它们卖给分散的公众投资者，她就能获得 61 美元，超过了 60 美元。这样，她得到的收益要比她在集中所有权结构下所能得到的利益更多。所以，这个新的 122 美元的公司总体利益就足以导致公司的结构转变。尽管公司控制者仍然只能获得公司总体利益的 50%，但是，新的公司总体利益已经足够大以至于这个 50% 的份额会比她在集中所有权结构下所得到的原来公司总体利益的 60% 份额更大。

我们不认为，不管在什么情况下，现行的公司机构都会由于公司内部的寻租而一直持续。我们是说，在公司总体利益增长的一个很大的范围里，公司控制者的寻租行为都会阻碍把公司转变为更有效率的分散所有权结构的改革。在我们的例子中，只要改革的潜在效率收益介于 0 ~ 20 美元，集中的公司所有权结构都会在时间 T_1 持续下去。

什么因素决定着集中所有权结构即使是低效时也会持续下去的这种情况的发生范围呢？正如我们在对所举例子的讨论中所表明的，这个发生范围依赖于公司控制者在集中所有权结构下所能获得的私有控制利益的大小。私有控制利益越大，现行公司结构即使是低效时也会被保持的发生范围也就越大。[31] 只要这些私有控制利益在时间 T_1 非常大，那么，现行公司结构持续下去的发生概率的域值也就会非常大。

(4)限制制度持续性的因素：破坏寻租的法律规则

只有，在时间 T_1 所具有的公司规则下，公司控制者能够合法地寻租，即能够享有重大的私有控制利益时，由于寻租而导致的集中所有权结构的持续性才会发生。因此，如果国家建立了一个完全消除这种私有控制利益的法律系统，那么，这个路径依赖的发生原由就会被根除。

假设，在时间 T_1，拥有50%公司股份的公司控制者没有任何的私有控制利益，从而她只能得到50美元的股份利益，也即在集中所有权结构下的公司总体利益的正好一半。在这种情况下，只要把公司变成分散所有权结构的改革能够增加公司的总体利益，公司控制者就会选择实施此改革。随着公司规则的改变破坏了寻租行为，公司控制者阻碍公司结构转变的动机也相应消失。但是，这个对于路径依赖理论的限制因素，即私有控制利益不存在的情况，一般不太可能发生，事实上目前也从未发生过。

(5)新的公司

我们以上的分析都集中在现有公司所有权结构的持续性问题。那么，新投入经济生活和公司结构中的资产情况如何呢？思考一下，一个国家在时间 T_1 所具有的公司普遍地采用集中所有权结构。并且，假设，有些公司在时间 T_1 是完全地被单个所有者拥有。现在，我们来讨论这样的单独所有者会对于其所拥有的公司作出何种决策。在此阶段，由于单独所有者没有合作伙伴，所以单独所有者在内部寻

---

[31] 从代数学角度来分析，如果大宗控股股份占公司全部股份的比例为 k，控股股份在集中所有权结构下的价值为 V，私有控制利益为 B，只要在分散所有权结构下原控股股东的股份价值不会超过 $V + [k \div (1-k)]B$，把公司变为分散所有权结构的改革就不会发生。这种情况类似于控股股东在公平机会规则下阻碍有效的公司转让的情况，那个公式也可以通过类似的方法在后一种情况中推导出来。See Bebchuk, supra note 28, at 971.

租方面的考虑不会影响其对公司结构的选择。但是,我们在本文第二部分(一)中所提到的那些关于为什么有效公司结构可能是路径依赖的原因,包括公司网群外在性和互补性因素等,可能会影响单独所有者的公司结构选择。另外,由于在本文第三部分所指出的原因,外部的寻租行为(external rent-seeking)会使已有的老公司压制新的公司。无论是基于这些原因还是其他原因[32],我们都认为,到目前为止,新进入市场的资产和公司还没有而且也不能消除公司结构间的差异。

2. 分散所有权结构的持续性

同理,分散所有权结构一旦建立的话,由于控制公司的经理人的内部寻租行为,这种分散所有权结构也会一直持续下去。思考一下公司 Y,由于在时间 T_1 国家 A 和 B 所具有的法律规则和整体条件的原因,公司在集中所有权结构下会具有最高的总体价值。但是,如果公司在时间 T_0 的初始所有权结构是分散所有权结构,那么,公司也许不会在时间 T_1 转变成集中所有权结构。

假设,公司 Y 总共具有 100 个股份;在时间 T_1,在分散所有权结构下,它的总体价值是 100 美元或者每股 1.00 美元;公司经理在这个分散所有权结构下能够获得 3 美元的控制利益(比如,转移公司价值,获得个人声望,等等);在集中所有权结构下,公司将会产生 110 美元的总体价值(由公司控制者和小股东共同享有),并且,有一个买家愿意出此价格收购此公司以将其转变成集中所有权结构。虽然把公司转变为集中所有权结构是有效率的,但是这个转变不会发生。

尽管把公司改革为集中所有权结构会增加公司的总体价值,但

---

[32] See Bebchuk, "Rent Protection and Evolution of Ownership Structures", supra note 19, at 18 -21(分析了,在其他条件一样的情况下,为什么具有一个控股股东的公司会比那些被单独所有人拥有的公司提出更高的价格去收购新进入公司市场中的资产)。控股股东一般具有扩展公司的动机,因为扩展公司将带来更多的公司资产,这样他们就能够控制更多的资产并得到更大的私有控制利益。所以,在一个公司普遍具有控股股东的国家里,新进入市场的资源通常都会被这些公司所获得,即使这些公司并不是那些资源的最有效率的利用者。

是,现任的经理们也许不愿进行这种改革,因为它会破坏他们享有的私有控制利益。只要经理持有的公司股份少于30%,他们在公司结构转变中所获得的收益份额就不足以弥补他们失去私有控制利益的损失。

经理也许会阻碍这种公司结构的改革。他们决定公司是否能进行并购,没有他们的首肯,公司并购是不会发生的。而且,他们通常还有权采取有效措施来抵抗针对其公司的敌意要约收购。当然,如果公司结构改革的潜在效率收益非常大,那个改革还是可能发生的。但是,如果改革只能增加10%的公司总体价值,就像我们上述的例子那样,那么,由于与敌意要约收购有关的问题,公司经理就会既有动力又有权力来阻止这个公司结构的转变。所以,公司经理想保持他们在分散所有权结构下享有的私有控制利益的意图会导致公司结构在某种程度上的持续性。

如前所述,我们得出了以下结论:公司控制者的寻租行为可能会导致集中所有权结构的持续性,而且,我们还指出了这个结论的限制条件。同样地,类似的限制条件也适用于上文中我们对于分散所有权结构所得出的结论。如果在时间 T_1 公司规则禁止公司经理享有任何的私有控制利益(这是一个理论上的、不切合实际的情况,因为公司经营权的独立性通常都会给经理带来某些私有利益),公司经理就不会有动力来反对把公司转变为集中所有权的改革。另外,如果在时间 T_1 法律规则没有授予公司经理在公司并购方面的任何权力,公司经理也就没有任何的力量来阻止公司结构的转变。

但是,只要(i)公司经理能够享有一定的私有控制利益;(ii)公司经理拥有一定的权力来阻止公司控制权的转变,现有的分散所有权结构就会在某种程度上持续下去。由于过去这两个条件都普遍存在,所以,到目前为止,它们所导致的公司结构的持续性扮演着一个非常重要的角色(比如,在美国分散所有权结构的保持过程中),即使把公司转变为集中所有权结构会增加公司的总体价值。只要这些条件在将来也存在,那么,这种路径依赖和公司结构持续性的潜在产生原由就会有重要影响。

3. 德国共决机制的持续性

由于类似原因,员工优先(labor-preferring)的公司结构也会持续下去。德国就是一个最重要的员工参与公司控制的国家典范。德国制定了法律规则,强制要求所有大型公司的监事会必须包括一定比例的员工代表,因此,这些公司都采用了共决机制。我们的分析表明,德国共决制的公司结构可能会一直持续下去,即使德国的法律规则改变为规定这种结构是选择性的而不是强制性的。

假设,德国修改其法律并规定共决制的公司结构是选择性的而非强制性的。因为共决制的公司结构已经存在,它们就可能会持续下去,即使它们不再有效率。如果工会领袖(或者其他人)在共决制下获得了私有利益,并且,如果他们拥有可以阻碍或抵抗对于现行公司结构进行改变的权力,[33]他们也许就会阻止对于共决制的改革。另外,只要为了改革共决制而需要"贿赂"工会领袖的做法是非法的或者在交易成本上太大,那个改革就不会发生。

至此,我们已经讨论了三种最基本的"纯粹"的公司结构形式,第一个是集中所有权结构形式;第二个是分散所有权结构下的经理人控制模式;第三个是强制性的员工参与的公司结构形式。每种结构形式都有持续下去的趋势,而且,这种持续性的力量导致了结构性的路径依赖。

4. 全球经济一体化环境下的公司结构持续

总之,由于寻租行为,现行的公司结构会一直持续下去,即使它们已经不再有效率。有人也许会质疑这个结论,提出全球经济一体化环

---

[33] 我们在这里假定,德国公司改革遵循标准的美国模式,即公司结构的改革是由管理层提起的。但是,即使公司股东能够提起废除共决制的改革方案,最终结果可能也不会有大的差异,因为股东也许会发现,将员工驱逐出公司管理机构而带来的对于员工的打击会导致公司动荡或者员工工作积极性下降。

境下的市场力量可能会促使公司控股股东和经理人等去采纳最有效率的公司结构。但是,事实上并非如此。

我们在前文的分析实际上已经考虑了产品市场和资本市场的竞争所可能产生的各种效果。当我们在所举的例子中说,在时间 T_1,在现行的次优所有权结构下公司价值是 100 美元,而在公司转变为一个更优的所有权结构后公司价值是 110 美元,这个 10 美元的公司价值的差异实际上就已经体现了各种潜在因素对于公司价值的所有影响,包括产品市场和资本市场上的竞争。另外,如前文所述,这样小的一个在公司总体价值方面的差异可能不足以诱使公司的控制利益集团来支持把公司转变为更优的所有权结构的改革。

当然,如果在最优和次优所有权结构之间的公司价值的差异足够大,经济全球化就会影响次优所有权结构的持续性。换句话说,如果次优所有权结构的低效非常严重以至于它们几乎会毁掉那些采纳次优所有权结构的公司,即低效不是“仅仅 10%”,那么,经济全球化就会结束次优所有权结构的持续性。但是,即使在强大的全球资本市场和产品市场竞争力量的作用下,公司结构方面的每个低效情况不会都有如此剧烈的结果。即使存在经济的全球一体化,一个现有的公司结构一般也只会有一定的(而不是无限大的)效率损失(比如,像我们例子中所说的公司总体价值的 10%),因而,这种情况就会使公司结构具有某种程度的持续性。

(1)产品市场的竞争

为了更详尽地阐述我们以上的观点,我们现在来讨论,为什么无论是国内的还是国际的产品市场竞争都通常不足以阻止公司控股股东或者经理保持原有的低效公司结构。[34] 尽管保持一个低效的公司结构会带来一些效率损失并减少公司价值,但是,这并不必然会导致公

㉞ Cf. Frank H. Easterbrook, “Managers’ Discretion and Investors’ Welfare: Theories and Evidence”, 9 *Del. J. Corp. L.* 540, 557 (1984) (认为产品市场能够促使公司经理和控股股东去选择有效的公司结构和制度安排)。

司丧失其在产品市场上的竞争能力。

尽管产品市场的竞争会有效地促使公司经理、控股股东和工会领袖去努力提高公司的效益,但是,它通常不能阻止他们维续一个稍微低效的但却为他们带来私有利益的公司结构。[35] 一个公司在集中所有权结构和分散所有权结构之间的选择不会必然地影响公司产品的成本或者其质量,而是可能会改变公司创造的价值如何在公司小股东、经理和控股股东之间进行分配的方式。当一个公司的所有权结构没有影响其产品质量或者成本时,产品市场的竞争就不会对公司在选择所有权结构时有约束作用。

即使公司所有权结构方面的选择会影响公司生产经营的效率,产品市场的竞争对于公司及其经理的约束作用通常也都很弱。产品市场的竞争不总是完全的。[36] 求过于供的市场条件会产生懈怠的机会,而公司经理和控股股东就可以利用这种机会。换言之,即使公司遭受一些效率损失,产品市场的竞争也不会威胁到公司在市场上的生存,因此,公司控股股东和经理就可能牺牲一些公司总体的潜在效率收益,而保持现有的公司结构以获得私有控制利益。

(2)全球资本市场

有人可能会认为,日益全球化的资本市场会促使公司去采纳有效率的公司结构。如果公司保持一个低效的治理结构,它就会受到资本市场的惩罚从而在筹集新资本时受挫。[37] 但是,国际投资者是否果真

---

[35] Cf. Lucian Arye Bebchuk,"Federalism and the Corporation:The Desirable Limits on State Competition in Corporate Law",105 *Harv. L. Rev.* 1435,1466(1992)[以下称:Bebchuk,Federalism](分析了为什么产品市场竞争"不能阻止公司经理去寻求那些减少公司价值但是非常有利于他们个人的法律规则");Lucian Arye Bebchuk,"Limiting Contractual Freedom in Corporate Law:The Desirable Constraints on Charter Amendments",102 *Harv. L. Rev.* 1820,1845 -1846(1989)[以下称 Bebchuk,Limiting Contractual Freedom](讨论了产品市场竞争是如何不能阻止公司经理去寻求那些减少公司价值但是非常有利于他们个人的公司章程的修订)。

[36] See Jean Tirole,*The Theory of Industrial Organization* 277 -303(1998)(讨论了不完全的竞争)。

[37] See Easterbrook,supra note 34,at 557.

会拒绝向那些具有低效结构的公司融资从而使那些公司被市场淘汰呢?

全球资本市场通常不能被指望有能力去促使公司经理把公司改革为最有效率的所有权结构。[38] 很多已建立的公司并不依赖资本市场来获得资金,而是从保留下的自身营业利润中提取需要的资金。当公司并不需要依赖外部的金融渠道时,它们的经理和控股股东就不会被资本市场所约束。在那些确实需要外部金融渠道的公司中,有些是利用债权融资而非股权融资,并且,通常债权市场可能也不会影响公司对于其结构的选择,因为公司结构的选择可能对公司拖欠债务的可能性影响甚微。

即使对于那些需要进行股权融资的公司而言,资本市场约束作用的力量大小也是不确定的。一个低效的所有权结构可能仅仅意味着那个公司需要发行更多的股票去筹集一定数量的资本。这种情况也许不会真正地阻止职业经理人保持一个低效的分散所有权结构(如果他们自己持有很少的公司股权)。另外,尽管这种情况可能会对控股股东有所影响(他们自己的持有股份会因为发行更多的股份而被稀释),但是,他们也许还会选择保持现有的公司结构并承受筹集新资本时的这种股份稀释后果,只要他们在现有公司结构下的私有控制利益足够大。所以,尽管受到某些约束,低效的公司结构还是可能在全球经济一体化的环境下持续存在。

(三)小结:结构驱动的路径依赖

一个国家所具有的公司所有权结构部分地依赖于该国在早先时候所具有的公司所有权结构。即使两个国家在时间 T_1 具有相同的公司规则和经济条件,但是,如果他们在时间 T_0 所具有的初始公司所有

---

[38] Cf. Bebchuk, Federalism, supra note 35, at 1465 1466(分析资本市场的约束作用为何基本上不能防止公司经理去寻求那些对其有利的低效的州公司规则);Bebchuk, "Limiting Contractual Freedom", supra note 35, at 1844 –1845(分析资本市场的约束机制为何基本上不能阻止公司经理去寻求那些对其有利的低效率的公司章程条款)。

权结构互不相同的话(比如,由于他们早先具有不同的经济条件),那么,这些在时间 T_0 国家间的不同所有权结构就可能会导致在时间 T_1 的不同所有权结构。这种结构驱动的路径依赖有两个主要的产生原由。首先,一个国家中初始的公司所有权结构影响着后来何种所有权结构对于一个特定公司是有效率的。一些因素包括沉入适应成本、互补性因素、公司网群外在性、既得利益效应以及多样性最优等,都会使有效率的公司所有权结构的类型特征依赖于早先的所有权结构。其次,初始的公司结构可能一直持续,因为公司的某些参与人享有私有控制利益从而既有动力又有权力去阻碍公司结构的转变。这两个结构驱动的路径依赖的产生原由,能够帮助解释那些经济发达国家在公司所有权结构方面一直持续至今的某些重大差异。这个公司结构方面的路径依赖也许还会继续导致将来的各国间公司结构上的重大差异。

三、公司规则驱动的路径依赖

公司规则能够影响公司治理。[39] 因此,当两个国家的公司规则不同时,这个差异本身就可能在它们的公司所有权结构方面导致差异。这种情况提出了以下问题:毫无疑问,经济发达国家都想为其公司制定好的公司规则,但是,为什么它们的公司法律体系是如此的大相径庭?是否那些公司规则在将来还会继续保持这种相互不同的状态?

我们认为,公司规则本身也是路径依赖的。一个国家在任何时候所具有的公司规则,都依赖和反映该国在早先时候所具有的公司所有权结构和治理模式。这个情况提供了另外一个公司初始所有权结构能够影响后来所有权结构选择的渠道:初始的公司结构影响后来的公司规则,而此公司规则又反过来影响后来公司结构的选择。

假设,两个国家在时间 T_1 具有类似的经济条件。如下文将述,国

---

[39] 参见脚注 17 ~19 的相关正文内容。

家 A 和 B 在时间 T_1 所具有的公司规则可能依赖于它们在早先时候 T_0 所具有的公司所有权结构（并因而依赖于时间 T_0 的公司规则）。即言之，如果国家 A 和 B 在时间 T_0 具有不同的公司所有权结构，那么，它们在时间 T_1 具有的公司规则就很可能因此而不同。

在本部分 A 节，我们将提出，在评价各国公司法律系统间的差异时，不应当只是去审视其一般的法律原则，而应当去研究公司法律系统的所有方面，包括法律的程序要素，法律的实施和执行。在本部分（二）和（三），我们指出并分析了公司规则驱动的路径依赖的两个产生原由。首先，我们在（二）中阐明了，即使假定法律的制定是完全基于公共利益考量的（public regarding），一个国家在时间 T_0 的初始情况也可能影响其在时间 T_1 对于公司规则的选择，因为该国初始的公司所有权结构可能影响在时间 T_1 何种法律规则是有效率的。然后，我们在（三）中揭示了，当法律的制定不是完全基于公共利益考量而是也受到利益集团政治（interest group politics）影响时，路径依赖是如何可能产生的。在此情况下，公司初始的所有权结构可能影响公司各种不同利益相关人团体的相对政治力量的强弱。正如下文将述，这两个公司规则驱动的路径依赖的产生原由，通常可能加强现有的公司所有权结构。而且，它们可以帮助解释为什么经济发达国家间公司法律系统差异如此之大，尽管经济发达国家在经济生活的其他很多方面已经融合。

（一）公司法律系统

首先，我们必须解释，当我们说"两个国家具有不同的公司规则或者不同的公司法律系统"时，其表达的是什么样的意思。各国公司法的一般原则通常几乎一样，[40]但是，如果说在公司法其他的更多方面也

---

[40] See Henry Hansmann & Reinier Kraakman, *The End of History for Corporate Law*, *in Are Corporate Governance Systems Converging*? (Jeffrey Gordon & Mark J. Roe, eds. forthcoming 2000)（提到公司治理的基本法律已经在欧洲、美国和日本达到了一个高度的统一）。

是如此就大有问题。因此,虽然所有经济发达国家也许都承认并接受了一个确定的信义义务原则,但是,国家 A 和国家 B 可能在具体执行这个法律原则时相去甚远。[41] 法律原则无疑是重要的,但是,“问题就出在细处”(“the devil is in the details”),而且,法律执行至关重要。两个国家也许在原则上都反对自我交易行为,但是,它们总体上对于自我交易行为的法律处理可能大相径庭,因为它们在以下重要方面存在差异:公司在审查自我交易时必须遵循的程序;公司或者公司控制者必须进行信息披露的性质和时间;公众投资者或者原告律师提起诉讼的动机;这些诉讼必须遵循的程序;法院适用的审查标准;法官对于公司内部人的商业判断所给予的认同程度;有效的发现程序(discovery process)的适用范围;证据提出和接受的方式。

可能对于公司决策和其利益分配产生影响的一个公司法律系统中的所有因素都是重要的。这些因素不仅包括一般的法律原则,还包括执行它们的所有具体的法律规则;不仅包括实体的法律规则,而且还包括程序规则,司法实践、制度和程序方面的基础设施,以及法院判决的执行能力。由于我们关心的是“行动中的”(“in action”)而不是仅仅“书本上的”(“on the books”)公司法律系统,因而,所有的这些因素都是相当重要的。

最后,在理解公司法律系统的范围时,回想前文所述,我们所称的公司规则,包括那些调整公司与其投资者、其他利益相关人和公司经理之间,以及这些公司参与人之间的法律关系的所有的法律规则。因此,在我们的分析里,公司法律系统不仅包括狭义上的公司法的规则,而且包括证券法以及其他规范破产、劳资关系和金融制度的法律的相关部分。

---

[41] Cf. Gerard Hertig, *Convergence of Substantive Rules and Convergence of Enforcement: Correlation and Tradeoffs*, *in* *Are Corporate Governance Systems Converging?* (Jeffrey Gordon & Mark J. Roe, eds. forthcoming 2000)(描述了各国间法律执行质量的差异)。

(二)基于效率的规则路径依赖

假设,一个国家的法律制定者是完全基于公共利益考量的。即使如此,公司规则也可能是路径依赖的,因为在当地有效率的法律规则的类型,比如在一个特定国家有效率的公司规则,可能依赖于该国在早先时候具有的公司结构和公司规则。

1. 沉入成本和互补性因素

沉入成本和互补性因素(sunk costs and complementarities)会导致公司规则的持续性。不同的公司规则可能适合于不同类型的公司。基于公共利益考量的法律制定者可能在时间 T_1 选择那些妥当地考虑了在时间 T_0 具有的公司结构和公司规则的公司规则。[42]

现有的公司规则可能有一个效率上的优势,因为很多制度和机构可能已经发展起来以解决和适应那些公司规则所带来的问题和其他方面的需要。在此情况下,替换现有的公司规则可能会使得现有的那些制度上和职业上的基础设施过时或者不太适合,从而需要这方面的新的投资。各种公司参与人,包括公司经理、所有者、律师、会计师等,已经在人力资本和运营模式等方面进行投资以适应现有的公司规则。更换现有的公司规则就使这些人必须进行新的投资以适应新的公司规则。所以,在时间 T_1,对于一个国家而言有效率的公司规则的类型,就可能依赖于该国在时间 T_0 具有的公司规则和已经发展起来的那些

---

[42] 为什么每个国家不去制定两套独立的公司规则?一套适用于具有集中所有权结构的公司,另一套适用于具有分散所有权结构的公司。尽管制定不同的公司规则是可能的,但是,实际上各个国家通常都只有一套公司规则,这可能是因为采用一套公司规则能够带来规模经济效益的好处和避免制定两套规则可能带来的以下一些问题:(1)需要决定适用哪套公司规则;(2)公司参与人会试图不正当地去操纵其公司的类别。那些熟悉美国公司破产法历史的人也许会记得钱德勒法案(Chandler Act)的失败经历。钱德勒法案在美国从1938年到1978年有效,该法案为公众公司提供了一套规则(该法第十章),同时又为私人拥有的公司提供了另外一套规则(该法第十一章)。但是,在该法历史的后来阶段,公众公司经常能够成功地设法去适用本适用于非公众公司的那套规则。在1978年,国会被迫废除了这两个独立的系统。See H. R. Rep. 95 –595(1977),reprinted in 1978 U. S. C. C. A. N. 5963.

与此公司规则相关的机构和实践。注意,这个因素通常会加强现有的公司规则以及现有的公司所有权结构。

2. 多样性最优

对于一个国家有效率的公司规则的路径依赖还可能是出于多样性最优(multiple optima)的原因。假设,在时间 T_1 国家 A 和 B 具有几乎相同的公司。再假设,在时间 T_0,国家 A 的公司规则有利于具有集中所有权结构的公司而且国家 A 的公司普遍地采用了集中所有权结构。另外,在时间 T_0,国家 B 的公司规则有利于具有分散所有权结构的公司而且国家 B 的公司普遍地采用了分散所有权结构。假设,尽管国家 A 和 B 各自公司规则的低效率的类型可能差异很大,但是,它们的公司规则(以及他们的公司所有权结构)具有类似大小的总体效率损失。所以,在此情况下,即使假定国家 A 和 B 的法律制定者都是完全的基于公共利益考量,两个国家的法律制定者都不会觉得有必要去把自己的法律规则改变成对方国家的法律规则。

(三)基于利益集团政治的规则路径依赖

法律当然不总是由不受利益集团影响的完全基于公共利益考量的立法者制定的。利益集团可能会影响法律规则的选择,有时可能会导致选择或者保持低效率的法律规则。利益集团政治的力量依赖于现有的公司所有权结构。这个情况引发了公司规则的路径依赖的另一个产生原由。下面我们将讨论这个问题。[43]

---

[43] 有些正在进行中的研究课题提出了政治经济学上的关于为什么国家间公司规则会存在差异的解释。See generally Marco Pagano & Paolo Volpin,"The Political Economy of Corporate Governance"(1999)(未发表的论文手稿,作者有存档);Raghuram G. Rajan & Luigi Zingales,"The Politics of Financial Development"(Aug. 1999)(未发表的论文手稿,作者有存档)(讨论了政治对于一个国家金融发展的影响);Roe, Political Preconditions, supra note 20(强调了由于政治和文化的原因,集中的和分散的所有权结构在代理成本上的对比关系可能在各国之间可能有所不同)。上述这些文章中的解释都集中在国家之间在政治行为过程和基础条件方面的差异,而不是,像本文所论述的,集中讨论利益集团政治的存在是如何导致公司规则的路径依赖。

1. 初始条件和公司规则的政治经济学

法律规则通常都是政治行为过程的结果,这个政治行为过程既有基于公共利益考量的特征又有利益集团政治的作用。利益集团在国家政治生活中非常重要,每个利益集团都会寻求对其有利的法律规则。所以,实际生活中被选择和保持的公司规则就可能依赖于相关利益集团的相对力量的对比。

各个利益集团在寻求有利的法律规则和反对不利的法律规则方面的力量是不同的。一个利益集团拥有的资源和权力越多,他在政治行为过程中所具有的影响力就越大。这就是为什么利益集团政治可能会受到现行财富和权力分配情况的影响的原因。[44] 特别是现有的公司所有权结构会影响各个利益集团所拥有的资源(从而影响其政治力量),因而法律规则的选择也受之影响。所以,一个国家在任何时点的公司规则都依赖于其早先时候的公司所有权结构。

这种路径依赖通常会导致国家间的公司规则产生差异。当一国的公司规则将公司控制权赋予某个公司利益集团时,这个利益集团对于现行公司结构的控制地位就会让他们在后来的利益集团政治中更具影响力,并因此使该国在将来更有可能制定和保持这些或者类似的公司规则。这个利益集团在公司中的力量会转化成他们在国家政治生活中的力量并从而影响公司规则的选择。

2. 影响集中和分散公司所有权结构的公司规则

那些有利于集中或者分散公司所有权结构的法律规则影响着公司参与人在公司的地位,并可能形成有影响力的利益集团。公司控股股东和职业经理人的力量,以及他们在公司规则制定的政治行为过程中所具有的影响,都明显地依赖于现有的公司所有权结构。所以,这

---

[44] See generally Maxim Boycko, Andrei Shleifer & Robert Vishny, *Privatizing Russia* (1995)(讨论了俄国私有化过程中初始的财产权分配模式对丁后来利益集团政治的影响); Jonathon R. Hay, Andrei Shleifer & Robert W. Vishny, "Toward a Theory of Legal Reform", 40 *Eur. Econ. Rev.* 559 (1996)(认为法律规则应当去适应而不是妨碍现有的商业行为模式)。

些利益集团所赞成的法律规则在任何时候被选择或保持的可能性,依赖于这些集团在现行的公司所有权结构下所拥有的权力。

思考一下那些阻碍对于一个具有分散所有权结构的公司进行敌意收购的反收购规则。在美国,有很多这种类型的法律规则,包括成文法和判例法。[45] 这种法律规则实际上是鼓励分散的公司所有权结构并且有利于这些公司中的职业经理人。一个普遍地具有这种分散公司所有权结构的国家(如美国)与一个没有这种分散公司所有权结构的国家相比,具有更多的来自相关利益集团的对于这些规则的支持。职业经理人受益于这样的规则,[46]而且,他们能够利用公司的资源来游说立法者。[47] 显而易见,职业经理人在一个具有分散所有权结构的国家(如美国)比在一个具有集中所有权结构的国家(如德国)具有强大得多的力量。所以,一个具有更多的采用分散所有权结构的公司的国家也就更有可能制定和保持反收购的法律规则,而这些规则又会反过来加强分散所有权结构的趋势和力量。[48]

在一个具有分散所有权公司结构的国家中更有可能被采用或保持的公司规则的另一个例子是,那些阻碍金融机构去积极地持有并使

---

[45] See generally Ronald Gilson & Bernard Black, *The Law and Finance of Corporate Acquisitions*(2d ed. 1995)(概述了美国关于公司收购的法律规则)。

[46] 公司控股股东对于反收购规则的兴趣比职业经理人要少,因为一个持有足够股份的控股股东自己单独就能够阻碍一个敌意收购,而不需要任何反收购规则的帮助。

[47] See generally C. Edwin Baker, "Realizing Self-Realization: Corporate Political Expenditures and Redish's The Value of Free Speech", 130 *U. Pa. L. Rev.* 646(1982)(讨论了影响政治生活中商业演讲内容的市场力量); Victor Brudney, "Business Corporations and Stockholders' Rights Under the First Amendment", 91 *Yale L. J.* 235(1981)(讨论了关于公司演讲的第一修正案的大概内容)。

[48] 关于美国的职业经理人是如何争取那些使敌意收购日益困难的收购规则的分析, see Lucian Arye Bebchuk & Allen Ferrell, "Federalism and Takeover Law", 99 *Colum. L. Rev.* 1168(1999); Mark J. Roe, "Takeover Politics", in *The Deal Decade* 321(Margaret Blair, ed. 1993).

用大宗公司股份的法律规则。[49] 在美国,采用分散所有权结构的公司中的职业经理人很支持这些规则并一直为它们而游说。在任何时候,这些职业经理人越有势力,这些规则就越可能被采用或保持。所以,一个在时间 T_0 具有分散所有权公司结构的国家(不管有无这些公司规则)就更可能在时间 T_1 采用或保持这些规则,并且,这些规则反过来会使初始的分散所有权结构在时间 T_1 更可能被保持甚至增强。

现在让我们来讨论在集中所有权公司结构下更有可能出现并进而加强集中所有权结构的那些公司规则。那些让公司控制者能够攫取很大私有控制利益的规则显然有利于现有公众公司中的控制者。假设,有一个国家,其在时间 T_0 具有普遍的集中所有权公司结构(不管有无这些法律规则)。在该国,现有公司中的控股股东就会形成一个具有许多资源的强大利益集团。这个集团的影响力会使该国更有可能在时间 T_1 采用或保持这些规则。[50] 而且,由于这些规则鼓励使用或保持集中所有权结构,[51]所以,在时间 T_1 存在的这些规则会反过来

---

[49] 这些规则存在于美国。虽然其他的经济发达国家也有类似规则,但是存在的范围比美国要小。这些规则阻碍了金融机构投资者拥有更高的公司所有权比例并因此增强了分散的公司所有权结构。那些意图对许多过时的美国金融规则进行改革的努力已经证明是很困难的而且进展缓慢。See Roe, supra note 13, at 100, 229. 关于一个对近来这样一个失败改革的描述, see Richard W. Stevenson, "House Leaves Finance Law of 30's Intact: Bank Lobbying Delays Glass-Steal Repeal", *N. Y. Times*, Apr. 1, 1998, at C1(提到银行是多么激烈地游说去阻碍废除一个在经济大萧条时期制定的法律)。

[50] 公司法的改变通常既适用于现有的公司又适用于将来的公司。这个特征使现有规则一直持续。如果不是这样的话,公司控股股东就不会关心那些公司规则的改变。因为,那些改变的新规则只是适用于将来的新公司,防止将来的新控股股东转移公司价值的行为,而已有的老控股股东还是适用那些允许他们转移公司价值的旧规则。See David Charny, "The Politics of Corporate Convergence, in Are Corporate Governance Systems Converging?", supra note 40 [以下称:Charny, Politics]。但是,这种法律适用的两分法是很难行得通的,因为这种法律很难制定和执行。利益集团通常首先会确定一个原则性的立场,然后去争取他们所谓的原则性的意见。关于一个控股股东如何可能阻碍旨在减少私有控制利益的公司改革的讨论, see generally Bebchuk, "Rent Protection and Evolution of Ownership Structures", supra note 19, at 25 –26。

[51] See generally Bebchuk, "Rent-Protection Theory, supra note 19; Bebchuk, Rent Protection and Evolution of Ownership Structures", supra note 19.

帮助保持甚至加强初始的集中所有权结构。

因此,对于公司决策过程和资源的控制也导致了政治上的权力。那些掌握了公司控制权的人,不管是控股股东、职业经理人还是其他人,凭借他们能够支配的资源,都有可能拥有这种政治上的影响力。他们可以利用那些资源去开展政治游说活动,进行政治捐款和帮助竞选,以及以其他方式获取政治影响。那些资源还为他们提供了社会知名度,和接触媒体、上层人士、社会精英以及其他有影响力的社会团体的机会。所有这些都有助于他们对公司法律系统产生影响。

具有公司控制权的那些利益团体能够争取保持甚至扩大那些有利于他们的法律规则已是一个事实。正如我们所看到的,这个事实可能表明路径依赖正朝着加强现有公司所有权结构的方向发展。这种情况可能发生在以下场合:在具有分散所有权公司结构的国家中,职业经理人支持反收购规则或者那些阻碍金融机构持有大宗公司股份的规则;在具有集中所有权公司结构的国家中,控股股东支持那些给他们带来高额私有控制利益的规则。我们的这个分析同样也适用于像德国共决制中建立员工参与主义公司结构的那些规则。[52]

3. 全球经济一体化和采用有效法律规则的压力

一个可能反对上文分析的观点再次是基于经济全球化的。这种观点认为,日益深入的经济全球化应当会阻止国家去采用低效率的公司规则,因为那样做的国家会使其经济受到损害。

但是,迄今为止,经济全球化还没有产生这个效果。这个情况是不足为奇的。国家能够保持低效率的法律规则,并且在很长的一段时期内都可以这样做。实际上,任何国家都没有一个能够保证政治行为

---

[52] 一旦共决制被建立,工会领袖就会拥有更多权力。由于这些工会领袖受益于共决制,他们在初始公司结构中所具有的更大权力就会使共决制更有可能维续下去。一般员工也可能抵制改革而维护他们在公司中既得的参与权。See generally Pistor, supra note 22, at 163(阐述改革德国共决制所碰到的抵抗力量)。

过程只产生和保持有效制度安排的机制。[53]

假设,一个国家的法律规则支持一个过时的公司治理模式。在日益激烈的国际竞争的威胁下,是否这些规则或者这些受其调整的公司就必然会崩溃呢?是否它们就会不稳定呢?答案是否定的。实际上,关键的因素是公司能否制造出在市场上有竞争力的产品。即使公司采用一个过时的治理结构,但是,只要它具有能够抵消其治理结构劣势的国际产品竞争力优势,它就能在市场上进行竞争。如果与其他国家的公司相比,这个公司能够以一个更低的价格偿付一个稳定的生产投入成本,它就能很好地生存下去。或者,国家也许会补贴这个公司(直接地、或者通过低税收政策间接地),同时,对于其他的公司课以更高的税收。这种做法尽管会降低这个国家的生活水平标准,但是,不会必然导致经济的动荡。经济的稳定性同等地依赖于国内的政治和全球的竞争。[54] 利益集团政治会导致国家采用低效率的制度安排。

全球化的资本和产品市场确实给那些受低效法律规则调整的公司施加了额外成本,但是,如果一个国家做好了准备来承担这些成本,或者如果公司中力量强大的内部参与人能够使这些成本由外部人来承担,那么,即使是过时和代价高昂的法律规则也能够持续下去。

4. 契约能否替代法律规则?

有人也许会认为,当一个国家选择了低效的法律规则时,公司参与人就会通过契约采用有效率的制度安排来避免它们。尽管我们同意旨在规避低效规则的契约行为通常能起作用,但是,在现实生活中我们并不总能这样做。强制性的法律规则通常会禁止这种契约行为。而且,

---

[53] See Mancur Olson, *The Rise and Decline of Nations: Economic Growth, Stagflation, and Social Rigidities* 17 -35(1982)(认为社会利益集团总是阻碍改革)。如果所有国家都有一些低效的法律规则,那么,具有低效法律规则的国家就甚至可能没有总体上的劣势。所有国家也许都有低效率的法律规则,但是,那些规则低效率的方式可能是不同的,而且,这种方式上的差异也部分是路径依赖的。

[54] See Mark J. Roe, "Backlash",98 *Colum. L. Rev.* 217,219 -221(1998).

即使这种契约行为是允许的,契约行为通常也会是代价过于高昂。[55]

当然,有些法律规则是很技术性的,只包括两个主体而且可以被契约轻易地改变。如果那些默认的规则(default rules)有利于公司经理(或者控股股东)并且公司章程能够被改变的话,有时公司参与人也许就会这样做。但是,有三个简单的原因会使这种做法受到限制。

第一,通过限制那些筹集资本的金融机构的规模和阻碍他们积极地持有大宗公司股权,一个国家可能会有意无意地鼓励分散所有权结构。因此,那些想要通过契约来规避这些法律规则的人就不得不去建立一个平行的、不受规制的金融系统。这是一个代价高昂的、也许甚至是不可能的工作。而且,那些使第一个系统非法的政治力量也可能同样会使这第二个系统非法[56]。

第二,考虑一下一个国家试图减少控股股东能够从公司攫取私有控制利益的努力的失败可能性。公司章程或者契约,能够采用其他国家具有的那些减少控股股东私有控制利益的法律规则。但是,仅仅在公司章程中采用这些规则只能提供有限的作用,因为,这些规则在生效后还需要其他国家所具有的实施系统,包括法院,先例,相关职业群体和行业规范等。这个法律实施系统对于契约双方而言是一个"公共产品"(public good),因而,不会很轻易地由双方契约的当事人来建立。

第三,举个不能被契约轻易规避的强制性法律规则的例子。思考一下我们已经讨论过的德国法的例子。那些规定共决制的德国规则要求

---

[55] 由于与阻碍契约替代法律规则类似的原因,行业规范也不能轻易地替代法律规则。See David Charny, "Nonlegal Sanctions in Commercial Relationships", 104 *Harv. L. Rev.* 373, 429 – 444 (1990); Charny, Politics, supra note 50; Eric A. Posner, "Law, Economics, and Inefficient Norms", 144 *U. Pa. L. Rev.* 1697, 1728 – 1736 (1996).

[56] Cf. Roe, Strong Managers, supra note 13, at 60 – 93. 美国的金融法在 19 世纪末期禁止州际的银行业务和银行持有大宗的公司股份。美国人寿保险公司试图通过建立州际的保险系统并持有大宗公司股份来规避上述法规。但是,在 1906 年,政府制定了新的法律禁止保险公司积极地持有大宗公司股份。除了一个平行金融系统之外的其他用于规避上述法律的替代方案也许还有,但是,它们可能也是代价过于昂贵或者为法律所禁止。Cf. Barry E. Adler, "Politics and Virtual Owners of the Corporation", 82 *Va. L. Rev.* 1347, 1362 – 1364 (1996).

公司监事会的半数成员必须是员工代表。事实上没有正式的可以用契约来规避此规则的方法。在公司内部另建的一个平行结构将会缺乏正式的权力,而且,如果赋予正式权力的话,在德国法下又会是非法的。[57]

5. 重新组建公司

公司参与人的另外一个可以通过契约来规避一个低效公司法律系统的方法是在其他国家重新组建公司(reincorporation)。例如,一个外国公司可以通过重新组建成一个特拉华州的公司来适用美国法律,或者,可以通过在美国出售股份来适用美国法律的某些部分,如信息披露规则等。从理论上讲,重新组建公司能够让每个公司都成功地避开其当地的利益集团政治(如果当地的法律规则不如其他国家的规则)并适用其他国家的有效法律规则。如果重新组建公司是无成本的,那么,公司就可以迁移到具有最吸引人的法律规则的国家。这种情况反过来就会对其原所在国形成一个去采用有效率的法律规则的压力,以免它们所有的公司都迁移到他国。

这种重新组建公司的可能性确实深刻地影响了美国的公司规则。重新组建公司已经导致了很多公司迁移到特拉华州和许多其他州也采用了类似于特拉华州公司法的规则[58]。但是在美国,这种公司迁移有以下事实的推动作用:美国公司在全国范围内都享受类似的待遇,不管它们是在哪个州组建的。因此,对于美国公司而言,州际之间的迁移是一个纯粹的公司法系统选择问题而没有掺杂任何其他的经济考虑。

但是,在今天的世界里,国际间的公司迁移和重新组建就不是这个情况。国际间的公司重新组建不会仅仅是一个选择不同公司法系统的问题,因为它通常还会带来重大的税收、监管和其他方面的经济

---

[57] 德国法院取缔了那些试图通过使用一个具有小比例员工代表的监事会下属委员会的方式来规避共决制的做法。See Roe, German Codetermination, supra note 24, at 168.

[58] 关于美国各州之间这种竞争是否有益的问题在学者中仍有争论。See Bebchuk, Federalism, supra note 35(分析了各州之间在公司组建方面的竞争所带来的问题);但是, Roberta Romano, *The Genius of American Corporation Law*(1993)(强烈地支持各州之间的这种竞争)。不过,争论的双方都承认大量的公司迁移和公司法方面的日益标准化。

后果。只要这些妨碍国际间公司迁移的因素存在,国际间公司重新组建就不会产生像美国各州间公司重新组建对于美国公司法规则所具有的效果。

以上的分析给我们提出了一个警示。如果整个世界已经变成了一个大联邦系统,那么,国际间在公司规则方面的差异就会几乎消失。遗憾的是,迄今为止,这个世界范围的大联邦系统还没有出现。目前,朝这个方向努力的措施还是暂时性的并且非常少的。只要这个世界联邦没有出现,我们在本部分所指出的路径依赖就会继续存在。

另外,即使在其他国家进行公司重新组建没有成本,它们也只会让公司和公司参与人去规避那些依赖于公司组建地的公司规则。调整公司与其利益相关人之间关系的公司法律系统还包括很多其他的不依赖公司组建地的规则,如调整公司破产、银行业以及员工合同等关系的公司规则。这些公司规则是不能通过公司重新组建行为而规避的。

6. 基于公共利益考量胜过利益集团政治的情况

尽管我们在本部分集中讨论利益集团政治,但我们并没有假定公司规则完全就是利益集团政治的产物。正如我们在本部分(二)中所阐明的,即使假定立法者是完全基于公共利益考量,公司规则也是路径依赖的。我们在本部分想要说明的是,由于各个利益集团都扮演着自己的角色,并且人们会合理地去争取其所实际扮演角色的重要性程度,这样的角色就会依赖于现有的公司所有权结构。我们在下文将讨论,在即使具有利益集团政治的情况下,有效率的公司规则是如何被采用的。我们还会指出,能够克服利益集团压力的有效公司规则的类型也许仍然是依赖于现有的公司所有权结构。

有可能导致利益集团最激烈反对的法律规则方面的变化就是那些直接减少他们利益的规则改变。更容易通过的法律规则是那些不是直接减少他们利益而是仅仅允许交易变化的规则。也就是说,一个国家可能决定,它会允许公司选择他们自己的结构,而不是强制性地规定一个公司结构。这方面的例子包括放松以下的公司规则:规定票面价值的规则、禁止比如股票回购等某些交易的规则以及禁止某些公司所有权结构的规则。从公共政策的角度来看,这些类型的规则改变是最难以抵制的(因为很难去争辩说拥有选择机会是有害的),[59]并且,利益集团也许会比较不激烈地反对甚至支持这些规则,因为,只要他们具有足够的公司控制权,他们就能够保证减少他们利益的那些交易只会在以下情况发生:他们从中得到的其他利益比失去的利益更多。

某些减少控制公司集团利益的法律规则也可能由于以下原因而通过:减少公司控制集团利益是一个更大的法律改良计划中的一部分。利益集团有时会失败;有时会没有注意到他们的利益被减少;有时会在现代化改革的浪潮中被席卷而去。比如,一个自我改良的民族主义气氛可能会使得政治领导人相信,金融系统必须现代化或者变得更加具有国际竞争力。由于一个国家所具有的金融制度会重大影响该国的公司结构,所以,如果一个国家整体改革其金融系统,公司的控制集团就会失败。事实上,欧洲已经发生的法律规则的融合情况似乎就属于这个模式。[60]

另一个例子是,改革者可能认为法院系统必须改良以服务于商业的发展。法院体制改革能够通过使得股东诉讼更为容易从而保护少数股东和破坏公司控制者的私有利益。有时甚至控股股东自己(或者公司经理,或者工会领袖)会认为,他们失去的私有利益少于制度改革后他们所得到的那部分公共利益。

所以,利益集团对于为公共利益考量的法律的阻碍不是不可逾越的。应当指出,有效率的规则改革也许能够克服利益集团的反对,但是,他们会采取何种形式去克服那些反对,也许仍然依赖于现有各个利益集团整体的力量对比,因此最终还是依赖于现有的公司所有权结构。

---

[59] 即使在这些授权性的法律被采纳之后,由于公司控制集团私有控制利益的原因,某些有效率的改革可能还是不会发生。参见本文脚注 27 ~38 相关正文中的分析。

[60] Marie Noelle Terrise,L' Italie adopte des regles de gouvernement d' enterprise sur le molele brittanique,Le Monde,Oct. 9,1999. At 21.

(四)通过政治条约消除公司规则中的差异

在前面的本部分(二)和(三)中,我们已经阐明了:在选择法律规则时,一个国家的选择过程依赖于它现行的公司所有权结构,而且其最终的选择结果也因此是路径依赖的,从而各国选择的法律规则相互之间差异甚大。在这里,我们提出一个该结论的限制性条件以结束此讨论,即如果一个政治一体化进程(a process of political integration)能够使一组国家都同意采用统一的法律规则,那么,各国的法律规则就可能融合。也就是说,如果每个国家中的立法者都不能制定他们自己独立的公司规则,那么,公司规则的路径依赖就会因为这种政治条约(political fiat)而消失。

事实上,这样的政治一体化进程已经在欧洲发生了。理论上,当欧洲国家并入一个统一的政治体系时,政治条约应当无疑会导致相同的公司规则。但是,迄今为止,欧洲国家还没有成功地结束相互间公司规则方面的差异。[61] 欧盟官员所遇到的困难可以被视为前文所述的

[61] 关于欧盟第五次公司法指令失败情况的讨论,see J. J. Du Plessis & J. Dine, "The Fate of the Draft Fifth Directive on Company Law: Accommodation Instead of Harmonization", 1997 *J. Bus. L.* 23. 类似地,旨在统一各成员国公司收购法律的欧盟第十三次公司指令的提案也被搁置。See Proposal for a 13th Council Directive on Company Law, Concerning Takeover and Other General Bids, Bull. of Eur. Communities (Mar. 1989) (presented to the Council by the European Commission on January 19, 1989). 欧盟在这方面最近的努力是要建立一个所谓的欧洲公司法。根据此法,公司可以自由选择适用当地法或者欧洲统一的法律。See John Schmid, "Labor's Equal Role Gets a Second Look in Germany: Why Keep Workers in the Boardroom?", *Int'l Herald Trib.*, June 30, 1997, at 1(讨论了德国对于欧盟试图建立一个全欧洲范围公司法的建议的反应)。但是参见 Erik Berglof, "Reformjing Corporate Governance: Redirecting the Europen Agenda", *Econ. Pol'y*, Apr. 1997, at 93, 94 ("尽管近来有努力重新提出这个想法,但是,欧洲公司法的希望现在还似乎很黯淡")。

欧盟各成员国公司法的统一也许能够通过司法活动来实现。司法判决会推翻所谓的"业务所在地"("seat of business")原则。在此原则下,公司组建地国家被认为是公司主要业务所在地国家。一个近来的欧洲司法判决确实为欧洲内公司重新组建行为开辟了道路。See Centros Ltd. v. Erhervs-og Selskabsstyrelsen [1999] E. C. R. Case C-212/97 (允许在英国没有业务的一家丹麦公司在英国重新组建)。如果这样的发展继续下去,欧盟公司法统一进程就有可能发生。

促使公司法产生差异的力量强度的一个显示。英国的经理人,法国和意大利的控股股东,以及德国采用共决制的公司可能都会有各自喜好的相互差异甚远的公司治理模式。但是,这些人有一个共同的立场:他们都希望保持自己在公司中的优势地位因而都有动力去阻碍欧盟寻求一个统一的公司法律系统的改革。[62] 以下的一个简单描述很有启发性:

欧盟倡导统一的欧洲公司法的理念已经有26年了。相继的欧盟轮值国主席都把此任务列入他们的工作日程,但是现实中,他们看到的仅仅是,各成员国间在许多诸如员工权利等问题上的持久争论……导致这种争论的原因是,公司不是独立地存在着而是深深植根于所在国的社会生活之中。[63]

不管通过政治条约由里及外地推行统一的法律规则是多么容易或困难,我们在此部分的分析还是集中在通常情况,即各国的立法者都可以自由地选择和制定本国的公司规则。在这种通常情况下,各国立法者对于法律规则的选择就可能是路径依赖的。

(五)小结:规则驱动的路径依赖

在此部分,我们已经阐明,影响公司所有权结构选择的公司规则本身也是路径依赖的。公司规则的选择依赖于现有的公司所有权结构。第一,基于公共利益考量的立法者通常会发现,现有的公司所有权结构以及现有的为适应这些现有所有权结构而发展起来的机构和

---

[62] 另外,国家也可能会对于国外的公司结构和商业模式持有敌对态度。比如,法国的精英们似乎很反感盎格鲁-撒克逊人的自由化的市场,而且,他们以自己多个世纪来一直持续的家族拥有公司的商业模式而感到自豪。See Veronique Maurus, Le Secret des Henokiens, Le Monde, Mar. 18, 1998, at 12(提到法国大公司传统上具有家族所有特征)。相反,美国的商界巨子以避免了欧洲大陆的封闭公司结构而引以为荣。

[63] Stefan Wagstyl & Neil Buckley, "Birthpangs of a Colossus", *Fin. Times*, July 12, 1996, at 17. See also Klaus J. Hopt, "Company Law in the European Union: Harmonization or Subsidiarity" (Centro di studi e ricerche di diritto comparator e staniero Conference Paper No. 31, 1998)(提到全欧洲范围的统一公司法还没有出现)。

制度,影响着对于本国而言有效率的并应当被采用和保持的公司规则的类型。第二,因为利益集团政治影响法律规则的选择,法律规则选择的过程和结果再次依赖于现有的公司所有权结构。我们已经揭示了这种公司所有权结构和公司规则之间的相互作用是如何导致国家间不同所有权结构的持续性。所以,我们在本部分提出的公司规则路径依赖的两个产生原由能够帮助解释为什么各国公司法律系统之间的重大差异一直持续至今。

四、导致公司结构差异持续的其他原因

我们在此部分列出造成经济发达国家间公司所有权结构和治理模式方面的差异一直持续的其他几个原因。这些原因不是根源于路径依赖的。它们涉及的是那些经济发达国家在某些基础性社会条件方面存在的差异。我们在此提出这些原因,主要为了文章分析结构的完整性,同时也是因为它们实际上增强了导致持续分歧的路径依赖方面的原因。

(一)观点上的差异

在前文分析中,我们实际上假定,全世界的立法者和公司决策者都能够正确地辨别哪些公司结构和公司规则是有效率的。但是,在今天现实的世界中,立法者和公司决策者自己对于何种公司结构和公司规则是有效率的问题都相互争执。实际上他们在过去也是如此,而且,很有可能在将来还会继续如此。

理论性和经验性的知识都没有确定地告诉我们何种公司结构或公司规则是最有效率的。没有这种理论上和经验上的自信,立法者和公司决策者就自然会在何种公司结构和公司规则是最有效率的问题上出现真正的争执。这种观点上的持续差异很可能已经导致,而且我们估计在将来还会继续导致,现实中各国在公司结构和公司规则方面

的持续差异。只要我们看看法律和金融领域在此问题上的相关文献，我们就能发现，即使在同一个国家和文化中，根本性的公司问题几乎没有得到解决。[64]

有人可能会认为，即使没有观点上的一致，自然选择的力量也可能足以使所有公司最终都会采用一个有效率的公司结构。按照这个观点，在朝着有效率的公司结构进行融合的过程中，公司决策者不需要清楚地知道何种公司结构是最优的。自然选择的力量会形成优胜劣汰，所以，只有最优的公司结构才会生存下来，而低效的公司结构会被淘汰。因此，人们不需要知道为什么迈阿密的商店应当出售游泳衣而不是皮毛。在迈阿密出售皮毛的商店肯定已经破产而出售游泳衣的商店则会兴旺发达（除非卖游泳衣的商店太多了）；出售最佳商品的商店会很快达到一个平衡。

这个自然选择理论虽然对于迈阿密那些出售皮毛的商店而言很有道理，但是，对于公司结构和公司规则的选择问题就可能不是那么有说服力。由于公司所有权结构的选择只是决定一个公司成功与否的许多因素中的一个，自然选择单独的力量（如果公司参与人意识不到其公司的低效率）不一定能够淘汰低效率的公司结构。类似地，只要立法者没有意识到某些公司规则的低效率，自然选择就不会淘汰这些规则。当然，那些使用这些低效法律规则的国家可能会变得稍微更穷，但不会是被淘汰。所以，单独的自然选择力量不能淘汰低效率的公司所有权结构和公司规则。只有在决策者已经意识到他们的公司规则和公司结构是真正的低效时，那些公司结构和公司规则相对糟糕的表现才可能会导致它们的淘汰。另外，如上所述，不仅对于学者来说，而且对于实际决策者来说，要发现何种公司规则和公司结构是真正低效率的，都确实是一个非常困难的工作。

---

[64] 比如，在大量的研究和辩论之后，学者们在关于什么是好的公司收购法律规则的问题上仍然存在重大的观点分歧。See，e. g. ，Gilson & Black，supra note 54，at 730 –889.

(二)公司和市场的差异

在前文中,为了集中讨论造成公司差异的路径依赖方面的原因,我们假定所讨论的那些经济发达国家在所有相关的经济条件方面都是类似的,特别是具有类似的公司和市场。如果去掉这个假定,我们还能发现更多的导致公司差异持续的原因。

1. 经济规模

有些国家相对比较小。一个国家经济的规模会影响其公司的规模分布和其资本市场的规模。何种公司结构最优可能依赖于公司的规模和一国资本市场的规模。[65]

2. 公司的业务

国家之间在其公司业务和公司运营模式方面可能相去甚远。毫无疑问,各国在以下方面存在差异:地理位置、自然资源以及他们对于人力资本的投资。这些基础性的差异,加上专业化分工的收益和公司网群外在性,可能导致国家间在公司业务方面的差异。而且,这些差异可能导致不同的公司所有权结构和治理模式。最优的公司结构和公司规则依赖于一个公司所具有的技术类型、生产投入和劳动力。所以,如果国家间在他们的公司和技术方面存在系统的差异,那么,对于他们而言最有效率的公司规则就可能各不相同,[66]并且,对于他们而言最有效率的公司结构也可能互不相同。

---

[65] Cf. Daron Acemoglu & Fabrizio Zilibotti, "Was Prometheus Unbound by Chance? Risk, Diversification, and Growth", 105 *J. Pol. Econ.* 709, 745 (1997)(提出了一个把市场不完整程度与资本积累和增长联系在一起的一个经济发展的理论); William J. Baumol & Ralph E. Gomory, " Inefficient and Locally Stable Trade Equilibria Under Scale Economies: Comparative Advantage Revisited", 49 *Kyklos* 509, 510 -516(1996)(分析了在尽管存在市场机制的情况下规模经济所产生的低效率的交易平衡)。

[66] 这个陈述假定了公司规则的某些规模经济效应,即为每种类型的公司都提供一套单独的公司法系统将会产生更高的成本,因而,每个国家都只会制定一套适合于其典型公司的公司法系统。关于一个国家试图制定多个独立公司法系统的失败经历的例子,参见脚注42的有关讨论(讨论了美国试图将破产法分为分别适用于公众公司和私有公司两套系统的失败结果和最终这两套系统被合并的情况)。

（三）文化、意识形态和政治观念方面的差异

我们一直把法律规则视为以下因素的产物：（i）关于何种规则会产生最大价值问题上的基于公共利益考量的判断；（ii）所受到的利益集团政治的影响。但是，我们不是彻底的物质主义者。我们认为，除了经济价值最大化和自我利益的作用之外，文化、意识形态等也可能影响一个国家对于公司规则的选择。

比如，美国文化比法国文化更强烈地反对等级制度和中央集权制度。德国民众自豪于他们国家的共决制。意大利家族公司的所有者会空前团结地去保持其长久以来的家族控制的商业，[67]但是，美国的家族可能更喜欢早早地把公司卖掉然后让他们的子孙去竞选参议员。

政治意识形态和公司所有权结构之间的关联问题已经由本文作者之一在其他文章中分析过了[68]。根据这个分析，那些社会民主意识很强的国家可能比其他类型的国家赋予公司员工更多的权利，并施加更多的压力促使公司经理以公司员工而不是公司所有者的利益为重。因此，公司所有者就会选择他们喜好的控制公司的方法（为了抵抗这种压力），而且这种方法也许就是集中所有权结构。所以，只要各国政治上的差异一直持续，那么，不仅要求法律规则改革的力量会很弱，而且，要求保持不同的公司所有权结构和治理模式的力量也会持续下去。

结论

我们在本文提出了一个公司所有权结构和治理模式中的路径依

---

[67] See Celestine Bohlen, "A Delphic Oracle Has Seen the Future, and Likes It", *N. Y. Times*, Apr. 14, 1998, at A4（描述了吉奥维尼·阿格雷利（Giovanni Agnelli）的声望是如何建立在其家族对于菲亚特公司的控制之上的，菲亚特公司是意大利著名的汽车制造商）。

[68] See Roe, Political Preconditions, supra note 20.

赖理论。我们阐明了一个国家在任何时候具有的公司结构都可能依赖于其在早先时候具有的公司结构。

路径依赖的一种类型是结构驱动的路径依赖。我们揭示了一个国家初始的公司所有权结构如何直接地影响其后来公司所有权结构的选择。我们指出了这种结构上路径依赖的两个原因:一个是源于效率,另一个是源于寻租行为。第一,由于沉入适应成本、互补性因素、公司网群外在性、既得利益效应以及多样性最优等原因,对于一个公司而言有效率的公司结构的类型就部分地依赖于这个公司和/或所在国的其他公司的初始公司结构。第二,由于公司内部的寻租行为,现有的公司所有权结构可能具有持续性的力量,即使它是低效的。我们认为,在现有公司结构下参与公司控制的那些人会既有动力又有权力去阻碍那些能够提升公司总体效益但会减少他们私有控制利益的公司结构改革。

另一种类型的路径依赖是规则驱动的路径依赖。我们阐明了公司初始所有权结构影响后来公司结构的间接途径,即公司初始所有权结构影响公司规则的选择,而公司规则反过来又影响后来公司所有权结构的选择。我们指出了这种类型路径依赖的两个原因:一个是源于效率;另一个是源于利益集团政治。这两个原因可以解释,为什么一个国家在任何时候的法律规则都可能受到该国在早先时候所具有的公司所有权结构的影响。首先,即使假设法律规则的选择是完全基于效率的原因,公司初始所有权结构也会影响何种公司规则是有效率的。其次,一个国家初始的公司所有权结构影响着各个不同利益集团在制定公司规则的政治行为过程中所具有的力量。所以,将公司控制权赋予一个特定公司参与人集团(如职业经理人或控股股东)的一国初始公司所有权结构会增加该国后来具有这个利益集团所喜好的公司规则的可能性。

总之,我们的分析揭示了为什么经济发达国家在公司所有权结构和治理模式方面会存在差异。这个分析还解释了,尽管存在经济全球化和效率机制的强大力量,为什么有些重大的公司差异仍然一直持续至今。它还预示了重大的公司差异在未来还得持续下去。从事公司治理比较研究的学者需要认识到,路径依赖是一个塑造全球公司所有权结构和治理模式发展历史的重要力量。

公司治理全球化：形式性抑或功能性融合？

罗纳德·J. 吉尔森*

引言

经济全球化已经引起公司治理比较研究领域的再度繁荣。传统上，这一领域中的学者大多数是分类学者。首先，他们试图将各国公司治理体系的核心特征进行汇编，然后按照不同的特征将其划分为不同的法律体系。虽然这种做法的实际效果差强人意，但还是饶有趣味。我们发现各国公司治理体系在许多表面上重要的方面存在显著的差异。一些国家的公司治理体系，尤其是在美国和其他盎格鲁—萨克逊国家，建立在以股票市场为中心的资本市场基础之上。另一些国家，如德国和日本的公

---

* 美国斯坦福大学法学和商学教授，哥伦比亚大学法学和商学教授。这篇文章的早期版本提交在由韩国汉城国立大学法学院于1997年10月主办的全球化和20世纪法律研讨会上，和哥伦比亚大学法学院与斯隆基金会在1997年12月联合主办的关于公司治理融合的研讨会上。我感谢以下人员对于本文的有益评论：Jack Coffee, Ehud Kamar, Kon-Sik Kim, Hwa-Jin Kim, Mark Roe, 和Woong-Song Soon，以及Win Hwangbo的研究帮助。

司治理体系则依赖于以银行为中心的资本市场。有些公司治理体系是以大型关联公司集团为特征,像日本的克瑞特苏(keiretsu),韩国的切波尔(chaebol),或者欧洲的控股公司的治理结构。另有一些国家的公司治理体系仍然存在对大型企业进行集中家族控制的特征,包括加拿大、意大利,最显著的是德国。① 各国公司治理体系中管理层的风格也不同。美国通过实践、法国通过法律分别确立了管理层集中的权力,在美国是首席执行官(chief executive officer),而在法国是董事会主席(presidente directeur generale)。②

交易壁垒的急剧减少带来了经济的全球竞争,同时也对学术研究产生了影响。我们发现,各国公司治理体系中机构投资者的成长不仅是基于效率的考虑,还是由于历史和政治的原因。比如,美国公司治理体系中金融机构投资者发挥的有限作用不仅是经济效率方面的原因,还是联邦体制下平民政治的结果。③ 同样,日本员工的终身雇佣制度被认为在日本公司治理体系中至关重要,因为它不仅像很多经济学家所普遍认为的那样反映了日本鼓励对人力资本进行投资的努力,而且它是根源于第二次世界大战以后的希望促使人力资源层次合理化和恢复管理层对生产进行控制的政治努力。④

一旦各国不同的公司治理体系被理解为可能不会走上一条共同

---

① Marco Becht & Ekkehart Boehmer, "Ownership and Voting Power in Germany", in *The Control of Corporate Europe*(Fabrizio Barca & Marco Becht, eds.),工作底稿,参见 www.ecgn.ulb.ac.be/boo k/(visited April 20, 2000); Julian Franks and Colin Mayer, "Ownership, Control and the performance of German Corporations", Working Paper, Jan. 1997; Ekkehart Boehmer, "Who controls Germany? An Exploratory Analysis" (working paper, univeritat Osnabruk Arbeitspapiere Nr. 71, Oct. 15, 1998); Rafael La Porta, Florencio Lopez-de-Silanos, Andrei Shliefer & Robert Vishny, "Corporate Ownership Around the World", 54 *J. Fin.* 471(1999)。

② CCH Int'l, *French Law on Commercial Companies*, 5-6(2d. ed. 1988).

③ Mark J. Roe, *Strong Managers*, *Weak Owners*(1994); Miguel Cantillo Simon, "The Rise and Fall of Bank Control in the United States", 88 *Am. Econ. Rev.* 1077, 1078-1079(1998).一些学者已经用这种"政治"理论研究相关问题。See note 22 infra.

④ Ronald J. Gilson and Mark J. Roe, "Lifetime Employment: Labor Peace and the Evolution of Japanese Corporate Governance", 99 *Col. L. Rev.* 508(1999).

的融合道路，比较法学者就会将机构投资者之间的差异看作竞争的结果。竞争不仅存在于产品之间，而且存在于公司治理体系之间。比如，青木昌彦（Aoki Masahiko）认为日本集约型生产模式（lean production）与其公司治理结构紧密相关。在日本的公司治理结构中，主要银行集团的监督职能和交叉控股结构通过经理和员工免受股东直接支配的机制来保护员工的终身雇佣制度。但是，在公司业绩不佳的情况下，经理和员工都要受到惩罚。[⑤] 其他人也认为，日本这种垂直的克瑞特苏结构提供了一种相互监督的重要方式。[⑥] 迈克尔波特（Michael Porter）认为，德国和日本以银行为中心的资本市场允许经理主管人员长期管理公司，而美国经理则会注重短期投资收益，因为他们担心，如果他们不致力于公司的季度盈利增长，其公司就会有被收购之虞。[⑦] 但是，与此同时，其他学者则赞美了美国的公司治理体系，因为以股票为中心的资本市场将公司置于开放的外部监督之下，使其能够根据经济环境的变化迅速做出反应。[⑧] 最后，一种重要的观点认为，一国的股权结构和其资本市场的本质取决于该国法律和公司治理

---

⑤ See, e. g., Masahilo Aoki, "Toward an Economic Model of the Japanese Firm", 27 *J. Econ. Lit.* 1 (1990); Masahiko Aoki, "The Japanese Firm as a System of Attributes: A Survey and Research Agenda", in *The Japanese Firm: The Sources of Competitive Strength* 11 (Masahiko Aoki & Ronald Dore eds. 1994).

⑥ Ronald J. Gilson and Mark J. Roe, "Understanding the Japanese Keiretsu: Overlaps Between Corporate Governance and Industrial Organization", 102 *Yale L. J.* 271 (1993); Eric Bergloff & Enrico Peroti, "The Governance Structure of the Japanese Financial Keiretsu", 36 *J. Fin. Econ.* 259 (1994).

⑦ Michael Porter, "Capital Disadvantage: America's Failing Capital Investment System", *Harv. Bus. Rev.*, Sept – Oct. 1992.

⑧ See, e. g., Ronald J. Gilson, "The Political Ecology of Takeovers: Thoughts on Harmonizing the European Corporate Governance Environment", 61 *Fordham L. Rev.* 161 (1992); Ronald J. Gilson, "Corporate Governance and Economic Efficiency: When do Institutions Matter?", 74 *Wash. U. L. Q.* 327 (1996).

体系的质量。[9] 不论采用上述哪一种观点,公司治理的争论开始转向一个关于特定公司治理制度和竞争力之间联系的问题:这种制度有效率吗?

至此,我们自然就会开始对公司治理体系的融合进行预测,认为竞争的力量会促使各国公司治理体系采用一种单一的有效率的形式。当然,公司治理体系融合为哪一种形式取决于在预言时哪一种体系最成功。在日本的"泡沫经济"破灭之前,其主要银行系统似乎代表了未来发展方向,这种补充性的公司治理制度对于支持这种新型的有效率的集约型生产模式很有必要。[10] 但其后不久,日本的"泡沫经济"宣告破灭。同时,美国的经济开始复苏,经济持续增长,失业率很低,最令人惊奇的是,通货膨胀率也很低,这主要基于以下几个原因:其对全球竞争迅速反应、以股票为中心的资本市场和股票市场提供的外部监督机制。此后,美国的公司治理体系显然成为公司治理发展的模范。世界货币基金组织(IMF)和世界银行(World Bank)在1997年到1998年对东亚经济危机的处理中很清楚地达成了此共识。这些国际组织除了关注传统的像缩减政府财政赤字这样的宏观经济问题,他们还要求接受经济援助的国家必须按照美国模式对其公司治理体系进行根

---

⑨ See, e. g., La Porta, et. al., supra note 1; Rafael La Porta, Florencio Lopez-de-Silanos, Andrei Shliefer & Robert Vishny, "Legal Determinants of Outside Finance", 52 *J. Fin.* 1131(1997); Rafael La Porta, Florencio Lopez-de-Silanos, Andrei Shliefer & Robert Vishny, "Law and Finance", 106 *J. Pol. Econ.* 1113(1998); Rafael La Porta, Florencio Lopez-de-Silanos, Andrei Shliefer & Robert Vishny, "Investor Protection and Corporate Governance"(working paper, Oct. 1999). 这篇论文可以在社会科学研究网络电子图书馆查阅:http://papers. ssrn. Com/so13/paper. taf? ABSTRACT_ID =192549。

⑩ 一个很好的例子是,有很多世界银行资助的研究都主张,将以主要银行为中心的公司治理体系作为新兴国家的公司治理模式。See Mashiko Aoki & Hugh Patrick, eds., *The Japanese Main Bank System: Its Relevance for Developing and Transforming Economics* (1994).

本性的变革。[11]

关于公司治理体系融合的预言有一个比这些预言之间的冲突更加严重的问题。各国的公司治理体系在实质功能方面表现出更强的适应性,因此,它们在表面形式方面的差异就可能会比预言者所认为的更加持久。比如,人们认为日本集约型生产模式是因为终生雇佣制使员工具有协作精神和富有创造力,以及与供应商之间长期的、紧密的联系,所以,如果美国公司治理制度不进行显著的变革,就难以采用此模式。实际上,美国的公司已经采用了这种集约型生产模式,但他们是使这种生产模式来适应其公司治理制度,而不是使公司治理制度来适应这种模式。正如查尔斯赛伯(Charkes Sabel)很精辟地所指出的,公治理制度的外在形式和生产技术之间的关系没有人们所认为的那样紧密。[12] 美国公司治理体系在实质功能方面的适应能力已经证明

---

[11] See, e. g., Timothy Lane, et. al., *IMF-Supported Programs in Indonesia, Korea, and Thailand*, 72 – 73 (Int'l Monetary Fund Occasional Paper No. 178, 1999); "Asia Pacific Talks Vow Tough Action on Economics Crisis", *N. Y. Times*, Nov. 26, 1997, p. A 1; William A. Bratton & Joseph A. McCahery, "Comparative Corporate Governance and the Theory of the Firm: The Case Against Global Cross Reference", 38 *J. Col. J. Transnat'l L.* 213, 236 and 236n. 68 (1999), catalogs European proposals of U. S. style corporate governance reform proposals. Ronald Dore recounts the same influence of U. S. influence in Japan:

所有的口号(关于日本资本市场改革)综合起来表达了一个信念:(1)经典的新古典主义经济学教科书阐明的经济运行原则是正确的;(2)那些原则在美国经济中得到了很好的例证;(3)美国经济的成功进一步证实了那些原则的正确性;(4)日本目前的困境不只是正常的经济周期现象和"泡沫经济"时期遗留下来的债务紧缩,而是日本没有遵循这些原则而导致的完全自然和公平的后果。

Ronald Dore, "Japan's Reform Debate: Patriotic Concern or Class Interest? Or Both?", 25 *J. Japanese Stud.* 65, 66 (1999). Annelise Riles 谈到了"东京今天流行的话题"将向美国金融市场结构的转变称作"第二职业",认为这是与第二次世界大战后美国占领日本相伴随的美国观念的涌入。Annelise Riles, "The Transnational Appeal of Formalism: The case of Japan's Netting Law" (Working Paper, Feb. 2000).

[12] Charles Sabel, "Ungoverned Production: An American View of the Novel Universalism of Japanese Production Methods", Law and Economics Center Working Paper, Columbia Law School (Feb. 1996); Susan Helper, John MacDuffie & Charles Sabel, "The Boundaries of the firm as a Design Problem", Law and Economics Center Working Paper, Columbia Law School (Feb. 1997).

比人们所预期的更强大,同时,其制度的表面形式还似乎保持原样。因此,在公司治理体系融合问题上可能大家争论的焦点存在偏差。我们是期待法律规则表面形式上的融合,像 Henry Hansmann 和 Reinier Kraakman 认为在很大程度上已经基本实现,[13]还是期待在法律制度背后运作的仅仅是实质功能上的融合?

在这篇文章中,我想研究法律规则实质功能的适应性与其外在形式的持久性和路径依赖性之间的互动关系。如文中所述,这种互动关系将会影响公司治理体系的融合是表面形式上的还是实质功能上的。[14] 文章的第一部分提出了公司治理制度在形式上和功能上两方面的适应性和路径依赖性存在抵牾的交叉领域。然后,我讨论了这种相互抵牾所可能带来的一系列不同的结果。第二部分描述了两个情形:一个是历史性的,另一个是假设性的。在这两个情形中,公司治理体系的融合已经是或者将会是功能上的,而不是形式上的:废除表现糟

⑬ Henry Hansmann & Reinier Kraakman, "The End of History of Corporate Law", in *Area Corporate Governance Systems Converging* (Jeffrey Gordon & Mark J. Roe, eds., forthcoming 2000).

⑭ 为便于本文的讨论,我想澄清讨论中所用的一些术语。我不试图解决以下的争论,即在多大范围内变化的经济力量才能促使不同的公司治理体系在形式上和功能上同时进行融合。在这一点上,Mark Roe 和 Lucian Bebchuk 最近主张,路径依赖性一方面被"沉入适应成本、互补性因素,公司网群外在性、既得利益效应、和多样性最优"所驱动,另一方面被现有公司治理结构中利益集团的自利行为所驱动,并且,在缺乏竞争压力的环境中,这种路径依赖性有可能导致特定国家公司治理制度的持续。Lucican Ayre Bebchuk & Mark J. Roe, "A theory of Path Dependence in Corporate Ownership and Governance", 52 Stan. L. Rev. 127, 169 (1999). 这个观点中的关于自利行为的方面是基于 Mancur Olson 的理论,即如果现有制度下的利益集团想要保护本集团利益的规模,他们就会支持缩减社会整体利益的政策。Mancur Olson, The Rise and Decline of Nations (1982). 或者,其他人会遗憾地认为,无情的竞争已经降低了了资本体制的多样性,这种多样性保护了个人和当地制度免受竞争力量的冲击。"加速的技术革新进程、新型的价格竞争方式和金融市场全球化的共同作用已经产生了世界性的经济,其中经济利益似乎在起加速作用:产品快速更新和节俭成本的更大能力……" Colin Crouch & Wolfgang Streek, "Introduction: The Future of Capitalist Diversity", in *Political Economy of Modern Capitalism: Mapping Convergence and Diversity* 1 (Colin Crouch & Wolfgang Streek eds. 1997). 正如我将讨论的,我认为,公司治理制度的发展是功能性、形式性和二者混合的多种融合方式的结果,并且,由于当地情况的不同而会产生特定的不同结果。

糕的高级经理和摒弃德国的共同决定机制(co-determination)。第三部分举出了一个例子。在此例子中,形式方面的改革方案被用来促进消除德国交叉持股和持有大宗股权模式在功能方面融合的路径依赖性障碍。第四部分讨论了一个情形,即风险资本市场和以股票市场为中心的资本市场之间的持久联系。在此情形中,试图进行没有形式上融合的仅仅功能上融合的努力已经被证实非常困难。第五部分利用适当的交易设计,即通过我所称的合同性融合来帮助消除形式方面和功能方面融合之间的差别。对此,我提出了两种方法。第一种是通过根植于股票设计中的私人治理机制,而不是通过传统的如投资者投票或者资本市场的监督这样的公众治理机制对投资者进行保护。第二种采纳约翰·科菲(John Coffee)通过特定合同对公司治理体系的融合进行分析的方法。根据这种方法,外国发行人通过特定合同,即美国证券交易所的上市协议,来遵守美国证券交易的规则,更加重要的是,美国证券交易的监管体系。[15] 这种通过合同进行融合的方式在欧洲国家具有突出的重要地位。那些欧洲国家的公司治理结构使用像具有超级投票权的股票(super-voting stock)这样的方法来维持家族控制,而这些是美国的机构投资者所憎恶的。最后,文章的第六部分讨论了一种通过私人和公众调整相混合的机制所导致的公司治理融合方式:公司有机会从相互竞争的国家所提供的不同公司法中选择自己的公司治理结构。这种类似于美国各州监管体制之间的竞争机制已经通过欧洲公平法院在 Centros 一案中的司法判决被欧盟所引入。[16]

一、适应性和路径依赖性的相互作用

国家公司治理结构的制度特征体现了路径依赖性。由历史偶然

---

⑮ John C. Coffee, Jr., "The Future as History: The Prospects for Global Convergence in Corporate Governance and It's Implications", 93 *Nov. U. L. Rev.* 641 (1999).

⑯ European Court of Justice, March 9, 1999, C. 21/297.

事件或者政治设计所决定的一国初始条件,会导致经济沿着特定的路径发展。比如,美国金融中介的弱势,日本公司治理结构中的终生雇佣制和公司与大银行之间的紧密联系,都不是基于效率的考虑,而是分别基于美国的平民政治和联邦制度,⑰日本第二次世界大战中及战后初期的经历。⑱ 实际上,即使在同一经济内部也可能有与此同样的情况。比如,美国两个高科技工业区的不同发展轨迹,即加利福尼亚州硅谷的持续成功和马萨诸塞州 128 大道(Massachusett's Route128)的相对衰落,主要是因为加利福尼亚州在其当初建州时所偶然采纳的在 100 年之后的今天看来非常重要的法律原则。⑲ 从开始的情形来看,基于效率的考虑会赞成采纳新的制度。新制度对公司治理体系的贡献不仅反映了新制度本身所产生的效率增加,而且反映了新制度的补充性作用所带来的已有制度的效率提高。⑳ 比如,金融机构投资者参加公司治理的障碍性因素被相关的保护小股东的法律规则和制度所平衡,因此,即使没有那些大机构投资者,小股东们也足以提供一国

---

⑰ Roe, supra note 3; see Simon, supra note 3.

⑱ See, e. g., Gilson & Roe, Lifetime Employment, supra note 4; Masahiko Aoki, "Unintended Fit: Organizational Evolution and Government Design of Institutions in Japan", Center for Economic Policy Research Working Paper No. 434, Stanford University (1994); Takeo Hoshi, "Cleaning-up the Balance Sheets: Japanese Experience in the Post-War Reconstruction Period", in *Corporate Governance in Transitional Economies: Insider Control and the Role of Banks* 303 (Masahiko Aoki & Hyung-Ki Kim, eds. 1995); Tetsuji Okazaki, "The Japanese Firm under the Wartime Planned Economy", 7 *J. JAP. & Intn'l Econ.* 175 (1993).

⑲ Ronald J. Gilson, "The Legal Infrastructure of High Technology Industrial Districts: Silicon Valley, Route 128, and Covenants Not to Compete", 74, *N. Y. U. L. Rev.* 595 (1999).

⑳ 这种提高的收益的特征被称作"超级模式化"。See Paul Milgrom & John Roberts, "Complementariness and System: Upstanding Japanese Economic Organization", 9 *Estudios Econmicos* 3 (1994). Milgrom and Roberts develop their analysis of how multi-attribute systems develop from an initial starting point in Paul Milgrom & John Roberts, "Complementariness and Fit: Strategy, Structure and Organizational Changes in Manufacturing", 19 *J. Acct'g & Econ.* 179 (1995); Paul Milgrom & John Roberts, "The Economics of Modern Manufacturing: Technology, Strategy and Organization", 80 *Am. Econ. Rev.* 511 (1990).

经济发展所需要的投资。[21] 同样,对于植根于人力资本的商业秘密保护的不足,在人员流动极强的人力资源市场发现了对应效果。[22] 这种高回报的特征通过选择可以提高已有制度效率的新制度,而摒弃不具备这种效果的其他制度,来形成每一阶段的发展路径。因此,互补的制度之间的联系就像多米诺骨牌那样促进公司治理体系的发展。[23]

在这种互补性制度体系中,制度的表面形式仍然受其最初形式所约束,这在某些情况下有可能导致一些问题。补充性的制度体系很难逐步地改变;就像杠杆,互补性有一个不良的下降趋势。当外部的经济变化改变了一个制度的特征,这种变化就有可能导致整个系统的效率显著下降,因为人们会选择其他的特征来充分利用已经改变的这个特征。[24] 比如,由于政治因素导致的初始条件,美国资本市场的结构,反映了效率驱动的互补性制度的发展。然而,如果变化的经济条件会

㉑ 读者会注意到,这个问题涉及我的同事 John Coffee 教授和 Mark Roe 教授之间当前正进行的一个重要争论。在最近的实证研究中,金融经济学家没有像 Roe 教授那样将强大股票市场的存在和平民政治联系在一起,而是将其与小股东的保护联系起来。Coffee 教授提出了一个资本市场发展的"法律理论",他认为这要比 Roe 教授的政治理论更切合实际。因此,Coffee 教授说,"这种明显的差异(在美国、法国、德国和意大利股票市场的重要性之间)最令人信服的解释是,只有那些能为小投资者提供足够保护的法律体系才能形成活跃的股票市场……但是,一旦这种解释被人们所接受,就会统统抛弃 Roe 教授和其他人所提倡的'政治理论'"。Coffee, supra n. 15, at 644 (1999). See John C. Coffee, Jr., "Privatization and Corporate Governance: The Lessons from Securities Market Failure", 25 *J. Corp. L.* 1 (1999). 从补充性驱动制度发展的角度来分析这个问题,会发现政治和法律都有其重要作用。Coffee 教授分析中的问题在于他将法律看作外因。如果正如 Roe 教授所言,缺乏金融机构投资者是由于政治原因,那么,证券市场和个人投资者角色的重要性的提高就会要求对现行公司治理体系中没有金融机构投资者的相关法律进行补充。从这个角度来讲,法律是重要的,但是它的特征,即对小股东保护或不保护是由政治来决定,其结果与保护性法律规则和发展证券市场之间的相互关系是一致的。换言之,政治形势产生了对保护性法律的要求,然后,两者结合在一起就变得有效率。Cf. Gilson & Roe, Lifetime Employment, supra note 3(终生雇佣制是由政治因素导致的,但它同时要求有效的补充性制度)。如果想了解 Roe 教授对 Coffee 教授的批判进行的分析, see Mark J. Roe, "Political Preconditions to Separating Ownership from Control" (Working Paper, September 1999). 如果想了解 Coffee 教授分析的基础,即实证研究的文献, see the sources listed in note 19。

㉒ See Gilson, High Technology Industrial Districts, supra note 19.

㉓ Milgrom & Roberts, Complementarities and Systems, supra note 20.

㉔ Id.

降低系统的整体效率，这些已有的互补性制度就会阻碍这种变化的发生。

然而，路径依赖性不是影响公司治理制度形成的唯一力量。已经存在的制度受到强大的环境选择机制的约束。如果已经存在的制度不能与组织结构不同的竞争者相竞争，最终，它就不会生存下来。公司治理制度路径依赖在形式方面的特征面临选择机制的约束。这种选择机制能够促进公司治理结构的功能性融合朝着更有效率的方向进行，如果这种功能性融合没有发生的话，那么形式性融合也不会发生。因此，公司治理制度是由以下因素决定的，即我在其他论文中所称的“公司治理的板块结构，在此结构下，当前环境的需求能够消除最初条件的影响力”。[25] 根据这种观点，因为功能性融合会避免那些阻碍形式上融合的因素，所以，它可能会首先发生。而形式方面的融合可能会最后发生，因为它涉及包括政治成本在内的成本方面的阻碍因素，这些成本来源于已有制度的政治利益和经济利益的相关者对互补性制度进行的改变。[26]

二、功能性而不是形式性融合：替换高级经理

近来，关于德国、日本和美国公司治理体系的实证研究阐明了公司治理体系的融合是功能性的而不是形式性的。[27] 德国和日本的公司治理被认为以长期利益为中心，因而经理在选择投资项目时，可以不考虑短期的公司股价变化和会计收益。[28] 与公司股价和会计方法相

㉕ Gilson, Corporate Governance and Economic Efficiency, supra note 8, at 332.

㉖ 当然，任何形式的融合都有可能在面临以下情形时失败：已有的制度对于功能上的融合而言太顽固，而对于形式上的融合而言，利益集团保护现存制度而阻碍形式上制度融合的努力得到政治上的支持。阿根廷在20世纪初就经历了这样的失败。See Mark J. Roe, "Backlash", 98 *Col. L. Rev.* 217 (1998).

㉗ 这一章阐述了下文中的观点：Gilson, Corporate and Economics Efficiency, supra note 8。

㉘ See, e. g., Porter, supra note 7.

比,德国和日本的银行与公司之间长期的、多方面的联系为他们提供了更好的关于公司治理的信息。[29] 相反,美国以股票市场中心的体系被认为主要以短期的公司股价和会计报表为基础来评价公司表现,所以,经理必须投资那些能够产生明显的短期效果的项目,因为,投资者通常只能从市场上披露的公司股价和会计报表这一种渠道来获取信息并进行投资判断。[30]

以下三种公司治理体系的制度特征都体现了路径依赖性,他们分别是德国和日本体系中强大的金融机构投资者和美国体系中弱小的金融机构投资者。[31] 迄今为止,公司治理形式方面的融合几乎没有出现。但是,功能性融合是否已经出现,换句话说,公司治理形式方面的差异是否继续影响公司业绩,我们可以进行实证的考察。任何一种成功的公司治理体系都必须提供一种替换业绩糟糕的高级经理的途径。如果形式方面的制度特征非常重要,那么,对经理的监督方式就应当取决于两种公司治理体系下可获得的用于监督的信息。因为一个人只能处理他能力范围内的事务,所以,美国高级经理的任期受公司股价和会计收益的短期变化的影响应当比德国和日本的经理大得多。因为美国的投资者只能看得见公司业绩的短期变化,而德国和日本的银行作为监督者可以获得充足的信息来评估公司的长期战略。

实证研究证明了公司治理的融合是功能性的而不是形式性的。虽然在上述三种公司治理体系中仍然存在显著的制度形式上的差异,但是,我们没有发现这三种体系在监督管理层方面存在我们所预期的差异。相反,我们发现了公司治理的功能性融合。不管资本市场是以

㉙ Jeremy Edwards & Klaus Fisher, "Banks, Finance and Investment in Germany", *Ch.* 2,提出了这一观点。

㉚ Jeremy C. Stein, "Takeover Threats and Managerial Myopia", 96 *J. Pol. Econ.* 61, 64 – 78 (1988),提出了这种过程的一个模型。

㉛ 在这一点上,Roe 教授和 Coffee 教授观点一致。形式性融合的特征,对 Roe 而言,是金融机构投资者成长的立法障碍,对 Coffee 而言,则是保护小股东利益的法律规则。这种特征决定了资本市场的结构。See Coffee, supra note 15, and Roe, supra note 3.

银行还是以证券市场为中心,也不管对公司业绩的评估是否以股价回报或者会计收益为标准,这三个国家高级经理的任期都受公司业绩的影响。[32] 这种功能性融合是自然选择的结果:允许糟糕的经理继续控制公司的公司治理体系不可能成功。我们之所以没有发现公司治理形式上的融合,是因为每一种体系的治理制度都有足够的灵活性,在其路径依赖的限制范围内找到解决问题的办法。在美国,证券市场的信息和外部压力帮助找到了解决问题的办法;在日本,因公司业绩较差而会引发主要银行对公司进行监督;[33]在德国,银行利用其监事会成员的身份进行投票控制和获取内部信息。[34] 这些都是积极的力量。在每一种情形下,我们都没有发现制度形式上的融合。然而,每一种公司治理体系对更换糟糕经理的具体反应是由每一种体系特定的历史条件所决定的,按照进化论学者斯蒂文古德(Stephen J. Gould)的话来说,就是"由有限的一系列因素所形成的"。[35]

这种分析提出了一种模式:公司治理的功能性融合可能是对竞争压力的第一反应,因为改变现有制度的形式代价太昂贵。建立新的制度需要新的投资,并且现有制度已经形成了相关利益集团,从而导致

㉜ See Steven Kaplan, "Top Executive Rewards and Firm Performance: A Comparison of Japan and the U.S.", 102 *J Pol. Econ.* 510 (1994); Steven Kaplan, "Top Executive Turnover and Firm Performance in Germany", 10 *J. L. Econ. & Org.* 142 (1994); Jun-Koo Kang & Anil Shivdasani, "Firm Performance, Corporate Governance, and Top Executive Turnover in Japan", 38 *J. Fin Econ.* 29 (1995); Steven Kaplan & Bernadette Minton, "Appointments of Outsiders to Japanese Boards: Determinants and Implications for Managers", 36 *J. Fin. Econ.* 225 (1994).

㉝ Masahiko Aoki, "Monitoring Characteristics of the Main Bank System: An Analytical and Developmental View", in *The Japanese Main Bank System: Its Relevance for Developing and Transforming Economics* (Masahiko Aoki & Hugh Patrick, eds. 1994).

㉞ See, e. g., Helmut M. Dietl, *Capital Markets and Corporate Governance in Japan, Germany, and the United States* 122 - 126 (1998).

㉟ Stephen J Gould, *The Panda's Thumb: More Reflections in Natural History* 20 (1980). "Steven Kaplan & Mark Ramseyer, Those Japanese Firms with Their Disdain for Shareholders: Another Fable for the Academy", 74 *Wash. U. L. Q.* 403 (1996), 同样强调了日本公司治理体系进行功能性融合的可能性。

任何这方面的政治改革都变得相当困难。

另外,对于现有制度中的利益集团而言,那种制度局部变化的威胁会因互补性因素而加剧。曼柯·奥森(Mancur Olson)指出,由集团利益所驱动的利益集团政治会阻止那些有可能提高整个社会利益的制度变化,并认为这一现象严重影响了一个国家的相对发展速度。㊱改变一种制度的形式,其目的通常是为了提高自身效率从而适应变化了的经济形势,但其开始有可能导致整个系统效益的减少,而不是提高。公司治理制度的新形式可能暂时无法适应组成整个体系的其他制度,这将会导致那些形式上没有变化的其他相关制度的表现甚至不如从前。在互补性的公司治理体系中,在改变第一个制度之前,有必要改变所有的其他互补性制度,这才会提高系统的整体效益。㊲ 这样,其中的一个结果就是会增加那些相关利益集团的数量。现有制度的功能性变化,再次用古德的话来说,是"一个巧妙的但不悦人的伎俩",㊳不过,这种变化通常是成本最低的适应经济变化的方法。㊴

在以下的第二个例子中也是发生制度功能上的变化,而不是发生就政治上而言更困难的形式上变化。这个例子就是改革德国的员工参与大型公司监事会的问题。㊵ 假设人们认为,德国的共同决定机制限制了其大型公司适应全球竞争的能力,并且以高失业率为代价来保护现在有固定工作的人员。㊶ 进一步假设,公司治理制度形式上的变

㊱ Olson, supra note 14.

㊲ Milgrom & Robert, Complementarities and Systems, supra note 20.

㊳ Gould, supra note 35, at 24.

㊴ 在这里,文章是从阻碍提升效率的制度改变角度来讨论这个问题。但是,利益集团实际上还会寻求只对其个人有利的制度变化。本文这里对于阻碍性行动的强调是基于以下一个假定,(我在这里就不专门说明这个假定的合理性),即消极的阻碍性行动比起积极的采取行动而言需要更少的政治力量,因而是更为普遍的问题。

㊵ 这里的讨论是基于我与 Mats Isaksson 的谈话。

㊶ Katharina Pistor, "Co-determination in Germany: A Socio-Political Model with Governance Externalities", in *Corporate Governance Today* 387 (Columbia Law School/Sloan Foundation Project on Corporate Governance, 1998), 分析了德国共同决定机制的政治方面的起源并讨论了此制度无意中导致的公司治理外在性。

化的政治障碍,表现在修改相关法律的过程之中,至少在近期是相当大的。在这种背景下,人们可以预期,一个制度上的功能性融合会发生以规避那些阻碍形式性融合的因素,当然,这种功能性融合是实质性地架空而不是完全废除德国的共决机制。

在现有法律制度下,监事会主席有权在董事会投票结果出现平局时投出其决定性的一票,从而帮助股东选举的监事会成员能够在监事会中拥有控制权,[42]因此,在公司具有由股东选择的大多数监事会成员的情况下,公司员工所拥有的影响力就反映了公司内部经理和员工代表之间的联盟,并且这种联盟没有被股东选举的监事会成员所挑战。[43]对这个问题的功能性的解决方案,就是改变股东选举的监事会成员的角色。如果德国的大银行认为这种阻碍性的联盟所带来的僵化代价过于高昂,他们就会重新选举代表他们的监事会成员,以使更积极的代表股东的监事会成员能够弱化那种联盟。[44] 当然,员工也可以进一步努力去保护已有的制度形式,但是,通过立法活动来实现此目标可能会很困难,因此他们就会通过阻碍那些可能会导致形式上融合的行为,来达到保护已有制度的目的。

三、形式性融合和功能性融合之间的互动

在某些情形下,被法律规则加强了的路径依赖性可能成为功能性融合的一个障碍。德国的大银行和保险公司在其他公众持股公司中

---

[42] See Dietl, supra note 34, at 113; Mark J. Roe, "German Codeterminations and German Securities Markets", in *Corporate Governance Today* 745 (Columbia/Sloan Foundation Project on Corporate Governance, 1998).

[43] Cf. John C. Coffee, "Unstable Coalitions: Corporate Governance as a Multi-Player Game", 78 *Geo. L. J.* 1495 (1990).

[44] Cf. Ronald J. Gilson & Reinier Kraakman, "Reinventing the Outside Director: An Agenda for Institutional Investors", 43 *Stan. L. Rev.* 863 (1991). 一个类似的策略是使用没有员工代表参加的监事会, supra note 41, 研究了这一策略。

持有大宗股票或者相互持股。[45] 比如,戴姆勒—奔驰公司的股东之间就存在显著的相互持股现象。

一般而言,已有很多研究指出,大宗股票持有者在德国的公众公司中占了很高的比率。[46] 现在假设,经济环境的变化需要整个系统做出反应,这种反应的更好的实现机制是以证券市场为中心的资本市场,而不是具有大宗持股特征的以银行为中心的资本市场。[47] 虽然形式上的公司法没有阻碍大宗持股者去降低持股规模,但是,德国的税法造就了重大的路径依赖性。因为出售股票需要支付42%的资本所得税(税率从2000年1月1日开始实行),所以,这种通过对股权再分配征收的高额税收加强了德国集中股权结构的路径依赖特征。

1999年12月,德国总理施罗德(Gerhard Schroeder)提议废除出售公司在其他公司股票的资本所得税,其目的显然在于消除改变集中交叉持股结构所存在的障碍。[48] 税收规则上的变化反映了公司治理形式性融合和功能性融合之间有趣的互动关系。废除资本所得税的提议对国家财政而言影响甚少,因为减税会促使更多的人卖出股票从而导致税收基数增加。这种提议只是在很低的层面上消除了相关制度的阴影。这样,决定何种股权分布最有效率的问题就主要由功能性的制度融合力量来解决,具体的实现机制是通过大型机构投资者出售他

---

[45] See the sources cited in note 1 supra.

[46] Tim Jenkinson & Alexander Ljungquist, "Hostile Stakes and the Role of Banks in German Corporate Governance" (CEPR Working Paper no, 1969); Michael Adams, "Cross Holdings in Germany", 155 *J. Institutional & Theo. Econ*, 80(1999).

[47] Gilson, Political Ecology, supra n. 8; Gilson, Corporate Governance and Economic Efficiency, supra n. 8.

[48] Edmund Andrews, "Germany Proposes Some Tax-Free Stock Sales, Lifting Market", *N. Y. Times*, Dec. 24, 1999, P. C 1; Cecilie Rohwedder, "Key German Party Backs Plan to Drop Capital-Gains Tax", *Wall St. J.*, Dec. 29, 1999, P. A 11; Edmund Andrews, "German Stock-Sale Plan Stirs Only Limited Opposition", *N. Y. Times*, Dec. 30, 1999, P. C4. 虽然免除资本所得税的法案的实行日期已经推迟了一年,但是,据称这项改革有所进展。Edmund Andrews, "German Stock-Sale Plan is Delayed a Year", *N. Y. Times*, Feb. 18, 2000, P. C4.

们的大宗股权和交叉股权。

四、功能性融合的失败:风险资本和资本市场结构[49]

在进行美国的资本市场与德国和日本的资本市场之间的比较时,我们一般主要集中在银行和证券市场所分别扮演的不同角色。现实中,美国的许多相对较小的银行在公司治理中没有起什么作用,而发达的证券市场通过敌意收购机制的促动作用提供了一个活跃的公司控制权市场。日本和德国的银行在数量上不多,但其在规模上比任何一个国家的工业企业还要大,并且在监督公司管理层方面发挥了重要作用。[50] 然而,这两个国家都没有活跃的公司控制权市场。

本文很少关注以银行为中心和以证券市场为中心的资本市场之间其他的系统差异:在以证券市场为中心的资本市场中,存在更加强大的风险资本行业。[51] 因为有效的风险资本市场对鼓励创新至关重要,所以,许多国家已经在探索美国的经验。以银行为中心的资本市场体系试图发展类似风险资本市场的失败事实,昭示了公司治理功能性融合的失败——银行已经没有能力改变其功能从而发挥像美国证券市场在风险资本中的作用——和为适应互补性制度体系而进行形式性变革的困难程度。

在另外一篇文章中,布莱克教授(Bernard Black)和我已经研究了

㊾ 这一部分参考了 Ronald Gilson & Bernard Black, "Venture Capital and the Structure of Capital Markets: Banks Versus Stock Markets", 47 *J. Fin. Econ.* 47(1998).

㊿ See, e. g., Aoki, Monitoring Characteristics of the Main Bank System, supra note 33; Edwards & Fischer, supra note 30; Roe, supra note 3.

51 Gilson & Black, supra note 49,研究了风险资本市场规模的实证证据。See also Leslie Jeng & Phillipe Wells, "The Determinants of Venture Capital Funding: Evidence Across Countries" (Working Paper, May 1998). 这篇文章可以在社会科学研究网络电子图书馆上查阅 http://papers. ssrn. com/paper. taf? ABSTRACT_ID = 103948. Curtis Milhaupt, "The Market for Innovation in the United States and Japan: Venture Capital and the Comparative Governance Debate", 91 *Nw. L. Rev.* 865(1997),提供了很多日本风险资本运作的经验。

证券市场和风险资本市场之间的关系。清算风险产业公司，即退出市场，对风险资本的投资者至关重要。投资者对风险产业公司的投入资产包括现金的和非现金的投入，比如，管理服务、广泛的监督和声誉，这些都与经济规模相联系。一旦风险产业公司发展到某个程度，此时风险投资家的非现金资产价值开始降低，那么，基于效率的考虑就会促使风险投资家撤出这些非现金资产，并将其重新投资于那些需要这些资产的其他公司。然而，将现金和非现金资产合并使用的规模经济上的考虑会要求同时撤出现金资产并重新投资。因此，退出机制具有重要的意义。[52]

退出机制的具体类型对企业家和风险投资家与企业家之间合同的条款而言都很重要。风险投资家一般通过股票初次公开发行退出风险产业公司，这通常只能在以证券市场为中心的资本市场上得以实现。当风险投资家这样退出时，企业家通常就会再次获得对企业的控制权，这种控制权在当初风险投资家对公司进行风险投资时从企业家手中转移到了风险投资家，即使风险资本家最后没有完全撤出其投资。相反，在以银行为中心的资本市场中，风险投资家一般是通过将风险产业公司卖给第三方实现资本退出。这样，企业家不仅丧失了风险投资家放弃的公司控制权，而且丧失了其保留的控制权。赋予通过初次公开发行退出市场的机会具有以下一个重要影响，即在开始进行风险投资时，投资双方能够达成一个默示协议。这个默示协议实际上给了企业家一个看涨期权，即在公司成功时可以卖出公司而获益。并且，在风险产业公司公开发行上市时，风险投资家放弃对于公司形式上的控制权也反映了这一默示协议。因为这种默示协议的激励性属性，是风险创业过程的核心要素，这个过程也就是企业家对公司控制权的交易，但这只能存在于以股票市场为中心的资本市场，这也正是为什么在以银行为中心的资本市场中缺乏强大的风险资本市场的

---

[52] Gilson & Black, supra note 49, at 252 -255.

原因。[53]

以银行为中心的资本市场体系能够通过功能性融合来改变这种竞争劣势:维持既有的资本市场结构,但是通过为初创企业开辟银行融资渠道或者由大型公司内部完成风险产业的方式来提供创业基金。如果这些制度能够产生像美国证券市场和风险资本市场联系在一起而获得的相同的功能性结果,那么,通过功能性融合而不需要代价昂贵的形式性融合就会促使公司治理制度的改变。

没有任何的实证证据能够证明,在以银行为中心的资本市场体系中会存在功能上相同的提供创业基金的融资渠道。相反,传闻性证据(anecdotal evidence)支持了否定的观点。美国在一些产业中已经成为世界的领头人,最显著的是与高科技相联系的生物技术和计算机产业,因为风险资本市场在这些行业中扮演了重要的角色。另外,美国和欧洲的大型制药公司在应对生物技术方面的革新时,不是对风险企业进行直接投资,而是提供后期融资和与风险企业合伙,这些风险企业大部分都是美国企业并且最初是由风险资本提供资本的。[54]

许多欧洲国家已经认识到功能性融合的明显失败,因此努力在形式上进行融合,主要是为小公司和新公司开始设置特定的证券交易场所。迄今为止,这方面有限的成功表明了局部改变互补性制度系统的困难。

20 世纪 80 年代法国和德国试图建立小公司证券市场;到了 90 年

---

[53] 网络产业近来的发展经历表明,大企业在是自己设立新企业还是去购买已有企业的选择问题上倾向于后者。这个发展趋势可能会改变正文中所述的模式。风险企业的目标是通过被收购来成为其他人的商业计划的一部分,这样,风险企业可能会具有不同的激励结构。Id. at 257 –264. See, e. g., Scott Thrum, "Under Cisco's System Mergers Usually Work; That Defies the Odds", *Wall St. J.*, March 1, 2000, p. 1(思科公司利用公司并购方式来重塑自身的产业结构和消除其生产线中的漏洞;它在过去 6 年中进行了 51 次并购活动,仅在去年一年就有 21 次)。

[54] Id. 初创的高科技企业通过银行债务融资是完全不可行的。因为这种公司的高风险和不佳现金流量的特征,其债务就会成为像可能是高收益也可能是零收益的债券一样的东西。用功能性融合的术语来讲,这种融资方式与股票一样。

代这些方案已经停止或者被边缘化。[55] 目前这方面的努力包括：伦敦证券交易所的新型投资市场(the Alternative Investment Market of the London Stock Exchange)；欧洲新市场(Euro NM)，一个法国二板市场(Le Noveau March)、德国二板市场(Neur Market)、和比利时新市场(New Market)的联盟；以及 EASDAQ，一个显然模仿美国 NASDAQ 市场的交易场所，并且 NASDAQ 市场的运营商 NASD 是其中的一个所有者。近来股票首次公开发行的数量，尤其在德国二板市场上，表明了人们在不断接受这种制度创新。[56] 然而，对于互补性因素重要性的认识表明，仅仅建立一个证券市场不足以提供建立风险资本市场所必要的制度根基。而且，欧洲也缺失美国那些与证券市场同时发展的互补性制度：风险资本机构；有限合伙投资方式；擅长于早期公司发行上市业务的投资银行，以及最重要的是，风险投资家在一开始就可以进行投资的对象，即企业家队伍。

资本市场的全球化提供了一个解决互补性因素导致的问题的方法，这个问题是要大致同时地建立一系列互补性的制度。正如布莱克教授和我已经认为的那样，资本市场以银行为中心的国家的公司可以利用其他国家的已有制度。具体而言，美国的风险投资制度，即 NASDAQ 及其配套制度，包括风险资本投资者、在风险产业公司初次公开发行方面很有经验的投资银行，以及经验丰富的律师和会计师等，都可以为欧洲的初创企业所利用。在当地相关制度还未在形式上与美国制度融合一致时，对于美国制度的利用能够促使当地

[55] Sebastian Rasch, "Special Stock Market Segments for Small Company Shares in Europe - What Went Wrong?", *Center for European Economics Research Discussion Paper No.* 93 –113(1994).

[56] See, e. g., "Exchange Broaden Their Global Appeal", *Fin. Times*, June 11, 1999, p. 6; Stewart Fleming, "The Neur Market's Wild Ride", *Inst'l Investor*, April, 1999, at 76, 77, 180.

制度的变革。[57]

五、通过合同进行的融合

我们已经了讨论了功能性融合取得成功的场合,或者是功能性融合显得很必要的地方,以下文章将进入第三个方面,即我所称的通过合同进行的融合。[58] 在此,我讨论的情形是,现有制度缺乏必要的灵活性来实现功能性融合,但是,成本特别是政治成本又使形式上的融合非常困难。首先,我通过证券设计来分析融合的可能性。然后,通过与外国公司在美国证券交易所上市有关的合同来讨论融合问题。

1. 通过证券设计进行融合

美国的投资者,尤其是大型的养老基金和其他机构投资者,现在在欧洲公众公司中拥有大量的股权。比如,加利福尼亚公众员工退休系统(California Public Employees Retirement System, CalPERS),是全美最大的公众退休基金,持有近200亿美元的外国股票,几乎占其股票总投资额的20%。[59] 英美国家的这种机构投资占据了一个国家发行在外的相当大的股份份额:平均而言,在巴黎证券交易市场上40家

---

[57] Gilson & Black, supra note 49, at 271 –273. 以色列提供了这一现象的最好的例子。按照近来的估计,100多家以色列公司在美国证券交易所上市,包括70多家高科技公司。See Ira M. Greenstein & Lloyd Hamretz, "U. S. -Israel Transactions Present Unique Issue", *N. Y. L. J.*, April 28, 1998, at S2; Richard Rappaport, "Beating Their Swords in to IPO Shares", *Forbes ASAP*, June 1, 1998, at 93. 欧洲制度改革的进程也在不断加快。虽然1998年早期的风险初创企业仅获得了10.2%的欧洲私人权益资本,但是,到了1999年私人投资已据说转向了风险初创企业。"Europe's Start-up Stampede", *The Economist*, Jan. 15 –21 2000, p. 63。

[58] 这一部分的讨论受益于我与瑞典公司治理论坛参加人员的谈话,包括Karl-Adam Bonnier, Raulf Gonec, Mats Isaksson, Michael Jensen, Gunnar Nord, and Robert Ohlsson。

[59] Sara Webb, "Calpers Sees New Targets Overseas", *Wall St. J.*, Oct. 20, 1997, p. C1, COL. 6.

最大的公司发行在外的股份,英美的机构投资者和养老基金占了35%。[60] 在丹麦公司中其比例高达41%。[61]

随着大量外国投资的到来,要求欧洲公司治理体系进行改革的呼声日益高涨。比如,荷兰、法国、瑞典的股东投票规则已经严重偏离英美法国家的一股一票规则,这将会导致在任的经理免受资本市场的监督。面对欧洲公司治理体系缺乏外部监督机制的情形,美国的机构投资者已经开始迫切要求这些公司的治理制度在形式方面做出重大改革,从而更接近于美国的公司治理模式。作为这场运动的领导者,CalPERS已经提出了一系列原则,即六大基本原则,包括董事要对股东负责和一股一票的资本结构。在此之后,又发布了针对英国、法国、德国和日本的特别标准。[62]

我们预计欧洲大陆的公司在公司治理形式方面朝着美国模式的融合会非常的困难,尤其是在公司控制权问题上。设计不同的投票制度来维护家族对公司的控制(荷兰是发起人控制(foundation control);通过修订公司法律来限制不同的投票权可以广泛地削弱这种控制,但这会面临强大的政治障碍。机构投资者要求落实责任的形式方面的机制和欧洲公司控制者不愿放弃控制权之间存在强烈的冲突,解决这种冲突的潜在力量来自一种在美国已经发生的融合。简单的事实是,美国的机构投资者并不总是要求他们所投资的商业组织都具有形式上相同的公司治理结构。这样的机构投资者,包括CalPERS,愿意每年在一些商业组织中投入数十亿美元,尽管这些组织缺乏美国公众公司传统上所具备的治理机制。这些投资通过有限合伙的方式流入证券市场。在有限合伙中,投资者放弃了传统的公司治理机制要求,但其回

---

[60] John Tagliabue, "Resisting those Ugly Americans", *N. Y. Times*, Jan. 9, 2000, Sec. 3, p. 1, 10.

[61] Joel Chernoff & Patrick Farnon, "Governance Codes Vary by Market", *Pensions & Investment*, Sept. 16, 1997, p. 16.

[62] 这些原则可以在以下网址上获得:http://www.calpers-governance.org/principles/international。

报是，通过对非公开交易的股票进行投资，他们能够获得有限合伙企业中一般合伙人的专业管理服务。[63]

然而，风险资本有限合伙企业和杠杆收购基金（leveraged buyout fund）中的投资者在面临大量的代理问题时，就不能得到传统的公司治理机制的保护。但是，他们可以基于合同完全不同的机制得到保护。[64] 我在此不想对这些投资工具的治理结构进行全面描述，而只对其一个特征进行研究来说明问题。

一个标准的私人权益有限合伙（private equity limited partnership）有固定的存续期间，一般是10年，10年后合伙必须清算并将资产返还给投资者。规定固定的存续期间有许多重要的目的，其中最重要的是，它平衡了以下两个目标：一个是一般合伙人对于不确定的非流动投资具有自由裁量权的要求，另一个是外部投资者对公司责任机制的要求。在公众持股公司中，滥用现金流的行为，在内部由董事会进行制约，在外部通过股东行动、股东投票、或者通过资本控制市场来制约。在上述所有情况中，滥用现金流的行为都反映在股票价格所提供的信息之中。在私人权益有限合伙中，现金流的问题则通过以下两种方式来解决：一是要求一般合伙人将实现的投资收益加以分配；二是要求合伙终止，并在合伙终止时将资产返还给投资者。这些制度特征就确保了一般合伙人不会无限期地滞留那些已无投资收益的资本。

为达到分配目的而清算合伙资产的要求同样提供了一种衡量有

---

[63] 比如，平均而言，每年40%以上的美国风险投资基金来自养老基金。See Gilson & Black, supra note 49.

[64] 如果想了解风险资本有限合伙企业中风险投资者和一般合伙人之间标准合同的介绍，see Gilson & Black, supra note 49; William A. Sahlman, "The Structure and Governance of Venture-Capital Organization", 27 *J. Fin. Econ.* 473 (1990); Theodor Baums & Ronald J. Gilson, "Comparative Venture Capital Contracting: Replicating the U. S. Template in Germany" (Working paper, May, 2000). Paul Gompers and Joshual Lerner, "The Use of Covenants: An Empirical Analysis of Venture Partnership Agreements", 39 *J. L. & Econ.* 463 (1996)，提供了在风险资本有限合伙企业中利用契约进行保护的实证证据。如果想了解杠杆收购有限合伙的结构，See Michael Jensen, "The Eclipse of the Public Corporation", *Harv. Bus. Rev.* 61 (Sept. -Oct. 1989)。

限合伙企业中一般合伙人表现的方法。在利用这种方法之前,我们没有衡量有限合伙企业证券价值的市场方法,因为有限合伙企业的私人投资份额是不流通的。

最后,强迫清算的目的是保证一般合伙人对其表现负责。在合伙终止时,投资者通过决定是否在一般合伙人新组建的有限合伙中进行投资,从而有机会选择是否同意一般合伙人继续管理他们的投资。一般合伙人必须与其他经理相竞争,从而有机会管理清算合伙中的投资者的再投资。在这个竞争过程中,一般合伙人以前的表现和业绩对最终结果具有决定性作用。

由于家族控制和集中所有权,在一些国家形式性融合的成本会非常高,从而仍然必须通过私人权益有限合伙的形式来保证对投资者的责任。虽然我在此不讨论如何设计出一种证券来实现此目标,但设想一下,在拥有双重投票权(dual class voting)的欧洲公司,控制家族拥有超级投票权的股份(super voting shares),并渴望从美国的机构投资者那里筹集资本。然而,家族最终还是不愿意单方面地通过废除双重资本结构而放弃控制权。

当双重资本结构阻碍了对于由控股股东选出的管理层进行外部监督时,那么,机构投资者就不愿意投资。假设机构投资者得到的是权益证券,这种权益证券通过模仿私人权益有限合伙的固定存续期间来保证对投资者的责任,那么,这种权益证券就会起到相应类似的作用,因为拥有双重资本结构的公众持股公司和私人权益有限合伙都缺乏传统的公司治理责任机制。

证券的结构可以有很多种形式。比如,机构投资者可以购买低投票权股份(low voting shares),在特定的期限结束时,如果公司的业绩没有达到特定的标准,其股份会变成超级投票股,这个特定的标准也许就是此公司业绩在同类公司中的一个指定的排名位置。如果这种股票所附的投票权性质变化被触发的话,由家族任命的公司经理就必须竞争以获得继续管理公司的机会。公司的实际控制权是否会发生转移,取决于机构投资的不同规模。或者,这种股票可以提供类似于看跌期权(put rights)的机制以担保投资者得到同类公司所可能产生的一个平均回报水平;另外,为一个看跌期权的赎回机制而筹集资本的要求会有相同的约束效果。

以上的简短分析没有指出这种证券所要求的一系列条件,甚至也没有仔细讨论可以设计哪些证券种类来达到相关目的。[65] 目前,此工作更为有限。我只是想勾画出进行融合的中介性合同方式的轮廓。在现有公司治理制度缺乏功能性融合所必要的灵活性和形式性融合所必要的可变性时,这个讨论可能是合适的。

2. 通过证券上市进行融合

约翰·科菲(John Coffee)已经提出了通过合同进行融合的第二个方案,其要比在上节中所提到的在私人和公众组织形式之间进行的套利行为(arbitrage between private and public organizational forms)更加确定,并且已经具备有目共睹的优势。[66] 在这种情形下合同就是,当非美国的公司将其股票在美国证券交易所上市时所签署的上市协议,和由于上市而使相应外国公司必须遵守的证券法。

上市协议本身规定了一系列的公司治理义务,包括最低数额的独立董事、审计委员会和关于收购要约的公平机会规则(equal opportunity rule)。外国公司要想在美国证券交易所上市,就必须按照《1934年证券交易法》第12条(b)的规定进行登记,因此,外国公司也就自愿地接受了涉及公司治理方面的美国证券规则。

比如,外国公司通过在美国证券交易所上市,就实际上接受了美国《1934年证券交易法》第13条(d)的规定,即持有发行在外的5%股份的持有者必须进行适当的信息披露,这显然要比欧盟公司透明度指

---

[65] 比如,证券设计者不得不面临这样的情形:如果公司表现不佳,公司经理在证券存续期间的后期就会有动机铤而走险以改变业绩。在更普遍的层面上,有必要以一种方法来更新同类公司的信息,因为这些同类公司的表现被用于评估发行公司的业绩表现。

[66] Coffee, supra note 15.

令(European Union Transparency Directive)规定的进行信息披露的10%股份的门槛要严厉得多。外国公司也接受第14条(d)下关于收购要约程序和实体方面的规则,第13条(e)下关于现有私人交易的规则和第13条(b)下关于进行"有问题的付款"("questionable payment")的规则。当然,美国证券交易委员会已经同意,当以上规则中的某些细节规定与外国发行人本国的有关法律不一致时,外国发行人可以享有豁免权,[67]但是,总体而言,这种上市行为中所采纳的公司治理规则的范围和因此而导致的对于美国证券交易法的适用非常重要。

六、通过法律竞争进行混合型融合

如上所述,外国公司为在美国证券交易所上市而自愿签署合同可能会导致公司治理的融合。法律竞争是这种融合方式可能性的重要力量。外国公司通过在美国上市,就意味着选择了优先于本国规则的美国公司治理规则。美国国内长久以来就有一个类似的公司法方面的融合机制。因为美国公司的内部事务(特别包括它的公司治理)受其成立地公司法的管辖,而不是受其主要营业地的公司法管辖,因此,美国公司可以通过选择其成立地来选择管理其内部事务的公司法。[68]大多数公众持股公司都选择特拉华州为其成立地,这导致了各州公司法向《特拉华州普通公司法》(Delaware General Corporation Law)的融合,从而使特拉华州公司法成为事实上的国家公司法。

就历史的角度而言,通过法律竞争进行公司治理融合的方式在欧洲行不通,因为对于"实际的公司所在地"(real seat)规则的普遍适用,要求以公司主要业务所在国的公司法调整公司的内部事务,而不论公

---

[67] Id. at 688 -689.

[68] Roberta Romano, *The Genius of American Corporate Law*(1993)提出了法律竞争在美国公司法中的角色。

司在哪个国家成立。这个规则将公司主要业务所在地和规范公司治理的公司法紧密联系起来。[69] 欧盟各成员国公司治理制度之间差异的重要性被认为低于各国现实经济差异程度的重要性,特别是在倡议欧洲单一市场之前。这种对于各国公司治理制度差异的漠视结果是,欧洲形成了多种公司法体系,从英国的盎格鲁—萨克逊体系到德国的双层公司机关和共同决定制度。

1999 年 3 月 9 日,欧洲各国不同公司法制度之间的平衡被根本性地打破。在 Centros 一案的判决中,[70]欧洲公平法院(European Court of Justice)将法律竞争,即形式性融合和功能性融合之间的混合体,引入欧盟。

在 Centros 一案中,一个丹麦人想成立一个公司在丹麦做生意,但想通过在英国成立此公司,以避开丹麦公司法中关于 20 万丹麦克朗(大约 27000 美元)的最低公司资本要求。英国的公司法很有吸引力,因为它对私人公司没有设置最低资本要求。[71] 这个新成立的英国公司,没有而且也从未打算在英国做生意,然后又申请在丹麦注册。

但是,丹麦公司注册机关拒绝为其注册,因为它准确地判断,成立英国公司的目的只是避免丹麦法中的最低资本要求。[72] 然而,欧洲公平法院根据关于设立公司权利的条约第 52 条和第 58 条支持了这个行为,即通过将公司设立地和公司主要营业地相分离来寻求有利的公司法的做法,有关判决如下:

想设立公司的成员国公民选择在公司法最宽松的国家成立公司,然后在其他成员国设立分支机构,这种行为本身并不构成对公司设立

---

[69] See, e. g., Richard M. Buxbaum & Klaus J. Hopt, *Legal Harmonization and the Business Enterprise* 68 -79, 227 -228 (1988).

[70] European Court of Justice, March 9, 1999, C. 21/297.

[71] Eddy Wymeersch, "Centros: A Landmark Decision in European Company Law", in *Festschrift for Richard M. Buxbaum* (T. Baums ed., forthcoming 2000).

[72] 法院简单地推定,在英国成立公司的目的是避免丹麦公司法的最低资本要求。See Centros, §14.

权利的滥用。按照某一成员国法律设立公司，然后在其他成员国设立分支机构的权利是与条约所保护的在单一市场中公司设立自由的精神相一致的。[73]

可以理解，Centros 一案中的判决在欧洲大陆掀起了巨大的波澜。[74] 但是，这也产生了公司治理融合的混合型机制；一方面是形式性融合，因为争论的问题是对有约束力的公司法规则的选择；另一方面是功能性融合，因为作为欧洲公平法院判决的结果，欧盟法律已经具有足够的灵活性来允许至少新成立的公司能够改变其公司治理结构以适应不断改变的经济环境。

Centros 一案使形式性融合和功能性融合之间的混合机制成为可能，这可以通过以下情况加以说明，即风险投资家和德国的企业家在寻求利用德国的机械和科技人才来设立高科技公司时所面临的选择。

在形式上，德国公司法对早期高科技产业融资所采用的标准风险投资合同提出了两个特殊的问题。[75] 在风险投资者退出之前，投资者和企业家之间关系的核心是投资者获得了与其股权不成比例的控制权。具体而言，即使风险资本家没有持有大多数的股份，他们的代表也通常占据了大多数的董事会成员。并且，在风险投资家控制或者重大影响下的董事会，实际上可以随意废除高级管理人员，包括公司创立人。[76] 德国公司法，尤其是共同决定机制和有关废除董事会成员的规则，对风险投资家掌握控制权设置了障碍，而这种控制权正是早期高科技企业融资本质上的要求。

---

[73] Centros, at §27. 法院的全部观点如下："欧盟成员国公民选择另一成员国成立公司并在此国具有登记注册的公司机关，但公司不在那里进行经营活动，而试图通过在其本国设立分支机构使得公司在本国进行营业，从而规避其本国关于公司设立的规则，因为这些规则设置了更严格的最低资本要求。在这种情形下，如果一个成员国拒绝登记按照其他成员国法律设立的公司的分支机构，其做法就与条约第 52 条和第 58 条相抵触。"

[74] Wymeersch, supra note 61.

[75] Baums & Gilson, supra note 64，提出了美国和德国在订立风险投资合同的环境条件上的差异。

[76] Id. See Gilson & Black, supra note 49; Sahlman, supra n. 45.

首先,快速发展的高科技公司能够迅速地达到 500 名员工的规模。因此,员工们提出了完全共同决定的要求,即一半的监事会成员由员工代表组成。[77] 由于企业家至少可以提名部分的监事会代表,共同决定机制使风险资本投资者不可能享有绝对的控制权。其次,双层公司机构进一步削弱了风险投资家的控制权。在德国公司法中,董事会由全职的公司员工组成,这些员工不能在未满 5 年任期时被无故免职。[78] 因此,形式上的法律规则妨碍了企业控制权分配的核心特征,而这些控制权的分配对早期高科技企业的融资至关重要。

Centros 一案的判决允许德国风险投资家和企业家选择更加有利于订立风险投资合同的某个国家的公司法,比如说,英国的公司法,然后,他们在德国对在英国新成立的公司进行登记。公司这种可以选择不同法律的能力促进了公司治理功能性的融合,而不需要在形式上改变德国公司法。实际上,这就使德国公司法中那些不合时宜的内容成为可选择适用而非强制适用的条款。

当然,Centros 一案的判决支持欧盟各成员国间法律制度进行竞争所适用的范围比我所认为的更加复杂。第一,欧洲一些律师狭义地理解 Centros 的判决,他们认为这"只是有关滥用法律的一个案例,而不具有普遍的意义"。[79] 从我作为一个美国人、也因此是局外人的角度而评价欧洲公平法院的观点,如此狭义的解释看起来像一厢情愿的想法。不论结果好坏,法院已经明确地指出,在公司在外国成立只是为了规避公司主要营业地关于公司成立的法律规则的情况中,拒绝对这类公司的分支机构进行登记的行为违反了条约第 52 条和第 58 条的规定。[80] 欧洲公平法院不是反对欧盟成员国滥用法律的行为,相反,看

---

[77] See Dietl, supra note 34, at 113 – 114.

[78] See Jullan Frank & Colin Mayer, "Capital Markets and Corporate Control", 10 *Econ. Pol'y* 184, 206 (1990).

[79] Wymeersch, supra note 71, at 3.

[80] Centros, ruling paragraph.

起来它像是在有意识地允许通过那些组织商业行为来规避法律的行为。[81]

第二,Centros 一案判决的实际效果可能被欧盟成员国所做出的反应所削弱。这种反应是成员国正在努力施加一些限制性措施,这些限制无法通过选择成立地的方式而得以避免。Centros 一案的判决非常明确地限制其只适用于“关于公司设立的规则”,而不适用于更加普遍的“关于执行具体交易、职业和商业”的规则。[82] 换言之,有些规则的适用性不依赖于公司成立地的所在国别,因此,这些普遍适用的规则看起来没有受 Centros 判决的影响。比如,Centros 判决就允许新成立的主要营业地在德国的英国公司规避德国的共同决定机制,但这并不影响德国法律要求所有的公司都必须成立员工委员会。这样,欧洲公平法院为欧盟成员国采用以下策略留下了空间:对于公司法中通过公司形式结构(如共同决定机制和对董事会任期的保护机制等)所要求的员工参与公司决策机制,成员国可以通过制定要求在采取特定公司行为(如关闭工厂等)之前必须有员工参与决策的法律来取得类似效果。这种效果的取得是通过调整劳资关系的法律,而不是公司法。

然而,至少在高科技领域,我们有理由怀疑欧盟成员国,尤其是德国,是否会利用法院判决的上述结果来打擦边球。第一,Centros 的判决将通过政治体系进行改革的任务,从那些主张降低员工参与程度的人转移到那些主张维持该制度的人。因此,进行变革要比仅仅维持现状更加困难。[83] 第二,我们有理由相信,Centros 判决适用范围上的实际限制会让工人认为,为规避这个法院决定的影响而进行的立法改革

---

[81] “一个成员国的公民想在公司法比较宽松的国家设立公司,然后在其他成员国设立分支机构的行为本身并不构成权利之滥用”。Centros, §27.

[82] Centros at §26.

[83] 我所居住的旧金山市有一个例子就说明了这一点。多年来,许多居民一直想将他们所憎恨的码头高速公路拆除,因为这个两层的钢筋水泥建筑将市区和海滨沙滩分隔开。尽管主张废除的人占了绝大多数,但是,有少数人从高速公路中获益,他们团结起来成功地阻止了拆除行为。1989 年的大地震对高速公路造成了巨大的损害,从而不得不拆除。从那以后,高速公路的支持者无力召集政治力量来进行重建。

运动是不值得的。

综上所述,Centros 的判决仅适用于新成立的公司,实际上其仅仅影响了公司股东和员工之间在公司决策权力上的分配方式。但是,有理由认为,急于提高德国高科技产业的公司员工和德国的员工制度也许不会反对降低员工在新的高科技产业公司中的公司治理角色,特别是,如果员工的公司治理角色在德国已有的传统产业中没有改变。[84]

但是,现有的德国大公司是如何努力利用 Centros 判决的优势呢?假设,一个已有的德国公司想通过并入其新成立的英国子公司,从而使自己不受德国公司法中有关双层公司机关结构和共同决定机制的约束。[85] Centros 一案的判决需要上述新成立的英国子公司在德国进行注册吗?这种注册将 Centros 判决的适用范围扩展到任何一个想在外国重新成立的公司,包括已经建立的德国公司。并且,如果要保留员工任何形式上的公司治理角色,这种注册就有可能引起员工集团在政治上的反应。

至少就现在而言,公司法和税法上的两个障碍,使欧洲公平法院不可能将 Centros 一案判决的适用范围扩展到德国传统产业中。公司法的障碍是有关合并的:在德国公司法中,德国公司不能与非德国公司合并。最近戴姆勒—奔驰公司和克莱斯勒公司进行合并的复杂结构对于避开这一法律障碍非常必要。[86] 当然,有人会争辩,阻止一个成员国的公司迁移到另一成员国的法律规则也违反了条约中关于公司设立的权利。但是,那种观点需要对 Centros 一案判决的适用范围进行实质性地扩展,即在实际效果上,从允许一个成员国经济进行功能性融合的决定,扩展到另外一个意义更为广泛的决定,这个决定支持法律竞争作为寻求统一各成员国法律的工具并与通过公司法指令在

---

[84] 如果想了解德国公司中的工会变得更具灵活性的发展,see Union's Union, "in Survey of European Business", *The Economist*, April 29 – May 5, 2000, p. 16。

[85] 这是美国公司在其他州重新成立所利用的典型方式。

[86] Theodor Baums, "Corporate Contracting Around Defective Regulations: The Daimler-Chrysler Case", 155 *J. Instit. & Theo. Econ.* 119, 122 (1999).

条约基础上的各成员国法律协调化进程完全一致。[87]

即使欧洲公平法院扩大 Centros 一案判决的适用范围,实践中仍然会存在一个重大的税收上的障碍。在德国税法中,转移公司成立地的行为被看作清算,因此会导致公司层次上的以公司资产评估增值为计税基础的资本所得税。对于大多数德国公司而言,很难想象其他欧盟成员国公司法中更具吸引力的公司治理特征值得他们付出因转移公司成立地而导致的税收上的代价。[88]

七、结论

在这篇文章中,我讨论了公司治理融合的三种形式。它们分别是:公司治理的功能性融合,发生在当现有的公司治理制度具有足够的灵活性,因而能够在不改变制度形式性特征的情况下,对改变了的环境条件迅速作出反应;公司治理的形式性融合,发生在当一种有效反应需要改变现有公司治理制度的基本形式结构时;公司治理通过合同进行的融合,这种融合采用合同的形式,其发生是因为现有的公司治理制度缺乏足够的灵活性,在制度形式没有发生改变的情况下难以做出有效反应,而且政治障碍又限制了制度形式方面进行变革的能力。另外,我还讨论了混合融合的两种形式,即自愿选择其他国家不同的法律规则,这些国家可以是欧盟内部的成员国,也可以是欧盟外的其他国家。公司环境的多样性表明,各国公司治理制度之间的融合没有一个可以预测的普遍模式。因为公司治理的灵活性和政治制度

---

[87] 1998 年欧盟委员会起草了第 14 号公司法指令,该草案规定了如何转移公司的成立地。这个事实支持了我的以上观点。Wymeersch, supra note 71, at 16. 此外,在 1988 年,欧洲公平法院在 Daily Mail 一案中的判决涉及一个公司的注册地从欧盟的一个成员国转移到另外一个成员国,这个判决被认为是支持以下观点:即"条约第 52 条和第 58 条不允许成员国的公司转移其注册地……"Id. at 18. 有趣的是,Daily Mail 一案的判决没有被法院在 Centros 中引用。

[88] 人们可能会认为,欧洲公平法院能够通过扩大 Centros 一案判决的适用范围来阻止由于改变公司成立地而征税的行为,但是,这样一来,这个观点的边界就会太大了。

不仅在国家之间存在差异,而且,由于改变了的环境会要求公司治理做出具体不同的反应的缘故,它们在一国内部也存在差异,所以,我们最多可以预测,在不同国家公司治理体系之间和其内部都会发生重大变革,用古德的话来说,就是“一个巧妙的但不悦人的伎俩”。[89]

---

[89] Gould, supra note 33, at 24.

图书在版编目(CIP)数据

公司法的逻辑/(美)弗兰克·H.伊斯特布鲁克等著;黄辉编译. -- 北京:法律出版社,2016.6(2024.3 重印)
(法律文明史研究院文库)
ISBN 978-7-5118-9608-7

Ⅰ.①公… Ⅱ.①弗…②黄… Ⅲ.①公司法-研究-世界 Ⅳ.①D912.290.4

中国版本图书馆 CIP 数据核字(2016)第 130779 号

公司法的逻辑
GONGSIFA DE LUOJI

[美]弗兰克·H.伊斯特布鲁克 等著
黄 辉 编译

策划编辑 沈小英
责任编辑 陈 妮
装帧设计 李 瞻

出版发行 法律出版社
编辑统筹 法治与经济出版分社
责任校对 毛镜澄
责任印制 吕亚莉
经　　销 新华书店

开本 710 毫米×1000 毫米 1/16
印张 35 **字数** 423 千
版本 2016 年 7 月第 1 版
印次 2024 年 3 月第 3 次印刷
印刷 固安华明印业有限公司

地址:北京市丰台区莲花池西里 7 号(100073)
网址:www.lawpress.com.cn
投稿邮箱:info@lawpress.com.cn
举报盗版邮箱:jbwq@lawpress.com.cn

销售电话:010-83938349
客服电话:010-83938350
咨询电话:010-63939796

书号:ISBN 978-7-5118-9608-7
定价:88.00 元
凡购买本社图书,如有印装错误,我社负责退换。电话:010-83938349